ACADEMIA VENEZOLANA DE LA LENGUA
Correspondiente de la Real Academia Española

Junta Directiva

D. Francisco Javier Pérez
Presidente

D. Luis Barrera Linares
Vicepresidente

D. Horacio Biord Castillo
Secretario

D. Edgar Colmenares del Valle
Tesorero

D. Rafael Ángel Rivas Dugarte
Bibliotecario

Da. Yraida Sánchez de Ramírez
Primer Vocal

D. Atanasio Alegre
Segundo Vocal

Individuos de Número

D. Luis Pastori +
D. René De Sola
D. Mario Torrealba Lossi
D. Ramón González Paredes
Da. María Josefina Tejera
D. Alexis Márquez Rodríguez +
D. Gustavo Luis Carrera
D. Héctor Pedreáñez Trejo
D. Miguel García Mackle
D. Elio Gómez Grillo +
D. Francisco Javier Pérez
D. Luis Barrera Linares
D. Edgar Colmenares del Valle
D. Rafael Arráiz Lucca
Da. Ana Teresa Torres
D. Horacio Biord Castillo
D. Atanasio Alegre
D. Leonardo Azparren Giménez
Da. Lucía Fraca de Barrera
D. Carlos Pacheco +
D. Joaquín Marta Sosa
D. Rafael Ángel Rivas Dugarte
D. Rafael Tomás Caldera
Da. Yraida Sánchez de Ramírez
D. Enrique Obediente Sosa
Da. Minelia Villalba de Ledezma
Da. Carmen Mannarino
D. José Balza
D. José del Rey Fajardo, S.J.
Da. Rosalina García de Jiménez (electa)

Miembros Honorarios
D. Guillermo Morón
D. Carlos Cruz Díez
D. Víctor García de la Concha
D. Humberto López Morales
D. José Antonio Abreu
D. José Manuel Blecua
Da. Elisa Lerner

COMISIÓN DE PUBLICACIONES

Francisco Javier Pérez
Coordinador

Atanasio Alegre
Leonardo Azparren Giménez
Horacio Biord Castillo
Rafael Tomás Caldera
Edgar Colmenares del Valle
Rafael Ángel Rivas
Miembros

La Academia Venezolana de la Lengua agradece el patrocinio de Editorial Arte en la producción e impresión de esta obra.

José del Rey Fajardo, S.J.

La República de las Letras en la Babel étnica de la Orinoquia

Caracas, 2015

ACADÉMICOS ACTUALES N° 10

LA REPÚBLICA DE LAS LETRAS EN LA BABEL ÉTNICA
DE LA ORINOQUIA
© JOSÉ DEL REY FAJARDO, S.J.

De esta edición:
© ACADEMIA VENEZOLANA DE LA LENGUA
CORRESPONDIENTE DE LA REAL ACADEMIA ESPAÑOLA
Caracas, 2015

Depósito legal: lf80220158002322
ISBN: 978-980-268-025-2

Ilustración de tapa: Símbolo identificativo universal de la Compañía de Jesús
Producción editorial: Estela Aganchul
Impresión: Editorial Arte

Impreso en Venezuela / *Printed in Venezuela*

Introducción

Aunque nuestro deseo hubiera sido entregar el presente libro el día 27 de abril en el acto de nuestra incorporación a la Academia Venezolana de la Lengua, sin embargo, no pudo conocer la luz pública ese día debido a las razones obvias que conoce bien la sociedad editorial venezolana.

La investigación que deseamos afrontar se desarrolla en los espacios profundos de la Orinoquia donde la actividad de los seguidores de Ignacio de Loyola llevaron a cabo la primera gran expedición alfabetizadora, civilizadora, cultural y científica (1661-1767) que asumió como responsabilidad cívica y educativa promocionar al hombre y a todo hombre en el mundo irredento de la Venezuela profunda.

Qué otra interpretación puede ofrecerse frente al hecho de que más de 150 egresados de grandes universidades hayan abandonado la civilización para consagrar su vida a la promoción de un puñado de naciones, exiguas en habitantes, dispersas en una geografía inhóspita, divididas por lenguas diferentes y en un estado cultural que se puede considerar como protohistórico?

Este proyecto convocó, como hemos dicho, aproximadamente a 150 jesuitas[1] de nacionalidades heterogéneas, de generaciones que se extienden desde el barroco a la pre-ilustración y de personalidades que libre y espontáneamente eligieron "la misión"

---

[1] Para quien desee verificar la afirmación, puede consultar: José del REY FAJARDO. Bio-bibliografía de los jesuitas en la Venezuela colonial. San Cristóbal-Santafé de Bogotá, 1995.

a pesar de los reclamos y las necesidades que imponían los compromisos científicos y culturales de sus respectivas naciones.

Hubo Rectores de la Universidad Javeriana de Bogotá[2], Profesores ilustres de la misma Casa del Saber para la ciencia[3], lingüistas de fama mundial como Felipe Salvador Gilij; aventureros como Miguel Alejo Schabel[4], exploradores como Manuel Román descubridor del Casiquiare[5] y Bernardo Rotella, primer cartógrafo que descubrió que el Orinoco no era andino sino guayanés[6]; historiadores que insertaron la Orinoquia y sus

---

[2] Los PP.: Francisco Álvarez (1682-1684); Fernando Monterde (1697-1698); Mateo Mimbela (1720-1721; 1729); Pedro Fabro (1752-1754); Manuel Román (1761-1763); Domingo Scribani (1763).

[3] José DEL REY FAJARDO. "Filósofos y teólogos jesuitas en la Venezuela colonial". En: *Montalbán*. Caracas, Nº. 3 (1974) 7-51.

[4] José DEL REY FAJARDO, *El mito Schabel. Las antinomias de un jesuita aventurero.* Valera, Universidad Valle del Momboy, 2007.

[5] J. DEL REY FAJARDO. *Bio-bibliografía de los jesuitas en la Venezuela colonial.* San Cristóbal-Santafé de Bogotá (1995) 546-550.

[6] Manuel Alberto DONÍS RÍOS. *La Provincia de Guayana para mediados del siglo XVIII. Una visión a través del mapa del P. Bernardo Rotella S. J.* Caracas, Academia Nacional de la Historia, 2013.

hombres en las historiografías española[7], francesa[8], alemana[9], italiana[10], flamenca[11], antillense[12] y venezolana[13]; genuinos

---

[7] El fundador de la Real Academia, P. Joseph Cassani (CASSANI, Joseph. *Historia de la provincia de la Compañía de Jesús del Nuevo Reyno de Granada en la América: descripción y relación exacta de sus gloriosas missiones en el Reyno, llanos, meta, y río Orinoco, almas y terreno que han conquistado sus missioneros para Dios*. Madrid, En la Imprenta y Librería de Manuel Fernández, 1741). José Gumilla (GUMILLA, José. *El Orinoco ilustrado. Historia Natural, Civil y Geographica, de este Gran Río, y de sus caudalosas vertientes: Govierno, usos, y costumbres de los indios sus habitantes, con nuevas y utiles noticias de Animales, Arboles, Aceytes, Resinas, Yervas, y Raíces medicinales: Y sobre todo, se hallarán conversiones muy singulares a nuestra Santa Fé, y casos de mucha edificacion. Escrita* por el P. Joseph Gumilla, de la Compañía de Jesús, Missionero, y Superior de las Missiones del Orinoco, Meta, y Casanare, Calificador, y Consultor del Santo Tribunal de la Inquisición de Cartagena de Indias, y Examinador Synodal del mismo Obispado, Provincial que fue de su Provincia del Nuevo Reyno de Granada, y actual Procurador a entrambas Curias, por sus dichas Missiones y Provincia. Madrid, por Manuel Fernández, 1741).

[8] Pierre PELLEPRAT. *Relato de las Misiones de los Padres de la Compañía de Jesús en las Islas y en Tierra Firme de América Meridional*. Caracas, Biblioteca de la Academia Nacional de la Historia, 1965.

[9] Joseph STOECKLEIN. *Der neue Welt-Bott. Mit allerhand Nachrichten dern Missionariorum Soc. Jesu. Allerhand so lehr- als geist-reiche Brief, Schrifften und ReisBeschreibungen, welche von denen Missionariis der Gesellschaft Jesu aus beyden Indien und andern* über *Meer gelegenden Ländern ... in Europa angelangt seynd. Jetzt zum erstenmal, theils aus handschrifftlichen Urkunden, theils aus denen französischen Lettres* édifiantes *verteutscht und zusammen getragen*. Ausburg-Graz-Wien. Los tomos I-III en Ausburg y Graz (Ph., M. Und J. Veith); los tomos IV-V En Wien (L. J. Kaliwoda), 1726-1761.

[10] Giuseppe ROSSO. "Il contributo di un missionario gesuita italiano alla conoscenza della geografia e dell'etnologia del Sud-America, 1693". *Annali Lateranensi*. Roma, 4 (1940) 117-158.

[11] [VALKENBORG]. *Treurig Verhaal van de reize en marteldood van den eerw. P. I. Toebast* ... Gand, 1716. J. F. van der SHUREN. *Wonderbaere Reize naer d'uitterste paelen van America*. Gand, 1778. [Se trata de la traducción de una parte del Mudo lamento del P. Matías de Tapia]. F. KIEKENS. *Een gentsche martelaar Ignatius Toebaest, van het Gezelschap Jesus. Zijin Leven, zijne Brieven, en zijne Marteldood*. Louvain, 1888.

[12] Abbé RENNARD, *Essai bibliographique sur l'histoire religieuse des Antilles françaises*. París, Secrétariat des Pères du Saint-Esprit, s.d. 1931].

[13] Ya hemos hablado de Jose Cassani. José Gumilla y Felipe Salvador Gilij (GILIJ, Felipe Salvador. *Saggio di Storia Americana, o sia Storia Naturale, Civile e Sacra de' Regni, e delle provincie Spagnuole di Terraferma nell'America meridionale*. escrita dall'Abate Filippo Salvatore Gilij e consacrata alla Santità di N. S. Papa Pio Sesto felicemente regnante. Tomo I. *Della storia geografica e naturale della provincia dell' Orinoco*. Roma

hombres de frontera como Francisco del Olmo[14] y Roque Lubián[15] y sin cuya colaboración los hombres de la Expedición de Límites hubieran tenido que afrontar dificultades insuperables; en fin, hombres, que entendieron la locura de la evangelización con la entrega que exigían los tiempos del barroco.

En última instancia, se pretende evaluar la tesis que debe verificar y analizar los resultados que trazan esos difíciles caminos donde se juntan el mundo y el espíritu; y además si el amor inteligente es capaz de empujar los astros, las ideas y los hombres. O si por el contrario cuando fracasa la utopía abandona a sus visionarios como peregrinos en el desierto de su propia ensoñación y les hace recorrer un espejismo de ilusiones imaginarias.

Pero la temática que pretendemos afrontar nos introduce en un verdadero laberinto conceptual y en una auténtica encrucijada histórica de tales magnitudes que necesariamente se impone una especie de carta de navegar a fin de transitar con solvencia por estos mares procelosos.

Así pues, ante una historia tan atípica para la mentalidad moderna recurriremos a tres conceptos matrices que a nuestro juicio constituyen una clave a la hora de facilitar una auténtica interpretación: la "Utopía", la "República cristiana americana" y la "República de las Letras".

La Utopía

Quien desee internarse por los complejos tiempos que

MDCCLXXX. Per Luigi Perego Erede Salvioni, Stampator vaticano nella Sapienza. 8º, XLIV-355 pp. Tomo II. *De' Costumi degli Orinochesi*. Roma, MDCCLXXXI. 8º, XVI-399 pp. Tomo III. *Della religione e delle lingue degli Orinochesi, e di altri Americani*. Roma, MDCCLXXXII. 8º, XVI-430 pp. Tomo IV. *Stato presente di Terra-Ferma*. Roma, MDCCLXXXIV. 8º, XX-498 pp.

[14] José DEL REY FAJARDO. *Bío-bibliografía*, 192-194.

[15] José DEL REY FAJARDO. *Bío-bibliografía*, 348-350.

definen el bajo Medioevo y la explosión del Renacimiento tiene que recurrir a los sentidos y contrasentidos de la Utopía.

Sin lugar a dudas parece aconsejable recurrir a las teorías del sociólogo alemán Karl Mannheim quien estudió la dialéctica de la historia a través de dos conceptos claves que se superponen en el obrar de las sociedades humanas: a una etapa utópica le sucede otra ideológica[16].

Por "utopía" Mannheim entendía ese momento en el que los hombres intentan poner en práctica sus sueños para construir una sociedad mejor. Por "ideología", el teórico alemán infería los esfuerzos colectivos para congelar la historia y sofocar esos sueños. En definitiva el curso del devenir histórico está marcado por las "topías" y las "utopías", es decir, que "el camino de la historia lleva de una topía, a través de una utopía, hasta la próxima topía, etc."[17].

Las utopías anteriores a Tomás Moro pueden ser descritas, al decir de von Nell-Breuning, "como la conquista del futuro, la sumisión y exorcización del futuro, a fin de obligarlo a desarrollarse siguiendo las líneas de un modelo preconcebido"[18].

Mas, la concepción del humanista inglés debe ser entendida como una esperanza en las posibilidades del hombre y en la viabilidad de un esfuerzo ético y moral, más allá de la renovación del orden social y de las estructuras políticas de la sociedad[19].

En realidad, aunque la necesidad de modernizar es el sueño de todas las épocas[20], la utopía se define como una creación humana

---

[16] Karl MANNHEIM. *Ideología y utopía: introducción a la sociología del conocimiento.* Madrid, Ediciones Aguilar (1973) 195-199.

[17] Karl MANNHEIM. *Ideología y utopía: introducción a la sociología del conocimiento*, 201.

[18] Oswald von NELL-BREUNING. "Säkularisation und Utopie". Festschrift Ernst Forsthoff. Stuttgart (1967) 239.

[19] En realidad se acerca más a un programa práctico que la República de Platón o la Ciudad de Dios de Agustín de Hipona.

[20] Citado por Jorge SCHWARTZ. *Las vanguardias latinoamericanas.* Madrid (1991) 55 La utopía, cuando asume el cuerpo de la realidad se convierte en una ideología con el peligro de reflejar un rostro de carácter unidimensional y cuando invade el terreno de aquella, el utopista se convierte en un fanático ya que la ideología porta consigo el connotado de ideal imposible. Esta dialéctica entre utopía e ideología puede sembrar

–imaginación de otros tiempos e invención de otros espacios- con voluntad constructora de futuro que apela a la razón y a la mano del hombre.

Sin embargo, la utopía americana escribió sus páginas con originalidad y audacia. Venía de una España nueva como lo demuestra la cartografía de la mística hispana durante el XVI pues ofrece un caos de estilos de vida torturados por una nostalgia de valores porque son muchos los mundos interiores que infectó en su búsqueda de Dios. A veces piensa el historiador que navega en un mar de procelas pues, más allá de la Inquisición[21], existen místicos y escolásticos, visionarios y alumbrados, luteranos y erasmistas, perfectistas y quietistas, judaizantes y moriscos, conversos y neoconversos, observantes y reformados, aventureros y picaresca[22]. Se trata de una sociedad embarcada en la exploración de una identidad espiritual que se confunde con la búsqueda de la verdad geográfica, política, ética, estética y científica del nuevo imperio.

Pero, "los místicos –como dice Melquíades Andrés– son teólogos al servicio de la verdad y del ser"[23]. La verdadera mística conduce al servicio activo. La función del contemplativo consiste en iluminar y en actuar pues el verdadero amor nunca puede estar ocioso, pues, la mística no es ciencia especulativa sino de amor, ya que en definitiva, es una aventura que se inicia en el corazón del

---

los gérmenes mortales de la irrealidad en la semilla viva de la utopía. Por todo ello, la genuina utopía atraviesa los tiempos con modelos renovados de esperanza porque porta el germen de una herejía inmanente que fabrica el espacio del anhelo para reproducir en la tierra la visión del paraíso.

[21] Joaquín PÉREZ VILLANUEVA y Bartolomé ESCANDELL BONET (Edits.). *Historia de la Inquisición en España y América. I. El conocimiento científico y el proceso histórico de la Institución (1478-1834)*. Madrid, Biblioteca de Autores Cristianos-Centro de Estudios Inquisitoriales, 1984.

[22] Puede verse una síntesis en: Caro BAROJA. *Las formas complejas de la vida religiosa. Religión, sociedad y caracteres de la España de los siglos XVI y XVII*. Madrid, Akal, 1978.

[23] Melquíades ANDRÉS. *Historia de la mística en la Edad de Oro en España y América*. Madrid, Biblioteca de Autores Cristianos (1994) 47.

hombre porque es allí donde el alma unida a Dios se transforma en pensamiento y deseo, en comunión con El[24].

En síntesis, cuando estos movimientos interiores del alma y de la conciencia individual se traspolan a una corporación religiosa recorren las mismas rutas y están sometidos a las mismas tensiones ya que mística e historia corren casi parejas y el devenir histórico demuestra que el ciclo de auge y decadencia invade por igual a la teología escolástica y a la espiritual.

La República cristiana americana y las "Misiones carismáticas".

El marco histórico en que se inscribe esta historia se fundamenta en tres acontecimientos que vivió la península ibérica en 1492. En primer lugar la conquista de la ciudad de Granada con lo que se ponía fin a la presencia del invasor árabe que había dominado a España durante casi 8 siglos; en segundo término, la gesta oceánica había concluido con el descubrimiento de América; y finalmente, con la *Gramática castellana* de Antonio de Nebrija dotaba a la nueva España de la lengua como compañera del imperio.

Esta trilogía generó una nueva trinidad conceptual integrada por la unidad de la fe religiosa, la unidad política y la unidad de lengua, vehículo fundamental para renovar el poder político y cultural[25].

En este contexto adquieren las tierras descubiertas por Cristóbal Colón un nuevo protagonismo y el aborigen americano despierta las más ardientes polémicas y así nace la "República cristiana americana", la cual de acuerdo con la criteriología de Tony

---

[24] Melquíades ANDRÉS en su Historia de la mística en la Edad de Oro en España y América. Madrid, Biblioteca de Autores Cristianos, 1994 recopila 1200 obras espirituales en el período comprendido entre 1485 y 1750. Véase: pp. 153 a 201.

[25] Antonio de NEBRIJA. Gramática de la Lengua castellana. Madrid, Editora Nacional (1980) 100: "los miembros y pedaços de España, que estaban por muchas partes derramados, se reduzieron y juntaron en un cuerpo y unidad de reino, la forma y trabazón del cual assí está ordenada que muchos siglos, injuria y tiempos no la podrán romper ni desatar"

Anatrella, confirma que "la dimensión religiosa es la dimensión fundante de la simbólica, de la que depende la sociedad"[26].

De esta suerte, el discurso utópico americano nace de la confrontación entre el imaginario europeo de otros mundos presentidos –que la cartografía clásica y medieval recogía como "países legendarios" –y el Nuevo Mundo -ese otro mundo posible– que se imagina como mejor porque es depositario del anhelo y la esperanza perdidos en el Viejo Continente.

La evangelización del continente americano fue uno de los más preciados sueños de la gran reina castellana y su ferviente anhelo hizo que se transformara en utopía.

La visión isabelina de las misiones americanas está cargada de las esperanzas y el misticismo que alumbra la renovación de la Iglesia española y consecuentemente nos encontramos frente a una época inicial signada por el espiritualismo de impronta savonaroliana que comenzaba a impregnar el compromiso con la Reforma y la observancia de muchos españoles, actores anónimos de un nuevo concepto de España cristiana.

Esta intuitiva pasión por renovar los espacios imaginarios de la Iglesia española es lógico que buscase una trasvase a la empresa del evangelismo misionero que se iniciaba en tierras americanas[27]

En última instancia se trataba de ensayar la conciencia de un imperio identificado con una cristiandad posible y con una universalidad católica supracontinental que disponía de un vehículo de comunicación humana como era la lengua de Castilla.

Está todavía por estudiar el verdadero sentido misional de la conquista espiritual de las tierras descubiertas por Colón[28] pues entre la experiencia que hoy analizamos y las Misiones jesuíticas del Paraguay se interpone una rica literatura religiosa que ilumina

---

[26] Tony ANATRELLA. *Contra la sociedad depresiva*. Santander, Edit. Sal Terrae (1995) 46.

[27] Fernando CAMPO. "Isabel la Católica, fiel hija de la Iglesia y la Hispanidad. El libro Jardín de Nobles Doncellas la formación de la Reina". En: *Ciudad de Dios*. Real Monasterio del Escorial, 217 (2004) 446 y ss.

[28] Puede verse: Vicente D. SIERRA. *El sentido misional de la conquista de América*. Buenos Aires, Editorial Huarpes, 1944.

infinidad de experiencias anónimas llevadas a cabo en el Nuevo Mundo, las cuales se inscriben en una nueva concepción de la otredad americana que soñó y ensayó sus propias utopías, muchas de la cuales estuvieron cargadas de misticismo y espiritualidad

El legado isabelino de que los indígenas fueran "bien y justamente tratados" se confirma con un testimonio digno de crédito en ese ámbito como es el del P. Las Casas cuando escribe: "Los mayores horrores de estas guerras... comenzaron desde que se supo en América que la Reina Isabel acababa de morir... porque su alteza no cesaba de encargar que se tratase a los indios con dulzura y se emplearan todos los medios para hacerlos felices"[29].

Se puede afirmar que la Isla de La Española fue el primer laboratorio del encuentro entre España y América y sin duda el conocimiento que tuvo la Reina Isabel de las tierras descubiertas tenía sabor a trópico y a tropicalidad.

Sin embargo, pronto surgió una sociedad atormentada por los desencuentros. A Santo Domingo acudían marineros, transeúntes, soldados, viajeros, blancos, después también negros, mestizos, ricos y pobres, banqueros y aventureros, libertad y esclavitud, religiosos con torturados por hondo misticismo y traficantes sin escrúpulos ni moral dispuestos a imponer la ley del más fuerte en la auténtica selva tropical.

Por ello hay que tomar con precaución la tesis de Miguel Perera: "La imposibilidad epistémica del europeo para comprender aquella realidad sin precedentes –ninguna de las categorías explicativas le servían para entender el Nuevo Mundo- retardó por largo tiempo el descubrimiento de las claves en que residía la exitosa adaptación del hombre americano a su entorno"[30].

Si bien es verdad que el poder lo detectaron los vencedores también hay que reconocer que la voz de los vencidos se sirvió de las

---

[29] Citado por Tarsicio de AZCONA. *Isabel la Católica. Estudio crítico de su vida y su reinado*. Madrid, Biblioteca de autores cristianos (1964) 708.

[30] Miguel Ángel PERERA. *Oro y hambre. Guayana siglo XVI. Antropología histórica y ecología cultural de un malentendido 1498-1597*. Caracas, Universidad Central de Venezuela (2000) 20.

mentes más lúcidas de la Península que denunciaron y escribieron sobre los títulos de justicia con escándalo de los mismos españoles[31].

Como reacción contra los abusos van a surgir en Venezuela dos fórmulas pacíficas de incorporación del indígena a la civilización occidental: la encomienda de cuño señorialista de las "Islas inútiles" (Curazao, Aruba y Bonaire) concedida a Juan de Ampiés[32] y en el extremo oriental las misiones carismáticas de los franciscanos y dominicos en la costa cumanesa[33].

Las misiones carismáticas propiamente dichas beben su origen en el ya célebre sermón del P. Antonio Montesinos en la Española, predicado el cuarto domingo de adviento de 1511, cuando glosó el texto de Isaías "Ego, vox clamantis in deserto" (XL, 23) para fustigar la extorsión de que eran víctima los autóctonos por parte de los encomenderos.

El historiador colombiano Alberto Ariza se hace eco de Lewis Hanke para escribir que "fue el primer grito a favor de los derechos humanos en el Nuevo Mundo, hecho que dio un viraje a la Historia de América, y constituyó uno de los sucesos más trascendentales en la Historia Espiritual de la humanidad"[34].

Tan violenta fue la reacción de los funcionarios regios antillanos que el propio monarca español ordena llamar a la Península a los dominicos de la Española según se desprende de una carta del Provincial de esa Orden religiosa, Fray Alonso de Loysa, (26

---

[31] Puede verse, por ejemplo, José BARRADO (Edit.). Los dominicos y el Nuevo Mundo. Actas del II Congreso Internacional. Salamanca 28 de marzo-1 de abril de 1989. Salamanca, Editorial San Esteban, 1990. Isacio PÉREZ FERNÁNDEZ. "Las conquistas de Indias fueron, en si mismas, injustas y antisignos de la Evangelización". En: A. MONTERO (et alii). *Los dominicos en la evangelización del Nuevo Mundo*. Madrid, Institutos Pontificios de Filosofía y Teología (1992) 3-76.

[32] Demetrio RAMOS. *La fundación de Venezuela: Ampiés y Coro: Una singularidad histórica*. Valladolid-Coro, 1978.

[33] Pablo OJER. "Las Misiones carismáticas y las institucionales en Venezuela". En: José DEL REY FAJARDO. *Misiones jesuíticas en la Orinoquia*. San Cristóbal, I (1992) 143.

[34] Alberto ARIZA. *Los dominicos en Venezuela*. Bogotá (1971) 12. El historiador colombiano sintetiza el capítulo I de Lewis HANKE. *La lucha por la justicia en la conquista de América*. Buenos Aires, 1949. Venancio D. CARRO. *La Teología y los juristas españoles ante la conquista de América*. Madrid, 1944.

de marzo de 1512), en la que les comunica la versión que corre en la Corte, a saber, que "toda la India, por vuestra predicación, está por rebelarse" pues "tales doctrinas… son escandalosas y aun de tal condición, que si se hubieran de cumplir, no quedaría allí cristiano"[35].

Tanto Fray Antonio de Montesinos como Fray Pedro de Córdoba tuvieron que presentarse ante el Rey Fernando y sus argumentos fueron tan convincentes el propio Regente aprobó el ideario dominico de misión carismática en la parte oriental del litoral venezolano más castigado por los rescatadores antillanos y establece que vayan "sin otra gente ni manera de fuerza, como lo habían hecho los apóstoles, a tierras no alborotadas ni escandalizadas de cristianos"[36].

Ésta es la partida de nacimiento de las Misiones carismáticas. Un ensayo de evangelización que intenta formar una república indígena sin la infección ni contacto con los españoles. Estamos ante una experiencia nunca conocida en los imperios cristianos o paganos: la incorporación del indígena a una fe religiosa aislándolo de sus conquistadores pues ese contacto es tenido por escándalo e infección. Todavía más, en el fondo se planteaba un problema de categoría universal: la posibilidad en la América indígena de una cristiandad sin la hispanidad[37].

En 20 años de vida americana la corona española profesaba su fe en una visión optimista del indígena frente a las tendencias y prácticas deshumanizadoras iniciadas bajo el régimen del gobierno de Colón. Con mucha propiedad plantea Beatriz Pastor el nuevo logro obtenido por Antonio Montesinos como es el de alcanzar una "redefinición del indígena americano" que según la

---

[35] José CASTRO SEOANE. "Aviamiento y catálogo de las misiones que en el siglo XVI pasaron de España a Indias y Filipinas según los libros de Contratación". En: *Missionalia Hispanica*, Madrid, n°., 37 (1956) 127.

[36] Citado por A. ARIZA. *Los dominicos en Venezuela*, 13.

[37] OJER, Pablo. *La formación del Oriente venezolano. I. Creación de las gobernaciones*. Caracas, Universidad Católica Andrés Bello (1966) 38.

mencionada historiadora culmina en Las Casas[38] pero que, según muchos autores se prolonga, al menos, hasta las Misiones jesuíticas del Paraguay.

En otro marco ideológico distinto Pablo Ojer enfrenta una visión renacentista la cual acepta la interpretación pesimista del proceso humano como una sucesión de degradaciones desde la primitiva Edad de Oro, pasando por la de Plata y la de Bronce hasta la de Hierro y la Heroica para llegar a una idea del indígena "dentro de la más ingenua explosión de optimismo, como sobreviviente de la Edad de Oro, descrita con tan brillantes trazos por Ovidio en su *Metamorphosis*"[39].

En este contexto nacen las primeras misiones carismáticas en Venezuela llevadas a cabo por dominicos y franciscanos en las costas de Cumaná (1513-1521).

Como afirma Pablo Ojer era "una quijotada este intento de trasplantar al paganismo tropical, los métodos de evangelización apostólica aplicados a los pueblos greco-latinos"[40].

El primer ensayo a cargo de los dominicos corre de 1514 hasta mediados de 1515. Las versiones de que disponemos no coinciden. Una se debe a la pluma de Fray Bartolomé de las Casas quien viajó de Santo Domingo a España con el P. Antonio Montesinos y por ende dispone de información de primera mano[41] y la segunda es contemporánea y corresponde al investigador alemán

---

[38] Beatriz PASTOR. "Discurso narrativo de la conquista de América". La Habana, Ediciones Casa de las Américas (1984) 463-464.

[39] OJER, Pablo. "Las Misiones carismáticas y las institucionales en Venezuela". En: José DEL REY FAJARDO. *Misiones jesuíticas en la Orinoquia*. San Cristóbal, I (1992) 151-152. Ojer se inspira en la obra de Christopher DAWSON. *Progress and Religion*. London, 1929. El texto de las Metamorphosis se encuenta en el libro I, versos 89-112. También son interesantes los planteamientos que recobe Pedro BORGES. "El sentido trascendente del descubrimiento y conversión de Indias". En: *Missionalia Hispanica*, Madrid, nº., 37 (1956) 141-177.

[40] OJER, Pablo. *La formación del Oriente venezolano. I. Creación de las gobernaciones*. Caracas (1966) 39.

[41] Bartolomé de LAS CASAS. *Historia de las Indias*. Edición de Agustín Millares Carlo y estudio preliminar de Lewis Hanke. México, Fondo de Cultura Económica, 1986, 3 vols. Cap. 33 y 34 Pags. 548-553.

Enrique Otte quien asienta sus observaciones de acuerdo con los cedularios relativos a Cubagua y Venezuela[42]. Pero la trayectoria histórica de su destrucción fue clara: ante el cautiverio injusto del cacique del poblado se dio un levantamiento de los indígenas que concluyó con la muerte de los misioneros[43].

La segunda intentona tiene lugar en 1516, pues, la práctica de la utopía requiere siempre del heroísmo del espíritu. Lo dirige el propio Fray Pedro de Córdoba y se instala en el Golfo de Santafé. En esta oportunidad se trataba de una especie de Gobernación Espiritual protegida con penas muy severas a los infractores[44].

Pero también los franciscanos en su expansión misional hacia el continente y en espacios paralelos temporales, se instalan en su expansión misional en la boca del río Cumaná (hoy río Manzanares) a fines de 1514[45].

La metodología misional de los hijos de San Francisco era distinta a la de los dominicos pues protagonizaban una utopía menos ideológica y más espiritualista porque trataba de redimir al indígena identificándose con sus comunidades para inspirarles niveles superiores de bienestar, cultura y religión. En este contexto pensaban construir dos colegios para la educación de los niños indígenas y además, desde Santo Domingo, debían los Jerónimos enviar maestros de obras para el desarrollo del poblado. En este

---

[42] Enrique OTTE. *Cedularios de la monarquía española relativos a la provincia de Venezuela, 1529-1552*. Estudio preliminar de Enrique Otte. Caracas-Fundación John Boulton-Fundación Eugenio Mendoza, 1959. Enrique OTTE. *Cedulario de las provincias de Venezuela*. Caracas, Academia de Ciencias Políticas y Sociales, [entre 1982 y 1984] Enrique OTTE. *Cedulario relativo a la parte Oriental de Venezuela 1520-1561* Compilación y estudio preliminar por Enrique Otte. Caracas, Academia de Ciencias Políticas y Sociales, 1984

[43] Véase: Pablo OJER *La formación del Oriente venezolano. I. Creación de las gobernaciones*. Caracas (1966) 35-42.

[44] Manuel SERRANO SANZ. *Orígenes de la dominación española en América*. Madrid, Biblioteca de autores españoles (1918) 376-380.

[45] Lino GÓMEZ CANEDO. *Primicias franciscanas en Venezuela. 1514-1575*. Nota Preliminar a la Historia de las Misiones de Píritu. Roma (1964) 351-352 (Separata de Miscellanea Melchor de Pobladura. Roma, I (1964) 347-367).

experimento "estaba comprometida la posibilidad de una república cristiana de aborígenes, sin la trabazón del mestizaje"[46].

Pero contra este teórico coto misional militaban muchos intereses creados. A los furtivos desembarcos de los españoles se unió el de los indios vendedores de esclavos, los cuales, a falta de compradores hispanos tenían que trasladar la mercancía humana a los caribes de Cartagena y Santa Marta.

Pero la hoguera de la rebelión aborigen la encendió Alonso de Ojeda (personaje totalmente distinto al célebre descubridor) quien cautivó a algunos autóctonos. Entre el 3 y 9 de octubre de 1520 explotó la violencia indígena, desde el Neverí hasta el Golfo de Cariaco, y en su furor acabó con las experiencias misionales que con tanto idealismo habían diseñado los dominicos y los franciscanos[47].

Así se hundía para siempre este idealista ensayo de evangelización pura. La carencia de valores éticos y morales no llegó a respetar la fragilidad de la utopía ni a despertar significaciones adormecidas. La sociedad emancipada soñada por estos misioneros ilusos trasmitiría los rostros del sufrimiento a las generaciones posteriores como una añoranza y como una tentación y su realización se llevaría a cabo más tarde a través de las Misiones institucionales.

La Segunda República cristiana americana y las "Misiones institucionales"

Las "Misiones institucionales" surgen en Venezuela en torno a 1656 –casi siglo y medio después– y respondían a una realidad social y política diferentes.

La génesis de las misiones institucionales en Venezuela parece nacer de la atroz guerra que patrocinó la denominada Conquista de los Cumanagotos (1632-1645) llevada a cabo por el catalán Juan

---

[46] Pablo OJER *La formación del Oriente venezolano*. I, 45-46.
[47] Pablo OJER *La formación del Oriente venezolano*. I, 46-50.

de Urpín[48] que se colocó de espaldas a toda la legislación sobre la convivencia hispano-indígena tal como podía desprenderse de la *Política Indiana* de Juan de Solórzano Pereira. El exceso de brutalidad cometido en esta "pacificación de indios bravos" llevó a la corona a aceptar la proposición de la Iglesia proveniente tanto de Francisco Rodríguez Leyte[49] como de los obispos de Puerto Rico Damián López de Haro[50] y Fernando Lobo de Castrillo[51] y asignar esta "conquista espiritual", en 1654, a los franciscanos[52].

Además, en la larga centuria que separa ambos intentos misionales tanto Europa como América habían llevado a cabo profundas transformaciones que revolucionaron los escenarios políticos en los que se movía España en sus posesiones ultramarinas.

Por una parte, la administración hispana había implantado su maquinaria en grandes áreas de la geografía venezolana y trataba de ampliar su gestión en los espacios profundos. Y por otra, en el ámbito internacional surgieron algunos acontecimientos que influyeron de forma decisiva en la relaciones entre los estados. Haremos alusión a dos acontecimientos fundamentales.

El primero: el Cardenal Richelieu había obtenido un breve del Santo Oficio, el 12 de julio de 1635, el cual significaba una derogación tácita de la bula de Alejandro VI del 12 de mayo de 1493[53] por la que se entregaba a españoles y portugueses el mundo

---

[48] Marco Aurelio VILA [M.A.V.]. "ORPÍN, Juan de". En: FUNDACION POLAR. *Diccionario de Historia de Venezuela*. Caracas, III (1997) 443-444.

[49] Lino GOMEZ CANEDO. *Las Misiones de Píritu. Documentos para su historia*. Caracas, Biblioteca de la Academia Nacional de la Historia, I (19679) 62-69.

[50] Alvaro HUERGA. *La evangelización del Oriente de Venezuela. (Los anexos del obispado de Puerto Rico)*. Ponce, Pontificia Universidad Católica de Puerto Rico (1996) 143-170.

[51] Alvaro HUERGA. *La evangelización del Oriente de Venezuela*, 171-182.

[52] OJER, Pablo. "Las Misiones carismáticas y las institucionales en Venezuela". En: José DEL REY FAJARDO. *Misiones jesuíticas en la Orinoquia*. San Cristóbal, I (1992) 159-160.

[53] G. DE VAUMAS. *L'éveil missionnaire de la France au XVIIe. Siècle*. París, Bloud & Gay. Bibliothèque de l'histoire de l'Eglise. Collecion publiée sous la direction de e. Jarry. Giovanni, 198.

que se estaba descubriendo[54] y abría los espacios americanos al influjo francés[55].

El segundo: con la firma del Tratado de Münster (1648) los Países Bajos habían asumido su total independencia de España y comenzaron a actuar de forma más incisiva en diversos frentes del imperio español de Indias.

Paralelamente, la realidad política, cultural, religiosa y social de Occidente se había convulsionado de tal forma que las luchas religiosas habían producido cruentas guerras entre las nuevas naciones aunque también hay que reconocer que no siempre coincidían los intereses religiosos con los políticos.

Las alianzas políticas europeas generaron rivalidades que repercutieron en los ámbitos de las tierras descubiertas por Colón. Y el riesgo de posesión colonial europea de signo protestante que se impone en el Caribe comienza a incrementar la inseguridad tanto en el extenso litoral marítimo venezolano (Provincias de Maracaibo, Venezuela y Margarita) así como también en la fachada atlántica de la Provincia de Cumaná y sobre todo el río Orinoco que es la puerta a toda la Provincia de Guayana y del Nuevo Reino.

En el caso concreto de Venezuela: en la primera mitad del XVII se establecen las colonias foráneas protestantes: los calvinistas holandeses en los territorios ultraesequivos y como amenaza todavía más peligrosa en Curazao en 1634[56], mientras que los ingleses ponen su pie definitivo en Jamaica en 1655. Y los franceses cercarían con algunas islas caribeñas el mar Atlántico venezolano desde 1639 y se instalarían posteriormente en Guyana[57].

---

[54] Para entender la versión francesa, véase: Joseph LECLER. "La 'donation' d'Alexandre VI". En: *Etudes*, París (1938) 1-16; 195-208.

[55] Véase: G. DE VAUMAS. *L'éveil missionnaire*, 198-199.

[56] Carlos FELICE CARDOT. *Curazao hispánico. Antagonismo flamenco-español*. Caracas, 1973

[57] Pierre PELLEPRAT. *Relato de las misiones de los Padres de la Compañía de Jesús en las Islas y en Tierra Firme de América Meridional.* Caracas (1965) 13-46. Véase: Abbé RENARD. *Essai bibliographique sur l'histoire religieuse des Antilles françaises*. Paris, s/f. Capítulo III. Además de las fuentes primarias que citaremos es necesario consultar P. De MONTEZON. *Mission de Cayenne et de la Guyane française*. París, 1857. (El verdadero

Las Misiones institucionales se definieron por dos características fundamentales: la propagación de la fe y la protección del territorio[58]. Estamos ante una institución político-religiosa del régimen español en Venezuela ubicada dentro del marco del patronato regio.

Mas, dentro del concepto de "Misiones institucionales" se dan algunas variantes y casi podríamos aseverar que "institucionales" son todas aquellas que no son "carismáticas". La reducción trataba de integrar al indígena al sistema político y religioso español y de esta forma garantizar la existencia pacífica de las ciudades. Por ello se fundan al lado de las villas de españoles y bajo ese esquema funcionaron los capuchinos que laboraron en los Llanos venezolanos. Por el contrario los jesuitas siempre rechazaron la presencia hispana en sus reducciones y así lo estudiaremos más adelante.

Las misiones carismático-institucionales

Sin embargo, el fracaso de las "Misiones carismáticas" no significó la pérdida del sentido de la utopía como lo evidencian las "Reducciones del Paraguay", o la ciudad ideal edificada para los guaraníes, fenómeno social que suscitó aun antes que Europa ingresara al siglo de las Luces una ola de admiración porque injertaba la razón en el mundo del mito, el Estado en una sociedad sin Estado, y la utopía en la historia.

Debemos confesar que desde los inicios tomaron conciencia los miembros de la Compañía de Jesús americana de que

---

nombre, según Sommervogel, es Fortuné DEMONTEZON y su amplia bibliografía la recoge en: SOMMERVOGEL. Bibliothèque, II, 1911-1913). G. DE VAUMAS. *L'éveil missionnaire de la France au XVIIe. Siècle*. París, Bloud & Gay. Bibliothèque de l'histoire de l'Eglise. Collecion publiée sous la direction de e. Jarry. Giovanni PIZZORUSSO. *Roma nel Caraibi: organizzazione delle missione cattoliche nelle Antille en el Guyana (1635-1675)*. Ecole Franciase, 1995,

[58] El Orinoco siempre fue una "llave" para poder acceder al Nuevo Reino y al Perú. Véase: Santiago Gerardo SUÁREZ. *Las Instituciones militares venezolanas del período hispánico en los archivos*. Caracas, Academia Nacional de la Historia (1969) XXVIII-XXX.

su república cristiana debía ser un modelo de género utópico y superar las diseñadas por el viejo mundo. Así lo atestigua uno de sus historiadores, Francisco Javier de Charlevoix[59], en su *Historia del Paraguay*: "Hablo de aquellas Repúblicas cristianas, de las cuales no tenía modelos el mundo, y que han sido fundadas en el centro de la más feroz barbarie con un plan más perfecto que las de Platón, del canciller Bacón y del ilustre autor del Telémaco"[60].

Aquellos visionarios soñaban con crear unas raíces más profundas que los arquetipos imaginarios europeos que aportaron las diversas nacionalidades de jesuitas que laboraron en la Paraquaria pues a *La República* de Platón, a la *Ciudad del Sol* de Campanella, a la *Atlántida* de Bacon, o al *Telémaco* de Fenelón hay que añadir, entre otras, los ensayos del comunitarismo de los incas experimentado por el P. Diego Torres Bollo (1551-1638)[61] en el Lago Titicaca y las tentativas formuladas en la Amazonia por Manuel de Nóbrega (1517-1570)[62].

Se trata de una concepción profundamente original del cristianismo que los jesuitas inician en el oriente asiático con Francisco de Javier (1506-1552)[63], Alessandro Valignano (1539-

---

[59] Lucien CAMPEAU. "Charlevoix, Pierre-François-Xavier de". En: Charles O'NEILL y Joaquín Mª. DOMÍNGUEZ. *Diccionario histórico de la Compañía de Jesús*. Roma-Madrid, Institutum Historicum S. I.-Universidad Pontificia de Comillas, I (2001) 754.

[60] Pedro Francisco Javier de CHARLEVOIX. *Historia del Paraguay*. Con las anotaciones y correcciones latinas del P. [Domingo] Muriel. Traducida al castellano por el P. Pablo Hernández. Madrid, V. Suárez, I (1913) 21-22.

[61] Hugo STORNI. "Torres Bollo, Diego de". En: Charles E. O'NEILL y Joaquín Mª DOMÍNGUEZ. *Diccionario histórico de la Compañía de Jesús*. Roma-Madrid, Institutum Historicum S. I.-Comillas, IV (2001) 3824-3825.

[62] José VAZ DE CARVALHO. "Nóbrega, Manuel da". En: Charles E. O'NEILL y Joaquín Mª DOMÍNGUEZ. *Diccionario histórico de la Compañía de Jesús*. Roma-Madrid, III (2001) 2826-2827.

[63] Jesús LÓPEZ-GAY. "Javier, Francisco". En: Charles E. O'NEILL y Joaquín Mª DOMÍNGUEZ. *Diccionario histórico de la Compañía de Jesús*. Roma-Madrid, III 2140-2141.

1606)⁶⁴, Mateo Ricci (1552-1610)⁶⁵ y se continúa con el genio imaginativo criollo de Antonio Ruiz de Montoya (1562-1632)⁶⁶ y de Roque González (1576-1628)⁶⁷, y el humanismo intrépido de Simone Maceta (1577-1658)⁶⁸ y Giuseppe Cataldino (1571-1653)⁶⁹, entre otros.

Para la historia de las regiones orinoquenses nos remitimos a nuestro libro de *Los jesuitas en Venezuela*⁷⁰.

El ensayo venezolano de la República de las Letras

Con el advenimiento del Renacimiento el mundo occidental presenció innumerables transformaciones políticas, sociales, culturales y religiosas; en última instancia se fracturó el ideal de la "cristiandad" y con ella la imagen de la ciudad terrestre reflejo imperfecto de la ciudad de Dios⁷¹.

---

⁶⁴ Hubert CIESLIK y Josef WICKI. "Valignano, Alessandro". En: Charles E. O'NEILL y Joaquín Mª DOMÍNGUEZ. *Diccionario histórico de la Compañía de Jesús*. Roma-Madrid, IV (2001) 3877-3879.

⁶⁵ Joseph SEBES. "Ricci, Mateo [Nombre chino: Li Madou]". En: Charles E. O'NEILL y Joaquín Mª DOMÍNGUEZ. *Diccionario histórico de la Compañía de Jesús*. Roma-Madrid, IV (2001) 3351-3353.

⁶⁶ Estanislao OLIVARES. "Ruiz de Montoya, Diego". En: Charles E. O'NEILL y Joaquín Mª DOMÍNGUEZ. *Diccionario histórico de la Compañía de Jesús*. Roma-Madrid, IV (2001) 3437.

⁶⁷ Javier BAPTISTA y Clement J. McNASPY. "González de Santa Cruz, Roque". En: Charles E. O'NEILL y Joaquín Mª DOMÍNGUEZ. *Diccionario histórico de la Compañía de Jesús*. Roma-Madrid, II (2001) 1784.

⁶⁸ Philip CARAMAN y Clement J. McNASPY. "Masceta (Maceta, Mazeta), Simón". En: Charles E. O'NEILL y Joaquín Mª DOMÍNGUEZ. *Diccionario histórico de la Compañía de Jesús*. Roma-Madrid, III (2001) 2554.

⁶⁹ Hugo STORNI. "Cataldino (Cataldini), José (Socorros)". En: Charles E. O'NEILL y Joaquín Mª DOMÍNGUEZ. *Diccionario histórico de la Compañía de Jesús*. Roma-Madrid, I (2001) 711-712.

⁷⁰ José DEL REY FAJARDO. Los jesuitas en Venezuela. Tomo V: *Las Misiones germen de la nacionalidad*. Caracas-Bogotá, Universidad Católica Andrés Bello-Pontificia Universidad Javeriana, 2007.

⁷¹ Lucien BÉLY. "Équilibre européen". En: Lucien BÉLY. *Dictionnaire de l'Ancien Régime*.

Sin embargo, la tradición greco-latina impuso un lenguaje científico y cultural universal que fue el latín y a él hay que recurrir para comprender la interpretación no sólo de las mentalidades de los hombres que integraron las comunidades humanas sino también las visiones de la ciencia que avalaba los cambios sociales hasta comienzos del siglo XIX.

En este contexto renace una curiosa sociedad denominada "República de las Letras" que era una comunidad integrada por sabios cuyo pensamiento se desarrollaba más allá de las fronteras políticas y religiosas. Y a esta corporación la aglutinaba un ideal de fraternidad que tomó fuerza con el nacimiento de los Estados Nacionales y sobre ella quería reposar la unidad de la "Christianitas". Sus horizontes humanísticos debían garantizar a estos "ciudadanos republicanos" una doble nacionalidad: la de la nación en la que hacían vida y el Estado imaginario de los sabios[72].

Los jesuitas captaron rápidamente la ruptura creciente que se establecía entre las instituciones educativas, sus métodos y sus maestros y por otra parte la presión de las corrientes renovadoras que necesitaban garantizar un status social emergente a las nuevas sociedades.

Conscientes del valor transformador de la educación crearon un ordenamiento de sus estudios que fue experimentado en Europa, América y en algunas partes de Asia: Nos referimos a la ya reconocida internacionalmente *Ratio Studiorum*[73].

La *Ratio* era un sistema educativo innovador adaptado a la demanda social y política de la época que se encaminaba a la producción y circulación del saber y a la formación de ciudadanos cultos, probos y virtuosos. Consistía en una tarea comunitaria para preparar la modernidad, pues significaba la inserción en el mundo cultural de un talento colectivo de innovación que tenía conciencia

---

Royaume de France XVIe-XVIIIe. Siècle. Paris, PUF (1996) 496-499.

[72] Françoise WAQUET. "République des Lettres". En: Lucien BÉLY. *Dictionnaire de l'Ancien Régime. Royaume de France XVIe-XVIIIe. Siècle.* Paris, PUF (1996) 1082-1084.

[73] Eusebio GIL CORIA (Edit.). *La pedagogía de los jesuitas, ayer y hoy.* Madrid, Universidad Pontificia de Comillas, 2002.

de los mecanismos exigidos por una empresa fuera de lo común de capitalización intelectual y de organización institucional a escala internacional. Y como confiesa Luce Girad se "puede avanzar que la Compañía de Jesús fue, antes que la Academia del Cimento o la Royal Society, la primera verdadera sociedad científica"[74].

Como estatuye Roland Barthes la *Ratio Studiorum* de los jesuitas consagra la preponderancia de las humanidades y de la retórica latina en la educación de las juventudes. Su fuerza formativa la deriva de la ideología que legaliza, la "identidad entre una disciplina escolar, una disciplina de pensamiento y una disciplina de lenguaje"[75].

Si nos restringimos a los territorios que abarcó la Provincia del Nuevo Reino de Granada (Colombia, Venezuela, República Dominicana y Ecuador) hay que centralizar el problema en lo que significó el estudio del humanismo y de la enseñanza de las humanidades, primero en la Universidad Javeriana colonial[76], posteriormente en los colegios que fundaron los seguidores de Loyola en esa gran circunscripción geográfica y finalmente en las Misiones[77].

En definitiva se trata del excepcional proyecto literario que

---

[74] Luce GIARD. *Les jésuites à la Renaissance*. París (1995), p. XXV.

[75] Roland BARTHES. *Investigaciones retóricas. I. La antigua retórica*. Buenos Aires (1974) 37.

[76] Sobre este tema, véase: Juan Manuel PACHECO. "La Universidad Javeriana de Santafé de Bogotá durante la época colonial". En: José DEL REY FAJARDO (Edit.). La pedagogía jesuítica en Venezuela 1628-1767. San Cristóbal, I (1991) 77-173. José DEL REY FAJARDO. La biblioteca colonial de la Universidad Javeriana de Bogotá. Santafé de Bogotá-San Cristóbal, s/f [2001]. IDEM. Catedráticos jesuitas de la Javeriana colonial. Bogotá, 2002. Todavía sigue siendo un estudio clásico: José Manuel RIVAS SACCONI. El Latín en Colombia. Bosquejo histórico del humanismo colombiano. Bogotá, Instituto Colombiano de Cultura, 1977.

[77] La expatriación de los ignacianos neogranadinos llevada a cabo en la primigenia Provincia del Nuevo Reino y Quito dejaba atrás el testimonio de 5 universidades: Panamá, Bogotá, Popayán, Quito y Santo Domingo; la acción espiritual, educativa, social y económica de 22 colegios distribuidos en las actuales Repúblicas de Panamá, Colombia, Ecuador, Venezuela y República Dominicana y en el caso de Venezuela las instituciones educativas que sirvieron a las ciudades de Mérida, Maracaibo, Coro y Caracas; y finalmente, los dos grandes ensayos misionales llevados a cabo tanto en la Orinoquia como

constituyó la base de la formación de innumerables generaciones del Nuevo Reino (1605-1767) que aprendieron el genuino valor de la palabra[78], pues sólo existe si se da en ella algún encuentro.

Ésta fue la base de una ilustración indiana y por ello adoptamos la definición de Mario Hernández Sánchez-Barba que la conceptualiza como "una actitud, un estilo, un concepto, que permite elaborar y expresar un juicio, una idea, desde una posición eminentemente racional y crítica". Y añade: no dispone de un espacio cultural donde se produzca y desde donde se difunda al resto del mundo, "sino que se trata de una maduración que abarca un inmenso espacio de la sociedad occidental y que ofrece sus mejores resultados en el amplísimo escenario histórico del Atlántico y sus tierras continentales aledañas"[79].

Por ello insistimos que el "humanismo jesuítico" es el alma de la cultura barroca americana "cimiento de una ilustración esencialmente literaria y política que… produce el conflicto eminentemente romántico, expresado en dos direcciones: en la ideología política de la independencia… y en el pensamiento crítico de la realidad económica…"[80].

La tesis que tratamos de demostrar en este libro se centra en analizar la capacidad que tuvo la primera Compañía de Jesús en inspirar en sus diversos estamentos educativos el élan vital que proporcionaba la "República de las Letras" y en este caso concreto en las Misiones de la Orinoquia. Este estudio lo hemos verificado en la Facultad de Lenguas de la Universidad Javeriana colonial[81]

---

en la Amazonia en donde trataron de sembrar el conocimiento católico, humano, social, geográfico y científico en el corazón de Sudamérica.

[78] Juan M. PACHECO. *Los jesuitas en Colombia*. I, 540-542.

[79] Mario HERNÁNDEZ SÁNCHEZ-BARBA. "La ilustración indiana". En: *Historia de España. XXXI, 2. La época de la ilustración*. Madrid, Espasa-Calpe, XXXI (1988) 293.

[80] Mario HERNÁNDEZ SÁNCHEZ-BARBA. "La ilustración indiana", 295.

[81] José DEL REY FAJARDO. *La Facultad de Lenguas de la Universidad Javeriana colonial y la República de las Letras neogranadinas*. Bogotá, Editorial El Búho, 2010.

y en los colegios jesuíticos coloniales que sirvieron a la sociedad venezolana colonial[82].

La quiebra de la utopía

Todo este gran proyecto naufragó el 6 de julio de 1767 cuando el rey Carlos III de España expulsó a los jesuitas de todos sus dominios.

Ha sido el dramaturgo judío Fritz Hochwälder quien ha planteado los aplazamientos del Reino de Dios en la Tierra en su controversial pieza teatral *Das heilige Experiment*[83]. El fin de la utopía nunca puede ser previsto. El núcleo de esta teoría gira en torno al establecimiento de la justicia y la paz en la tierra. "La verdad y la paz no son nada si no se encarnan; pero, tan pronto como lo hacen, se ven perseguidas y tienen que refugiarse en el desierto. El hombre aspira sin cesar al reinado de la justicia, pero desde el momento en que éste se perfila en el horizonte, tiene que sacar la espada para defenderlo; entonces la mística, al convertirse en política, se degrada y reniega de si misma"[84].

El dramaturgo vienés ha recogido esta dialéctica de enfrentamiento entre el Estado y los jesuitas en el diálogo que mantienen el enviado del Rey de España y el P. Provincial de la Provincia del Paraguay en su famosa obra. El poder del Estado increpa así al representante de la utopía:

> ¿Qué habéis hecho de este país? ¿De estas pampas y estos bosques, que probablemente nunca habríamos explorado sin vosotros? ¡Un reino de amor y de justicia! Sembráis y cosecháis sin la codicia de la ganancia; los indios cantan vuestras alabanzas, y abandonan a

---

[82] José DEL REY FAJARDO. *La República de las Letras en la Venezuela colonial*. Caracas, Academia Nacional de la Historia-Universidad Católica Andrés Bello, 2007.

[83] Fritz HOCHWÄLDER. *Dasheilige Experiment*. Zurich, 1941. *Sur la terre comme au ciel*. París, 1952.

[84] Charles MOELLER. *Literatura siglo XX y Cristianismo*. Madrid, Edit. Gredos, IV (1958) 516.

nuestros colonos. Vuestros productos viajan a través del mundo, y los mercaderes españoles corren a la quiebra. Habéis instituido el reino de la paz y de la abundancia, mientras que la Madre Patria padece la miseria y el descontento. Este país que hemos conquistado al precio de nuestra sangre ¡lo engrandecéis contra nosotros! No sois, en nuestro Estado, más que un pequeño ejemplo. Nosotros nos extendemos a fuerza de guerras; vosotros a fuerza de paz. Nosotros nos disgregamos; vosotros os reunís. Mañana tendréis treinta y cinco reducciones; dentro de unos años setenta... ¿En cuánto tiempo todo el continente?... ¿Y os imagináis que podemos mirar todo esto sin hacer nada para impedíroslo? Estaríamos locos, si no os expulsáramos antes de que sea demasiado tarde. Tenéis que desaparecer. En el nombre del mismo imperio que os ha permitido vuestra experiencia civilizadora. Tenéis que desaparecer para poner fin a esta experiencia que se torna peligrosa. ¡Hay que ponerle fin![85].

De esta forma quedaba demostrada la vigencia del trasfondo ideológico –o mejor teológico– que supone la tesis de que los aplazamientos del reino de Dios, hasta su venida definitiva, transforman los ensayos teocráticos en un mundo de diáspora. Pero en 1767 se decretó el naufragio de la teocracia puramente temporal. El problema no era del Reino, (así en la tierra como en el cielo), sino el del régimen de cristiandad, de república cristiana, o mejor, de un mundo que debía de dejar de ser diáspora.

Y así, mientras surcaban las aguas del mar Caribe rumbo al exilio, contemplarían inertes cómo se distanciaban de su Orinoquia a la vez que escucharían el derrumbe del macroproyecto de redención y aculturación del indígena ensayado a través de la República de las Letras. Lo cierto es que en sus corazones quedó flotando el recuerdo de unas ruinas de lo que fueron unos sueños que sofocó el poder real.

La República cristiana de la Orinoquia había sido sepultada y su recuerdo entregado a la selva.

---

[85] *Das heiligeExperiment*. Zurich (1941) 41-42.

El libro que hoy presentamos a los estudiosos de las culturas aborígenes venezolanas se compone de un Pórtico y seis capítulos.

En el Pórtico pretendemos trazar las líneas maestras que puedan ilustrar los marcos conceptuales imprescindibles para poder ubicar en cada momento el devenir histórico de las etnias llaneras y orinoquenses. En consecuencia haremos mención a los siguientes acápites:

1. El proceso germinal de Venezuela como nación.
2. Claves para entender la historia de los pueblos indígenas venezolanos
3. El marco legal de las lenguas indígenas en América.
4. La importancia de las Misiones en la toma de conciencia la nacionalidad
5. Los territorios misionales asignados a las Órdenes religiosas.
6. Las divisiones territoriales misioneras desde el ángulo del Nuevo Reino
7. El marco espacio-temporal de las Misiones jesuíticas
8. La presencia de la Compañía de Jesús neogranadina en Venezuela
9. Los espacios lingüísticos geo-misionales
10. Las visiones históricas misionales jesuíticas analizadas a través del territorio

El capítulo 1º está dedicado a las fuentes. Quizá pueda sorprender al lector la riqueza de fuentes a las que hacemos referencia pero dada la internacionalidad de los misioneros y las publicaciones que surgieron en los más diversos países europeos pensamos que son vetas poco exploradas en el mundo hispano y pueden abrir nuevos horizontes.

Como meditación especial pensamos que las misiones ignacianas fueron una especie de prehistoria de lo que hoy designamos como "Historia local" y de lo que la filosofía actual conceptúa como "lugarización-globalización" porque contiene aquellos elementos fundantes que posteriormente adquirirán fisonomía propia y a ellos haremos referencia.

El ámbito de la lugarización tiene que ver con la afirmación de lo local, de lo vernáculo, sin que se desprecie lo global. Se puede ser "cosmopolita" sin despreciar la identidad local. Es la inclinación universal hacia la valorización de lo local pues también, cuando el lugar se circunscribe a una geografía limitada, le ofrece al hombre una capacidad mejor para autorrealizarse.

En los capítulos 2º y 3º se presenta en detalle a los protagonistas del encuentro, a saber, el indígena llanero y orinoquense y el misionero jesuita que actúa en nombre de la Provincia de la Compañía de Jesús del Nuevo Reino de Granada.

Quizá pueda parecer una larga digresión las consideraciones sobre el indígena pero las juzgamos necesarias ya que existen aparentes contradicciones en sus conductas que tienen que explicadas con una visión profundamente histórica.

En el capítulo 4º entramos de lleno en el tema y por ello lo titulamos "Los difíciles caminos del encuentro". En su desarrollo insistimos en los cuatro pasos fundamentales que tuvo que recorrer el misionero en la búsqueda del "otro", es decir, desde el aprendizaje del idioma hasta lograr la convivencia social a través del cabildo y del municipio. Y como pieza clave el "Mirray", o la fórmula del contacto.

El capítulo 5º constituye una Introducción a las que podríamos designar como "literaturas indígenas". Se trata de reconstruir las huellas de una literatura de difícil acceso para el estudioso de estos temas tan especializados.

En toda lengua no escrita se pueden detectar dos grandes estratos; el primero lo integran el vocabulario, las etimologías, la gramática y el diccionario. En un segundo nivel se cultiva la belleza de la palabra a través de las creaciones literarias aun tratándose de pueblos ágrafos. Los horizontes de la palabra, escrita u oral, son infinitos pues desde el género menor como son refranes, adivinanzas, anécdotas, consejos se llega al género mayor, vale decir, los cuentos y leyendas, los cantos rituales, la escenificación coreográfica, las sesiones de piachería y toda la mentalidad mágica que configura ese hábitat.

En concreto señalamos el "Mirray" o la literatura del primer encuentro; La catequesis como literatura del encuentro espiritual; y en tercer lugar las leyendas y los conocimientos míticos. Como se trata de una literatura oral y es poco el material escrito que ha llegado hasta nosotros recogemos dos textos publicados por el P. Felipe Salvador Gilij en su *Ensayo de Historia americana* y un marco de referencia ilustrativo como puede ser la Lingüística del Oriente venezolano.

El capítulo 6º selecciona cuatro personalidades claves para la visión jesuítica de la filología colonial venezolana pues a nuestro juicio sintetizan las cuatro grandes visiones sobre los aborígenes venezolanos y sus lenguas.

El francés Pierre Pelleprat (1606-1667) abre en 1655 en París la visión jesuítica del Oriente de Venezuela con sus proyecciones geográficas de los espacios que se ubican entre el Orinoco y el Amazonas y con la acertada cosmovisión del mundo caribe tanto insular como continental. Es la primera presencia jesuítica venezolana en las historiografías francesa, antillense y guayanesa.

El castellano Alonso de Neira (1635-1706) representa el primer ensayo misional neogranadino más allá del movimiento filológico desplegado por los seguidores del de Loyola en tierras americanas a través de las Cátedras universitarias para las lenguas indígenas. El hombre y la cultura de la nación achagua asumen conciencia de su identidad gracias a la obra misional de este desconocido jesuita.

El valenciano José Gumilla (1686-1750) con su publicación de *El Orinoco ilustrado* en 1741, en Madrid, abre la época de la ilustración de la Orinoquia. Sin lugar a dudas se situaba en un momento crucial para la historia de las ideas en el mundo occidental. Su contexto así parece indicarlo, pues, *El espíritu de las leyes*, de Montesquieu, aparece en Ginebra a finales de 1748. En el mismo año Buffon publica su primer volumen de *Historia Natural,* que sienta las bases epistemológicas de las nuevas ciencias naturales. Rousseau publica en 1749 su famoso *Discurso sobre las Ciencias y las Artes*; Condillac, su *Tratado de los Sistemas*; y D'Alambert, sus

Investigaciones sobre la precisión de los Equinoccios. Los hombres de la Orinoquia hacían acto de presencia en el mundo de la ilustración.

El italiano Felipe Salvador Gilij (1721-1789) se erige como el primer escritor orinoquense quien con personalidad intelectual propia ocupó un sitial de honor en el ámbito de las ciencias lingüísticas mundiales.

Pórtico

Si en la "República de las Letras" la Compañía de Jesús en la Nueva Granada formó las élites del humanismo cultural, también los hombres de la Universidad Javeriana colonial supieron asumir el reto de la "República cristiana" en las soledades del Llano y en lo profundo de la Orinoquia. Sin lugar a dudas, el proyecto humano y social de más aliento que llevaron a cabo jesuitas en estas regiones se puede calificar como *Una utopía sofocada*[1].

La historia de esta empresa misional es suficientemente conocida en la literatura histórica venezolana. Por este motivo sintetizo la obra espiritual llevada a cabo por los seguidores de Ignacio de Loyola en la Orinoquia con el espíritu gráfico de Jean Lacouture: la reducción fue una especie de colectivo donde se fabricaban civilizados; una forja para sociabilizar y convertir, y todo "diseñado, construido, creado para obligar a una vida en común ordenada por la razón e iluminada por la fe en un Dios único"[2].

En este contexto podemos afirmar que el compromiso que contrajo la Compañía de Jesús con la monarquía hispana se puede sintetizar en los siguientes pasos: el misionero debía convertir al indígena en súbdito del rey de España, en ciudadano de un municipio, en beneficiario de un futuro mejor y a la vez dotarlo de la lengua de Castilla y hacerlo hijo de la iglesia católica[3].

---

1   J. DEL REY FAJARDO. *Una utopia sofocada: Reducciones jesuíticas en la Orinoquia*. Caracas, Academia Nacional de la Historia, 1996.

2   Jean LACOUTURE. *Jesuitas. I. Los Conquistadores*. Barcelona-Buenos Aires-México, Ediciones Paidós, I (1993) 557.

3   Juan RIVERO. *Historia de las Misiones de los Llanos de Casanare y los ríos Orinoco*

Pero es justicia reconocer que en el delicado tema del estudio de las culturas indígenas venezolanas es de loar todo el esfuerzo científico que han venido desarrollando algunas instituciones académicas en el país, con intervalos y claroscuros, ya que en última instancia se trata colaborar con la interpretación de las raíces de la venezolanidad[4].

En este Pórtico pretendemos acercarnos al alma de los pueblos aborígenes misionados por los miembros de la Compañía de Jesús durante su estancia en tierras venezolanas (1650-1767) y por ello trazaremos las líneas maestras que ilustren los marcos conceptuales imprescindibles para poder ubicar en cada momento el devenir histórico de las etnias llaneras y orinoquenses.

I. El proceso germinal de Venezuela como nación

A fin de poder comprender con claridad la presencia jesuítica en lo que es la actual República de Venezuela es importante establecer una precisión geohistórica que alerte al lector acerca de la recta intelección del concepto de Venezuela.

La primera advertencia desentraña el concepto de Venezuela, pues tal como hoy la conocemos data de 1777, es decir, diez años después de que los jesuitas abandonaran el país tras la expulsión de Carlos III.

Se puede afirmar con toda propiedad que, hasta bien entrado el siglo XVIII, Venezuela no tenía conciencia de su proyecto

---

y Meta, Bogotá, 1956, p. 293: En 1692 describía el Consejo la acción de los jesuitas "... que no se contentan solamente con reducir a los gentiles y agregarlos a pueblos, sino que procuran también con toda solicitud enseñarlos a vivir vida social, política y económica, como también su educación en las buenas costumbres y su mayor aumento".

[4] Venezuela vivió su época dorada en la década de los años 1970 en donde sobresalieron con sus aportes científicos, entre otras, tres grandes instituciones en el estudio de los aborígenes: La Fundación la Salle, La Universidad Católica Andrés Bello y el IVIC.

de nación pues en lo político dependía de Santafé de Bogotá, en lo judicial de la Isla de Santo Domingo y en lo religioso el occidente pertenecía a la arquidiócesis de Bogotá, el oriente y Guayana a la diócesis de Puerto Rico y la parte central a la de Santo Domingo[5].

Así pues, en menos de medio siglo, entre 1777 y 1821, Venezuela recorrió apresuradamente los caminos de su verdadera identidad pues convocaría el poder administrativo, político, militar, judicial y eclesiástico.

El lento proceso unificador que se fue gestando a lo largo del siglo XVIII fue acelerando su ritmo integracionista a partir de la creación de la "Intendencia de Ejército y Real Hacienda" del 8 de diciembre de 1776[6].

Pero el paso definitivo se daría con el nacimiento de la Capitanía General de Venezuela, mediante Real Cédula del 8 de septiembre de 1777, por la que se produjo la agregación, en lo gubernativo y militar, de las provincias de Cumaná, Guayana, Maracaibo, Margarita y Trinidad (que en 1797 pasó a ser colonia británica). De esta suerte se unificaba lo que hasta ese momento había sido un mosaico de regiones en una sola entidad política, económica y militar que es el territorio de la actual república[7].

Pero todavía se añadirían dos entidades imprescindibles para la consolidación de la estructura civil de la nueva Venezuela: la primera sería la Real Audiencia de Caracas, decretada el 6 de julio de 1786, por la que se insertaba en Caracas el ámbito judicial

---

5 J. M. OTS CAPDEQUÍ. "Las Instituciones jurídicas". En: *Historia de América y de los Pueblos Americanos* dirigida por Antonio Ballesteros Baretta. Barcelona, Ed. Salvat, XIV (1959) 221-430. Rafael FERNÁNDEZ HERES. "Factores históricos determinantes en la creación del Arzobispado de Caracas". [Manuscrito]

6 Manuel LUCENA SALMORAL. "Intendencia de Ejército y Real Hacienda". En: FUNDACIÓN POLAR. *Diccionario de Historia de Venezuela*. Caracas, Fundación Polar, II (1997) 812-813.

7 Álvaro GARCÍA CASTRO. "Capitanía general". En: FUNDACIÓN POLAR. *Diccionario de Historia de Venezuela*. Caracas, Fundación Polar, I (1997) 635-642.

y administrativo que había pertenecido a Santo Domingo y Bogotá; la segunda sería el Consulado de Caracas, aprobado por Real Cédula del 3 de junio de 1793, organismo de fomento industrial y tribunal de justicia mercantil[8].

En 1803 se completaba la configuración de una Venezuela definitiva con la creación del Arzobispado de Caracas[9] pues cesaba la dependencia de la sede Metropolitana sita en Santo Domingo así como también de la zona andina perteneciente al arzobispado de Bogotá[10] y el oriente venezolano adscrito al obispado de Puerto Rico[11].

En 1810 los legisladores definieron el territorio de la nueva República y es de señalar que cada una de las provincias integrantes de la Capitanía General, decidió su propio destino autonómico de acuerdo con una identidad histórica de vieja data. Para la organización territorial el Congreso aplicó el principio del "uti possidetis juris", "como poseías de acuerdo con el derecho, poseerás"[12].

---

8   Ermila TROCONIS DE V. "Consulado de Caracas". En: FUNDACIÓN POLAR. *Diccionario de Historia de Venezuela*. Caracas, Fundación Polar, I (1997) 1032-1033.

9   Nicolás E. NAVARRO. *Anales eclesiásticos venezolanos*. Caracas, Tipografía Americana, (1929) 119-120. La Real Cédula en que se notificaba la erección del obispado de Caracas en arzobispado es del 16 de julio de 1804 y fue obedecida el 16 de noviembre del mismo año.

10 Véase: Juan Manuel PACHECO. *Historia eclesiástica*. Tomo II: *La consolidación de la Iglesia. Siglo XVII*. Bogotá, Historia Extensa de Colombia, vol., XIII, 1975. Tomo III: La *Iglesia bajo el regalismo de los Borbones. Siglo XVIII*. Bogotá, Historia Extensa de Colombia, vol., XIII, 1986.

11 Álvaro HUERGA. *La evangelización del Oriente de Venezuela*. (Los anexos del obispado de Puerto Rico). Ponce, Pontificia Universidad Católica de Puerto Rico, 1996.

12 Véase: Pablo OJER. *El Golfo de Venezuela. Una síntesis histórica*. Caracas, Instituto de Derecho Público de la UCV (1983) 9-45. El criterio quedó plasmado en el Congreso Constituyente de 1821 al ratificar la Ley Fundamental de la Gran Colombia: "El Territorio de la República de Colombia será el comprendido dentro de los límites de la antigua Capitanía General de Venezuela y el Virreinato

De esta suerte, tras la toma de conciencia por parte de Venezuela de su autonomía (1810-1812) obtendría por fin su anhelo por la libertad definitiva (1821).

Todo ello explica que grandes espacios geográficos que hoy integran la república de Venezuela pertenecieran a la administración del Nuevo Reino de Granada como son los que definen el área de los Andes venezolanos y las ingentes extensiones de Guayana.

2. Claves para entender la historia de los pueblos indígenas venezolanos

La precaución es la primera virtud que debe practicar el investigador que pretende internarse en los mundos precolombinos. La carencia de fuentes autóctonas conlleva la exigencia de que la historia debe contar con el auxilio de algunas ciencias modernas como la antropología, la etnología, la lingüística, la arqueología, etc. para de esta forma diseñar un concepto de cultura.

En el caso concreto de Venezuela, podemos afirmar que las culturas prehispánicas fueron insignificantes si las comparamos con las civilizaciones de México y Perú, pero también es verdad que dejaron sus huellas como lo demuestran algunos destellos[13]. Y podemos afirmar que este fenómeno es natural pues en los tiempos pretéritos la patria de Bolívar significó una encrucijada significativa de razas y pueblos.

Varios autores han ensayado reconstruir las áreas culturales[14] y aunque existen sus diferencias nos limitaremos a seguir

---

y Capitanía General del Nuevo Reino de Granada, pero la asignación de sus términos precisos será reservada para tiempo más oportuno (p. 12-13).

13 Véase como ejemplo: Jeannine SUJO VOLSKY. *El estudio del arte rupestre en Venezuela: su literatura, su problemática y una nueva propuesta metodológica.* Caracas, Universidad Católica Andrés Bello, 1975.

14 María Matilde SUÁREZ. "Aborígenes". En: FUNDACIÓN POLAR. *Diccionario de Historia de Venezuela.* Caracas, Fundación Polar, I (1997) 4-11.

la exposición que desarrolla Fernando Arellano en su obra *Una Introducción a la Venezuela Prehispánica*[15].

Este autor señala las siguientes zonas con sus respectivas naciones aborígenes.

La *Zona Circuncaribe* está integrada por: 1) Las culturas subandinas entre las que cita a los Timotes y Cuicas[16]. 2) Tribus al oeste del Lago de Maracaibo en la Península Guajira: Guajiros, Motilones[17], Paraujanos, Onoto, Cocinas[18]. 3) Tribus al Noroeste de Venezuela: Jirajaras, Ayamanes, Caquetíos, Quiriquires, Achaguas[19].

Áreas culturales de la Costa del Caribe. Más amplia es la lista de los componentes de esta gran área: Caracas, Tarmas, Taramayras, Chagaragotos, Teques, Meregotos, Marcíes, Arvacois, Quiriquires, Tomuzas, Mucarias, Araguas, Tacariguas, Naiguataes, Guarairas. En la Provincia de Cumanagotos hay que hacer referencia a: Cores, Tagares, Apotomos, Cuacas, Cumanagotos, Cocamimas y Chacopatas. Indios del río Güire, Caracacares, Palenques, Guaiqueríes del Unare, Guarives, Topocutos, Tasermas, Guayqueríes del Palmar (Guárico), Tozumas, Tocuyos, Carames[20].

Áreas culturales de los Llanos y el Orinoco. El autor realiza

---

    Miguel ACOSTA SAIGNES. *Estudios de etnología antigua de Venezuela*. Caracas, Universidad Central de Venezuela, 1961.

15   Fernando ARELLANO. *Una Introducción a la Venezuela Prehispánica. Culturas de las Naciones Indígenas Venezolanas.* Caracas, Universidad Católica Andrés Bello, 1986.

16   Fernando ARELLANO. *Una Introducción a la Venezuela Prehispánica. Culturas de las Naciones Indígenas Venezolanas*, 387-190.

17   Fernando ARELLANO. *Una Introducción a la Venezuela Prehispánica. Culturas de las Naciones Indígenas Venezolanas*, 190-400.

18   Fernando ARELLANO. *Una Introducción a la Venezuela Prehispánica. Culturas de las Naciones Indígenas Venezolanas*, 361-362.

19   Fernando ARELLANO. *Una Introducción a la Venezuela Prehispánica. Culturas de las Naciones Indígenas Venezolanas*, 400-443.

20   Fernando ARELLANO. *Una Introducción a la Venezuela Prehispánica. Culturas de las Naciones Indígenas Venezolanas*, 445-479.

una doble clasificación que la respetaremos de lleno. 1) Los agricultores: Otomacos, Betoyes, Sálivas, Piaroas, Tamanacos, Maipures. 2) Recolectores, cazadores y pescadores: Guaiqueríes, Guamos, Yaruros, Atures, Guahibos, Gayones[21].

Culturas de Gauayana. Caribes, Guayanos, Pariagotos, Aruacas, Guaraoos o Guaraúnos, Yanoamas o Guaicas, Maquiritares o Yecuanas, Pemones[22].

El área Chibcha. Recoge lo que algunos designan como el grupo Motilón: Motilones, Mapes, Bariras y Tunebo[23].

Con todo, todo este rico mundo temático constituye un primer marco de referencia para el estudio del mundo indígena americano pero en este momento tangencial para nuestro propósito que se reduce a Venezuela[24].

Sin embargo, estudio detallado la obra histórica y lingüística de los misioneros iría precisando algunas de las afirmaciones anteriores. Nos referimos a los franciscanos, capuchinos, dominicos y jesuitas[25].

---

21   Fernando ARELLANO. *Una Introducción a la Venezuela Prehispánica. Culturas de las Naciones Indígenas Venezolanas*, 481.595.

22   Fernando ARELLANO. *Una Introducción a la Venezuela Prehispánica. Culturas de las Naciones Indígenas Venezolanas*, 719-845.

23   Fernando ARELLANO. *Una Introducción a la Venezuela Prehispánica. Culturas de las Naciones Indígenas Venezolanas*, 362-363.

24   Es importante para este tema: Francisco Javier PÉREZ. *La historia de la lingüística en Venezuela y su investigación historiográfica*. Caracas, Academia Venezolana de la Lengua, 2005. Una visión clásica la ofrece: Julian H. STEWARD, General Editor. *Handbook of South American Indians*. Washington, DC., Smithsonian Institution, 1940-1947. Para la mejor información lingüística recomendamos: Cestmir LOUKOTKA. *Classification of Southa American Indias languages*. Caracas, Latin American Center y University of California, 1968. Bernard POTTIER. *América Latina en sus lenguas indígenas*. Caracas, UNESCO-Monte Ávila Editores, 1983. Antonio TOVAR y Consuelo LARRUCA DE TOVAR. *Catálogo de las lenguas de América del Sur con clasificaciones, indicaciones tipológicas, bibliografía y mapas*. Madrid, Edit. Gredos, 1984.

25   Puede verse un amplio resumen en: Fernando ARELLANO. *Una Introducción*

Pero dentro del marco geopolítico de lo que hoy es Venezuela no se puede pasar por alto que el estudio del binomio hombre-tierra es básico para poder interpretar toda la evolución sufrida en los tiempos coloniales tanto por la geografía así como también por la historia de sus pueblos indígenas hasta que en 1777 Venezuela comenzó a tomar conciencia de nación.

Una de las claves reveladoras de esta compleja realidad la teje la formación y la deformación del territorio nacional[26].

La que sería la espina dorsal de las misiones jesuíticas del XVII y del XVIII era el Orinoco amazónico visualizado por dos actos gubernativos. El primero se basaba en la Capitulación de la Provincia del Dorado concedida a Jiménez de Quesada el 25 de julio de 1569[27], la cual comprendía "... desde el Pauto del Orinoco-Meta-Candelaria hasta el Papamene del Amazonas y de su complejo hidrográfico naciente". La segunda sumaba a la herencia legada por el fundador de Bogotá a su sobrino Antonio de Berrío[28] la isla de Trinidad y toda la Guayana de Diego de Ordaz[29] para configurar toda una unidad territorial y gubernativa confirmada por resolución del Consejo de Indias y su consecuente aprobación

---

a la Venezuela Prehispánica. Culturas de las Naciones Indígenas Venezolanas, 217-365.

26   Para el lector interesado en el tema le remitimos al estudio de: Daniel de BARANDIARÁN. "Brasil nació en Tordesillas. (Historia de los límites entre Venezuela y Brasil). Primera Parte: 1494-1801. En: *Paramillo*. San Cristóbal, 13 (1994) 329-774. La parte que interesa corre de las páginas 329 a la 549.

27   Daniel de BARANDIARÁN. "El Orinoco amazónico de las misiones jesuíticas". En: J. DEL REY FAJARDO. *Misiones jesuíticas en la Orinoquia*. San Cristóbal, Universidad Católica del Táchira, II (1992) 129-265.

28   María Elena PARRA PARDI. "Berrío, Antonio de". En: FUNDACIÓN POLAR. *Diccionario de Historia de Venezuela*. Caracas, Fundación Polar, I (1997) 422-423.

29   Sonia GARCÍA. "Ordaz, Diego de". En: FUNDACIÓN POLAR. *Diccionario de Historia de Venezuela*. Caracas, Fundación Polar, III (1997) 405-407.

regia el 12 de octubre de 1595[30]. Así surge la Provincia integrada de "El Dorado y Guayana"[31].

Sin embargo, queremos señalar que existe una ingente multitud de investigaciones sobre las familias culturales aborígenes a las que iremos haciendo referencia en la medida que nos adentremos en el análisis particular de aquellos grupos que fueron culturizados por los seguidores de Ignacio de Loyola en la gran Orinoquia.

3. El marco legal de las lenguas indígenas en América

El estudio de la "Lingüística misional" debe encuadrarse a través de las visiones que ofrecen tres grandes instituciones: la legislación hispana con respecto a los aborígenes indianos, las misiones católicas y la organización de la Iglesia romana a través de la Congregación de Propaganda Fide y la Compañía de Jesús que irrumpe en los escenarios asiáticos, africanos y americanos con una personalidad propia.

La legislación hispana. Es lógico que se argumentase que a la romanización de grandes extensiones del viejo mundo debía corresponder la hispanización del Mundo Nuevo conquistado por los españoles. La comparación servía de estímulo para una política lingüística definida[32]. Pero la realidad fue evidenciando que América se integraba en una geografía pluricultural y plurilingüística. Por ello, pronto se llegó a la conclusión de que si a los indígenas se les debía enseñar otra lengua, además de la materna, ésta debía ser la castellana[33], pues de lo contrario, habría que someter a los

---

30 D. BARANDIARÁN. "El Orinoco amazónico de las misiones jesuíticas", 139.

31 Álvaro GARCÍA CASTRO. "Guayana, provincia de". En: FUNDACIÓN POLAR. *Diccionario de Historia de Venezuela.* Caracas, Fundación Polar, II (1997) 594-597.

32 Richard KONETZKE. *América Latina. II. La época colonial.* México (1982) 201.

33 Silvio ZABALA. *¿El castellano, lengua obligatoria?.* México, Centro de Estudios de Historia de México(1977) 21.

auctóctonos a una tarea imposible, pues, amén de la lengua general de cada circunscripción, deberían aprender el castellano, idioma oficial del nuevo Estado.

Así pues, dado que en los territorios conquistados por los españoles las relaciones Iglesia-Estado se rigieron por el Patronato[34] y por las secuelas impuestas por el Regalismo[35], es natural que muchos de los problemas que se referían a los indígenas haya que estudiarlos a la luz de las *Leyes de Indias* que generaron esta curiosa simbiosis.

Estamos ante el proceso modernizador del Estado, es decir, frente al viejo Estado feudal y al Estado-ciudad de la Edad Media surge el Estado-nación que reúne en su poder las competencias que antes funcionaban dispersas y asume nuevas responsabilidades[36]. A la luz de esta nueva perspectiva se debe estudiar el estatuto jurídico de las lenguas indígenas americanas ya que además, en la construcción de su aparato jurídico, participarían de forma predominante los moralistas y teólogos y no tanto los juristas y los hombres de Estado[37]. Así pues, lo que denominaríamos como "corpus linguarum" se fue elaborando con los dictados de leyes eclesiástico-civiles y leyes civiles-eclesiásticas con sus consiguientes secuelas[38].

Si en 1580 Felipe II ordenaba el establecimiento de las "cátedras de lenguas generales" lo hacía con el convencimiento

---

34   Alberto de LA HERA. "El Patronato y el Vicariato Regio en Indias". En: Pedro BORGES (Direct.). *Historia de la Iglesia en Hispanoamérica y Filipinas*. (Siglos XV-XIX). Madrid, Biblioteca de Autores Cristianos, I (1992) 63-80.

35   Alberto de LA HERA. "El regalismo indiano". En: Pedro BORGES (Direct.). *Historia de la Iglesia en Hispanoamérica y Filipinas*. (Siglos XV-XIX). Madrid, Biblioteca de Autores Cristianos, I (1992) 81-98.

36   J. M. OTS CAPDEQUI. *El Estado español en Indias*. México, Fondo de Cultura Económica (1957) 26, 28.

37   OTS CAPDEQUI. *El Estado español en Indias*, 13-14.

38   Rafael GÓMEZ HOYOS. *La Iglesia de América en las leyes de Indias*. Madrid, Gráficas Orbe (1961) 51.

de que de esa forma respondía a la tradición incaica recogida por Cieza de León e inspirado en Garcilaso de la Vega[39].

Pero otras serían las dificultades en el Nuevo Reino y Venezuela. Aunque la metalurgia del oro daría prestigio legendario a ciertos grupos étnicos[40], sin embargo, el mundo chibcha se constituía en una especie de "área intermedia" por ser un espacio ideal de transición tanto en lo lingüístico como en lo cultural[41] entre los límites signados al norte por el área mesoamericana de Guatemala y México, al sur con el área andina del Ecuador y Perú, y al este con el área caribe y con la amazónica[42].

En 1582 los superiores de las Ordenes Religiosas impugnaron el carácter general de la lengua muisca[43]. Mas, por otro lado muchos clérigos mestizos y criollos conocían y hablaban bien el chibcha o sus dialectos porque las habían aprendido de sus niñeras indias. Y para los peninsulares resultaba una tarea inconmensurable que la mayoría no estaba dispuesta a afrontar.

De esta suerte los partidarios de la lengua del conquistador diseñaron razones que giraban desde el obstáculo para el programa lingüístico y civilizador de España[44] hasta la tesis de que el perpetuar

---

39 Pedro CIEZA DE LEÓN. *La crónica del Perú*. Bogotá, Edit. ABC (1971) 45; 296.

40 Antonio TOVAR y Consuelo LARRUCA DE TOVAR. *Catálogo de las lenguas de América del Sur con clasificaciones, indicaciones tipológicas, bibliografía y mapas*. Madrid, Edit. Gredos (1984) 171.

41 Adolfo CONSTENLA UMAÑA. *Las lenguas del área intermedia*. [San José], Universidad de Costa Rica, 1991.

42 Ángel LÓPEZ GARCÍA. *Presentación de las lenguas y culturas chibchas*. Valencia, Universitat de València (1995) 5.

43 Alberto LEE. "Gonzalo Bermúdez, primer catedrático de la lengua general de los chibchas". En: *Boletín de Historia y Antigüedades*. Bogotá, L (1964) 196.

44 Humberto TRIANA Y ANTORVEZA. *Las lenguas indígenas en la Historia Social del Nuevo Reino de Granada*. Bogotá, Instituto Caro y Cuervo (1987) 225. Julio TOBÓN BETANCOUR. "El castellano en la Conquista y Colonia". En: *Revista de la Academia Colombiana de Historia Eclesiástica*. Medellín, n°., 31 (1973) 289. José TORRE REVELLO. "La enseñanza de las lenguas a los naturales de América". En: *Thesaurus*. Bogotá, XVII (1962) 501-526.

las lenguas vernáculas permitía a los indios mantener las idolatrías y supersticiones antiguas pasando por la supuesta sospecha de evitar los inconvenientes que pública y privadamente se achacaban a los sacerdotes mestizos y criollos[45].

Sin embargo, confesamos que esta apasionante y compleja realidad constituye un marco conceptual interesante pero lejano a nuestros propósitos y en consecuencia dejamos de lado todo el proceso que formó la tradición lingüística americana a cuya formación contribuyó eficazmente la legislación española[46] y sobre todo los Concilios nacionales, los Sínodos diocesanos locales[47] e hispanoamericanos y las disposiciones de las Ordenes Religiosas[48].

Ernesto Juan FONFRÍAS. *Siembra, cultivo y cosecha del idioma español en América*. Barcelona, Tipografía Migaza, 1966. También puede ilustrar: Rómulo VELASCO CEBALLOS. *La alfabetización en la Nueva España. Leyes, cédulas reales, ordenanzas, pastorales y otros documentos*. México, Talleres Gráficos Nº 1 de la Secretaría de Educación Pública, 1945. Silvio ZABALA. *El castellano ¿lengua obligatoria?*. México, SEI, S/f.

45   J. M. PACHECO. *Historia Eclesiástica*. Tomo 2: La consolidación de la Iglesia. Siglo XVII. Bogotá, Historia Extensa de Colombia, II (1975) 603.

46   Humberto TRIANA Y ANTORVEZA. *Las lenguas indígenas en la Historia social del Nuevo Reino de Granada*. Bogotá, Instituto Caro y Cuervo (1987) 202-287. Francisco SOLANO. *Documentos sobre política lingüística en Hispanoamérica 1492-1800*. Madrid, Consejo Superior de Investigaciones Científicas, Colección Tierra Nueva y Cielo nuevo, 1991.

47   TRIANA Y ANTORVEZA. *Las lenguas indígenas en la Historia*, 287-320. PACHECO. "Constituciones sinodales del Sínodo de 1606 celebrado por don Bartolomé Lobo Guerrero". En: *Ecclesiastica Xaveriana*. Bogotá, 5 (1955) 123-201. José RESTREPO POSADA. "El Sínodo provincial del Señor Arias de Ugarte (1625)". En: *Ecclesiastica Xaveriana*. Bogotá, 14 (1964) 158-200. Mario Germán ROMERO. *Fray Juan de los Barrios y la evangelización del Nuevo Reino de Granada*. Bogotá, Editorial ABC, 1960.

48   Esta triple problemática abarca horizontes insospechados. Desborda nuestras posibilidades de ofrecer aunque sea una bibliografía mínima fundamental. Nos limitamos a citar: Richard KONETZKE. "Die Bedeutung der Sprachenfrage in der spanischen Kolonisation Amerikas". *Jahrbuch fuer Geschichte von Staat, Wirtschaft und Gesellschaft Lateinamerikas*. Colonia, I (1964) 72-116. R. RICARD. *Le probléme de l'enseignement du Castillan*

De igual modo preterimos el caso concreto del sistema y lengua de predicación a los misionados y para ello nos remitimos a la experiencia general desarrollada a lo largo de la colonia[49] así como también a lo referente a los problemas relacionados con la inculturación[50]. Y por ello hay que ubicar esta fase dentro de la legislación hispana sobre los indígenas americanos.

La legislación vaticana. Una gran importancia adquirió en la Iglesia universal la creación de la "Congregación de Propaganda Fide" fundada por el papa Gregorio XV en 1622 para establecer la jurisdicción eclesiástica papal sobre todas las misiones católicas del mundo[51]. Su objetivo primordial era el de difundir el cristianismo por todo el universo entero y para ello necesitaba de una amplia distribución tanto de catecismos como de obras litúrgicas[52]. Su organización pretendía normar la acción misional y por ende pronto

---

aux Indiens d'Amérique durant la période coloniale. Strasburg (Sobretiro del *Bulletin de la Faculté des Lettres de Strasburg*, año 39, n. 6 (marzo 1961) 281-296). Para los Concilios nos remitimos a su correspondiente estudio en: L. LOPETEGUI, F. ZUBILLAGA, A. EGAÑA. *Historia de la Iglesia en la América española.* Madrid, Biblioteca de Autores Cristianos, nos. 248, 256, 2 vls. 1965-1966. Una excelente síntesis las ofrece Humberto TRIANA Y ANTRVEZA. *Las lenguas indígenas en la Historia social del Nuevo Reino de Granada.* Bogotá, Instituto Caro y Cuervo (1987) 193-371.

49 Pedro BORGES. "Sistemas y lengua de la predicación". En: Pedro BORGES (Direct.). *Historia de la Iglesia en Hispanoamérica y Filipinas.* (Siglos XV-XIX). Madrid, Biblioteca de Autores Cristianos, I (1992) 514-519.

50 Pedro BORGES. "La Iglesia y las culturas prehispánicas". En Pedro BORGES (Direct.). *Historia de la Iglesia en Hispanoamérica y Filipinas.* (Siglos XV-XIX). Madrid, I (1992) 670-684. Al final dispone de una selecta bibliografía sobre el tema.

51 Charles E. O'NEILL y Christopher J. VISCARDI. "Gregorio XV". En: Charles E. O'NEILL y Joaquín Mª DOMÍNGUEZ. *Diccionario histórico de la Compañía de Jesús.* Roma-Madrid, III (2001) 2983.

52 Pierre SWIGGERS. *Histoire de la pensée linguistique.* Analyse du langage et reflexion linguistique dans la culture occidentale, de l'Antiquité au XIXe siècle. París, Presses Universitaires de France (1997) 150.

atisbó la importancia de la labor editorial y de la publicación de gramáticas y vocabularios.

Si a lo largo del siglo XVI la producción lingüística se debe principalmente a los misioneros[53] sería la intervención de Propaganda Fide la que trataría de organizar a lo largo del siglo XVII la producción gramatical. Por ello Pierre Swiggers no duda en afirmar que la tarea editorial de la Congregación manifiesta una voluntad de evangelización sin límites y a la vez refleja también una interesante toma de conciencia acerca del *poder* de la lengua, y sobre todo una especie de regulación de los idiomas hablados en los ámbitos misionales. Y añade: "Este programa de conquista y de conversión lingüística tenía la gran ventaja de fundamentarse en una fuerte centralización administrativa y sobre una modelización lingüística que, si podía parecer etnocentrista y apriorística, permitía una difusión y también una inter-comprensión, dentro de un continuum de representación conceptual (reacio a toda ruptura deliberada de comunicación)"[54].

Sin embargo, la ingente producción lingüística de esta especie de dicasterio romano se centró fundamentalmente en el gran anillo geográfico del medio Oriente con sus ramificaciones en la Europa oriental e incluso en el Japón[55] y en el siglo XVII no se asomó a las tierras amerindias. Ello no excluye que sus orientaciones no dejaran de influir en las Ordenes religiosas que laboraban en tierras colombinas[56].

---

53   Véanse entre otros: Ángel RUBIO. *De la obra cultural de la Antiqua España. Trabajos filológicos en Indias durante los siglos XVI, XVII y XVIII*. Panamá, Instituto Panamericano, 1939. Joaquín García ICAZBALCETA. *Bibliografía mexicana del siglo XVI*. México, Fondo de Cultura Económica, 1954. John H. ROWE. "Sixteenth- and Seventeenth-Century Grammars". En: Dell HYMES (Edit.). *Studies in de History of Linguistics. Traditions and Paradigms*. Bloomington, Indiana University Press (1974) 361-379.

54   Pierre SWIGGERS. *Histoire de la pensée linguistique*, 155.

55   Pierre SWIGGERS. *Histoire de la pensée linguistique*, 151-152.

56   Félix ZUBILLAGA. "La Sagrada Congregación de Propaganda Fide y la América

La actitud de la Compañía de Jesús. Desde su nacimiento en 1540 la Compañía de Jesús expresó su vocación universal tanto en la pasión por las nuevas geografías como por su fervor en pro de las lenguas que interpretan el ser de los pueblos[57].

Ya en las propias *Constituciones* de la Orden, aprobadas en 1552, se establece el estudio del latín y griego en las Facultades de Teología "y también de otras [lenguas] como es la hebrea, caldea, arábiga y *indiana*"[58]. Y más adelante todavía especifica que cuando se diseñe una nueva universidad habrá que preparar sujetos de forma que puedan enseñar "para entre Moros o Turcos, la arábiga sería conveniente a la caldea; si para entre Indios, la indiana; y así de otras por semejantes causas podría haber utilidad mayor en otras regiones"[59].

El Colegio Romano[60] se constituyó en el mejor intérprete de la visión lingüística de la nueva Orden religiosa de forma tal que no solo comenzó a publicar en lengua arábiga como la traducción a esta lengua de los decretos del Concilio de Trento por medio de

---

española del setecientos". En: *Sacrae Congregationis de Propaganda Fide memoria rerum.* Freiburg, Edit. Herder, II (1973) 1066-1094.

57   George A. DE NAPOLI. "Lingüística". En: Charles E. O'NEILL y Joaquín Mª DOMÍNGUEZ. *Diccionario histórico de la Compañía de Jesús.* Roma-Madrid, III (2001) 2360-2366. Javier BAPTISTA. "VII. Lingüística". En: Charles E. O'NEILL y Joaquín Mª DOMÍNGUEZ. *Diccionario histórico de la Compañía de Jesús.* Roma-Madrid, I (2001) 130-133.

58   Ignacio de LOYOLA. *Constituciones de la Compañía de Jesús.* En: Ignacio IPARRAGUIRRE, Cándido de DALMASES y Manuel RUIZ JURADO. *Obras de San Ignacio de Loyola.* Madrid, Biblioteca de Autores Cristianos (1991) 558-559. [En adelante citaremos por la numeración interna que tradicionalmente ha sido adoptada en tan importante documento]. El texto en: *Constituciones* [447].

59   *Constituciones* [449].

60   Sobre la importancia de esta gran universidad internacional, véase: Mario COLPO. "Colegio Romano (Universidad Gregoriana desde 1873)". En: Charles E. O'NEILL y Joaquín Mª DOMÍNGUEZ. *Diccionario histórico de la Compañía de Jesús.* Roma-Madrid, I (2001) 848-850.

Gianbattista Eliano[61] sino que además impulsó en la Compañía de Jesús el envío de imprentas a Japón, Goa, Cochín y probablemente a Perú, China y Filipinas para de esta forma dar respuesta a las exigencias de las nuevas cristiandades mediante la publicación de gramáticas, diccionarios y otros tipos de textos requeridos para la correcta evangelización[62]. Y para el continente americano nos remitimos a Javier Baptista[63].

La Provincia del Nuevo Reino tuvo su matriz en la del Perú y por ello es lógico pensar que heredó los criterios fundamentales que insipiraron el modo de proceder jesuítico peruano. Ciertamente las autoridades ignacianas limeñas otorgaron desde su inserción en tierras del Virreinato una importancia singular al aprendizaje de las diversas lenguas "indianas"[64].

En todo caso el arquetipo misional desarrollado por los jesuitas peruanos fue el de Juli[65], reducción situada en las alturas del lago Titicaca, en cuyo diseño colaboraron tanto la inteligencia de hombres como José de Acosta y Diego de Torres como las experiencias llevadas a cabo por los jesuitas porgueses en la India

---

61   Fue profesor en el Colegio Romano de lenguas orientales y se dedicó a publicar en árabe textos teológicos, bíblicos y patrísticos. Dominaba a la perfección el hebreo que había aprendido con su tío el rabino Elías Levita. Véase: Charles LIBOIS. "Eliano (Romano), Giovanni Battista". En: Charles E. O'NEILL y Joaquín Mª DOMÍNGUEZ. *Diccionario histórico de la Compañía de Jesús*. Roma-Madrid, II (2001) 1233-1234.

62   George A. DE NAPOLI. "Lingüística", III, 2361.

63   Javier BAPTISTA. "Los jesuitas y las lenguas indígenas". En: CONGRESO INTERNACIONAL DE HISTORIA. *La Compañía de Jesús en América: Evangelización y Justicia. Siglos XVII y XVIII*. Córdoba (1993) 11-21.

64   Para una visión general, véase: Armando NIETO. "Perú". En: Charles E. O'NEILL y Joaquín Mª DOMINGUEZ. *Diccionario histórico de la Compañía de Jesús*. Roma-Madrid, III (2001) 3104-3111.

65   ARSI. N. R. et Q., 1. Fol., 8v. *Carta del P. General al P. Gonzalo de Lyra*. Roma 1609. "La doctrina de Cagicá se ponga como la de Juli". Véase Alfonso ECHÁNOVE. "Origen y evolución de la idea jesuítica de *Reducciones* en las Misiones del Virreinato del Perú". En: *Missionalida Hispanica*. Madrid, XII, nº 34 (1955) 95-144; XIII, nº 39 (1956) 497-540.

y Brasil[66]. La proyección de los jesuitas limeños se realizaría hacia el sur a través del Paraguay y Mojos y por el norte Mainas y el Orinoco.

Para poder acercarnos al valor que adquiría la presencia en la Compañía de Jesús de hombres que llevaban en la sangre la fusión de las dos razas –la hispana y la americana- nos referiremos al quichuista y aymarista, Blas Valera (1545-1597)[67]. Había nacido en 1545 en Chachapoyas y sus padres fueron el capitán y encomendero Luis Valera y Francisca Pérez, india emparentada con la aristocracia incaica. Ingresó en la Compañía de Jesús el año 1568 y se había ordenado de sacerdote en 1573. El Inca Garcilaso de la Vega lo definía hacia 1600 como "insigne varón religioso de la santa Compañía de Jesús" y con respecto a su formación humanística elogiaba su "elegantísimo latín"[68]; y la *Historia anónima del Perú*, en las mismas fechas, señalaría que Blas Valera y Bartolomé de Santiago eran "famosos lenguas en todo este reyno y grandes predicadores de indios"[69].

De 1582 a 1584 llevaría a cabo en Lima las tareas de traducción de la documentación producida por el tercer concilio de

---

66   Véase: Martín MORALES. "Reducciones". En: Charles E. O'NEILL y Joaquín Mª DOMÍNGUEZ. *Diccionario histórico de la Compañía de Jesús*. Roma-Madrid, I (2001) 111-114. Javier BAPTISTA y Cayetano BRUNO. "Paraguay". En: Charles E. O'NEILL y Joaquín Mª DOMÍNGUEZ. *Diccionario histórico de la Compañía de Jesús*. Roma-Madrid, III (2001) 3032-3038.

67   Francisco Borja MEDINA. "Blas Valera y la dialéctica <exclusión-integración del otro>". En: *Archivum Historicum Societatis Iesu*. Roma, LXVIII (1999) 229-268.

68   GARCILASO DE LA VEGA. *Comentarios Reales de los Incas*. En: *Obras completas del Inca Garcilaso de la Vega*. Edición y estudio preliminar del P. Carmelo Sáez de Santamaría. Madrid, II (1960) 13. [I Parte. Libro I. Capítulo VI].

69   Francisco MATEOS (Edit.). *Historia general de la Compañía de Jesús en la Provincia del Perú*. Crónica anónima de 1600 que trata del establecimiento y Misiones de la Compañía de Jesús en los países de habla española en la América Meridional. Madrid, Consejo superior de Investigaciones Científicas, II (1944) 17.

Lima. Según Enrique Bartra[70], Valera colaboró junto con el también mestizo Bartolomé de Santiago y otros en las traducciones del quechua "como revisor y censor" y en las del aymara "como encargado y principal traductor del catecismo, confesionario y sermonario redactados en castellano, fundamentalmente, por el P. José de Acosta"[71].

Llegados en 1604 los jesuitas a Santafé de Bogotá toman posición de inmediato en la polémica existente sobre el estatuto de las lenguas indígenas y las políticas de hispanización de los aborígenes.

Los jesuitas europeos se enfrentaban a una tarea desconocida pero disponían de una metodología abierta para facilitar nuevos descubrimientos, pues en las casas del saber del viejo continente habían aprendido, a través del humanismo, a diseñar un modelo cultural paradigmático a través del cual se podían asomar a otros espacios humanos, pues su inspiración consistía en llegar a construir nuevos mundos.

Con ellos, tres corrientes culturales se insertan en la tipología lingüística neogranadina al iniciarse el siglo XVII: la española, la italiana y la criolla.

Los pueblos ibéricos se habían acostumbrado al diálogo del romance con el árabe y el hebreo a través de sus Escuelas de Traductores como las de Toledo, Ripoll y Tarazona durante toda la Edad Media. Incluso, consumada la unidad nacional bajo los Reyes Católicos, Pedro de Alcalá publicará en 1501 su *Vocabulista in Arabigo* para enseñar árabe a los predicadores cristianos. Ello significó el reconocimiento de la existencia del otro y que el latín no era molde obligado para la verbalización del pensamiento[72].

Italia, cuna del Renacimiento, gozaba de una larga tradición

---

70   Enrique T. BARTRA. "Los autores del Catecismo del Tercer Concilio Limense". En: *Mercurio Peruano*. Lima, nº., 470 (1967) 359-372.

71   Francisco Borja MEDINA. "Blas Valera y la dialéctica <exclusión-integración del otro>", 235.

72   Ángel LÓPEZ GARCÍA. "Una tipología lingüística avant la lettre: Los gramáticos de la lengua muisca". En: R. ESCAVY. J. M. HERNÁNDEZ TERRES y A.

en el cultivo de la Filología clásica y bíblica que le había abierto al conocimiento crítico y humanístico de idiomas como el latín, el griego, el hebreo, el siríaco, y otros. La obra de Lorenzo Valla (1407-1457) inspiraría junto con Dante, Bocaccio y Petrarca el humanismo italiano.

Lo cierto es que la escuela jesuítica italiana se abriría a todos los mundos conocidos en una simbiosis llamativa en la que la racionabilidad lingüística correría pareja con la científica. Así lo demostraría Mateo Ricci en China o Roberto Nóbili (1577-1656) en la India, quien fue el primer europeo que llegó a dominar perfectamente el sánscrito[73], lengua que sería clave en las postrimerías del XVIII para la creación de la moderna lingüística comparada.

También los jesuitas criollos neogranadinos accedieron al mundo indígena a través de sus lenguas, pues las supieron por haberlas aprendido en sus hogares y podían así entender el reto de un entorno que era parte de su suelo patrio. Quizá el mejor arquetipo lo constituya el neogranadino de Villa de Leiva, P. Juan de la Peña[74].

La correspondencia oficial mantenida por los Generales de la Orden con los Provinciales del Nuevo Reino insiste de forma meridiana en "que es la primera obligación de la Compañía en esas Provincias. Sé los repetidos órdenes de mis antecesores sobre esta materia que en todas ocasiones la encargan a los Provinciales de las Indias como de tanta importancia. Y así encargo yo a V. R. y a sus sucesores (...) con todas las veras de mi afecto; porque deseo vivísimamente promover las Misiones y he de aplicar a este fin todos los medios posibles"[75].

ROLDÁN (Eds.). *Actas del Congreso internacional de historiografía lingüística*. Madrid, Nebrija V Centenario 1492-1992, pp. 37-52.

73   K. M. PANIKKAR. *Asia and Western Dominance*. London, Published by George Allen & Unwin Ltd. (1955) 383.

74   DEL REY FAJARDO. *Bio-bibliografía de los jesuitas en la Venezuela colonial*. San Cristóbal-Santafé de Bogotá (1996) 187-188.

75   APT. Leg., 132, fol. 8. *Carta del General Tyrso González al Provincial Juan de Santiago*. Roma, 9 agosto 1687. Y en carta al Visitador Diego Francisco

4. La importancia de las Misiones en la toma de identidad de Venezuela

La génesis de las misiones institucionales en Venezuela parece surgir de la atroz guerra que patrocinó la denominada Conquista de los Cumanagotos (1632-1645) llevada a cabo por el catalán Juan de Urpín[76] que se colocó de espaldas a toda la legislación sobre la convivencia hispano-indígena tal como podía desprenderse de la *Política Indiana* de Juan de Solórzano Pereira. El exceso de brutalidad cometido en esta "pacificación de indios bravos" llevó a la corona a aceptar la proposición de la Iglesia proveniente tanto de Francisco Rodríguez Leyte[77] como de los obispos de Puerto Rico Damián López de Haro[78] y Fernando Lobo de Castrillo[79] y asignar esta "conquista espiritual", en 1654, a los franciscanos[80].

Altamirano, fechada en Roma el 29 de febrero de 1692 dice: "Es tan necesario para los ministerios más propios y más apostólicos de aquellas Provinzias este estudio de la lengua, que por todos los medios se debe promover *(Ibidem,* fol. 63v.). El 6 de septiembre de 1617 escribía el General desde Roma al Provincial del Nuevo Reino una carta en la que dedicaba un capítulo a "Promover el ministerio de los yndios y estimar los obreros" y daba varias razones. Y concluía: "La otra es encargar y rogar a Vuestra Reverencia que tome muy a su cargo la conservacion y promocion desse ministerio como tan proprio de la Compañía y de tanto servicio y gloria de Dios. Para esto ayudara tener particular cuidado de que los indios aprendan la lengua según los ordenes tantas vezes repetidos; estimar y honrar los Padres lenguas que mas se fueren señalando en semejante empresa; y persuadirse que por este camino les habra hazer Dios merced etc". (ARSI. N. R. et Q., 1, fol., 52v)

76   Marco Aurelio VILA. "Orpín, Juan de". En: FUNDACIÓN POLAR. *Diccionario de Historia de Venezuela.* Caracas, III (1997) 443-444.

77   Lino GÓMEZ CANEDO. *Las Misiones de Píritu. Documentos para su historia.* Caracas, Biblioteca de la Academia Nacional de la Historia, I (19679) 62-69.

78   Álvaro HUERGA. *La evangelización del Oriente de Venezuela.* (Los anexos del obispado de Puerto Rico). Ponce, Pontificia Universidad Católica de Puerto Rico (1996) 143-170.

79   Álvaro HUERGA. *La evangelización del Oriente de Venezuela*, 171-182.

80   Pablo OJER. "Las Misiones carismáticas y las institucionales en Venezuela". En:

Las Misiones institucionales se definieron por dos características fundamentales: la propagación de la fe y la protección del territorio[81]. Estamos ante una institución político-religiosa del régimen español en Venezuela ubicada dentro del marco del patronato regio.

Sin embargo, es importante precisar que la "misión" o "reducción" constituyó un régimen provisional, de excepción y transitorio que según las Leyes de Indias debía durar 10 años y después transformarse en "doctrina". Es un error histórico, pues, afirmar que las misiones eran enclaves autónomos de gobierno religioso dentro de las provincias políticas. La condición legal de la misión era provisional y temporal y constituía un paso previo antes de alcanzar el carácter definitivo de doctrina y por supuesto dependían en última instancia en lo político del gobernador de la provincia en que estaban situadas y en lo religioso del obispo de la circunscripción eclesiástica a la que estaban adscritas[82].

Mas, dentro del concepto de "Misiones institucionales" se dan algunas variantes y casi podríamos aseverar que "institucionales" son todas aquellas que no son "carismáticas". La reducción trataba de integrar al indígena al sistema político y religioso español y de esta forma garantizar la existencia pacífica de las ciudades. Por ello se fundan al lado de las villas de españoles y bajo ese esquema funcionaron los capuchinos que laboraron en los Llanos venezolanos. Por el contrario los jesuitas siempre rechazaron la presencia hispana en sus reducciones y así lo estudiaremos más adelante.

José DEL REY FAJARDO. *Misiones jesuíticas en la Orinoquia*. San Cristóbal, I (1992) 159-160.

81   El Orinoco siempre fue una "llave" para poder acceder al Nuevo Reino y al Perú. Véase: Santiago Gerardo SUÁREZ. *Las Instituciones militares venezolanas del período hispánico en los archivos*. Caracas, Academia Nacional de la Historia (1969) XXVIII-XXX.

82   Es interesante la síntesis que trae Pablo Ojer sobre las dos concepciones misionales: OJER, Pablo. "Las Misiones carismáticas y las institucionales en Venezuela". En: José DEL REY FAJARDO. *Misiones jesuíticas en la Orinoquia*. San Cristóbal, I (1992) 160-167.

No ha sido fácil hasta el momento la comprensión serena de lo que fueron las Misiones en la Venezuela profunda durante la etapa colonial pues existen opiniones muy encontradas nacidas más de las ideologías del que escribe que de la verdadera realidad de los hechos.

Un panorama de la visión que manejaban en la década de los años 50 grandes sectores universitarios en Venezuela lo ofrece Pablo Ojer en dos sugerentes artículos publicados en la Revista Sic[83]. Está fuera de toda discusión el influjo que ejerció Alejandro de Humboldt en gran parte de la historiografía venezolana[84], pero dentro de sus aciertos al describir las misiones también comete errores conceptuales que afectan no solo a los misioneros sino a la propia Expedición de Límites de 1750[85].

Con todo, pensamos que será útil presentar tres breves visiones sobre el tema misional: una proveniente de la historia de la cultura venezolana, otra desde la perspectiva de los conflictos sociales y la tercera desde el campo de la interpretación de la historia moderna.

Mario Briceño-Iragorri después de analizar los comentarios adversos a la institución misional, realza la figura del misionero y estatuye "nada tan hermoso como el estudio de esta corriente silenciosa y humilde que riega la tierra aridecida por las luchas. El misionero representa toda la idealidad fecunda de la cultura que reclama nuevos horizontes: a él se deberá la vida de tantos pueblos,

---

[83] Pablo OJER. "Historia Patria y sectarismo". En: *SIC*. Caracas, nº., 120 (1949) 455-458; 121 (1950) 15-22.

[84] Puede verse en: Angelina LEMMO. *Historiografía colonial de Venezuela*. Caracas, Universidad Central de Venezuela (1983) 268-314.

[85] Para el interesado en verificar estos puntos nos remitimos a: Agustín de VEGA. *Noticia del principio y progresos del establecimiento de las Misiones de gentiles en el río Orinoco por la Compañía de Jesús*. Estudio introductorio: José del Rey Fajardo sj y Daniel de Barandiarán. Caracas, Academia Nacional de la Historia (2000) 348-352; 363-367; 368-369; 378; 414-415. Daniel de BARANDIARÁN. "Brasil nació en Tordesillas. (Historia de los límites entre Venezuela y Brasil). Primera Parte: 1494-1801. En: *Paramillo*. San Cristóbal, 13 (1994) 633-635.

a él es acreedora la raza vencida de su anexión a los nuevos mandatos civilizadores… Las sandalias del misionero ni polvo levantan al andar, y sin embargo, cuán fecunda fue para el porvenir de los pueblos su obra de abnegación y sacrificio"[86].

El colombiano Indalecio Liévano Aguirre sitúa en la escena americana la conflictividad de los conquistadores españoles, hombres típicos del Renacimiento, quienes desataron en nuestro suelo el reinado del espíritu del lucro, pero, de inmediato contrapone el freno religioso al afirmar que "fue también la América española donde se efectuó uno de los más trascendentales experimentos de la Contrarreforma: las misiones jesuitas"[87].

Wolfgang Reinhard parte del supuesto que la modernización de la Compañía de Jesús se debió a su programa pedagógico y a sus proyectos misionales fuera de Europa. Y estatuye: "Por muy controvertidos que hoy sean, los intentos de adaptar el mensaje cristiano a las concepciones autóctonas y de propiciar un cambio cultural dirigido, que [la Orden] llevó a cabo en sus misiones, representan algunas de las escasas alternativas serias al por lo demás brutal etnocentrismo de la expansión europea por todo el planeta y constituyen, por eso mismo, un experimento de seductora actualidad"[88].

---

[86] Mario BRICEÑO IRAGORRY. *Tapices de Historia Patria*. Ensayo de una Morfología de la Cultura Colonial. Caracas, Talleres Litográficos de Impresos Urbina 81982) 83.

[87] Indalecio LIÉVANO AGUIRRE. *Los grandes conflictos sociales y económicos de nuestra historia*. Bogotá, Círculo de Lectores (2002) 203.

[88] Wofgang REINHARD. "Gegenreformation als Modernisierung? Prolegomena zu einer Theorie des konfesionellen Zeitalters". En: *Archiv für Reformationsgeschichte*. Gütersloh, 68 (1977) 241. [226-252]. Citado por Michael SIEVERNICH. "La Misión de la Compañía de Jesús: inculturación y proceso". En: José Jesús HERNÁNDEZ PALOMO y Rodrigo MORENO JERIA (Coord.). *La Misión y los jesuitas en la América española, 1566-1767*. Sevilla, Consejo Superior de Investigaciones Científicas-Escuela de Estudios Hispano-Americanos (2005) 284-285.

5. Los territorios misionales asignados a las Órdenes religiosas

La biografía de las misiones en Venezuela durante el período hispánico interpreta no solo la formación del territorio nacional sino también las diversas formas de mestizaje y la integración del indígena al régimen español. Por ello, es punto digno de consideración estudiar el proceso de integración nacional tomando como uno de los puntos de partida las denominadas Misiones institucionales que se inician en Tierra Firme al mediar el siglo XVII.

Cinco fueron las órdenes religiosas que laboraron con los indígenas venezolanos: los capuchinos[89] asumirían bajo su responsabilidad la mayor parte de la geografía comprendida entre el Orinoco y la costa caribe; seguirían en importancia los franciscanos[90] y los jesuitas[91]; finalmente, tanto en el espacio como en tiempo, actuarían los dominicos[92] y los agustinos[93].

Entre 1655 y 1660 se establece en las provincias de Venezuela y de la Nueva Andalucía el inicio de las "Misiones institucionales", denominación que las distingue de las "Misiones carismáticas" que se establecieron en Cumaná en los albores del siglo XVI[94].

Las dependientes del Nuevo Reino de Granada se organi-

---

[89] Una síntesis la ofrece Fray Buenaventura de CARROCERA. *Lingüística Indígena Venezolana y los Misioneros Capuchinos.* Caracas, Universidad Católica Andrés Bello, 1981.

[90] Odilo GOMEZ PARENTE. *Labor franciscana en Venezuela: I. Promoción indígena.* Caracas, Universidad Católica Andrés Bello (1979) 144-152.

[91] José DEL REY FAJARDO. "Introducción al estudio de la Historia de las Misiones jesuíticas en la Orinoquia". En: J. DEL REY FAJARDO. *Misiones jesuíticas en la Orinoquia.* San Cristóbal, I (1992) 197-682.

[92] Alberto E. ARIZA. *Los dominicos en Venezuela.* Bogotá, 1971.

[93] Fernando CAMPO DEL POZO. *Los Agustinos y las lenguas indígenas de Venezuela.* Caracas, Universidad Católica Andrés Bello, 1979.

[94] Para sus características véase: Pablo OJER. "Las misiones carismáticas y las institucionales en Venezuela", 160-163.

zarían, tras el Convenio de Misiones, que data del 12 de julio de 1662, suscrito en Santafé de Bogotá por todas las Ordenes que laboraban en los espacios misionales neogranadinos[95].

El sustrato de la organización política territorial en el que se desarrollarían las misiones estaba compuesto por cinco provincias: Margarita (1525), Venezuela (1528), La Nueva Andalucía (1568), Guayana (1568) y la de Mérida-La Grita y Maracaibo (1676)[96].

En este contexto pasamos a describir el marco de referencia en la ubicación geográfica de las misiones venezolanas a lo largo del siglo XVII.

Aunque al principio se les encargó a los franciscanos toda la Provincia de la Nueva Andalucía, casi de inmediato tuvieron que compartirla con los capuchinos aragoneses. Las denominadas misiones de Píritu se estrenan en 1656. La línea divisoria con los capuchinos quedó más o menos establecida de la siguiente manera. Los ríos Manzanares y Guarapiche hasta Maturín y desde aquí una línea ideal hasta las Barrancas del Orinoco. Por el occidente llegarían en sus actividades hasta la ensenada de Higuerote y hacia el sur colindaría con los límites de la Provincia de Venezuela[97].

Los capuchinos aragoneses se ubicaron en Cumaná, entre los franciscanos y el mar. El 3 de febrero de 1658 el Gobernador de la provincia cumanesa, don Pedro de Brizuela[98], en común acuerdo con ambos cabildos, fijaron como escenario misional las tierras "que caen dentro de los linderos de este gobierno y hasta alindar con la Guayana"[99]. En una primera fase (1658-1700) el quehacer misional

---

95   ANB. *Conventos*, t. 68, fol., 437.

96   Para el estudio jurídico véase: Allan R. BREWER-CARIAS. *La ciudad ordenada*. Madrid, Instituto Pascual Madoz. Universidad Carlos III de Madrid. Boletín Oficial del Estado, 1997.

97   Odilo GÓMEZ PARENTE. *Labor franciscana en Venezuela: I. Promoción indígena*. Caracas, Universidad Católica Andrés Bello (1979) 144-152.

98   Omar Alberto PÉREZ. "Brizuela, Pedro de ".FUNDACIÓN POLAR. *Diccionario de Historia de Venezuela*. Caracas, Fundación Polar, I (1997) 546.

99   Reunión de Cumaná del 3 de febrero de 1658. AGI. *Santo Domingo*, 705. Publicado en: *Venezuela Misionera*. Caracas 20 (1958) 300-302. Según Carrocera

se desarrolla con los indios chaimas ubicados entre Cumaná y Río Caribe. La segunda fase se extiende entre los años 1700 y 1736 y se orienta a colonizar el río Guarapiche dominio de los caribes y centro de intercambio de esta etnia con sus hermanos de las islas. Las acciones del gobernador José Francisco Carreño[100] obligan a los caribes a retirarse a la obra banda del Orinoco y se constituyen en el quebradero de cabeza de las recién fundadas misiones jesuíticas. La tercera fase (1736-1760) se caracteriza por extender la acción civilizadora a los habitantes de la Península de Paria y costa del Golfo Triste, es decir, a los pariagotos y a los guaraúnos que llegaban allí como lugar de encuentro comercial[101].

Los capuchinos catalanes se instalan en Guayana y Trinidad en 1682 al retirarse los jesuitas por falta de operarios. Al principio se les asignó de manera general "la provincia de Guayana" pero sus límites definitivos se fijarían el 20 de marzo de 1734 en la denominada Concordia de Guayana, ratificada el 16 de septiembre de 1736 por real cédula[102]. Su jurisdicción partía de la Angostura y siguiendo el curso del río Orinoco por la banda derecha hasta el mar. Por el poniente su frontera era artificial y se trazaba una línea imaginaria entre Angostura y las posesiones portuguesas. El resto de su territorio lo configuraban las posesiones de la Guyana francesa y la Guyana holandesa. El verdadero despliegue misional data de

---

(*Lingüística Indígena Venezolana y los Misioneros Capuchinos*. 15) los límites serían: "Partiendo de la ciudad de Cumaná y echando una línea ideal, se continuaba aguas arriba del curso del río Manzanares hasta los cerros de Bergantín, siguiendo luego en dirección al Orinoco pero no en línea recta sino algo curva, de tal modo que fuese a morir un poco más abajo de la isla de Fajardo y antes de las llamadas bocas del gran río. Se proseguía después por la banda izquierda del Orinoco y a lo largo de la boca de los Navíos, continuando por ella hasta desembocar en el mar. Abarcaba asímismo el delta orinoquense, hoy llamado Delta Amacuro, bordeando la costa de Golfo Triste así como la Península Paria para ir a finalizar en la propia ciudad de Cumaná".

100 Omar Alberto PÉREZ. "Carreño, José Francisco". En: FUNDACIÓN POLAR. *Diccionario de Historia de Venezuela*. Caracas, Fundación Polar, I (1997) 699.
101 CARROCERA. *Lingüística Indígena Venezolana…*, 17-22.
102 CARROCERA. *Lingüística Indígena Venezolana…*, 167-168.

1724 y hasta 1817 fundarían 52 pueblos de los que subsistirían en el momento de su retiro de esas regiones solamente 30[103].

Los capuchinos andaluces se estrenan en los Llanos centrales en 1658. La asignación de los límites misionales de esta zona es muy imprecisa. Los documentos oficiales hacen referencia en primer lugar a los indios guamonteyes y posteriormente al concepto impreciso de los Llanos de Caracas. Por el occidente su vitalidad chocaría con las misiones dominicas de Barinas. La frontera oriental tuvo como señal la provincia de Venezuela: desde el río Unare hasta el origen de la sierra de Pariaguán. Pero desde esta posición hasta el Orinoco la delimitación estaría sujeta a los conflictos territoriales surgidos entre las provincias de Venezuela y Cumaná y culminaría en 1743 mediante decisión del Consejo de Indias[104]. Por el sur entablarían un contencioso con los jesuitas, precisamente por la fundación de Cabruta.

En escenarios más lejanos que los anunciados, los capuchinos valencianos comenzarían la misión más occidental desde dos vertientes distintas: la primera, en 1694, desde Santa Marta, y le señalaban como territorio "el paraje del obispado de Santa Marta y donde residen los indios que llaman guajiros que están confinantes al río de la Hacha". El 11 de junio de 1699 se expedía una real cédula que autorizaba la evangelización desde Maracaibo y después se ampliaría a toda la provincia de "Mérida, La Grita y Ciudad de Maracaibo"[105].

Los agustinos adoctrinaron una vasta región de los actuales Estados andinos Táchira y Mérida, la cuenca del Lago de Maracaibo, algunos pueblos del Estado Barinas con incursiones a los ríos Apure y Arauca[106]. Sin embargo su apostolado se basó fundamentalmente en los pueblos de doctrina.

---

103   CARROCERA. *Lingüística Indígena Venezolana...*, 175-178.

104   B. CARROCERA. *Misión de los Capuchinos en los Llanos de Caracas*. Caracas, Academia Nacional de la Historia, I (1972) 153 y ss.

105   CARROCERA. *Lingüística Indígena Venezolana...*, 274-275.

106   Fernando CAMPO DEL POZO. *Historia documentada de los Agustinos en*

Los dominicos asumieron el compromiso misional, de forma institucional permanente en la que fue la Provincia de Barinas a partir de 1709. Como provenían del Nuevo Reino de Granada su proyección miró primero hacia el río Apure y tras la expulsión de los jesuitas en 1767 se prolongaron por las misiones de Casanare[107]. Como no son actores en el presente trabajo citamos solo su ubicación[108].

La espina dorsal de las misiones jesuíticas del XVII y del XVIII era el Orinoco amazónico en su versión de la Provincia integrada de "El Dorado y Guayana".

En 1646 los jesuitas neogranadinos habían acampado en Guayana y con intervalos se mantendrían hasta 1681. A partir de 1661 bajarían por el Casanare y el Meta hasta el Orinoco y durante el siglo XVII tratarían de asentarse en la parte alta del Orinoco medio[109].

6. LAS DIVISIONES TERRITORIALES MISIONERAS DESDE EL ÁNGULO DEL NUEVO REINO

El presidente del Nuevo Reino, don Diego Egües de Beaumont (1662-1664)[110], propuso al Rey, en carta del 15 de junio de 1662, la

    Venezuela durante la época colonial. Caracas, Academia Nacional de la Historia, 1968.

107   Juan M. PACHECO. *Historia Eclesiástica.* Tomo 3. *La Iglesia bajo el regalismo de los Borbones.* Bogotá, Historia Extensa de Colombia, volumen XIII, tomo 3 (1986) 262-271.

108   José DEL REY FAJARDO. "Misiones dominicanas de Casanare (1767-1780)". En: Conferencia Episcopal venezolana. Dominicos de Venezuela. *500 años de evangelización. Dominicos en Venezuela.* Actas del Congreso Internacional de Historia. Mérida-Caracas, Octubre 1998. Caracas (1999) 463-477.

109   José DEL REY FAJARDO. "Introducción al estudio de la Historia de las Misiones jesuíticas en la Orinoquia", 404-419.

110   Sergio Elías ORTIZ. *Nuevo Reino de Granada. Real Audiencia y Presidentes.* Tomo 4. Presidentes de capa y espada (1654-1719). Bogotá, Academia Colombiana de la Historia, Historia Extensa de Colombia, vol., III (1966) 101-127.

creación de una Junta de Misiones que debía presidirla el Arzobispo e integrarla el Presidente de la Audiencia, el Oidor más antiguo, el Provisor y los Provinciales de las diversas Ordenes Religiosas. Debían reunirse semanalmente e informar a la Monarquía cada año. La proposición fue aprobada por Real Cédula del 27 de septiembre de 1663[111].

En la Junta del 12 de julio de 1662 el cuerpo decidió repartir los territorios llaneros entre las diversas entidades religiosas que configuraban la iglesia neogranadina para que cada una se responsabilizara del área a ella asignada.

Al clero diocesano se le señaló el territorio de la gobernación de los Llanos de San Juan, desde la misión de los franciscanos hasta el río Caguán "y desotra parte entrando en el Airico, que es una cordillera que atraviesa, en donde está todo el mayor gentío".

A los agustinos ermitaños[112] se les asignó los Llanos de San Martín entrando por su doctrina de Fómeque y a los recoletos[113] el terreno comprendido entre los ríos Upía y Cusiana y en el ínterin sustituían al cura de Santiago de las Atalayas.

A los franciscanos[114] se les encomendó "la parte de donde sacó indios infieles el P. fray Bernardo de Lira en el gobierno de San Juan de los Llanos y línea recta imaginaria entrando en el Airico".

A los dominicos se les trazó el área de los chíos y mámbitas, antesala de las regiones llaneras.

---

111 AGI. *Santafé*, 36. *Autos del traslado de San Bartolomé de la Cabuya a Sabana Alta. Real Cédula*. Madrid, 27 de septiembre de 1663.

112 Para los agustinos ermitaños nos remitimos a la interesante recopilación de escritos de diversos autores: José PÉREZ GÓMEZ et alii. *Provincia agustiniana de Nuestra Señora de Gracia en Colombia*. Santafé de Bogotá, 1993, 3 vols.

113 Eugenio AYAPE. *Fundaciones y noticias de la Provincia de Nuestra Señora de la Candelaria de la Orden de Recoletos de San Agustín*. Bogotá, Editorial Lumen Christi, 1950. Pedro del Corazón de María FABO. *Historia de la Provincia de la Candelaria de Agustinos Recoletos*. Madrid, Imprenta del Asilo de Huérfanos del S. C. De Jesús, 1914, 2 vols.

114 Luis Carlos MANTILLA. *Los franciscanos en Colombia*. Bogotá, I, Editorial Nelly (1984); II, Editorial Nelly (1987); III, Ediciones de la Universidad de San Buenaventura (2000), 2 vols.

A los jesuitas se les adjudicó el territorio "junto al río de Pauto y de allí para abajo hacia la villa de San Cristóbal y ciudad de Barinas, y todos los Llanos de Caracas, y corriendo línea imaginaria desde el río de Pauto hasta el Airico comprendiéndole"[115].

Y para completar la acción de los misioneros en este proyecto se consiguió una real Provisión, de 18 de julio de 1662, que prohibía expresamente a los gobernadores hacer y permitir entradas "a conquistar y reducir indios con soldados"[116].

Si el tiempo transcurrió sin que el compromiso tuviera en apariencia consecuencias de ningún tipo, sin embargo los Capuchinos se movieron en la corte para salvaguardar sus derechos y obtuvieron una Real Cédula, fechada en San Ildefonso el 25 de julio de 1734, por la que el Monarca fijaba el río Caura como frontera occidental de sus misiones guayanesas[117].

Además, desde 1733 los caribes compelieron a los jesuitas a reducirse a sus misiones del Orinoco medio bajo un precario horizonte de esperanzas.

Con todo, el 20 de marzo de 1734 se firmaba en Guayana, en presencia del Gobernador don Carlos de Sucre, la Concordia de Guayana que la suscribían los capuchinos de Guayana, los franciscanos de Píritu y los jesuitas del Orinoco. Amén de las demarcaciones territoriales el pacto fijaba una política misional para las áreas de conflicto. Ciertamente significaba un intento de respuesta comunitaria al reto que suponían los hombres y el dominio del gran río venezolano[118].

Gran importancia revestiría este acuerdo intermisional que mereció una Real Cédula de confirmación, firmada en San

---

115   ANB. *Conventos*, t. 68, fol., 437v-438.
116   ANB. *Conventos*, t. 7, fol., 526.
117   AGI. *Santo Domingo*, 678. *Doc. cit.* (GUMILLA. *Escritos varios*, 79-81). Esta Real Cédula llegó a Santafé de Bogotá el 15 de enero de 1735 (*Idem*, 81).
118   AGI. *Santo Domingo*, 678. *Doc. cit.* (GUMILLA. *Escritos varios*, 101-104).

Ildefonso el 16 de septiembre de 1736, gracias a las gestiones del Comisario franciscano, P. Francisco del Castillo[119].

Con anterioridad a la acción conciliadora de la Concordia de Guayana habían movido los Capuchinos guayaneses ante la Corona la solicitud de deslinde de sus misiones con las de los jesuitas. La Real Cédula del 25 de julio de 1734 fue recibida en Bogotá en enero de 1735 y de inmediato procedió el mandatario neogranadino Rafael de Eslaba a dar cumplimiento[120].

La realidad de los indios fugitivos de las Misiones de los Capuchinos de Caracas obligó a firmar en la capital venezolana el Convenio de Caracas el 28 de noviembre de 1736 y fue suscrito por los PP. José Gumilla y Salvador de Cádiz[121].

Sin embargo los conflictos siguieron por largos años y como resumen podemos afirmar que llama la atención la toma de conciencia de la juridicidad territorial que se desprende del litigio, pues si a la luz de la evolución histórica se pudiera pensar que la Compañía de Jesús era la única que había trajinado el Orinoco, para los funcionarios reales la estructuración de la provincia de Venezuela asumía mayor relevancia.

7. EL MARCO ESPACIO-TEMPORAL DE LAS MISIONES JESUÍTICAS

Antes de acceder al estudio del tema conviene ubicar al lector en el marco espacio temporal en que se desarrolló la acción de los

---

119   AGI. *Santo Domingo*, 590. *S. M. aprueba y manda se observe la concordia celebrada por los religiosos Misioneros de la orden de San Francisco; de la Compañía de Jesús y Capuchinos, sobre los territorios en que han de ejercer su sagrado instituto en la provincia de Cumaná*. San Ildefonso, 16 de septiembre de 1736. Es curioso anotar que en el documento se añade: "Se imprimieron 13. Y entregaron a Fray Francisco del Castillo".

120   AGI. *Santo Domingo*, 678. *Doc. cit.* (GUMILLA. *Escritos varios*, 73-76).

121   AGI. *Santo Domingo*, 634. *Concordia de 28 de noviembre entre el Padre Gumilla y Fray Salvador de Cadiz*. El texto puede verse en: GUMILLA. *Escritos varios*, 109-116.

hombres que la Compañía de Jesús destacó para llevar a cabo su gran proyecto de la Orinoquia.

Los espacios conocidos con el nombre de la Orinoquia han sido y son inhóspitos, y solo al finalizar el siglo XX, tanto Venezuela como Colombia, comienzan a tener dominio y a habitar esos ingentes territorios que hoy han alcanzado renombre internacional gracias a la presencia de la guerrilla y del narcotráfico.

De facto, se le encomendaba a la Orden fundada por Ignacio de Loyola gran parte de la Provincia de Guayana, la creada por don Antonio de Berrío, que se extendía hasta el Amazonas y lo abarcaba desde su nacimiento hasta su desembocadura, es decir, la Provincia y Gobernación de Guayana integrada por la Provincia del Dorado de Papamene-Pauto de Quesada y la Provincia de Guayana y Caura de Ordaz y luego de Serpa. Este territorio daba cabida a todo el complejo mesopotámico que hoy conforman las cuencas colombo-venezolanas del Orinoco y del Amazonas[122].

Los espacios señalados en esta geografía histórica pertenecen hoy a tres naciones: Venezuela, Colombia y Brasil.

Pero, esa primigenia Provincia de Guayana se desintegró a lo largo del siglo XIX de la siguiente manera. Por el Tratado de 1859, firmado con el Brasil, pasaron a la república sureña 200.000 kilómetros cuadrados: 150.000 correspondientes a la franja norte del Medio Yapurá y el Alto y Medio Río Negro-Guainía; y 50.000 comprendidos en la franja meridional del Medio Yapurá y el Río Amazonas o Solimoés[123]. Por el Laudo español de 1891 la Provincia de Guayana se desprendió de 519.857 kilómetros cuadrados[124] que se integraron a la actual República de Colombia[125]. Y a Venezuela

---

122   Daniel de BARANDIARÁN. "El Orinoco amazónico de las Misiones jesuíticas". En: José DEL REY FAJARDO (Edit.). *Misiones jesuíticas en la Orinoquia.* San Cristóbal, II (1992) 141.

123   Véase: Daniel de BARANDIARAN. "Brasil nació en Tordesillas". En: *Paramillo.* San Cristóbal, 13 (1994) 331-774.

124   Véase: Pablo OJER. *La Década fundamental en la controversia de Límites entre Venezuela y Colombia (1881-1891).* Maracaibo, Corpozulia, 1982.

125   Comandancia del Vichada (100.242 Kilómetros cuadrados); Departamento

le quedaron 460 mil kilómetros cuadrados contabilizados por el Delta Amacuro, el Territorio Federal Amazonas y el Estado Bolívar.

En la Junta de Misiones celebrada en Santafé de Bogotá el 12 de julio de 1662 el cuerpo decidió repartir los territorios misionales entre las diversas entidades religiosas que configuraban la iglesia neogranadina para que cada una se responsabilizara del área a ella asignada. A los jesuitas se les adjudicó el territorio "junto al río de Pauto y de allí para abajo hacia la villa de San Cristóbal y ciudad de Barinas, y todos los Llanos de Caracas, y corriendo línea imaginaria desde el río de Pauto hasta el Airico comprendiéndole"[126].

Pero la geografía misional jesuítica en la gran Orinoquia se vería progresivamente modificada por los convenios y concordias misionales de 1732, 1734, 1736 y 1764, significaba un territorio que se superponía en gran parte de la primigenia Provincia de Guayana[127].

De facto, la superficie total de las Misiones ignacianas en la primigenia Guayana occidental y meridional involucraba unos 50 mil kilómetros cuadrados de acción directa y a ellos habría que sumar los de los territorios de Casanare y Meta. Pero en 1764, la corona española apartaría de las zonas objeto de estudio de la Expedición de Límites de 1750 a los jesuitas venezolanos y les trazaría, como frontera sur, el Raudal de Maipures.

El hábitat geográfico de las misiones jesuíticas del río

---

del Meta (85.635); Comisaría del Vaupés (107.595); Comisaría del Guainía (72.238); Intendencia del Caquetá (44.482); y Comisaría del Amazonas (109.665).

126   ANB. *Conventos*, t. 68, fol., 437v-438.

127   La Orinoquia amazónica de las misiones jesuíticas encerraba tres áreas: la *occidental*, que comprendía los hoy Llanos orientales colombianos con unos 100 mil kilómetros cuadrados de superficie; la *meridional*, incluía todas las cuencas medias y bajas de los grandes afluentes orinoquense-amazónicos: el Guaviare-Inírida, el Caquetá-Yapurá y el Putumayo que se prolongaban hasta la misma línea del Amazonas; y la *oriental*, que abarcaba todo el actual Estado Amazonas y la parte extremo-occidental del Estado Bolívar con unos 200 mil kilómetros cuadrados.

Orinoco[128] se enmarca dentro de la agresividad del clima tropical lluvioso de sabana con bosques de todo tipo y ríos con mucha fauna ictiológica. Toda la región llanera está sometida a dos cíclicos intervalos anuales de sequía y pluviosidad que oscila entre 800 y 2.800 mm., y con temperaturas medias superiores a los 28[129].

Sin embargo, para ilustrar el significado de estas tierras míticas, pensamos que uno de sus mejores intérpretes es el novelista venezolano Rómulo Gallegos: "La llanura es bella y terrible a la vez; en ella caben holgadamente, hermosa vida y muerte atroz. Esta acecha por todas partes; pero allí nadie la teme. El llano asusta, pero el miedo del llano no enfría el corazón: es caliente como el gran viento de su soleada inmensidad, como la fiebre de sus esteros... Tierra abierta y tendida, buena para el esfuerzo y para la hazaña, toda horizontes, como la esperanza; toda caminos como la voluntad"[130].

Según el investigador de la Universidad Central de Venezuela, Miguel Ángel Perera, durante los tiempos coloniales, no sobrepasó nunca esta tierra difícil y despoblada los 200.000 habitantes[131]. Quizá pueda llamar la atención esta afirmación pero su confrontación referencial con la población actual, que apenas supera el millón de habitantes, parece avalar el interesante estudio que ha venido realizando durante años el mencionado catedrático.

Sin embargo, no es fácil calcular la demografía orinoquense para 1731 ya que los caribes por el norte y los guaypunabis por el sur habían diezmado sensiblemente la población indígena de

---

128   Para una visión histórica: José DEL REY FAJARDO. "Introducción al estudio de la Historia de las misiones jesuíticas en la Orinoquia". En: José DEL REY FAJARDO (Edit.). *Misiones jesuíticas en la Orinoquia*. San Cristóbal, I (1992) 197-682.

129   Pedro CUNILL GRAU. *Geografía del Poblamiento Venezolano en el siglo XIX*. Caracas, Ediciones de la Presidencia de la República, I, 1987.

130   Rómulo GALLLEGOS. *Doña Bárbara*. Bogotá, Oveja Negra (1987) 63.

131   Miguel Ángel PERERA. *Oro y hambre. Guayana siglo XVI*. Antropología histórica y ecología cultural de un malentendido 1498-1597. Caracas, Universidad Central de Venezuela (2000) 112-125.

la zona[132]. Sin embargo, Barandiarán calcula un promedio de 0,4 habitantes por kilómetro cuadrado lo que le lleva a concluir en unos veinte mil indígenas los contactados regularmente por las Misiones jesuíticas en ésta su última reinserción de 1731[133].

Ya en 1780 escribía el ex-misionero del Orinoco, P. Felipe Salvador Gilij: "Todavía insolentes y bárbaros, los orinoquenses, a los jesuitas y a todos les parecieron infinitos. Pero amansados en el día de hoy por la santa ley de Dios, y reducidos a ovejas, a cualquiera que tenga ojos deben parecerle poquísimos, como son en realidad"[134].

Las coordenadas que limitan los espacios temporales de este hecho histórico corren de 1661 a 1767 para los Llanos de Casanare, vale decir, para las misiones del piedemonte andino. Sin embargo, las reducciones orinoquenses solo lograron consolidarse en 1731, es decir, 36 años antes de la expulsión de Carlos III en 1767[135].

8. La presencia de la Compañía de Jesús neogranadina en Venezuela

La Provincia del Nuevo Reino de Granada de la Compañía de Jesús fue fundada en 1604[136] y comprendía las actuales repúblicas de

---

132   Daniel de BARANDIARÁN. "El Orinoco amazónico de las misiones jesuíticas", 129-285.

133   Para una visión global del poblamiento véase: Miguel Ángel PERERA. *Oro y hambre. Guayana siglo XVI*. Antropología histórica y ecología cultural de un malentendido 1498-1597. Caracas, Universidad Central de Venezuela (2000) 89-148. Los datos de Barandiarán se basan en el estudio de Perera y me los ha trasmitido oralmente.

134   Felipe Salvador GILIJ. *Ensayo de Historia americana*. Caracas, Academia Nacional de la Historia, I (1965) 76.

135   José DEL REY FAJARDO. "Introducción al estudio de la historia de las misiones jesuíticas en la Orinoquia". En: José DEL REY FAJARDO (Edit.). *Misiones jesuíticas en la Orinoquia*. San Cristóbal, Universidad Católica del Táchira, I (1992) 415-419.

136   Juan Manuel PACHECO. *Los jesuitas en Colombia*. Bogotá, Editorial San Juan Eudes, I (1959) 81.

Colombia[137], Venezuela[138], República Dominicana[139] y hasta 1696 a Panamá[140] y Ecuador[141], que devinieron en la Provincia de Quito. En 1608 aprobaba el General Claudio Aquaviva la independencia

---

137   Juan Manuel PACHECO. *Los jesuitas en Colombia*. Bogotá, Editorial San Juan Eudes, I, 1959; Hijos de Santiago Rodríguez, II, 1962; Pontificia Universidad Javeriana, III, 1989.

138   José DEL REY FAJARDO. *Los jesuitas en Venezuela*. Tomo I: Las fuentes. Caracas-Bogotá, Universidad Católica Andrés Bello-Pontificia Universidad Javeriana, 2006. Tomo II: *Los hombres*. Caracas-Bogotá, Universidad Católica Andrés Bello-Pontificia Universidad Javeriana, 2007. Tomo IV: *Nosotros también somos gente. (Indios y jesuitas en la Orinoquia)*. Caracas, Academia Nacional de la Historia, 2011. Tomo V: *Las Misiones germen de la nacionalidad*. Caracas-Bogotá, Universidad Católica Andrés Bello-Pontificia Universidad Javeriana, 2007. Tomo VI. *La República de las Letras en la Venezuela colonial*. Caracas, Academia Nacional de la Historia-Universidad Católica Andrés Bello, 2007.

139   Antonio VALLE LLANO. *La Compañía de Jesús en Santo Domingo durante el período hispánico*. Ciudad Trujillo, Seminario de Santo Tomás, 1950. José Luis SÁEZ. "Los jesuitas en el Caribe Insular de habla castellana (1575-1767)". En: *Paramillo*. San Cristóbal, 16 (1997) 5-155. José Luis SÁEZ. "Universidad Real y Pontificia Santiago de la Paz y de Gorjón en la Isla Española (1747-1767)". En: José DEL REY FAJARDO (Edit.). *La pedagogía jesuítica en Venezuela*. San Cristóbal, Universidad Católica del Táchira, I (1991) 175-224.

140   Jorge VILLALBA. "Panamá". En: Charles O'NEILL y Joaquín Mª. DOMÍNGUEZ. *Diccionario histórico de la Compañía de Jesús*. Roma-Madrid, Institutum Historicum S. I.-Universidad Pontificia de Comillas, III (2001) 2964.Juan Antonio SUSTO LARA. *A dos siglos del extrañamiento de los jesuitas y clausura de la Real y Pontificia Universidad de Panamá*. Panamá, Colegio Javier, 1968. "Expediente actuado por el señor Brigadier don Pedro Salazar, Gobernador y Capitán General del Reyno de Guathemala y Presidente de su Real Audiencia, sobre la expulsión de los Religiosos de la Compañía de Jesús y su remisión a España". En: *Boletín de Archivo General del Gobierno*. Guatemala, VIII/3, (1943), 359-367 y N°4, (1943) 371-395.

141   José JOUANÉN. *Historia de la Compañía de Jesús en la antigua Provincia de Quito 1570-1774*. Quito, Editorial Ecuatoriana, I (1941), II (1943). Juan de VELASCO. *Historia del Reino de Quito en la América Meridional*. Edición, prólogo, notas y cronología Alfredo Pareja Diezcanseco. Caracas, Biblioteca Ayacucho, 1981.

de la Vice-Provincia del Nuevo Reino de su matriz peruana[142]. El 12 de abril de 1611 se convertía en Provincia independiente[143].

En el diseño de la Provincia del Nuevo Reino y Quito de la Compañía de Jesús los fundadores previeron la importancia estratégica de la denominada Tierra Firme, es decir, las inmensidades que se extendían desde los Andes al Atlántico. Y en 1607 –tres años después de haber pisado territorio neogranadino- el primer Superior, Martín de Funes[144], delineaba los trazos del primer mapa geográfico-conceptual que debía orientar el desarrollo de la naciente entidad jesuítica. Y en el caso específico de Tierra Firme su visión futurista se extendía hasta el Amazonas a la vez que previó la importancia del Mediterráneo caribeño e incluso fijaba un enclave en las Islas Canarias[145].

En el siglo XVIII no tardaron las autoridades jesuíticas de Bogotá en darse cuenta de la importancia que venía asumiendo Caracas con respecto a los hombres, a los proyectos y a los territorios de la Orinoquia. Pero, en el concierto de actores que pugnan por crear una Guayana mejor solamente los seguidores de Ignacio Loyola dependen del Nuevo Reino y la búsqueda de soluciones pasa siempre por Bogotá mientras que el centro real de decisiones se radica en la capital venezolana. Por todo ello se llega a concebir a la ciudad del Ávila como un polo de desarrollo que debiera favorecer las incipientes misiones del Orinoco, consolidar

---

142 ARSI. *Congregationes Provinciales*, 54, fol., 214. "Respuesta al memorial 9º que la viceprovincia del Nuevo Reyno de Granada sea y se llame provincia". Véase: Armando NIETO. "Perú". En: Charles E. O'NEILL y Joaquín Mª DOMÍNGUEZ. *Diccionario histórico de la Compañía de Jesús*. Roma-Madrid, III (2001) 3104-3111.

143 Juan Manuel PACHECO. *Los jesuitas en Colombia*, I, 149.

144 Alberto GUTIÉRREZ. "Gloria y tragedia del primer rector de Santa Fe". En: *Theologica Xaveriana*. Bogotá, nº., 152 (2004) 629-649.

145 José Luis SÁEZ. "La visita del P. Funes a Santo Domingo y sus Memoriales sobre las Indias (1606-1607)". En: *Paramillo*. San Cristóbal, 14 (1995) 571-612. Véase el Memorial 9º (pp. 605-606).

las aspiraciones fundacionales de Maracaibo y Coro y proyectarse hacia las islas del Caribe e incluso anexar la misión de Curazao[146].

9. Los espacios geo-misionales

Para comprender el paisaje geográfico en que desarrollaron su actividad los jesuitas neogranadinos dentro de la gran Orinoquia es conveniente ubicar las grandes regiones que enmarcaron los principales núcleos indígenas.

Aunque la política geo-misionera se orientó preferentemente a la utilización de las vías fluviales, sin embargo la penetración de las grandes selvas o desiertos fue muchas veces un camino forzado por los caribes. Pero en general los misioneros establecieron su cadena de poblaciones a orillas de los ríos. Los motivos eran múltiples: constituían las únicas arterias de comunicación; en caso de invasión la huida era fácil en barca y el abastecimiento de alimentos y remeros de las otras reducciones aseguraba las escalas[147].

Podemos señalar 5 grandes regiones:

A. Casanare.
B. Gran Airico
C. Airico de Macaguane.
D. Meta.
E. Orinoco.

---

146 APT. Leg. 132. [sin foliar] *Carta del P. Francisco Retz al Provincial del Nuevo Reino*. Roma, 15 de septiembre de 1736. En la 5a carta decía: "Y si bien todo esto parece satisfacer V. R. y los consultores de Cartagena, ni me basta el parecer de estos, ni asiento muchos de sus motivos ni a las utilidades que se le presentan a V. R.". Y en la 6a. carta, de la misma fecha, [sin foliar], añade: "Y finalmente nada menos que practicadas son las otras utilidades que V. R. apunta, de la cercanía de Caracas a muchas islas de Barlovento, y especialmente a Curazao, cuya misión (que ya no hay) juzga V. R. pudiera agregarse a esa provincia. Ella está tan falta de sujetos que apenas puede cumplir con sus obligaciones y el extenderse en muchas islas y emprender muchas y distantes entre si, solo es abarcar mucho y apretar poco".

147 GILIJ. *Ensayo de historia americana*, I, 45-46.

Prescindimos de la Guayana por haber sido una experiencia muy local y reducida.

A) *Casanare:* Existe un enorme triángulo territorial que tiene su vértice en la confluencia del Casanare en el Meta y que proyecta su base hacia la cordillera andina colombiana. Según un mapa de 1751[148] comprendía los siguientes pueblos: El Pilar, Asunción, San Javier, San Ignacio, Pauto, San Salvador. La cordillera estaba habitada por los morcote, guaceos, tunebos, chitas, los del pueblo de la Sal, con otros muchos[149]. A la falda de la cordillera se encontraban los támaras a orillas del río Pauto y los caquetíos[150]. En las montañas que se asoman al río Guiloto los airicos y los giraras[151]; y ampliamente diseminados por esta área geográfica: los achaguas[152].

San Salvador del Puerto, además de ser la capital geográfica de las misiones casanareñas era el puerto de embarque para la ruta urbana que unía las ciudades neogranadinas de Tunja, Bogotá, etc., con la Guayana y la Orinoquia[153].

Desde el punto de vista histórico la denominación de Casanare abarcó en el siglo XVII todo lo que no era Orinoco. En el primer convenio de misiones que conocemos celebrado el 12 de julio de 1662 se le señaló a la Compañía de Jesús el territorio "junto al río de Pauto y de allí para abajo hasta la villa de San Cristóbal y ciudad de Barinas, y todos los llanos de Caracas, y corriendo línea

---

148   ARSI. Mapa presentado en Roma por los Procuradores de Quito, Carlos Brentano y Nicolás de la Torre. 1751. Véase: SOMMERVOGEL. *Bibliothèque de la Compagnie de Jésus,* II, 114-115: "Iulius Caesar delineavit. Dominicus Cigni sculpit. Ioan. Petroschi characteres incidit".
149   RIVERO. *Historia de las misiones,* 56.
150   RIVERO. *Historia de las misiones,* 56.
151   RIVERO. *Historia de las misiones,* 17. CASSANI. *Historia de la Provincia,* 149.
152   RIVERO. *Historia de las misiones,* 20-21.
153   RIVERO. *Historia de las misiones,* 98; 159-160.

imaginaria, desde el río Pauto hasta el Airico comprendiéndole"[154]: este fue el comienzo histórico de la misión de Casanare.

Es de suma importancia la interpretación correcta y exacta del sentido equívoco que pueden tener algunos conceptos neohistóricos en el tema que tratamos. Solo a través de los litigios territoriales se fue llegando a una definición, cada vez más exacta, de las fronteras misionales y a la superación de los imprecisos datos proporcionados tanto por los cronistas y escritores jesuitas como por los documentos oficiales.

La génesis de los conflictos territoriales jesuíticos se inicia en 1681 cuando el gobernador guayanés don José de Axpe y Zúñiga se dirigió a la Audiencia de SantaFe para que la Compañía de Jesús enviase misioneros o renunciara definitivamente a la misión de Guayana. El 17 de junio de ese mismo año el P. Hernando Cavero firmaba la renuncia[155]. De esta suerte quedaba la misión de Casanare delimitada en sus más estrictas fronteras.

---

154   ANB. *Conventos*, 68, fol. 437.

155   AGI. *Santo Domingo*, 678. El texto íntegro se encuentra del fol. 10 al 14. En los autos enviados por el Presidente de la Real Audiencia de Santa Fe, 10 de enero de 1735.
ANB. *Milicia y Marina*, t. 15, fol. 896. (Cfr. Juan M. PACHECO. *Los Jesuitas en Colombia*, II. 387).Demetrio RAMOS. "Las misiones del Orinoco a la luz de pugnas territoriales". En: *Anuario de Estudios Americanos*. Sevilla, 12 (1955), 9. Como una confirmación de lo oscura que estaba la situación de la misión de Guayana aún en el siglo XVII. copiamos el testimonio de Pedro de Espinar que no deja de arrojar mucha luz:
"De la misión Guaiana, que el Consejo supone tenía a su cargo y ha dejado la Compañía, no tengo cosa presente que dezir a Vuestra Señoría, porque la Provincia de Santa Fee, y Quito a quien toca, no me la ha participado: ni en los papeles de ella, que e reconocido, la hallo tampoco, ni los padres Juan de Segovia, ni Diego Abad de Zepeda Procuradores de dicha Provincia, que vinieron a esta Corte en los Galeones de 86, y se boluieron en los de 90 me la dieron ni dejaron en Instrucción, ni memoria. Buscando alguna noticia de esta Misión en el Padre Alonso Pantoja, que al presente se halla en este Collegio Ymperial, y viuió más de 40 años en dicha Prouincia de Santa Fee y Quito, y fue Procurador de ella, y de las demás de Yndias en este corte, me ha informado que estando en dicha Prouincia tubo la compañía algunos

B) *Gran Airico:* Airico es una palabra achagua que significa "montaña grande"[156]. Al principio se designó con este nombre la extensa región que Rivero calificara como Barragua[157]; pero al descubrirse los airicos y más tarde los betoyes todo su marco geográfico comenzó a diferenciarse cualitativamente por los misioneros con el nombre de "Airico de Macaguane"[158].

El Gran Airico se extendía desde Santiago de las Atalayas y San Juan casi hasta las inmediaciones del Orinoco[159] y de Norte a Sur comprendía por lo menos el Vichada y el Guaviare[160]. Aunque al principio se creyó que toda su población era achagua[161], sin embargo el mismo Rivero atestigua la presencia de grupos sálivas[162].

Las naciones o parcialidades descritas en esta región son las siguientes: Atarruberranais, Cuchicavas, Cumian, Charaberrenais, Chevades, Chubacanamis, Chubuave, Duberretaquerris, Guachurriberrenais, Guadevenis, Juadevenis, Majurrubitas, Ma-

---

sujetos suios en la Misión de Guaiana, que fundo, y que el año de 73 en que vino por su Procurador dejo en ella al Padre Julián de Vergara, y que después de acá no ha tenido noticia lo aia dejado, y se persuade no ejecutaría aquella Prouincia dejación alguna (si la ha echo) de esta Missión, sin informar primero a la Audiencia, o Gouierno del distrito en que cae, los motiuos y causas que tubiese para ello; y en defecto de esta dilixencia los hubiera enbiado a su Procurador en esta corte, para que en su nombre las presente al Consejo, y vistas tomase la prouidencia mas conbeniente; esto es lo que he podido adquirir en el punto de esta Missión, sobre que de orden del Consejo me manda Vuestra señoría que informe en su papel de 27 de noviembre. Madrid, 1° de diciembre de 1690. Pedro Espinar". (AGI. *Santafé*, 225).

156 RIVERO. *Historia de las misiones*, 140.
157 RIVERO. *Historia de las misiones*, 28.
158 RIVERO. *Historia de las misiones*, 140.
159 RIVERO. *Historia de las misiones*, 46.
160 RIVERO. *Historia de las misiones*, 37. GILIJ. *Ensayo de historiaamericana*, III, 98-104.
161 RIVERO. *Historia de las misiones*, 36.
162 RIVERO. *Historia de las misiones*, 333; 400.

nuberrenais, Marraiberrenais, Mazata, Murriberrenais, Nericheri, Quirasiveni, Quinchantes, Virraliberrenais, Yurredas[163].

Al fracasar en 1695 las misiones del Orinoco hubo que abandonar la ruta Casanare, Meta y Orinoco y buscar caminos terrestres para no abandonar la población sáliva que estaba en los ríos Duma, Dubarro y Vichada[164]. La misión tuvo una vida dura y efímera[165] y al final gran parte de su población fue absorbida por las reducciones del Meta.

C *Airico de Macaguane:* Se conoce con el nombre de Airico de Macaguane el complejo de naciones que integra la gran familia betoy[166]. Al norte confinaba con el río Apure[167] y se extendía a lo largo de la región montañosa limítrofe con los Llanos[168] sin que podamos precisar exactamente sus confines meridionales; con todo, nos inclinamos a creer que podrían ubicarse en torno a Macaguane[169].

Se componía de las siguientes naciones o parcialidades: Betoyes, Guaneros, Agualos, Guaracapones, Situjas, Quilifayes, Anabalis y Mafilitos[170], Lolacas y Atabacas[171]. Colindantes con los guaracapones se citan a las naciones Mesoy y Cavaria[172].

La acción misional con estos pueblos se inicia con el caci-

---

163   RIVERO. *Historia de las misiones,* 36-37.
164   RIVERO. *Historia de las misiones,* 317. (Para los caminos del Airico, cfr., RIVERO. *Ob. cit.,* 334-336).
165   ANB. *Asuntos Exteriores,* II, fol. 507 y ss. *Conventos,* 68, fols. 422 y ss.
166   RIVERO. *Historia de las misiones,* 346.
167   RIVERO. *Historia de las misiones,* 347-348.
168   RIVERO. *Historia de las misiones,* 349.
169   RIVERO. *Historia de las misiones,* 140.
170   RIVERO. *Historia de las misiones,* 352.
171   RIVERO. *Historia de las misiones,* 350.
172   RIVERO. *Historia de las misiones,* 353.

que Calaimi [1701; 1703][173] y se consolida con la entrada en los Llanos del P. José Gumilla en 1716[174].

San Ignacio de Betoyes había polarizado ya para 1724 lo principal del mundo betoye y fue una floreciente reducción hasta la expulsión de los jesuitas en 1767[175].

D) *Meta:* Esta etapa se caracteriza por la expansión lineal a lo largo de todo el río Meta, especialmente el espacio comprendido fundamentalmente entre la desembocadura del Casanare en el Meta y de allí, aguas arriba, buscando la cordillera. El fracaso misionero del siglo XVII se debe a haber ignorado este punto de apoyo para la penetración en el Orinoco. Solo a partir de Gumilla se previó la estrategia geo-misionera de este espacio llanero, pues se asentaron las bases de una nueva estructuración misional que distinguía claramente la región del Meta de la del Orinoco y Casanare.

En 1751 se contaban los siguientes pueblos: Santa Teresa, San Joaquín, San Regis, San Miguel y la Concepción[176].

Sus principales habitantes eran los achaguas, sálivas, guahivos, chiricoas y cabres[177] y en la parte superior, en los llanos de San Juan, moraban los Omaguas, Guisaniguas y Amarizanos[178]. Rivero nos habla además de los Chiripas, Goarinaos, Araparabas, Totumacos[179] y Duniberrenais[180].

Es muy necesario siempre que se estudie esta región tener presente al Autor, no porque se vaya a dudar de su historicidad, sino porque el conocimiento de esta zona fue muy impreciso en el siglo XVII y solo en el XVIII se vino a dominar geográfica y mi-

---

173   RIVERO. *Historia de las misiones*, 346; 349.
174   RIVERO. *Historia de las misiones*, 358 ss.
175   GILIJ. *Ensayo de historia americana*, IV, 392.
176   ARSI. Mapa del Nuevo Reino: 1751.
177   GILIJ. *Ensayo de historia americana*, I, 65.
178   GILIJ. *Ensayo de historiaamericana*, IV, 387.
179   RIVERO. *Historia de las misiones*, 20-21.
180   RIVERO. *Historia de las misiones*, 47.

sionalmente. A comienzos del siglo XVIII anotaba Tapia: "... pues de los más cercanos se conocen, caribes, arguacas (sic), otomacos, cacatíos, achaguas, adoles, guayanos, sálivas, maijuris, caberres"[181]. Así podríamos citar otros ejemplos.

E) *Orinoco:* Tres características resaltan ya a primera vista en los cronistas jesuitas al describir el Orinoco: la multiplicidad de naciones, el exiguo número de habitantes y la inestabilidad geográfica de los grupos indígenas.

La Orinoquia que conocieron los jesuitas en su permanencia más larga [1731-1767] era un auténtico mosaico de pequeñas naciones[182]; pero no nos detenemos en este punto que analizaremos un poco más abajo.

Un fenómeno digno de atención es el de la inestabilidad de las naciones "no vagabundas"[183]. Toda nación, casi de forma cíclica y rotativa, habita alternativamente en diversos lugares: montes para encontrar a gusto jabalíes, los ríos para tener pescado, o cualquier otro lugar[184]. Esta inestabilidad proyectaban en sus primeros años de reducción la mayoría de las naciones indígenas: a cualquier incomodidad quisieran abandonar la reducción para fundar otra nueva: los yaruros fueron en tiempo de Gilí] un claro ejemplo[185].

Para la enumeración de los conglomerados indígenas seguimos el esquema elaborado por el autor del *Ensayo de Historia americana.*

a) Alto Orinoco: Cáveres, Parenes, Guipunaves, Marepizanos y Amuizanos[186].

b) Rivera izquierda: Los jesuitas fundaron en general en la orilla derecha, ya que la izquierda, al ser baja y expuesta a inun-

---

181   Matías de TAPIA. *Mudo Lamento,* fol. 2.
182   GUMILLA. *El Orinoco ilustrado,*316.
183   GILIJ. *Ensayo de historia americana,*II, 185.
184   GILIJ. *Ensayo de historia americana,*II, 153.
185   GILIJ. *Ensayo de historia americana,*II, 153.
186   GILIJ. *Ensayo de historia americana,*III, 118.

daciones, quedaba sumergida en el agua por mucho tiempo y a lo largo de muchas millas[187]. Esto no quiere decir que no se fundase o intentase fundar en el interior[188].

Las principales naciones eran: Otomacos, Guahivos, Chiricoas y Yaruros. Los Guaipunaves, Parenes y Cáveres, después de hacerse cristianos, se radicaron en esta región orinoquense[189].

Tres fueron las poblaciones fundadas o atendidas por los jesuitas: Cabruta, el Raudal de Maipures y la Ciudad de San Fernando[190].

c) Rivera derecha: Los límites los trazan los ríos Cuchivero y Ventuari; de esta suerte se pueden distinguir las siguientes regiones:

Oriente: Quaquas, Aquerecotos, Payuros, Oyes, Aikeambenanó (Amazonas del Cuchivero), Voqueares[191], Guaiqueríes y Caribes[192]. Centro ("parte más arriba y parte más abajo del camino al Ventuari por tierra"): los Parecas, Potuaras, Uara-múcure, Uaracápachilí[193].

Occidente: Meepures, Yaruros[194], Mapoyes, Piaroas, Maipures, Avanes y Quirrupas[195].

A la izquierda del Ventuari los Areverianos, Maquiritares, Puinaves, Masarinaves[196].

Las principales aldeas jesuíticas fueron: La Encaramada,

---

187   GILIJ. *Ensayo de historia americana*, I, 265-266.
188   GILIJ. *Ensayo de historia americana*, II, 46.
189   GILIJ. *Ensayo de historia americana*, III, 134.
190   GILIJ. *Ensayo de historia americana*, I, 71-72. Sobre otras aldeas desaparecidas: GILIJ. *Ob. cit.,* I, 69-70.
191   GILIJ. *Ensayo de historia americana*, I, 131.
192   GILIJ. *Ensayo de historia americana*, I, 61.
193   GILIJ. *Ensayo de historia americana*, I, 132.
194   GILIJ. *Ensayo de historia americana*, I, 58; 59.
195   GILIJ. *Ensayo de historia americana*, I, 132.
196   GILIJ. *Ensayo de historia americana*, I, 132-133.

La Urbana Cariachana, Pararuma, el Castillo y Mapara o Raudal de Atures[197].

Sin embargo, desde el punto de vista histórico la definición de las fronteras misionales fue una tarea larga y dificultosa, pero gracias a diversos convenios o concordias se llegó a un status cuasi definitivo en 1744.

Estas controversias gestaron a lo largo de casi tres lustros (1731-1745) un proceso de "concientización" que se tradujo en la intensificación del quehacer misional en la gran arteria venezolana y en la vinculación de 3 Ordenes Religiosas: Franciscanos, Capuchinos y Jesuitas.

10. Las visiones históricas misionales jesuíticas analizadas a través del territorio

La Compañía de Jesús en la evangelización de América, si se centró fundamentalmente en las tierras interioranas del continente es porque su llegada sucede bien doblada la primera mitad del siglo XVI cuando los dominicos, franciscanos y agustinos habían seguido el ritmo del descubrimiento y de la conquista en sus ámbitos territoriales[198].

Mas, quien analice la geografía histórica de nuestro subcontinente durante el período hispánico observará la existencia de un cinturón de misiones jesuíticas que se iniciaba en el alto Orinoco y pasaba por Mainas, Mojos, Chiquitos y el Paraguay[199] y el cual significaba un bloqueo y una tentación para el avance

---

197   GILIJ. *Ensayo de historia americana*, I, 74.

198   Para una visión global de la acción jesuítica en América. Véase: Ángel SANTOS HERNÁNDEZ. "Acción misionera de los jesuitas en la América Meridional española". En: *Miscelánea Comillas*. Madrid, 46 (1988) 43-106.

199   Para una información sistemática, véase: Ángel SANTOS HERNÁNDEZ. "Actividad misionera de los jesuitas en el continente americano". En: José DEL REY FAJARDO (Edit.). *Misiones jesuíticas en la Orinoquia*. San Cristóbal, I (1992) 34-56; 65-83.

portugués siempre ajeno al espíritu de Tordesillas. Esta evidente realidad llevó a declarar en 1646 al conde de Salvatierra, virrey del Perú, que los indígenas de las reducciones jesuíticas eran los "custodios de la frontera"[200].

Sin embargo, la política territorial del virreinato del Perú, lamentablemente, le dio la espalda a esta utopía del corazón de América y el virrey Chinchón desoyó el consejo de la reunión resolutoria de Lima para que inaugurara la vía fluvial Napo-Amazonas, como vía formal de enlace con España y de esa forma evitar la ruta continental y marítima que trajinaba el océano Pacífico y atravesaba el Istmo de Panamá

Así pues, hemos juzgado conveniente realizar una síntesis de la historia desarrollada por los miembros de la Compañía de Jesús en sus demarcaciones territoriales mediante las concepciones geográficas con que asumieron las responsabilidades espirituales y reales.

A) LOS JESUITAS FRANCESES EN LA FACHADA ATLÁNTICA VENEZOLANA

En 1651 se iniciaba de forma sorpresiva un nuevo intento jesuítico por acceder al mundo misional venezolano. El experimento se ensayaría en la propia fachada atlántica del Oriente venezolano (1651-1654) y acabaría en un total descalabro.

Dos etapas diversas descubrimos en la historia de la presencia de los jesuitas franceses en la fachada atlántica de Venezuela.

La primera corresponde al P. Denis Mesland quien se trasladó en 1651 a la isla de Grenada y de tal manera supo insinuárseles que a fines de ese mismo año lo habían introducido a Tierra Firme[201]. Mas, hacia fines de 1652, decide regresar a las

---

200   Constantino BAYLE. "Las Misiones, defensa de las fortalezas de Mainas". En: *Missionalia Hispanica*. Madrid (1951) 417-503.

201   PELLEPRAT. *Relato*, 48: "se dirigió allá [isla de Grenada] el año 1651 y de tal manera supo insinuarse en sus espíritus, que *antes de finalizar el año*, lo

Islas a fin de buscar ayuda para poder fundar una misión estable entre los Gálibis[202].

El 22 de julio de 1652 le escribía el General de la Compañía de Jesús dándole ánimos para proseguir su labor evangelizadora[203]. Ciertamente Mesland interpretaba que las misiones antillenses solo tendrían éxito cuando se convirtieran en una entidad autónoma que pudiera gobernarse a sí misma con independencia de Francia[204].

Tras el primer contacto de Mesland en Tierra Firme con los Gálibis se planteó entre los jesuitas franceses de las Islas la sugerencia de que además de Guarapiche buscaran otro terreno misional en Guayana, de forma tal que si se vieran obligados a

---

introdujeron en Tierra firme, por la Boca del Dragón, remontando el río Guarapiche, en la Provincia del mismo nombre". [El subrayado es nuestro].

202 PELLEPRAT. *Relato*, 48: "Pero plugo a Dios devolvérnoslo y hacer que regresara a las Islas en buena salud, *un año después de su partida*". ARSI. *Gallia*, 103, fol., 292. *Carta del P. Denis Mesland al R. P. General*. Santa Fe, 19 de septiembre de 1654: "... después de morar casi un año aprendiendo su lengua y componiendo una gramática y diccionario como lo hice aunque de forma imperfecta por la escasez de tiempo, me regresé para dar cuenta a mis superiores y solicitar un padre como compañero que me fue acordado". [El texto está en francés].

203 ARSI. *Gallia*, 39, fol., 155r.: "Evangelisat vero nobis RV quandium magnum dum tam amplum Evangelio campum apostolicum significat suis ad me litteris 24 decembris superioris anni datis. Annuam quamprimum sociis ut veniant et adiuvent R.Vm. tam sanctis tamque utilibus laboribus ocupatam. Quid si sola provincia Franciae non sat multos sufficiat, annuam etiam aliis Asist. Galliae prov., immo si opus est mittam ex exteris nationibus [...] Mitto interim litteras ad P. Provincialem...".

204 ARSI. *Gallia*, 106-III. *Carta del P. Denis Mesland al P. General*. Santa Fe, 23 de septiembre de 1654. "... después de haber hecho aquí los Ejercicios [espirituales] y delante de mi Dios es que los superiores de Francia no pudiendo estar bien informados desde tan lejos ni consecuentemente gobernar bien esto, jamás estas islas estarán bien hasta que sean una provincia independiente. Para dar comienzo a ella envíe nuestro M. R. P. General una veintena de sujetos de autoridad y con verdadero espíritu de nuestra Compañía que la funde como se ha hecho en Nueva España, Perú, Brasil y todas las islas de otras provincias de las Indias que han tenido su provincial independiente, ahora que todavía no son sino una docena de religiosos".

abandonar el primero pudieran seguir trabajando en el segundo con los infieles[205].

Lo cierto es que el 20 de junio de 1653 se embarcaban en Martinica los PP. Dionisio Mesland y Pedro Pelleprat[206] y arribarían a Guarapiche el 9 de agosto de ese mismo año[207].

Al llegar se encontraron con dos cartas procedentes de Santo Tomé de Guayana, una en francés y otra en latín,[208] por las que se invitaba al "Padre de Guarapiche" a pasar a la ciudad portátil para misionar allí a los españoles y a los indígenas de la región. Después de haber reflexionado sobre la proposición Mesland parte a Santo Tomé de Guayana el 16 de septiembre de 1653[209] y así concluye su etapa antillense. Pelleprat se vería obligado a abandonar el terreno misional por enfermedad el 22 de enero de 1654[210] y el 16 de febrero de 1655 se despediría de las Islas rumbo a Europa[211].

La segunda etapa gira en torno de la personalidad del P. Pedro Pelleprat. Una vez en Francia, comenzó a vender una doble idea: que su proyecto era eminentemente misional pero también se insertaba en la organización de una compañía colonial.

Varias razones alegaba en pro de su plan. La primera y principal era la evangelización de las naciones indígenas de Tierra Firme pero a la vez llamaba la atención a los hombres de negocios de Nantes por lo sugerente de los intereses comerciales mucho más atractivos que el mito de la búsqueda de minerales preciosos. Y finalmente asomaba una motivación político estratégica antiespañola

---

205   PELLEPRAT. *Relato*, 53.

206   PELLEPRAT. *Relato*, 54. B. DAVID. *Dictionnaire biographique de la Martinique*, I, 185-189.

207   PELLEPRAT. *Relato*, 57. Para la visión francesa del P. Pelleprat, véase:

208   PELLEPRAT. *Relato*, 58. La carta francesa está firmada por don Frantique en el Orinoco a 29 de septiembre de 1652. La latina la suscribe don Martín de Mendoza y de la Hoz en la ciudad de Santo Tomás del Santísimo Sacramento de Guayana, el 12 de octubre de 1652.

209   PELLEPRAT. *Relato*..., 59.

210   PELLEPRAT. *Relato*..., 94.

211   PELLEPRAT. *Relato*..., 45,

que era bien vista por el Cardenal Julio Raimundo Mazarino[212]. También supo moverse con el P. Goswino Nickel, Prepósito General de la Compañía de Jesús, y ganarse su benevolencia frente al parecer de los superiores jesuíticos franceses[213].

El historiador du Tertre ha recogido en un largo capítulo una larga reseña de todos los acontecimientos que se fraguaron en la Compañía de Tierra Firme. Para atraer la atención del público se lanzaron unas hojas volantes en París y otras ciudades de importancia en Francia a fin de informar acerca del país donde se pretendía instalar la nueva Compañía y sus enormes posibilidades[214].

Así nace la "Compagnie de la Terre Ferme de l'Amerique Meridionale". Para enero de 1656 se firmaba un documento acreditando la legalidad de la Compañía como Sociedad, cuyos socios debieron adelantar la suma de mil escudos. El 15 de junio, sin esperar siquiera las Letras Testimoniales de su Majestad Católica y contra el parecer de las personas prudentes que aconsejaban cautela, se hicieron a la vela los expedicionarios en el puerto de Nantes[215]. En la expedición iban dos jesuitas: Pedro Pelleprat, el organizador, y el P. Antonio Voislevert (Monteverde)[216].

En Martinica tuvieron una acogida fría por parte del

---

212   Giovanni PIZZORUSSO. *Roma nei Caraibi*. 178. Philip BOUCHER. "Shadows in the Past: France and Guiana, 1655-57". En: J: COOKE (Edit.). *Proceedings of the Sixth and Seventh Annual Meetings of the French Colonial Historical Society, 1980-81*. Lanham, University of America Press (1982) 13-27.

213   ARSI. *Gallia*, 106, fols., 294-296v.

214   Jean Baptiste DU TERTRE. *Histoire Génerale des Antilles habités par les françois*. París, Chez Thomas Iolly, au Palais, en la Salle des Merciers, à la Palme, & aux Armes d'Hollande, I (1667) 481-491.. También trata todo el proceso Giovanni PIZZORUSSO. *Roma nei Caraibi. L'organizzazione delle Misión cattoliche nelle Antille e in Guyana (1635-1675)*. Roma (1995) 176-183.

215   DU TERTRE. *Histoire des Antilles*, I, 481-482.

216   MERCADO. *Historia de la Provincia…*, II, 357: "Lo que admiró a muchos fue que luego que recebió los órdenes sagrados pidió salir de Paris consagrándose a una nueva misión en Tierra Firme en el río de Ovantique, golfo de Paria, de la cual le constituyeron superior". El mismo Monteverde lo confirma en una carta al P. Asistente de Francia con fecha 4 de diciembre de 1662: "Je passay l'année

gobernador Du Parquet y además el Superior jesuítico de la Isla, P. Henri Duvivyer, le escribiría al General de la Orden en 1657 informándole sobre la conducta de Pelleprat que se había rehusado a escuchar los consejos de sus hermanos en religión que lo invitaban a desistir de su empresa[217].

A pesar de todo zarparon de Martinica el 25 de octubre y bordeando S. Vicente, Tobago, la costa de Trinidad y la Boca del Drago, se establecieron en Guanátigo[218] o "Ouanatigo" (o Guatatico) lugar al que Mercado designa con el nombre de Ovantique "y que nos inclinamos a localizar en la actual Barra de Maturín, frente a la cual existe la isla todavía llamada Antica. Allí construyen un fuerte que llaman "Sainte Anne"[219].

La ubicación parecía estratégica, pues con pleamar los navíos podían deslizarse hasta el pie del Fuerte gracias tres brazos de agua; en bajamar, emergía la costa y se secaban los caños, de suerte que quedaba todo despejado hasta el límite de un disparo de cañón. Con todo, el 6 de febrero de 1657 el capitán Bourlotte llevó la noticia a la isla de Grenada de que los españoles habían destruido la colonia de Guanátigo[220].

La noticia tenía sus fundamentos de verdad pues en febrero de 1657 concluía la aventura misional del P. Pedro Pelleprat y según añade el historiador du Tertre fueron los españoles los que los desalojaron de la población que habían fundado[221].

Sin embargo, en lo que respecta a la acción de desalojo, la versión de Monteverde difiere algo de la del historiador francés:

1656 en céte Amerique Meridionale par ordre expres de N. R. P. pour y établir une Mission" (ARSI. *Gallia*, 106-III, fol., 306).

217   ARSI. *Gallia*, 106, fols., 303-304v.

218   DU TERTRE. *Histoire des Antilles*, I, 484.

219   Marc de CIVRIEUX. "Los Caribes y la Conquista de la Guayana Española (Etnohistoria Kari'ña)". En: *Montalbán*. Universidad Católica Andrés Bello. Caracas, nº 5 (1976) 900-901.

220   DU TERTRE. *Histoire des Antilles*, I, 488-489.

221   DU TERTRE. *Histoire des Antilles*, I, 491.

... habíamos ya aprovisionado y ganado 5 ó 6 naciones cuando los salvajes caribes y muchos otros pueblos sus aliados que habían cierto tiempo antes masacrado dos de nuestros Padres en la Isla de San Vicente, vinieron a nosotros con el fin de hacer otro tanto; pero habiendo reconocido que nosotros estábamos en guardia y habiendo hecho el esfuerzo varias veces para rendirnos o para quemarnos, viendo la resistencia que les hacía la corta tropa que nos acompañaba, ellos se retiraron maltratados y después de haber matado y herido la mayor parte de los nuestros, en esta ocasión yo fui herido de muerte. Habiendo tomado la colonia la decisión de retirarse, a pesar de mis esfuerzos por disuadirlos, me obligó a embarcarme herido de muerte y tan abatido de dolores que juzgué por la misma cosa ir a la muerte y embarcarme. Pretendíamos regresar a la isla de Martinica, de donde habíamos partido, mas por la poca experiencia y la presunción de nuestro piloto caminamos por debajo del viento de Grenada y después de tres semanas de derrotero, vinimos a naufragar en las costas de Jamaica donde estuvimos perdidos 5 semanas en los bosques y los naturales de esta isla habiendo encontrado nuestro pequeño grupo masacraron casi todos aquellos que venían conmigo y estuvieron tres veces por hacer lo mismo conmigo, pero *nondum venerat hora mea*. De Jamaica pasé a la isla de Cuba... Pasé por ciudades en que no habiendo encontrado más que el nombre de cristianismo, me resolví quedarme y hacer todos mis esfuerzos para acabar con algunos abusos que allí reconocí. De allí pasé a la Habana, el puerto más famoso de todas estas Indias en donde encontré 3 de los Nuestros[222].

De esta forma podemos precisar que el proyecto de la Misión de Guanátigo se circunscribió al espacio temporal que va de junio de 1656 a febrero de 1657. De Pelleprat solo hemos podido averiguar que el catálogo de la Provincia de México lo ubica en 1658 en la Misión de los Taraumaras y en México permaneció

---

222 ARSI. *Gallia*, 106-III, fol., 306. *Carta del P. Antonio Monteverde al P. Asistente de Francia*. S/l., 4 diciembre de 1662. (El texto original está en francés).

hasta el final de sus días. Antonio Monteverde fue a dar a la isla de Cuba y en La Habana permanecería dos años y medio[223]. De Cuba pasó directamente al Nuevo Reino de Granada[224] y allí se vinculó a las misiones llaneras de Casanare.

B) LA VISIÓN DE LA CONTINENTALIDAD

En 1646 llegaban los jesuitas a Santo Tomé de Guayana. Desconocemos los orígenes precisos que generaron el proyecto guayanés, pero la *Instrucción* dada a los exploradores encargados del proyecto[225] y la política misional de la joven Provincia jesuítica del Nuevo Reino y Quito[226] delatan una concepción geo-misionera del corazón de Sudamérica. La *Instrucción* remite al viaje del P. Acuña por el Marañón y Amazonas[227] y a la experiencia de los

---

223 ARSI. *Gallia*, 106-III, fol., 306. *Carta del P. Antonio Monteverde al P. Asistente de Francia*. S/l., 4 diciembre de 1662. (El texto original está en francés).

224 ARSI. *Fondo Gesuitico*, vol., 757, n. 244. *Carta del P. Monteverde al P. Asistente de Francia*. Pauto, 16 de abril de 1669: "De la Hauane ie passé au nouveau Royaume".

225 APQu., Leg., 3. *Instrucción y órdenes dadas por el Padre Provincial Rodrigo Barnuevo para los Padres Andrés Ignacio y Alonso Fernández para la misión de la Guaiana donde son enviados por la santa obediencia en 4 de junio de 1646*. El documento ha sido publicado por José DEL REY FAJARDO. *Documentos jesuíticos relativos a la Historia de la Compañía de Jesús en Venezuela*. Caracas, Academia Nacional de la Historia, II (1974) 153-156.

226 No conocemos hasta el momento ningún estudio específico sobre el tema; sin embargo, la acción llevada a cabo con el mundo negro a través de Alonso de Sandoval y Pedro Claver en Cartagena; el ensayo desarrollado en los Llanos entre 1625 y 1628; y los intentos con los Paeces y en las costas del Pacífico por los jesuitas neogranadinos obligan a formular tales teorías. No incluimos aquí los esfuerzos de la parte de Quito encauzados a la misión del Marañón.

227 Cristóbal de ACUÑA. *Nuevo Descubrimiento del Gran Río de las Amazonas*. Por el Padre Christoval de Acuña, Religioso de la Compañía de Iesus, y Calificador de la Suprema General Inquisición. El qual fue y se hizo por orden de su Magestad el año de 1639. Por la Provincia de Quito en los Reynos de Perú. Al Excelentísimo Señor Conde Duque de Olivares. Con licencia. En Madrid, en la Imprenta del Reyno, año de 1641; 46 hs y 6 de prels. Constantino BAYLE.

jesuitas en el Paraguay[228], como métodos orientadores del ensayo. Asimismo les advierte que pongan toda diligencia en averiguar si hay comunicación fluvial entre el Orinoco y el Amazonas y si los indígenas de ambas cuencas tienen trato entre sí[229].

El esfuerzo por la pervivencia de la Misión de Guayana, se mantuvo con el esfuerzo del P. Denis Mesland (1654-1664). Siguieron los impulsos de los PP. Francisco Ellauri y Julián de Vergara en 1665 y el reentable en 1668 de la misión significaba la obsesión guayanesa de la Compañía de Jesús neogranadina así como la vocación atlántica que quería imprimirle el jesuita de Calais[230].

c) La vocación Atlántica

Creemos que el peregrinar del P. Antonio de Monteverde por el mundo insular caribeño así como sus conversaciones con hombres de gobierno y las dolorosas experiencias de su compatriota Dionisio Mesland coadyuvaron para que su mente reordenara los grandes espacios llaneros y el Atlántico.

Su estrategia fue la de concebir el Orinoco como una entidad única en la que se daban la mano Casanare, Guayana y la Isla de Trinidad porque siendo la Guayana puerta "para innumerables infieles, se encadenaban las misiones, se dilataba su esfera, y aún se facilitaba más esta parte de la misión con los socorros temporales de herramientas y otros menesteres que podían servir

---

"Notas sobre bibliografía jesuítica de Mainas". En: *Missionalia Hispanica*. Madrid (1949) 277-317. Idem. "Cuarto Centenario del descubrimiento del Amazonas. Descubridores jesuitas del Amazonas". En: *Revista de Indias*. Madrid (1940) 121-149. Francisco MATEOS. "Misioneros jesuitas españoles en el Perú desde el siglo XVI". En: *Missionalia Hispanica*. Madrid (1944) 559-571. Idem. "En pleno corazón del Amazonas". En: *Razón y Fe*. Madrid, 152 (1955) 99-109.

228   APQu. Leg., 3: *Doc. cit.*, n. 9.
229   APQu. Leg., 3. *Doc. cit.*, n. 22.
230   J. DEL REY FAJARDO. *Misiones jesuíticas en la Orinoquia*. Caracas, Universidad Católica Andrés Bello, I (1977) 95-102.

en Casanare"[231]. El plan incluía también una residencia en la isla de Trinidad, la cual debía servir de escala para los misioneros que vinieran de Europa evitando de esta forma el fatigoso caminar de Cartagena a Bogotá y de aquí a Casanare[232].

Tras la muerte del gobernador don Martín de Mendoza y de la Hoz Berrío[233], en 1656, la Provincia de Guayana y su gobernación se sumen "en la más profunda de las noches administrativo-civiles dejando prácticamente el campo abandonado para la doble estrategia contradictoria: la misionera evangelizadora y la caribe depredatoria y esclavizadora"[234].

Lo que Barandiarán acertadamente designa como "guerrilla fluvial y selvática de los indios caribes al servicio del azúcar holandés"[235] lo denuncia en 1684 el jesuita alemán Gaspar Beck y las consecuencias que de ello se derivaban. A los actos de opresión, guerra y cautiverio añade el misionero teutón la "dura esclavitud" a que son sometidos más de 350 niños anualmente por los caribes quienes los entregaban a los ingleses y holandeses con el fin de deportarlos a sus islas para producir caña de azúcar y cacao[236]. Tal situación le obligaba al P. Beck a preguntarse por el rechazo que sentía en todo el entorno geográfico del mundo sáliva -impe-

---

231 Juan RIVERO. *Historia de las Misiones de los Llanos de Casanare y los ríos Orinoco y Meta*. Bogotá, Biblioteca de la Presidencia de Colombia (1956) 176.

232 Todo el plan lo formuló Monteverde en una carta que dirigió al P. José de Urbina, Rector de la Universidad Javeriana de Bogotá, en marzo de 1664 (Véase: Juan RIVERO. *Historia de las Misiones...*, 176).

233 María Elena PARRA PARDI. "Mendoza y Berrío, Martín de". En: FUNDACIÓN POLAR. *Diccionario de Historia de Venezuela*. Caracas, Fundación Polar, III (1997

234 Daniel BARANDIARÁN. "El Orinoco amazónico de las Misiones Jesuíticas". En: José DEL REY FAJARDO (Edit.). *Misiones jesuíticas en la Orinoquia*. San Cristóbal, II (1992) 317.

235 D. BARANDIARÁN. "El Orinoco amazónico de las Misiones Jesuíticas", 317.

236 Gaspar BECK. *Misión del Río Orinoco*. En: José DEL REY FAJARDO. *Documentos jesuíticos relativos a la historia de la Compañía de Jesús en Venezuela*. Caracas, Academia Nacional de la Historia, II (1974) 173.

netrable en aquel momento ante la débil presencia hispana- y la explicación de que el régimen de miedo y terror impuesto por el caribe garantizaba la piratería humana y la animadversión hacia cualquier tipo de presencia española en esas rentables e inhóspitas latitudes. Por ello apelará a la presencia del ejército y escribirá con dolor y frustración: "Ya escribí a Roma, a Madrid y a Santa Fe a los consejeros del Rey. Pero qué? al estilo español!"[237].

d) El imperialismo caribe y el eclipse de las visiones misionales.

Si los jesuitas habían depositado en 1646 la gran esperanza de penetrar, evangelizar y culturizar los inmensos espacios guayaneses y conectarse con las Misiones quiteñas de Mainas, en 1681 tendrían que reconocer que ese diseño había fracasado[238].

Idéntico balance arrojaría todo el proyecto que se estructuró en el Orinoco medio entre el área superior a la desembocadura del Meta (1669) y las regiones sureñas del Guaviare, pues, en enero de 1695 el dominio caribe y la lejanía de las reducciones instaladas en Casanare dejaría en ruinas los cinco ensayos que se habían llevado a cabo en la segunda mitad del siglo XVII[239].

Sin embargo, todavía en los estertores del siglo XVII la Provincia del Nuevo Reino diseñaría una nueva estrategia que contemplaba dos acciones para retornar al gran río venezolano.

---

237   G. BECK. *Misión del Río Orinoco*, II, 190. A lo largo del texto hay muchas alusiones a este específico problema. "Pero a esto fácilmente le pueden poner ellos remedio, y al mismo tiempo promover la causa cristiana, los que llevan el timón de la barca" (*Ibidem*, 173). "... si no faltara el auxilio real, se podría cosechar inmenso fruto y hacer algo grande por la gloria de Dios" (*Ibidem*, 189). "... y de qué región del mundo traen tantos niños y niñas cautivos cada año: por eso es necesario ejército" (*Ibidem*, 190).

238   J. DEL REY FAJARDO. "Introducción al estudio de la Historia de las Misiones jesuíticas en la Orinoquia". En: DEL REY FAJARDO (Edit.). *Misiones jesuíticas en la Orinoquia*. San Cristóbal, I (1993) 406-411.

239   J. DEL REY FAJARDO. *Art. cit.*, 411-419.

Hacia el sur se habían iniciado en 1695 las "Misiones del Airico" con los PP. Alonso de Neira y José Cavarte[240]. Hacia el norte trataban de expandirse, en 1697, hacia Barinas teniendo como punto de apoyo el camino que unía esta ciudad con la de Santafé. Sus portavoces fueron el P. Martín Niño y el P. Miguel Alejo Schabel pero concluiría en 1705[241].

En 1695 había instalado el P. Manuel Fritz más de 30 reducciones a lo largo del río Amazonas, desde Mainas hasta Río Negro. Pero del lado neogranadino los caribes habían arruinado la posibilidad de establecer el contacto estratégico entre ambas misiones que dependían de la misma cabeza jesuítica: el Provincial del Nuevo Reino y Quito. Así naufragaba el proyecto de vertebrar los dos grandes ríos sudamericanos en una doble anastomosis: "hidrológica la primera y poblacional-misionera la segunda; captación que seguramente hubiera consolidado la presencia y la raigambre españolas en ese inmenso espacio mesopotámico entre el Orinoco y el Amazonas, espacio que conformaba a la misma Provincia-Gobernación de Guayana"[242].

Sin embargo, arrinconados en el piedemonte neogranadino por el letargo impuesto por el caribe mantuvieron el sueño de interconectar las misiones orinoquenses con las amazónicas, las del Gran Chaco y las paraguayas.

Así lo demuestra el testimonio del P. José Cavarte (1655-1724), lazo de unión entre las generaciones jesuíticas del XVII y XVIII, quien en su vejez componía una Gramática enagua "por las esperanzas que tenía de que se pudieran conquistar los que la

---

240   J. DEL REY FAJARDO. "La Misión del Airico: 1695-1704". En: *Boletín de la Academia Nacional de la Historia*. Caracas, t. LXXVI, n°. 302 (1993) 49-68.

241   J. DEL REY FAJARDO. "Miguel Alejo Schabel S. J. Escritor, Aventurero y Misionero". En: *Boletín Universitario de Letras*. Caracas, Universidad Católica Andrés Bello, 1 (1994) 169- 196.

242   Daniel de BARANDIARÁN. "El Orinoco amazónico de las Misiones jesuíticas". En: José DEL REY FAJARDO (Edit.). *Misiones jesuíticas en la Orinoquia*. San Cristóbal, II (1992) 195.

usan" y también había solicitado de Quito que le remitieran una gramática inca para estudiarla[243].

e) El siglo XVIII y la batalla final
contra el imperialismo caribe

La Guerra de Sucesión española y sus consiguientes reformas borbónicas es lógico que produjeran en América grandes transformaciones[244].

Si es indudable que Francia que comenzó a controlar todo el comercio de la América española en incluso la presencia de sus naves de guerra en todos los puertos de América[245], es lógico que su presencia se hiciera notar también en el río Orinoco a la vez que garantizaban la libertad de movimientos de sus aliados caribes.

Como respuesta la Corona hispana comienza a tomar en serio la fortificación del río Orinoco. Es una historia que se inicia con la propuesta del gobernador guayanés Francisco de Meneses[246] que duraría hasta 1765 con la fundación de Angostura[247].

Es necesario anotar otro antecedente interesante: entre los años 1700 y 1736, los capuchinos aragoneses que laboraban en la Provincia de Cumaná habían orientado sus esfuerzos para colonizar

---

243   RIVERO. *Historia de las Misiones*, 405.

244   Véase: José María JOVER ZAMORA y Elena HERNÁNDEZ SANDOICA. "España y los Tratados de Utrecht". En: José María JOVER ZAMORA (Director). *Historia de España. La Época de los primeros borbones*. Tomo XXIX, Volumen I: La nueva Monarquía y su posición en Europa (1700-1759). Madrid, Espasa-Calpe (1987) 339-440.

245   Véase: E. W. DAHLGREN. *Les rélations commerciales et maritimes entre la France et les côtes de l'Ocean Pacifique*. París, H. Champion, 1909.

246   Omar Alberto PÉREZ. "Meneses, Francisco". En: FUNDACIÓN POLAR. *Diccionario de Historia de Venezuela*. Caracas, Fundación Polar, HI (1997) 128.

247   Véase: Daniel de BARANDIARÁN. "El Orinoco amazónico de las Misiones jesuíticas". En: José DEL REY FAJARDO (Edit.). *Misiones jesuíticas en la Orinoquia*. San Cristóbal, II (1992) 237-241. Demetrio RAMOS PÉREZ. *Estudios de Historia venezolana*. Caracas, Academia Nacional de la Historia (1988) 681-750.

el río Guarapiche, dominio de los caribes y centro de intercambio con los otros caribes de las islas caribeñas. Las acciones del gobernador José Francisco Carreño[248] obligarían a los representantes de esta etnia a retirarse a la obra banda del Orinoco[249], es decir, a las regiones de Puruey y Caura desde donde se federaron, sin dificultades geográficas, con sus hermanos de raza que habitaban la gran región de Barima, Aquire y Esequivo y de esta suerte fortalecieron la gran Caribaria.

Pero, despejado el peligro en la zona norte del Orinoco se creaban dos entidades autónomas en la zona sur: el núcleo del Bajo Orinoco (Barima-Sierra Imataca con el río Aquire y Cuyuni) y el núcleo del Orinoco medio (ríos Aro, Caura y área del Puruey hasta cerca del Cuchivero)[250].

A ello hay que añadir la trágica realidad que vivía la Provincia de Guayana. La inmolación étnica del libre imperio caribe en el Orinoco "puede fácilmente calcularse en más de 30 mil indios aniquilados y más de diez mil vendidos como esclavos por los caribes, con la complicidad de los holandeses, franceses, ingleses y hasta de los mismos españoles. ¡Cuarenta mil víctimas en solo la hidrografía del Orinoco, en solo 30 años (1696-1730) sin contar los doce años de la hecatombe que representó el episodio de Quirawera (1684 a 1696)". Y concluye Barandiarán: "Todo era desolación, esclavitud y muerte"[251].

Con estas premisas es lógico pensar que toda la industria del

---

248   O. A. P. [Omar Alberto PÉREZ]. "Carreño, José Francisco". En: FUNDACIÓN POLAR. *Diccionario de Historia de Venezuela*. Caracas, I (1997) 699.

249   Buenaventura de CARROCERA. *Misión de los Capuchinos en Guayana*. Caracas, Academia Nacional de la Historia (1979) 17-22.

250   BARANDIARÁN. "El Orinoco amazónico de las Misiones jesuíticas". En: José DEL REY FAJARDO (Edit.). *Misiones jesuíticas en la Orinoquia*. San Cristóbal, II (1992) 241.

251   Daniel de BARANDIARÁN. "El Orinoco amazónico de las Misiones jesuíticas". En: José DEL REY FAJARDO (Edit.). *Misiones jesuíticas en la Orinoquia*. San Cristóbal, II (1992) 237-241. Demetrio RAMOS PÉREZ. *Estudios de Historia venezolana*. Caracas (1988) 241.

comercio humano indígena no podía quebrar solo por decisiones éticas y misionales.

Todo este espacio temporal comprendido entre 1733 y 1744[252] constituye la historia más sangrienta del Orinoco del siglo XVIII en donde, en definitiva, el Estado español se declaraba, de facto, incompetente para frenar la gran ofensiva protagonizada por la confederación de una serie de naciones bárbaras, vigorizadas por el apoyo holandés y francés.

La historia documentada de la guerra declarada por la nación caribe en 1733 contra las Misiones jesuíticas puede verse en la crónica que escribió un testigo presencial: el Hermano Coadjutor jesuita llamado Agustín de Vega[253].

El estudioso de este fenómeno orinoquense llega a la conclusión de que en épocas de crisis la paz se compra o se pretende instaurar al margen de la justicia y de esta forma las invasiones caribes de 1733 hay que verlas a la luz de esta realidad. De esta forma la seguridad jurídica y política de las gentes del Orinoco quedaba viciada y la impotencia obligaba al misionero a apelar a acciones desesperadas.

¿Cuál fue la respuesta de la Compañía de Jesús a las múltiples formas de acción y penetración que desarrollaría la nación caribe en los escenarios sitos entre Cabruta y el Raudal de Atures?.

Con los pueblos destruidos, las diversas etnias indígenas misionadas dispersas y atemorizadas los jesuitas comenzaron a tomar sus propias decisiones a fin de afrontar la crisis que ponía una vez más entre la espada y la pared el futuro misional y por ende territorial de la corona española en la Orinoquia.

La primera fue levantar un fortín en Marimarota, monte

---

252   Agustín de VEGA. *Noticia del principio y progresos del establecimiento de las Missiones de gentiles en la río Orinoco por la Compañía de Jesús*. Caracas (2000) 26: "… por marzo de 733, quedo rota la guerra con la Nacion Cariba que nos dieron bastante que hacer hasta el año de 744".

253   Agustín de VEGA. *Noticia del principio y progresos del establecimiento de las Missiones de gentiles en la río Orinoco por la Compañía de Jesús*. Estudio introductorio: José del Rey Fajardo sj y Daniel de Barandiarán. Caracas, 2000.

todo de roca, situado en las cercanías de Pararuma[254]. Se trataba de un lugar estratégico donde el río "se estrecha como a un tiro de fusil"[255]. De seguidas establecieron los mecanismos de defensa y enfrente levantaron una especie de fortín de forma tal que el fuerte se dotó de cañones y el pueblo de "estacadas"[256]. El P. Gilij describe el entorno así: "Es terrible el trozo de río entre el Castillo y Carichana por los muchos escollos que se pasan"[257]. La construcción del reducto de San Javier en Marimarota trajo tranquilidad durante el año 1736 pues este primitivo puesto militar consiguió impedir el flujo de las armadas caribes aguas arriba[258].

La segunda respuesta se inicia en 1740 con la fundación de Cabruta. Su valor estratégico sería reconocido a posteriori. Sin lugar a dudas, tras el fortín de San Javier, supone el segundo gran antemural que levantaron los jesuitas en su lucha con los caribes. En este punto la visión de Rotella fue mucho más intuitiva que la de Román, que era el Superior de la misión en aquel entonces.

El corrimiento de la frontera jesuítica a Cabruta y su ubicación en un punto geográfico vital como antemural para contener las fuerzas caribes[259] abre un nuevo ciclo en la intercomunicación con la Provincia de Caracas y en la toma de conciencia de los jesuitas

---

254   José DEL REY FAJARDO. "Topohistoria misional jesuítica llanera y orinoquense". En: José DEL REY FAJARDO y Edda O. SAMUDIO. *Hombre, Tierra y Sociedad*. San Cristóbal-Bogotá (1996) 61-62.

255   José GUMILLA. *El Orinoco ilustrado y defendido*. Caracas, Academia Nacional de la Historia (1993) 202.

256   Agustín de VEGA. *Noticia del principio y progresos...*, 76-77: Y anota con cierta complacencia el H. Vega: "Con esto cobró tan gran fama el Castillo de San Xavier que no se hablaba de otra cosa en todo Orinoco sino del Castillo"

257   Felipe Salvador GILIJ. *Ensayo de Historia Americana*. Caracas, Academia Nacional de la Historia, I (1965) 40

258   AGI. *Quito, 198. Segunda Vía. Respuesta al pliego... 1742*. (José GUMILLA. *Escritos varios*. Estudio preliminar y compilación del P. José del Rey S. J. Caracas, Academia Nacional de la Historia (1970) 307).

259   GILIJ. *Ensayo de Historia Americana*, I, 71: "Esta aldea que está en la frontera de los caribes, fue fundada por Rotella en 1740 con el designio de fortificarla lo más que pudiese contra los insultos de estos enemigos que entonces dominaban,

orinoquenses de buscar en la ciudad del Ávila su nueva capital. Pero, además, se erigía como un privilegiado lugar de encuentro de muchos pueblos orinoquenses en busca de subsistencia y mercadeo y sobre todo por el valor del mercado de la tortuga[260].

La polémica fundación de Cabruta obligó a los caribes a reformular de nuevo sus rutas esclavistas y a refinar sus técnicas de dominio y terror entre los conglomerados indígenas acogidos a la vida misional. Por una parte mataban o secuestraban a los indios reducidos cuando los encontraban desguarnecidos en los contornos de los poblados o en despoblado; y por otra les hacían llegar su criterio de que si no emigraban a las tierras caribes regresarían para matarlos y destruir los enclaves misionales. Tal fue su modo de actuar a lo largo de los años 1740 y 1741[261].

La tercera respuesta sería inédita e inesperada. Lo que no pudieron conseguir ni los gobernadores ni los misioneros lo obtendrían los nuevos aliados indígenas de los jesuitas. En efecto, serían los cabres y sobre todos los guaypunabis quienes acabarían de raíz la hegemonía caribe en el Orinoco medio. Gilij, que llegó al Orinoco en 1749, debía recordar muy vivamente las historias misioneras como ya superadas, pues escribiría en su *Ensayo de Historia Americana* que Puruey "ahora es a modo de quemada Troya humeante memoria de sus triunfos sobre las naciones orinoquenses, si dejando a los valerosos se hubieran contentado con subyugar a los más débiles"[262].

Así pues, entre 1744 y 1745 la historia del Orinoco viviría el inicio de una gran transformación. Dos hechos significativos marcarían las nuevas rutas: el descubrimiento del Casiquiare y la comunicación fluvial Orinoco-Amazonas y la sorpresiva quiebra

---

y pensó en hacer de ella como un antemural fortísimo para defender también a las otras reducciones".

260   Demetrio RAMOS. *El tratado de límites de 1750 y la expedición de Iturriaga al Orinoco*. Madrid, Consejo Superior de Investigaciones Científicas (1946) 154.

261   AGI. *Quito*, 198. *Doc. cit.* (GUMILLA. *Escritos varios,* 306).

262   Felipe Salvador GILIJ. *Ensayo de Historia Americana*. Caracas, I, 62.

del imperio caribe en el gran río venezolano debido fundamentalmente a la acción de los indios guaypunabis.

F) El descubrimiento del Casiquiare y la nueva frontera

Destruida la red caribe del comercio humano en el Orinoco medio comienzan a tener noticias claras los misioneros del negocio esclavista portugués en las áreas sureñas del Orinoco. Para afrontar el problema decide el P. Manuel Román, en 1744, viajar a las posesiones portuguesas del Pará y de esa forma inesperada realiza el descubrimiento del brazo Casiquiare que aclaraba la intercomunicación fluvial del Orinoco con el Amazonas[263].

El arrojo y valentía del P. Manuel Román para introducirse en el reto de lo desconocido consiguió de inmediato dos grandes logros: el primero, la confraternización con los indios caberres y guaypunabis "con cuya intervención logró el exterminio o la expulsión al extremo oriente guayanés de la horda Caribe esclavizadora"; y la segunda "la visualización "in situ" y no ya en los mapas del Caño Casiquiare y la defensa que hizo de la soberanía territorial de la Provincia de Guayana en aquella área"[264].

Pero el principal objetivo del viaje del misionero orinoquense era resolver el problema de la esclavitud de los indígenas venezolanos. Presentamos el balance suministrado por el jesuita

---

263   AIUL. Papeletas: ROMÁN, Manuel. "Descubrimiento de la comunicación del Orinoco con el Marañón y Relación que hace el P. Manuel Román de su viaje de Carichana al Río Negro: desde el 4 de febrero hasta el 15 de octubre de 1744. ANB. *Reales Cédulas*, t. 14, fols., 580 y ss. *Informe del P. Manuel Román sobre la misión del Orinoco. 1749*. (GUMILLA. *Escritos varios*, 317-318).

264   Daniel de BARANDIARÁN. "La Crónica del Hermano Vega 1730-1750". En: Agustín de VEGA. *Noticia del principio y progresos del establecimiento de las Missiones de gentiles en la río Orinoco por la Compañía de Jesús*. Estudio introductorio: José del Rey Fajardo sj y Daniel de Barandiarán. Caracas (2000) 377-378. (Sobre el viaje del P. Manuel Román, véanse las páginas 368-415).

portugués Aquiles Avogadri[265] al P. Manuel Román que habla por sí mismo:

> me dijo que en seis años que había estado en aquel ministerio por obediencia, se habían registrado ocho mil esclavos indios y dado otros por horros, esto es, sirven cinco años y quedan libres; y que en entradas que se habían hecho de los pueblos se habían agregado a ellos cuatro mil almas libres. Los que pasan por alto por no pagar el tributo debido a su rey son muchos. Los daños que hacían y muertes para cautivar a tantos no se puede saber. Lo cierto es que serán más a los que quitan las vidas que a los que cautivan[266].

Este nuevo impulso pro amazónico adoptaría dos rumbos bien definidos. El primero incursionaría la margen derecha del Orinoco a través de los ríos Suapure, Parguaza, Sipapo y Ventuari-Manapiare[267]. La génesis de este periplo tomaba su origen en la necesidad de rastrear los caminos secretos que los caribes trazaron para seguir invadiendo las reducciones jesuíticas. Después de 1745 el objetivo principal se basará en la nucleización de las tribus desparramadas por esa área. Y para ello se ensayó la idea de abandonar las orillas del Orinoco y establecer reducciones tierras adentro; así nacieron San Estanislao de Patura, San Javier de los Parecas y otras

---

265 Véase: Serafím LEITE. *História da Companhia de Jesús no Brasil*. Lisboa-Río de Janeiro, 1938-1950, 10 vols. Reedición facsimilar Sao Paulo, Edición patrocinada por PETROBRAS, VII-IX (2004) 223-224.

266 ANB. *Reales Cédulas*, t. 14, fols., 580 y ss. *Informe del P. Manuel Román sobre la misión del Orinoco. 1749.* (GUMILLA. *Escritos varios*, 317-318).

267 Gran parte de las excursiones del P. Forneri sospechamos que se dirigieron a la puesta en acción de la nueva política aunque el cronista atestigua que "no es mi intención aquí hacer la lista de todos los viajes de este misionero" (GILIJ. *Ensayo de Historia Americana*, III, 103). Si excluimos los "muchos y fatigosos" que hizo a los yaruros, los demás de esta época se orientaron a los maipures del Tuapu, a los piaroas del Ventuari (GILIJ. *Ob. cit.*, I, 70), a los parecas en 1751 (GILIJ. *Ob. cit.*, III,104), a los guaipunavis del río Inirida (GILIJ. *Ob. cit.*, III,104-105) y al fortín de Cuseru en el Atabapo (GILIJ. *Ob. cit.*, III,109).

de muy efímera existencia; los motivos del fracaso de este ensayo los reduce Gilij a una sola línea "el clima es grandemente dañoso a la población"[268].

La segunda ruta penetraría por la margen izquierda de nuestro gran río y se centraría en la toma de posesión de las zonas que se suponían ríonegrinas y que se confundían con la hoy vasta zona interfluvial llanera colombiana del Vichada, Guaviare, Inírida y Guainía[269]. De esta época datan el viaje del P. Lubián en 1751 a los Betoyes -o mejor betoas- del Sur y a los Chavinavos con el fin de descubrir las naciones que habitan los ríos que desaguan en el Orinoco y en el río Negro por la parte del poniente[270]. Casi con idéntica misión pero por derroteros distintos visitó algunos años más tarde a los pamivas el P. Francisco del Olmo[271] quien llegaría a entablar amistad con los guaipunaves y especialmente con su cacique Cuseru[272], persona clave en las relaciones hispano-guaypunaves durante la Expedición de Límites[273].

---

268 GILIJ. *Ensayo de Historia Americana*, I, 70.

269 GILIJ. *Ensayo*, III, 97-115.

270 GILIJ. *Ensayo*, III, 104. Además era excelente amigo del P. del Olmo. (GILIJ. *Ob. cit.*, I, 7 2).

271 GILIJ. *Ensayo*, III, 104. Gran parte de la vida misionera del P. Francisco del Olmo la absorbe la incesante búsqueda de los yaruros a lo largo del Sinaruco, Meta y "otros ríos que desaguan en el Orinoco" (GILIJ. *Ob. cit.*, III, 90. Otros detalles interesantes de la págs. 91 a 97). También el Ventuari catalizó varios de sus viajes con el afán de reducir los maipures (GILIJ. *Ob. cit.*, III, 90-91). Con mucha justicia escribía Gilij al narrar su muerte: "con mucho disgusto mío murieron con él las muchas rarísimas noticias que habrían podido darme de sus viajes a los gentiles" (GILIJ. *Ob. cit.*, I,129; III, 104).

272 Hacia 1750 debió realizar su viaje al río Inírida a visitar a Cuseru (GILIJ. *Ensayo*, II, 188-190).

273 GILIJ. *Ensayo*, III,104.

g) El Tratado de Límites de 1750 y el ocaso de la acción jesuítica en la Orinoquia

Un punto de confluencia de este antagonismo Estado ilustrado-Jesuitas nos lo ofrece la trayectoria de la llamada Expedición de Límites de 1750.

Existe una corriente histórica española sobre esta temática que se inicia con la tesis doctoral del infatigable profesor vallisoletano, D. Demetrio Ramos[274] y se completa con la obra del joven investigador Manuel Lucena Giraldo[275]. A ella hay que agradecer su invalorable aporte a esta zona histórica bastante olvidada en el haber de la conciencia nacional.

Sin embargo, dentro de la historiografía revisionista venezolana ha habido una toma de posición crítica que encabeza el antropólogo e historiador Daniel de Barandiarán quien ha sometido a la luz de la historia y la geografía guayanesas todo el inmenso acervo producido por la Expedición de Límites de 1750 y a su obra remitimos nuestras observaciones[276].

En el caso específico de las Misiones orinoquenses la literatura española considera el Tratado de Límites de 1750 como

---

274   Demetrio RAMOS. *El Tratado de Límites de 1750 y la expedición de Iturriaga al Orinoco*. Madrid, 1946. Demetrio Ramos ha sido un excelente colaborador en la reconstrucción de la historia colonial venezolana y su obra es amplísima.

275   Manuel LUCENA GIRALDO. *Laboratorio tropical*. La Expedición de Límites al Orinoco, 1750-1767. Caracas, Monte Ávila Editores-consejo superior de Investigaciones Científicas, 1991. A Lucena Giraldo se le puede considerar como el renovador de la literatura ilustrada de la frontera. Tiene diversas obras de las que solamente citamos: "Defensa del territorio y explotación forestal en Guayana, 1758-1793". En: M. LUCENA GIRALDO (Edit.). *El bosque ilustrado. Estudios sobre la política forestal española en América*. Madrid, 1991. --- "Ciencia para la frontera: las Expediciones de Límites españolas (1754-1804)". En: *Cuadernos Hispanoamericanos*. Los Complementarios/2. Madrid, 1988.

276   Daniel de BARANDIARÁN. "Brasil nació en Tordesillas. (Historia de los límites entre Venezuela y Brasil). Primera Parte: 1494-1801. En: *Paramillo*. San Cristóbal, 13 (1994) 331-774.

un "conjunto de tareas encaminadas a la reforma política, social y económica de la frontera tropical"[277].

Lucena Giraldo afirma que la Expedición constituye un éxito regional de mucha trascendencia. Y afirma: "Entre la paz con los grandes jefes indígenas del Alto Orinoco –marzo de 1759- y la retirada de la Expedición de Límites de Venezuela –julio de 1761- transcurre el período con mayores transformaciones que vivió la Guayana española a lo largo del siglo XVIII. El gran ciclo de exploraciones y la eclosión fundacional en la frontera con el Amazonas, la derrota de los caribes y su repliegue hacia el interior del continente o el intento de consolidación de una ruta más o menos estable con el Virrreinato de Nueva Granada fueron hechos que por si solos constituyeron cambios de consecuencias insospechadas. La conjunción de todos ellos en tan breve período permite hablar, con más razón todavía, de una verdadera mutación regional como consecuencia de los trabajos de organización territorial de la Expedición de Límites"[278].

Por su parte, Barandiarán establece una serie de "cautelas obvias" ante estas afirmaciones inspiradas casi en su totalidad en la amplia documentación redactada por los comisarios regios sin la verificación correspondiente en la geografía histórica guayanesa.

Aquí deseamos circunscribirnos al tema más importante cual es el de las fronteras para resaltar un ejemplo de lo que formula la historiografía ilustrada y la revisión crítica a la luz de la geografía y la documentación preterida.

El Tratado hispano-portugués de límites de 1750 plantea-

---

277 Manuel LUCENA GIRALDO. "Los jesuitas y la expedición de límites al Orinoco, 1750-1767". En: *Paramillo*. San Cristóbal, 11-12 (1992-1993) 245.

278 M. LUCENA GIRALDO. *Laboratorio tropical*, 203. Prácticamente reitera los mismos conceptos en: M. LUCENA GIRALDO y Antonio E. DE PEDRO. *La frontera caríbica: Expedición de Límites al Orinoco, 1754-1761*. Caracas, Cuadernos Lagovén (1992) 64. Y en la página 81 añade: "La cantidad de información cartográfica, botánica, geográfica, lingüística e histórica adquirida con métodos modernos permitiría construir la política gubernamental española sobre la realidad de la frontera tropical y no sobre lejanas o interesadas noticias, cuando no sobre puras ficciones e incluso proyecciones literarias".

ba en el fondo la sustitución del Tratado de Tordesillas por otras fronteras más reales que aseguraran a los españoles el dominio exclusivo de la cuenca del río de la Plata y a los portugueses el de la cuenca del Amazonas.

Todavía más, Pombal asoma en 1758 a la corte española que, en el conflicto jesuítico, la expulsión de los miembros de la Compañía de Jesús de las reducciones guaraníticas podría extenderse a todas las misiones de América[279]. Y en 1759, decretada la expulsión de los jesuitas de Portugal, Gomes Freire proponía al Comisario General español que "si su Católica Majestad tomara una medida semejante, ello significaría un alivio para toda América"[280].

Es evidente que con estas premisas la corte española tratara de alejar a los jesuitas de sus fronteras con Brasil.

En efecto, la preocupación del primer comisario, José de Yturriaga[281], por distanciar a la Compañía de Jesús del área norte del conflicto limítrofe vino a cristalizar en una Real Orden de 2 de noviembre de 1762 por la que se comisionaba a los capuchinos andaluces de Venezuela "para los nuevos pueblos del Alto Orinoco y Río Negro, señalándoles S. M. por terreno desde el Raudal de Maipures inclusive arriba"[282].

Una vez que los Capuchinos tomaron posesión de sus nuevas demarcaciones misionales fueron enfrentando la dura realidad de aquellas inhóspitas regiones. Cuando el P. Jerez de los Caballeros arribaba a San Carlos el 1º de abril de 1765 pudo verificar que las

---

279 Guillermo KRATZ. *El Tratado hispano-portugués de límites de 1750 y sus consecuencias*. Roma, Institutum Historicum S. I. (1954)224-225.

280 AGS. *Estado*, 7393, fol., 82. *Carta de Gomes Freire a Valdelirios*. 22 de febrero de 1759. Citado por KRATZ. *Ob. cit.*, 237.

281 Manuel LUCENA GIRALDO. "Iturriaga, José de". En: FUNDACIÓN POLAR. *Diccionario de Historia de Venezuela*. Caracas, Fundación Polar, II (1997) 831-832.

282 AGI. *Caracas*, 205. *Carta del P. Fernando Ardales al Rey.* Misión de Caracas, 30 de mayo de 1764. El P. Ardales había recibido dos comunicaciones sobre este asunto: la primera fechada el 12 de noviembre de 1762 y la segunda el 28 de febrero de 1763.

poblaciones que había dejado la Comisión de Límites se habían reducido a un recuerdo[283].

Sin embargo, Fray Jerez que había participado con los miembros de la Expedición de Límites en la exploración del Cuchivero-Caura, "tendrá una actuación fulgurante y de gran efecto, pero, como el cohete en el aire, se quemará casi de inmediato"[284]. En sus famosas "Jornadas" fundará 8 pueblos entre 1765 y 1770, pero las intrigas antimisioneras del gobernador guayanés Manuel Centurión[285], las enfermedades y muertes de los misioneros y el desamparo del área obligaron a los capuchinos a retirarse a los Llanos de Caracas a fines de 1771[286]. La historia se había repetido una vez más con los capuchinos.

Y concluye el escritor guayanés: "Se perdió la noción misma integrada del área Meta-Guaviare-Inírida-Vichada-Tuparro-Orinoco-Atabapo-Río Negro que los misioneros jesuitas detentaban, dentro de la misma originalidad de la Provincia Gobernación de Guayana y con los resabios-sucursales de autoridad gubernativa supletoria de Santa Fe de Bogotá en el área de Meta-Casanare"[287].

Con la expulsión de los jesuitas en 1767 se perdía la visión

---

283   AGI. *Caracas*, 440. *Informe de 8 de febrero de 1766 del Presidente de las nuevas poblaciones del alto Orinoco y Río Negro a la Capitanía General de Venezuela*. José A. Jerez de los Caballeros. [El documento lo trascribe Baltasar de LODARES. *Los franciscanos capuchinos en Venezuela. Documentos referentes a las Misiones Franciscanas en esta República*. Caracas, Cía. Anon. Edit. Empresa Gutenberg, I (1929) 317-319)]. En este escrito nos dejará constancia de San Fernando "ya destruida"; del Raudal de Santa Bárbara "en cuya situación encontré aun los resquicios de la fundación que V. S. allí emprendió con el capitán Imo y sus gentes"; de la Garita de la Buena Guardia, a la entrada del Casiquiare "en cuyo distrito no hallamos más población de indios que la del Capitán Daviaje".

284   Daniel BARANDIARÁN. "Brasil nació en Tordesillas", 559.

285   Astrid AVENDAÑO VERA. "Centurión Guerrero, Manuel". En: FUNDACIÓN POLAR. *Diccionario de Historia de Venezuela*. Caracas, Fundación Polar, I (1997) 774-776.

286   Daniel BARANDIARÁN. "Brasil nació en Tordesillas", 559.

287   BARANDIARÁN. "Brasil nació en Tordesillas", 560.

del Orinoco histórico, visualizado como Orinoco amazónico y columna vertebral de la inmensa Provincia de Guayana y conceptuado como la muralla frente al Brasil portugués. Sobre esta visión se había construido la territorialidad gubernativa, política y misional de aquellas inmensas áreas mesopotámicas del Amazonas-Orinoco. El no haber entendido esta dicotomía que divorcia el Orinoco histórico del Orinoco geográfico le llevó a España a perder grandes extensiones de terreno en sus delimitaciones con el Brasil.

Con tristeza escribe Barandiarán al analizar el Tratado de Límites de 1777: "Más tarde, la propia Junta de Límites, preparatoria en España del último Tratado de Límites de 1777 entre España y Portugal, ya no sabía que Berrío, heredero de Quesada, había recibido de éste todo el Dorado amazónico. Fueron llamados el propio Centurión y el veterano guayanés Vicente Doz y ninguno de los dos fue capaz de dar razón alguna sobre los límites jurisdiccionales del territorio de la Provincia de Guayana, simplemente porque nadie sabía Historia"[288].

En la historia de la formación y deformación de nuestras nacionalidades la visión amazónica española acabaría ignorando las posiciones estratégicas y la diligencia mostrada por la Compañía de Jesús para mantener los extensos territorios que le había conferido a la corona hispana el Tratado de Tordesillas.

No sin cierta suspicacia anotaba en 1850 el historiador colombiano D. José A. Plaza al descubrir este ensueño jesuítico: "La idea de establecer una escala de comunicaciones mercantiles desde las márgenes del Meta hasta las posesiones portuguesas y las aguas del Atlántico, surcando el Orinoco y el Amazonas, proyectada por los jesuitas, espantó al Gabinete de Madrid y aceleró la muerte del Instituto. Este plan portentosamente civilizador hubiera variado

---

288 BARANDIARÁN. "Brasil nació en Tordesillas", 548. El autor fundamenta su elucubración en M. Consuelo CAL MARTÍNEZ. *La defensa de la integridad territorial de Guayana con Carlos III*. Caracas, Academia Nacional de la Historia (1979) 63-70.

la faz del continente suramericano y revela lo grandioso del genio que no pide elementos sino libertad para obrar"[289].

h) El naufragio del gran proyecto jesuítico misional en Venezuela (1767)

El año 1767 traza la línea divisoria entre dos fronteras que interpretan dos mundos distintos para los hombres de la Compañía de Jesús en la América hispana: por un lado, el de los que fueron protagonistas de un proyecto americano; y por otro, el de los expatriados que miraban con ojos de nostalgia el pasado pero que a la vez necesitaban reafirmar su ideal en medio de la más profunda derelección. Y, como es natural, cada escenario geográfico goza de sus características propias y a ellas habrá que apelar cuando así lo demande esta investigación.

El 20 de febrero de 1767 el rey Carlos III firmaba en el Pardo el Real Decreto de expulsión de la Compañía de Jesús de todos sus dominios[290] y el 2 de abril promulgaba la Pragmática sanción para el extrañamiento de los jesuitas de sus reinos, ocupación de sus temporalidades y prohibición de su restablecimiento[291].

El 7 de julio llegaron a manos del virrey santafereño Pedro Messía de la Cerda los "Reales Despachos"[292]. El decreto se llevó a cabo en Bogotá al alborear del primero de agosto de 1767[293].

En las regiones orinoquenses, como dependían de la gobernación de Guayana, los acontecimientos se sucedieron antes

---

289   José A. PLAZA. *Memorias para la Historia de la Nueva Granada*. Bogotá, Imprenta del Neo-Granadino (1850) 314.

290   AGI. *Caracas*, 210. Texto íntegro, fols. 1r-3v.

291   José DEL REY FAJARDO. *Documentos jesuíticos relativos a la Historia de la Compañía de Jesús en Venezuela*. Caracas, Academia Nacional de la Historia, III (1974) 103-109.

292   PACHECO. "La expulsión de la Compañía de Jesús del Nuevo Reino de Granada en 1767". En: *Ecclesiastica Xaveriana*, 4 (1954) 256.

293   José Manuel GROOT. *Historia eclesiástica y civil de Nueva Granada*. Bogotá, II (1890) 82-83.

que en la capital del virreinato. El 2 de julio se presentó el Gobernador guayanés D. Manuel Centurión en Carichana[294], capital de las misiones orinoquenses. Los jesuitas de la Urbana, Cabruta, la Encaramada, San Borja y el Raudal de Atures fueron trasladados por Guayana y por el Delta del Orinoco a la Guayra, (puerto de Caracas), donde desembarcaron el 4 de agosto[295]. Allí esperaron a los demás colegas misioneros de Casanare y Meta, durante 7 meses, para proseguir todos juntos su viaje al destierro.

En los Llanos de Casanare y Meta el gobernador don Francisco Domínguez de Tejada, para poder cumplir con la orden del virrey que le sorprendió en Chire el 21 de agosto de 1767[296], gastó 114 días. Solo el 6 de noviembre podía informar el Gobernador que había reunido a los misioneros de los Llanos de Casanare en Cravo[297]. El 2 de diciembre se encontraban los expatriados en Guayana y en la balandra El Violón fueron trasladados al puerto de La Guayra[298]. En el caluroso puerto caraqueño permanecieron hasta que el 7 de marzo de 1768[299] zarparon en la fragata La Caraqueña (según el P. Velasco) y según los documentos oficiales en el navío San Pedro y San Pablo. Arribaron a Cádiz el 30 de abril[300].

294 ANCh. *Jesuitas*, 446.

295 GILIJ. *Ensayo de Historia Americana*. Bogotá, Academia Colombiana de Historia, IV (1955) 338; I, 33.

296 ANB. *Conventos*, t. 29, fols. 205 y ss. *Carta de Francisco Domínguez de Tejada al virrey y junta de temporalidades.*

297 ANB. *Conventos*, t. 29. *Testimonio de autos /sobre/ la expulsión de quatro religiosos de la Compañía /en/ el Partido de Meta. /D/ Andrés de Oleada.* Fol., 487.

298 ANCh. *Jesuitas*, 446. (En DEL REY. *Documentos jesuíticos*, III, 55-56). Los nombres de los jesuitas expulsos y registrados en Guayana son: José Gereda, Manuel Castillo, Manuel Padilla, Manuel Alvarez, Ignacio Barrios, Martín Rubio, Juan Francisco Blasco, Cayetano Pfab, Roque Lubián, Juan Silvestre Baños, Martín de Soto Río, Miguel Blasco, Bonifacio Plata y el H. Nicolás Juan (pertenecía al Colegio Máximo de Santafé y residía en la hacienda de Apiay).

299 GILIJ. *Ob. cit.*, IV, 338.

300 Juan de VELASCO. *Historia moderna del Reino de Quito y Crónica de la Provincia de la Compañía de Jesús del mismo Reino.* T. III, libro IV, n. 1 (Archivo de la Provincia de Toledo). AHN. Jesuitas, 827/2. "Filiación de los Regulares de la

En total fueron 22 los misioneros a quienes se les aplicó la Pragmática Sanción: 9 pertenecientes a la Misión de Casanare; 5 al Meta y 8 al Orinoco. Por nacionalidades: 9 eran españoles, 8 neogranadinos, 3 italianos, 1 bávaro y 1 alemán. De ellos: el P. Antonio Ayala no pudo seguir a los demás al destierro pues sus enfermedades le obligaron a permanecer en Pore[301]. El P. Francisco Riberos falleció en La Guayra mientras esperaba proseguir el viaje para el exilio[302]. De los dos alemanes no hemos podido seguir su trayectoria de expatriados. Con lo cual son 18 los misioneros que desembarcarían en Italia.

Compañía del Nombre de Jesús pertenecientes a la Provincia de Santa Fe de Bogotá venidos en diferentes navíos, en esta forma: 78. El 1º el navío nombrado el Loreto. 51. El 2º en la fragata nombrada la Fortuna. 16. El 3º en la urca nombrada San Juan".

301   ANB. *Conventos*. t., 29, fol., 802.

302   AHN. *Jesuitas*, 827/2. *Filiación de los Regulares de la Compañía transferidos...*, nº 161: "... y por haber muerto el Superior [P. Riberos] fue nombrado Vice-Superior [el P. Gilij] en la Guayra". Como fuentes documentales inéditas, además de las ya citadas, véase: "Catálogo general del numero de regulares que de la extinguida orden llamada la Compañía de Jesús, existían en los Reynos de España e Indias al tiempo de la intimación del real decreto de expulsión, firmado por Don Juan Antonio de Archimbaud y Solana". En Archivo de la Provincia de Toledo (APT), Leg. 1.029. En ARSI existe otro ejemplar con anotaciones posteriores sobre las fechas de defunción. Es copia del original autenticado en 104 folios que reposa en Monumenta Histórica S.I. con la signatura: Armadio F. 10. El titulo: *Relación individual de los Ex-Jesuitas muertos de las Once Provincias de España e Indias desde la expulsión hasta el día 30 de junio de 1777*. Dispuesto de Orden del Consejo en el Extraordinario. Por Don Juan Antonio Archimbaud y Solano, Contador General de Temporalidades. ARSI. *Historia Societatis*, 53a. (Catálogo de los difuntos de esta época; la Provincia del Nuevo Reino aparece como Vice provincia del Sagrado Corazón de Jesús). Para las vicisitudes vividas por los expulsos desde su salida de España hasta el lugar de destierro en los Estados Pontificios, véase: José Antonio FERRER BENIMELI."Córcega y los jesuitas españoles expulsos 1767-1768. Correspondencia diplomática". *Paramillo*. San Cristóbal, 14 (1995) 5-196. --- "La expulsión y extinción de los jesuitas según la correspondencia diplomática francesa 1770-1773". En *Paramillo*. San Cristóbal, 17 (1998) 5-386. Enrique GIMENEZ LOPEZ (Edit.). *Expulsión y exilio de los jesuitas españoles*. Alicante, Publicaciones de la Universidad de Alicante, 1997.

El 6 de junio de 1768 se les comunicó de nuevo la orden de abandonar España y partir para Córcega[303]. Breve sería la estancia en esta isla pues al pasar a poder de Francia según el Tratado firmado en Compiègne el 15 de marzo de 1768, Génova había vendido Córcega a la nación gala por un millón de francos[304]. A lo largo del mes de septiembre tuvieron que desalojar la isla corsa y otra vez se vieron obligados a vivir la amarga experiencia de ser expulsados de España, despedidos de Córcega, rechazados por Génova, a la vez que Roma les cerraba sus puertos[305]. Por fin, se determinó que los jesuitas fueran llevados a Porto Fino para de allí ser trasportados en pequeñas falúas a Sestri con orden de pasar por tierra al estado confinante de Parma y de aquí a su destino final que fueron algunas pequeñas localidades de la Marca de Ancona y del ducado de Urbino, como Pesaro, Fano, Sanigaglia, Gubio y otras[306].

En estas ciudades les sorprendió el Breve de Clemente XIV

---

303 José Antonio FERRER BENIMELI. *La expulsión y extinción de los jesuitas según la correspondencia diplomática francesa.* Tomo II. Córcega y Paraguay. [San Cristóbal] (1995) 105 y ss.

304 J. A. FERRER BENIMELI. *La expulsión y la extinción…*, 103. El documento lleva por título: Tratado entre el Rey y la Serenísima República para el envío de un cuerpo de tropas a Córcega.

305 J. A. FERRER BENIMELI. *La expulsión y la extinción…*, 112.

306 J. A. FERRER BENIMELI. *La expulsión y la extinción…*, 1113-114. Según Enrique Giménez López y Mario Martínez Gomis (*La expulsión y exilio de los jesuitas españoles*, 201) los jesuitas americanos trazaron la siguiente ruta: 31 de agosto salen de Bastia; del 2 al 12 de septiembre permanecen anclados en Porto Fino; el 12 llegan a Sestri y permanecen hasta el 14, fecha en que comienzan su viaje a pie pasando por Campesi, San Pietro y Tuberoni. Del 15 al 18 atraviesan los montes hasta Borgo di Toro y en esta población descansaron hasta el día 20. Ese mismo día 20 llegan a Fornovo y el 21, en carruajes, pasan ante las murallas de Parma y llegan a Reggio. El 22 pasan por Rubiera, comen en Módena y arriban a los estados Pontificios. Esa misma tarde avistaron Bolonia en cuyos alrededores pernoctaron. El 23 cruzaron por Castel San Pietro y se detuvieron en Imola. Y el 24 entraron en Faenza.

Dominus ac Redemptor de 21 de julio de 1773[307] por el que el Papa suprimía la Compañía de Jesús en todo el mundo.

Así concluía la Historia institucional de los jesuitas, aunque la de sus miembros continuó aisladamente en la vida cultural y política no solo de Italia sino de otros países europeos[308].

---

307   *Breve de nuestro muy santo Padre Clemente XIV por el qual su Santidad suprime, deroga, y extingue el instituto y orden de los Clérigos Regulares, denominados de la Compañía de Jesús, que ha sido presentado en el Consejo para su publicidad.* Madrid. En la imprenta de Pedro Marín, 1773. (El texto que reposa en el archivo de UCAB es bilingüe. Una copia fue publicada en J. A. FFERRER BENIMELI. "La expulsión y extinción de los jesuitas según la correspondencia diplomática francesa 1770-1773". En *Paramillo*. San Cristóbal, 17 (1998) 319-372.

308   Miguel BATLLORI. *La cultura Hispano-italiana de los jesuitas expulsos*. Madrid, 1966. Alexander VIVIER. *Nomina Patrum ac Fatrum qui Societatem Jesu ingressi in ea supremum diem obierunt* (7 augusti 1814-7 augusti 1894). Parisiis, 1897.

Capítulo I
Las fuentes documentales e historiográficas de los indígenas de la Orinoquia según las fuentes jesuíticas

Consideraciones previas

Existe una amplia geografía conceptual que recoge los diversos tipos de fuentes que vendrían a constituir una primera visión orgánica del territorio y del hombre llanero y orinoquense en donde los jesuitas coloniales desarrollaron su actividad culturizadora. Sobre ellos habrá que edificar el nuevo edificio histórico que abra las puertas a nuevas concepciones e interpretaciones para asomarse a cada una de las etnias laboradas por los miembros de la Compañía de Jesús en la gran Orinoquia.

Como meditación inicial pensamos que las misiones ignacianas fueron una especie de prehistoria de lo que hoy designamos como "Historia local" y de lo que la filosofía actual conceptúa como "lugarización-globalización" porque contiene aquellos elementos fundantes que posteriormente adquirirán fisonomía propia y a ellos haremos referencia.

El ámbito de la lugarización tiene que ver con la afirmación de lo local, de lo vernáculo, sin que se desprecie lo global. Se puede ser "cosmopolita" sin despreciar la identidad local. Alargando el concepto, pudiera decirse que son diversos los procesos que, desde el pasado, han intentado o han experimentado esa condición. Es la inclinación universal hacia la valorización de lo local pues también, cuando el lugar se circunscribe a una geografía limitada, le ofrece al hombre una capacidad mejor para autorrealizarse[309].

---

309 Francisco GONZÁLEZ CRUZ. *Lugarización/Globalización*. Mérida, Centro de Estudios Locales y Provinciales, 1997.

Sin lugar a dudas que el nacimiento del pueblo misional guarda gran semejanza con el origen de la "ciudad" en la América hispana. Ambas comienzan de la nada y emprenden su ruta vital en el silencio de las grandes soledades humanas. De las ciudades renacentistas traían los europeos en su mente la trilogía descrita por Adolf Muschg: la Iglesia como el lugar de la verdad religiosa; el Ayuntamiento como arena para la res publica; y la Plaza del Mercado como espacio para el intercambio de los bienes económicos[310]. Además, la ciudad –la civitas urbana y rural- será la matriz que cohesione las identidades y fomente el proceso de poblamiento y la penetración del territorio.

Una vez instaladas las reducciones en su respectiva demarcación territorial que convocaba a una familia indígena se establece una nueva forma de aprehender el territorio pues adquieren por vez primera vigencia las poblaciones misionales y esos nuevos pueblos comienzan a generar una nueva identidad cuasi-urbana. De esta manera el espacio histórico comienza a trazar sus criterios y valores.

Las aspiraciones del misionero se centraban en lo físico en construir una "civitas" integrada por ciudadanos, en lo moral ambicionaba dotarla de una buena "policía", en lo cultural se echaban las bases con las escuelas de primeras letras y de música, en lo social crear un municipio con relaciones de trabajo cada vez más cualificadas, en lo político integrar su población al imperio español y en lo religioso hacerlos hijos de la Iglesia católica. En otras palabras, el misionero venía globalizado y su tarea consistía en fabricar una identidad nueva en la que sobre los valores autóctonos se edificara una visión nueva y progresista de la vida.

En última instancia, a la hora de reconstruir la historia local es necesario acercarse a las crónicas, memoriales, estudios y demás informaciones que surgieron en los diversos municipios-aldeas misionales para de esta forma poder dibujar una aproximación a los hechos y a su respectiva interpretación de acuerdo con los documentos producidos sobre el tema.

---

310 Warnfried DETTLING. "Was heisst Solidarität heute". En: *Die Zeit*, 27 Dezember, 1996, pag., 1.

Para una visión de las fuentes documentales hemos juzgado conveniente agruparlas de la siguiente manera:
1. Las historias misionales.
2. Los Memoriales e Informes
3. Las Cartas edificantes y curiosas
4. Los otros Epistolarios europeos
5. La correspondencia tecnológica de los misioneros
6. La Literatura necrológica.

1. Las historias misionales

El primer aporte lo señalan las historias misionales tradicionales que han conocido hasta el momento la luz pública.

Si partimos del supuesto que la Provincia del Nuevo Reino nace en 1604 y que la expansión misional en tierras guayanesas se plantea en 1646 es natural deducir que su producción histórica nazca después del mediar el siglo XVII.

La visión historiográfica del "diecisiete" abarca medio siglo de extensión, con una historia agitada, aventurera y en cierto sentido frustrada en sus aspiraciones geográficas de expansión; de ahí que los caracteres de su literatura escrita tiendan a lo documental, y a la crónica.

Cuatro escritores han conocido hasta el momento la luz pública: el francés Pedro Pelleprat (1655), el criollo Pedro Mercado (1957), el español Martínez Rubio (1940) y el bávaro Gaspar Beck (1974) con la particularidad de que a lo largo de una etapa trisecular han permanecido ignorados incluso por la crítica especializada como José Joaquín Borda[311], Antonio Astráin[312], Daniel Restrepo[313],

---

311 José Joaquín BORDA. *Historia de la Compañía de Jesús en la Nueva Granada*. Poissy, Imprenta de S. Lejay, 1872, 2 vols.

312 Antonio ASTRAIN. *Historia de la Compañía de Jesús en la Asistencia de España*. Madrid, Razón y Fe, 1912-1925, 7 vols.

313 Daniel RESTREPO, Guillermo y Alfonso HERNANDEZ DE ALBA. *El Colegio de San Bartolomé*. I. El Colegio a través de nuestra historia. Por el P. Daniel

Manuel Aguirre[314]; y algunos de sus escritos los acreditan como la fuente de inspiración histórica obligada aun para los reconocidos como clásicos; Rivero (1729) y Cassani (1741).

La obra del P. Pierre Pelleprat (1606-1667)[315] estrena la contribución de la Compañía de Jesús al estudio y redescubrimiento de Venezuela. Aunque no pertenece al grupo javeriano sino que forma parte de la historiografía francesa antillense[316], sin embargo, analiza los intentos –hasta la aparición del libro– desconocidos, de los jesuitas franceses por instalarse en la fachada atlántica de Venezuela y arroja luz decisiva sobre la incierta personalidad del sabio cartesiano Denis Mesland enduendada por los escritores posteriores; aporta finalmente interesantes datos para la geografía, la etnología y el folklore del Guarapiche, a la vez que describe las relaciones de la costa atlántica venezolana con el mundo insular caribe, especialmente francés.

Pedro de Mercado (1620-1701)[317] es el primer historiador jesuita que escribe en castellano sobre la Provincia del Nuevo Reino y Quito y sus hombres. Hay que resaltar que la redacción de la obra mercadiana llega hasta 1684, pero su manuscrito permaneció inédito hasta 1957[318].

Restrepo S.J. II. Galería de hijos insignes del Colegio. Por Guillermo y Alfonso Hernández de Alba. Bogotá, Sociedad Editorial, 1928.

314   Manuel AGUIRRE ELORRIAGA. *La Compañía de Jesús en Venezuela*. Caracas, Editorial Cóndor, 1941.

315   Pierre PELLEPRAT. *Relato de las Misiones de los Padres de la Compañía de Jesús en las islas y en tierra firme de América Meridional*. Estudio preliminar por José del Rey s.j. Caracas, Biblioteca de la Academia Nacional de la Historia, 1965.

316   Abbé RENARD. *Essai bibliographique sur l'histoire religieuse des Antilles françaises*. París, Secrétariat des Pères du Saint-Esprit [1931]

317   Juan M. PACHECO. "Mercado, Pedro de (II)". En: Charles E. O'NEILL y Joaquín Mª DOMÍNGUEZ. *Diccionario histórico de la Compañía de Jesús*. Roma-Madrid, III (2001) 2632.

318   Pedro de MERCADO. *Historia de la Provincia del Nuevo Reino y Quito de la Compañía de Jesús*. Bogotá, Biblioteca de la Presidencia de Colombia, 1957, 4 vols.

Aunque nacido en Riobamba (Ecuador) forma parte de la generación literaria que tiene como lugar de encuentro la ciudad de Popayán y está integrada por los historiadores Francisco de Figueroa[319], Manuel Rodríguez[320], por el primer poeta ecuatoriano de la colonia Antonio de Bastidas[321] y por el polígrafo Pedro de Mercado. Posteriormente se vincula a la Universidad Javeriana y allí escribe gran parte de su producción ascética e histórica.

La *Historia de la Provincia del Nuevo Reino y Quito de la Compañía de Jesús* no es una historia crítica pero sí una crónica rica en informaciones sobre la actividad externa de los jesuitas en esa demarcación geográfica. Un gran aporte lo significan la cantidad de biografías de hombres de virtud y letras que incluyó en su obra como parte de la historia. Además, es fuente obligada de consulta ya que a partir de ella —o de las bases documentales que la sustentan— proyectaron los historiadores que le siguieron sus respectivas realizaciones.

La incorporación a la historiografía neogranadina de Juan Martínez Rubio (c.1627-1709)[322] es de data reciente. Su *Relación del estado presente de las Misiones* se puede considerar como una especie de continuación de la *Historia* del Libro VIII de Mercado que finaliza en 1685. Sin embargo, más que una prolongación sistemática de la obra mercadana, Martínez Rubio hace "historia oficial" valiéndose de una serie de documentos fundamentales

---

319   Jorge VILLALBA y Juan M. PACHECO. "Figueroa, Francisco de". En: Charles E. O'NEILL y Joaquín Mª DOMÍNGUEZ. *Diccionario histórico de la Compañía de Jesús*. Roma-Madrid, II (2001) 1417-1418.

320   Jorge VILLALBA. "Rodríguez Villaseñor, Manuel". En: Charles E. O'NEILL y Joaquín Mª DOMINGUEZ. *Diccionario histórico de la Compañía de Jesús*. Roma-Madrid, IV (2001) 3398.

321   Aurelio ESPINOSA POLIT. "El primer poeta ecuatoriano de la colonia, P. Antonio Bastidas". En: *Boletín de la Academia Nacional de Historia*. Quito, 36 (1956) 5-19.

322   Hermann GONZÁLEZ O. "Martínez Rubio, Juan". En: Charles E. O'NEILL y Joaquín Mª DOMÍNGUEZ. *Diccionario histórico de la Compañía de Jesús*. Roma-Madrid, III (2001) 25-27. José DEL REY FAJARDO. *Catedráticos jesuitas de la Javeriana colonial*. Bogotá, CEJA (2002) 199-203.

como son las cartas anuas, las necrológicas y el Informe que acabamos de mencionar.

Dentro de la producción histórica del siglo XVII hay que hacer relación a una relación latina, que podría atribuirse al P. Juan Martínez Rubio, y cuyo título reza: *Commentarii eorum quae gesta sunt a Patribus Societatis Iesu Provinciae Novi Regni Granatensis ab anno millessimo sexcentesimo octogésimo quarto ad annum millesimum sexcentesimun nonagesilnum*[323].

También ha sido desconocido hasta 1974 el jesuita bávaro Gaspar Beck (1640-1684)[324]. Su escrito *Missio orinocensis in novo Regno, 1684*[325] constituye una visión antropológica y etnográfica del Orinoco medio -o mejor- de lo que podríamos denominar la "provincia sáliva" y es digna de ser estudiada como el testimonio de un misionero, no español, de fines del siglo XVII.

Beck establece un principio fundamental para el análisis y conocimiento de los pueblos orinoquenses: a todos ellos los divide la lengua y las costumbres[326], observación interesante hecha

---

323 ARSI, N.R. et Q. 13-I, fols. 37 y ss. Véase el texto en castellano en: José DEL REY FAJARDO y Alberto GUTIÉRREZ (Editores). *Cartas Anuas de la Provincia del Nuevo Reino de Granada. Años 1684 a 1698*. Bogotá. Pontificia Universidad Javeriana (2014) 53-197.

324 Anton HUONDER. *Deutsche Jesuitenmissionäre des 17 und 18 Jahrhunderts*. Ein Beitrag zur Missionsgeschichte und zur deutschen Biographie. Freiburg im Breisgau, Herder'sche Verlagshandlung, (1899) 152. Carlos SOMMERVOGEL. *Bibliothèque de la Compagnie de Jésus*. Paris, VI, 914. Herbert GERL. *Catalogus generalis Provinciae Germaniae Superioris et Bavariae Societatis Iesu 1556-1773*. Monachii [München], Mss. 1968. José DEL REY FAJARDO. *Bio-bibliografía de los Jesuitas en la Venezuela colonial*. San Cristóbal-Santafé de Bogotá, Universidad Católica del Táchira y Pontificia Universidad Javeriana (1995) 498-500.

325 Gaspar BECK. *Misión del río Orinoco en el Nuevo Reino. 1684*. El documento, en latín, se encuentra en: ARSI. N. R. et Q., 15-I, fols., 71r-78v. La traducción española la publicamos por vez primera en: *Documentos jesuíticos relativos a la historia de la Compañía de Jesús en Venezuela*. Caracas, Academia Nacional de la Historia, II (1974) 168-190.

326 G. BECK. *Misión del río Orinoco...* En: *Documentos jesuíticos...*, II, 169.

después de conocer la lengua y el mundo sáliva y haber tratado con los caribes[327] y con los guahívos[328]. En este breve estudio el lector se asoma a las trágicas perspectivas que supone la cíclica presencia caribe en esa área misional y las consecuencias que de ello se derivaban y temas conexos como es el de la antropofagia.

Las perspectivas historiográficas del siglo XVIII dibujan un panorama de horizontes mucho más ricos. Con todo, conviene distinguir la "literatura americanística" de la literatura proveniente de la expulsión (1767) y extinción (1773).

La literatura americanista producida por los jesuitas en la primera mitad del siglo XVIII es sencillamente monumental. Todas las regiones continentales se convirtieron en "protagonistas" del sueño americano: era la primera respuesta institucional al reto de la selva y de la precivilización[329]. Pero también otro eran vital del continente colombino como son los ríos está vinculado literaria y científicamente a la biografía de la Compañía de Jesús en las tierras descubiertas por Colón[330].

---

327   G. BECK. *Misión del río Orinoco...* En: *Documentos jesuíticos...*, II, 173.

328   G. BECK. *Misión del río Orinoco...* En: *Documentos jesuíticos...*, II, 174.

329   Indicaremos algunas obras representativas de las regiones más importantes. Miguel VENEGAS. *Noticia de la California y de su conquista temporal y espiritual hasta el tiempo presente*. Madrid, en la imprenta de la viuda de Manuel Fernandez, y del Supremo Consejo de la Inquisicion, 1757. Eusebio KINO. *Las misiones de Sonora y Arizona*. México, Editorial "Cultura", 1913-1922. José ORTEGA. *Apostólicos afanes de la Compañía de Jesús, escritos por un Padre de la misma sagrada Religión de su provincia de México*. Barcelona, Pablo Nadal, 1754. Pedro LOZANO. *Descripción Chorographica del terreno, Rios, Arboles y Animales de las dilatadíssimas Provincias del Gran Chaco, Gualamba y de los ritos y costumbres de las innumerables naciones barbaras e infieles que la habitan... Córdoba, En el Colegio de la Assumption, por Joseph Santos Balbás, 1733.. Martín DOBRIZHOFFER. Historia de abiponibus equestri bellicosaque paraquariae natione: locupletata copiosis barbararum gentium, urbium.* Viennæ, Typis Josephi Nob. di Kurzbek, 1784.

330   Citaremos algunos ejemplos confirmativos:
Cristóbal de ACUÑA. *Nuevo Descubrimiento del gran río de las Amazonas, por el Padre Cristóbal de Acuña, religioso de la Compañía de Jesús y calificador de la Suprema General Inquisición, el cual se hizo por orden de S.M. el año 1639 por la provincia de Quito en los reinos de Perú. Al excmo.*

A grandes rasgos podríamos trazar el siguiente cuadro del siglo XVIII: el binomio clásico: Juan Rivero y José Cassani. Las corrientes nuevas: José Gumilla y Agustín de Vega. Los inéditos: Roque Lubián y Manuel Román. Las obras desconocidas del autor del *Orinoco Ilustrado* (Madrid, 1741). Y la literatura de los expulsos Felipe Salvador Gilij y Antonio Julián.

Conde Duque de Olivares. Con Licencia en Madrid en la imprenta del Reino, año 1641.

Jacques MARQUETTE. *Découverte de quelques pays et nations del Amérique Septentrionale.* En: *Recueil de voyages de Mr. Thévenot.* Paris, Estienne Michallet, 1681.

José GUMILLA. *El Orinoco Ilustrado y defendido. Historia natural, civil y geográfica de este gran río, y de sus caudalosas vertientes.* Biblioteca de la Academia Nacional de la Historia, vol. 68. Caracas, 1963.

Felipe Salvador GILIJ. *Ensayo de Historia Americana, o sea, Historia natural y sacra de los reinos y de las provincias españolas de tierra firme en la América Meridional, escrita por el abate Felipe Salvador Gilij y dedicada a la Santidad de N.S. Papa Pío VI.* Roma 1780-1784. Edic. de la Academia Nacional de la Historia, vols. 71-73. Caracas, 1965.

Manuel RODRÍGUEZ. *El Marañón y Amazonas.* Historia de los descubrimientos, entradas y reducción de naciones, trabajos malogrados de algunos conquistadores y dichosos otros, así temporales como espirituales, en las dilatadas montañas y mayores ríos de América. En Madrid, en la Imprenta de Antonio Gonçalvez de Reyes. Año de 1684.

José CHANTRE Y HERRERA: *Historia de las misiones de la Compañía de Jesús en el Marañón Español.* 1637-1767. Madrid, Imprenta de A. Avrial, 1901.

Pablo MARONI. *Noticias auténticas del famoso río Marañón y Misión apostólica de la Compañía de Jesús de la Provincia de Quito en los dilatados bosques de dicho río.* Escribialas por los años 1758 un misionero de la misma Compañía y las publica ahora por primera vez Marcos Jiménez de la Espada. Madrid, Estab. tip. de Fortanet, 1889.

Antonio JULIÁN. *Historia geográfica del río Magdalena, y de todas las provincias que le tributan de una banda y otra sus ríos.* Madrid, por Don Antonio de Sancha, 1787.

José QUIROGA. *Descripción del Río Paraguay, desde la boca del Xauru hasta la confluencia del Paraná,* por el P. José Quiroga de la Compañía de Jesús. Buenos Aires, Imprenta del Estado, 1836.

El siglo XVIII se abre con *El Mudo Lamento*[331] del P. Matías de Tapia (1655-1717)[332], uno de los documentos históricos misionales más antiguos y quizá el primero que conoció la luz pública de una forma autónoma sobre el ámbito misional orinoquense.

Se trata en último término de un Memorial que ofrece una buena síntesis de los problemas misionales de las reducciones jesuíticas en sus más variadas dimensiones, y constituye un aporte interesante para comprender la depresión documental que va de 1695 a 1715.

Es llamativo que esta obra haya abierto en la historiografía flamenca la visión de las misiones de Casanare, pues, con el ánimo de divulgar la vida del jesuita gantés, P. Ignacio Toebast, muerto a manos de los caribes en 1684, tradujo al holandés el P. Nicolás Valckenborg (1681-1717)[333] la obra del P. Matías de Tapia en 1716 y publicó la traducción en Gante y Ruremonde en esa misma fecha.

---

331   Madrid, 1715.

332   José DEL REY FAJARDO. *Bío-bibliografía de los jesuitas en la Venezuela colonial*. San Cristóbal-Santafé de Bogotá, Universidad Católica del Táchira-Pontificia Universidad Javeriana (1995) 608-610.

333   J. Eug. de URIARTE. *Catálogo razonado de obras anónimas y seudónimas de autores de la Compañía de Jesús pertenecientes a la antigua asistencia española*. Madrid, Sucesores de Rivadeneyra, II (1904) 215-216: "Esta carta ha sido traducida en Sevilla del español al neerlandés por el N. Nicolao Valckenborg, sacerdote de la Compañía de Jesús, de la Provincia alemana-holandesa, el cual [Padre] el año pasado de 1716 fue enviado por sus superiores a Sevilla para ir de allí a América y para trabajar en el mismo sitio y en la misma misión en que los venerables padres obtuvieron la corona gloriosa del martirio. Esta carta ha sido publicada por orden de Henrietta Christina Hertoghive van Bruswyck y Lunemborg.
I. Treurich Verhael van het menighvuldihg Heydendom wyt brect verspreyt aen den Oever van de Riviere Orinoco in Tierra Firma cen gedelte van America gestiert tot de Godvruchtighe, ende genaedighe Ooren van syne Catholycke Majesteyt Philipus V, Door den Eerw. P. Mathias de Tapia van het Nieuw Ryck Granada in Tierra firma, naer Roomen gesonden door die Provincie. Sivilien uyt het Spacris in't Nederduyts overgeset door eenen Priester der selve Societevt, ende van daer naer dese Landen overgesonden.

Pero el verdadero historiador de las Misiones de los ríos Meta y Casanare es el P. Juan Rivero (1681-1736)[334] quien en 1729 pudo entregar a los superiores de Bogotá su manuscrito sobre la *Historia de las Misiones*[335].

Podemos afirmar que el jesuita misionero enfrenta el reto de ofrecer una historia organizada y armónica de lo que fueron las misiones jesuíticas casanareñas desde sus orígenes hasta 1729.

En Rivero se supera el concepto de crónica conventual y evoluciona hacia una nueva meta: la historia misional. Existe una clara visión del autor que analiza y procesa con carácter crítico los datos suministrados por la documentación oficial y a la vez se abre

---

Tot Ruremonde Gedruckt by P. Valle n gezw. Druckker van den Edelen Hove, van Gelderlandt. En 4° de 27 págs.

II. Treurig Verhael van de Reyze en Marteldood van den Eerw. Pater Ignatius Toebast. En ecinge andere jesuiten en Missionarissen in d'Indien, als ook kortbondige beschryvinge van verscheyde onhekende landen, woeste natien, en goddeloos lieydendom in de Indien. Voorgedragen In een brief, gestiert tot de Godvruchtige en genaedige Ooren van zyne Katholyke Majesteyt Philippus V. Door den Eerw. P. Mathías de Tapia van de Societeyt jesu, Procurator van de Provincie van het Nieuw Ryk Granada in Tierra Firma; Nae Roomen gezonden door die Provincie, Binnen Sivilien uyt het Spaensch in't Nederduyt- sch overgezet door eenen Priester der zelve Societeyt, en van daer nae deze Landen overgezonden. T Gend, By J.F. van der Schueren. En 8°, de 16 págs. La traducción del flamenco dice así: Triste relato del viaje y muerte del R.P. Ignacio Toebast y algunos otros jesuitas y misioneros en las Indias y también breve descripción de diversos y desconocidos países, naciones salvajes y paganismos sin Dios en Indias. Publicado en una carta enviada a los piadosos oidos de su Majestad católica Felipe V, por el R. P. Matías de Tapia S.J., procurador de la Provincia del Nuevo Reino de Granada en Tierra Firme, enviado a Roma por la Provincia; traducido del español al holandés por un sacerdote de la misma Compañía y enviado a esos países desde aquí. Gante, 1716. (Véase: URIARTE. *Catálogo razonado...*, I, 460-461.

334 José DEL REY FAJARDO. *Bío-bibliografía de los jesuitas en la Venezuela colonial.* San Cristóbal-Santafé de Bogotá (1995) 526-529.

335 Juan RIVERO. *Historia de las Misiones de los Llanos de Casanare y los ríos Orinoco y Meta.* Bogotá, Biblioteca de la Presidencia de Colombia, 1956.

a nuevos campos de interés tanto geográficos como antropológicos y comienza en verdad a hacer historia.

Así pues, existe a todas luces una interesante evolución historiográfica. Mercado sigue casi al pie de la letra la instrucción del P. Claudio Aquaviva[336]. En Rivero se impone una sana estructura cronológica, en donde los estudios que hace del paisaje y sus hombres prenuncia la nueva orientación a-histórica y más ántropo-geográfica de sus sucesores. Ciertamente, en Rivero, se da una proporción entre historia, paisaje y hombre.

Pero sería el P. José Cassani (1673-1750)[337] quien con su *Historia de la Provincia del Nuevo Reino*[338] daría a conocer en el mundo culto hispano y europeo la biografía de la Compañía de Jesús en el Nuevo Reino de Granada.

En verdad fue la única fuente impresa de que han dispuesto los investigadores europeos hasta fines del siglo XIX, y casi podríamos decir que hasta nuestros días; pues aunque Rivero conoció su primera edición en Bogotá el año 1883, siguió siendo una curiosidad bibliográfica en el Viejo Mundo no español. Gracias a las publicaciones de la Biblioteca de la Presidencia de Colombia han podido los eruditos utilizar las fuentes misionales jesuíticas básicas: la segunda edición de Rivero (1956) y la primera de Mercado (1957) que había permanecido inédita por más de dos siglos y medio.

Aunque la *Historia* de Cassani ha sido objeto de las más variadas opiniones críticas debemos confesar que su obra se constituye en la primera visión histórica de los jesuitas en tierras colombianas. Además, su condición de miembro fundador de

---

336   El esquema puede verse en: Francisco MATEOS. "Introducción" a *la Historia General de la Compañía de Jesús en la Provincia del Perú*. Tomo I: *Historia General y del Colegio de Lima*. Madrid, Consejo Superior de Investigaciones Científicas, I (1944) 83-84.

337   José DEL REY FAJARDO. *Bío-bibliografía...*, 131-141.

338   Joseph CASSANI. *Historia de la Provincia de la Compañía de Jesús del Nuevo Reino de Granada en la América*. Madrid, 1741. Segunda edición: Caracas, Academia Nacional de la Historia, 1967.

la Real Academia[339], su polifacética obra escrita[340], su posición al frente de la cátedra de matemáticas en el Colegio Imperial de Madrid y su autoridad científica y literaria[341] constituían en ese momento el mejor aval para la publicación que ofrecía el jesuita académico en 1741.

Al analizar las categorías profundas de su obra histórica llegamos a la conclusión de que en Cassani predomina la concepción literaria a lo tortuoso y a veces complicado de la realidad histórica; y de ahí su afán de claridad expositiva, de lógica sintética y de información armónica, que le lleva incluso a sacrificar la profundidad de la perspectiva histórica.

Con todo, conviene dejar bien sentado que se trata de una obra de innegable valor histórico (a pesar de sus errores), que cumplió con su misión a lo largo de casi siglo y medio como única fuente de acceso a la realidad histórica llevada a cabo por los jesuitas neogranadinos, ya que las demás permanecían inéditas. Hoy podríamos clasificarla como fuente documental digna de crédito pero de segundo grado, ya que su estructura se fundamenta casi exclusivamente en las historias inéditas de los PP. Pedro de Mercado y Juan Rivero.

Como a José Gumilla lo estudiaremos más en detalle en el capítulo 6º, nos remitimos al estudio que allí se verá.

Mas, el sueño de la Orinoquia se debe interpretar también a la luz de la obra del hermano coadjutor Agustín de Vega (1712-

---

339   Constacio EGUÍA RUIZ. "El P. José Cassani, cofundador de la Academia española". En: *Boletín de la Academia española*. Madrid, XXII (1935) 7-30.

340   José Eug. De URIARTE y Mariano LECINA. *Biblioteca de escritores de la Compañía de Jesús pertenecientes a la antigua Asistencia de España desde sus orígenes hasta el año de 1773*. Madrid, Gráfica Universal, II (1930) 143-151.

341   Gabriel BOUSEMART. *Carta del Padre Gabriel Bousemart, Rector del Colegio Imperial de Madrid, para los Padres Superiores de la Provincia de Toledo, sobre la religiosa vida, y virtudes del Padre Joseph Cassani, difunto el día doce de noviembre de 1750*. [Madrid, 1750].

1763)³⁴², quien escribe y analiza la problemática geomisional orinoquense en la época comprendida entre 1731 y casi 1750.

Pero, si la personalidad de este jesuita tunjano la ha desconocido la propia literatura jesuítica neogranadina lo mismo podemos decir de su obra que hoy rehabilitamos. Su historia, *Noticia del Principio y progresos del establecimiento de las Missiones de Gentiles en el Rio Orinoco*³⁴³, vino a ser conocida en 1974 cuando por vez primera hicimos del conocimiento de los estudiosos tan importante escrito sobre las gentes y tierras orinoquenses³⁴⁴. Tuvimos que apelar a los criterios de la crítica histórica para identificar a Vega como el genuino autor de un manuscrito que aparecía como anónimo³⁴⁵. Y aunque han trascurrido casi cinco lustros desde que conoció la luz pública pocos han sido los investigadores actuales que han descubierto la riqueza que encierra esta obra.

Antes de llegar a 1767 debemos hacer alusión a dos piezas, al parecer, muy significativas para la historia misional orinoquense.

---

342   José DEL REY FAJARDO. "Notas sobre la vida y la obra del H. Agustín de Vega (1712-1763)". En: Agustín de VEGA. *Noticia del Principio y progreso del establecimiento de las Missiones de Gentiles en el Rio Orinoco, por la Compañia de Jesus…* Estudio introductorio: José del Rey Fajardo sj y Daniel de Barandiarán. Caracas, Biblioteca de la Academia Nacional de la Historia (2000) 118.

343   Agustín de VEGA. *Noticia del Principio y progresos del establecimiento de las Missiones de Gentiles en el Rio Orinoco, por la Compañia de Jesus, con la continuacion, y oposiciones que hicieron los Carives hasta el año de 744 en que se les aterro, y atemorizo, con la venida de unos Cabres traydos, que se havecindaron en Cabruta. Lo que para mejor inteligencia iremos contando por los años, en que se establecieron dichas Missiones, y lo que en cada uno passó, cómo passó, la qual relacion haze un testigo de vista que lo ha andado todo por si mismo muchas vezes, Religioso de la Misma Compañia.*. El manuscrito que hemos utilizado reposa en la Biblioteca Newberry de Chicago. Mss. 1180. Lo publicamos en: *Documentos jesuíticos relativos a la Historia de la Compañia de Jesús en Venezuela*. Caracas, II (1974) 9-149. La segunda edición aparece de forma autónoma en la Biblioteca de la Academia Nacional de la Historia el año 2000.

344   J. DEL REY FAJARDO. *Documentos jesuíticos relativos a la Historia de la Compañia de Jesús en Venezuela*. Caracas, Biblioteca de la Academia Nacional de la Historia, II (1974) 2-149.

345   DEL REY FAJARDO. *Documentos jesuíticos…*, II, 5-7.

La primera son las *Adiciones al Orinoco ilustrado y defendido* del P. José Gumilla[346] en las que según Gilij "pudo consolarse con muchas hermosas noticias que le comunicaron muchos misioneros"[347]. Al fallecer el autor en 1750[348] tan importante documento no ha sido encontrado todavía. En segundo término nos llegan noticias sobre la prolongación de la Historia de Rivero llevada a cabo, al parecer, por el Tomás Casabona, fallecido en 1756: *Historia de las conquistas de españoles y descubrimiento de naciones, reducciones de infieles en el rio Orinoco a cargo de la Religion de la Compañía*[349].

La expulsión de la Compañía de Jesús en España y América en 1767 quebró violentamente todos los proyectos jesuíticos desarrollados en el continente y como es lógico también en Venezuela.

Existen tres áreas netamente diferenciadas en lo que se refiere a producción investigativa sobre la expulsión de la Compañía de Jesús de los dominios españoles decretada por el rey Carlos III.

La primera, que designamos como "literatura de expatriación", abarca toda la problemática de las causas que motivaron la decisión real de privar de la nacionalidad a los seguidores de Ignacio de Loyola y de expulsarlos de los territorios del imperio hispano. Como es natural su temática desborda los límites fijados para el presente trabajo[350].

La segunda, que podríamos denominar como "literatura de la expulsión", se circunscribe a los inventarios levantados in situ

---

346   GILIJ. *Ensayo de Historia Americana*. Caracas, Academia Nacional la Historia, I, 53.

347   GILIJ. *Ensayo de Historia Americana*. Caracas, Academia Nacional la Historia, 28.

348   J. DEL REY FAJARDO. *Bio-bibliografía*, 289.

349   Archivo Nacional de Chile, *Jesuitas*, 446. En un inventario de la Biblioteca de la Procura de la Provincia del Nuevo Reyno hecho a raíz de la expulsión de 1767, se lee: "Otro legajo, encuadernado en folio, manuscrito con el título de... por el Padre Juan Rivero y el Padre Thomas de Casabona".

350   Charles E. O'NEILL Y Joaquín Mª DOMÍNGUEZ. *Diccionario histórico de la Compañía de Jesús*. Roma-Madrid, Institutum Historicum S. I.-Universidad Pontificia de Comillas, II (2001) 1347-1364.

en el momento de poner en práctica la decisión cesárea en 1767 y a la documentación anexa. Esta literatura documental constituye hasta el momento la fuente más rica de esta trilogía temática[351]. Hay que reconocer que los autores de este acontecimiento histórico previeron calculadamente la incautación de los papeles jesuíticos que constituían la riqueza de sus bibliotecas[352] y archivos[353]. Los minuciosos expedientes levantados ín situ sobre los bienes y personas de los expulsos[354] fueron al parecer exhaustivos y en cualquier hipótesis constituyen una fuente documental de incalculable valor. Una breve biografía del gran tesoro archivístico incautado en 1767 por la monarquía española ha sido estudiada, entre otros, por el americanista P. Francisco Mateos[355].

Y la tercera, que calificaremos como la "literatura del exilio", debe recoger la producción intelectual desarrollada por los miembros de la Provincia del Nuevo Reino de Granada desde su salida de tierras americanas hasta su muerte.

---

351   Sobre la expulsión de los Jesuítas de la Provincia del Nuevo Reyno: Juan M. PACHECO. "Los Jesuítas de la Provincia del Nuevo Reino de Granada expulsados en 1767". En: *Ecclesiastica Xaveriana*. Bogotá, 3 (1953) 23-78. "La expulsión de los jesuitas del Nuevo Reino de Granada". En: *Revista de Indias*. Madrid, 113-114 (1968). 351-381. Juan Manuel PACHECO. *Los jesuitas en Colombia*. Tomo III (1696-1767). Bogotá (1989) 507-537. José del REY FAJARDO. *Aportes jesuíticos a la filología colonial venezolana*. Caracas, Ministerio de Educación, I (1971), 77-80.

352   José DEL REY FAJARDO. *Las bibliotecas jesuíticas en la Venezuela colonial*. Caracas, Biblioteca de la Academia Nacional de la Historia, 1999, 2 vols.

353   Véase: José DEL REY FAJARDO. *La expulsión de los jesuitas de Venezuela (1767-1768)*. San Cristóbal, Universidad Católica del Táchira, 1990. Y también: José DEL REY FAJARDO. *Documentos jesuíticos relativos a la Historia de la Compañía de Jesús en Venezuela*. Caracas, Academia Nacional de la Historia, III (1974) 51-219.

354   Archivo Nacional de Bogotá (ANB). *Conventos*, t. 29, fols. 205 y ss.

355   Francisco MATEOS. "Notas Históricas sobre el antiguamente llamado Archivo de las temporalidades de Jesuítas". En: Araceli GUGLIERI NAVARRO. *Documentos de la Compañía de Jesús en el Archivo Histórico Nacional*. Madrid, Editorial Razón y Fe (1967) VII-LXXXXII.

Pero, a la hora de la reconstrucción histórica de esta fase hay que señalar dos tiempos bien definidos.

El primero abarca el tramo temporal 1767-1773, en que los desterrados son todavía miembros activos de la Compañía de Jesús y por ende su pertenencia a la Orden traza sus cauces institucionales cuyas huellas no han sido estudiadas todavía. Es más, hay desterrados que se insertan en la Compañía de Jesús italiana, como es el caso del P. Felipe Salvador Gilij quien llegó a desempeñar el cargo de Rector de los colegios de Montesanto[356] y Orbieto[357]. Esta etapa histórica amerita un cuidado especial.

El segundo tiempo se inicia en 1773 con el Breve de Clemente XIV *Dominus ac Redemptor*, por el cual al hecho histórico del destierro impuesto por el Rey de España hay que añadir el de la extinción de la orden jesuítica por el Papa la cual obligaba a desintegrar toda la institucionalidad religiosa y dispersar a todos sus miembros. En consecuencia, la "literatura de exilio" abarca tanto la literatura del destierro como la de la extinción.

No es muy copioso, hasta el momento, el aporte intelectual neogranadino en el exilio[358] con la excepción de tres significativas figuras: el P. Antonio Julián[359], José Yarza[360] y el P. Felipe Salvador Gilij[361]. Con todo y delimitando nuestro campo a los misioneros llaneros y orinoquenses debemos hacer mención de los temas que transitaron: el lingüístico, el geográfico y el histórico.

Dentro de la historiografía jesuítica se citan dos obras, todavía inéditas, para la biografía de la Orinoquia: y la *Historia*

---

356   ARSI. *Romana*, 109, fol., 108v.

357   ARSI. *Romana*, 109, fol., 157.

358   Juan M. PACHECO. "Los Jesuitas de la Provincia del Nuevo Reino de Granada expulsados en 1767". En: *Ecclesiastica Xaveriana*. Bogotá, 3 (1953) 23-78.

359   J. DEL REY FAJARDO. *Bío-bibliografía*, 319-324.

360   J. DEL REY FAJARDO. *Catedráticos jesuitas de la Javeriana colonial*. Bogotá, CEJA, 2002.

361   J. DEL REY FAJARDO. *Bío-bibliografía*, 259-264.

natural del Orinoco debida a la pluma del P. Antonio Salillas[362] y la *Historia del Orinoco* escrita por el P. Roque Lubián a la que habría que añadir el *Apéndice a la Real Expedición de límites entre los dominios de España y Portugal en América*.

Llegamos al conocimiento de estos dos últimos escritos gracias a la reseña que les otorga Hervás y Panduro en su *Biblioteca jesuítico-española*[363]. Sin embargo, conviene precisar algunas de sus afirmaciones. Dice Hervás que Lubián "dejó en América los siguientes manuscritos que tenía dispuestos para la impresión"[364]. En realidad esta afirmación no creemos que se ajuste a los hechos. En los inventarios levantados en la reducción de San Miguel de Macuco al momento del extrañamiento no aparecen tales manuscritos[365] y si existieron no son los que en el destierro de Roma redactó el misionero orinoquense.

De gran utilidad para la historiografía colombo-venezolana del siglo XVIII sería el libro *Apéndice a la Real Expedición de límites entre los dominios de España y Portugal en América*. La forma de describir Hervás su información nos lleva a la conclusión de que tampoco conoció directamente este manuscrito sino que su información es indirecta. En todo caso, la existencia del documento parece factible aunque por el momento no dispongamos de ninguna confirmación de tan interesante libro.

Pero, la figura señera que ha pasado a la posteridad en la literatura ilustrada gira en torno al misionero italiano Felipe Salvador Gilij.

Con el *Saggio di Storia Americana* (Roma, 1780-1784) se completa el ciclo historiográfico de autores jesuitas que escribieron sobre la Orinoquia durante el período hispánico. Y no deja de ser

---

362   Archivo inédito Uriarte-Lecina. Madrid. Papeletas: SALILLAS, Antonio.
363   Lorenzo HERVÁS Y PANDURO. *Biblioteca jesuítico-española (1759-1799)*. Estudio introductorio, edición crítica y notas: Antonio Astorgano Abajo. Madrid, Libris: Asociación Libreros de viejo, I (2007) 343-344.
364   *Ibidem*.
365   El inventario reposa en: ANB. *Conventos*, t. 34, fols., 805-808.

curioso que esta disciplina se inicie con el francés Pedro Pelleprat en 1655 y se concluya con el italiano Felipe Salvador Gilij en 1784.

Como en el capítulo 6º le dedicaremos un acápite allí remitimos al lector para todo lo relativo a este tema.

Cierra el ciclo de los historiadores neogranadinos el P. Antonio Julián (1722-1790)[366]. Su rica personalidad es una mezcla curiosa de catedrático universitario, orador sagrado y polígrafo fecundo. Atravesó el Atlántico en la expedición de 1749 con el destino expreso de dedicarse a la misión de la Guajira[367]. Como el proyecto guajiro fracasó recorrió la Provincia de Santa Marta predicando misiones populares como compañero del obispo Francisco Javier Arauz[368]. En 1756 ya se había radicado en Santafé; en dicho año regentaba la cátedra de Sagrada Escritura en la Javeriana y en ella permaneció hasta 1763[369]. Posteriormente enseñó teología dogmática[370] hasta el momento de la expulsión en 1767. Se distinguió por sus dotes como orador sagrado[371].

---

366   José DEL REY FAJARDO. *Catedráticos jesuitas de la Javeriana colonial.* Bogotá, CEJA (2002) 161-167.

367   Antonio JULIÁN.*La perla de la Américaprovincia de Santa Marta. Reconocida, observada y expuesta en discursos históricos a mayor bien de la Católica monarquía, fomento del comercio de España, y de todo el Nuevo Reino de Granada, e incremento de la cristiana religión entre las naciones bárbaras que subsisten todavía rebeldes en la provincia.* Bogotá, Ministerio de Educación Nacional (1951) 234.

368   ARSI. N. R. et Q., 4, fol., 299v. Catálogo de 1751. El 19 de junio de 1750 predicaba una misión en la ciudad de Santa Marta en compañía del P. José de Rojas (ANB. *Milicias y Marina,* t. 137, fol., 777). En mayo de 1751 estaban en Ocaña (ANB. *Miscelánea,* t. 89, fol., 736).

369   ARSI. N. R. et Q., 4, fol., 349v. Catálogo de 1756: «... nunc splicat Sacram Scripturam». Catálogo de 1763 (*Ibidem,* fol., 374).

370   En 1764 leyó el tratado *De perfectionibus Christi* y en 1765 el *De Deo uno et trino.*

371   Son frecuentes los testimonios sobre sus cualidades oratoriasJ. A. VARGAS JURADO. *Tiempos coloniales.* Bogotá, Biblioteca de Historia Nacional (1902) 50 refiere la cuaresma predicada por el P. Julián en Bogotá. Uriarte-Lecina (AIUL. Papeletas: JULIÁN, Antonio) nos hablan de *Veinte y cinco*

2. Los Memoriales e Informes

Una segunda vía para acceder a la historia oficial de las misiones la constituirían los "Memoriales" e "Informes" que tenían que redactar los Provinciales[372] y Superiores de las Misiones[373] bien fuera para informar en Santafé de Bogotá, bien para la corona, bien para las autoridades hispanas, bien para el General de la Orden en Roma.

De los Provinciales es poco lo que hemos podido descubrir hasta los momentos. Tenemos noticia de la visita del P. Hernando Cavero en 1666[374]. Sigue una del P. José de Madrid en 1678[375]. Una de las figuras más representativas del Nuevo Reino a fines del siglo XVII fue el P. Diego Francisco Altamirano que se desempeñó como Visitador y a la vez como Vice-Provincial de la mencionada demarcación. Con un gran sentido institucionalista se puede afirmar que fue el reorganizador de la provincia jesuítica neogranadina. Escritor infatigable trató de

---

sermones de la Concepción Inmaculada de María Santísima predicados al Virrey, Audiencia & de Santafé. Veinte y cinco sermones del Santísimo Sacramento predicados al Virrey &. Un tomo de sermones quadragesimales & (Papeletas: JULIÁN, Antonio). Como orador sagrado colaboró en difundir la devoción a Nuestra Señora de la Luz (PACHECO. *Los jesuitas en Colombia*, III, 400).

372 Para la lista de los Provinciales del Nuevo Reino nos remitimos a nuestro libro *Los jesuitas en Venezuela*. Tomo I: *Las fuentes*. Caracas-Bogotá, Universidad Católica Andrés Bello-Pontificia Universidad Javeriana (2006) 398.

373 Para la lista de Superiores de las Misiones de los Llanos de Casanare y Meta y del Orinoco, véase: José DEL REY FAJARDO. "Introducción al estudio de la Historia de las Misiones jesuíticas en la Orinoquia". En: José DEL REY FAJARDO (Edit.). *Misiones jesuíticas en la Orinoquia*. San Cristóbal, Universidad Católica del Táchira, I (1992) 457-460.

374 Hernando CAVERO. *Carta circular del P. Provincial a los Misioneros de los Llanos*. Santa Fe, y enero 9 de 1667 (ARSI. N. R. et Q., 14).

375 ARSI. N. R. et Q., 15-II, fols., 11-16: "Resulta de la visita de la mission de los Llanos, hecha por el Padre Joseph de Madrid, visitador y Viceprovincial desta Provincia del Nuevo Reino, en el mes de Febrero de 1678".

regular las acciones de sus súbditos[376] y adaptar las comunidades a la observancia de las reglas[377] y a la disciplina que requiere el cumplimiento de las normas[378] deducido de los abusos que la vida cotidiana trata de introducir en la vida común[379]. La producción epistolar de este visitador fue extraordinaria y muchas de sus cartas se conservan en el Archivo de la Antigua Provincia de Quito[380].

El P. Pedro Calderón, primer provincial de la provincia del Nuevo Reino separada de Quito, luchó en Madrid por con-

---

376   Diego Francisco ALTAMIRANO. *Carta del P. Diego Francisco Altamirano, Visitador y Vice-Provincial del Nuevo Reyno, y Quito, a los PP. y HH. de esta Provincia.* Santafé y Noviembre 18 de 1694 años. (URIARTE-LECINA. *Biblioteca de escritores de la Compañía de Jesús pertenecientes a la antigua Asistencia de España, desde sus orígenes hasta el año de 1773.* I, 132: "Archivo de la Provincia de Toledo"). IDEM. *Copia de la carta del P. Altamirano comunicando varias órdenes de los superiores.* Santafé, 2 febrero de 1696. (APQu. Leg. 7). IDEM. *Circular a la Provincia.* Sta. Fe y Marzo 7 de 1696. (URIARTE-LECINA. *Biblioteca*, I, 133: "En fol. 2 hs. (Archivo Prov. de Toledo)". IDEM. *Circular del P. Visitador Diego Francisco Altamirano para los PP. y HH. de esta Provincia.* Sta. Fe y Marzo 25 de 1696. (URIARTE-LECINA. *Biblioteca*, I, 133: "En fol. 3 hs. (Archivo Prov. de Toledo)". IDEM. *Circular a la Provincia.* Sta. Fe, y Marzo 25 de 1696. (URIARTE-LECINA. *Biblioteca*, I, 133: "En fol. 2 hs. (Archivo Prov. de Toledo)". IDEM. *Carta Circular de la Provincia.* Santa Fe, y Mayo 25 de 1696. (URIARTE-LECINA. *Biblioteca*, I, 133: "En fol., 2 hs. (Archivo Prov. de Toledo)".

377   Diego Francisco ALTAMIRANO. *Carta a los RR. PP. y HH. de la provincia del Nuevo Reyno de Granada de la Compañía de Jesús sobre la observancia regular.* Santa Fe, 15 de agosto de 1695. (URIARTE-LECINA. *Biblioteca*, I, 132: "En 4°, 30 ps. (Biblioteca Nacional de Lima)".

378   Diego Francisco ALTAMIRANO. *Copia de la carta circular del P. Diego Francisco Altamirano sobre puntos de disciplina religiosa.* Santafé, 21 noviembre de 1695. (APQu. Leg. 7).

379   Diego Francisco ALTAMIRANO. *Carta circular sobre los defectos de la Provincia por el P. Diego Francisco Altamirano.* Santafé, 6 noviembre de 1695. (APQu. *Leg.* 6. URIARTE-LECINA. *Biblioteca*, I, 133: "En fol., 9 hs. s. n. (Archivo de la Provincia de Toledo)".

380   Archivo de la antigua Provincia de Quito. Legajos, 6 y 7.

seguir la facultad de otorgar grados en la Universidad Javeriana pero dentro del derecho canónico obtuvo del papa Clemente XI la facultad de dispensar a los indígenas de los impedimentos matrimoniales[381].

Entre los Provinciales conviene insertar la acción del P. Matías de Tapia quien como Procurador a Roma y Madrid desplegó una gran actividad en la capital española y además de su libro *Mudo lamento* elevó diversos Memoriales en bien de nuestras misiones llaneras[382].

El tema misional salta de nuevo a las preocupaciones indigenistas de la Provincia del Nuevo Reino con la gestión del P. Mateo Mimbela. Los fracasos que supusieron los ensayos misionales llevados a cabo tanto en el Orinoco medio como en el gran Airico aconsejó al nuevo Provincial a entregar a la Corona las reducciones casanareñas ya bien instaladas a fin de intentar nuevos ensayos tierra adentro[383]. En su mandato comienza la revitalización de las misiones llaneras con el destino del joven

---

[381] Pedro CALDERÓN. *Carta del P. Pedro Calderón al Superior de los Llanos comunicándole tres breves de Clemente XI sobre dispensación de impedimentos matrimoniales a los neófitos.* Santafé, 4 de septiembre de 1703 (ANB. *Curas y Obispos*, 33, fol., 64).

[382] Matías de TAPIA. *Memoriales al Consejo de Indias*: 1714-1715. [En realidad se trata de un expediente que reposa en AGI. *Santafé*, 403 (publicado en J. DEL REY FAJARDO. *Documentos jesuíticos…*, II, 266-279) que contiene los siguientes escritos del P. Tapia: 1) Presentación del poder e instrucciones como procuradores (II, 266-267); 2) Carta al Consejo sobre la orden de resignación de las doctrinas de los Llanos (II, 267); 3) Memorial solicitando ayuda para el pago de los misioneros y soldados para las misiones (II, 270-272); Memorial solicitando indios cantores para las reducciones (II, 274-276); Memorial solicitando sea aumentada la escolta de las misiones (II, 277-279).].

[383] Mateo MIMBELA. *Mateo Mimbela, provincial de la Compañía de Jesus, renuncia a las Misiones de los Llanos*, 1711. (ANB. *Curas y Obispos*. t. 21, fols. 609-621. AGI. *Santafé*, 403. (Son varios documentos contenidos en un expediente relativamente largo). En parte han sido publicados por Antonio B. CUERVO. *Colección de documentos inéditos sobre la Geografía y la Historia de Colombia*. Bogotá, Imprenta Zalamea hermanos, IV, 192-204. Antonio ASTRAIN. *Historia de la Compañía de Jesús en la asistencia de España*. VII, 451-454. José DEL REY

José Gumilla en 1716 a la población de betoyes a los que dedicaría un largo documento[384].

Un aporte interesante a la historia de las misiones llaneras significaron los escritos del bogotano Ignacio de Meaurio pues en 1718 ofrecía un panorama del estado espiritual de la provincia[385], visión que hay que completarla con otros dos escritos suyos sobre los hombres que laboraban en el Casanare[386].

La vuelta definitiva a las misiones del Orinoco se llevó a cabo durante el segundo provincialato del P. Francisco Antonio González en 1731[387]. Sin embargo, ya en 1725 había tomado el pulso a la renovación misional llanera[388] y había tratado de

---

FAJARDO. *Documentos jesuíticos relativos a la Historia de la Compañía de Jesús en Venezuela*. Caracas, Academia Nacional de la Historia, II (1974) 254-265)

384 Mateo MIMBELA. *Relación de la entrada a las naciones betoyes y su cristianización*. Año 1725 (José GUMILLA. *Escritos Varios*. Estudio preliminar y compilación del P. José del Rey. Biblioteca de la Academia Nacional de la Historia, 94. Caracas (1970) 189-266.Sobre la paternidad literaria de este escrito, cfr. Demetrio RAMOS. "Gumilla y la publicación de El Orinoco ilustrado": En: José GUMILLA. *El Orinoco ilustrado y defendido*. Caracas, Biblioteca de la Academia Nacional de la Historia (1993) LXVI-LXIX.

385 Ignacio de MEAURIO. *Estado espiritual de la Provincia del Nuevo Reino y sus ministerios*. Año 1718. Sanctafe y diciembre 17 de 1718 (APT. *Fondo Astráin*, 46. Publicado en: J. DEL REY FAJARDO. *Documentos jesuíticos relativos a la historia de la Compañía de Jesús en Venezuela*. Caracas, II (1974) 284-297).

386 Ignacio de MEAURIO. *Exempla Missionum inter Gentiles a Societate Jesu in Provincia Novi Regni*. Anno, 1717. (AIUL. Papeletas: MEAURIO, Ignacio: "En el Archivo de la Compañía"). IDEM. *Monumenta aliqua Provinciae Novi Regni Granatensis...* 1732. (ARSI. N. R. et Q., 14).

387 AGI. *Caracas, 391. Carta del P. José Gumilla al gobernador Carlos Sucre*. 23 de febrero de 1723.

388 *Certifico. Yo el Padre Francisco Antonio Gonzalez de la Compañía de Jhs., Rector del colegio Maximo desta ciudad de Santa Fee que el año pasado de mil setecientos y veinte y uno por los meses de febrero y marzo visite las Misiones que tiene dicha Compañía en los Llanos y Orinoco...* 4 de julio de 1725. (AIUL. Papeletas: GONZÁLEZ, Francisco Antonio: "En el Archivo del colegio de Chamartín").

normar el régimen de las haciendas tanto misionales como las de los colegios[389].

Un primer acercamiento a la historia de las nuevas misiones del Orinoco se produce con el P. Jaime López[390] y lo completaría el P. Tomás Casabona con la historia de la que hemos hablado más arriba. Sin embargo, en el intermedio recogería una etapa histórica interesante (1736-1744) el P. Ángel María Manca[391] quien se trasladaría desde Quito para regir la Provincia del Nuevo Reino. Volvemos a tener noticias durante el provincialato del P. Ignacio Ferrer quien residiría en Caracas de 1735 a 1747 y que mantuvo constante relación con los jesuitas que laboraban en la gran Orinoquia. Sin embargo, hasta el momento, solo ha llegado hasta nosotros un documento todavía no editado[392].

Una segunda vía para acceder a la historia oficial de las misiones la constituirían los "Memoriales" e "Informes" que

---

389   Francisco Antonio GONZÁLEZ. *Algunos ordenes y preceptos para los Padres y Hermanos administradores de nuestras haciendas intimadas por el P. Francisco Antonio Gonzalez Provincial de esta Provincia de la Compañia de Jesus del Nuevo Reino.* (ANB. *Temporalidades*, t. 18, fols., 812-813).

390   Jaime LÓPEZ. *Informe del Padre Jaime López al Rey sobre las Misiones.* Cartagena, 10 de octubre de 1735 (José GUMILLA. *Escritos Varios*, 291-294. (Original: AGI. *Santafé*, 289).

391   Angel María MANCA. *Relación de los sujetos de la Mision del Rio Orinoco desde el año de 36 a 44 en que da noticia del descubrimiento del Rio Negro y comunicación del Orinoco con el Marañón, mediante el brazo del Orinoco llamado Casibari [Casiquiare] que separandose de él desagua en el Rio Negro y ambos en el Marañón:* del P. Angel María Manca. (AIUL. Papeletas: MANCA, Ángel María: "Quedó en el archivo del colegio de Quito". Pensamos que este escrito es el publicado en: J. DEL REY FAJARDO. *Documentos jesuíticos relativos a la Historia de la Compañía de Jesús en Venezuela.* Caracas, II (1974) 320-339).

392   Ignacio FERRER. *Carta firmada por el Padre Ignacio Ferrer al Padre Pedro (...) Altamirano en que da razón de los pueblos que tienen a orillas del Orinoco y tiempo de su fundación y número de indios convertidos por los Padres que en ella se están.* Fecha: Santa Fe y mayo 24 de 1751. (ANCh. *Jesuitas*, 214. Inventario del archivo de las misiones del Orinoco, n°., 38. "En 8 folios").

tenían que redactar los Provinciales[393] y Superiores de las Misiones[394] bien fuera para informar en Santafé de Bogotá, bien para la corona, bien para las autoridades hispanas, bien para el General de la Orden en Roma.

De los Provinciales es poco lo que hemos podido descubrir hasta los momentos. Tenemos noticia de la visita del P. Hernando Cavero en 1666[395]. Sigue una del P. José de Madrid en 1678[396]. Una de las figuras más representativas del Nuevo Reino a fines del siglo XVII fue el P. Diego Francisco Altamirano que se desempeñó como Visitador y a la vez como Vice-Provincial de la mencionada demarcación. Con un gran sentido institucionalista se puede afirmar que fue el reorganizador de la provincia jesuítica neogranadina. Escritor infatigable trató de regular las acciones de sus súbditos[397] y adaptar las comunidades

---

393 Para la lista de los Provinciales del Nuevo Reino nos remitimos a nuestro libro *Los jesuitas en Venezuela*. Tomo I: *Las fuentes*. Caracas-Bogotá, Universidad Católica Andrés Bello-Pontificia Universidad Javeriana (2006) 398.

394 Para la lista de Superiores de las Misiones de los Llanos de Casanare y Meta y del Orinoco, véase: José DEL REY FAJARDO. "Introducción al estudio de la Historia de las Misiones jesuíticas en la Orinoquia". En: José DEL REY FAJARDO (Edit.). *Misiones jesuíticas en la Orinoquia*. San Cristóbal, Universidad Católica del Táchira, I (1992) 457-460.

395 Hernando CAVERO. *Carta circular del P. Provincial a los Misioneros de los Llanos*. Santa Fe, y enero 9 de 1667 (ARSI. N. R. et Q., 14).

396 ARSI. N. R. et Q., 15-II, fols., 11-16: "Resulta de la visita de la mission de los Llanos, hecha por el Padre Joseph de Madrid, visitador y Viceprovincial desta Provincia del Nuevo Reino, en el mes de Febrero de 1678".

397 Diego Francisco ALTAMIRANO. *Carta del P. Diego Francisco Altamirano, Visitador y Vice-Provincial del Nuevo Reyno, y Quito, a los PP. y HH. de esta Provincia*. Santafé y Noviembre 18 de 1694 años. (URIARTE-LECINA. *Biblioteca de escritores de la Compañía de Jesús pertenecientes a la antigua Asistencia de España, desde sus orígenes hasta el año de 1773*, I, 132: "Archivo de la Provincia de Toledo"). IDEM. *Copia de la carta del P. Altamirano comunicando varias órdenes de los superiores*. Santafé, 2 febrero de 1696. (APQu. Leg. 7). IDEM. *Circular a la Provincia*. Sta. Fe y Marzo 7 de 1696. (URIARTE-LECINA. *Biblioteca*, I, 133: "En fol. 2 hs. (Archivo Prov. de Toledo)". IDEM. *Circular del P. Visitador Diego Francisco*

a la observancia de las reglas[398] y a la disciplina que requiere el cumplimiento de las normas[399] deducido de los abusos que la vida cotidiana trata de introducir en la vida común[400]. La producción epistolar de este visitador fue extraordinaria y muchas de sus cartas se conservan en el Archivo de la Antigua Provincia de Quito[401].

El P. Pedro Calderón, primer provincial de la provincia del Nuevo Reino separada de Quito, luchó en Madrid por conseguir la facultad de otorgar grados en la Universidad Javeriana pero dentro del derecho canónico obtuvo del papa Clemente XI la facultad de dispensar a los indígenas de los impedimentos matrimoniales[402].

Entre los Procuradores conviene insertar la acción del P. Matías de Tapia quien como Procurador a Roma y Madrid

---

Altamirano para los PP. y HH. de esta Provincia. Sta. Fe y Marzo 25 de 1696. (URIARTE-LECINA. *Biblioteca*, I, 133: "En fol. 3 hs. (Archivo Prov. de Toledo)". IDEM. *Circular a la Provincia.* Sta. Fe, y Marzo 25 de 1696. (URIARTE-LECINA. *Biblioteca*, I, 133: "En fol. 2 hs. (Archivo Prov. de Toledo)". IDEM. *Carta Circular de la Provincia.* Santa Fe, y Mayo 25 de 1696. (URIARTE-LECINA. *Biblioteca*, I, 133: "En fol., 2 hs. (Archivo Prov. de Toledo)".

398 Diego Francisco ALTAMIRANO. *Carta a los RR. PP. y HH. de la provincia del Nuevo Reyno de Granada de la Compañía de Jesús sobre la observancia regular.* Santa Fe, 15 de agosto de 1695. (URIARTE-LECINA. Biblioteca, I, 132: "En 4°, 30 ps. (Biblioteca Nacional de Lima)".

399 Diego Francisco ALTAMIRANO. *Copia de la carta circular del P. Diego Francisco Altamirano sobre puntos de disciplina religiosa.* Santafé, 21 noviembre de 1695. (APQu. Leg. 7).

400 Diego Francisco ALTAMIRANO. *Carta circular sobre los defectos de la Provincia por el P. Diego Francisco Altamirano.* Santafé, 6 noviembre de 1695. (APQu. Leg. 6. URIARTE-LECINA. *Biblioteca*, I, 133: "En fol., 9 hs. s. n. (Archivo de la Provincia de Toledo)".

401 Archivo de la antigua Provincia de Quito. Legajos, 6 y 7.

402 Pedro CALDERÓN. *Carta del P. Pedro Calderón al Superior de los Llanos comunicándole tres breves de Clemente XI sobre dispensación de impedimentos matrimoniales a los neófitos.* Santafé, 4 de septiembre de 1703 (ANB. *Curas y Obispos*, 33, fol., 64).

desplegó una gran actividad en la capital española y además de su libro *Mudo lamento* elevó diversos Memoriales en bien de nuestras misiones llaneras[403].

El tema misional salta de nuevo a las preocupaciones indigenistas de la Provincia del Nuevo Reino con la gestión del P. Mateo Mimbela. Los fracasos que supusieron los ensayos misionales llevados a cabo tanto en el Orinoco medio como en el gran Airico aconsejó al nuevo Provincial a entregar a la Corona las reducciones casanareñas ya bien instaladas a fin de intentar nuevos ensayos tierra adentro[404]. En su mandato comienza la revitalización de las misiones llaneras con el destino del joven José Gumilla en 1716 a la población de betoyes a los que dedicaría un largo documento[405].

Un aporte interesante a la historia de las misiones llaneras significaron los escritos del bogotano Ignacio de Meaurio pues

---

[403] Matías de TAPIA. *Memoriales al Consejo de Indias*: 1714-1715. [En realidad se trata de un expediente que reposa en AGI. *Santafé*, 403 (publicado en J. DEL REY FAJARDO. *Documentos jesuíticos…*, II, 266-279) que contiene los siguientes escritos del P. Tapia: 1) Presentación del poder e instrucciones como procuradores (II, 266-267); 2) Carta al Consejo sobre la orden de resignación de las doctrinas de los Llanos (II, 267); 3) Memorial solicitando ayuda para el pago de los misioneros y soldados para las misiones (II, 270-272); Memorial solicitando indios cantores para las reducciones (II, 274-276); Memorial solicitando sea aumentada la escolta de las misiones (II, 277-279).].

[404] Mateo MIMBELA. *Mateo Mimbela, provincial de la Compañía de Jesus, renuncia a las Misiones de los Llanos*, 1711. (ANB. *Curas y Obispos*. t. 21, fols. 609-621. AGI. *Santafé*, 403. (Son varios documentos contenidos en un expediente relativamente largo). En parte han sido publicados por Antonio B. CUERVO. *Colección de documentos inéditos sobre la Geografía y la Historia de Colombia*. IV, 192-204. Antonio ASTRAIN. *Historia de la Compañía de Jesús en la asistencia de España*. VII, 451-454. José DEL REY FAJARDO. *Documentos jesuíticos relativos a la Historia de la Compañía de Jesús en Venezuela*. Caracas, II (1974) 254-265)

[405] Mateo MIMBELA. *Relación de la entrada a las naciones betoyes y su cristianización*. Año 1725 (José GUMILLA. *Escritos Varios*. Estudio preliminar y compilación del P. José del Rey. Biblioteca de la Academia Nacional de la Historia, 94. Caracas (1970) 189-266. Sobre la paternidad literaria de este escrito, cfr. José GUMILLA. *Ob. cit.*, LXVI-LXIX).

en 1718 ofrecía un panorama del estado espiritual de la provincia[406] visión que hay que completarla con otros dos escritos suyos sobre los hombres que laboraban en el Casanare[407].

La vuelta definitiva a las misiones del Orinoco se llevó a cabo durante el segundo provincialato del P. Francisco Antonio González en 1731[408]. Sin embargo, ya en 1725 había tomado el pulso a la renovación misional llanera[409] y había tratado de normar el régimen de las haciendas tanto misionales como las de los colegios[410].

Un primer acercamiento a la historia de las nuevas misiones del Orinoco se produce con el P. Jaime López[411] y lo completaría el P. Tomás Casabona con la historia de la que hemos hablado más arriba. Sin embargo, en el intermedio recogería una etapa histórica interesante (1736-1744) el P.

---

406   Ignacio de MEAURIO. *Estado espiritual de la Provincia del Nuevo Reino y sus ministerios*. Año 1718. Sanctafe y diciembre 17 de 1718 (APT. *Fondo Astráin*, 46. Publicado en: J. DEL REY FAJARDO. *Documentos jesuíticos relativos a la historia de la Compañía de Jesús en Venezuela*. Caracas, II (1974) 284-297).

407   Ignacio de MEAURIO. *Exempla Missionum inter Gentiles a Societate Jesu in Provincia Novi Regni*. Anno, 1717. (AIUL. Papeletas: MEAURIO, Ignacio: "En el Archivo de la Compañía"). IDEM. *Monumenta aliqua Provinciae Novi Regni Granatensis...* 1732. (ARSI. N. R. et Q., 14).

408   AGI. *Caracas*, 391. *Carta del P. José Gumilla al gobernador Carlos Sucre*. 23 de febrero de 1723.

409   *Certifico. Yo el Padre Francisco Antonio Gonzalez de la Compañía de Jhs., Rector del colegio Maximo desta ciudad de Santa Fee que el año pasado de mil setecientos y veinte y uno por los meses de febrero y marzo visite las Misiones que tiene dicha Compañia en los Llanos y Orinoco...* 4 de julio de 1725. (AIUL. Papeletas: GONZÁLEZ, Francisco Antonio: "En el Archivo del colegio de Chamartín").

410   Francisco Antonio GONZÁLEZ. *Algunos ordenes y preceptos para los Padres y Hermanos administradores de nuestras haciendas intimadas por el P. Francisco Antonio Gonzalez Provincial de esta Provincia de la Compañia de Jesus del Nuevo Reino*. (ANB. *Temporalidades*, t. 18, fols., 812-813).

411   Jaime LÓPEZ. *Informe del Padre Jaime López al Rey sobre las Misiones*. Cartagena, 10 de octubre de 1735 (José GUMILLA. *Escritos Varios*, 291-294. (Original: AGI. *Santafé*, 289).

Ángel María Manca[412] quien se trasladaría desde Quito para regir la Provincia del Nuevo Reino. Volvemos a tener noticias durante el provincialato del P. Ignacio Ferrer quien residiría en Caracas de 1735 a 1747 y que mantuvo constante relación con los jesuitas que laboraban en la gran Orinoquia. Sin embargo, hasta el momento, solo ha llegado hasta nosotros un documento todavía no editado[413].

Más interés producen los "Memoriales" e "Informes" de los Superiores de la Misión y las que provienen de los propios misioneros. El contacto directo con los autóctonos se traspola mejor en esos escritos redactados in situ y sin la intervención, en general, de otras influencias distintas al acontecer misional. Sin embargo, el criterio que mantuvieron en general los escritores es que se preocuparon grandemente por escribir la historia fundacional y no prestaron el interés debido a la hoy interesante cotidianidad.

La Misión de los Llanos se inició con el superiorato del P. Ignacio Cano quien al poco tiempo de dar comienzo a las labores misionales se dirigía a la Real Audiencia de Santafé para informar sobre el primer encuentro entre los indígenas llaneros y los jesuitas[414].

---

412   Ángel María MANCA. *Relación de los sujetos de la Mision del Rio Orinoco desde el año de 36 a 44 en que da noticia del descubrimiento del Rio Negro y comunicación del Orinoco con el Marañón, mediante el brazo del Orinoco llamado Casibari [Casiquiare] que separandose de él desagua en el Rio Negro y ambos en el Marañón*: del P. Angel María Manca. (AIUL. Papeletas: MANCA, Ángel María: "Quedó en el archivo del colegio de Quito". Pensamos que este escrito es el publicado en: J. DEL REY FAJARDO. *Documentos jesuíticos relativos a la Historia de la Compañía de Jesús en Venezuela*. Caracas, II (1974) 320-339).

413   Ignacio FERRER. *Carta firmada por el Padre Ignacio Ferrer al Padre Pedro (…) Altamirano en que da razón de los pueblos que tienen a orillas del Orinoco y tiempo de su fundación y número de indios convertidos por los Padres que en ella se están*. Fecha: Santa Fe y mayo 24 de 1751. (ANCh. *Jesuitas*, 214. Inventario del archivo de las misiones del Orinoco, n°., 38. "En 8 folios").

414   Ignacio CANO. *Memorial del P. Ignacio Cano a la Audiencia de Santafé*. Pauto, diciembre, 1661. (ANB. *Tierras Boyacá*, t. 21, fol., 847).

Le sucedería en el cargo el francés Antonio de Monteverde, hombre creador y dotado de un gran espíritu de iniciativa. Mantuvo correspondencia tanto con las autoridades civiles[415] como con las jesuíticas[416]. Su peregrinar por el occidente de Venezuela y por el rosario de islas caribeñas hasta Cuba le hizo concebir una visión estratégica de la Isla de Trinidad[417]. Su residencia fue durante algún tiempo la ciudad de Tame[418] y su acción inicial fue absorbida por los indios giraras[419] y por la búsqueda de los miembros de esta nación a través de la geografía serrana[420]. También descendió su preocupación a la organización de las poblaciones misionales y al orden que debía imperar[421].

---

415 Antonio MONTEVERDE. *Carta del P. Antonio Monteverde al Real Acuerdo.* Pauto, 22 de enero de 1665. (RIVERO. *Historia de las Misiones...*, 203-206).

416 Antonio MONTEVERDE. *Informe enviado al P. General del bien que se hace en las misiones de los Llanos:* 1664. (AIUL. Papeletas: MONTEVERDE, Antonio).

417 Antonio MONTEVERDE. *Informe sobre la conveniencia de poner escala y casa de la Compañía de Jesús en la isla de Trinidad. Marzo, 1664).* Al parecer el historiador Rivero ubica su contenido en una carta remitida por Monteverde al P. José de Urbina, Rector de Santa Fe, en marzo de 1664. (AIUL. Papeletas: Monteverde, Antonio. RIVERO. *Historia de las Misiones...*, 176).

418 Antonio MONTEVERDE. *Relación e informe del estado en que se hallan las misiones de Tame: 1662.* (AIUL. Papeletas: MONTEVERDE, Antonio).

419 Antonio MONTEVERDE. *Relación de lo que se ha trabajado en Tame para reunir a los indios dispersos por las montañas a causa del alzamiento de los Giraras y destrucción de la ciudad de Espinosa de las Palmas.* (AIUL. Papeletas: MONTEVERDE, Antonio).

420 Antonio MONTEVERDE. *Relación de las naciones descubiertas en el río Cuiloto.* (RIVERO. *Historia de las Misiones...*, 17: "Otras naciones que se descubrieron en el río Cuiloto, y de las cuales da noticia el Padre Antonio Monteverde").

421 Antonio MONTEVERDE. *Carta-Instrucción del P. Antonio Monteverde, Superior de las Misiones, sobre el modo que debían guardar los misioneros en apartar a los indios de sus borracheras.* (AIUL. Papeletas: MONTEVERDE, Antonio. Un extracto se puede leer en: Joseph CASSANI. *Historia de la Provincia de la Compañía de Jesús del Nuevo Reyno de Granada en la América.* Estudio preliminar y anotaciones al texto por José del Rey, s. J. Caracas, Biblioteca de la Academia Nacional de la Historia (1967) 177-179.

En el proceso de reunificación de los giraras en el pueblo de Tame contó con el apoyo el P. Pedro Ortega[422].

Con el P. Juan Fernández Pedroche se inician otro tipo de informes en los que se mezclaba la temática misional[423] con la burocracia[424], las funciones de Procurador de la Misión[425] y las actuaciones judiciales[426] pero siempre son interesantes tanto

---

422   Pedro ORTEGA. *Relación de lo ocurrido en la Misión de los Giraras de Ele, desde su entrada a ella hasta que se pasaron a Tame en 1667*. (AIUL. Papeletas: ORTEGA, Pedro).

423   Juan FERNÁNDEZ PEDROCHE. *Juan Fernández Pedroche, misionero de los Llanos, su representación sobre dificultades en la conversión de los indios*, 1678. (ANB. *Curas y Obispos*, t. 20, fols., 1-2).

424   Juan FERNÁNDEZ PEDROCHE. *Juan Fernández Pedroche, Superior de las misiones de los Jesuitas en Casanare, Meta y Orinoco, rinde un informe sobre ellas*, 1669. (ANB. *Curas y Obispos*, t. 36, fols., 16-31).

425   Juan FERNÁNDEZ PEDROCHE. *El P. Juan Fernández Pedroche de la Compañía de Jesús, Procurador General de la Missión de los Llanos y Cura del Pueblo de Pauto, parezco ante Vmd. en la mejor vía y forma que en derecho se requiere y digo que por mandado de Vmd. fui citado para una información que está haciendo el Señor Gobernador Don Joseph de Enciso y Cárdenas...* [Pauto y septiembre 9 de 1692]. (AIUL. Papeletas: FERNÁNDEZ PEDROCHE, Juan. En el Archivo Histórico Nacional de Madrid. Plº en fol.). IDEM. *El P. Juan Fernández Pedroche de la Compañía de Jesús, Procurador de la Misión de los Llanos y Orinoco y Cura del pueblo de Pauto. Parezco ante Vmd. en la mejor vía y forma que en derecho se requiere y digo que conviene al derecho de mi Religión, Bien y aumento desta missión de los Llanos y Orinoco...* Santiago del Saltillo [por Santiago de las Atalayas], en las Parras, 1º de 1696. [AIUL. Papeletas: FERNÁNDEZ PEDROCHE, Juan. En el Archivo Histórico Nacional de Madrid. Plº en fol. Indudablemente se trata de un error cuando a Santiago le añade "del Saltillo" en vez de Santiago de las Atalayas].

426   Juan FERNÁNDEZ PEDROCHE. *Información hecha a pedimento del muy Rdo. Padre Juan Fernández Pedroche de la Compañía de Jesús sobre las misiones del Orinoco, 1682*. (ANB. *Poblaciones Boyacá*, t. 2, fols., 32 y ss.). Juan FERNÁNDEZ PEDROCHE. *Información hecha por los Misioneros del pueblo de Pauto en los Llanos (Nuevo Reino de Granada) del gran fruto obtenido en aquellas misiones de su cargo*, 1690. (AGI. *Santafé*, 249. El documento lo publicamos en: *Documentos jesuíticos*, II, 196-207). IDEM.

para el historiador como para la reconstrucción de la historia indígena⁴²⁷.

Aunque la estancia del P. Ignacio Fiol en el alto Orinoco medio fue muy breve, pues fue asesinado por los caribes en 1684, sin embargo su visión de la zona sáliva es certera y sus planteamientos desde el punto de vista de la misionología dignos de tenerse en cuenta⁴²⁸.

La siguiente actuación superioral la encontramos en la gestión del P. Pompeo Carcasio quien toca varios puntos vitales para el restablecimiento de las misiones en el río Orinoco como el tema de la fortificación del Orinoco y las peligrosas actuacio-

---

Información levantada en Pauto en 1696 por el Padre Juan Fernández Pedroche, 1696. (AGI. *Santafé*, 403).

427 Juan FERNÁNDEZ PEDROCHE. *Memorial presentado a la Real Audiencia por el P. Superior de las Misiones de los Llanos y Orinoco*. Santafé, noviembre 24, de 1687. De 4 hojas en folio. (AIUL. Papeletas: FERNÁNDEZ PEDROCHE, Juan. Un manuscrito original se encuentra en: ARSI. N. R. et Q., 15-I, fols., 142-144. Lo reprodujimos en nuestro libro: *Documentos jesuíticos*, II, 190-196. El manuscrito del Archivo Romano de la Compañía de Jesús está dirigido al Presidente y la cita de Uriarte-Lecina lo dirige a la Real Audiencia).

428 Ignacio FIOL. *Carta del P. Ignacio Fiol al P. Carlos Noyelle, Prepósito General de la Compañía de Jesús*. Orinoco y noviembre 1 de 1683. (ARSI. N. R. et Q., 15-I, fol., 89).

nes caribes[429]. Y sobre el mismo tema volvería el P. Juan Capuel en 1720[430] en compañía del P. Juan José Romeo[431]

La edición del tomo *Escritos varios* del P. José Gumilla recopila parte de su vertiente histórica ya que recoge su actividad misional como superior y a ella nos remitimos[432]. En el ámbito de la cultura medicinal tenemos que llamar la atención sobre la importancia de sus aportes en este campo[433]. Como continuador

---

429 Pompeo CARCASIO. *Padre Pompeo Carcasio. Informa a S. M. que para restablecer las misiones en el Orinoco se necesita trasladar el presidio de la Guayana a un paraje donde se estreche el río y se domine la orillas opuesta por un mosquete para prevenir asi los ataques de los caribes. Otra falta de la fortaleza actual es que está dominada por un monte donde atacan los indios. Por todo esto era necesario cambiarla de lugar.* Primero de noviembre de 1713. (AGI. *Santo Domingo*, 677).

430 Juan CAPUEL. *Informe al Presidente de Santafé sobre su viaje al Orinoco*, 1720. (AGI. *Santo Domingo*, 632. Forma parte de un expediente intitulado *Autos fechos por el señor don Antonio de la Pedrosa y Guerrero del Consejo de S. M. en el Real y Supremo de Yndias sobre el Rio Orinoco*. Todo este escrito lo reprodujimos en *Documentos jesuíticos*, II, 297-320. El escrito del P. Juan Capuel va de la página 307 a la 311).

431 Juan José ROMEO. *Informe enviado a S. M. por los Padres Juan Capuel y Romero (sic) sobre fortificar la isla Fajardo*. 1719. (AGI. *Santo Domingo*, 632. Forma parte de un expediente intitulado *Autos fechos por el señor don Antonio de la Pedrosa y Guerrero del Consejo de S. M. en el Real y Supremo de Yndias sobre el Rio Orinoco*. Todo este escrito lo reprodujimos en *Documentos jesuíticos*, II, 297-320. El escrito del P. Juan Capuel va de la página 307 a la 311).

432 José GUMILLA. *Escritos varios*. Estudio preliminar y compilación del P. José del Rey S. J. Caracas, Academia Nacional de la Historia, 1970.

433 José GUMILLA. *Tratado medicinal*. (AGI. *Santafé*, 298. *Relación del P. Mateo Mimbela*: "Emprendió para este efecto un *Tratado* de varios remedios y hierbas para aplicar a sus enfermos, mui util para suplir con ellos la falta de medizinas". Y GILIJ. *Ensayo de Historia Americana*, II, 76: "Madame Fouget también añadió a los remedios comunes en Francia los que diligentemente recogió de la obra del P. Gumilla").

en las labores de reducción de los indios betoyes tendría un excelente sucesor en la persona del P. Manuel Padilla[434].

La importancia geopolítica que fue adquiriendo el Orinoco a lo largo del siglo XVIII obligó a los jesuitas de la región a tomar partido activo como protagonistas de esa enorme empresa que suponía redescubrir la gran arteria fluvial venezolana a fin de que tanto venezolanos como hispanos asumieran las responsabilidades que demandaban los nuevos tiempos.

La producción escrita del P. Manuel Román podemos afirmar que afronta las temáticas que torturaban a los habitantes de la Orinoquia y sobre todo las que debían asegurar el futuro.

El hilo de la historia misional orinoquense se enriquece sin lugar a dudas con los aportes de este cualificado misionero que llegó a ser Rector de la Universidad Javeriana de Bogotá. Una visión histórica nos la ofrece en diversos memoriales y cartas bien sea al Rey de España[435], bien al obispo de Puerto Rico de quien dependían eclesiásticamente las misiones orinoquenses[436], bien al P. José Gumilla que se encontraba en Madrid como Procurador de la Provincia del Nuevo Reino de Granda[437], bien a los gober-

---

434   Manuel PADILLA. *Instrucciones sobre las misiones*. (AIUL. Papeletas: PADILLA, Manuel. Lorenzo HERVÁS Y PANDURO. *Biblioteca jesuítico-española (1759-1799)*. Estudio introductorio, edición crítica y notas: Antonio Astorgano Abajo. Madrid, Libris: Asociación Libreros de viejo, I (2007) 649.

435   Manuel ROMÁN. *Manuel Román, Superior de las Misiones del Orinoco, informa del estado de las mismas*. Misiones del Orinoco, 3 de diciembre de 1749. (AGI. *Santafé*, 269. ANB. *Reales Cédulas*, t. 14, fols., 580 y ss. Texto publicado en: GUMILLA. *Escritos varios*. Caracas (1970) 313-320). IDEM. *Carta del P. Manuel Román al Rey*. Carichana, mayo 11 de 1752. (AGI. *Santo Domingo*, 639. Texto publicado en: J. DEL REY FAJARDO. *Documentos jesuíticos…*, III, 371-372).

436   Manuel ROMÁN. *Carta del P. Manuel Román al Obispo de Puerto Rico*. Nuestra Señora de los Angeles, octubre 10 de 1738. (AGI. *Santo Domingo*, 633). IDEM. *Carta del P. Manuel Román al Obispo de Puerto Rico*. Nuestra Señora de los Ángeles, abril 14 de 1740. (AGI. *Santo Domingo*, 633).

437   Manuel ROMÁN. *Carta del P. Manuel Román al P. José Gumilla*. Nuestra Señora de los Angeles y octubre 1 de 1738. (Carta publicada en: Antonio B.

nadores de Guayana[438], bien a los franciscanos[439], bien a otras personalidades civiles[440].

Durante casi dos décadas (1731-1748) la paz y la vida de las reducciones orinoquenses se vieron amenazadas por muy diversos factores a los que hace referencia el epistolario de Manuel Román. Así se desprende de las informaciones remitidas por el jesuita a las más diversas fuentes. La pesadilla de la terrible etnia caribe se mantuvo casi hasta 1748[441] y de allí se visualiza la posición que fueron tomando los miembros de la Compañía de Jesús frente

CUERVO. *Colección de documentos inéditos sobre la geografía e historia de Colombia*. Bogotá, IV (1984) 205-209. Otra edición en: José GUMILLA. *Escritos varios*. Caracas (1970) 271-275. El original reposa en ANB. *Curas y Obispos*, t. 36, fol., 133-133v). IDEM. *Carta del P. Manuel Román al P. José Gumilla.* 20 de febrero de 1740. (GUMILLA. *El Orinoco ilustrado*, 202-203). IDEM. *Relación enviada a Madrid al P. Gumilla con la noticia de las nuevas naciones que se han agregado a las misiones del Orinoco y de una gran epidemia que ha acabado con la mayor parte de los indios*: 1741. (AIUL. Papeletas: ROMÁN, Manuel: "Se conservaba en el Colegio Imperial de Madrid al tiempo del extrañamiento"). IDEM. *Carta del P. Manuel Román al P. José Gumilla*. Cabruta, 11 de junio de 1741. (AGI. *Santo Domingo*, 634. Publicada en: José GUMILLA. *Escritos varios*. Caracas (1970) 275-283).

438 Manuel ROMÁN. *Carta del P. Manuel Román al Gobernador don Carlos de Sucre*. Nuestra Señora de los Angeles y diciembre 8 de 1732. (Biblioteca Universitaria de Valladolid. Ms. 342, fol., 191. Publicado en J. DEL REY FAJARDO. *Documentos jesuíticos…*, III, 357-358). IDEM. *Carta del P. Manuel Román al Gobernador y Capitán General de las Provincias de Guayana*. San Ignacio y mayo 22 de 1734. (Biblioteca Universitaria de Valladolid. Ms. 342. Hasta el presente no hemos podido encontrar este documento). IDEM. *Carta del P. Manuel Román al Gobernador Espinosa de los Monteros* (1741). (AGI. *Santo Domingo,* 634).

439 Manuel ROMÁN. *Carta del P. Manuel Román a Fray Alonso de Hinistrosa.* Orinoco, noviembre 28 de 1750. (AGI. *Santo Domingo*, 644. Texto publicado en: J. DEL REY FAJARDO. *Documentos jesuíticos…*, III, 370-371).

440 Manuel ROMÁN. *Carta del P. Manuel Román a don Joseph Ignazio Goyeneche*. Carichana, abril 30 de 1758. (AGI. *Santo Domingo*, 639. Texto publicado en: J. DEL REY FAJARDO. *Documentos jesuíticos…*, III, 372-373).

441 Manuel ROMÁN. *Relación de varias entradas que han hecho los caribes*

a ese delicado problema: desde los deseos de conversión de esa terrible nación[442] y algunas de las luchas defensivas mantenidas contra ellos[443] hasta las proposiciones de fortificación de lugares estratégicos para impedir sus hostilidades[444] e incluso la forma de negociar con la llave estratégica del alto Orinoco como era el Raudal de Atures[445]. Pero si los caribes obstruían la vida misional en territorio venezolano también los portugueses subían del Brasil para cautivar indígenas venezolanos[446].

Poco estudiada ha sido hasta el momento en la historiografía venezolana la personalidad del P. Bernardo Rotella a pesar de sus grandes méritos en la estructuración de la nueva Guaya-

---

en el Pueblo de Pararuma y de la necesidad de defender estas reducciones del furor de sus enemigos. S/f. (AIUL. Papeletas: ROMAN, Manuel).

442 Manuel ROMÁN. *Relación e informe de las grandes esperanzas que hay de reducir a los caribes con las buenas disposiciones del famoso Macapu.* S/f. (AIUL. Papeletas: ROMAN, Manuel).

443 Manuel ROMÁN. *Relación de la milagrosa victoria que han obtenido los indios maypures contra los caribes por el patrocinio de la Virgen Nuestra Señora.* S/f. (AIUL. Papeletas: ROMAN, Manuel).

444 Manuel ROMÁN. *Informe sobre la necesidad de establecer algunos presidios entre los nuevos cristianos para defenderlos de las incursiones caribes.* S/f.. (AIUL. Papeletas: ROMÁN, Manuel: "Se conservaba al tiempo del extrañamiento en el Colegio de Santafé"). Manuel ROMÁN. *Informe del P. Manuel Román al Rey sobre construir un fuerte en la Angostura del Orinoco. Misiones del Orinoco,* 12 de febrero de 1742. (AGI. *Quito,* 198. Segunda vía. *Respuesta al pliego de veinte y uno de febrero de mil setecientos quarenta, que V. M. se digno embiar al Prelado de las Missiones de Orinoco de la Compañia de Jhesus, despachado en el Pardo para que informe sobre lo que se huviere obrado en la construccion del Fuerte que V. M. ha mandado hacer en la Angostura de Orinoco.* (GUMILLA. *Escritos varios,* 302-313).

445 Manuel ROMÁN. *Relación de la manera que se ha tenido en formar una nueva reducción en el Raudal de Atures.* S/f. (AIUL. Papeletas: ROMÁN, Manuel. "Quedó al tiempo del extrañamiento en el Colegio de Santa Fe").

446 Manuel ROMAN. *Representación del Padre Manuel Román, Superior de las Misiones del Nuevo Reino contra las incursiones y robos de los portugueses del Marañón en los campos y haciendas de los indios del Orinoco*: 1737. (AIUL. Papeletas: ROMÁN, Manuel).

na. Por noticias indirectas sabemos que fue uno de los primeros artífices en buscar con los guaypunabis la paz en las regiones sureñas orinoquenses[447]. Iniciador junto con el P. José Gumilla de la Misión del Orinoco en 1731 su producción escrita se mueve entre la temática caribe y las acusaciones de contrabando de que fue objeto por parte de las autoridades caraqueñas; la fundación de Cabruta y las primeras consecuencias que se motivaron tanto dentro de la Compañía de Jesús como fuera de ella en las gobernaciones colindantes.

La búsqueda de espacios seguros para las reducciones jesuíticas y el consecuente peregrinar en este objetivo llena los primeros años de actividad misional de Rotella. Así informa sobre este asunto a los superiores neogranadinos[448] y sobre todo a las autoridades guayanesas[449] y a la Real Audiencia del Nuevo Reino de Granada[450]. A ello se une un Informe detallado acerca de la acción

---

447 Agustín de VEGA. *Noticia del principio y progresos del establecimiento de las Missiones de gentiles en la río Orinoco por la Compañía de Jesús*. Estudio introductorio: José del Rey Fajardo sj y Daniel de Barandiarán. Caracas, Academia Nacional de la Historia (2000) 743-746.

448 Bernardo ROTELLA. *Informe enviado al P. Provincial del gran peligro en que se hallan los misioneros y nuevos cristianos de perder sus vidas a manos de los caribes*: 1734. (AIUL. Papeletas: ROTELLA, Bernardo).

449 Bernardo ROTELLA. *Carta a los Alcaldes ordinarios Gobernadores de Trinidad.* San Joaquín de los Sálivas, 15 de marzo 1733 (AGI. *Santo Domingo*, 583, fols., 1-5v). IDEM. *Copia de dos cartas al Teniente Gobernador de Guayana y a los Alcaldes Ordinarios Gobernadores de Trinidad*. La Concepción de Uyapi, 14 de mayo de 1733. (AGI. *Santo Domingo*, 583, 15-25). IDEM. *Carta al Señor Coronel Gobernador y Capitán General de las Provincias de Guayana, don Carlos de Sucre*. San Ignacio y mayo 21 de 1734. (Biblioteca Universitaria de Valladolid. Mss. 342, fol., 185). IDEM. *Carta a Idem.* San Ignacio y noviembre 5 de 1734. (Biblioteca Universitaria de Valladolid. Mss. 342, fol., 173-174). IDEM. *Carta a Idem.* San Ignacio y noviembre de 1734. (Biblioteca Universitaria de Valladolid. Mss. 342, fol., 180-181v.). IDEM. *Carta al Señor Coronel Gobernador y Capitán General de las Provincias de Guayana, don Carlos de Sucre*. San Ignacio y febrero de 1735. (Biblioteca Universitaria de Valladolid. Mss., 342, fol., 189-190).

450 Bernardo ROTELLA. *Justificación que presenta el P. Bernardo Rotella,*

caribe sobre los otomacos y guamos[451]. De igual forma Rotella es uno de los primeros en alertar sobre la peligrosa presencia de los portugueses en tierras venezolanas[452].

También la problemática fundación de Cabruta en 1740 en territorio de la Provincia de Caracas motivó una gran polémica en la que intervinieran los capuchinos, los jesuitas y los gobernadores de Venezuela y Cumaná.

Otra personalidad preterida en el ámbito de la historia de la Orinoquia es el P. Roque Lubián, representante genuino de la segunda generación jesuítica que laboró en la Orinoquia. Quizá haya gozado de fama peyorativa por sus lógicas desavenencias frente a las exigencias desmedidas del coronel Eugenio Alvarado, comisario de la Expedición de Límites de 1750[453]. De sus escritos todavía desconocidos hemos hablado más arriba. Como superior nos consta del envío de varias relaciones misionales enviadas a Madrid y Roma[454] y de su intervención en la Junta de Guayana

    misionero de San Ignacio de Guamos, a la Real Audiencia del Nuevo Reyno contra imputaciones y testimonios que se han levantado por el socorro que ha pedido para los pobres indios maltratados por los caribes: 1736. (AIUL. Papeletas: ROTELLA, Bernardo).

451   Bernardo ROTELLA. *Relación de la entrada que han hecho los bárbaros caribes en las colonias de San José de los Otomacos y San Ignacio de los Guamos por los años 1734 y 35 con gran pérdida y devastación de aquellas reducciones*. (AIUL. Papeletas: ROTELLA, Bernardo).

452   Bernardo ROTELLA. *Relación que envía a Madrid al P. José Gumilla de los daños causados por los portugueses del Marañón en las tierras de indios del Orinoco para que la presente al Consejo de Indias en nombre de los Misioneros*: 1739. (AIUL. Papeletas: ROTELLA, Bernardo).

453   Roque LUBIÁN. *Epistolario*. (Nos referimos a las cartas publicadas por Antonio B. CUERVO. *Colección de documentos inéditos sobre la geografía y la historia de Colombia*. Bogotá, III (1893): a) *Carta al coronel don Eugenio de Alvarado*. Misión de la Urbana y febrero 10 de 1756 (pp. 449-451). b) *Carta a Idem*. Carichana y enero 1 de 1757 (pp. 430-432). c) *Carta a Idem*. Carichana, enero 7 de 1757 (pp. 423-424). d) *Carta a Idem*. Carichana, 5 de abril de 1757 (p. 428).

454   Roque LUBIÁN. *Varias relaciones del estado de las misiones del Orinoco enviadas a Madrid y Roma*. (AIUL. Papeletas: LUBIÁN, Roque).

sobre la fortificación del Orinoco⁴⁵⁵. Aunque la mayor parte de su literatura histórica sigue perdida, sin embargo, la huella de los testimonios parece revelar a un misionero perspicaz, dedicado a la observación y estudio de las etnias con las que convivió: por una parte los sálivas⁴⁵⁶ y por otra los otros grupos que integraban el universo misional de los jesuitas⁴⁵⁷.

Un capítulo especial ameritaría la obra del jesuita italiano Felipe Salvador Gilij. Llegado al Orinoco en 1749 allí permanecería hasta la expulsión de 1767. Hombre dotado del espíritu de las lenguas, de salud mediocre pero con una fina intuición crítica que le acercó al alma de los indígenas podemos afirmar que su obra no concluye en el *Saggio di Storia americana*. A él le tocó como Superior dar cumplimiento a la decisión real de entregar en 1764 los territorios comprendidos entre el Raudal de Maipures y el Amazonas a los Capuchinos de Caracas⁴⁵⁸. Hasta el presente

---

455   Roque LUBIÁN. *Dictamen del P. Roque Lubián de la Compañía de Jesús en la Junta de Guayana de 1743.* (El original reposa en; AGI. Santo Domingo, 634. *Primer cuaderno de autos operados por el señor don Gregorio Espinosa de los Monteros* (1743), fols., 130-140. Publicado en: J. DEL REY FAJARDO. *Documentos jesuíticos...*, II, 340-351). En 1763 volvería sobre el tema el P. Francisco del OLMO. *Carta del P. Francisco del Olmo al Padre Procurador General Jayme de Torres sobre la mudanza de la Guayana.* El Raudal, 24 de mayo de 1763. (AIUL. Papeletas: DEL OLMO, Francisco: "En 4° de 7 pags. sin fol. en la Biblioteca de la Historia de Madrid").

456   Roque LUBIÁN. *Apuntamientos sobre las lenguas y las costumbres de los indios de la nación sáliva.* (AIUL. Papeletas: LUBIÁN, Roque).

457   Roque LUBIÁN. *Noticia de las costumbres, ritos, ceremonias de las naciones Sálivas, Achaguas, Chiricoas, Amarivanos, Guahivos y cabres.* (Marcelino GANUZA. *Monografía de las Misiones vivas de Agustinos Recoletos (Candelarios) en Colombia. Siglo XVII-XX.* Bogotá, Imprenta de San Bernardo, II (1921) 230-231. Declaración de fray Pedro Cuervo en el Puerto de Casanare el 20 de mayo de 1817: "6°. Otro cuaderno que contiene y se da noticia de las costumbres, ritos, ceremonias de las naciones Sálivas, Achaguas, Chiricoas, Amarivanos, Guahivos y Cabres escrita por diversos Padres y coordinada por el P. Roque Lubián hasta su salida del pueblo de Macuco").

458   Felipe Salvador GILIJ. *Carta a Fray Gerónimo de Gibraltar.* Urbana y

podemos afirmar que penetró en al alma de las etnias tamanaca y maipure como ningún otro como lo demuestran las narraciones indígenas[459], las instrucciones[460] e incluso sus poesías[461]. Completaría esta visión cultural tanto su manuscrito perdido *Anécdotas*

---

        agosto 27 de 1764. (ANB. *Miscelánea*, t. 31, fol., 762). *Carta a don José de Iturriaga*. Encaramada y febrero 9 de 1765. (AGI. *Caracas*, 440). *Señor. El Governador de Cumana me remitió una cedula de V. M. fecha en Buen Retiro a 6 de diziembre de 1761*: Acompañaba a esta una carta de dicho Governador de 15 de Julio de 1763, que recibí a 19 de Diziembre del mismo año; y a continuación de la cedula un auto a que me exhorta de a ella el cumplimiento que me corresponda, como actual Superior de estas Missiones ... San Luis de la Encaramada y marzo 29 de 1765. (AIUL. Papeletas GILIJ: "En folio; 4 hojas s. n. (Bibl. Hist.)". A ello hay que añadir el Informe del P. Jaime TORRES. *Señor. El Padre Jayme de Torres de la Compañía de Jesús, Procurador de las Provincias de Santa Fe y Quito con el más profundo respeto dize: que ha llegado a su noticia haberse pedido una Mission de siete Religiosos Capuchinos para el alto Orinoco, cuyo territorio por Cedulas Reales esta señalado a la Compañia para que en el exercite su celo en la conversión de los infieles.* En fol., 2 hs.. (AIUL. Papeletas: TORRES, Jaime: "En fol. 2 hs. En el Archivo Histórico Nacional de Madrid". Se trata del original publicado por Cuervo en el nº. 3.)

459   Felipe Salvador GILIJ. *Narraciones indígenas en Tamanaco y Maipure*. (GILIJ. *Ensayo de Historia Americana*,III, 39: "Tuve cuidado, preguntando a los entendidos, de ponerlos *todos* por escrito y de escudriñarlos con diligencia. Son simples prosas ...". Y en (III, 176): "Yo en la lengua de los maipures y tamanacos tuve relatos hermosísimos transcritos por mi, es decir, aquellos mismos que con las mismas palabras oyeron ellos a sus ancianos". En el mismo tomo III (pp. 176-180) recoge Gilij dos pequeños ejemplos).

460   Felipe Salvador GILIJ. *Ensayo de Historia Americana*, III, 140: "Así hice yo (...) en las diversas instrucciones por mi compuestas en las susodichas lenguas". Lorenzo HERVÁS Y PANDURO. *Biblioteca jesuítico-española (1759-1799)*. Estudio introductorio, edición crítica y notas: Antonio Astorgano Abajo. Madrid, Libris: Asociación Libreros de viejo, I (2007) 756.

461   Felipe Salvador GILIJ. *Poesías en tamanaco y maipure*. (GILIJ. *Ensayo de Historia Americana*, II, 232: "Hice algunas rimas tanto en tamanaco como en maipure. Pero aunque las escucharon con placer, nunca hubo alguno que me dijera que las había también en sus lenguas").

americanas[462] así como también otro estudio, hoy desconocido, sobre *La religión de los americanos*[463].

El italiano José María Forneri compartió su vida misionera con la de promotor del colegio que los jesuitas querían fundar en la ciudad de Caracas. Como superior le correspondió seguir en el conflicto azuzado por los comisarios regios de la Expedición de Límites entre jesuitas y capuchinos[464] y seguir en la penetración de los espacios geográficos a los que la corona española había reducido a los jesuitas tras las decisiones tomadas en 1764[465]. Hombre versado en las lenguas de la región consagraría buena parte de su vida a la difícil nación yarura de la que dejaría algunos escritos interesantes[466]. Asimismo sería uno de los interlocutores con los indios

---

[462] Felipe Salvador GILIJ. *Anécdotas americanas*. (GILIJ. *Ensayo de Historia Americana*, III, 336: "Las restantes noticias, si a Dios place, se añadirán separadamente en las *Anécdotas Americanas*". Y en el tomo IV, 75: "Pero de este asunto hablaré en mejor ocasión, es decir, cuando en tomo separado publique mis *Anécdotas Americanas*").

[463] Felipe Salvador GILIJ. *La religión de los americanos*. (GILIJ. *Ensayo de Historia Americana*, III, 50: "Pero hemos dicho bastante de la religión antigua de los orinoquenses. Cosa ciertamente grata sería oír ahora las máximas de otros americanos sobre este punto; y nosotros, si Dios nos da tantas fuerzas, lo haremos en volumen separado". Y en el tomo IV, pag. 218: "Y basta por ahora haber dicho esto acerca de un punto al cual deberé volver más detenidamente en el tomo que prometí sobre la Religión antigua americana").

[464] José María FORNERI. *Epistolario*. (AHN. *Jesuitas*, 128/1. *Inventario del archivo del colegio de Caracas*, fol., 16v-17: "Yten, un legajito de cartas escritas por el Padre Joseph Maria Forneri al Padre Manuel Balzátegui Provincial y al P. Ignacio Olarte, superior que fue de este colegio, relativas a asumptos de Misiones y oposición a la concesión que S. M. hizo a los Capuchinos de esta Provincia del distrito del Alto Orinoco y Río Negro que S. M. le encargó para la propagación de la del Santo Evangelio entre aquellos ynfieles: de cuyo asumpto trata el Real Orden certificado que se cita antecedentemente").

[465] José María FORNERI. *Carta del P. Forneri al P. Provincial*. Carichana, 7 de octubre de 1766. (ANB. *Milicia y Marina*, t. 109, fol., 848).

[466] José María FORNERI. *Relación de la religión, costumbres y ceremonias de los indios yaruras*. (AIUL. Papeletas: FORNERI, José María).

guaypunabis del sur del Orinoco⁴⁶⁷. Como dato curioso que revela la preocupación por el estudio de la naturaleza orinoquense nos queda la *Descripción de la planta de donde se saca la cera vegetal*⁴⁶⁸.

3. Las Cartas edificantes y curiosas

Hemos juzgado oportuno dedicar este acápite a este interesante género epistolar jesuítico a fin de clarificar su verdadero sentido e influjo en el mundo cultural europeo del siglo XVIII y para marcar las diferencias con las *Cartas Anuas*.

El concepto de *Cartas Edificantes y Curiosas* se impone a comienzos del siglo XVIII y el ámbito de su contenido se extiende a las cartas, informes y relaciones escritos por los misioneros de la Compañía de Jesús tanto desde los países considerados de misión como desde las partes civilizadas de África, Asia y América.

La génesis de esta colección es curiosa y compleja. El más remoto origen habría que buscarlo en el éxito que levantaron las cartas de San Francisco Javier (1506-1552)⁴⁶⁹ en la segunda mitad del siglo XVI a lo largo y ancho de Europa⁴⁷⁰. En el siglo XVII las *Relations de la Nouvelle France*, invaden, a su modo, el mundo católico francés⁴⁷¹ pero su contenido, aunque de interés para la

---

467 José María FORNERI. *Informe y relación de las costumbres y supersticiones de los indios Guaipunabis*. (AIUL. Papeletas: FORNERI, José María).

468 José María FORNERI. *Descripción de la planta de donde se saca la cera vegetal*. (AIUL. Papeletas: FORNERI, José María).

469 Jesús LÓPEZ-GAY. "Javier, Francisco". En: Charles O'NEILL y Joaquín Mª. DOMÍNGUEZ. *Diccionario histórico de la Compañía de Jesús*. Roma-Madrid, Institutum Historicum S. I.-Universidad Pontificia de Comillas, III (2001) 2140-2141.

470 F. ZUBILLAGA (Edit.) *Cartas y escritos de San Francisco Javier*, Madrid, Biblioteca de Autores Cristianos, t. 101 (1979), 50-34. Georges GOYAU. *A la conquête du monde paien*. Avec des illustrations d'Edgard Maxence. Maison Alferd Mame et fils (1934) 60.

471 Léon POULIOT. *Étude sur les Relations des Jesuites de la Nouvelle France*. Paris, Desclée de Brouwer, 1940.

americanística de Canadá y Estados Unidos, desborda nuestros propósitos.

Desde 1685 comenzó a publicar el P. Carlos de Gobien (1653-1708)[472] diversos escritos sobre las misiones de Asia[473]. En 1690 se había presentado a la Asamblea del clero de Francia un tomo sobre *Memorias del Oriente* y cinco años más tarde un segundo volumen que motivó el deseo de la Asamblea de perpetuar esta obra de interés apostólico[474].

En 1702 aparecieron las *Lettres de quelques missionnaires de la Compañía de Jesús, éscrites de la Chine et des Indes Orientales*. A través de la Revista *Mémoires de Trévoux* se puede ir siguiendo la opinión y el desarrollo de la colección[475]. El éxito fue tan inesperado que el editor, P. Carlos de Gobien, se decidió a continuar la obra en cuadernos anuales con el título de *Lettres édifiantes et curieuses*[476].

De 1703 a 1776 aparecieron en París 34 tomos de los

---

472 Carlos SOMMERVOGEL,. *Bibliothèque de la Compagnie de Jésus*. Bruxelles, Schepens-París, Picard, III (1892) 1512-1515.

473 SOMMERVOGEL. *Bibliothèque de la Compagnie de Jesús*. Bruxelles-Paris, III, 1514.

474 *L'ami de la Religion et du Roi*. t. 21 (1819), 321-328. Citado por André RÉTIF. «Breve histoire des Lettres édifiantes et curieuses». En: *Neue Zeitschrift fur Missionswissenschaft*, 7 (1951), 40.

475 *Mémoires de Trévoux*, mayo 1705, p. 729: "Esta colección (la 5a) es una de las más curiosas y más edificantes que haya ofrecido al público el P. Gobien". En junio de 1708 se palpa un sentimiento en la verificación de que la 8ª entrega sea un recuento de piedad, pero al menos allí se encuentra algo de historia (p. 982). En la 1ª, noviembre de 1713, se descubren tres razones de interés: el cristianismo, la ciencia y las variables bellezas de estilo (p. 1.834). La 11ª, julio de 1715, es "tan curiosa, tan edificante, escrita con la misma pureza y la misma elegancia que las precedentes" (p. 1.133) (citado por A. RETIF, *Art. cit*; 38). Para las opiniones del *Journal des Savants* nos remitimos a las entradas: Le Gobien; du Halde, Maréchal, Patouillet en la *Bibliothèque de la Compagnie de Jesús* de Sommervogel.

476 a) Para la historia de esta colección: André RÉFIT. "Breve histoire des Lettres édifiantes et curieuses". En: *Neue Zeitschrift fur Missionswissenschaft*, 7 (1951), 37-50. Victor Hugo PALTSIST. "Data concerning the Lettres édificantes". En: Reuben Gold Thwaites. *The Jesuit Relations and Allied*

que los 8 primeros estuvieron a cargo del P. Carlos de Gobien, y los siguientes se debieron a los PP. Juan Bautista du Halde (1674-1743)[477], Luis Patuillet (1699-1779)[478] y Nicolás Maréchal (1744- ¿?)[479].

Antes de entrar a la valoración histórica conviene establecer la estructura y esencia de la colección.

Y ante todo conviene establecer una premisa fundamental que, si se desconoce, puede producir una óptica desorbitada de lo que fueron y de lo que aspiraban estas cartas. Estrictamente se puede afirmar que no se trata de informes técnicos ni de memorias exclusivamente científicas. Nos encontramos ante escritos de unos misioneros —de profunda formación humanística y en casos científica— que describen un mundo exótico en el que se insertaron libremente, se adaptaron a su cultura con el deseo de

---

Documents. Travels and Explorations of the Jesuit Missionaries in New France, 1610, 1791, 298-334.

b) Acerca del contenido: Cfr. Rob STREIT,. *Bibliotheca Missionum*. Zweiter Band. *Amerikanische Missionskliteratur 1493 1699*. Freiburg/Br., Herder & Co., 1924. I, Nos, 754-756, 761, 766, 768, 770, 777, 790, 795, 805, 811, 814, 820, 827, 831, 839, 850, 855, 866, 879, 885, 899, 909, 920, 948, 987, 1.024-1.025, 1.029-1.030, 1.036-1.037.

c) Los editores fueron: Volumen: 1- 8 Charles Le Gobien. 9-26 Jean Baptiste du Halde.
27-28, 31. 33-34 Louis Patouillet. 29-30, 32 Nicolas Maréchal.

d) Otras ediciones: J. Yves de Querbeux y Brotier publicaron una nueva edición en 26 vols. (1780-1781). Otras realizadas por no-jesuitas: 1819, 1829-1831, 1838-1843. Una edición reducida estuvo a cargo de Aimé Martín (1834-1843) con el título de *Pantheón Littéraire*.

Ludwig KOCH. *Jesuiten-Lexikon. Die Gesellschaft einst und jetzt*. [Paderborn, 1934]. Löwen-Heverlee (Belgien). Verlag der Bibliothek SJ, II (1962), 1838.

477 Carlos SOMMERVOGEL. *Bibliothèque de la Compagnie de Jésus*. Bruxelles, Schepens-París, Picard, IV (1893) 34-38.

478 Carlos SOMMERVOGEL. *Bibliothèque de la Compagnie de Jésus*. Bruxelles, Schepens-París, Picard, VI (1895) 351-357.

479 Carlos SOMMERVOGEL. *Bibliothèque de la Compagnie de Jésus*. Bruxelles, Schepens-París, Picard, V (1894) 536.

llevar el Evangelio a todas esas naciones y pueblos con un sentido de inserción y perpetuidad. Además, respondía al espíritu de los tiempos y dentro del ambiente cristiano de la época se procuraba dar respuesta a una religiosidad que gustaba de lo piadoso y de lo edificante.

Desde el punto de vista de su valoración crítica conviene dilucidar dos puntos claves: la fidelidad textual y su cualificación histórica. Respecto al texto no creemos oportuno entrar en la polémica establecida por M. Pinot y Saint-Simon sobre la tesis de que las *Cartas Edificantes* eran "relaciones artificiosas". Nos remitimos a la contestación del P. Alexandre Brou (1862-1947)[480] en la que de forma pormenorizada responde a los argumentos aducidos por dichos autores[481]. En esencia, el editor se permitió alterar —o mejor, corregir— el estilo de algunas cartas que, por llevar los autores tanto tiempo fuera de Francia podían aparecer de redacción dura y poco atildada. Ya el 2 de febrero de 1705 apuntaba el *Journal des Savants* sobre el P. Gobien: "El ha procurado hacer la lectura agradable; los misioneros le han suministrado las ideas; pero el giro, la expresión, la gracia del estilo provienen indudablemente de él"[482]. Es posible que haya pasado en el contexto ideológico y religioso el tratamiento de problemas tan delicados como el de los "Ritos Chinos"[483], pero como demuestra Brou las mutaciones son intrascendentes. En todo caso hacemos nuestro el criterio del P. Rétif: "Científicamente hablando, un moderno puede desecharlas; pero, si no se quiere caer en la injusticia y en ser mal historiador,

---

[480] Paul DUCLOS. "Brou, Alexandre". En: Charles O'NEILL y Joaquín Mª. DOMÍNGUEZ. *Diccionario histórico de la Compañía de Jesús*. Roma-Madrid, Institutum Historicum S. I.-Universidad Pontificia de Comillas, I (2001) 554-555.

[481] P. BROU. «De certaines conflicts entre missionnaires au XVIIe s». En: *Revue d'Histoire des Missions* (1934) 187-202; y «Les jésuites sinologues de Pékin et leurs éditeurs de Paris». En: *Rev. cit.* (1934), 551-566.

[482] Cfr. *Journal des Savants*, 2-02-1705, p. 106.

[483] A. RÉTIF. «Les Jésuites français en Chine d'apres les Lettres édifiantes er curieuses». En: *Neue Zeitschrift fur Missionswissenschaft*, 3 (1948), 175.

se deben reubicar estos hechos en el contexto del tiempo y de las circunstancias y considerar en particular el género literario de estas relaciones y el público al que se dirigían"[484].

Consecuentemente también el valor intrínseco ha padecido sus apreciaciones. Rétif dirá que constituyen "un testimonio de la amplia cultura de los jesuitas del siglo XVIII"[485]. En 1927, Radek, rector de la Universidad de Moscú se gloriaba de mostrar en una colección china de 80.000 volúmenes una colección especial "las obras escritas sobre China por los jesuitas del siglo XVIII (sic)", superiores en cien codos a todo lo que los sabios modernos han escrito y que testimonian una competencia del alma china, que jamás ha sido igualada"[486].

El P. Diego Davin (1704-1760)[487], traductor de la edición española, escribía; "Me atrevo a decir que debe la geografía su mayor perfección a los misioneros de la Compañía de Jesús. Sin ellos poco o nada se sabría de la mayor parte del Asia y quedarían inmensos países de la América expuestos a conjeturas de los geógrafos de profesión, como ellos mismos lo reconocen o confiesan"[488].

Su contenido se orienta muy especialmente al gusto francés fascinado por el Oriente; mas aporta datos interesantes para la Guayana francesa y las islas gálicas caribeñas. Son escasas las noticias que aportan sobre lo que constituyó el área geográfica

---

484   A. RÉTIF. «Breve histoire des Lettres édifiantes et curieuses». En: *Rev. cit.*, (1951), 45.

485   A. RÉTIF. *Art. cit.*, 45.

486   J. SAUERWEIN, en *Le Matin* (París) marzo 1927 (citado así por: Leopold LEVEAUX. *L'Orient et nous*. Louvain-Paris, Ed. de l'Aucam (1932) 40).

487   José Eug. De URIARTE y Mariano LECINA. *Biblioteca de escritores de la Compañía de Jesús pertenecientes a la antigua Asistencia de España desde sus orígenes hasta el año de 1773*. Madrid, Imprenta "Gráfica Universal", II (1929-1930) 343-344.

488   Diego DAVIN, Diego. *Cartas edificantes y curiosas escritasde las misiones extranjeras y de levante por algunos misioneros de la Compañía de Jesús*. Madrid, Imprenta de la Viuda de Manuel Fernández y del Supremo Consejo de la Inquisición, XVI (1757) p. XXVI.

de la Provincia del Nuevo Reino. Con todo, un índice del influjo ejercido por las *Lettres édifiantes* lo constituye el sinnúmero de ediciones, traducciones, adaptaciones, extractos e imitaciones llevados a cabo. Frente al desprecio de Saint-Simon hay que resaltar el interés de Montesquieu por el estudio de estas fuentes, aunque ponga en duda las conclusiones sacadas por los misioneros. Y así se podrían multiplicar los ejemplos contrapuestos. Lo cierto es que forman parte de la literatura y de la historia del siglo XVIII francés.

Como su temática se orienta hacia un campo muy lejano al venezolano, nos remitimos a la extensa síntesis que el P. André Rétif dedica al influjo que ha ejercido –fundamentalmente dentro de la literatura francesa– esta colección[489].

4. DER NEUE WELT-BOTT
[EL NUEVO MENSAJERO DEL MUNDO]

También los jesuitas alemanes ingresaron con fuerza al mercado cultural centroeuropeo con su serie *Der Neue Welt-Bott*.

Hay que resaltar que parte en el pueblo cristiano teutón existía una conciencia de participación en el apostolado universal de la Iglesia, no solo a través de sus limosnas sino también por medio de sus hombres; en menos de un siglo (1670-1767) solo la Compañía de Jesús destinó a las misiones de ultramar 800 miembros de su orden[490]. Pero ya los franciscanos les habían precedido y una especie de Literatura misional había inundado las apetencias de las comunidades cristianas[491].

Por otro lado, el ejemplo y estímulo de las *Cartas edificantes*

---

489 A. RÉTIF. *Art. cit.*, 46-50.

490 Anton HOUNDER. *Deutsche Jesuitenmissionäre des 17 und 18 Jahrhunderts.* Freiburg/B., Herder'sche Verlagshandlung, 1899.

491 Rob. STREIT. *Bibliotheca Missionum. Zweiter Band. Amerikanische Missionksliteratur 1493-1699.* Freiburg/Br., Herder & Co., I (1924) 1.051 y ss.

motivó al P. José Stöcklein (676-1733)⁴⁹² a pensar seriamente en la edición de una obra que vino a ser, no una traducción, sino una visión nueva y específica de la Compañía de Jesús alemana: *Der neue Welt-Bott*⁴⁹³. No era la primera en su género y por eso conviene

---

492   Para la biografía del P. José Stocklein: a) *Necrologio*. En ARSI, *Austria*, 190 (1733), fols. 286-304. b) Franz KELLER. "Leben und Taten, Reissen und Missionen R.P. Josephi Stöcklein der Gesellschaft Jesu, österreichischer Provinz, in dem kaiserlichen Kiregsheer in Reich un Ungarn Missionarii un Ober-Feld-Kaplans, Urhebers der deutschen Verfassung des *Neuen Welt-Bottes*", en WELT-BOTT. parte 29, N° 527. c) [HUONDER]. "P. Joseph Stöckleins, *Neuer Welt-Bott, ein Vorläufer der Katholischen Missionen* im 18 Jahrhundert". En: *Katholischen Missionem*, t. 33 (1904), 1-4, 30-33, 80-83, 103-107. d) Bernhard. DUHR. *Geschichte der Jesuiten in den Länder deutscher Zunge*. Freiburg y Muenchen-Regensburg, Herder, II (1913) 155-158.

493   a) Para la historia de la colección: Anton HUONDER, "P. Joseph Stöcklein Neuer Welt Bott, ein Vorläufer der Katholischen Missionen im 18 Jhrhundert". En: *Die Katholischen Missionen*, 33 (1904-1905), 1-4, 30-33, 80-83, 103-107. Charles G. HERBERMANN. "Der neue Welt-Bott. Introduction", En: *Historical Records and Studies*, 8 (1915), 157-167. b) Para el contenido: Cfr. Rob. STREIT. *Bibliotheca Missionum*, I, números 838, 845, 872, 942, 976, Tomo XXII, N° 63. c) Editores: Volumen I-III Josep Stocklein. IV/1 Peter Probst. IV/2-V Franz Keller. Galaxis BORJA GONZÁLEZ. "Las narrativas misioneras y la emergencia de una conciencia-mundo en los imperios jesuíticos alemanes en el siglo XVIII". *Procesos. Revista Ecuatoriana de Historia*, 36, (2012) 169-192.

Volumen	Tomo	Año
I	1- 8	1726
II	9-16	1729
II/1	17-20	1732
III/2	21-24	1736
IV/1	25-28	1748
IV/2	29-32	1755
V/1	33-36	1758
V/2	37-40	1761

d) Título: *Der neue Welt-Bott. Mit allerhard Nachrichten der Missionariorum Soc. Jesu. Allerhand so lehr als geistleiche Brif, Schriften und Reis-Beschreibungen, welche*

llamar la atención de una obra anterior aparecida en Leipzig entre 1688 y 1690, editada por Christ Thomasius, *Freimutige, lustige und ernshafte, jedoch vernunft-und gesetzmassige Gedanken und Monastsgesprache uber allerhand, vornehmlich uber neue Bucher*[494].

La definida personalidad del editor jesuita imprimió, sin lugar a dudas, un sello a la obra que conoció la luz pública en 1726 y extendió sus entregas hasta 1761. El P. José Stöcklein (1676-1733)[495] nació en Oettingen, condado bávaro (Kreis Schwaben-Neuburg) el 31 de julio de 1676. Cursó sus estudios superiores en la Universidad de Viena donde obtuvo el doctorado en Filosofía y el bachillerato en Teología. El 9 de octubre de 1700 ingresaba en la Compañía de Jesús en el noviciado de Santa Ana en la capital austriaca.

Tres etapas bien diferenciadas estructuran su biografía. Como capellán militar acompañó a las tropas imperiales tanto en la guerra contra los turcos como contra los principados del oeste que adversaban la casa real. En la segunda fase de su vida se consagra a los ministerios sacerdotales en el colegio de Pressburg y más tarde en la casa profesa de Viena llegando a desempeñar el rectorado del colegio de la ciudad nueva de la capital imperial. Los 9 últimos años de su existencia transcurren en Graz, ciudad en la que le sorprendió la muerte el 28 de diciembre de 1733[496].

La estancia en Graz significa el nacimiento del *Welt-Bott* mientras las enfermedades debilitaban su cuerpo: en el mes de enero de 1728 escribía: "apenas puedo estar parado; mi vista me

---

    von denen Missionariis der Gesellschaft Jesu aus bayden Indien und andern uber Meer gelegenden Lander... in Europa angelant seynd. Jezst zum erstenmal, theils, aus handschrifftlichen Urkundenrn, theils aus denen französischen Lettres édifiantes verteustcht und zusammen getragen, 5 volúmenes en 40 tomos.

494   Band I, Januar - Juni 1688 [- Band V, Januar - April 1690].

495   Helmut PLATZGUMMER. "Stöcklein, Joseph". En: Charles O'NEILL y Joaquín Mª. DOMÍNGUEZ. *Diccionario histórico de la Compañía de Jesús*. Roma-Madrid, Institutum Historicum S. I.-Universidad Pontificia de Comillas, IV (2001) 3641.

496   ARSI. *Austria*. 190, fol. 286.

desampara de tal manera que apenas con la ayuda de los mejores anteojos puedo ver lo suficiente como exige la elaboración de mi Welt-Bott"[497]; si a esto añadimos el mal de piedra, cólicos y otras enfermedades se entenderá mejor la entereza de ánimo del P. Stocklein.

Sin embargo, se puede afirmar que reunía las características ideales para emprender una obra de la envergadura del *Welt-Bott*. A su preparación universitaria vienense unía el conocimiento de idiomas de los que llegó a dominar, además del alemán, el latín, el francés, el griego y el hebreo[498]. Y la preocupación teológica le llevó a redactar una serie de escritos catequéticos y un pequeño tratado de Teología[499]. Pero su obra indiscutible es el *Welt-Bott*.

Acerca del objeto y objetivos de la obra se expresa largamente el autor en la introducción al primer tomo:

> Es sin duda su más noble objeto la obra de las Misiones, y los sufrimientos y consuelos de los misioneros. Trae además variados y útiles conocimientos y como en una gran feria encuentra aquí cada uno lo que le interesa especialmente. Los teólogos obtuvieron instructivas informaciones sobre falsas religiones; los jurisconsultos sobre la organización de su incumbencia de la esencia del derecho y de la justicia en pueblos extraños; los médicos experimentaron algo sobre los medios de salud y métodos curativos; los naturalistas y filósofos descubrirán no solamente meteoros y fenómenos hasta ahora desconocidos (esto es, el

---

497 *Welt-Bott*, Nº 572, p. 153.

498 HUONDER. "P. Joseph Stöckleins, *Neuer Welt-Bott,* ein Vorläufer der *Katholischen Missionen* im 18 Jahrhundert". En: *Katholischen Missionem*, t. 33 (1904) 3.

499 HUONDER. *Ibidem*. El P. Keller, su primer biógrafo, conoció al P. Stocklein mientras estudiaba Teología en Graz y afirma que los estudiantes visitaban al Padre para conversar sobre diversos problemas científicos y sobre sus dificultades en las aulas. Siempre los acogía benignamente y respondía a sus preguntas como si acabase de concluir su carrera o toda su vida hubiere ocupado la cátedra de Teología (*Ibidem*).

milagro, aire, fuego, tierra y agua) sino también una cantidad de efectos raros de la naturaleza, como yerbas, plantas, árboles, peces, pájaros, fieras, gusanos, culebras, piedras, minerales y otras casi innumerables cosas pertenecientes a diversas ciencias hasta ahora desconocidas. A los matemáticos y sobre todo a los astrónomos, agrimensores y navegantes les sacarán de muchas dudas las cartas de los misioneros puesto que se encuentran entre ellos excelentes especialistas. Ricas enseñanzas encontrarán particularmente los geógrafos que recibirán aquí las primeras noticias fidedignas y buenos mapas de ciertos países. Los éticos podrían establecer provechosas comparaciones sobre los conceptos morales de los pueblos mientras que a los historiadores se les ofrece un espléndido material sobre la historia del estado y la cultura de imperios lejanos[500].

Pero tampoco perderá el carácter de "cartas de edificación"; el mismo Stöcklein nos dirá que "en una palabra, me he propuesto deleitar, edificar e ilustrar al lector sin peligro de escándalo o de amargura"[501].

Sin embargo, es necesario afirmar que el *Welt-Bott* no fue una traducción de las *Cartas edificantes* y curiosas sino una versión genuinamente alemana y con predominio de los jesuitas alemanes[502].

Muy interesante nos parece la metodología planteada por Stöcklein sobre los criterios que deberían regir toda su obra y que fundamentalmente aparecen expuestos en las introducciones a las tres primeras partes. No se trata de ediciones críticas, por eso se permite suprimir las repeticiones, omitir lo superfluo y lo íntimo

---

500   HUONDER. "P. Joseph Stöckleins, *Neuer Welt-Bott*…", 30-31. (Nota: A veces intercala el autor frases textuales, razón por la cual traducimos los verbos en el tiempo que les corresponde en el sentido global).

501   *Welt-Bott*. Vorrede de la 2ª parte. Cfr. HUONDER. "P. Joseph Stöckleins, *Neuer Welt-Bott*…", 82-83.

502   Basta observar la estadística. En el tomo I, de 216 cartas 106 eran alemanas; en el II, de 128, 31; en el III, de 65. 28; en el IV, de 114, 67.

y personal de algunas cartas, criterios que a veces le llevan a resumir los materiales para ofrecer al lector una lectura más directa[503]. Quizá podría sorprender esta actitud si no se conociesen los otros criterios del autor que podríamos afirmar lo acercan al de casi un severo editor crítico.

Stöcklein se esforzó siempre por buscar las cartas originales o copias fidedignas y por supuesto acota: "Y mejoraré aquellas noticias en las que no estén indicados: el título, la firma, la fecha o día exacto, mes, año y lugar"[504].

Pero en los artículos importantes es donde más aplica su criteriorología científica: siempre precede una introducción orientadora en la que manifiesta su pensamiento sobre ciertos pasajes aclarando lo dudoso y cubriendo las lagunas con el fin siempre de conseguir el mejor texto[505]. Junto al cuidado por la cronología hay que destacar el empeño por la topografía y el estudio minucioso de los mapas que le llegaban de todas partes del mundo y a los que aplicó los mismos criterios de minuciosidad, exactitud y dilucidación de nombres a través de los informes correspondientes[506]. Añade a cada tomo un índice exhaustivo cuya magnitud da clara idea del valor de su contenido: el tomo I abarca 66 páginas, el II, 64; el III, 36 y así sucesivamente.

---

503   Así nos Índica que de 32 partes que tenía para el primer fascículo las redujo a 8 (Cfr. Introducción a la Primera Parte del *Welt-Bott*). Y de 26 cartas del P. Gerstes, escritas en Méjico, las ensambló en una sola relación (*Welt-Bott*, N° 31).

504   *Welt-Bott*. Introducción a la Tercera Parte.

505   Ejemplos típicos nos los ofrece, por ejemplo, en: "Beschreibung des gegenwartigen Zustandes der griechieschen, armenischen und koptischen Kirchen" (*Welt-Bott*, Tiel 23, N° 454-520). En donde establece una crítica de textos entre el Sr. de la Croix, el sinólogo P. Premaré y los conocimientos que tenía el mismo Stocklein de las conversaciones sostenidas en Viena con el teólogo del Patriarca maronita en 1699.
Igualmente podríamos citar el caso del artículo: "R. P. Judae Thaddaei-Krusinki's S.J. und des Herrn Durri Effendi Nachricht von der letzten Unruhe in Persien" (*Welt-Bott*, Nª 394-407).

506   En los 4 primeros tomos contiene 30 mapas.

El *Welt-Bott* se divide en 5 tomos con un total de 50 partes y cada una de ellas consta de 100 a 120 páginas en folio. Hoy en día es un libro difícil de encontrar completo aun en las bibliotecas alemanas[507]. Al sorprenderle la muerte al P. Stöcklein en 1733 había logrado ver publicados los 3 primeros tomos. Sobre las misiones americanas aporta valiosas y minuciosas informaciones. No dudamos en adherirnos a la opinión del P. Koch; "El *Neue Welt-Bott* se cuenta entre las más originales y difundidas obras del siglo XVIII. Es un género insuperable. Para la Historia de las Misiones mantendrá durante mucho tiempo el valor de fuente de primer rango"[508].

Galaxis Borja González ubica la obra en un contexto más amplio pues el recuento de las publicaciones "alemanas con noticias y relatos del mundo no europeo permite afirmar que los impresos jesuíticos formaron parte integral del horizonte cultural de los lectores alemanes de los siglos XVII y XVIII, y aportaron de esta manera, a la construcción discursiva de lo que Enrique Dussel ha denominado el "paradigma mundial", es decir, la concepción de un sistema mundo, organizado sobre la base de relaciones asimétricas entre un nosotros colonizador y un otros colonizado"[509].

A la muerte del editor-fundador le siguieron en la direc-

---

507 En la Biblioteca de la Philosophische-Theologische Hochschule Sank-Georgen (Frankfurt/M) reposa el repositorio de los jesuitas alemanes de Valkenburg, entre otras bibliotecas, está la colección incompleta, el menos cuando estudiamos en dicha facultad (1960-1964).

508 Ludwig KOCH. *Jesuiten-Lexicon*. Lowen-Heverlee, II (1962), 1838.

509 Galaxis BORJA GONZÁLEZ. "Las narrativas misioneras y la emergencia de una conciencia-mundo en los imperios jesuíticos alemanes en el siglo XVIII". *Procesos. Revista Ecuatoriana de Historia*, 36, (2012) 170. Enrique DUSSEL. "Europa, modernidad y eurocentrismo". En: Edgardo LANDER (edit.). *La colonialidad del saber: eurocentrismo y ciencias sociales. Perspectivas latinoamericanas*. Caracas, FACES-UVCIESALC (2000) 59-79. Immanuel WALLERSTEIN. *El moderno sistema mundial. La agricultura capitalista y los orígenes de la economía-mundo europea en el siglo XVI*. México, Siglo XXI, I, 1999.

ción de esta interesante empresa los PP. Karl Mayer, Peter Probst y Franz Keller[510].

Como fuente ha sido ampliamente utilizada por escritores alemanes como Anton Huonder. *Deutsche Jesuiten-missionäre des 17 und 18 Jahrhunders. Ein Beitrag zur Missionsgeschichte und zur deutschen Biographie*. Freiburg im Breisgau, (Herder) 1899. En Hispanoamérica, que sepamos, ha sido parcialmente traducida: en la Argentina por el P. Juan Muhn. *La Argentina vista por viajeros del siglo XVIII*. Buenos Aires, 1946[511] y por Vicente D. Sierra. *Los jesuitas germanos en la conquista espiritual de Hispanoamérica*. Siglos XVII y XVIII. Buenos Aires, Siglos, 1944. En Chile el benedictino, profesor de la Universidad Católica de Chile, P. Mauro Matthei ha publicado cuatro volúmenes. *Cartas e informes de misioneros extranjeros en Hispanoamérica*. Selección, traducción y notas. Santiago de Chile, 1970[512]. En relación con el Nuevo Reino hemos traducido también todo lo relativo a las misiones llaneras y orinoquenses en nuestro tomo III de *Documentos jesuíticos*[513].

5. Los otros Epistolarios europeos

Hemos hablado del influjo del género literario epistolar en los países de habla alemana pero todavía debemos hacer referencia

---

510   A. RÉTIF. «Breve histoire des Lettres édifiantes et curieuses». En: *Neue Zeitschrift fur Missionswissenschaft*, 7 (1951) 45.

511   El P. Muhn publicó también parte de estas cartas en la *Revista del Instituto Histórico y Geográfica de Montevideo*. (No hemos podido precisar las fechas.)

512   Originalmente fueron publicados estos libros como artículos de la *Revista Anales de la Facultad de Teología*, desde el vol. XX (1968-1969). El primer tomo recoge las cartas de 1680 a 1699. El segundo de 1700 a 1723. El tercero de 1724 a 1735 y el cuarto de 1731 a 1751.

513   José DEL REY FAJARDO. *Documentos jesuíticos relativos a la Historia de la Compañía de Jesús en Venezuela*. Caracas, Biblioteca de la Academia Nacional de Historia (Fuentes para la Historia colonial de Venezuela, vol. 119)- III (1974) 275-347.

a la correspondencia misional proveniente de Flandes, Italia y Chequia.

Ya hemos visto cómo el ámbito de habla alemana fue el que mejores aportes produjo a esta literatura misional como se recoge en la famosa colección denominada *Welt-Bott*.

La primera noticia la proporcionan en 1681 los integrantes de la expedición que como extranjeros lograron atravesar el Atlántico con todos los permisos reales: Cristóbal Rudel[514] y Gaspar Beck[515]. Y en el siglo XVIII enriquecerían esta colección los PP.

---

514   Cristóbal RUDEL. *Brief V. P. Christofph. Rüeld S. J. an P. Petrum Wagner, geschrieben zu Tunea in den neuen Königreich Granada den 8 Septemb. 1681. Reis-Beschreibung von Carthagena bis Santa Fe oder Glaubensstatt. Neue Mission bey denen Orinoken.* (SOMMERVOGEL. *Bibliothèque*, VII, 311: "dans le Neue-Weltbott du P. Stöcklein, P. 1, n°., 17, p. 49-54". Traducción castellana en: Mauro MATTHEI. *Cartas e informes de misioneros jesuitas extranjeros en Hispanoamérica*. Santiago, Universidad Católica de Chile, I (1969) 164-171).

515   Gaspar BECK. *Brief V. P. Gasparri Pöck S.J. geschrieben zu Tunea* [sic, por Tunja], *den 16 septemb. 1681; betrift seine Reis von dannen nach seiner Mission an dem Fluss Orinoco.* (STOCKLEIN. *Welt-Bott*, I, 1 (Ausburg, 1726) N. 18, pp. 54-55).

Jacobo Edeler[516], Francisco Rauber[517], José María Cervellini[518], Ernesto Steigmiller[519] y Cayetano Pfab[520]. La presencia de los jesuitas flamencos en nuestras misiones abrió en los Países Bajos el interés por conocer el cosmos indígena

[516] Jacobo EDELER. *Reiss-Beschreibung acht Osterreichische Jesuiten von Wien und Gratz bis Carthagena in America von dem 1 Julii 1723, bis den 21 Mertzen 1724.* (J. STOCKLEIN. *Welt-Bott*, I, n° 210, 35-40). Jacobo EDELER. *Brief Jacobi Edeler S. J. geschrieben zu Cartagena in West-Indien*, den Martii 1724. (J. STOCKLEIN. *Welt-Bott*, II, n° 323, 67-68).

[517] Francisco RAUBER. *P. Francisci Rauber Soc. Jesu Missionarii Ralatio seiner Reise und der Beschaffenheit des Königsreichs Granada.* Cartagena, 16 julii 1731. (Biblioteca Colombina. Viena. N° 1101 (Ms. en 4°, 32 folios).

[518] José María CERVELLINI. *Brief R. P. Josephi Maria Cervellini an R. P. Franciscum Pepe S. J. Geschrieben in der Mission Los Llanos:* den 2 Julii 1737. (STOECKLEIN. *Welt-Bott*, IV, 29 (Wien, 1755) N° 568, pp. 105-112. Traducción castellana en: DEL REY FAJARDO. *Documentos jesuíticos relativos a la Historia de la Compañía de Jesús en Venezuela.* Caracas, III (1974) 333-345).

[519] Ernesto STEIGMILLER. *Brief P. Ernesti Steigmiller.* Santa Fe de Bogotá, den 30 september 1724. (STOCKLEIN. *Welt-Bott*, vol., II, t. 14 (Ausburg, 1729) n°. 324, pp. 68-72. Mauro MATTHEI. *Cartas e informes de misioneros jesuitas extranjeros en Hispanoamérica.* Tercera parte: 1724-1735. Santiago, Universidad Católica de Chile (1972) 272). Ernesto STEIGMILLER. *Brief P. Ernesti Steigmiller an R. P. Molindes S.J. Geschrieben auf der Volkerschaft der H. Theresiae in dem Llanos-Land* den 5 Februar 1725. (STOCKLEIN. *Welt-Bott*, vol., II, t. 14 (Ausburg, 1729) n°. 325, pp. 72-76. Mauro MATTHEI. *Cartas e informes...*, 304-309). Ernesto STEIGMILLER. *Brief P. Ernesti Steigmiller, der Gesellschat Jesu Missionarii, an R. P. Segismundum Pusch.* Geschrieben zu Patute in Süd Amerika, den 30 octobris 1727. (STOCKLEIN. *Welt-Bott*, vol., III, t. 17 (Ausburg, 1732) n°. 391, pp. 110-114. Mauro MATTHEI. *Cartas e informes...*, 376-381). Ernesto STEIGMILLER. *Brief R. P. Ernesti Steigmiller der Gesellschaft Jesu Missionarii an R. P. Segismundum Pusch.* Geschrieben zu Patute in Süd Amerika in Neuen Königreich Granada, den 30 martii 1731. (STOCKLEIN. *Welt-Bott*, vol., III, t. 21-22 (Ausburg, 1736) n°. 447, pp. 98-101. Mauro MATTHEI. *Cartas e informes...*, 419-422).

[520] Cayetano PFAB. *Brief R. P. Cajetan Pfab S. J. Missionarius in dem Neuen Reich, aus der Ober-Deutschen Provinz.* Geschrieben zu Giramena, in dem Neuen Reich, den 29 Herbstmonat 1758. (STOCKLEIN-KELLER. *Welt-Bott*. Wien, V (1761), n°. 765, pp. 69-72).

de la Orinoquia. Sin lugar a dudas fueron las cartas del gantés Ignacio Toebast[521], asesinado por los caribes en el Orinoco medio en 1684, las que iniciarían la curiosidad por adquirir noticias de esas lejanas regiones. A ello hay que agregar que al aparecer en Madrid en 1715 el *Mudo Lamento* del P. Matías de Tapia[522] de inmediato fue traducido a su idioma por el jesuita flamenco Nicolás Valckenborg (1681-1717)[523] y publicó la traducción en Gante y Ruremonde en esa misma fecha[524].

---

521   Ignacio TOEBAST. *Epistolario.* (Ha sido recogido por el P. F. KIEKENS. *Een gentsche martelaar Ignatius Toebaest, van het Gezelschap Jesus. Zijin Leven, zijne Brieven, en zijne Marteldood.* Luovain, 1888. La traducción de esta obra la publicamos en: *Documentos jesuíticos relativos a la Historia de la Compañía de Jesús en Venezuela.* Caracas, Academia Nacional de la Historia, III (1974) 223-274.

522   Matías de TAPIA. *Mudo lamentode la vastísima y numerosa gentilidad, que habita las dilatadas márgenes del caudaloso Orinoco, su origen y sus vertientes, a los piadosos oidos de la Magestad Cathólica de las Españas, nuestro Señor Don Phelipe Quinto (que Dios guarde).*Madrid, 1715. [Reproducido en: José DEL REY. *Documentos jesuíticos relativos a la Historia de la Compañía de Jesús en Venezuela.* Caracas, Academia Nacional de la Historia (1966) 169-213].

523   Willem AUDENAERT. *Prosopographia iesuitica belgica antiqua.* Leuven-Heverlee, Filosofisch en Theologisch College S. J., II (2000) 381. Véase: François KIECKENS. "Les anciens missionnaires belges de la Compagnie de Jésus dans les deux Amériques". En: *Précis historiques,* 28 (1879) 148.

524   SOMMERVOGEL. *Bibliothèque,* VIII, 374. J. Eug. de URIARTE. *Catálogo razonado de obras anónimas y seudónimas de autores de la Compañía de Jesús pertenecientes a la antigua asistencia española.* Madrid, II (1904) 215-216: "Esta carta ha sido traducida en Sevilla del español al neerlandés por el N. Nicolao Valckenborg, sacerdote de la Compañía de Jesús, de la Provincia alemana-holandesa, el cual [Padre] el año pasado de 1716 fue enviado por sus superiores a Sevilla para ir de allí a América y para trabajar en el mismo sitio y en la misma misión en que los venerables padres obtuvieron la corona gloriosa del martirio. Esta carta ha sido publicada por orden de Henrietta Christina Hertoghive van Bruswyck y Lunemborg. La traducción del flamenco dice así: *Triste relato del viaje y muerte del R.P. Ignacio Toebast y algunos otros jesuitas y misioneros en las Indias y también breve descripción de diversos y desconocidos países, naciones salvajes y paganismos sin Dios en Indias.* Publicado en una carta enviada a los piadosos oidos de su Majestad católica

Más sintomático es el caso de los jesuitas italianos que laboraron en la gran Orinoquia de los que solamente se conservan los escritos del P. Vicente Loverzo[525]. Aunque parezca paradójico es la única referencia de que disponemos hasta el momento.

Dentro de este cuadro de producciones literarias que abrieron la literatura indígena venezolana a perspectivas internacionales no debe faltar la figura del aventurero bohemio P. Miguel Alejo Schabel. Aunque escribió en latín[526] sin embargo su figura misionera y su obra escrita lo vincularon a su tierra natal de Bohemia.

Dentro del contexto de las literaturas de viajeros centroeuropeos en las tierras descubiertas por Colón debemos señalar que ya en la década de los años 1940 pergeñaba Zdenek Kalista el boceto

---

Felipe V, por el R. P. Matías de Tapia S.J., procurador de la Provincia del Nuevo Reino de Granada en Tierra Firme, enviado a Roma por la Provincia; traducido del español al holandés por un sacerdote de la misma Compañía y enviado a esos países desde aquí. Gante, 1716. (Véase: URIARTE. *Catálogo razonado...*, I, 460-461.

525 Vicente LOVERZO. *Epistolario.* (Hasta el momento conocemos dos cartas que las recoge Rivero en su *Historia de las Misiones...*, 284-285; 286-288. Giuseppe ROSSO. "Il contributo di un missionario gesuita italiano alla conoscenza della geografia e dell'etnologia del Sud-America, 1693". *Annali Lateranensi.* Roma, 4 (1940) 117-158.

526 Miguel Alejo SCHABEL. N*otitia admodum Reverendo Patri Michäel Angelo Tamburini Praeposito Vicario Generali Societatis Jesu a Patre Michaele Alexio Schabel eiusdem Societatis missionario, data anno 1705 nto. 9 aprilis ex America. De nova illic missione de Insulis Curaçao, Bonayre, Oruba atque ad flumen Apure in Indica terra firma Novi Regni Granatensis.* (ARSI. N. R. et Q., 16-I, fols., 1-122. Sobre Venezuela: pp., 1-52; 59-68; 109-112. Sobre Curazao: pp., 52-59; 68-109; 112-122). La parte relativa a Venezuela ha conocido diversas ediciones: la primera en el *Boletín del Centro Histórico Larense.* Barquisimeto, n°. VI, año 2 (1943) y IX (1944); la segunda en el *Anuario del Instituto de Antropología e Historia.* Caracas, Universidad Central de Venezuela, t. II (1965) 269-309; la tercera en A. ARELLANO MORENO. *Documentos para la Historia Económica en la época colonial.* Caracas (1970) 3-45. La cuarta ha aparecido en nuestro libro José DEL REY FAJARDO. *El mito Schabel. Las antinomias de un jesuita aventurero.* Valera, Universidad Valle del Momboy (2007) 97-129.

de la inspiración de los jesuitas checos en el mundo americano[527]. Y en 1968 ubicaba su visión sobre el trasfondo del influjo del barroco en su lar patrio. La literatura misional afirmará contribuyó "en medida considerable a que las capas intelectuales checas de su época llegaran a conocer objetivamente la geografía de las distintas tierras latinoamericanas y, asimismo, a que se intensificase esa concepción espacial tan característica del barroco que supo adelantar los horizontes del hombre checo liquidando sus límites heredados de la historia y enriqueciendo su fantasía en muchos fenómenos útiles para diversos sectores de la vida espiritual"[528]. Y para este ilustrado escritor la lejanía que separaba ambos mundos se constituía como una aproximación al infinito, a Dios, al cielo y por ello el territorio de ultramar se constituyó en algo más que la base de una nueva riqueza.

6. La correspondencia tecnológica de los misioneros

La preocupación por elevar el nivel de vida personal, social, comunitario, educacional, sanitario y laboral fue una constante obsesión de los jesuitas que laboraron en tierras casanareñas y orinoquenses.

Una pregunta obvia la constituiría el espacio y el tiempo requeridos para implantar la sociedad progresiva de bienestar en la "cultura reduccional". Este concepto abarca el proceso que vivirían las reducciones en sus usos y costumbres hasta llegar a desarrollar formas de vida cada vez mejores. Algunas de ellas, y no las más importantes, fueron: el cruce y selección de modos de subsistencia europeos e indígenas, así como en su resultante híbrido que adoptó formas más eficientes para llevar a cabo las tareas tradicionales. De

---

527 Zdenek KALISTA. *Viajes bajo el signo de la cruz* (Cesty ve znamení kříže). *Cartas de los misioneros checos de los siglos XVII y XVIII en las tierras de ultramar.* Praga, Evropsky literární klub-Club Literario Europeo, 1941.

528 Zdenek KALISTA. "Los misioneros de los países checos que en los siglos XVII y XVIII actuaban en América latina". En: *Ibero-Americana Pragensia*. Praga (19689 156.

esta suerte las reducciones se convirtieron progresivamente en centros urbanos en miniatura, poblados por indígenas que producían bienes para su propia subsistencia y para los mercados españoles[529] a la vez que cultivaban fórmulas de bienestar social.

Una prueba fehaciente la constituyen sus bibliotecas misionales[530], los testimonios de los propios misioneros y su correspondencia interna y externa con especialistas en las más diversas materias.

No es muy amplia la bibliografía que contenían las bibliotecas llaneras referente a los saberes medicinales. Con todo nos encontramos la obra usual del H. Steynefer, *Florilegio medicinal*[531] que reposaba en las bibliotecas de Tame[532], Caribabare[533] y Surimena[534]. También utilizaron los jesuitas la *Obra Médico-chirurgica* de Madame Foquet[535], de la que cuatro tomos se ubicaban en la Misión

---

529   David BLOCK. *La cultura reduccional de los Llanos de Mojos.* Tradición autóctona, empresa jesuítica & política civil, 1680-1880. Sucre, Historia Boliviana (1997) 32.

530   José DEL REY FAJARDO. *Las bibliotecas jesuíticas en la Venezuela colonial.* Caracas, Academia Nacional de la Historia, II (1999) 281-361.

531   Juan Herno. STEYNEFER. *Florilegio medicinal de todas las enfermedades, sacado de varios y clasicos Authores para bien de los pobres, en particular para las provincias remotas en donde administran los RR. Misioneros de la Compañia de Jhesus.* Mexico, Herederos de Juan Joseph Guillena Carrasceso, 1712]. [Sommervogel. *Bibliothèque de la Compagnie de Jésus*, VII, 1537].

532   ANB. *Conventos*, t. 32. fols., 403-404v

533   ANB. *Temporalidades*, t. 5, fols., 685v-689

534   ANB. *Temporalidades*, t. 3, fols., 834v-838

535   *Obra médico-chirurgica de Madama Fouquet.* Salamanca, 1750. Traducido del francés al español, bajo el nombre de Francisco Monroi y Blasso=Francisco de Moya. [Sommervogel, V, 1348]. Sin embargo, más adelante recoge el siguiente título: Obras Medico-Chirurgicas de Madame Fouquet. Economía de la Salud del cuerpo humano. Ahorro de Medicos, Cuirujanos, y Botica. Prontuario de Secretos caseros, faciles y seguros en la practica… de la dicha insigne Matrona (Abuela del Mariscal de Francia Mr. El Duque de Belleisle, bien celebre en nuestros tiempos)… Traducidos (conforme a la Impression correcta, y añadida, que se hizo en Leon de Francia,

de Casimena[536]. Y en la Procuraduría de Caribabare, la biblioteca más rica de las misiones, hay que citar dos libros más: uno de Medicina y otro de Cirugía[537]. De las bibliotecas del Orinoco no podemos hacer alusión alguna pues hasta el momento no hemos podido ubicarlas, pero por el testimonio del P. Gilij, ambos autores servían en el gran río venezolano de orientación a los misioneros.

Todavía más, es interesante anotar la observación del misionero italiano a este respecto: "De hacer un libro en este estilo, cuánto se podría decir. No hay acaso en el mundo otra región que abunde más que América en simples escogidísimos, aptos para curar las enfermedades humanas. De allí nos vienen la quina, de allí la zarzaparrilla, el salsafrás, el copaiba, y otras cien drogas, de que hoy abunda la Italia"[538].

En otro orden de cosas aducimos dos testimonios de primera mano que evidencian la realidad de la problemática que estudiamos.

Es convincente la declaración de un personaje clave en la historia del Orinoco entre 1730 y 1750; nos referimos al H. Agustín de Vega quien al describir al misionero dice: "... [es] un amoroso Padre de familia, que tiene prevención de medicinas,

---

año de 1739). De el Francès a la lengua Castellana, por Francisco Monroy, y Olasso... En Valladolid, en la Imprenta de alonso del Riego, Año de 1748. Salamnca, 1750. Valencia 1771 (Sommervogel. *Bibliothèque*, XII (1911) 598).

También hemos encontrado otra versión: *Obras medico-chirúrgica de Madama Fouquet. Economía de La salud del cuerpo humano. Ahorro de médicos, cirujanos y botica. Prontuario de secretos caseros, fáciles y seguros en la práctica, sin cifras médicas, para que todos puedan usar de ellos en bien de los pobres enfermos.* Traducidos Del francés a la lengua castellana por F, de Moya y Correa. Valladolid, Alonso Del Riego, 1748.

536   Marcelino GANUZA. *Monografía de las Misiones vivas de Agustinos Recoletos (Candelarios) en Colombia.* Bogotá, Imprenta de San Bernardo, II (MCMXXI) 28-29.

537   ANB. *Temporalidades*, t. 5, fols., 685v-689. Yttem. Uno descuadernado. *Medicina*. Yttem. Uno descuadernado. *Cirugia*.

538   GILIJ. *Ensayo de historia americana*, II, 76.

quantas puede adquirir, y el libro de mayor importancia después de los necesarios, que nunca les falta, es alguno de medicina"[539].

El P. Gilij, desterrado en Roma, recordará en 1780 la visita que le hizo al autor de *El Orinoco ilustrado* en su reducción de Betoyes el año 1749 y escribirá: "En su casa, o cabaña, tenía toda suerte de útiles medicinas caseras, y al primer aviso del fiscal, dedicándose como amorosa madre a cuidarlos, era todo agilidad, todo prontitud, todo alegría. Yo estaba a su lado sorprendido de sus dulces maneras. (...) Y movido del ejemplo de tan gran hombre, una vez que hube llegado al Orinoco me afané por imitarle en algo"[540].

Una prueba contundente de este deseo de mejores opciones de vida la proporciona el autor del *Ensayo de historia americana* cuando afirma que el comercio de las drogas de botica en las demarcaciones misionales: "Pero lo que [a] los bárbaros les da menos fastidio en sus enfermedades son los medicamentos diaforéticos hechos con flores de casia, de rosas, o bien de borraja, traídos de Santa Fe, y ya sea por el azúcar que se mezcla en estas infusiones, y que a los indios les gusta extraordinariamente, o por la utilidad que de ellas sacan, *las piden muchas veces por si mismos*"[541].

Sería de vital importancia poder ubicar la correspondencia cruzada tanto entre los misioneros y los científicos de la capital neogranadina así como también la mantenida entre ellos.

A veces se descubren huellas de este intercambio de saberes a lo largo de los escritos misionales. Un punto obligado de referencia era la botica de la Universidad Javeriana y es natural porque para los jesuitas neogranadinos esa fue su Academia y su arquetipo ideal como punto de referencia en su conciencia ideal, simbólica o imitativa. En sus acogedoras e inmensas instalaciones funcionaba no solo la Universidad Javeriana sino también tuvieron sede propia dos instituciones muy ligadas a la salud: la enfermería y la botica.

---

539   Agustín de VEGA. *Noticia del principio y progresos del establecimiento de las Missiones de gentiles en la río Orinoco por la Compañía de Jesús*, 683-684.

540   GILIJ. *Ensayo de Historia americana.*, III, 81-82.

541   GILIJ. *Ensayo de Historia americana*, II, 77. [El subrayado es nuestro].

Gumilla asevera que el boticario de la Universidad Javeriana le certificó que los polvos que provenían de las culebras de dos cabezas eran "un específico maravilloso para soldar y reunir los huesos quebrados por caída o por golpe"[542].

El difunto Hermano Juan Artigas, boticario de Santa Fe, hombre ciertamente de bien y muy práctico en su oficio, pedía a menudo estas serpientes a los misioneros del Orinoco [las de dos cabezas]. Pero las quería no solo perfectamente matadas, sino bien ahumadas, y mantenidas por largo tiempo en lugar muy seco, antes de mandarlas a Santa Fe, porque de otro modo, si no se hace así, escribía él, llevadas a allá arriba, vuelven enseguida a la vida con la humedad[543].

El intercambio de experimentos también se ampliaba a otros expertos de la capital del Nuevo Reino de Granada. Al hablar sobre el espadín escribe el P. Gumilla: "Dudó un gran médico que vivía en Santa Fe de Bogotá, pidióme y le remití cantidad de dichas hojas [espadilla o espadín], y como llegasen secas, por la gran distancia, dobló la cantidad, y después de suficiente infusión, hizo el cocimiento, y surtía en aquel temperamento frío el mismo buen efecto que en el cálido"[544].

Más larga sería la recolección de los intercambios de los descubrimientos que los jesuitas llaneros conocían en su cotidianidad misional.

Según el testimonio del P. Pompeyo Carcasio, que fue misionero entre los tunebos, le aseguró a Gumilla que "en su tiempo traían aquellos indios nuez moscada, idéntica a la que traen del Oriente", pero "no sé que hoy la saquen"[545].

Cuando el autor de *El Orinoco ilustrado* descubre que el achote era un "eficacísimo remedio contra todas las quemaduras y

---

542 GUMILLA. *El Orinoco ilustrado*, 398-399.
543 GILIJ. *Ensayo de historia americana*, I, 250.
544 GUMILLA. *El Orinoco ilustrado*, 446.
545 GUMILLA. *El Orinoco ilustrado*, 215-216.

pringues, ya de aceite, ya de grasa, ya de agua o caldo caliente"[546], le faltó tiempo para trasmitir a los otros misioneros este descubrimiento.

El P. Francisco del Olmo cuando verificó las bondades del aceite proveniente de la palmera del pequeño *seyepuperri* le remitió al P. Gilij de la Encaramada "una pequeña garrafa que me mandó de regalo"[547] el citado misionero.

El P. Gilij afirma que nunca vio la palmera *uepi* y por ello transcribe lo que le mandó un misioneros español … era un buen socorro para el hambre y se preparaban cociéndolas en muchas ollas. No se comen crudas pues saben a castaña "y su hueso circundado de una pulpa abundante, sustanciosa y sabrosa, es pequeñísimo"[548].

También detectaron los hombres de Ignacio de Loyola que la canela americana venía de Río Negro y tenía sabor áspero y no tan olorosa como la de Asia. "Hecha alguna experiencia por los misioneros, se halló que era útil hervida a modo de te, para curar las fiebres"[549].

En las selvas solo se recogía el maíz una vez al año a pesar de que se requerían cuatro meses para que diera fruto. Esta dificultad fue vencida por el P. Roque Lubián, "el cual aconsejó a los indios limpiar las selvas cortando las plantas pequeñas, sembrarlas de maíz, y derribar en tierra los árboles encima del sembrado". Y gracias a las hojas caídas y la penetración del sol y del agua brotó el maíz en "dos meses solo de invierno" y así se pudo elevar a dos cosechas al año[550].

Según Gilij nadie había pensado en el cultivo de los terrenos de selva y de las orillas del Orinoco y de sus islas que se inundan cíclicamente y "están privados de todo insecto dañino". Fue el

---

546   GUMILLA. *El Orinoco ilustrado*, 442-443.

547   GILIJ. *Ensayo de historia americana*, I, 166.

548   GILIJ. *Ensayo de historia americana*, I, 167.

549   GILIJ. *Ensayo de historia americana*, I, 168.

550   GILIJ. *Ensayo de historia americana*, II, 275-276.

misionero José María Forneri quien mostró el modo de cultivarlos. Al analizar el éxito del maíz de los yaruros en los meses de verano y observó que se daba en "las parcelas de tierra que en los tiempos de lluvia se inundan". Y así dio la noticia a los demás misioneros. Profundizó en su descubrimiento y para ello mandó cortar los árboles el mes de diciembre (dos meses después de haberse retirado el río) y los quemó. Después vinieron las crecidas del Orinoco desde mayo o junio hasta septiembre y la tierra se enriqueció no solo con las cenizas sino también por el cieno que arrastra el río. Al retirarse el río era el momento para sembrar, poner los granos, los frutos y raíces "que pueden nacer en el espacio intermedio entre una y otra inundación". En este orden de cosas se dio paso a una yuca agria que daba su fruto en seis meses y la dulce aún antes; el maíz *mapito* en dos meses; también se beneficiaban los pepinos, calabazas y fréjoles[551].

Los misioneros conocían el solimán "veneno que tenía el Padre [Vergara en Orinoco] para matar los gusanos que atacan a los terrenos"[552].

Pero el intercambio epistolar también se verificaba con misioneros de las circunscripciones vecinas. El P. Gilij pudo informarse por un misionero jesuita de Mainas, Isidoro Losa, tanto de la variedad del veneno curare como de su curación. Y para los remedios señala: "la miel de cañas dulces, la miel de las abejas, los plátanos maduros, y cualquier otra cosa dulce que se coma o se aplique a la herida, porque estas cosas desatan la sangre que se ha detenido con el veneno"[553].

Al escribir sobre la diversidad de flores del Orinoco, el antiguo misionero de la Encaramada escribe: "¿Dónde estaban los libros oportunos en aquellos lugares para hacer estas observaciones? Pero al menos abro un camino no recorrido antes sino superficial-

---

551   GILIJ. *Ensayo de historia americana*, II, 276-277.
552   RIVERO. *Historia de las Misiones*, 265.
553   GILIJ. *Ensayo de Historia americana*, II, 314-316.

mente, y con estas fatigas, sean cual sean, doy a los venideros una luz con la que podrán perfeccionar sus historias…"[554].

Es lástima, por citar entre la literatura misional perdida, lo que recoge Gilij sobre la frustrada segunda edición de la obra de Gumilla: "… y después de escrita la historia del Orinoco, a la que sobrevivió más de nueve años, *pudo consolarse con muchas hermosas noticias que le comunicaron muchos misioneros*. Pero cuánto más grande hubiera sido su gusto si hubiera llegado a sus oídos lo que se supo después de algunos años sobre el Ser supremo"[555].

También los misioneros estudiaban, cuando podían, la ciencia de los piaches. En las selvas de Casiabo vivió Tulujay, moján afamado entre los indios. "A su escuelas concurrían indios de todos aquellos países" y su docencia consistía en un riguroso ayuno de cuarenta días y al que cumplía con la fatal cuarentena en la que aprendía en el arte de varias yerbas, por último "le hacía tragar sin mascar tres píldoras del tamaño de una pepita de guinda y le decía que aquel antídoto era contra todo género de veneno y que quedaba seguro de todos sus émulos y enemigos". Lo cierto es que nadie se metía con ellos y les producía miedo y respeto[556]. El mismo Gumilla confiesa que la cura con las hierbas salutíferas "no puedo menos de tenerla por factible"[557].

7. La literatura necrológica

Un tema conexo con el de las Cartas Anuas es el relativo a las "Biografías" que debían redactarse en el momento en que fallecía cualquier miembro de la Compañía de Jesús. La tradición de recordar la memoria de sus difuntos se remonta hasta los orígenes de la Compañía de Jesús. Como es natural, el correr de los tiempos

---

554 GILIJ. *Ensayo de historia americana*, I, 174-175.
555 GILIJ. *Ensayo de historia americana*, III28.
556 GUMILLA. *El Orinoco ilustrado*, 292.
557 GUMILLA. *El Orinoco ilustrado*, 293.

fue estructurando una tipología de biografía necrológica común ya en el siglo XVII[558].

Desde el punto de vista histórico el valor crítico de este género es muy vario; fundamentalmente dependía de la persona que redactaba la *Carta de Edificación*. Dejando como sentado que toda necrología es en si un panegírico, este tipo de escritos proporcionan informaciones objetivas valiosísimas tanto en el campo biográfico como en el bibliográfico[559].

Sustancialmente se trata de una información oficiosa y laudatoria –más o menos extensa– a través de la cual se comunicaba a la Provincia la noticia de la muerte y a la vez se dejaba a la posteridad una síntesis de la vida, obra y virtudes del jesuita extinto.

La provincia del Nuevo Reino no fue ciertamente una excepción, aunque lamentablemente hay que reconocer que ésta es una de las áreas menos exploradas y que sin lugar a dudas ofrece posibilidades muy ricas. En los inventarios de los colegios venezolanos de Mérida, Caracas y Maracaibo se encuentran reseñadas bastantes cartas de edificación[560]

Dos tipos de Necrología detectamos en la historia de este género. Una gran parte de las biografías del siglo XVII las recoge el P. Pedro de Mercado en su *Historia de la Provincia del Nuevo Reino y Quito de la Compañía de Jesús*[561]. El siglo XVIII, fuera del Apéndice que anexa el P. Joseph Cassani a su edición príncipe

---

558   José Manuel AICARDO. *Comentario a las Constituciones de la Compañía de Jesús.* Madrid, Blas y Cía, 2 (MCMXX), 1.036-1070.

559   Un ejemplo lo tenemos en: *Carta del Padre Gabriel Bousemart, Rector del colegio Imperial de Madrid, para los Padres Superiores de la Provincia de Toledo, sobre la religiosa vida y virtudes del Padre Joseph Casani, difunto el día doce de noviembre de 1750.* (Archivo de la Provincia de Aragón. San Cugat del Vallés. Barcelona. Impreso).

560   José DEL REY FAJARDO. *La expulsión de los jesuitas de Venezuela (1767-1768).* San Cristóbal, Universidad Católica del Táchira, 1990.

561   La obra del P. Mercado fue publicada en Bogotá por la Biblioteca de la Presidencia de Colombia en 1957. Consta de 4 vols.: dos dedicados al Nuevo Reyno y dos a Quito. Al final del estudio que hace de cada colegio o de las Misiones inserta las Biografías de hombres más notables.

de la *Historia de la Provincia de la Compañía de Jesús del Nuevo Reyno de Granada en la América*[562] está desamparado ya que hasta el momento carecemos tanto de las *Cartas Annuas*[563] como de la abundancia de necrologías que caracterizó el siglo anterior; pero nos consta de su existencia, o al menos de su redacción, a juzgar por los testimonios más fidedignos.

El primero se encuentra en las *Cartas Annuas* que siempre mantienen un apartado para los difuntos; suelen contener un breve pero objetivo resumen de los rasgos más esenciales del personaje recensado. El segundo –bastante más amplio– se ajusta a la descripción que hemos diseñado más atrás. El fondo oficial de Roma[564] es muy pobre con respecto a la provincia neogranatense; sin embargo, la paciente búsqueda llevará a logros inesperados como nos sucedió en la *Biografía del P. José Cavarte* que la descubrimos incidentalmente en el Archivo del secular colegio del Salvador de Zaragoza (España)[565].

---

562   Joseph CASSANI. *Historia de la Provincia de la Compañía de Jesús del Nuevo Reyno de Granada en la América*. Estudio preliminar y anotaciones al texto por José del Rey, s. j. Caracas, Biblioteca de la Academia Nacional de la Historia, 1967. En realidad solo añade la biografía del P. Mateo Mimbela.

563   Tenemos referencias de unas Cartas Annuas del P. Calderón que abarcan de los años 1700 al 1703 (Cfr. Enrique TORRES SALDAMANDO. *Los antiguos jesuitas del Perú*. Biografías y apuntes para su Historia. Lima, Imprenta Liberal (1882) 275). URIARTE-LECINA. *Biblioteca de Escritores de la Compañía de Jesús pertenecientes a la antigua asistencia de España*, II, 48: "Biblioteca Nacional de Lima"). En el Catálogo del año 1711 se encuentran fragmentadas algunas noticias dadas por las *Annuas* de ese año. Hay dos escritos del P. Ignacio de Meaurio que se podrían equiparar a las Annuas correspondientes: 1) *Estado espiritual de la Provincia del Nuevo Reyno y sus ministerios*. Año 1718. Santafe y diciembre 17 de 1718 (APT. *Fondo Astrain*, 46). 2) *Monumenta aliqua Provinciae Novi Regni Granatensis...* 1732 (ARSI. N.R. et Q. 14). CASSANI en su *Historia de la Provincia de la Compañía de Jesús del Nuevo Reyno*. Caracas (1967) 377, nos habla de unas *Annuas* que habría que ubicarlas entre 1737 y 1740.

564   ARSI. *Vitae*, consta de 175 legajos y dispone de un índice detallado por orden alfabético que se encuentra en el Legajo 175/A.

565   José del REY. "Un escrito inédito del P. Gumilla: La Biografía del P. Cavarte". En: *SIC*. Caracas. (1966), 124-126.

Para las futuras investigaciones conviene tener presente dos indicaciones muy importantes; como el internacionalismo fue un signo constante en las demarcaciones jesuíticas americanas habrá que remontarse para estos trabajos a las patrias de origen de los biografiados, las cuales muchas veces mostraban más interés en poseer esas noticias que en los mismos escenarios donde se desarrollaba la existencia misionera[566]; por otro lado, el destierro a Italia dificulta la labor de búsqueda debido a la dispersión total a partir de 1773 de los miembros sobrevivientes de la que fuera la provincia del Nuevo Reino. Pero creemos que la dispersión no lleva consigo necesariamente la pérdida de lo que hoy constituye para nosotros la categoría de joyas bibliográficas[567].

La labor de rescate podría iniciarse por tres archivos cualificados en documentación jesuítica: el de la Provincia de Toledo[568],

---

566 Un caso típico dentro del área flamenca la tenemos en el P. Ignacio Toebast (1648-1684). Para la bibliografía: Cfr. José DEL REY FAJARDO. *Bio-bibliografía de los jesuitas en la Venezuela colonial*. San Cristóbal-Santafé de Bogotá, Universidadf Católica del Táchira-Pontificia Universidad Javeriana (1995) 620-621.

567 Citamos solo algunos ejemplos: Manuel BALZÁTEGUI. *Noticia de la vida, virtudes y trabajos del apostólico varón P. Roque Lubian que, después de 40 y mas años de misionero del Orinoco y Meta, murió en el destierro de Italia y Gubbio 8 de mayo de 1781* (Cfr. URIARTE-LECINA. *Biblioteca*, I, 416). Manuel PADILLA. *Memorias para la vida y correrías apostólicas del P. Gumilla* (Cfr. Archivo inédito Uriarte-Lecina. Papeletas: Manuel Padilla). Roque LUBIAN. *Vida del P. Francisco González, misionero de la Compañía de Jesús en el Nuevo Reyno de Granada*. ___. *Memorias de la santa vida y apostólicos trabajos del P. Manuel Román, insigne misionero del Orinoco, 1764* (Archivo Uriarte-Lecina. Papeletas; Lubián). Antonio JULIAN. *Carta edificante de la vida del apostólico jesuita Tomas de Casabona valenciano, misionero y provincial que fue de Santafé* (Hervás y Panduro. *Biblioteca Jesuítico-española*, I, Julian Antonio). ___. *Carta edificante de la vida del angelical jesuita Ignacio Ferrer, natural de Olot, catedrático de Teología y provincial de Santafé* (Hervás. Ibidem). Podríamos decir que las dos biografías que conocemos del siglo XVIII impresas corresponden al P. José GUMILLA. *Escritos varios*. Caracas (1970) 5-54.

568 APT. Leg. 1.144; "*Cartas*". Son cartas necrológicas o elogios de individuos ilustres de la Compañía. Sin índice. Leg. 1.146: Appendix de viris apostolicis,

el de la Academia de Historia de Madrid[569] y el de la Provincia de Quito[570] y la continuación —más larga y laboriosa— debería prolongarse en los archivos de las ciudades italianas que vieron transcurrir los postreros días de la existencia de exilio de los jesuitas neogranadinos[571].

Menologios. El Menologio[572] surge casi espontáneamente como una metodización necesaria en el continuo proliferar de *Cartas Necrológicas*; o en otras palabras, es una antología de personajes seleccionada dentro de un género literario progresivamente ilimitado y que se define en cada ocasión por objetivos concretos.

Aunque el fin principal de estas obras está orientado "ad aedificationem", esto no quiere decir que su valor histórico haya que minusvalorarlo: si el autor del necrologio es un compilador, es lógico que la valoración sea desigual porque en último térmi-

qui in utriusque Americae missionibus insudavere. Anno 1767. Leg. 1.332, 1.337, 1.338, 1.339; Necrologías. Leg. 1.812: Menologio de Hermanos Coadjutores (12 tomos).

569 Según el *Catálogo de Rodríguez Villa*. En la entrada "Jesuitas" nos encontramos con los siguientes apartes que pueden ser de utilidad: 2) Necrologías de Jesuitas. Cartas edificantes, Provincia de Andalucía 1640-1768 (9-17-1-1). 15) Necrologías de Jesuitas. Provincia de Toledo, 1611-1767 (9-14-1-700). 17) Necrologías de Jesuitas. Cartas edificantes (Provincia de Toledo y Aragón 1677-1749. Vidas de Jesuitas fallecidos en las Misiones de América) (12-13-7-699 Antigua; 9-13-7-699). 19) Cartas de edificación. Siglos XVII y XVIII (9-15-6-144). 48-49) Necrologías de Jesuitas. Provincia de Toledo (11-11-5-1723).

570 Para el índice del Archivo de la Provincia de Quito nos remitimos a: Oswaldo ROMERO ARTETA. "El índice del archivo de la antigua provincia de Quito de la Compañía de Jesús". En: *Boletín del Archivo Nacional de Historia*. Quito, 12 (1963), 60-110; 13 (1964). 107-111; 14-15 (1965), 180-191.

571 En la ciudad italiana de Gubbio donde residieron los jesuitas expulsos del Nuevo Reino hemos encontrado interesantes documentos tanto en el Archivio Vescovile como en la Sottosezione dell'Arvhivio di Stato.

572 Una síntesis del tema en: Mario COLPO. "Menologio". En: Charles E. O'NEILL y Joaquín Mª DOMINGUEZ. *Diccionario histórico de la Compañía de Jesús*. Roma-Madrid, III (2001) 2628-2629.

no tiene que servirse de las más diversas Necrologías que tienen tanto valor cuanto espíritu crítico poseía el autor. En todo caso, no se puede pedir a estas colecciones lo que no pueden dar, pero si encontrará el estudioso abundante información objetiva tanto biográfica como bibliográfica.

Difícil resulta precisar cuál sea el origen exacto de los Menologios. Nos parece acertada la posición del P. Jacques Terrien[573] cuando sin especificar ni cualificar el problema se remonta a una Carta del 8 de enero de 1579 del P. Everardo Mercuriano (1514-1580)[574] que a nuestro juicio puede referirse tanto a las cartas necrológicas como a su compilación[575].

Lo cierto es que para 1619 ya se había estructurado el primer Menologio: *Catalogo d'alcuni martiri ed altri uomini più illustri in santita della Compagnia di Gesú, da leggersi ciascun giorno dopo el martirologio in rifettorio*. Cominciato a leggersi in Roma nella casa professa a 31 di luglio dell anno 1619[576]. Aunque no aparece

---

573 Jacques TERRIEN. «Recherches historiques sur le Ménologe dans la Compagnie de Jesús». En: Elesban GUILHERMY y Jacques TERRIEN. *Ménologe de la Compagnie de Jésus*. París, 14 (1904) 7. Nos remitimos a este estudio en lo que hace a los Menologios. Como fuentes bibliográficas: SOMMERVOGEL. *Bibliothèque de la Compagnie de Jesús*, X, 1.470-1478. Después sigue la enumeración por naciones. J. Eug. de URIARTE. *Catálogo razonado de obras anónimas y seudónimas de autores de la Compañía de Jesús pertenecientes a la antigua asistencia española*. Madrid, V (1916) 567-569.

574 Mario FOIS. "Mercuriano (Lardinois). Everardo [Everard]". En: Charles O'NEILL y Joaquín Mª. DOMÍNGUEZ. *Diccionario histórico de la Compañía de Jesús*. Roma-Madrid, Institutum Historicum S. I.-Universidad Pontificia de Comillas, II (2001) 1611-1614.

575 ARSI. *Ordinationes et Litterae Superiorum Generalium et Provincialium*. S.J., 1573-1706: "Neque ad rem facit dicere in communi aliquos vel humiles, vel obedientes, vel orationi deditos extitisse, sed in unoquoque virtutum genere velim narrari certa aliqua particularia quae ab iis facta sunt, ut monumentum aliquod effici possit non solum jucundum, sed etiam utile ac memoria dignum". Citado por TERRIEN. "Recherches historiques sur le Ménologe…", 4.

576 TERRIEN. "Recherches historiques sur le Ménologe…", 5: dice que el Catálogo reposa en el Archivo Romano de la Compañía de Jesús.

el nombre del autor, es atribuible al P. Francisco Sacchini (1570-1625)[577], historiógrafo de la Orden. Este Catálogo consta de 52 entradas[578]. Que de inmediato debió ser conocido en otras naciones lo demuestra lo que aparentemente es una versión española[579],

Quizá podría ser llamativo para el lector profano una proliferación biográfica de este género literario tan especial, pero lo dicho supone un marco de referencia: la floración de todo tipo de estudios humanísticos en la Compañía de Jesús y a la vez un sentido muy especial por crear una auténtica identidad de la Compañía de Jesús como lo demuestra la obra del P. Pedro de Ribadeneyra (1526-1611)[580]. *Illustrium Scriptorum Religionis Societatis Iesu Catalogus*. Amberes, 1608[581].

---

577 Mario SCADUTO. "Sacchini, Francesco". En: Charles O'NEILL y Joaquín Mª. DOMÍNGUEZ. *Diccionario histórico de la Compañía de Jesús*. Roma-Madrid, Institutum Historicum S. I.-Universidad Pontificia de Comillas, IV (2001) 3458.

578 TERRIEN. "Recherches historiques sur le Ménologe...", 6: El P. Felipe Alegambe en su *Elogia addita a P. Alegambe Menologio veteri Patris Sacchini* hace referencia expresa al P. Sachini. Esta obra se encuentra en la biblioteca Victor Emmanuele de Roma.

579 TERRIEN. "Recherches historiques sur le Ménologe...", 6: alude al *Catálogo de algunos martyres y otros varones insignes en santidad de la Compañía de Jesús: el qual después de martirologio según el orden de los días se lee en el refitorio de la casa profesa de Roma*. Cfr. Revista Trimensal do Instituto do Ceara. XVI (1902), 233-235.

580 Manuel RUIZ JURADO. "Ribadeneira, Pedro de". En: Charles O'NEILL y Joaquín Mª. DOMÍNGUEZ. *Diccionario histórico de la Compañía de Jesús*. Roma-Madrid, Institutum Historicum S. I.-Universidad Pontificia de Comillas, IV (2001) 3345-3346.

581 URIARTE-LECINA. *Biblioteca de escritores de la Compañía de Jesús*, I, pág. XI; El trabajo del P. RIBADENEYRA con el título de *Illustrium Scriptorum Religionis Societatis Iesu Catalogus*. Antuerpiae, Ex Officina Plantiiana, Ioannem Moretum, 1608. ocupa las pp. 15-182, y vienen a continuación: *Centuria Religiosorum Societatis Iesu, qui hactenus ab ethnicis, mahumetanis, haereticis, aliisq. impiis, pro Catholica Fide ac pietate interempti sunt* en las págs. 183-200; luego tres índices de apellidos, naciones y materias, debidos a su amigo Juan Moreto, en las págs. 203-268;

Con estas perspectivas no es de extrañar por una parte la intervención de las autoridades de la Orden en lo que se refiere a lo "oficial", y por la otra la multiplicación de intentos particulares motivados generalmente por criterios nacionales. Del grado de intervención de la jerarquía jesuítica y del grado de universalidad de los Menologios depende la clasificación de: oficial y no oficial, general y particular.

a) *Menologio oficial para toda la Compañía*. Dependía directamente del General de la Compañía de Jesús la decisión que determinaba la inserción de cualquier jesuita en el Menologio oficial. La petición solían elevarla las Congregaciones Provinciales que debían reunirse cada tres años en las demarcaciones geográficas de Europa y cada seis fuera de ella. El criterio, al principio, fue que el religioso debía haber sido de virtud eminente o mártir de la fe[582].

Mas pronto surgió una dificultad obvia: mientras Italia, España y Portugal frecuentemente remitían biografías necrológicas para el Menologio, Francia y los países sajones apenas si contaban con alguna representación[583].

Un largo y curioso proceso iría a subsanar gran parte de las dificultades: largo, porque duró hasta 1741 y curioso porque al primer Catálogo manuscrito se le seguían incluyendo nombres sin interrupción. Conviene aquí destacar la acción de los Generales:

---

    y finalmente el *Catalogus Provinciarum Societatis Iesu & Collegiorum ac Domorum, Sociorumque qui in unaquaque Provincia sunt* en las págs. 269-287".

582   TERRIEN, «Recherches historiques sur le Ménologe...», 8.

583   ARSI. *Congregationes Provinciales*. Cfr. 1a del año 1642.

Vicente Carafa (1585-1649)[584], Juan Pablo Oliva (1600-1681)[585], Tirso González (1624-1705)[586] y Francisco Retz (1673-1750)[587].

---

584   Mario COLPO. «Carafa (Carrafa), Vicente [Vincenzo]. En : Charles O'NEILL y Joaquín Mª. DOMÍNGUEZ. *Diccionario histórico de la Compañía de Jesús.* Roma-Madrid, Institutum Historicum S. I.-Universidad Pontificia de Comillas, II (2001) 1627-1629. TERRIEN. "Recherches historiques sur le Ménologe…", 10: "Cum ad solatium et aedificationem totius Societatis condenda sint elogia omnium in Societate defunctorum… Ra.Va. confici curet catalogum omnium illorum qui in Provincia vixerunt et obierunt cum existimatione perfectionis et sanctitatis religiosae, adjectis rebus insignioribus gestis ab eisdem, et ad me transmittat, illud diligentes advertendo, ut omnia quae scribentur bene fundata sint, ita ut de iis dubitari nequeat". Carta a los Provinciales de 11 de abril de 1648.

585   Mario FOIS. "Oliva, Juan Pablo [Gianpaulo]. Charles O'NEILL y Joaquín Mª. DOMÍNGUEZ. *Diccionario histórico de la Compañía de Jesús.* Roma-Madrid, Institutum Historicum S. I.-Universidad Pontificia de Comillas, II (2001) 1633-1642. Carta a los Provinciales del General Pablo Oliva. Roma, 24 de diciembre de 1664: "Dolent nonnulli, et merito quidem, quod in Menologio Societatis nostrae nulla fiat mentio de viris eximia virtute conspicuis, qui variis in Provinciis obierunt cum opinone sanctitatis non vulgaris (…) Quare Ra.Va. auditis suis Consultoribus, inquirat num aliquos hujusce meriti habuerit Provincia, quorum elogia praedicto Menologio nondum sint inserta; et quae in illis fuerint illustriora, ea in breve compendium redacta ac totidem elogiis comprehensa, ad nos mittat, die et anno eorum obitus adnotatis, ut suis locis attexis caeteris possint". TERRIEN. "Recherches historiques sur le Ménologe…", 11. A partir de esta fecha se institucionalizan los *postulata* de las Congregaciones provinciales para insertar los nombres de sus religiosos en el Menologio.

586   TERRIEN. "Recherches historiques sur le Ménologe…", 14-15- Carta a los Provinciales de 6 de octubre de 1691; en ella recomienda; 1) encargar a dos Padres que revisen el Menologio en uso en la Provincia, y 2) imprimir una lista, por orden de mes y día, para enviar a Roma, de los jesuitas más notables.

587   Giuseppe MELLINATO. "Retz, Francisco [Frntisek]". En: Charles O'NEILL y Joaquín Mª. DOMÍNGUEZ. *Diccionario histórico de la Compañía de Jesús.* Roma-Madrid, Institutum Historicum S. I.-Universidad Pontificia de Comillas, II (2001) 1653-1654. TERRIEN. "Recherches historiques sur le Ménologe…", 15-16. Carta de 1 de diciembre de 1739. (No transcribimos por falta de espacio la extensa carta que reposa en: ARSI. *Liber Ordinationum Generalium*, 1623-1759).

En la correspondencia de los Generales de la Orden con los Provinciales del Nuevo Reino descubrimos continuamente referencias alusivas a este *Menologio*[588].

Paralelamente se observa un periodo de crítica a las imperfecciones de contenido y redacción al texto suministrado cíclicamente por Roma. Las observaciones van desde el cuestionamiento de un personaje particular hasta la estructura misma del Menologio[589], tanto que en 1669 la provincia de Aquitania pedía a la Congregación General la renovación de los Menologios y redactarlos en un estilo más breve, más claro y más crítico[590]. En 1681, en la sesión del 24 de julio, la XII Congregación General volvía sobre el tema y encargaba al nuevo General P. Carlos Noyelle (1615-1686)[591] nombrar algunos escritores de Roma para procesar el catálogo de faltas, errores, adiciones y supresiones que debería ser remitido de todo el mundo[592].

---

[588] APT. Leg. 132, fol. 209v. Carta de Tamburini a Mimbela. Roma, 31 de octubre de 1714: "Remito a V.Ra. con estas los elogios de los VV. PP. Alexandro Boselli y Nicolás Zucchi que V. Ra. hará traducir y mandara repetir en todos los colegios de esa Provincia para que se aumenten en nuestro Menologio en los que le corresponde. Y con esta ocasión encargo a V. Ra. que si en algún colegio estuviese olvidado el loable estilo de leer nuestro Menologio quando se leen los Santos haga se practique sin falta". Idénticas alusiones encontramos en los fols. 207 y ss.; 242, 255, 285, 314.

[589] TERRIEN, "Recherches historiques sur le Ménologe...", 12-13. En 1636 la provincia de Milán protestó el elogio del P. Nicolás de Bobadilla; en 1642 la Flando-Belga hacía lo mismo con el del P. Everardo Mercuriano.

[590] TERRIEN, «Recherches historiques sur le Ménologe...", 13. En ARSI. *Congregationes Provinciales*, 1669: «Placeat R. Adm. P. Nostros curare ut Menologium Virorum illustrium... de novo fiat breviori, clariori et graviori stylo, eique addi nomina et elogia clarorum quorumdan virorum Societatis».

[591] Omer van de VYVER. "Noyelle, Carlos de [Charles de]". "En: Charles O'NEILL y Joaquín Mª. DOMÍNGUEZ. *Diccionario histórico de la Compañía de Jesús*. Roma-Madrid, Institutum Historicum S. I.-Universidad Pontificia de Comillas, II (2001) 1642-1644.

[592] TERRIEN, «Recherches historiques sur le Ménologe...", 14 En ARSI. *Acta Congregationis Generalis* XII, Actiones 20: «Postulatum tertium Aquitaniae, quod est tertium Lugdunensis Provinciae, de Societatis Menologio ab erroribus

Por fin, en 1741 apareció el Menologio manuscrito: *Memoria del beato fine di alcuni Padri e Fratelli della Compagnia di Giesù, illustri per fama di santità*[593]. La obra consta de 150 entradas. Este manuscrito conoció otra edición en 1840 con el título: *Menologio ovvero pie memorie di alcuni religiosi della Compagnia di Gesù.* Roma (Litografía del Coll. Rom.) 1840. Añade algunos nombres más, precisa mejor ciertas fechas, mejora en algunos puntos la redacción y omite algunos hechos de carácter milagrero. Una tercera edición se llevó a cabo en Venecia en 1901[594]. Conserva el mismo título, retira las biografías de los jesuitas que en el intervalo fueron elevados a la categoría de los altares y a su vez introduce los nombres de otros religiosos de la Compañía de Jesús restablecida alcanzando un total de 265 entradas.

b) *Menologio oficial-particular.* Una perspectiva preferentemente local o nacional vendría a constituirse con este nuevo tipo de Menologio, que por una parte es oficial en cuanto que tiene la aprobación de la autoridad máxima en la Compañía de Jesús, pero por otra es particular ya que su validez se restringe a un grupo de naciones, a una nación o a una provincia.

Con el tiempo vinieron a elaborarse lo que podríamos designar como Apéndices nacionales o provinciales anexos al Monologio General de la Orden. Si tenemos en cuenta la reiterada insistencia de Roma a lo largo del siglo XVII para que remitiesen a la ciudad eterna los materiales para el órgano oficial, es lógico que pronto se aplicase un criterio selectivo —cada vez

---

qui irrepserunt repurgando et in meliorem forman redigendo... admissum est a Congregatione et rogatus est Pater Generalis, ut aliquos hic Romae degentes... designet, ad quos ex Provinciis quantocitus, transmitantur tum adnotati errores aut parachronismi, qui corrigendi videantur, tum notitiae eorum quae aut addi aut demi expediat; ex quibus breve ac limatum Menologium concinnetur».

593 El Manuscrito se encuentra en el Archivo Romano de la Compañía de Jesús. Cfr. TERRIEN, "Recherches historiques sur le Ménologe…", 16.

594 *Menologio ovvero pie memorie di alcuni religiosi della Compagnia de Gesù.* Venezia, 1901, VIII-102.

más exigente— ante la demanda creciente de las provincias y la incompatibilidad de lo que Roma consideraba de valor universal y sobre las personalidades que habían ejercido un notable influjo en áreas nacionales o provinciales.

Una actitud definida en torno al problema la manifestaba ya el P. Tirso González en carta del 27 de abril de 1688[595]. Para entonces las provincias habían tomado conciencia de la relevancia e importancia que significaba su presencia en los fastos oficiales. En este contexto no es de extrañar la queja de la Congregación Provincial del Nuevo Reino en 1757 de que eran muy pocos los jesuitas neogranadinos que aparecían en estos Menologios y en consecuencia proponía al P. General la inclusión de los Varones ilustres de la Provincia[596].

Sería muy interesante iniciar la búsqueda del Menologio oficial-particular del Nuevo Reino para poder conocer qué sujetos formaban el Apéndice y cuáles eran los juicios valorativos de sus contemporáneos.

c) *Menologios no oficiales.* Desde el punto de vista histórico y bibliográfico este apartado nos ofrece mayores posibilidades que los Menologios oficiales. Sus orígenes son contemporáneos a los de los oficiales para toda la Compañía.

En 1622 el P. Jacques Van der Straeten (1719- ¿?)[597], de la provincia Flando-Belga, hacía presentar al P. General un manuscrito en tres volúmenes: *Menologium morale cum Kalendario. Vitae item breviores Patrum ac Fratrum Societates Jesu qui in ea vel sancte*

---

[595] TERRIEN, «Recherches historiques sur le Ménologe...", 19: «Haec elogia a Patribus assistentibus recognita et a nobis diligenter examinata, ad singulas Galliae Provincias mittenda, prout in litteris ea de re datis significatur, approbamus et Menologio Societatis inseri volumus eo modo qui in dictis litteris explicatur. Romae, 27 aprilis 1688. Thyrsus Gonzalez. Cfr. *Necrologium Provinciae Franciae* (Archivum Romanum)».

[596] ARSI. *Congregationes Provinciales*, t. 92, fols. 155 y ss.

[597] Carlos SOMMERVOGEL. *Bibliothèque de la Compagnie de Jésus*. Bruxelles, Schepens-París, Picard, VII (1896)1618-1619.

vel certe cum laude dormitionem acceperunt[598]. Desgraciadamente esta obra, no sabemos por qué razones, no llegó a conocer la luz pública.

Unos años más tarde aparecía otro trabajo similar que también ha permanecido inédito; *Elogia virorum illustrium e Societate Jesu qui in Gallia, Germania, Hispania, Lusitania, Indiis et Italia floruerunt*. Aparentemente es anónimo y no aparece la fecha de composición; sin embargo, claramente insinúa que el autor fue el P. Felipe Alegambe (1592-1652)[599] y que lo concluyó entre 1634 y 1635 a juzgar por los datos precisos que nos da el P. Jan Nadasi (1614-1679)[600]. Los elogios están distribuidos por asistencias: Francia, 105; Alemania, 254; España, 152; Portugal, 113; Las Indias, 101; Italia, 31. Dentro de esta época no podemos pasar por alto dos obras significativas: los *Fasti Societatis Jesu* del P. Drews y los *Heroes et victimae charitatis* del P. Alegambe[601].

---

598   Según TERRIEN. "Recherches historiques sur le Ménologe...", 31-32, el manuscrito 50 encuentra en la Biblioteca Victor Emmanuel de Roma. Cada volumen consta de aproximadamente 400 páginas y abarca un período de 4 meses; después de cada mes hay dos índices; uno cronológico y otro alfabético.

599   Omer van de VYVER y Francesco SALVO. "Alegambe, Philippe". "En: Charles O'NEILL y Joaquín Mª. DOMÍNGUEZ. *Diccionario histórico de la Compañía de Jesús*. Roma-Madrid, Institutum Historicum S. I.-Universidad Pontificia de Comillas, I (2001) 43.

600   Karl H. NEUFELD. "Nadasi, Jan". En: Charles O'NEILL y Joaquín Mª. DOMÍNGUEZ. *Diccionario histórico de la Compañía de Jesús*. Roma-Madrid, Institutum Historicum S. I.-Universidad Pontificia de Comillas, III (2001) 2796. Janos NADASI. *Annus dierum memorabilium Societatis Iesu, siue, Commentarius quotidianae virtutis, notabilem vnius, vel plurium in Societate vita functorum : virtute quapiam insignium memoriam in menses diesque quibus obiere partite distributam complexus*. Antuerpiae [Antwerp, Belgium], Apud Iacobum Meursium, anno 1665. En la introducción dice que se ha valido del manuscrito del "P. Philippi Alegambe, quae ille ex annuis jam olim ante annos plus quam triginta collegit et in orbis partes Europam, American, Africam, Asiam...".

601   Philippe<u>ALEGAMBE</u>. *Heroes et victimae charitatis Societatis Iesu, seu Catalogus eorum qui e Societate Iesu charitati animam deuouerunt; ad id expositi, & immortui peste infectorum obsequio ex charitate, obedientiaque*

Al mediar la primera mitad de siglo XVII varias provincias españolas expresaban al General de los Jesuitas el deseo de hacer una historia de hombres ilustres de la Compañía[602]. No quisiéramos confundir aquí dos conceptos que se expresan con las mismas palabras: "Varones ilustres". Creemos que la colección española sobrepasa con mucho los esquemas habituales de los Menologios; así pues, hablaremos en este punto de los Menologios españoles y en el siguiente de la famosa colección.

Entre los Menologios españoles manuscritos hay que destacar el del P. Bernardo Monzón (1600-1682)[603]. *Menologio*

---

suscepto. Romae, ex typogr. Varesij, 1658. Joannes DREWS. *Fasti Societatis Jesu, res, et personas memorabiles ejusdem Societatis per singulos anni dies representantes*. Braunsberg, Typis S. J., 1723. Matías TANNER. *Societas Jesu usque ad sanguinis et vitae profusionem militans* in Europa, Africa, Asia et America contra Gentiles, Mahometanos, Judaeos, Haereticos, Impios pro Deo fide... Pragae, Typis Universitatis Carolo-Ferdianandeae, 1675. Matías TANNER. *Societas Jesu Apostolorum imitatrix, sive gesta praeclara et virtudes eorum qui e Societate Jesu in procuranda salute animarum...* Pragae, Typis Universitatis Carolo-Ferdianandeae, 1694. Janos NADASI. *Pretiosae occupationes morientium in Societate Jesu*. Romae, Typis. Varesij, 1657.

602 TERRIEN, "Recherches historiques sur le Ménologe...", 33: "Memorial del Procurador de la Provincia de Toledo..." 12. Deséase mucho que Nuestro Padre mandase hacer historia de los Varones ilustres de la Compañía. *Respuesta*: Yo me consolaré y estimaré como es justo que la Historia de los Varones ilustres de la Compañía se disponga; y acabada se nos remita para que la veamos, y ordenemos lo que mas conviniere. *Acta Congregationum Provincialium*, anno 1633. ARSI". Y el mismo P. Terrien en la pág. 34 y citando la misma acta dice: "Algunos Padres los mas importantes del colegio de S. Ambr. de Valladolid, oyendo leer en refitorio un compendio manuscrito que (es) de mas de quinientos Varones ilustres de la Compañía,... Juzgan que... importaría mucho que se sacase un compendio general. Y en orden a este fin, suplican humildemente a V.P. mande que en todas las Provincias se recojan las vidas de personas tales sumariamente según la noticia que hubiere de ellas, y que después se entreguen a quien pareziere convenir para que las ordene y saque a la luz. *Respuesta*: Varias vezes he encargado la execucion de lo que se propone, por juzgarlo conveniente... y ahora se ha escrito de nuevo al P. Provincial; y a los de otras Provincias se les dará otro recuerdo".

603 Ignacio ELIZALDE. "Monzón, Bernardo". En: Charles O'NEILL y Joaquín Mª.

de ilustres por todo el orbe y famosos hijos de San Ignacio Patriarca y Fundador de la Compañía de Jesús en 120 años, desde su fundación hasta el presente de 1659[604]. Anónimo, sin lugar ni fecha de composición es el *Catálogo de algunos mártires y otros varones insignes en santidad de la Compañía de Jesús, así de los que N. P. General aprobó y mandó leer sus elogios, como de otros, que se han añadido con orden del P. Provinzial*[605].

Además del *Menologio dos varoes illustres da Comp. de Jesu*[606] que contiene 325 noticias, hay que señalar en el siglo XVIII la obra del P. José Antonio Patrignani (1659-1733)[607]. *Menologio di pie memorie d'alcuni religiosi della Compagnia di Gesú... dall'anno 1538 sino all'anno 1728.* Venezia, 1730[608]. Completan curiosamente este sucinto recorrido dos obras relativas a los Hermanos Coadjutores publicadas en Amberes, la primera en 1668 y la segunda en México, en 1755, por Juan Antonio Oviedo y Baños (1670-1757)[609].

DOMÍNGUEZ. *Diccionario histórico de la Compañía de Jesús*. Roma-Madrid, Institutum Historicum S. I.-Universidad Pontificia de Comillas, III (2001) 2735.

604   En el Archivo de la Provincia de Toledo reposan 3 Legajos relativos al P. Monzón: Leg. 1.039: Comprende de enero a marzo. Leg. 1.040: Comprende de abril a junio. Leg. 1.041: Menologio e índices.

605   TERRIEN, "Recherches historiques sur le Ménologe…", 39; no cita dónde se encuentra el manuscrito.

606   2 vols. en 8º que reposan en el Archivo Romano de la Compañía de Jesús.

607   Mario ZANFREDINI. "Patrignani, Giuseppe Antonio". En: Charles O'NEILL y Joaquín Mª. DOMÍNGUEZ. *Diccionario histórico de la Compañía de Jesús*. Roma-Madrid, Institutum Historicum S. I.-Universidad Pontificia de Comillas, III (2001) 3058-3059.

608   4 vols. en 4º. En general las noticias son breves y redactadas por hombres importantes; las mejor hechas son las italianas.

609   *Levens deughden en Wonderheden van een goet ghetal Broederst tydelycke Coadjuteurs*. Antwerpen, 1668, 2 vols. en 8º. *Elogios de algunos Hermanos Coadjutores de la Compañía de Jesús, que vivieron y murieron con opinión y fama de santidad, recogidos... por el P. Juan Antonio de Oviedo*, México, en la imprenta de la viuda de Don Joseph Bernardo de Hogal, 1755, 2 vols, en 4º. Véase: Francisco ZAMBRANO y José GUTIÉRREZ CASILLAS. *Diccionario*

Restaurada la Compañía de Jesús a comienzos del siglo XIX de inmediato volvió a cobrar vigencia la preocupación por continuar y mejorar el género biográfico del cual tratamos ahora.

Una continuación crítica del manuscrito del P. Patrigani lo constituye el *Menologio die pie memorie d'alcuni religiosi della Compagnia di Gesú che fiorirono in virtu e santitá raccolte del MDXXXVIII al MDCCXXVIII* del Giuseppe Boero (1814-1884)[610]. Hay que lamentar que este libro llegue tan solo hasta el mes de febrero[611]. Contiene noticias interesantes sobre algunos misioneros orinoquenses.

Poco añade el resto de los Menologios del siglo XIX acerca de los jesuitas que pertenecieron a la provincia del Nuevo Reino[612].

---

bío-bibliográfico de la Compañía de Jesús en México. México, Editorial Tradición, XVI (1977) 246-267.

[610] ... per Giuseppe Antonio Patrignani e continuate fimo ai di nostri. Roma, 1859, 2 vols. Giuseppe MELLINATO. "Boero, Giuseppe". En: En: Charles O'NEILL y Joaquín Mª. DOMÍNGUEZ. *Diccionario histórico de la Compañía de Jesús*. Roma-Madrid, Institutum Historicum S. I.-Universidad Pontificia de Comillas, I (2001) 469.

[611] Vol. I: Mese de Gannaio. Vol. II; Mese de Febraio. En ARSI. *Vitae*, 54 se encuentran las papeletas que constituían el archivo para los siguientes volúmenes. Así, en el tomo Mar-Lug hallamos: 1) Angelo María MANCA. 13 de octubre de 1767 (aduce que su biografía fue publicada por Recio). 2) Diego Francisco ALTAMIRANO, 22 de diciembre de 1715. Y en ARSI. *Vitae*, 53: 1) Manuel PADILLA. Mayo 1785 (sacado de *Memoria Mss. illustrium virorum Provinciae Novi Regni*. No tenemos ninguna noticia de este escrito que parece ser interesante). 2) Filippo S. GILIJ. 10 de marzo de 1789 (sacado de Caballero. *Bibliotheca Scriptorum*).

[612] **Anónimo. *Menology of the Society of Jesus*. Rochampton, 1874. Anónimo. *Menologium S.J. oder lobsame Gedachnutz deren Patrum und Fratrum, so die Societat Jesu mit heiligem Leben oder glorwurdigen Tod erleuchtet haben*. München, 1869. Anónimo. *Menologium S.J. ofte cort verhalel van t'leven ende doodt van dusdaenighe mannen die door hunne deugden de Societeyt Jesu merckelijck vereert beben, uyt t'Italiaens en t'hoogduyt vergaedert tael...***(Cfr. Sommervogel. *Bibliothèque de la Compagnie de Jesús*, II, 870). Aquiles GUIDÉE. *Ménologe de la. Compagnie de Jésus*. Ms. del Siglo XX: Konstantin KEMPF. *Die Heiligkeit der Gesellschaft*

Dentro del género necrológico la monumental obra del P. Elesban Guilhermy (1818-1884)[613]. *Ménologe de la Compagnie de Jésus*[614] el cual se erige como lo mejor de lo publicado hasta el momento no solo por su universalidad sino por su espíritu crítico y por la apretada síntesis a que reduce todas las biografías.

A modo de apéndice y solo para ordenar sistemáticamente el extenso material producido hemos dejado para este lugar la reseña de los Menologio particulares o nacionales.

Muy sintomático es que la Provincia del Perú imprimiera en Sevilla en 1633 el primer ensayo de este tipo: *Catálogo de algunos varones insignes en santidad de la Provincia del Perú de la Compaña de Jesús, hecho por orden de la Congregación Provincial que se celebró en el colegio de San Pablo de Lima...*[615]. El mismo año el P. Anello

---

Jesu. Einsiedeln, Verlagsanstalt Benziger & Co., Typographen des Hl. Apostolischen Stuhles. 1925, 2 vols. Peter Joseph CHANDLERY,. *Fasti breviores, a daily record of memorable events in the history of the Society of Jesus*. London, Manresa Press, 1910.

613 Hugues BEYLARD. "Guilhermy, Élesban de". En: Charles O'NEILL y Joaquín Mª. DOMÍNGUEZ. *Diccionario histórico de la Compañía de Jesús*. Roma-Madrid, Institutum Historicum S. I.-Universidad Pontificia de Comillas, II (2001) 1840-1841.

614 París (1867-1904) 14 vols. en 49 Los tomos se distribuyen así: I, II (1892) Asistencia de Francia. III, IV (1899) Asistencia de Alemania. V, VI (1899) Asistencia de Alemania, VII, VIII, IX (1902) Asistencia de España. X (1893) XI (1894) Asistencia de Italia. XII (1867) XIII (1868) Asistencia de Portugal. XIV (1904) Apéndice.

615 Comprende 26 entradas. También la Provincia de México tuvo su Menologio: *Menologio de los Varones mas señalados en perfección religiosa de la Provincia de la Compañía de Jesús de Nueva-España*, escrito por el P. Francisco de Florencia y aprobado por el N.M.R.P. Juan Pablo Oliva... nuevamente añadido a petición de la Congregación Provincial... del año 1733 por el P. Juan Antonio de Oviedo... aprobado por N.M.R.P. Francisco Retz... año de 1747.

Oliva (1574-1642)[616] había preparado 2 volúmenes de hombres ilustres del Perú, que no han conocido la luz pública[617].

En pocos años proliferaron los ensayos necrológicos no solo en las provincias españolas[618], sino en Francia[619] y otros países europeos[620]. Restablecida la Orden, las naciones europeas han

---

616   Raymond A. PEASE F. y Javier BAPTISTA. "Oliva, Anello". En: Charles O'NEILL y Joaquín Mª. DOMÍNGUEZ. *Diccionario histórico de la Compañía de Jesús*. Roma-Madrid, Institutum Historicum S. I.-Universidad Pontificia de Comillas, III (2001) 2866-2867.

617   SOMMERVOGEL. *Bibliothèque de la Compagnie de Jésus*, V, 1883. T. SALDAMANDO. *Los antiguos jesuitas del Perú*, 108.

618   Juan de SANTIBÁÑEZ. *Varones ilustres de la Provincia de Andalucía de la Compañía de IHS. Que han florecido desde el año de 1552 hasta el de 1650 por el P. Santibáñez*, (Mss. APT. C-183). El recuento comprende tres series de 100 noticias cada una; la cuarta, incompleta, abarca 84.

Miguel TORBAVI. *Menologio de los religiosos mas ilustres de la Compañía de Jesús en la Provincia de Aragón*. (La introducción está fechada en Tarragona el 8, XII, 1636). Dice TERRIEN, "Recherches historiques sur le Ménologe...", 40 que él solo conoce un recuento de los 3 primeros meses y parte del de abril).

Luis de VALDIVIA. V*ida de algunos Varones ilustres de la Provincia de Castilla*. Ms. en fol., 82 pp., que reposa en el Archivo Romano de la Compañía de Jesús.

El P. TERRIEN, "Recherches historiques sur le Ménologe...", 40-41 se pregunta si será el mismo del tomo 3 de la Historia de Castilla de la Compañía de Jesús en que se continúan los Varones ilustres de ella, dividido en otros cuatro tomos.

Elogia virorum illustrium spectantium ad Provincian Castellanam excerpta ex Menologio Villagarciensi. Ms. en 8º, 46 fols.

619   Nicolás BAILLY. *De Gallis Societatis Jesu in Gallia et extra Galliam doctrina et virtute illustribus*. (Cfr. Sotwell. *Biblioteca*, 623).

620   Antonio FRANCO. *Imagen da virtude na Corte de Lisboa...* Coimbra, no Real Collegio das Artes da Companhia de Jesu, 1717. Antonio FRANCO. *Imagen da virtude em o Noviciado de Companhia de Jesus do Real Collegio do Espirito Santo de Evora*. Lisboa, Na Officina Real Deslandesiana, 1714. Antonio FRANCO. *Imagen da virtude em o Noviciado de Companhia de Jesus no Real Collegio de Jesus de Coimbra em Portugal*. Evora, na Officina da Universidade, 1719, 2 vols. Jean PESZAKOWSKI. *Societas Iesu Lithuana*.

ido rehaciendo sus menologios de tal manera que a través de los países que de alguna manera tuvieron que ver con la cristianización de la América colonial se pueden encontrar nuevas rutas de investigación. De esta suerte podemos citar a Alemania[621], Países Bajos[622] e Inglaterra[623].

El período de la extinción de la Compañía de Jesús, es decir, el comprendido entre 1773 y 1814 es un campo poco explorado en lo que se refiere al Nuevo Reyno aunque sugestivas perspectivas ofrecen las investigaciones del P. Miguel Batllori[624]. En todo

---

621   Heinrich THOLEM. *Menologium oder Lebensbilder aus der Geschichte der deutschen Ordensprovinz der Gesellschaft Jesu*. Roermond, Roermondsche Stoomdrukkerij, 1901, 773 pp. (Quellenregister, 743-747).

622   Isidorus VOGELS. *Menologium van de Societeit van Jesus voor de Nederlandsche Provinciae*. Leyde, S. n., 1912, 2 vols. Alfred PONCELET. *Nécrologe des Jésuites de la Province Galle-Belge*. Louvain, Bureaux des Analecta, 1908. Alfred PONCELET. *Nécrologe des Jésuites de la province Flando-Belge*. Wetteren, J. de Meester, 1931. (Es interesante el estudio preliminar que consta de 173 págs. con numeración romana. Hace una síntesis de la Historia y de los apostolados desarrollados por los jesuitas flandobelgas). Las noticias necrológicas de Flandes comienzan en 1609 (p. CLI), La circular comprendía regularmente cuatro puntos: 1) el día y la hora de la muerte, así como los detalles de la última enfermedad; 2) el *cursus vitae*; 3) sus principales virtudes y los rasgos más salientes de su vida religiosa; 4) la demanda de sufragios (p. CLIV). Poncelet establece diferencias curiosas entre la carta mortuoria y el sufragio (p. CLVI).

623   Anónimo. *Menology of the Society of Jesus. English speaking Assistency, comprising the Provinces of England, Ireland, Maryland and Missouri, together with the missions of Canada, and New Orleans*. London, Manresa Press, Roehampton, 1902, 2 vols. en 4°.
Anónimo. *Necrology English Province*. 1561-1937. London, Roehampton. S.W., 1938 (Se trata de un Suplemento de *Letters and Notices*. Jan, 1938). Es interesante porque incluye a los Jesuítas ingleses de los colegios de: Brujas, Gante, Lieja, Lisboa, Lovaina, Madrid, Roma, Sanlúcar, San Omers, Sevilla, Valladolid y Wattem.

624   Miguel BATLLORI. *La cultura hispano-italiana de los jesuítas expulsas españoles hispano-americanos y filipinos*. Madrid, Gredos, 1966.

caso siempre es útil consultar tanto a Lorenzo Hervás y Panduro (1735-1809)[625] y el *Diario* del P. Manuel Luengo (1735-1816)[626].

Señalamos tres libros significativos porque juzgamos que pertenecen al género que estudiamos, y tenemos fe que los estudiosos de esta época irán revelando al público otros ensayos hasta hoy inéditos.

El veracruzano Juan Luis Maneiro (1744-1802)[627] recogió las biografías de algunos mexicanos ilustres en su obra: *De Vitis aliquot mexicanorum aliorumque qui sive virtute, sive litteris Mexici imprimis floruerunt*[628].

Para el Perú intentó una monografía paralela el P. Onofre Prat de Saba (1733-1810)[629]. *Vicennalia sacra perviana sive de viris peruvianis religione illustribus hisce viginti annis gloriosa morte functis*[630].

---

625 Lorenzo HERVÁS Y PANDURO. *Biblioteca jesuítico-española (1759-1799)*. Estudio introductorio, edición crítica y notas: Antonio Astorgano Abajo. Madrid, Libris: Asociación Libreros de viejo, 2007. Lorenzo HERVÁS Y PANDURO. *Biblioteca jesuítico-española II. Manuscritos hispano-portugueses en siete bibliotecas de Roma*. Estudio introductorio, edición crítica y notas: Antonio Astorgano Abajo. Madrid, Libris: Asociación Libreros de viejo, 2009.

626 Manuel LUENGO. *Diario, sobre el destierro y vicisitudes de la Provincia de Castilla la Viexa, después más en general de toda la Compañía, aunque siempre con mayor particularidad de la dicha Provincia de Castilla*. (Mss.). Manuscrito que reposa en el Archivo de Loyola (Guipúzcoa); consta de 63 tomos (falta el tomo IV correspondiente al año 1770). Han sido publicados algunos tomos por la investigadora de la Universidad de Alicante, Inmaculada Fernández Arrillaga. A partir del 2001.

627 Francisco ZAMBRANO y José GUTIÉRREZ CASILLAS. *Diccionario bio-bibliográfico de la Compañía de Jesús en México*. México, Editorial Tradición, XVI (1977) 98-99.

628 I. Bononiae, 1791. II. Bononiae, 1792. III. Bononiae, 1792. Una extensa biografía sobre el guarenero P. López se encuentra en el vol. II, 193-229.

629 Miguel BATLLORI. "Pratdesaba (Prat de Saba), Onofre". En: Charles O'NEILL y Joaquín Mª. DOMÍNGUEZ. *Diccionario histórico de la Compañía de Jesús*. Roma-Madrid, Institutum Historicum S. I.-Universidad Pontificia de Comillas, IV (2001) 3214-3215.

630 Onofre PRAT DE SABA. *Vicennalia sacra peruviana sive de viris peruvianis religione*

Por sus conexiones con las provincias americanas pueden ser interesantes los dos volúmenes del P. Juan Andrés Navarrete (1730- ¿?)[631]. *De viris illustribus in Castella veteri Soc. Jesu ingressis et in Italia extinctis.* Libri II[632].

Varones Ilustres. Hemos dejado para el final el estudio de la serie de *Varones ilustres* por las características tan especiales que envuelve la obra, aunque creemos oportuno dejar sentado que la división que establecemos es puramente convencional.

Tres son los autores de los 9 volúmenes (1643-1736) que integran la colección: los PP. Juan Eusebio Nieremberg (1595-1658)[633], Alonso de Andrade (1590-1672)[634] y José Cassani (1673-1750)[635]. La longitud de las biografías, el estilo eminentemente literario, el carácter panegirista y la falta de crítica verdaderamente histórica son deficiencias que hay que tenerlas muy presentes a la hora de un juicio global. Sin embargo, la fama literaria de los autores y el fin propagandístico pretendido dentro del marco de los gustos de la época, lograron su difusión e incluso su impacto en amplios sectores de lectores. En cuanto a su valoración histórica

---

illustribus hisce viginti annis gloriosa morte functis. Ferrariae, ex typographia Francisci Pomatrllii, MDCCLXXXVIII.

631 Carlos SOMMERVOGEL. *Bibliothèque de la Compagnie de Jésus.* Bruxelles, Schepens-París, Picard, V (1894) 1597.

632 Juan Andrés NAVARRETE. *De viris illustribus in Castella veteri Soc. Jesu ingressis et in Italia extinctis.* Libri II. Bononiae, Ex typographia Sancti Thomae Aquinatis, 1793 y 1797.

633 Hugues DIDIER. "Nieremberg y Ottin, Juan Esusegio". En: Charles O'NEILL y Joaquín Mª. DOMÍNGUEZ. *Diccionario histórico de la Compañía de Jesús.* Roma-Madrid, Institutum Historicum S. I.-Universidad Pontificia de Comillas, III (2001) 2819-2820.

634 José Eug. De URIARTE y Mariano LECINA. *Biblioteca de escritores de la Compañía de Jesús pertenecientes a la antigua Asistencia de España desde sus orígenes hasta el año de 1773.* Madrid, Imprenta de la Viuda de López del Horno, I (1925) 182-200.

635 José DEL REY FAJARDO. *Biblioteca de escritores jesuitas neogranadinos.* Bogotá, Editorial Pontificia Universidad Javeriana (2006) 187-198.

volvemos a repetir una vez más que los datos objetivos significan un gran aporte dentro del esquema valorativo que ofrece una necrología.

Cuatro tomos escribió el P. Juan Eusebio Nieremberg[636] y fueron conociendo la luz pública entre 1643 y 1647. La obra debía estar concluida para 1638 a juzgar por la forma de expresarse el P.

---

636   Juan Eusebio NIEREMBERG. *Ideas de virtud en algunos claros varones de la Compañía de Jesús. Para los religiosos della*. Madrid, Por María de Quiñones, 1643. Juan Eusebio NIEREMBERG. *Firmamento religioso de luzidos varones de la Compañía de Jesús. Cúmplese en este tomo y en el antecedente una centuria entera*. Madrid, Por María de Quiñones, 1644. Juan Eusebio NIEREMBERG. *Honor del gran Patriarca San Ignacio de Loyola, Fundador de la Compañía de Jesús, en que se propone su vida, y la de su Discípulo el apostol de las Indias S. francisco Xavier. Con la milagrosa Historia del admirable Padre Marcelo Mastrilli, y las noticias de gran multitud de Hijos del mismo San Ignacio, varones clarissimos en santidad, doctrina, trabajos y obras maravillosas en servicio de la Iglesia*. Madrid, Por María de Quiñones, 1645. Juan Eusebio NIEREMBERG. *Vidas exemplares y venerables memorias de algunos claros varones de la Compañía de Iesus, de los cuales en este Tomo Quarto*, Madrid, Por Alonso de Paredes, 1647. Alonso ANDRADE. *Varones Ilustres en santidad, letras y zelo de las almas. De la Compañía de Jesús*. Tomo Quinto, a los quatro que saco a la luz el Venerable y Erudito Padre Iuan Eusebio Nieremberg, de la Compañía de Jesús. Madrid, por Ioseph Fernandez de Buendía, 1666. Alonso ANDRADE. *Varones ilustres en santidad...* Tomo Sexto, Madrid, por Ioseph Fernandez de Buendía, 1667. Joseph CASSANI. *Glorias del segundo siglo de la Compañía de Jesus, dibuxadas en las vidas, y elogios de algunos de sus varones ilustres en virtud, letras, y zelo de las almas, que han florecido desde el año 1640, primero del segundo siglo, desde la aprobados de la religión. Tomo I y VII en el orden de Varones ilustres*. Madrid, Por Manuel Fernandez Impresor, 1734. Joseph CASSANI. *Glorias del segundo siglo...* Tomo II y VIII en el orden de varones ilustres. Madrid, Por Manuel Fernandez Impresor, 1734. Joseph CASSANI. *Glorias del segundo siglo...* Tomo tercero y nono en el orden de varones ilustres. Madrid, Por Manuel Fernandez Impresor, 1736. Existe una segunda edición; *Varones ilustres de la Compañía de Jesús*, Bilbao, 1887-1892, 9 vols. Hay dos anotaciones que hacer: 1) se reestructura el orden de las biografías por cronología y por afinidad de materias; 2) reproducen los 6 primeros volúmenes.

Mucio Vitelleschi, General de los Jesuitas, en carta a la Provincial de Toledo[637].

Más benigno se muestra el P. Antonio Astrain con los volúmenes V y VI editados por el P. Alonso de Andrade; "Las biografías de Andrade son algo más claras y muestran el retrato de los biografiados con alguna más precisión de la que aparece en Nieremberg, Con todo eso, los defectos son casi los mismos"[638].

Mucho tardó el P. José Cassani en continuar la obra iniciada por sus dos predecesores. Fue realmente lamentable que el P. Bartolomé de Alcázar (1648-1721)[639] no pudiera haberse encargado de esta tarea, como era su deseo[640]. El P. Cassani redactó los tres últimos volúmenes entre 1734 y 1736. Según el juicio de Astrain: "... sus

---

637 ARSI. *Toletana. Epistolae Generalium.* Vitellechi a Valdés, 20 de marzo de 1638: "Sin duda se perdieron las censuras que V. R. dice que me enviaron del libro de las vidas de los varones insignes de la Compañía, que ha juntado y traducido el P. Juan Eusebio... Juzgo no conviene de licencia para que se estampen, si primero no me remite el libro, para que yo lo lea o le haga rever, y se examine si lo que contiene es conforme a lo que en hecho pasó de verdad. En España no se tiene tanta noticia de estas materias como aqui, donde se conservan los originales e informaciones auténticas, y asi parece que se hará juicio más acertado... Fuera de que (y sea para V. R. solo) quedé escarmentado de la Vida de Nuestro Padre San Ignacio que el P. Eusebio estampó; porque aunque es autor pío y docto, no todo lo que en ella se decía estaba ajustado a lo puntual de la historia". Cfr. Antonio ASTRAIN. *Historia de la Compañía de Jesús en la Asistencia de España.* Madrid, Razón y Fe, V (1916) 104-105.

638 Antonio ASTRAIN. *Historia de la Compañía de Jesús en la Asistencia de España.* Madrid, Razón y Fe, VI (1920) 58.

639 José ESCALERA. "Alcázar, Bartolomé". En: Charles O'NEILL y Joaquín Mª. DOMÍNGUEZ. *Diccionario histórico de la Compañía de Jesús.* Roma-Madrid, Institutum Historicum S. I.-Universidad Pontificia de Comillas, I (2001) 40.

640 APT. Leg. 132, fol. 71: "El P. Bartolomé de Alcázar quiere continuar la obra de Nieremberg y Andrade... asi encargo papeles y noticias... cartas de edificación... y también las vidas impresas o historias donde se contengan". Carta de Tirso González a Altamirano. Roma, 15 de agosto de 1693. La carta general a los Provinciales. Cfr. TERRIEN, "Recherches historiques sur le Ménologe...", 35 nota 1.

biografías rompen un poco la monotonía con que escribieron sus dos predecesores (...) se pone algo más en contacto con la vida real y aunque no profundiza la materia, expresa de vez en cuando con viveza y amenidad ciertos rasgos de la vida religiosa antigua, que el lector moderno contempla con agrado. Afean su estilo algunos dejos de gongorismo y su narración muestra aquella superficialidad que es como inherente a este género de colecciones"[641].

A este docto jesuita, cofundador de la Real Academia Española, debemos los *Varones ilustres* de la Provincia del Nuevo Reino de Granada que publicó como un apéndice a su *Historia de la Provincia de la Compañía de Jesús del Nuevo Reyno de Granada en la América*. Madrid, 1741[642].

Como conclusión podemos establecer que las Necrologías son una fuente histórica aceptable en cuanto a los datos objetivos biográficos y bibliográficos que pueda ofrecer. Para el caso concreto del Nuevo Reino las biografías plantean un panorama de investigación que podría ayudar eficazmente a suplir las lagunas documentales que hasta el presente señala la historiografía jesuítica.

---

641   Antonio ASTRAIN. *Historia de la Compañía de Jesús en la Asistencia de España.* Madrid, Razón y Fe, VII (1925) 220.

642   En la edición de 1741 los *Varones ilustres* van de la pág. 331 a la 618. *En la Advertencia y prevención del Autor a los que lean esta obra*, pág. 619 dice: "A esta congoxa han ocurrido los Padres Procuradores de la Provincia de Santa Fe, consolándose con la esperanza de que al punto que logren la restitución a su provincia, en ella, y en sus archivos copiaran todas aquellas noticias, que yo ahora deseo, para que supliendo esta falta, se corone esta obra, ya sea en un apéndice que se enquaderne, y una con este libro, ya en una segunda parte de esta *Historia*, donde se escriban las Vidas de muchos Héroes, que han lucido en sus colegios, y en poblado, ya cumpliendo las noticias que faltan en los sugetos que han sido apostóles de los Infieles en las Misiones". Como esto fue escrito en 1741, antes de que los Procuradores PP. Terreros y Gumilla regresaran a América, nos preguntamos si Cassani se referiría aquí a alguna otra obra de Varones ilustres del Nuevo Reyno. También es útil consultar: Alberto MORENO ARANGO e Ignacio ACEVEDO TOBÓN. *Necrologio de la Compañía de Jesús en Colombia*. Medellín, Bedout, 1957.

Finalmente, tanto valor crítico tiene este género literario cuanto sentido crítico poseía cada autor. Y en cualquiera de las hipótesis las *Necrologías* pueden resultar un interesante auxiliar de la ciencia histórica.

Capítulo 2
Los protagonistas (1)
El indio llanero y orinoquense

Con el fin de poder satisfacer los protocolos que rigen los diálogos del encuentro con el "otro" consideramos que el estudio se debe abrir con la presentación de los protagonistas del encuentro, a saber, el indígena llanero y orinoquense y el misionero jesuita que actúa en nombre de la Provincia de la Compañía de Jesús del Nuevo Reino de Granada.

De antemano debemos confesar que hoy por hoy es imposible trazar un esbozo de lo que podríamos designar como la visión del indígena llanero y orinoquense descrita por ellos mismos. Por esta razón recurrimos a los escritores que convivieron con los autóctonos aunque sus escritos fueran diseñados para el lector culto del mundo occidental.

Asimismo advertimos que, en general, los cronistas describen el momento del contacto del mundo aborigen con la cultura hispana aunque también hay que señalar que se esfuerzan en diferenciar el antes y el después de cada etnia descrita dentro de las limitaciones que ese objetivo impone.

De igual forma, avisamos al lector que este capítulo recoge solamente la visión general del mundo indígena en el que se involucraron los jesuitas en los grandes espacios que configuran la gran Orinoquia. Por ello, con la idea de no repetir lo que es general para todas las etnias llaneras y orinoquenses nos limitamos a recoger los trazos esenciales comunes de las naciones que entraron en contacto con los miembros de la Compañía de Jesús.

Así pues, las fuentes han sido las siguientes: Matías de Tapia que vivió en la población de Macaguane de 1681 a 1683 y publicó en Madrid su obra el año 1715[643]. Juan Rivero se dedicó de 1721 a 1736 a los indígenas que habitaban dentro de las coordenadas comprendidas entre los ríos Masparro, Vichada, Meta y el gran Airico y aunque redactó su obra en 1729, solo conocería la luz pública el año 1883[644]. José Gumilla ofrece una visión más integrada de la concepción misionera tanto del Casanare (1715-1731 y 1744-1750) como del Orinoco (1731-1737) y sus escritos tuvieron la primera edición en 1741 en Madrid[645]. Un análisis de la vida social orinoquense desarrollada entre 1731 y 1750 la ofrece el tunjano Agustín de Vega; su interesante escrito lo redactó en Bogotá y fue publicado por vez primera en 1974[646]. Finalmente, el italiano Felipe Salvador Gilij redactaría entre 1780 y 1784 su obra americana después de haberse desempeñado como misionero en el gran río venezolano de 1749 a 1767[647]. Este jesuita italiano escribe

---

[643] Matías de TAPIA. *Mudo lamento de la vastísima, y numerosa gentilidad, que habita las dilatadas márgenes del caudaloso Orinoco, su origen, y sus vertientes, a los piadosos oídos de la Magestad Cathólica de las Españas, nuestro Señor Don Phelipe Quinto* (que Dios guarde). Madrid, 1715. [Reproducido en: José DEL REY. *Documentos jesuíticos relativos a la Historia de la Compañía de Jesús en Venezuela.* Caracas, Academia Nacional de la Historia (1966) 169-213. Véase: José DEL REY FAJARDO. *Biblioteca de Escritores jesuitas neogranadinos.* Bogotá, Editorial Pontificia Universidad Javeriana (2006) 663-665.

[644] Juan RIVERO. *Historia de las Misiones de los Llanos de Casanare y los ríos Orinoco y Meta.* Bogotá, Biblioteca de la Presidencia de Colombia, 1956. Véase: José DEL REY FAJARDO. *Biblioteca de Escritores jesuitas neogranadinos,* 575-578.

[645] José GUMILLA. *El Orinoco ilustrado y defendido.* Caracas, Academia Nacional de la Historia, 1993. José GUMILLA. *Escritos varios.* Estudio preliminar y compilación del P. José del Rey S. J. Caracas, Academia Nacional de la Historia, 1970. Véase: José DEL REY FAJARDO. *Biblioteca de Escritores jesuitas neogranadinos,* 338-347.

[646] Agustín de VEGA. *Noticia del principio y progresos del establecimiento de las Missiones de gentiles en la río Orinoco por la Compañía de Jesú*s. Estudio introductorio: José del Rey Fajardo sj y Daniel de Barandiarán. Caracas, Academia Nacional de la Historia, 2000. Véase: José DEL REY FAJARDO. *Biblioteca de Escritores jesuitas neogranadinos,* 722-725.

[647] Felipe Salvador GILIJ. *Ensayo de Historia Americana.* Caracas, Academia Nacional de la Historia, 1965, 3 vols. Felipe Salvador GILIJ. *Ensayo de Historia*

en su destierro de Roma pero habiendo recuperado su conexión con los hombres de ciencia italianos y por ello ofrece una visión más científica que sus hermanos de religión del Orinoco. Asimismo, toma una posición muy loable: "Me agrada hablar pasando por alto lo antiguo. Será mi cuidado contar con toda diligencia lo moderno, y lo que se ha descubierto después" de lo narrado por Gumilla[648]. También utilizaremos otras fuentes directas que citaremos a lo largo del texto.

Si exceptuamos al H. Agustín de Vega, que no era sacerdote, todos los demás se formaron en la Universidad Javeriana de Bogotá y representan el haber científico que se enseñaba en sus aulas. También debemos reconocer que no se les puede exigir a estos escritores-misioneros la claridad y precisión de las ciencias sociales de hoy que pueden adentrarse a la psicología del alma social con mayor precisión que en los siglos XVII y XVIII.

Mas, antes de intentar la interpretación del ser y del existir de las etnias que fueron objeto del cultivo de los hombres de la Compañía de Jesús conviene ofrecer un marco de referencia que, como auténtica abstracción, conlleva las imperfecciones de la gran síntesis.

El punto de partida, imprescindible para comprender todos los ulteriores razonamientos, radica en la diferencia conceptual que se establece entre el indio del siglo XVII que habita en las grandes selvas y el que ha sido reducido a la vida poblacional. Son dos puntos temporales e ideológicos tan distintos y distantes sobre los que se construye el edificio de la visión del autóctono llanero y orinoquense.

Estas perspectivas son necesarias para conocer el verdadero sentido de los que podríamos señalar como el momento del "encuentro" y el momento de la "nueva civilización". El indio "bárbaro" y el indio "reducido" son siempre antagónicos en esta

---

Americana. Estado presente de la Tierra Firme. Bogotá, Biblioteca de Historia Nacional, 1955. Véase: José DEL REY FAJARDO. *Biblioteca de Escritores jesuitas neogranadinos,* 311-316.

648 GILIJ. *Ensayo de historia americana,* I, 157-158.

literatura histórica pues son dos momentos culturales distintos separados por un proceso diferenciador y aculturador. Así pues, estas dos concepciones son las que mueven la literatura de los cronistas jesuíticos y darles la espalda supone un error de perspectiva crítica.

1. Protohistoria e historia

El escenario humano, cultural, económico y social que encontraron los jesuitas en su entrada definitiva a los Llanos de Casanare (1661) y después a las tierras orinoquenses (1731) se puede afirmar que estaba anclado en la protohistoria[649].

Sin lugar a dudas los hombres que poblaban la gran Orinoquia eran todavía pueblos ágrafos y esta situación cultural es fundamental para poder entender su historia y su destino. De acuerdo con la tesis de Beatriz Fernández "cuanto mayor sea la tradición oral de una cultura, más se apoyará en la repetición de los acontecimientos y, por lo tanto, mayor será su anclaje en el pasado y su inmovilismo". Por el contrario, la cultura escrita dotaba al "otro" de una enorme potencialidad de improvisación para afrontar e interpretar las situaciones originales que se planteaban en el diálogo o la convivencia[650].

Los misioneros no encontraron ningún documento que abriese la historia de cada una de las familias indígenas en las que trataron de insertarse. Y por ello Gilij dejará constancia expresa de que "en los países del Orinoco que yo recorrí no hay ninguna señal de la que se puede deducir el estado de los viejos tiempos"[651]. Y todavía remarca esta realidad el jesuita italiano: "Los orinoquenses no tienen, lo confieso, ni libros ni jeroglíficos ni signo alguno por el que puedan conocer los hechos de sus antepasados y de

---

649 GUMILLA. *El Orinoco ilustrado*, 106.

650 Beatriz FERNÁNDEZ HERRERO. "El <otro> Descubrimiento. (La imagen del español en el indio americano)". En: *Cuadernos Hispanoamericanos*. Madrid, nº. 250 (1993) 12 y ss.

651 GILIJ. *Ensayo de historia americana*, II, 199.

los de los demás. Pero hacen las veces de estas cosas, como se usa entre los aldeanos, los viejos de la nación; si bien no todos ni de cualquier especie"[652].

El autóctono que entra en contacto con el misionero jesuita desconoce las conexiones que le deberían vincular con su comunidad y con su pasado. No existe memoria histórica pues no guardan archivos ni recordatorio alguno "de donde se pueda saber de quiénes descienden"; no hay nadie que sepa dar razón de sus antepasados, ni de sus nombres ni de sus gestas[653].

Gilij confirma esta realidad con su experiencia entre los tamanacos y maipures: a duras penas podía conseguir el nombre del padre difunto y acaso el del abuelo[654]. Por todo ello no es de extrañar que se despreocupasen hasta de sus vecinos más inmediatos[655].

Cada uno tenía su nombre propio y los tomaban de sus antepasados y los renovaban con el nacimiento de los hijos. Entre los tamanacos los nombres terminados en *coto* eran antiguos y propios; y las mujeres, después de dar a luz un hijo, tenían la costumbre de llamarlas "madre de tal o cual hijo". Pero más que de los nombres se servían de los sobrenombres y esta forma de proceder no era aceptada generalmente pues se basaban en los defectos de la persona. Y una vez integrados a la vida misional utilizaban los nombres cristianos[656] con los que eran registrados en los libros de bautismo.

Pero la raíz comienza más abajo pues carecen de nombres gentilicios para definir una familia y distinguirla de las demás. Mas, Gilij encuentra algunas excepciones de este principio al aplicar sus

---

[652] GILIJ. *Ensayo de historia americana*, III, 39. Sin embargo, investigaciones modernas nos hablan de cierto arte rupestre en esas regiones. Véase como ejemplo: Jeannine SUJO VOLSKY. *El estudio del arte rupestre en Venezuela: su literatura, su problemática y una nueva propuesta metodológica*. Caracas, Universidad Católica Andrés Bello, 1975.

[653] GILIJ. *Ensayo de historia americana*, II, 178-179.

[654] GILIJ. *Ensayo de historia americana*, II, 178-179.

[655] GILIJ. *Ensayo de historia americana*, II, 142.

[656] GILIJ. *Ensayo de historia americana*, II, 180-181.

conocimientos lingüísticos a los nombres de algunas naciones. Así, Chavinavi se compone de Chavi (tigre) y navi (hijo), es decir, hijo de tigre. Y explica su razonamiento diciendo que alguien, con nombre de Chavi, se separó de sus parientes e hizo "una nación nueva, a la que dio para diferenciarla de las otras su nombre" y por ende la lengua de estos dos pueblos no sería distinta. Y el mismo criterio aplica a los "güipunavis, hijos de Quipu; massarinaves, hijos de Massari, puinaves, hijos de Pui, etc."[657].

Junto a esta ausencia de conciencia histórica, familiar y nacional se destaca lógicamente un estancamiento cultural. Desconocían, en absoluto, en pleno siglo XVII la utilización del hierro[658], del papel[659], del libro[660] y de las formas institucionales de trasmitir la cultura[661]. Pero, la ausencia de literatura escrita y de todos los signos culturales se compensan, en parte, con los viejos[662] y los piaches[663].

Son los viejos los depositarios de la ciencia popular de una nación. Cuando ellos mueren desaparece "una biblioteca en la que se pueden pescar los tiempos pasados. Ellos solos son los conservadores de las noticias indias, ellos solos los habladores, ellos solos los libros, ni más ni menos que aquí se acostumbra entre nuestros campesinos [italianos]"[664].

Pero no todos los ancianos son oráculos de la cultura indígena. Los que gozan de esta facultad "son los más nobles y tienen un tiempo determinado, esto es, la aurora, para hacer los relatos a sus hijos y nietos". Ordinariamente cuentan dos tipos narracio-

---

657   GILIJ. *Ensayo de historia americana*, II, 179.

658   GILIJ. *Ensayo de historia americana*, I, 79. GUMILLA. *El Orinoco ilustrado*, 342.

659   GILIJ. *Ensayo de historia americana*, II, 179.

660   GILIJ. *Ensayo de historia americana*, III, 39.

661   GILIJ. *Ensayo de historia americana*, II, 123.

662   GILIJ. *Ensayo de historia americana*, III, 31.

663   GILIJ. *Ensayo de historia americana*, II, 95.

664   GILIJ. *Ensayo de historia americana*, II, 198.

nes. Unas son serias como la creación del mundo, la propagación del género humano y temas trascendentes; otras son frívolas pero conexas con algunos hechos significativos de la nación a que pertenecen. Y concluye el misionero de la Encaramada: "Tuve cuidado, preguntando a los entendidos, de ponerlos todos por escrito y de escudriñarlos con diligencia. Son simples prosas, pero graciosas tanto por la materia como por algunas voces anticuadas que se mezclan en ellas"[665].

De igual forma encontramos otros indicadores que corroboran la existencia de una cultura protohistórica; así mencionaremos, entre otros, el calendario, la forma de contar, los pesos y medidas y su actitud frente al papel y a la escritura.

El calendario. Para contar los meses y los años recurren a las Cabrillas y por ellas computan el año. "Cuando al ponerse el sol y descubrirse las estrellas ven salir por la parte oriental las Cabrillas, entonces comienza su año nuevo, y en sus tratos suele ser el plazo de la paga". Los meses se regulan por las lunaciones. "No tienen semanas ni nombres para señalar los días de ellas, pero suplen este defecto con industria". Si el marido tiene que ausentarse le da un cordón a la mujer con tantos nudos como días estará fuera. Y si es trato se recurre a dos cordones con tantos nudos cada uno como se estatuya el contrato[666].

La aritmética contable. Gilij es preciso en apuntar que "hay naciones a las que le faltan los números, al menos para grandes cuentas". En algunas lenguas orinoquenses el "cuatro" no es una voz simple sino compuesta de dos vocablos como si se dijera "dos dos". Nunca dirán cinco "sin mostrar una mano, ni diez sin extender las dos, ni nunca veinte sin apuntar a los dedos de las manos extendidos hasta los de los pies"[667]. Para indicar un número grande

---

665   GILIJ. *Ensayo de historia americana*, III, 39.
666   GUMILLA. *El Orinoco ilustrado*, 462-463.
667   GILIJ. *Ensayo de historia americana*, II, 272.

"se tocan los cabellos en actitud de estupor"[668], pues la realidad de los indígenas orinoquenses es que sus cuentas llegan "hasta ciento o doscientos a lo sumo"[669]. Además es conveniente aclarar que se daban modos distintos a la hora de mostrar los números con los dedos. Los otomacos para decir tres unen "el dedo pulgar, el índice y el medio, teniendo bajos los otros dedos"; los tamanacos muestran juntos el "meñique, el anular y el medio, y encogen los otros dos"; los maipures levantan el "índice, el del medio y del anillo, teniendo escondidos los otros dos dedos"[670].

Los días de un viaje los numeran así: en vez de decir estaré tres días fuera, dicen "dormiré tres veces". Y si a un lugar lo ubican a cinco días de distancia, dirán "por el camino se duerme cuatro veces, en el quinto día se llega"[671].

Pesos y medidas. No existen balanzas, pesos e instrumentos parecidos pero los otomacos cuando venden la quiripa en sartas y las miden "extendiendo el brazo derecho y acercándolas al cuerpo a modo de vara. Deben ser de largas de unos tres palmos y medio"[672].

Finalmente, llaman papel a ciertas cuerdecillas que usan para informar a los que están lejos sobre algún asunto concreto. El mensajero parte con su quipo al que han hecho varios nudos y de palabra le dice al destinatario el tema del mensaje y le entrega la cuerdecilla. Y cada día, al ponerse el sol, desata un nudo y al soltar el último "llega sin duda el huésped y trata de palabra su asunto"[673].

---

668 GILIJ. *Ensayo de historia americana*, II, 269.

669 GILIJ. *Ensayo de historia americana*, II, 271.

670 GILIJ. *Ensayo de historia americana*, II, 272.

671 GILIJ. *Ensayo de historia americana*, II, 271.

672 GILIJ. *Ensayo de historia americana*, II, 272.

673 GILIJ. *Ensayo de historia americana*, II, 199.

2. La opinión de Gumilla sobre el origen del indio americano

Aunque estamos ante una problemática tangencial de la historiografía jesuítica llanera-orinoquense incluimos este tema para poder iluminar después algunas afirmaciones de este autor en torno a hechos que estaban consagrados todavía en algunos sectores intelectuales de la sociedad hispano americana.

La posición ideológica desde la que se pretendía interpretar muchos fenómenos humanos a la luz de la Biblia le arrojó a Gumilla a esa difícil posición de reconstruir la historia partiendo de un prejuicio. Puesta esa premisa las consecuencias eran inmediatas: los habitantes de América eran descendientes de Cam, segundo hijo de Noé, a quienes les tocó habitar en "la Arabia, el Egipto y el resto de África". El traslado de África a este continente lo llevaron a cabo "la furia de los vientos" desde Cabo Verde hasta el Cabo de Fernambuco [sic] en Brasil[674].

El año 1734 escuchó en la Isla de Trinidad que algunos años antes había llegado un barco desde Tenerife "cargado de vino y en él [el barco] cinco o seis hombres macilentos y flacos". Ese camino poblacional lo acepta el autor de *El Orinoco ilustrado* sin dudar que "fuesen arrebatados por los vientos muchos barcos en varios tiempos hacia el Poniente"[675]. De la misma forma llegaron los pescadores bretones el año 1504 a las costas de Canadá[676].

Resuelto el problema del tránsito de los hombres europeos a América se interroga con José de Acosta cómo llegaron "los animales perfectos, en especial los nocivos e inútiles". Y siguiendo la teoría de su hermano en religión cree que es preciso "suponer unida la tierra de este continente, por alguna parte, con las Américas"[677]. También se asoma a la posibilidad "para unir alguna parte de

---

674   GUMILLA. *El Orinoco ilustrado*, 111.
675   GUMILLA. *El Orinoco ilustrado*, 304.
676   GUMILLA. *El Orinoco ilustrado*, 305.
677   GUMILLA. *El Orinoco ilustrado*, 306-307.

Asia con la América septentrional"[678]. Y tampoco deja de lado la eventualidad de la Antártida pregonada desde la cultura griega[679].

Y al querer confirmar su teoría bíblica encuentra un fundamento para interpretar un fenómeno racial. La actitud que asumió Cam ante el estado etílico de su padre le valió la maldición del buen Noé, quien le dijo: "que había de ser siervo y criado de los esclavos de sus hermanos"[680]. Y apoyándose en ese texto cree encontrar una verificación en dos cualidades negativas de los autóctonos. La primera resalta que el indio es tan apocado en su ánimo, "que sirven a los negros esclavos de los europeos" y añade que, aunque el blanco lo trate bien acaba desamparándolo "y va a servir a un negro, que lo maltrata y cuida muy mal"[681]. La segunda la establece con respecto a la embriaguez y a la desnudez[682]. Y siempre que se le presente la ocasión tratará de encontrar esos paralelismos.

3. La visión moral del indio

Si entramos de lleno en materia no dudamos en presentar la polémica que ha generado entre los antropólogos modernos la síntesis, por demás retórica, que presenta Gumilla a la hora de abrir sus meditaciones sobre los hombres del Llano casanareño y los habitantes del gran río venezolano.

El autor de *El Orinoco ilustrado*, que escribe en Madrid en 1741 e intenta ofrecer una visión científica de la futura Venezuela, describe el momento del contacto con el indígena de la siguiente manera: "El indio en general (*hablo de los que habitan las selvas y de los que empiezan a domesticarse*) es ciertamente hombre; pero su falta de cultivo le ha desfigurado tanto lo racional que en el

---

678   GUMILLA. *El Orinoco ilustrado*, 307-308.
679   GUMILLA. *El Orinoco ilustrado*, 309-310.
680   *Génesis*, 9, 25: "Maledictus Chanaan, Servís servorum erit fratribus suis".
681   GUMILLA. *El Orinoco ilustrado*, 111.
682   GUMILLA. *El Orinoco ilustrado*, 112.

sentido moral me atrevo a decir que el indio bárbaro y silvestre es un monstruo nunca visto, que tiene cabeza de ignorancia, corazón de ingratitud, pecho de inconstancia, espaldas de pereza, pies de miedo, y su vientre para beber y su inclinación a embriagarse son dos abismos sin fin"[683].

Pero a continuación establece el reto que se impone en la tarea de construir un hombre nuevo: "Toda esta tosquedad se ha de ir desbastando a fuerza de tiempo, paciencia y doctrina; y al modo de un perito estatuario, entre la misma dificultad y dureza de un peñasco descubre igualmente las perfecciones que tendrá la hermosa estatua que pretende formar..."[684]. Y más adelante clarifica su posición: "Diré que fue gravísimo error el de los que a primera vista pensaron que no eran racionales: porque, a la verdad, luego que se van desbastando aquellas que parecen piedras ... y a repetidos golpes de cincel de la doctrina se descubren los brillos de aquellos diamantes cuya exterior tosquedad los hacía despreciables"[685].

Sin entrar en otros detalles que se irán incorporando progresivamente a lo largo de este capítulo quisiéramos recordar algunos ejemplos de ese nuevo indígena en que soñaba el misionero. Citaremos tres ejemplos con la promoción de tres hombres pertenecientes a las etnias girara, guanera y sáliva.

Antonio Calaimi, era "girara de nación y cantor de su pueblo de Tame" y aventurero "sin más equipaje ni caudal para el viaje que un clarín pendiente del cinto"; fue el gran colaborados de Gumilla en su acción civilizadora en lo que se denominó el Airico de Macaguane[686]. Por sus innumerables méritos "le honraron con el bastón, haciéndolo cabeza y cacique de este pueblo [Betoyes], que gobernó muchos años"[687].

---

683   GUMILLA. *El Orinoco ilustrado*, 103.
684   GUMILLA. *El Orinoco ilustrado*, 103.
685   GUMILLA. *El Orinoco ilustrado*, 278-279.
686   RIVERO. *Historia de las Misiones*, 346.
687   RIVERO. *Historia de las Misiones*, 347.

Ventura Seisere, era de la nación guanera[688] e "indio muy poderoso y principal entre las naciones, no sólo por su hacienda, sino por su valor, con el cual se sobrepuso a todos y se hizo jefe, con el título de Régulo"[689]. Su amistad con Gumilla le llevó a bautizarse con el nombre de Ventura Seisere y fue padrino el gobernador de los Llanos, Don Joaquín de Mengana. Y le "honraron con el puesto de teniente-justicia mayor del pueblo"[690].

Pudua era indio sáliva, quien acompañó a Gumilla en su primer viaje desde Guayana, aguas arriba, en 1732 por ser este hombre "de gran razón y entendimiento quien había prometido juntar todos sus parientes". Y para que sirviera con mayor gusto "hizo que le dieran un bastón que traía prevenido con título de Teniente de Capitán, y para celebrar el nuevo cargo que le daban, los soldados dispararon sus armas vitoreando a dicho Teniente, y tuvieron un convite lo mejor que se pudo, según la comodidad, y sentado a la mesa, a dicho teniente en la cabecera, todos le brindaban y vitoreaban"[691].

Virtudes y defectos. Pero, hasta el momento nadie ha estudiado con más precisión las virtudes y los defectos del mundo indígena orinoquense que el escritor italiano Felipe Salvador Gilij.

Podemos afirmar que las virtudes las sintetiza en las reflexiones que formula al tratar el tema de la "Aptitud de los indios para entender el cristianismo".

El jesuita italiano establece un interesante diagnóstico sobre la capacidad intelectual del indígena frente a la racionalidad y espiritualidad del cristianismo. Gilij parte del supuesto de que los orinoquenses "son de ingenio no mediano, y que son aptos para

---

688 GUMILLA. *El Orinoco ilustrado*, 289.

689 RIVERO. *Historia de las Misiones*, 378. También Gumilla le dedica un elogio: GUMILLA. *El Orinoco ilustrado*, 289-290.

690 RIVERO. *Historia de las Misiones*, 387.

691 VEGA. *Noticia del principio y progresos*, 525.

entender cualquier cosa que les se propuesta claramente"[692]. Son varias las razones con las que avala esta afirmación.

En primer lugar dice que no es despreciable "la facilidad con que aprenden la doctrina cristiana, si especialmente les es explicada en sus lenguas"[693].

En segundo término, es señal de su buenísimo ingenio "la facilidad con en poco tiempo aprenden diversas lenguas". Y aunque les resulta difícil la lengua española, sin embargo "cada uno se contenta de ordinario con entender las lenguas ajenas, y habla siempre la suya propia"[694]. A ello hay que añadir que las hablan muy pulidamente[695].

Tercero: como son de ingenio mecánico aprenden rápidamente cualquier oficio: "les basta, para hacer por lo menos una imitación, ver los trabajos" y concluye el misionero de la Encaramada: "si hubiera personas que les enseñaran la manera de hacer pulidamente los trabajos de las artes, triunfarían en ellas maravillosamente"[696].

Cuarto, otro indicio lo constituye la rapidez con que aprenden la música[697].

Quinto, el misionero habla de "docilidad" que nosotros interpretamos como esa aptitud de apertura para aprender sin prejuicios[698].

Además, entre sus virtudes se destaca "una paciencia increíble". Y así lo demuestran en sus enfermedades. A ello se añade que no están alucinados "por la insaciable hambre del oro" como los europeos; se contentan en su comida con lo suficiente para vivir

---

692   GILIJ. *Ensayo de historia americana*, III, 54.
693   GILIJ. *Ensayo de historia americana*, III, 54.
694   GILIJ. *Ensayo de historia americana*, III, 55.
695   GILIJ. *Ensayo de historia americana*, III, 56.
696   GILIJ. *Ensayo de historia americana*, III, 55-56.
697   GILIJ. *Ensayo de historia americana*, III, 56.
698   GILIJ. *Ensayo de historia americana*, III, 57.

y en su vida ordinaria "están más contentos que estarían entre las comodidades de una corte magnífica"[699].

Este primer diseño de las bondades del indígena hay que completarlo con las siguientes fortalezas.

La curiosidad. En general observan a los huéspedes y después los imitan graciosamente. Y además "vista una vez una persona, no pierden su efigie nunca". Este espíritu de observación se extiende también hacia los animales "y notan minuciosamente el color, el tamaño y los miembros en particular"; y lo mismo se podría afirmar de su geografía y hasta tal punto que "dando vueltas por el mundo, nadie mejor que los indios sabría dar razón de él"[700].

Pero el extremo de su curiosidad radicaba en el papel. Como concepto nuevo para ellos no tenían en su idioma la voz propia para explicar el papel y los libros y por ello una gran parte lo designaba *caréta*. Si se les encomendaba llevar una carta, la tomaban en la mano y "después de recubrirla con hojas de cachito y con tela" se la entregaban con seguridad al destinatario. Y todavía más, "creen que recorriendo con los ojos una carta pueden saberse por los misioneros las cosas más ocultas". También tienen un gran concepto de los libros[701]. Pero su curiosidad se ampliaba a los papeles que pendían de la habitación del misionero y así Gilij recuerda el infinito placer que les causaba ver las cartas geográficas de Sansón[702].

El honor. El autor del *Ensayo de historia americana* inicia su meditación afirmando que "el corazón del hombre no [es] diferente de la lengua que le tocó en suerte al nacer" y por ende en todas las gentes se da una analogía en el pensar y en el obrar y "en cuanto se extiende su conocimiento, aman la gloria"[703].

En este sentido los orinoquenses se alaban frecuentemente a sí mismos. Así los guamos se glorían "de tener más que ninguna

---

699   GILIJ. *Ensayo de historia americana*, II, 110.

700   GILIJ. *Ensayo de historia americana*, II, 142-143.

701   GILIJ. *Ensayo de historia americana*, II, 144-145.

702   GILIJ. *Ensayo de historia americana*, II, 146.

703   GILIJ. *Ensayo de historia americana*, II, 146-147.

otra nación destreza en pescar los peces grandes". Los tamanacos se jactan "de tener canastillos, de hacer de manera admirable las flechas, de hacer las mazas al uso caribe". Los otomacos dicen de sí mismos que es la nación más guerrera "y no somos como otros tantos indios, vendidos como esclavos a los enemigos". Los maipures se enorgullecen de su cazabe. Los cáveres y guaipunaves se "jactan de ser los mejores soldados del mundo y que ninguna nación resiste a sus potentes armas". Los parecas añadirán que son los mejores en "criar bananas selectas en las más lindas plantaciones". Los piaroas celebrarán la fabricación del curare "para quitar en el acto a todo animal la vida" y también el peramán y la chicha que todas las naciones buscan[704].

Una vez reducidos "crece su competencia con la luz mayor". Así los niños, por el deseo de aparecer famosos en tocar y cantar, van de buena gana a las otras poblaciones "y no hay en una reducción una bonita costumbre, que no se introduzca en breve tiempo en las otras"[705]. Entre los adultos el deseo de ejercer las magistraturas que se eligen cada año, "son el objeto de sus deseos más ardientes". Y así miden por el tamaño de la vara la dignidad del alcalde de la de los fiscales[706]. A través de estas competencias se construía la institucionalidad de un nuevo municipio. Y este sentido del honor les llevó a los otomacos a construir sus casas "de manera muy hermosa, puestas a cuerda, y con división de calles y plazas"[707].

Mas no se queda en este punto el autor del *Ensayo de historia americana* sino que trata de completar esa difícil geografía que recoge el tránsito entre la protohistoria y la historia, entre la vida silvestre y la poblacional, entre los supuestos vicios y su verdadera interpretación.

---

704   GILIJ. *Ensayo de historia americana*, II, 147-148. También los guaipunaves alegan que "nosotros solos hacemos platos bonitamente pintados, nosotros solos rallos para hacer pan de la yuca".

705   GILIJ. *Ensayo de historia americana*, II, 148-149.

706   GILIJ. *Ensayo de historia americana*, II, 149.

707   GILIJ. *Ensayo de historia americana*, II, 150-151.

Entre los vicios dudosos Gilij estudia la ingratitud, la glotonería, la crueldad, la disolución y la liviandad.

La ingratitud. Según el misionero italiano los indios, "a quien es benévolo para con ellos le dan mucho más de lo que han recibido". Su argumentación se inicia con el hecho de que en sus lenguas "no tienen palabras con que demostrar la gratitud". Cuando reciben un favor contestan con un lacónico *u*, y bajan modestamente los ojos. Por ello, a los que les agrada más la apariencia que las cosas "y que atienden más a las palabras que a los hechos" consideran la respuesta *u* como una ingratitud. Sin embargo, éste es su modo de obrar y "significa tanto cuanto entre nosotros podrían expresar los más finos cumplidos". Y concluye Gilij: "si los indios son escasos de palabras, no son en cambio escasos de obras"[708].

La glotonería. Si se les juzga por el hecho fortuito de que cuando se les presenta la ocasión "la aprovechen ávidamente" no se puede deducir que sean glotones. La dura realidad que viven a diario no justifica ese juicio. Su dieta diaria suele ser: frutas salvajes, las raíces de los bosques y las frutas de las palmas. Se salen de esa dieta en la época en que las tortugas ponen sus huevos. "Tan poquito hace falta para contentar a éstos supuestos glotones" y en verdad no son "sino tolerantísimos del hambre por encima de muchas otras naciones". Y Gilij formula las siguientes reflexiones. En primer lugar, cuando "tienen comida constantemente no son tan voraces". Segundo, la abstinencia contenida "por largo tiempo, les obliga en la buena ocasión a salir de su hambre". Tercero, esa es la forma de proceder observada por el misionero entre los remeros del río Magdalena que para conservar sus fuerzas "se coman una caldera entera de carne"[709].

También la pereza puede considerarse como una conducta congénita a los habitantes de nuestro gran río pero "no ha encontrado igual acogida por todas partes". Y adelanta nuestro misionero observador de la vida de sus feligreses que la pereza "decide

---

708   GILIJ. *Ensayo de historia americana*, II, 112-113.
709   GILIJ. *Ensayo de historia americana*, II, 114-116.

los asuntos más importantes, y todos obran, aunque con alguna diferencia, al dictado de ella". Pero también capta una imagen que la transcribimos de seguidas. "Helos aquí a todos bailando, jugando, acicalándose, tocando la flauta, sentados o tendidos en sus redes. Aquel acomoda las flechas, pero no se cansará en ello mucho tiempo. El otro teje una red, pero si no se termina este año, ya se acabará el que viene, dentro de dos o cuando le plazca..."[710].

Sin embargo, el misionero les enseña a enfrentar esta desidia y "se convierten también en trabajadores buenos". Y a su costa van aprendiendo "a procurarse la comida con su trabajo". Y así entienden que deben trabajar para proveerse de vestidos, de herramientas y laborar en sus campos[711].

La inconstancia. Es éste un tema que se vincula de lleno con el nomadismo de las etnias orinoquenses y del cual no siempre los misioneros calibraron su profundidad. Gilij no duda en afirmar que la inteligencia de los indígenas "es buena y penetrante, pero infantil, y su voluntad variable" y por ello no son constantes "en el bien una vez emprendido, y por la innata ligereza de ánimo mudan fácilmente de pensamiento y de deseos". Sin embargo, no les agrada que el misionero sea como ellos en el trato y un otomaco al que el jesuita de la misión le llamó "amigo" le contestó "Tú no eres amigo sino Padre"[712]. Su nomadismo les llevaba a no despojarse de ese genio de alternatividad que había sido su vida. Siempre querían cambiar y supuso un lento proceso de adaptación que no siempre tuvo éxito[713].

El carácter mentiroso. Para los indígenas es "casi un arte mentir" y según Gilij no cree "que existan naciones más mentirosas naturalmente y más fingidas que los indios". Y así desarrollan fórmulas para ocultar la verdad que son lacónicas y astutas. Ante cualquier pregunta la respuesta es siempre la misma: "quién sabe,

---

710   GILIJ. *Ensayo de historia americana*, II, 135-136.
711   GILIJ. *Ensayo de historia americana*, II, 136-137.
712   GILIJ. *Ensayo de historia americana*, II, 151-152.
713   GILIJ. *Ensayo de historia americana*, II, 153.

mi amo". Y en consecuencia su hablar "es un tejido de las más solemnes mentiras" y además lo hacen con habilidad[714].

También existen medios para conocer la verdad. Una se deduce del hecho de que cuando una persona inocente responde inmediatamente "es mentira" y no pregunta por el delator. Otra, consiste en no preguntar sino dar por seguro que existe y entonces proceder de forma imperativa; por ejemplo, traigan esta clase de madera[715]. Y más adelante confiesa que cuando el indígena es sorprendido en la mentira no queda confuso sino que se "le hace hasta un honor"[716].

Otro vicio arraigado es la embriaguez y de ella tratamos al tocar el tema de los bailes. Nuestro cronista distingue dos etapas en el tratamiento de este vicio. Una vez llegados al poblado es natural que porten consigo todas sus antiguas costumbres y a esta etapa se adscriben los "muchos desórdenes, las peleas, los libertinajes que en tales ocasiones suceden" y en el misionero "se requiere paciencia increíble" para no perderlo todo en un momento[717]. Esta fase se mueve en el tiempo "antes de que conozcan lo bello de la virtud y lo feo del vicio". La segunda etapa se caracteriza por utilizar medios que remedien los abusos. Les es permitido beber ordinariamente "en sus casas y en su familia" pero en "cantidad no excesiva". Conforme se van civilizando se someten a las normas de convivencia y las van adoptando en cuanto al "bailar, hacer ruido, cantar y tocar sus instrumentos *de noche*"[718].

La mendicidad. El punto de partida de Gilij para explicar este curioso fenómeno se basa en el hecho de que se "contentan con

---

714 GILIJ. *Ensayo de historia americana*, II, 127-129.

715 GILIJ. *Ensayo de historia americana*, II, 129-130.

716 GILIJ. *Ensayo de historia americana*, II, 130. Para ver cómo se expresan de las autoridades inmediatas civiles y religiosas, véase: GILIJ. *Ensayo de historia americana*, II, 309-311.

717 GILIJ. *Ensayo de historia americana*, II, 130-131.

718 GILIJ. *Ensayo de historia americana*, II, 134.

poco, y no buscan como nosotros afanosamente lo supérfluo"[719]. Y además es insólito que pidan limosna a sus connacionales, pero con los extranjeros y los misioneros su política es distinta. Les parece que si se les niega algo, aunque justamente, se comete con ellos una injusticia y "no conocen proporción alguna entre las cosas que dan y las que piden, y por un alfiler serían capaces de querer, por ejemplo, un hacha". En este sentido se detecta una estructura común lingüística que se convirtió en estereotipo: si a la petición de ellos el misionero respondía que no hay, ellos respondían "mientes"; y si le daban un regalo pero le negaban otro, de inmediato decían: "eres mezquino"[720].

La disolución y la liviandad. En este capítulo se muestra Gilij muy cauto. Pone como punto de referencia la conducta de los europeos y establece que la lujuria desenfrenada "no es más que un efecto del libertinaje y de corazón perverso, que secunda todas las más inicuas pasiones"[721]. Admite que en las reducciones hay muchos que están infectados del morbo "gálico" y fue importado por los extranjeros frente a los habitantes de las selvas que "créalo quien quiera, el mal es rarísimo"[722]. El adulterio es abominado por todos y en sus selvas "sería capaz de poner en disensión a la nación más unida". La prostitución, al menos entre los tamanacos, era considerada como "sumamente abominable"[723]. También afirmará Gilij que, frente a los escritores que atribuyen a los indios esa especie de lujuria como es la contra natura, y aclara: "yo puedo

---

719   GILIJ. *Ensayo de historia americana*, II, 139.

720   GILIJ. *Ensayo de historia americana*, II, 139-141.

721   GILIJ. *Ensayo de historia americana*, II, 121.

722   GILIJ. *Ensayo de historia americana*, II, 120. Gilij afirma que la enfermedad no vino de Europa a las Indias sino al revés. Y se apoya en los primeros cronistas españoles: "… es muy común a los indios, pero no peligrosa tanto en aquellas partes como en éstas; antes muy fácilmente los indios se curan en las islas con este palo [guayacán], y en Tierra Firme con otras yerbas o cosas que ellos saben porque son muy grandes herbolarios" (GILIJ. *Ensayo de historia americana*, II, 297).

723   GILIJ. *Ensayo de historia americana*, II, 121.

decir que entre los orinoquenses es completamente desconocida, o al menos rarísima" al igual que "los vicios bestiales" y los han conocido después "para su perdición"[724].

Y establece una admirable reflexión: "Los orinoquenses aunque nacidos y educados a la gitana en los bosques, no son demasiado libidinosos. Los adultos de ordinario tienen cada uno su mujer, y saben guardarla de los atacantes bastante bien, al darse por sentidos de sus afrentas". Y los jóvenes que todavía no están unidos en matrimonio "están ordinariamente bajo la vigilancia de sus padres o en casa de los parientes más próximos"[725]. Pero también admite que los jóvenes de las reducciones "se dejan llevar aun desenfrenadamente de los vicios". Y las mujeres son más honestas que los hombres aunque las más viciosas de todas son las otomacas y las guamas[726].

Y finalmente la crueldad. Una vez más trata el misionero del Orinoco en trazar una líneas entre el indio no reducido y el reducido.

El que proviene de los bosques lo describe diciendo que su exterior no inspira sino terror. "Es torva su cara, altivo su porte, feroz y de reojo su mirada, y lo que es peor siempre llevan armas". Si descendemos a detalles más precisos, se observa que su imagen es la siguiente: cada uno siempre lleva su macana, sujeta a la muñeca con cordeles de algodón; también el arco y las flechas y muchísimas veces un cuchillo en su cintura. Lamentablemente, los holandeses y los caribes también los han proveído de "escopetas, sables y lanzas". Sus enemigos son los extranjeros y los que hablan otra lengua. Con estas premisas es fácil comprender que quiten la vida "a aquellos que creen contrarios suyos"[727]. ¿Sus causas? "Una palabra inconsiderada, una mirada iracunda, una sospecha acaso,

---

724   GILIJ. *Ensayo de historia americana*, II, 111.

725   GILIJ. *Ensayo de historia americana*, II, 122.

726   GILIJ. *Ensayo de historia americana*, II, 122-123.

727   GILIJ. *Ensayo de historia americana*, II, 117-118.

es capaz de ponerlos a todos sobre las armas, cambiando en guerra civil sus bailes".

En este capítulo conviene incluir la forma como utilizan los venenos así como sus "inextinguibles enemistades, las acerbas y continuas guerras con las naciones que son entre diversas en el habla"[728].

Para Gilij la crueldad no es propia de todos y su fundamento radica "en gran parte del miedo que por ridículas sospechas tienen de los extranjeros, y acaso más de una vez este temor pánico les suministra las armas". Cuando en la ciudadela misional aprenden los valores de la civilidad son los propios misioneros quienes les recuerdan "que lleven consigo sus armas"[729].

Pero las mujeres son "de genio muy manso" y aunque no falten entre ellas la riñas, "no se maltratan nunca ni vienen rabiosamente a las manos". A ellas no se les ha pegado nada de la crueldad[730].

4. La descripción física del indígena

El físico del indígena. En relación a la estatura ofrece Gumilla una pequeña síntesis: los de la nación otomaca son "altos y corpulentos" y Gilij completará su visión diciendo que su estatura es "completamente soldadesca"[731]; los de la girara, ayrica, sáliva y caribe abundan "los indios altos, de gentil talle y bien proporcionados; los de los achaguas, maipure-abane y otras "abundan más de individuos de mediana estatura, menos que mediana estatura, menos que mediana, y comúnmente unos y otros gruesos y fornidos de

---

728   GILIJ. *Ensayo de historia americana*, II, 119.

729   GILIJ. *Ensayo de historia americana*, II, 118-119.

730   GILIJ. *Ensayo de historia americana*, II, 119-120.

731   GILIJ. *Ensayo de historia americana*, II, 51.

carnes"[732]. Sin embargo Gilij tan solo anotará que la estatura es tal cual "la de los españoles"[733].

El rostro "hace coro aparte, aunque sin disonancia". Los ojos son por lo común bellísimos, "negros en el centro de un blanco bien apacible a que les añaden no poca gracia las pestañas negras y muy pobladas". Y no tienen el lagrimal abierto como los europeos. Las narices sobresalen y "sostienen de uno y otro juanete, ambos rollizos y huesudos más de lo ordinario". Y en el modelo de rostro el arranque superior de las narices "es notablemente chato" y la parte inferior es "carnosa, espaciosa, y da campo suficiente para ambas ventanas, que son anchas y cóncavas". Los labios son comúnmente proporcionados "y se inclinan más a gruesos que delgados". Su dentadura es envidiable por su "marfil purísimo" y deja testimonio de no "haber visto en los indios dolor de dientes ni de muelas"[734]. Ordinariamente no tienen arrugas en la cara, y para conocer la vejez de ellos "hay que mirarles a los pies, en cuya parte superior, si son un tanto viejos, hay arrugas"[735].

Con respecto al cabello "en todos, sin excepción alguna, es negro, grueso, laso y largo"[736]. Entre las mujeres las sálivas, caribes y algunas tamanacas "hacen gran caso de los cabellos largos" y para darles "esplendor y lustre" usan el aceite de tortuga, o el de palma *puperri*[737]. Con todo, Gilij observa que los más de los orinoquenses "tienen cortados y casi del todo esquilados los cabellos" y la razón que da es estratégica para de esta forma "para no ser cogido por los cabellos en sus guerras, derribados por tierra y más fácilmente vencidos"[738].

Sobre la barba anota Gumilla que se las negó enteramente

---

732   GUMILLA. *El Orinoco ilustrado*, 82.
733   GILIJ. *Ensayo de historia americana*, II, 51.
734   GUMILLA. *El Orinoco ilustrado*, 82-83.
735   GILIJ. *Ensayo de historia americana*, II, 53.
736   GUMILLA. *El Orinoco ilustrado*, 82.
737   GILIJ. *Ensayo de historia americana*, II, 61.
738   GILIJ. *Ensayo de historia americana*, II, 63.

la naturaleza a excepción de la nación otomaca y en las naciones orinoquenses del Ayrico carecen de cejas[739].

Si atendemos a la coloración de los indios es difícil precisar "cuál sea a punto fijo el color" de estas naciones aunque son "de color trigueño"; Gilij precisa que son de color oscuro "pero se inclina un tanto al rojizo"[740]. Con todo especifica que los habitantes de los bosques "son casi blancos"; los moradores de los campos, si no usan untura, "son trigueños"; los que navegan los ríos o se mueven en las playas "son prietos y morenos" como los otomacos; y los que utilizan unturas son "casi blancos"[741].

Sobre los neonatos apunta: Los indígenas "son blancos por algunos días, lo que sucede también a los negrillos". Asimismo, como los hijos de los negros "nacen con su pinta negra en las extremidades de las uñas" también los indiecillos nacen "con una mancha hacia la parte posterior de la cintura de color oscuro, con visos de entre morado y pardo, la cual se va desvaneciendo al paso que la criatura va perdiendo el color blanco y adquiriendo el suyo natural"[742].

Tienen todos un "cuerpo bastante ágil, y mueven como les place en todas direcciones sus miembros" y además son tan excelentes nadadores así como también remeros[743].

Adornos. Las mujeres suelen llevar a la usanza caribe laminillas de plata pendientes de las orejas horadadas aunque en general "las más llevan en ellas hacecillos de madera o de caña fina de la longitud del dedo pulgar"[744]. En el cuello mostraban perlas en poca cantidad y mezclaban los globulillos blancos con

---

739   GUMILLA. *El Orinoco ilustrado*, 83. Sin embargo, más adelante dirá que los guamos "se precian de barba larga y tal cual otomaco" (GUMILLA. *El Orinoco ilustrado*, 121).

740   GILIJ. *Ensayo de historia americana*, II, 50.

741   GUMILLA. *El Orinoco ilustrado*, 84.

742   GUMILLA. *El Orinoco ilustrado*, 84.

743   GILIJ. *Ensayo de historia americana*, II, 54.

744   GILIJ. *Ensayo de historia americana*, II, 61.

los amarillos y los verdes. Y las que quieren imitar a las mujeres caribes "usan de ciertas pequeñas calzas en el tobillo" que son un tejido de hilo de palma bastante fuerte "y de la altura de cuatro a cinco dedos"; y como no se las quitan nunca "sus piernas se tornan gruesas y deformes, pero ellos las creen bellísimas". Otro adorno es el ceñidor que algunas lo llevan "de lindas telas, otras de telas bastas, pero tejidas con hilos de varios colores"[745].

Los hombres acostumbran a ir siempre con la cabeza descubierta pero todos utilizan los penachos para los bailes. Algunos se los ciñen a modo de corona en lo alto de la frente y otros al modo de una mitra. Todos ellos se elaboran con "lindas plumas de pájaros" y en ellas sobresalen los guaipunaves[746].

Para ornato del cuello unos enhebran "los dientes de tigre, de cocodrilo y de otros animales" y otros, en vez de dientes, usan "raíces olorosas"[747]. Los aficionados a las modas caribes utilizan la *chaguála* que "está hecha de madera plana, recubierta de manera notable con chapa de plata" y se coloca debajo de la barba, atada al cuello con cordones de algodón que penden por las espaldas del portador[748].

De igual forma todos los indígenas "en la infancia se agujerean las orejas" pero ninguno porta pendientes[749]. Y muchos se atan a las muñecas grueso hilos de algodón con flecos[750]. Y para sujetar el cinturón se atan a las caderas unos gruesos hilos de algodón o de palma. Y para el calzado usan una especie de calzas en los tobillos hechas de gruesos hilos de algodón con flecos en el extremo "que flotan al viento al caminar"[751].

Los colores. En principio, "los que son de genio caribe (…)

---

745 GILIJ. *Ensayo de historia americana*, II, 62.

746 GILIJ. *Ensayo de historia americana*, II, 63.

747 GILIJ. *Ensayo de historia americana*, II, 64.

748 GILIJ. *Ensayo de historia americana*, II, 64.

749 GILIJ. *Ensayo de historia americana*, II, 64.

750 GILIJ. *Ensayo de historia americana*, II, 65.

751 GILIJ. *Ensayo de historia americana*, II, 65.

tienen los colores en altísima estima y consideran viles a las naciones que se abstienen de ellos"[752]. De ordinario pintan su cuerpo de un solo color, el rojo, y para ello se sirven de unas bolitas de anoto. Y como las bolas de anoto están mezcladas con aceite crudo de tortuga "que fácilmente hiede, llevan la peste donde quiera que van"[753].

Pero en los bailes y fiestas los coloridos se enriquecen. Los hombres se "pintan media cara de amarillo y de colorado la otra mitad, de colorado también el pecho, los hombros, los muslos y los pies. Los brazos algunos se los pintan de negro. A otros les place el colorado de los brazos, y el negro, como si fueran guantes, en las manos". Las mujeres sacan los colores y los collares más raros y así aparecen cargadas de globulillos de pies a cabeza. Algunas "añaden arabescos en las nalgas y en el pecho, vistosamente coloreados con chica"[754].

Las unturas. En general la mayoría de aquellas naciones "se untan desde la coronilla de la cabeza hasta las puntas de los pies con aceite y achote"[755]. Cada vez que el hombre regresaba a casa la mujer, o una hija, le quitaba la untura empolvada y le untaba de nuevo los pies. Y sobre la untura iba "mucha variedad de dibujos de varios colores"[756].

Sobre las unturas colocaban sus galas que entre los varones eran "algunos plumajes de colores escogidos". En las orejas y narices se adornaban con "alhajas ridículas" y los más pudientes "con planchitas de plata u oro". En las piernas, en la raíz de las rodillas, ataban cuatro borlas muy esponjadas de gran número de hebras de algodón que no solo servían de gala sino también de remedio

---

752 GILIJ. *Ensayo de historia americana*, II, 68.

753 GILIJ. *Ensayo de historia americana*, II, 66.

754 GILIJ. *Ensayo de historia americana*, II, 67.

755 El achote lo muelen y después lo amasan con "aceite de cumaná o de visirre o de huevo de tortuga". Con el producto final le dan lustre a todo el cuerpo y no solo les sirve de vestido "sino de arnés seguro contra los mosquitos". Además, como el "achote es muy frío de suyo, aquella untura los alivia mucho contra los rayos del sol y el calor casi intolerable" (GUMILLA. *El Orinoco ilustrado*, 121).

756 GUMILLA. *El Orinoco ilustrado*, 116.

contra las garrapatas que se enredaban en las cuatro borlas y así no pasaban al resto del cuerpo[757].

Los días ordinarios su etiqueta consistía en los adornos dichos, amén de la macana en una mano y en la otra la flauta. En los extraordinarios salen desnudos "con las libreas más exquisitas de sus botes, unturas y colores". Pero luego de embijados se untan con una resina llamada *caraña*, amasada de varios colores y que les obliga a permanecer engalanados varios días. A ello unen unas pleitas sutiles, "curiosamente variadas con dibujos no despreciables" y las aprietan a los brazos, piernas, muslos y a todo el cuerpo "con arte y proporción" de tal forma que desde lejos parece que estuvieran vestidos de "angaripola muy lucida"[758].

Los músicos de las danzas salen más lucidos pues sobre la pegajosa *caraña* pegan "variedad de plumas exquisitas en filas regulares, blancas, encarnadas y otros colores" que dan un espectáculo vistoso. En el momento de la danza desarrollan círculos y mudanzas que describen una gran variedad de colorido. Además llama poderosamente la atención las pelucas que utilizan pues son "hechas de plumas singulares y de muy finos colores"; pero más curioso es que se sirvan de ellas tanto en las sementeras como cuando navegan pues así se defienden del calor y de los aguaceros[759].

5. Nación y territorio

Territorio y propiedad. Gilij habla de "habitación" que viene a ser lo equivalente a provincia, país, tierras o comarcas. Toda nación tiene "en común un territorio propio, en que vivir y sacar el sustento" y ciertamente allí tienen todas las comodidades que necesitan. Así se demuestra en un caso extremo como es el de los guahivos quienes, aun siendo gente agitanada, "saben por antigua costumbre los lí-

---

757   GUMILLA. *El Orinoco ilustrado*, 117.
758   GUMILLA. *El Orinoco ilustrado*, 117-118.
759   GUMILLA. *El Orinoco ilustrado*, 118.

mites, y no hay peligro alguno de que los traspasen". Y en general cada nación posee una preferencia afectiva por sus tierras[760]. Y si una nación extraña intenta entrar o usurpar su territorio "tienen siempre las flechas con que defenderse"[761].

La propiedad de todos estos bienes es común a todos, es decir, a toda la nación, "la cual tiene derecho a ello *in solidum*". Y así cada uno "pesca donde y como y cuanto le agrada, caza en cualquier lugar, hace leña, disfruta de los frutos y las raíces, sin que ninguno se oponga". Pero la propiedad privada se rige por el siguiente axioma: "mientras un terreno está inculto es de todos" pero en cuanto es abandonado "vuelve de nuevo a quedar bajo el derecho de la comunidad". Así, los bienes comunes pasan a usufructo de los particulares con el hecho de que un indio ponga una señal de posesión "cortando algunas ramas o bien limpiando un pequeño trozo de las lianas que lo cierran". Pero la figura del ladrón aparece cuando nacen los frutos en las diversas demarcaciones[762].

6. Los pueblos y la vida cotidiana

Las poblaciones indias "no son nunca estables" pues debido a su nomadismo cambian de lugar y de geografía[763].

Cada aldea tenía su cacique y en cada caserío reinaba "la miseria de sus poblaciones, la escasez de víveres y el poco progreso de las artes". Lo que denominaríamos el urbanismo se componía de pocas chozas, quizá, entre cuatro y cinco; y su estilo de convivencia consistía en "estar muchos bajo el mismo techo, o por temor a los enemigos, o por pereza de hacer las casas".

No había uniformidad en la construcción; los techos estaban cubiertos con hojas de palma y los más las cubren solo a

---

760 GILIJ. *Ensayo de historia americana*, II, 182-183.

761 GILIJ. *Ensayo de historia americana*, II, 184.

762 GILIJ. *Ensayo de historia americana*, II, 184.

763 GILIJ. *Ensayo de historia americana*, II, 185.

medias, es decir, "cuanto les basta para repararse del sol o del agua retirándose a un rincón". También las paredes se levantaban con hojas de palma y la puerta era una sola y muy baja "como para dar más seguramente golpes de macana a los enemigos que entren en sus guerras"[764].

Las chozas no tienen ninguna seguridad y por ello "cada uno puede fisgar a su placer las casas". No disponen de cajas especiales y sus pobres enseres los colocan en canastillas de palma que cuelgan de lo alto de las paredes, así como el arco y la macana al lado del lecho. El fuego arde perpetuamente en varias partes de la choza y cerca de él un trípode de piedra donde se colocan las ollas. Guardan el agua en algunas tinajitas[765].

Finalmente, no había ni templos, ni hospitales, ni cárceles públicas, ni otros edificios que distinguen a los lugares civilizados"; pero alguna especie de plaza "donde triscar y danzar, se halla en todas partes"[766].

Los escritores jesuitas manifiestan que, en general, existe uniformidad en las costumbres diarias y civiles entre los orinoquenses. Mantienen las tres comidas al día y después de puesto el sol se cena y a continuación "se baila, se toca y se canta" hasta que cansados se meten en sus chinchorros para descansar[767].

La división civil del tiempo la realizan durante el día a través de la posición solar pero no sucede lo mismo por la noche pues apenas tienen conocimiento de las estrellas. Si la luna está clara también regula las horas: "estando allí la luna". Los meses son lunares pero "ninguna hasta ahora ha sido capaz de poner a cada luna un nombre particular y distinguir los meses" y por ello recurren a otros puntos de referencia como son las diversas ocupaciones del año como las frutas que se comen en ciertos tiempos (el mes de abril con la corova), los huevos de la tortuga (el mes de

---

764 GILIJ. *Ensayo de historia americana*, II, 186-188.

765 GILIJ. *Ensayo de historia americana*, II, 192-193.

766 GILIJ. *Ensayo de historia americana*, II, 190.

767 GILIJ. *Ensayo de historia americana*, II, 193-194.

marzo) y otras cosas semejantes (el principio de las lluvias, el mes de mayo)[768]. El año no se regula por el número de lunas sino por sus dos estaciones: invierno y verano[769].

El ajuar. Los lechos ciertamente no son camas con colchones y sábanas sino que son semejantes "a los que usan los marineros, esto es, portátiles y colgados". Se utilizan chinchorros o hamacas: los primeros hechos con las fibras de la palma muriche y los segundos con un tejido finísimo de algodón[770].

Para sentarse utilizan tanto las hamacas como un taburete bajo de madera para los niños y las mujeres se sientan ordinariamente en el suelo en una estera de palma o en los chinchorros con las piernas extendidas. Los hombres se sientan en cuclillas, apoyando los brazos en sus rodillas[771].

Para las comidas se utiliza el suelo y los alimentos se colocan sobre la tierra o sobre cualquier estera. Los platos son groseros pero generalmente ponen en medio la olla "y cada uno saca lo que le place con las manos". Si comen pescado ningún indio tira las espinas sino después de acabada la comida "pues las recogen todas a una parte de la boca, y comen entretanto con la otra. Pero terminada… la comida, cada uno escupe las suyas"[772].

Para la luz se contentan con la de las hogueras pero también ponen en los platos aceite de tortuga "con un pábilo de un hacecillo seco de palmera muriche clavado en un terrón de tierra"[773].

El pan orinoquense. Se puede afirmar que los dos panes más utilizados en el Orinoco fueron el cazabe y la arepa.

El pan de *yuca brava* proviene de unas raíces "a lo más del grosor de la muñeca y de la longitud de palmo y medio". Las mujeres las lavan y raspan su corteza "que es rojiza y de color

---

768   GILIJ. *Ensayo de historia americana*, II, 195-196.
769   GILIJ. *Ensayo de historia americana*, II, 196.
770   GILIJ. *Ensayo de historia americana*, II, 191.
771   GILIJ. *Ensayo de historia americana*, II, 192.
772   GILIJ. *Ensayo de historia americana*, II, 192-193.
773   GILIJ. *Ensayo de historia americana*, II, 193.

oscuro". Después las rayan en ciertas tablas "a modo de queso" y tienen el rallador apoyado en el vientre y el producto cae en una concha de tortuga[774].

Pero como el jugo es venenoso tienen que procesarlo para evitar envenenamientos. Colocan la yuca rallada (que es sumamente flexible) en un sibucán (de ocho palmos de alto y no más de medio de diámetro) puesto en la cima de un horcón. Después el jugo comienza a gotear mas para que el proceso sea rápido hacen "desde la extremidad inferior del sibucán un anillo de la misma materia, y poniendo dentro de ella la extremidad de un palo, y la otra sobre un pequeño horcón, se sientan encima" y así el jugo se destila en pocas horas. Debajo del sibucán ponen un recipiente que recibe todo lo que escurre que es un licor "bastante semejante a un caldo grueso de macarrones, y es de color blanquecino" y es un veneno potentísimo[775].

Se cuece a continuación la *catara* (así se llama el jugo de la yuca brava) y así desaparece el veneno y se convierte en dulce "nada desemejante a nuestro mosto, tanto en el color como en el sabor". La pasta "queda estriada, a modo de requesón sacado de su cestillo, y con una ligera sacudida que le dan, sale enseguida del sibucán dividida a lo más en dos o tres trozos". Después hay que dejarla al aire para que se seque en zarzos altos. Cuando está en su punto se desmenuza en un cedazo "y llevándola con las manos se la hace pasar por los agujeros, quedando encima la materia más gruesa". Y esta nueva masa se llama *cativía*. Y para conseguir el pan hay que recurrir a un fogón en donde se extiende la cativía en forma avalada o alargada "y se aprieta por todas partes con una paleta de concha de tortuga". Se cuece de un lado y de otro como una fritada y así nace el pan que de ordinario tiene un grosor del dedo meñique y un diámetro de dos palmos[776].

Dentro de este género podríamos incluir la *mandioca*. Se

---

774   GILIJ. *Ensayo de historia americana*, II, 249-250.
775   GILIJ. *Ensayo de historia americana*, II, 250-251.
776   GILIJ. *Ensayo de historia americana*, II, 249-253.

consigue desmenuzando muy bien la *cativía* y cerniéndola en un cedazo para después cocerla en cazuelas, agitándola continuamente. Y entonces "si se deshace primero en trozos finos, se hace bastante fina, y es buena para las menestras"[777].

Si la catara se echa en otra vasija ligeramente aclarada, queda en el fondo una materia blanca que se congela enseguida "y es en todo semejante al almidón de cereales". Este almidón puede decirse que es la "mejor sustancia de la yuca" y si se esparce por encima de la cativía "es tanto más sabroso y sustancioso"[778].

La *arepa* es un pan de maíz. La elaboración de las arepas de maíz cariaco consiste en mezclar la harina de maíz con agua y así convertirla en pasta; después la sacan de la totuma "y con las manos la aplanan a modo de hogazas redondas" que son del tamaño del dedo pulgar y como de medio palmo de diámetro. "Es ardiente y menos sabrosa, pero tolerable al menos si se come caliente". La de harina yucatán se cuece ligeramente y su muele a modo de cacao y se cuece como el cazabe. Da un pan fresco "y sabroso en tiempo de hambre"[779].

Aquí se puede incluir también la *hayaca* que es un panecillo alargado de harina de maíz que se suele hervir envuelto en hojas. "Caliente no es malo, y lo usan también muchos españoles"[780].

Se dan además varios tipos de pan. Los guahívos lo producen de ciertas raíces cocidas, llamadas *guapos*. La raíz de la *cumapana* cocida "merece verdaderamente este nombre". La raíz de la *yuca dulce* "tostada es muy buen pan". Es bueno también el que proviene de la *caróva*. Los tamanacos comen también el *tocóro* que proviene de una banana verde "endurecida al sol, majada en un mortero, reducida a hogazas y cocida en losas calentadas al fuego"; pero el pan dulce no agrada a todos. Es alabado por todos el proveniente

---

777   GILIJ. *Ensayo de historia americana*, II, 253.

778   GILIJ. *Ensayo de historia americana*, II, 253-254.

779   GILIJ. *Ensayo de historia americana*, II, 254.

780   GILIJ. *Ensayo de historia americana*, II, 254. Es muy parecido al paratí (GILIJ. *Ensayo de historia americana*, II, 245).

de la banana verde llamada *artón*, "la cual pelada y tostada sobre brasas se pone blanda, no es repugnante"[781]. Los otomacos comen una "cierta greda olorosa mezclada con el fruto *nega*" de la que hacen unos panecillos que se comen con mucho gusto[782].

Las bebidas. Se daban dos clases de bebidas: las usuales que se podrían calificar como livianas y las fuertes.

Entre las no fuertes podemos señalar: La banana cocida o las batatas cocidas, maceradas en agua, no son desagradables. El cazabe machacado en agua "es bebida vulgar y villana, pero acidilla y fresca". Chichas que se hacen de calabaza cocida, o de algunas raíces, "que cocidas por la tarde u puestas en agua, se beben a la mañana siguiente". El árbol guásimo produce unas frutas duras parecidas a la mora; si se ponen en infusión "endulzan el agua, que es refrescante al beberla, y buena para los sanos y enfermos". El *amoivaré* es una bebida de viaje que se hace de yuca rallada y que se fermenta por largo tiempo en canastillos cubiertos con la hierba cachipo. "No es desagradable en los grandes calores. Pero si se bebe en abundancia relaja el estómago por su extremada frialdad"[783].

Las bebidas fuertes se llaman en general *chicha* y provienen "de semillas o de frutos, pero machacados o macerados en agua, nunca destilados, y nunca exprimidos, como en nuestros países"[784]. Y se dan dos clases de esta chicha: "la una buena, la otra no; la una apta para embriagar, la otra solo para aplacar la sed"[785].

La *chicha* se hace de maíz. Las mujeres machacaban en morteros de madera el maíz para colarlo en los manares (cedazo de los indios) y así cocerlo en grandes ollas "a modo de polenta líquida, para después volverlo a poner en orzas destinadas a esto". La fermentación produce una masa líquida que se coloca en cántaros después de añadirle agua fresca. Mas, para hacerla agradable

---

[781] GILIJ. *Ensayo de historia americana*, II, 247.

[782] GILIJ. *Ensayo de historia americana*, II, 254.

[783] GILIJ. *Ensayo de historia americana*, II, 245.

[784] GILIJ. *Ensayo de historia americana*, II, 242.

[785] GILIJ. *Ensayo de historia americana*, II, 243.

y de sabor picante hace falta una especie de levadura que es de dos clases: "una de ellas limpia y es usada también por los españoles de aquellos lugares. La otra es asquerosa y usada solo por los indios". La levadura limpia proviene de cocer algunas batatas, que son dulces, y majarlas en un mortero de madera de forma tal que después que se enfría la polenta se mezclan "y le dan un sabor que muchos estiman, incluso europeos". Y no es inferior el que le comunica la levadura india "aunque sea muy asquerosa". Pero completa el proceso la siguiente operación: mientras se lleva a cabo la cocción se colocan dos mujeres jóvenes al lado "las cuales, a dos carrillos mastican granos de maíz para llenar una totuma, la cual se vacía después, y se mezclan dentro de la olla, como dijimos batatas cocidas y machacadas"[786].

Desde un punto de vista meramente social los indios ofrecían siempre la chicha y eran tenidos por viles "aquellos que rechazan sus regalos". En cuanto a sus efectos señala Gilij que "no es mala, pero no querría que se la elogiara tanto, al decir que esta bebida mantiene alejadas de los indios los cálculos, las arenillas y semejantes males"[787].

Los maipures, los cabres y los guaipunaves no beben casi nunca la chicha de maíz sino la de cazabe tostado, la cual "por su densidad puede llamarse el mismo tiempo alimento y bebida"[788].

El *yaraki*, es la bebida única de los maipures, guaipunavis y de otros indios del alto Orinoco y es más fuerte que todas las demás clases de chichas. Su proceso de fabricación es largo. La materia prima es hogazas de cazabe, "pero tostadas hasta el punto de que parecen carbón". Después las fermentan y las tienen un tiempo en maceración. Para transformarlas en bebida necesitan de agua que la vierten en los recipientes y con ello empañan las citadas hogazas. Pero dentro de la chicha hay duros trozos de *cativía* (masa de yuca rallada y exprimida) así como fibras de la raíz de la

---

786 GILIJ. *Ensayo de historia americana*, II, 243-244.

787 GILIJ. *Ensayo de historia americana*, II, 244.

788 GILIJ. *Ensayo de historia americana*, II, 244-245.

yuca no bien limpiadas y ello hace que sea molesto de beberlo así. Por ello concluyen su tarea de la siguiente manera: unos jóvenes ponen en alto un manare (cedazo indio) y así van colando las totumas de yaraki y sacando toda la suciedad y las totumas se las pasan a las mujeres y de inmediato la beben o la comen porque es una bebida densa[789].

Más perniciosa que la chicha fue el aguardiente tanto que Ulloa no duda en afirmar que su "uso debería ser tan seriamente prohibido como el del veneno, a fin de conservar a las gentes"[790].

Las reducciones. Los jesuitas siempre se dejaron guiar por la preocupación de llegar a la instauración del municipio, mas para el estudio detallado de este tema nos remitimos a nuestro tomo *Las misiones germen de la nacionalidad*[791].

Según Gilij son cuatro las innovaciones que engrandecen el panorama de futuro en una reducción.

La primera transformación se opera a través de las escuelas pues recogen el deseo de novedad y la imitación de los usos extraños de los niños orinoquenses. En el Orinoco "no se enseña a los indios más que a leer y a escribir" y la razón última de este hecho es que les parece "que no tienen necesidad de más"[792]. Y ésta se completa con la escuela de canto la cual descubrió el que son casi naturalmente músicos y "ninguna cosa fue jamás llevada de Europa a aquellos lugares que más les agradase, ninguna que imitaran mejor". Y desde los inicios de la nueva población se conseguían un indio de las viejas reducciones para que estuviera al frente. Y culmina con lo que llamaríamos el conservatorio en donde se posesionaban del violín, del arpa y de cualquier instrumento de viento. Y de esta forma se convierte en música una nación[793].

---

789   GILIJ. *Ensayo de historia americana*, II, 246.

790   Citado por GILIJ. *Ensayo de historia americana*, II, 313.

791   José DEL REY FAJARDO. *Los jesuitas en Venezuela*. Tomo V: *Las Misiones germen de la nacionalidad*. Caracas-Bogotá, Universidad Católica Andrés Bello-Pontificia Universidad Javeriana (2007) 489-543.

792   GILIJ. *Ensayo de historia american*a, III, 63-64.

793   GILIJ. *Ensayo de historia american*a, III, 64.

La segunda innovación se centra en las artes y en la de tejer, aunque no llegaron a la categoría de sus hermanas llaneras, se iniciaron con el algodón. Algunos aprendieron los trabajos que se llevan adelante con la madera y el hierro. Finalmente, "hay muchos que sin ninguna instrucción saben embellecer muy bien las iglesias, coloreándolas con varias tierras y con jugos de algunas plantas"[794].

La tercera consistía en la introducción de los animales domésticos y el primero es el gato "muy útil para tener la casa limpia de infinitos insectos que hay, y especialmente de murciélagos". Después se podían criar pollos y otras aves domésticas; ganado y otras especies[795].

La cuarta aspiraba al cultivo de los campos y de ello hemos hablado cuando de se trata de la agricultura[796].

Ya Gumilla había cultivado en las misiones de Casanare y Meta el cultivo de la fragua[797] y los telares[798].

7. La sociedad indígena

En las naciones indígenas ciertamente se detecta una cierta estructura de gobierno en donde hay jefes, "ejercicios de paz y de

---

794   GILIJ. *Ensayo de historia americana*, III, 64-65.
795   GILIJ. *Ensayo de historia americana*, III, 65-67.
796   GILIJ. *Ensayo de historia americana*, III, 67.
797   GUMILLA. *El Orinoco ilustrado*, 515: "El atractivo más eficaz para establecer un pueblo nuevo y afianzar en él las familias silvestres es buscar un herrero y armar una fragua, porque es mucha la afición que tienen a este oficio, por la grande utilidad que les da el uso de las herramientas, que antes ignoraban".
798   GUMILLA. *El Orinoco ilustrado*, 515: "No importa menos buscar uno o más tejedores de los pueblos ya establecidos para que tejan allí el hilo que traen ellos, porque la curiosidad los atrae a ver urdir y tejer, y ver vestidos a los oficiales y a sus mujeres les va excitando el deseo de vestirse y se aplican a hilar algodón". Sin embargo, anotará de su reducción el P. Gilij (*Ensayo de historia americana*, III, 64-65): "No pude nunca conseguir, dados los cambios de los tiempos, introducir la de tejer, que por lo demás se halla en todas las antiguas reducciones".

guerra, conocimientos no despreciables de todo, y en suma tanto de bueno que se conoce bien por quien sabiamente reflexiona"[799].

Sin embargo, el cuerpo de la sociedad indígena era simple. La figura principal la representaba el cacique quien era acompañado de los nobles de la nación. La base de la sociedad la componía el pueblo y por debajo estaban los esclavos. Mas, también había una clase emergente que provenía del último estrato. Además, se debe destacar la figura emblemática del piache que gozaba de inmensos privilegios.

El cacique debía distinguirse por su inteligencia y su valor y por ello se le sumaban sus partidarios y así se hacía respetable entre sus connacionales[800].

En el Orinoco se llegaba al cacicazgo de dos formas. La primera es por herencia y así el cacique educa a sus hijos en "todo aquello que conviene a las costumbres de su estirpe" pero a ello hay que añadir las cualidades esenciales del cacicazgo. El segundo título es adquirido por aquellos jefes que "o por discordia con sus connacionales o por deseo de andar por el mundo, o por otro motivo semejante se internaron divididos de sus compañeros por cualquier sabana". Y a estos líderes naturales les conservan siempre "veneración y subordinación"[801].

Pero los jefes están acompañados de nobles y plebeyos y así se dibuja la verdadera realidad de la sociedad indígena. Y el gobierno de los caciques "en parte es monárquico, en parte aristocrático" y solo sirve para los tiempos de paz. Si el cacique ofrece diversiones y chicha para solaz de sus vasallos es obedecido de inmediato pero si manda cosas que sean del provecho de la nación y exigen sacrificio "con gran trabajo halla quien los escuche". Además, todas las deliberaciones "son tumultuarias, aun las más importantes, y las decisiones más serias son tomadas entre borracheras y bailes"[802].

---

799   GILIJ. *Ensayo de historia americana*, II, 170.

800   GILIJ. *Ensayo de historia americana*, II, 171.

801   GILIJ. *Ensayo de historia americana*, II, 170-171.

802   GILIJ. *Ensayo de historia americana*, II, 171-172.

Cuando sienten la amenaza de los enemigos exteriores se reúnen todos los caciques dispersos en un lugar para establecer su consulta. Y en esta asamblea tienen voto no solo los caciques sino todos los nobles que están presentes. Y su conciliábulo termina eligiendo como jefe bien a un cacique presente bien a "otro que sea de la clase de los nobles". Pero esta especie de aristocracia sirve solo para tiempos de guerra[803].

En resumen: la soberanía de los caciques "no es más que un débil comienzo de reino"[804].

Sin embargo, una vez que se integran a la vida misional los caciques conservan sus antiguos títulos y reciben el bastón de mando con pomo de plata y en la iglesia ocupaban bancos separados en las funciones religiosas. Pero también hay que señalar que poco a poco se iba abriendo paso un nuevo espacio para su dignidad. Su punto de partida consistía en lo heredado de la gentilidad pues seguían siendo monarcas de nombre y su mando era "en todo semejante al del padre de familia, pero de familia indisciplinada"[805]. Mas, en la medida en que la vida reduccional progresa, "crece en los que mandan el espíritu y la majestad de las actitudes, crece el respeto y la subordinación en los súbditos"[806].

Aquí debemos llamar la atención sobre un estamento social emergente en la mayoría de las naciones indígenas. De los esclavos orinoquenses no capturados por los caribes surge una nueva clase social, pues una vez libres "sirven a otro por la sola comida y vestido", es decir, de esclavos se han convertido en "sirvientes voluntarios". Y esta modalidad se da también con los españoles y "más raramente, entre los negros". Y confiesa Gilij que un indiecito se puede convertir en un excelente sirviente porque por su memoria mecánica "tiene cuidado de todas las reparaciones de la casa, es limpio, ágil en los servicios menudos, humilde, pendiente de

---

803 GILIJ. *Ensayo de historia americana*, II, 171.

804 GILIJ. *Ensayo de historia americana*, II, 172.

805 GILIJ. *Ensayo de historia americana*, II, 172-173.

806 GILIJ. *Ensayo de historia americana*, II, 173.

la boca de los blancos, y con tal de que se le trate amorosamente, sumamente afecto a su amo"[807].

Otro estamento social que amerita un estudio es grupo de descontentos que no pactaban con la vida reduccional; estamos ante el fenómeno del cimarronismo, y se producía con las huidas de los indios de las reducciones. Entre las naciones cimarronas cita a los guahivos y chiricoas, los gamos, los otomacos, los mapoyes, los piaroas y los quaquas[808]. En muchas oportunidades son los niños quienes ablandan el corazón de sus padres pues añoran la vida reduccional. Otros regresan y otros se internan de nuevo en las selvas[809].

En realidad había varias formas de huir de las misiones pero tres son las más habituales. La primera obedecía a la presión que ejercían los caribes sobre las naciones que les suministraban esclavos y de ello hablamos al tratar el tema de esta etnia. La segunda la constituía el nomadismo de la mayoría de las etnias llaneras y orinoquenses. La tercera era más "autóctona" y se fraguaba dentro propio territorio misional y se ubica en otra categoría distinta a la que hemos denominado "cimarronismo" y quizá podría interpretarse como un rechazo a las exigencias de la vida cristiana.

Y dentro de estas migraciones todavía diferencia el misionero de La Encaramada dos clases de fugitivos: los jefes de la rebelión "porque les desagrada la nueva vida profesada como cristianos" y los que no lo son quienes "casi por fuerza siguen las huellas ajenas"[810].

Para un misionero veterano era fácil detectar el modus operandi de los fugitivos. Si alguno trama la huída es difícil tener conocimiento de ella pues se trama de forma oculta y astuta.

Como primera medida vigilan a los que pudieran dar información al misionero o a los soldados. En una segunda etapa los jefes "parecen de rostro más triste durante algunos días" y se mantienen

---

807   GILIJ. *Ensayo de historia americana*, II, 288.
808   GILIJ. *Ensayo de historia americana*, II, 154.
809   GILIJ. *Ensayo de historia americana*, II,157.
810   GILIJ. *Ensayo de historia americana*, II, 158.

alejados del acto comunitario de la misa; y en los campos hacen provisión de cazabe y de herramientas para su futuro destino. A veces también los largos bailes son "preparativos a las fugas". En un tercer tiempo adoptan "enseguida un rostro más alegre de lo que acostumbran. Frecuentan más a menudo y más devotamente la iglesia. Tratan de buena gana de las cosas de la religión. Los magistrados castigan severamente a los culpables. Algunos, que nunca han tenido casa, se ponen entonces a fabricarla con tal empeño" que pareciera que las quisieran construir muy hermosas en poco tiempo. Y así otras medidas por el estilo. Y los días más propicios para abandonar la reducción son aquellos "en que se suele dar vacación en la escuela y en la doctrina". Y el éxodo puede ser de todo el boque disidente o poco a poco por familias. Y de noche los jefes "despiertan apresuradamente a los otros y se los llevan amenazándolos de muerte si no ceden". En conclusión el misionero queda "reducido a hacer el ermitaño contra su voluntad"[811].

Mas, en el interior de las sociedades indígenas el piache desempeñaba un papel primordial y por ello le dedicamos el siguiente apartado.

Hemos juzgado oportuno incluir aquí la visión que tiene Gumilla sobre la trama social de las comunidades indígenas pues clarifica ciertas preocupaciones raciales que se manejaban entre las sociedades llaneras y orinoquenses. El misionero establece el siguiente cuadro: si el indio casa con un europeo, las cuatro generaciones son así:

    I. De europeo e india sale mestiza (dos cuartos de cada parte).

    II. De europeo y mestiza sale cuarterona (cuarta parte de india).

    III. De europeo y cuarterona sale ochavona (octava parte de india).

---

811 GILIJ. *Ensayo de historia americana*, II, 161-164.

IV. De europeo y ochavona sale puchuela (enteramente blanca)[812].

Pero si la mestiza se casó con un mestizo "la prole es mestiza y se llaman vulgarmente *tente en el aire*". Si la mestiza se casó con un indio "la prole se llama *salta atrás*, pues vuelve de grado superior a inferior". También alerta sobre el concepto de indiano e indiana que no son sinónimos de indio e india[813]. A los que pasan de España al Perú les llaman *chapetones*; en la Nueva España, *cachupines*; a los descendiente europeos que se casan en América los denominan: ya blancos, ya españoles; y a los indios: naturales[814].

No pasa por alto el problema de los mulatos que pueden blanquear como blanquean las mestizas a la cuarta generación:

I. De europeo y negra sale mulata (dos cuartos de cada parte).
II. De europeo y mulata sale cuarterona (cuarta parte de mulata).
III. De europeo y cuarterona sale ochavona (octava parte de mulata).
IV. De europeo y ochavona sale puchuela (blanca totalmente)[815].

En todo caso, Agustín de Vega buen conocedor de los estamentos bajos de la sociedad orinoquense, observará que "la mezcla que resulta de Español, y Yndio, que por acá llaman mestizo, es aun mucho mejor así en genios, capacidad, y advertencia, pues salen advertidísimos, y capacísimos, especial para aprender todas artes, y ciencias, y los naturales muy al propósito para ser instruidos, el genio entre apacible, e iracundo, fuertes, y robustos

---

812   GUMILLA. *El Orinoco ilustrado*, 84-85.
813   GUMILLA. *El Orinoco ilustrado*, 85.
814   GUMILLA. *El Orinoco ilustrado*, 85.
815   GUMILLA. *El Orinoco ilustrado*, 86.

en salud, y fuerzas, muy aptos para los trabajos, y si logran tener buena crianza salen aventajados para todo"[816].

8. Brujos, curanderos y piaches

Una mención especial merece la persona y la acción de los piaches, brujos, curanderos o también mojanes en la literatura histórica hispanoamericana[817]. Según el sentir del jesuita italiano se encontraban en todas las naciones indígenas, pero recogerá que los más celebrados eran los de los aruacos y "sus piaches gozan de las mayores alabanzas". En contraposición señalará que los cabres y los guaipunaves, "como valerosísimos, aborrecen en extremo el arte oculta de dañar, y son acaso los únicos entre quienes no se cultiva" el arte de la piachería[818].

Pensamos que Gilij se esforzó por trazar la figura del piache lo más cercana a la realidad y por ello es fácil intuir a través de sus pinceladas su deseo de no traicionar la verdad a pesar de sus sentimientos encontrados.

El misionero de La Encaramada quiere dejar de forma taxativa su juicio sobre "el justo concepto" del piache. "Ninguno habla las lenguas mejor que ellos. Son elegantes de espíritu e ingeniosos en el decir. Si usaran bien de la ciencia que al cabo tienen, podrían servir de mucho para la conversión de los indios. Saben las

---

816 GUMILLA. *El Orinoco ilustrado*, 663.

817 La literatura shamánica es extensísima. Sin embargo, para el lector moderno sugerimos una lectura fácil como es la de Ariel José JAMES y David Andrés JIMÉNEZ (Coord.). *Chamanismo. El otro hombre, la otra selva, el otro mundo*. Bogotá, Instituto Colombiano de Antropología e Historia, 2004.

818 GILIJ. *Ensayo de historia americana*, II, 91. Gilij recoge los nombres que le asignan en el Orinoco al piache:. Los maipures: *mariri*. Los parecas: *yachi*. Los tamanacos: *pchiachi*. Los españoles: *piache* y también *mojanes*" (GILIJ. *Ensayo de historia americana*, II, 89). Gumilla es menos explícito pues señala: "A los tales en una naciones llaman Moján, en otras piache, en otras Alabuqui, etc." (GUMILLA. *El Orinoco ilustrado*, 291).

tradiciones antiguas de los pueblos y otras cosas no despreciables. Pero instigados por el enemigo común, mezclan con ello increíbles inepcias"[819]. Para el misionero italiano serían dignos de alabanza si usaran bien las virtudes dadas por Dios[820].

Sentado este principio fundamental pasa el misionero a trazar la figura del piache. La profesión –afirma– la iniciaban desde niños bajo la dirección de algún piache famoso y su enseñanza se realizaba "en espesas selvas, lejos siempre de la vista de otro", y al cabo de algunos años, actuaban como profesionales del ramo[821]. Ninguno mejor que ellos conoce el nombre y las virtudes de todas las yerbas[822]. "No llevan insignias por las que se conozca su nuevo grado. Pero la mirada grave, la vida solitaria, la larga cabellera lo demuestra. Tienen un continente más severo que el común de los indios, y seguros de vivir a costa ajena, llevan vida ociosa y desocupada de ordinario"[823]. Presiden las reuniones de las naciones y en los bailes, con la maraca en la mano, conducen el coro de los hombres y las mujeres[824].

Por el contrario, a nuestro parecer, Gumilla parte del principio aceptado en aquellas regiones por los europeos de que el piache basaba su acción en el trato con el demonio y por ello se ubica en esa frontera conceptual que se mueve entre el curandero y el brujo y por ello califica al piache aruaco como "embustero que se introduce a médico". Según el jesuita valenciano hace creer el piache a los indígenas que trata con el demonio y por su medio

---

819   GILIJ. *Ensayo de historia americana*, II, 95.

820   GILIJ. *Ensayo de historia americana*, II, 89. "Creen [los orinoquenses] que conocen no solo las virtudes de toda hierba, y su nombre propio, sino las cosas aún más abstrusas y más ocultas a las miradas. Ninguno en efecto saber mejor que los piaches, que hacen un estudio particular de los vegetales, el nombre de las hierbas, y si, como tal vez acaece lo ignoran, no dudan, para no parecer ignorantes, en formar uno nuevo" (GILIJ. *Ibidem*).

821   GILIJ. *Ensayo de historia americana*, II, 91.

822   GILIJ. *Ensayo de historia americana*, II, 89.

823   GILIJ. *Ensayo de historia americana*, II, 91.

824   GILIJ. *Ensayo de historia americana*, II, 92.

sabe el futuro de la enfermedad. Las consultas las llevan a cabo en "casitas apartadas" y los piaches se pasan la noche con enorme escándalo tanto por sus gritos como por la maraca. De su diálogo con el demonio sacan las respuestas[825].

Para apoyar esta teoría, al parecer popular no indígena, se apoya el autor de *El Orinoco ilustrado* en la fuerza de la lingüística. Establece que los achaguas llaman al demonio *Tanasimi*; los betoyes y giraras: *Memelú*; los guajibos: *Duati*; los guaraúnos: *Jivo*. A ello añade el escritor que los guamos le atribuyen todas sus enfermedades; los mapoyes los daños ocasionados en sus sementeras; los guayqueríes lo consideran el autor de los pleitos y riñas; los betoyes creen que mata a todos los infantes que nacen y "les rompe el pescuezo con gran secreto para no ser oído"[826].

Asentado el principio no se introduce en el mundo que se esconde más allá de los hechos y por ello no trasciende más allá de lo conceptuado en su criteriología. Sin embargo, conoce los métodos de curación que describirá con más precisión Gilij[827].

En general la literatura moderna tiene el peligro de considerar al piache como un ser idealizado pero es evidente que se impone el estudiarlo en sus papeles en medio de la sociedad indígena.

Entre la categorización de los piaches hay que tener en cuenta diversos criterios. Pensamos que en sus funciones de médico se puede afirmar que cuando su curación estaba signada por los criterios de servicio a la comunidad con el mero fin de sanar al enfermo el misionero entendía que estaba haciendo un bien.

Su ritual en las curaciones se componía de versos y ensalmos "que ellos solos entienden". Después utilizan la maraca que siempre la hacen sonar día y noche. A continuación pasan a "los humazos de hoja de tabaco "con que apestan a los enfermos continuamente". Y finalmente, se acercan a la parte doliente de los enfermos

---

825   Véase: GUMILLA. *El Orinoco ilustrado*, 137-138. Gumilla aduce testimonios de europeos. Para la opinión de Gilij nos remitimos a los párrafos siguientes.
826   GUMILLA. *El Orinoco ilustrado*, 291.
827   GUMILLA. *El Orinoco ilustrado*, 291-294.

y "fingen sacarles piedrecillas o espinas, y lo que antes de la cura tienen los piaches preparado en la boca, dicen que lo han sacado de los miembros" del enfermo. Y añade el misionero: "hay quien lo cree, y hay quien no"[828].

Otra metodología es la de las hierbas pues es "maravilloso" el conocimiento que tienen de los herbarios[829]. También recurren a tres medios para recuperar la salud: "los baños, las emisiones de sangre, el ayuno". La extracción de la sangre la llevaban a cabo "con navajas de afeitar o con huesos agudos de pez" y así efectuaban cortes perpendiculares sobre la superficie de las piernas, o de los brazos, o del pecho[830]. El ayuno lo practican en los estados febriles y a lo más "se les ve chupar caña de azúcar" o algún fruto. También desean "las bebidas de maíz cocido o de yuca"[831].

Sin embargo, en la apreciación de Gilij, no existía "ninguna coherencia del sonido de la maraca con las enfermedades" y de igual manera no entendía el significado de sus "cantos y saltos alrededor de los enfermos" pero curiosamente deja abierto el campo para una posible "superstición"[832].

Los antropólogos modernos asignan significaciones simbólicas a los ritos chamánicos pues los utilizaban para ponerse en contacto con el mundo del más allá. Se trata de una medicina mágica que tenía un efecto psicológico en los pacientes pues pretendían revivir las fuerzas autocurativas.

En la actualidad –dice Angelina Pollak-Eltz- "sabemos que los chamanes indígenas o los curanderos espirituales mestizos tratan de curar la mente y el cuerpo simultáneamente y así tienen éxito cuando se trata de enfermedades psicosomáticas"[833]. En todo caso

---

828 GILIJ. *Ensayo de historia americana*, II, 92; 97-98.
829 GILIJ. *Ensayo de historia americana*, II, 98.
830 GILIJ. *Ensayo de historia americana*, II, 96.
831 GILIJ. *Ensayo de historia americana*, II, 96-97.
832 GILIJ. *Ensayo de historia americana*, II, 99.
833 Angelina POLLAK-ELTZ. "Algunas observaciones acerca de Gilij y la medicina indígena". En: *Montalbán*. Caracas, 21 (1989) 155-156.

un sabio y respetado misionero de los pemones, Fray Cesáreo de Armellada[834], siempre afirmaba que cuando los ensalmes, los soplos y otros rituales no producían efecto había que recurrir a la aspirina.

Se puede, pues, asegurar que el misionero italiano nunca puso en duda de la capacidad médica autóctona que siempre desarrolló esta casta especial[835]. Pero al entrar en el terreno moral es donde el misionero entra en conflicto. "Si los piaches –dirá- usaran bien de las virtudes dadas por Dios a las hierbas, serían dignos de alabanza"[836]. Su incredulidad comienza por la ética que desarrollan como médicos y por ciertos métodos utilizados.

Pero cuando ingresaba el piache al terreno de la brujería –o al que el misionero creía que era brujería– surgían los fuertes antagonismos[837].

Y su primera precisión para los piaches del Orinoco es que no son sacerdotes sino médicos. Y su argumentación se debate entre la ausencia de religión y la presencia de cierto espíritu parareligioso. Si no practican ningún culto a ningún ser supremo es natural que no tengan ni ídolos, ni altares, ni sacrificios, ni ritos. Pero donde falla Gilij es a la hora de ubicar lo que hoy llamaríamos parapsicología o fenómenos preternaturales y su correcta interpretación y por ello recurre a la brujería o al trato "con el enemigo común"[838].

En verdad es poco lo que Gilij dedica al capítulo de la brujería. Resalta, sin entrar en más consideraciones, que los piaches otomacos después que han absorbido "sin fin tabaco curan, profetizan y ven, o fingen ver, cosas maravillosísimas"[839]; y en otra

---

834   Ildefonso MEDEZ SALCEDO. "García Gómez, Jesús María". En: FUNDACIÓN POLAR. *Diccionario de Historia de Venezuela*. Caracas, II (1997) 457-458.

835   GILIJ. *Ensayo de historia americana*, II, 98: "… es maravilloso en los piaches el conocimiento de hierbas".

836   GILIJ. *Ensayo de historia americana*, II, 89.

837   GILIJ. *Ensayo de historia Americana*, II, 99.

838   GILIJ. *Ensayo de historia americana*, II, 98-99.

839   GILIJ. *Ensayo de historia Americana*, II, 101.

parte es más explícito: "Qué bellos sueños tienen, embriagados y aturdidos con el largo sorber de la curuba"[840].

La existencia de una liturgia shamánica con acompañamiento rítmico de tamboriles de concha de tortuga y del yopado religioso no pasó desapercibida a fines del siglo XVII al P. Gaspar Pöeck, durante su estancia entre los sálivas orinoquenses. Observó el jesuita alemán el Yopo (Mimosa acacioides y Piptadenia peregrina) es el ingrediente shamánico de la visión y de la inspiración: "Por las narices, valiéndose de un instrumento cóncavo de madera beben y se embriagan y pierden el sentido, de tal manera que no pueden entrar, más aún, ni moverse, y cuando sueñan en esta borrachera hyópica o inspiración, lo toman por un oráculo"[841].

También debemos resaltar que es poco lo que se ha estudiado acerca de la posición del piache en medio de la comunidad indígena. Pues si bien es verdad que era la cabeza "intelectual" de la comunidad también es verdad que la sociedad lo miraba con respeto, recelo y también con temor[842].

Dos visiones del tema de este mundo preternatural ofrecen los escritores jesuitas tanto del siglo XVII como los del XVIII. La primera fuente escrita es la *Historia* del riobambeño Pedro de Mercado, concluida en 1684, la cual recoge una amplia información sobre el mundo indígena tanto del altiplano como del piedemonte llanero. Pero pensamos que Juan Rivero incorpora y pule en su *Historia* (1729) las visiones del XVII y se convierte en el puente de unión entre las mentalidades que responden a generaciones distintas.

Rivero en un capítulo[843] traza el primer mapa conceptual del mundo preternatural: nos habla de agoreros, piaches, mojanes

---

840   GILIJ. *Ensayo de historia americana*, I, 189.
841   BECK. *Misión del río Orinoco…*, II, 169.
842   GILIJ. *Ensayo de historia americana*, II, 90: En definitiva: "son mirados con veneración, o digámoslo justamente, con horror por los orinoquenses".
843   Juan RIVERO. *Historia de las Misiones de los Llanos de Casanare y los ríos Orinoco y Meta.* Bogotá, Biblioteca de la Presidencia de Colombia, 1956. Capítulo VI del Libro II.

y hechiceros. La primera categoría la constituyen los "agoreros" y "adivinadores de los sucesos futuros". Se sirven del canto de los pájaros, de los peces que flechan en los ríos y, por citar un ejemplo, de los primeros flechados pronostican "el bueno o mal suceso de las pesquerías"[844]. También recurren a la *yopa* que la utilizan de la siguiente manera: la introducen por las narices "tomándolo a manera de tabaco, y es de tan grade fortaleza, que a breve rato los priva de juicio". A partir de este momento se inicia la etapa de los presagios. Si la evacuación "de la asquerosa viscosidad" es por la ventana derecha de la nariz "se pronostican buenos sucesos"; si es por la ventana izquierda es indicio de "sucesos infaustos"; y si por ambas a la vez "queda indecisa la materia". Y como suele acontecer que sea lo más frecuente siguen sorbiendo yopa durante todo el día. Lo curioso es que no se hablan entre sí pronuncian "recios y desentonados gritos" como de locos y cada uno pareciera mantener su diálogo consigo mismo[845].

Más breve es el retrato de la figura del *piache* a quien le asigna la función sacerdotal. Y ciertamente parece ser de su propia cosecha. Aparece en el rito de la *chaca*, es decir, la bendición del pescado al inicio del verano. En la noche cuecen una gran cantidad de peces e introducen en la olla uno pequeño llamado chaca "de quien toma nombre la función" y además le añaden bastantes hojas de tabaco y tortas de cazabe.

El historiador Rivero parece acoger bajo el mismo concepto a mojanes y hechiceros y así se desprende cuando habla del tunebo Donse, quebradero de cabeza del P. Antonio Monteverde en la reducciones de Tame y Tunebos[846]. Pero en general solo conocemos alusiones generales que en sí no cualifican la información así como cuando vincula al envenenamiento que practican los Achaguas a

---

844 RIVERO. *Historia de las Misiones...*, 107-108. Está tomado casi al pie de la letra de Pedro de MERCADO. *Historia de la Provincia del Nuevo Reino y Quito de la Compañía de Jesús.* Bogotá, Biblioteca de la Presidencia de Colombia, II (1957)255-256.

845 RIVERO. *Historia de las Misiones...*, 108.

846 RIVERO. *Historia de las Misiones...*, 147, 148.

través del *barbarí*, una culebra de cuarta y media de largo, "de pelo corto y bermejo" y de la se servían para envenenar a sus enemigos y "aunque el indio muera de otra cosa (…) han de decir que fue moján o hechicero el que lo mató"[847].

El H. Agustín de Vega, que escribe hacia 1760, al hablar de los yaruros, dice que "son los más agoreros y que sustentan adivinos" y añade que en cada pueblo o ranchería han de tener al menos uno y reserva el nombre de piache solo para los otomacos[848].

La forma del rito es la tradicional. Primero despejan el rancho donde se va a celebrar el *Cacadi* (que así llaman "el rato que emplean con el Demonio), para averiguar lo futuro y recibir instrucciones suyas". Después le dan al adivino muchos tabacos y una calabaza grande con una abertura tal que pueda meter la cara y tan ajustada que no pueda respirar el aire por ningún sitio. Después enciende el primer trozo de tabaco y para poder tragar mejor el humo introduce la cara en la calabaza. Y así repite la acción hasta que cae "borracho a fuerza de aquel humo". Una vez que entra en trance los asistentes le formulan preguntas a las que "el adivino va respondiendo lo que se le antoja o lo que la borrachera le da lugar". Estas funciones las llevan a cabo durante la noche y suelen durar hasta el amanecer[849].

El misionero de La Encaramada hace alusión a dos cualidades típicas de los piaches orinoquenses como son sus "jactancias" y las "bribonerías".

Son diversas las anécdotas que recoge en cuanto al espíritu jactancioso el misionero. A veces presumían de que se transformaban en tigres y en otros animales feroces y como eran muchos en la época de las lluvias creían los tamanacos que venían de los guamos o de los otomacos. Otro se vanagloriaba de caminar bajo

---

847   RIVERO. *Historia de las Misiones…*, 110.

848   Agustín de VEGA. *Noticia del principio y progresos del establecimiento de las Missiones de gentiles en la río Orinoco por la Compañía de Jesús.* Estudio introductorio: José del Rey Fajardo sj y Daniel de Barandiarán. Caracas, Academia Nacional de la Historia (2000) 665-668.

849   Agustín de VEGA. *Noticia del principio…*, 667.

tierra desde las misiones jesuíticas hasta las bocas del Orinoco; y éste mismo decía que había visto la boca del infierno y que era tan estrecha que no cabía un hombre. Y el cacique de los maipures declamaba versos y decía que los piaches saltan "el infierno y pasan al otro lado"[850]. Un piache otomaco en el terremoto de 1766 "exhortaba a los indios a agarrarse a él para levantarse en el aire con él mismo"[851]. Un joven le comentó al P. Gilij que su cacique (piache areveriano) subía "todos los días al cielo". Y habiéndole preguntado el misionero qué veía allí, le replicó que Dios "da de comer sus alimentos a los tigres, como las mujeres echan maíz delante de sus gallinas"[852].

Otros levantaban más el vuelo y afirmaban que ellos herían la luna "y por eso enrojece y se pone sangrienta". También pretenden hacer creer que atraen y alejan a las lluvias y para ello dirigen sus soplos hacia las nubes. El mismo Gilj presenció a un pareca con un rosario del "que se servían para encantar las lluvias". Se lo cuelgan al cuello en las lluvias y les llega hasta las rodillas "y con él encima soplan a las nubes mientras las hay"[853]. Un piache tamanaco cuando murió uno de su nación pidió agua a los presentes para reavivarlo. De inmediato salió uno de los circunstantes en busca de ella y cuando se la entregó al piache, éste contestó: "Hemos perdido el intento. Si tu hubieras traído el agua del lago, el muerto hubiera vuelto a la vida"[854]. Un piache yaruro fugitivo, "atado por los suyos para volverlo a llevar a la reducción, les amenazó "con hacer temblar la tierra bajo sus pies si no lo soltaban prontamente"[855].

Pero es el capítulo de las bribonerías en el que entra en crisis el juicio del misionero. Su perversidad comienza cuando utilizan

---

850   GILIJ. *Ensayo de historia americana*, II, 95.
851   GILIJ. *Ensayo de historia americana*, II, 93.
852   GILIJ. *Ensayo de historia americana*, II, 94-95.
853   GILIJ. *Ensayo de historia americana*, II, 93-94.
854   GILIJ. *Ensayo de historia americana*, II, 96.
855   GILIJ. *Ensayo de historia americana*, II, 28.

el lado oscuro de su ciencia para otros fines. Se manejan entre el bien y el mal y a veces por enemistad, a veces por otras finalidades es el pueblo indígena objeto de sus designios[856]. En oportunidades se aprovechan del arte de curar para escoger "las mujeres las más bellas, no perdiendo entretanto de vista a las ajenas"[857]. Y aduce Gilij el testimonio de don Simón Gotilla habitante de la Isla de Margarita quien le narró la siguiente historia. Un piache Aruaca fue a curar a una joven enferma de su nación pero "habiéndose enamorado fuertemente" de ella fingió la necesidad de una hierba muy especial. Así le solicitó al marido que la buscara en un monte que estaba lejano. No contó el piache con la velocidad del esposo de la enferma y habiendo regresado antes de lo previsto entró en la choza y "cogió al malvado en su delito". Y concluye el misionero: si fue capaz de darle una paliza no lo sé "pero dado el miedo que todos tienen a los piaches, apenas lo creo"[858].

Un testimonio curioso es el proveniente de un humilde jesuita –no sacerdote y por ende sin estudios superiores– que formó parte del verdadero pueblo en las misiones del Orinoco de 1731 a 1750. A Agustín de Vega su condición de Hermano Coadjutor[859] le hizo convivir con las esferas más bajas de sociedad misional: soldados, indígenas, mulatos y negros[860] y por ende representa una visión no contaminada de los submundos misionales.

Y "para satisfacer la curiosidad" planeó con los soldados y los muchachos de la escuela verificar las afirmaciones del adivino en el pueblo de Burare. En una de las funciones del "Cacadi" se

---

856 GILIJ. *Ensayo de historia americana*, II, 90.

857 GILIJ. *Ensayo de historia americana*, II, 93.

858 GILIJ. *Ensayo de historia americana*, II, 93.

859 Miembro de la Compañía de Jesús, no sacerdote, encargado de los oficios domésticos y colaborador de los sacerdotes en tareas administrativas, misionales o pedagógicas.

860 José DEL REY FAJARDO. "La crónica del Hermano Vega 1730-1750". En: Agustín de VEGA. *Noticia del principio y progresos del establecimiento de las Missiones de gentiles en la río Orinoco por la Compañía de Jesús.*. Caracas, Academia Nacional de la Historia (2000) 7-118.

dijo que un Brujo de la nación otomaca venía de noche a la población en forma de tigre y como es natural espantaba sobre todo a las mujeres y además dejaba mucho "moján por las casas" para provocar la muerte. "A cosa de media noche" colocó estratégicamente a los soldados con su correspondiente pólvora. Después le cortó la cabeza a algunos patos y fue "regando sangre hasta donde alcanzó" por el camino donde estaban ubicados los soldados. A continuación descargó la escopeta y los yaruros vinieron alterados a preguntar qué había pasado y el jesuita les respondió "que ha ya había muerto al Brujo" y que podían dejar el Cacadi e irse a dormir. Pero la curiosidad les llevó a observar por dónde había corrido el tigre y con luminarias se percataron de la sangre y dedujeron que el piache había muerto. Uno de los soldados volvió a descargar el fusil y hacia el disparo corrían para ver al muerto y a continuación hacía su descarga el otro y hacia allí dirigían su carrera y así se pasaron toda la noche. Y como creyeron que Vega había matado al brujo siguieron la fiesta. Y la moraleja de Vega fue "para que vieran que embusteros eran sus padres, y cómo los engañaban, y les metían miedos y embustes[861].

Pero cuando la acción del piache penetra el campo de las acciones incorrectas o malas la opinión del misionero se torna adversa e incluso pugnaz. Dentro de su deontología médica estaba permitido "lo malo" y es cuando actúan con perversión[862].

El misionero italiano cuenta cómo los maipures de su reducción le tenían declarada la guerra a un piache quirrupa y cómo se vio obligado a entregarlo a la custodia del cabo Juan de Dios Hernández para garantizar su seguridad. Al irrumpir en su choza encontraron en sus cestillos "ollitas y calabacitas llenas de ungüentos nunca vistos, y con ellas se hizo, con gusto de todos, una hoguera". No se contentaron con esto sino que tuvo que ser

---

861 Agustín de VEGA. *Noticia del principio...*, 667-669.
862 GILIJ. *Ensayo de historia americana*, II, 90: "Confieso que saben lo bueno de las hierbas, pero saben también lo malo, y siendo gente perversa como son, por enemistad o por otra finalidad suya se aplican voluntariamente a los simples que creen a propósito para sus designios".

llevado a Cabruta y más tarde a San Miguel de Macuco en el Meta donde "dejando su arte de envenenador, se portó bien". Cuando falleció el P. Bernardo Rotella en Cabruta, en 1748, los cabres y los guaipunabis que estimaban mucho a este misionero creyeron que lo habían envenenado los piaches "y tocando enseguida al arma, quitaron de en medio a todo maipure sospechoso"[863].

En estudios de este tipo hay que tener sumo cuidado en no formular generalizaciones basadas en testimonios muy concretos que no afectan la totalidad del gremio.

Un primer marco de referencia lo ofrece el indígena de nuestro gran río que vivía obsesionado por el peligro que le suponían los venenos. En su mente estaba claro que eran la causa de todas las enfermedades[864]. Pero además esa actitud le generaba una desconfianza tanto de sus propios congéneres[865] como de los piaches[866].

El autor anónimo de la *Carta annua* de 1694-1698 narra un incidente que da pie a la reflexión. Cuando el P. Alonso de Neira residía en el Airico un famoso hechicero "con sus hechizos y malas artes" le provocó una enfermedad no conocida. "Diole a un oido un cortimiento con calentura continua, y creçimientos todos los días, estando el Padre todo un año, que duró la enfermedad, como insensato y sin ningún conocimiento". Murió el hechicero y quemaron los indígenas el cadáver y desde ese tiempo comenzó el Padre a sentir alivio en su dolencia "arrojando de el oido dos

---

863   GILIJ. *Ensayo de historia americana*, II, 90-91.

864   GILIJ. *Ensayo de historia americana*, II, 83: "Acostumbrados desde los más tiernos años a creer que viene de veneno toda enfermedad…".

865   GILIJ. *Ensayo de historia americana*, II, 86: "Pero el temor que los indios tienen no ya de los españoles, a los cuales saben muy bien que les es desconocido el vil oficio de quitar la vida por medios ocultos, sino a sus semejantes que conviven con ellos, los indios mismos, nunca supe comprenderlo".

866   GILIJ. *Ensayo de historia americana*, II, 90: "Temen todos en sus enfermedades haber sido soplados o de otra manera envenenados por los piaches, y aunque las verdaderas causas de las enfermedades existan demasiado, no saben sin embargo hallar otra sino el ánimo enemistado con ellos de los piaches".

huesecillos con unas puntas como de tierra, de el grandor de una abellana en lo grueso, y algo mas largos; con lo cual no solo quedo libre de el achaque, y de todos sus accidentes malignos sino con mucha mejoría en la vista, que con la hedad tenia muy consumida, y cassi acabada"[867]. Esta supuesta acción de los piaches no es recogida sino en forma general por los cronistas jesuíticos.

Un segundo círculo de desconfianza lo provocaban algunas de las acciones no correctas de las que hemos hablado más arriba. Un ejemplo ilustrativo nos lo ofrece el piache pareca Curucuríma. Acompañó al misionero de La Encaramada a la región de Túriva a fin de dialogar con la etnia pareca y considerar sus posibilidades de reducción. Antes de llegar a la población huyó Curucuríma y envenenó a sus connacionales contra el misionero pero como éste conocía su lengua los desarmó y echó por tierra todas sus prevenciones. Y después comenta: "me contaron cosas increíbles que les había dicho nuestro piache para inducirlos a matarme con mis compañeros". Lo curioso es que Curucuríma viendo el cambio de los suyos "estuvo entre los primeros besándome la mano". Y más llamativo es que "su esposa, mujer juiciosa y de garbo, me dijo infinito mal de él". Y cuando los parecas se redujeron en La Encaramada, terminó huyendo "y dando vueltas como un loco o poseído por las selvas"[868].

Al parecer eran caras las consultas pues según Gumilla a la muerte del enfermo solo se salvaba "lo que la pobre viuda pudo esconder"[869].

Otro capítulo importante es la relación misionero-piache. Es lógico que la presencia del misionero no fuera mirada por los piaches con ojos benignos. Gilij habla incluso del "sumo odio"[870].

---

867 APT. Leg., 26. *Letras annuas de la Provincia del Nuevo Reino de Granada de la Compañia de Jesus, desde el año 1694 hasta fines de 98...* fol., 276v.

868 GILIJ. *Ensayo de historia americana*, II, 101.

869 GUMILLA. *El Orinoco ilustrado*, 138: "... hurto manifiesto lo que cobra por su trabajo, después que muere el enfermo, y es todo lo mejor del difunto...".

870 GILIJ. *Ensayo de historia americana*, II, 99.

Es fácilmente deducible que no podían pactar con un nuevo estatus político en el que su poder casi absoluto quedaba desmoronado. Y en consecuencia debían defender todas las tradiciones que habían significado su poder. Así instigarán al principio que no les obligaría a ellos a abandonar "los antiguos bailes, la pluralidad de mujeres y nuestras inveteradas costumbres, de abrazar una religión extranjera, que proponiéndonos premios que no vemos nos hace abandonar neciamente el presente"[871].

Este enfrentamiento costaba años el superarlo. El misionero llegará a escribir con cierto pesimismo: "Dios sabe cuáles de ellos son cristianos internamente". Pero los regalos "los ciegan provechosamente" y llegan a la reducción con la esperanza de regresar de nuevo a las selvas[872]. Pero, si a ello añadimos el significado de la seguridad colectiva contra las invasiones de naciones más poderosas que conllevaban la esclavitud es de pensar que en la mente del autóctono debía darse una batalla interna que concluía en la búsqueda de su supervivencia.

9. Matrimonio

Dentro de la visión de la familia indígena comenzamos por el matrimonio pero nos restringiremos a una visión general sin descender a las singularidades de cada una de las etnias.

Fuera de la solemnidad con que los guayqueríes celebraban sus casamientos las demás naciones gastaban muy pocas ceremonias. El principio general profesaba que "las hijas son vendibles y que el novio debe pagarlas a sus padres", aunque éstos se contenten con cosas de poca monta.

Son diversos los usos practicados en la gran Orinoquia. En algunas etnias antes de entregar el padre a su hija debían preceder algunos méritos positivos: el primero era demostrar que "era hombre en forma" y eso le evidenciaba matando un jabalí; y el

---

[871] GILIJ. *Ensayo de historia americana*, II, 100.

[872] GILIJ. *Ensayo de historia americana*, II, 100.

segundo consistía en prevenir una sementera "en prueba de que ya puede mantener la familia". Otras naciones subían las exigencias y se requería disponer tanto de una sementera como de una casa en donde vivir y además cuidar de la sementera del suegro y hacerle una casa nueva si la que tenía era vieja, pero si estaba buena quedaba obligado a prepararle la sementera al año siguiente. En otras parcialidades recurrían al contrato en el que se decidía cuál era el precio de la novia y cumplido el pacto el novio se la llevaba; pero más problemático era el caso en que el pretendiente tuviera otras mujeres pues los padres subían el precio de la moza. Las viudas que eran casaderas contraían matrimonio con quien mejor les pareciera menos entre los caribes que la heredaba el hijo mayor del difunto y entre los otomacos cuyos capitanes entregaban la viuda a un joven. Más rara aparece la costumbre en la que el matrimonio se ajustaba en el nacimiento del varón y la hembra "alegando que deben ser compañeros por haber venido a este mundo el uno en pos del otro"[873].

Es de notar que en algunas naciones no se casan "con parientes de primero ni segundo grado de consanguinidad" y entre los betoyes se observa "el no casarse hasta pasado el quinto grado". Con todo, los caribes y los chiricoas "tienen muy poco o casi ningún reparo"[874].

Aunque teóricamente la poligamia estaba aceptada por todos, sin embargo eran "pocos los que tienen muchas mujeres, no por falta de voluntad, sino porque no las hallan, o caso que las hallen, porque no tienen caudal para dar la paga que piden sus padres o no quieren obligarse a las pensiones" de las que hemos hablado en el párrafo anterior. Con todo, los caciques, capitanes, "algunos valentones que sobresalen en el valor o en la destreza y elocuencia en el hablar, y sus curanderos, médicos o piaches" o los que por sus enredos y embustes "consiguen dos o tres mujeres

---

[873] GUMILLA. *El Orinoco ilustrado*, 465. Los betoyes eran los únicos que tenían su rito. El padre de la novia le preguntaba al novio: ¿La cuidarás? Y el mozo respondía: La cuidaré.

[874] GUMILLA. *El Orinoco ilustrado*, 468.

cada uno, y algunos de muy sobresaliente séquito consiguen hasta ocho y aún más"[875].

Es curiosa la forma de convivencia en los hogares poligámicos. No vivían todos en la misma casa sino que cada mujer tenía la suya donde habitaba con sus hijos. Todas debían trabajar en las sementeras de su marido pero respetando cada una la porción por él asignada. A la hora de la comida "le tienden en el suelo la estera, que es su mesa, y cada mujer le pone delante su plato de vianda, su torta de cazabe o caizú de maíz y se retira; coma o no coma nadie le habla palabra". Después cada una le pone la bebida de chicha y concluida esta función "cada cual se retira a su fogón a comer y beber con sus hijos, con el cual retiro se evitan pleitos"[876].

Poco dice Gumilla sobre el repudio y se contenta con anotar lo practican con o sin motivos "siguiendo el ímpetu de su depravado genio"[877].

En otro orden de ideas Gilij afirma que el dicho de que las mujeres sean "comunes" no se da en el Orinoco. En general, *puti* "es el nombre que significa la mujer destinada con ciertas formalidades a procrear los hijos con un solo hombre. *Nio* es el marido y no los maridos de ella". La firmeza de la adhesión del hombre con su mujer se confirma de diversas maneras. En primer lugar, la mujer siempre viaja con el marido y va delante tres o cuatro pasos y no la pierde de vista nunca. "Están dispuestas [a] las injurias del celoso marido y dispuestos los golpes". En segundo lugar, por cualquier sospecha "de que se ha faltado a la fe, se llaman mutuamente lujuriosos" y así se evidencia la distinción entre los verdaderos de los falsos[878]. Sin embargo "es voz comunísima en el Orinoco que las mujeres de un hermano son también mujeres de todos los demás"[879].

---

875 GUMILLA. *El Orinoco ilustrado*, 466.

876 GUMILLA. *El Orinoco ilustrado*, 467.

877 GUMILLA. *El Orinoco ilustrado*, 468.

878 GILIJ. *Ensayo de historia americana*, II, 205.

879 GILIJ. *Ensayo de historia americana*, II, 216-217.

Repudio y poligamia. El repudio "está en vigor en todas las naciones del Orinoco" y en efecto, "una riña, unos celos, una paliza más fuerte de lo acostumbrado, produce enseguida un repudio". En su época de "gentilismo" no comprendían la perpetuidad del matrimonio. Sin embargo, si había hijos "son de larga duración y muchísimos duran hasta la muerte"[880].

Pero más allá del repudio se abren espacios que facilitan la poligamia. Recogemos algunos casos.

Un hecho suele ser el tener varias mujeres aunque sean hermanas. Y no las llaman cuñadas ni les aplican el tratamiento de vos pues como ellos dicen no son "personas que den vergüenza"[881].

A veces "eligen por mujer a las sobrinas de la hermana, las cuales dan a su tío materno el mismo nombre que se suele dar al suegro, esto es, *avo*, el cual nombre indiferentemente significa lo uno y lo otro". Con todo, no se da el caso de que una joven india tome por marido al tío paterno. *Papa* "significa padre y significa a la vez tío paterno"[882].

Es muy raro el hecho de que tomen como esposas a sus hijastras y los mismos indios "se maravillan de tales matrimonios"[883].

En otras oportunidades toman por mujer a las viudas de sus hermanos "y aun a aquellas de sus difuntos padres, exceptuada la que les dio la vida". Hay que resaltar que no respetan los grados de afinidad "pero en los grados de consanguinidad o en la unión con aquellas que les son próximas por la sangre, en el Orinoco al menos, no se nota desorden alguno". Sin embargo, tienen gran estima por las personas de las que han recibido el ser, lo mismo que por las hijas y las nietas de sus hermanos[884].

Poligamia. Era una costumbre generalizada pero entre los

---

880   GILIJ. *Ensayo de historia americana*, II, 209-210.
881   GILIJ. *Ensayo de historia americana*, II, 211.
882   GILIJ. *Ensayo de historia americana*, II, 211.
883   GILIJ. *Ensayo de historia americana*, II, 212.
884   GILIJ. *Ensayo de historia americana*, II, 212.

yaruros, los cabres y los guaipunavis "son rarísimos los que tienen varias mujeres". En otras naciones había pocas mujeres y éstas parecían patrimonio de los caciques y los más viejos y los jóvenes tenían esforzarse en agradar al suegro para obtener su deseo. Pero si a alguna de las hermanas se le moría el marido, ésta se convertía en su mujer "junto con las hijas tenidas del primer matrimonio". Los caciques podían tener tres mujeres sin disgusto de sus suegros amén de las que cautivaban en las guerras, las huérfanas "y otras jóvenes de semejante situación"[885].

La convivencia de las mujeres si está presente el marido "están muy tranquilas y tan dispuestas en todo, que diríais que son una sola, que no ya hermanas"; pero cuando se aleja comienza la lucha pues se tachan mutuamente de feas, holgazanas y torpes. No siempre el primer puesto corresponde a la primera pues puede ser suplantada por otra más bella o cualificada con "otras dotes". Los tamanacos designan a la segunda y tercera mujer como "compañera de mi mujer" y los demás con el nombre de "enemigas"[886].

Todas estas situaciones explican por qué las mujeres desean abrazar el cristianismo. Así se casan con sus iguales "jóvenes con jóvenes, y con aquellos precisamente que quieren" y las que todavía formaban parte del harén le pedían a Gilij que los "desmujerare"[887].

Las mujeres casadas. Acerca de los hijos se dan dos posiciones. En algunas creen que "con los prontos y frecuentes partos se estropee su belleza, los evitan de propósito, incluso con bebedizos dispuestos para este fin"; y en ello colaboran los jóvenes maridos que desean su libertad y que las esposas estén ágiles en las tareas domésticas. Otras prefieren tenerlos pronto y en la juventud más fresca pues como dicen ellas mismas "quien da a luz pronto… no se estropea nunca"[888].

---

885   GILIJ. *Ensayo de historia americana*, II, 213-214.

886   GILIJ. *Ensayo de historia americana*, II, 214-215.

887   GILIJ. *Ensayo de historia americana*, II, 215-216.

888   GILIJ. *Ensayo de historia americana*, II, 217.

Con respecto a las mujeres embarazadas hay que señalar que ninguna sabe cuándo le toca dar a luz; en general siempre prefieren que la criatura sea varón por las ventajas futuras que representa; y también sienten caprichos que ellos las llaman "mentiras" y les salen unas manchitas "que se dice provienen de excesivo apetito de algún manjar o bebida"[889].

Los partos no constituyen ninguna dificultad pues en primer lugar las asisten las comadronas que gozan de mucha habilidad y en segundo término cuando el niño ha nacido "es lavado en agua fría y envuelto en sus pañales"[890]. Pero una vez que observan otras conductas en la reducción tratan de mejorar su vida y por eso piden reconstituyentes, caldos sustanciosos, y todo aquello que les parece adecuado para la necesidad[891].

Mucho costaba al misionero acabar con los prejuicios rancios. Si daban a luz dos criaturas, enterraba a una pues para el marido era signo de infidelidad. Si nace con algún defecto en el cuerpo "le tuercen enseguida el cuello y lo mandan a la otra vida" pero la culpable no es la joven madre sino que "las ejecutoras de tan enorme maldad son sus madres y las viejas"; y Gilij añade que "este gran mal es demasiado frecuente, sobre todo entre aquellas indias que con el dar a luz creen perder la juventud"[892].

Como es de suponer los niños no disponen de cuna donde reposar, ni de instrumentos para enseñar al niño a caminar, sin embargo "aprenden pronto a hablar; y también andan pronto"[893].

La principal virtud que debe adornar a una esposa orinoquense es la de tenerle al marido cuando llega a casa la comida preparada así como también la bebida y embijarlo de pies a cabeza. Pero si tiene varias mujeres cada una debe alimentar al marido de

---

889   GILIJ. *Ensayo de historia americana*, II, 221.
890   GILIJ. *Ensayo de historia americana*, II, 217-218.
891   GILIJ. *Ensayo de historia americana*, II, 218.
892   GILIJ. *Ensayo de historia americana*, II, 218-219.
893   GILIJ. *Ensayo de historia americana*, II, 219-220.

forma separada y el ritual consiste en presentarle la chicha en la mano y un plato de comida[894].

Vida familiar. Ciertamente en el Orinoco el sexo débil no gozaba de los cumplimientos que disfrutaba en el mundo occidental. "Son desusadas las reverencias y otras ceremonias comunes entre nosotros, y por el contrario, en especial entre personas casadas, reina indiferencia hacia sus mujeres, así como desdén y severidad; ni una india gobierna en ningún caso al marido o le manda imperiosamente a baqueta, si no es acaso la hija de algún cacique, unida en matrimonio a uno inferior a ella". Y ni siquiera en los cantos "no tiene parte ninguna Cupido"[895].

Las fórmulas de la buena educación eran desconocidas y por ello les faltaban palabras para expresar una condolencia o para felicitar por los sucesos favorables de la vida. Todos son tratados de *tú* y como es natural no tienen nombres para la gama social que culmina en el rey. Sin embargo los tamanacos utilizaban el *vos* para con aquellas personas que eran sus parientes por matrimonio. El saludo se reducía a ¿tú? y la respuesta era un escueto "*u*, esto es, sí, yo soy"[896]. Ignoraban por completo el significado de besar la mano de personas honradas y "todos las huelen, y más que con los labios la tocan con la nariz como para olfatear" pues en sus lenguas no "adopta otra palabra a este acto de reverencia que la de oler"[897].

10. El trabajo

Teniendo como pórtico lo dicho anteriormente sobre la pereza de los orinoquenses pasamos a tratar de lleno el tema. Y una vez más

---

894 GILIJ. *Ensayo de historia americana*, II, 220-221.
895 GILIJ. *Ensayo de historia americana*, II, 308.
896 GILIJ. *Ensayo de historia americana*, II, 176-177.
897 GILIJ. *Ensayo de historia americana*, II, 178.

advertimos al lector que en el capítulo 3º estudiamos por separado lo relativo a cada nación.

Entre los trabajos masculinos que se pueden considerar finos hay que hacer mención del *manare* y del *chamátu*.

El primero corresponde a la elaboración del *manare*, es decir, aquellos cedazos o cribas que sacan la túnica del tallo de esta caña y la dividen en tiras y con ellas producen el *manare*. Hay unas que son anchas y sirven para cerner la *cativía*, y otras son más apretadas y se utilizan para cernir el maíz para hacer arepas. Lo que logra atravesar los agujeros se llama harina y lo que queda encima es el salvado o afrecho.

El segundo es el *chamátu*, es un tejido de las tiras del manare con las que se hace una caja cuadrada sin tapa. Del mismo material es el carcaj que es cilíndrico, de medio palmo de diámetro y uno y medio de longitud, que porta las pequeñas flechas envenenadas[898].

Además, confeccionan unos canastos, toscos e improvisados, que los montan "con hojas de palma enteras sin separar ni una"[899].

Pesca y caza. En una panorámica general se podría decir que hay dos clases de naciones: unas, cuyo alimento "no es más que el pescado", y son las que habitan junto a los grandes ríos, como los otomacos y los guamos; y otros, los que se podrían conceptuar como montañeses, es decir, a los que "les agrada más que todo la carne de los animales terrestres, ciervos, puercos, dantas, etc.", como son los tamanacos, parecas, piaroas y otros semejantes[900].

Pesca. En la época de lluvias se sirven de las flechas para las funciones de pesca. Dos indios en una pequeña embarcación bogan por las selvas inundadas: uno lleva en la mano una varita a cuya extremidad está atada una cuerda de dos brazas de larga y al final pende un fruto del que les gusta a los peces. El piloto "alza la vara, golpea con el fruto pendiente de ella la superficie del agua

---

898   GILIJ. *Ensayo de historia americana*, II, 260.
899   GILIJ. *Ensayo de historia americana*, II, 260.
900   GILIJ. *Ensayo de historia americana*, II, 263.

e imita el ruido que haría si cayese entonces de los árboles". De inmediato acude el pez y el flechero, de pie y con el arco tendido en la proa, lo mata rápidamente; y de esta manera en poco tiempo se llena la canoa de peces[901].

Al concluir la etapa de las lluvias cierran con empalizadas las lagunas y canales que en invierno tenían comunicación con el Orinoco y así impiden a todos los seres fluviales el regreso a su antiguo lecho y "es increíble cuán numerosa pesca recogen"[902].

En tiempos de verano se recurre al anzuelo cuya magnitud la define el tamaño de los peces: para atrapar al *lauláu* debe ser bastante grande; los otros son unos medianos y otros pequeños "pero todos de hierro". La espina de la escorzonera orinoquense "puede hacer las veces de un anzuelo". De igual forma utilizan una pequeña red para los lagos que quedan cuando se retiran las aguas del gran río. Y en el Raudal de Atures los adoles utilizaban "nasas trepadoras" que las instalaban por la noche y volvían a la mañana siguiente para recoger la pesca.

Pero el método más fácil consistía en esparcir por el agua raíces o frutas machacadas, como por ejemplo el barbasco, y los peces atontados eran recogidos por los hombres. Y para la captura del manatí se servían de "una especie de hocinos dentados por uno de los lados o bien por los dos"[903].

Para la cacería de los animales nos circunscribiremos a los instrumentos con que las llevaban a cabo. Con las flechas mataban ciervos, jabalíes, dantas y otros cuadrúpedos. Para los pájaros utilizaban unas pequeñas flechas que disparaban con la cerbatana que se elaboraba "con el tallo vaciado de cierta palma, la cual es fina a modo de caña, pero sumamente fuerte y de color que tira a café". Las cerbatanas tienen de longitud de cinco a seis palmos y poseen una "boca de madera firme, que parece labrada con torno" y en ella colocan "una flechita aguda de la longitud de un palmo" untada

---

901 GILIJ. *Ensayo de historia americana*, II, 263-264.
902 GILIJ. *Ensayo de historia americana*, II, 264.
903 GILIJ. *Ensayo de historia americana*, II, 264-265.

con el veneno *curare*, la cual, cuando toca la sangre "mata infaliblemente casi repentinamente a cualquier ser viviente". Así matan a los monos y para que sus carnes sean comestibles las cuecen[904].

El trabajo de la tierra. Los terrenos que a primera vista parecieran muy adecuados para la siembra "no la sufren en absoluto por su esterilidad" pero sí son buenos para la hierba del ganado vacuno y caballar. Los rediles son de una maravillosa fecundidad solo durante el invierno y en verano aparece de nuevo el terreno seco y arenoso. En los terrenos vecinos a las viviendas se dan bien los fréjoles y los pepinos y nada más. Una posibilidad no intentada serían los murichales los cuales, "aunque sumamente fértiles, quedan siempre incultos"[905].

La imagen del indio camino de sus campos era "con una hoz en la mano, y en la cintura un largo cuchillo"[906] pero además con hachas y podaderas; mientras que sus antepasados usaban ciertas pequeñas segures de piedra a las que acomodaban un mango[907].

El trabajo en los campos se denominaba *roza* y en definitiva se define como "cortar un trozo de selva, quemarlo a su tiempo y sembrarlo". Y las "cortas" eran de dos clases: las que se llevaban a cabo en los lugares secos y alejados de los ríos y las que se efectuaban en los sitios anegados de agua[908].

La "corta" se iniciaba en diciembre y solía ir indígena acompañado de muchos colegas porque todos gozaban de la chicha y sus labores se reducían a uno o dos días y se contentaban "en cortar únicamente los árboles sin quitarles las ramas". Después, a los cuatro meses, los quemaban, y se convertían en cenizas pues eran bastante resinosos y el ardiente sol los convertía en casi yesca[909].

También en terrenos secos se daba otro tipo de rozas. En

---

904   GILIJ. *Ensayo de historia americana*, II, 265-266.
905   GILIJ. *Ensayo de historia americana*, II, 273-274.
906   GILIJ. *Ensayo de historia americana*, II, 274.
907   GILIJ. *Ensayo de historia americana*, II, 275.
908   GILIJ. *Ensayo de historia americana*, II, 274.
909   GILIJ. *Ensayo de historia americana*, II, 274-275.

las selvas solo se recogía el maíz una vez al año a pesar de que se requerían cuatro meses para que diera fruto. Esta dificultad fue vencida por el P. Roque Lubián, "el cual aconsejó a los indios limpiar las selvas cortando las plantas pequeñas, sembrarlas de maíz, y derribar en tierra los árboles encima del sembrado". Y gracias a las hojas caídas y la penetración del sol y del agua brotó el maíz en "dos meses solo de invierno" y así se pudo elevar a dos cosechas al año. Y "hubo quien halló modo de aumentarlas"[910].

Según Gilij nadie había pensado en el cultivo de los terrenos de selva y de las orillas del Orinoco y de sus islas que se inundan cíclicamente y "están privados de todo insecto dañino". Fue el misionero José María Forneri quien mostró el modo de cultivarlos. Al analizar el éxito del maíz de los yaruros en los meses de verano observó que se daba en "las parcelas de tierra que en los tiempos de lluvia se inundan". Y así dio la noticia a los demás misioneros. Profundizó en su descubrimiento y para ello mandó cortar los árboles el mes de diciembre (dos meses después de haberse retirado el río) y los quemó. Después vinieron las crecidas del Orinoco desde mayo o junio hasta septiembre y la tierra se enriqueció no solo con las cenizas sino también por el cieno que arrastra el río. Al retirarse la corriente era el momento para sembrar, poner los granos, los frutos y raíces "que pueden nacer en el espacio intermedio entre una y otra inundación". En este orden de cosas se dio paso a una yuca agria que daba su fruto en seis meses y la dulce aún antes; el maíz *mapito* en dos meses; también se beneficiaban los pepinos, calabazas y fréjoles[911].

Con respecto al modo de sembrar los terrenos hay que comenzar diciendo que no utilizan el arado para remover la tierra. Los hombres utilizan la azada para plantar la yuca y para ello cavan "acá y allá, hacen pequeños montones de tierra donde clavan hasta la mitad tres o cuatro tallos maduros de yuca de la longitud de un

---

910   GILIJ. *Ensayo de historia americana*, II, 275-276.

911   GILIJ. *Ensayo de historia americana*, II, 276-277.

palmo"; y germinan enseguida y así producen las raíces de las que se saca el cazabe[912].

A las mujeres les corresponde la siembra del maíz de forma tal que una se sirve de un palo con el que hace pequeños agujeros, dispuestos en filas y separadas entre sí "como tres palmos"; y otra mujer mete en cada concavidad cuatro o cinco semillas de maíz y las cubre con el pie y con eso se da por terminada la siembra. Como las tierras se fatigan pronto, "gustan de hacerlas nuevas cada año"[913].

Los trabajos de las mujeres. Amén de las labores domésticas habituales las orinoquenses se empleaban en varias ocupaciones.

En primer lugar hilaban muy finamente el algodón pero las tamancas eran las mejores hilanderas. Mas no todas sabían hacer telas y este oficio lo realizaban en general las viejas. Sus telares consistían en "cuatro palos, dispuestos en figura cuadrada, corta o larga, según se requiera para la necesidad del momento". Así hilaban los taparrabos de los hombres que eran "de siete a ocho palmos de largo, y de dos de ancho"; y los de las mujeres eran "uno de anchura y dos de longitud". No son despreciables sus telas y, a veces, las hacen "con hilos de diversos colores, y variadas de color con mucha gracia"[914].

También fabricaban hamacas, pero no todas sino las que habían estado algún tiempo entre los caribes. Sin embargo, todas sabían fabricar el hilo de los chinchorros con las fibras de los retoños de la palmera muriche. Tampoco falta quienes supieran hacer cordones y sogas[915].

El ajuar doméstico se puede reconstruir por el trabajo de las mujeres. Los utensilios de cocina, buenos o malos, "los hacen por sí mismas". Para cocer la carne y el pescado hay ollas "todas bajas y de boca grande" pero desconocen las tapaderas y los pu-

---

912   GILIJ. *Ensayo de historia americana*, II, 277.

913   GILIJ. *Ensayo de historia americana*, II, 277-278.

914   GILIJ. *Ensayo de historia americana*, II, 255-256. Las descripción de sus "máquinas" puede verse en estos textos de Gilij.

915   GILIJ. *Ensayo de historia americana*, II, 257.

cheros. Para trasladar el agua a sus casas elaboran orzas o pequeños cántaros que llaman *múcure*; y a petición de los españoles también producen una tinaja para guardar el agua. Para la chicha de los bailes idearon el *chamacu* que es un gran vaso redondo y de más de seis palmos de alto. Los platos que confeccionan son toscos pero los de los caribes "son bastante lindos". En tiempo de Gilij se dirigían a la Encaramada para proveerse de ollas para cocinar; para las de cocinar aceite las buscaban entre los otomacos y las *chirguas* (instrumento redondo con dos picos que sirve para refrescar el agua) las conseguían entre los guamos[916].

Los artefactos de barro no eran barnizados con excepción de las copas y las escudillas de los guaipunavis y los platos pequeños de los caribes que estaban pintados con *chica* y barnizados por dentro con goma *chimirí* que no es muy duradera. Para hacer todo este instrumental se proveían de greda proveniente de las regiones del interior del Orinoco que era de color, tirando a ceniciento, y con muchas piedrecitas mezcladas. Una vez tenían el material lo masaban despacio e hilaban el barro para hacer tiras del grueso del dedo meñique. A continuación elaboraban la base del instrumento y para ello se servían del caparazón inferior de la tortuga que es planísima; alrededor del centro de la base se curvaban las tiras hasta obtener la anchura deseada. Para el levantamiento de los lados colocaban una tira encima de los límites de la circunferencia de la basa y así sucesivamente hasta alcanzar la altura prefijada. En este proceso se apretaban las tiras de tal manera que no se notaba nada. Después se le dejaba secar y al día siguiente lo alisaban bien con un piedra apropiada bien con el dedo mojado en agua. El color era libre y dependía del fabricante y de ordinario eran rojos[917].

Como no tienen hornos cavaban en la tierra unos hoyos donde colocaban la olla y la cubrían a todo alrededor de cortezas secas de árbol que las renovaban continuamente. El punto final o verificaban por el sonido, tocándolas con un palo. Al principio

---

916 GILIJ. *Ensayo de historia americana*, II, 257-258.
917 GILIJ. *Ensayo de historia americana*, II, 258-259.

utilizaban cortezas del árbol *mapuíma* y después con *estiércol seco de vaca*[918].

Un capítulo interesante a la hora de estudiar los procesos de desarrollo llevados a cabo en la Gran Orinoquia es el que se deriva del estudio de la tecnología agrícola premisional y misional.

La siembra: primero debían cortar la maleza, derribar los árboles y quemar después uno y otro, para descubrir el terreno que había de recibir las semillas. Para esta acción utilizaban las macanas para tronchar la maleza, con las hachas[919] cortaban los troncos verdes y las mujeres iban quemando los palos secos. Con esta tecnología se demoraban "dos meses, cosa que un hacha ordinaria se hace en una hora". Y para formar los surcos en la tierra se valían de unas palas de macana formadas de palo durísimo; y con ellas cavan; "las fabrican con fuego, quemando unas partes y dejando otras, no sin arte, proporción y dispendio de largo tiempo"[920].

Los productos de la siembra. En general cosechaban maíz, yuca o mandioca y otras raíces; mas, en todas partes cultivaban "gran cantidad de *pimiento*, que tienen muchas especies, y algunas demasiado picantes, de que gustan mucho, y es el único condimento de sus comidas"[921].

Los otomacos, paos, guamos y yaruros sembraban el "maíz de dos meses" porque madura en ese lapso de tiempo y podían recoger seis cosechas al año. El secreto consistía en utilizar las lagunas junto al Orinoco después que acababan las grandes riadas[922]. Y en esos privilegiados sembradíos sementaban "caña dulce, mucha

---

918   GILIJ. *Ensayo de historia americana*, II, 259.

919   GUMILLA. *El Orinoco ilustrado*, 429: Estas hachas eran "de pedernal de dos bocas o de dos cortes, empatándolas por su medianía en garrotes proporcionados". Las labraban "con otras piedras picaban éstas y después, a fuerza de amolarlas en piedras más blandas, con la ayuda del agua, les daban figura y sacaban los filos de las bocas".

920   GUMILLA. *El Orinoco ilustrado*, 428-429.

921   GUMILLA. *El Orinoco ilustrado*, 429.

922   GUMILLA. *El Orinoco ilustrado*, 430-431.

variedad de raíces, gran diversidad de calabazas, y, sobre todo, inmensidad de melones de agua, que son sus delicias"[923].

La tecnología misional. Una vez incorporados a la población misional se introducen de inmediato las herramientas propias para el cultivo del campo; pero como la reducción es la nueva célula del futuro municipio surgen obligadamente las obras comunitarias.

Ya en el mes de enero se inicia el tiempo de desmontar y establecer las sementeras. Esta tarea se comienza por la sementera del cacique en donde concurren "de buena gana todos los indios"; después nombra el cacique "al capitán cuya labranza se ha de rozar al día siguiente"; siguen después las rozas de los indios casados, las de las viudas y finalmente trabajan para la iglesia, la cual lo destina "para sustentar los niños de la escuela y niñas huérfanas de la doctrina". Todas estas acciones acaban "en una comida decente"[924]. En las labores posteriores de la siembra que competían antes a las pobres mujeres, con el correr de los tiempos, se repartía proporcionalmente el trabajo entre marido y mujer[925].

También fueron mejorando progresivamente las técnicas agrícolas. Cuando la yuca "lleva una cuarta de retoño", entre sus matas siembran el maíz y entre estas dos plantas ponen "batatas, chacos, calabazas, melones y otras muchas cosas". En estos sembradíos no se da paso al arado ni a los azadones por las innumerables raíces que subsisten a la tala de árboles. Sin embargo, en las tierras limpias sí "hay bueyes y arados" para ayudar a los cultivos[926].

Agricultura. Los misioneros entendieron que la agricultura hacía sedentarios a los pueblos y los enriquecía en el desarrollo cívico, cultural y humano. Con toda razón escribe Fernando Arellano que todas las altas culturas americanas tuvieron como base la agricultura y ella les llevó "como de la mano al estudio

---

923 GUMILLA. *El Orinoco ilustrado*, 431.

924 GUMILLA. *El Orinoco ilustrado*, 434.

925 GUMILLA. *El Orinoco ilustrado*, 434-435.

926 GUMILLA. *El Orinoco ilustrado*, 435.

de las estaciones del año, a la astronomía, a la observación de las fuerzas de la naturaleza, a la eventual deificación de las mismas, a la elaboración de un sistema religioso, y como consecuencia a la arquitectura religiosa y a una mejor organización sociopolítica"[927].

Comercio y moneda. A su manera todos los orinoquenses hacen comercio y "no hay cosa a que sean más aficionados que a adquirir cosas comerciando", pero en última instancia, se trata de "una permuta de las cosas que necesitan"[928].

Los precios no se fijan en dinero sino que, por ejemplo, a cambio de su cazabe, maíz y frutas "piden telas para hacer largos y ondulantes ceñidores"; por los loros, periquitos y otros pájaros exigen "los espejos y las tijeras"; y el "bálsamo copaiba" lo canjeaban "por hachas y cosas semejantes"[929]. Y este principio se aplicaba a todas las acciones comerciales: quien toma remeros para navegar, o busca quién labre sus campos, o cualquier otra acción laboral "establece el número de hachas, de varas de tela, de espejos y de todo lo demás que los indios piden por sus trabajos"[930].

El trueque era una costumbre casi genética y para la permuta se desplazaban a "las poblaciones ajenas" e incluso a "las naciones gentiles vecinas" pues en todas ellas hay amigos gustosos de hacer cambios. A ellas portaban "hierros, telas y cosas que allá no se encuentran, y traen en cambio curare y chica". También las selvas significaban un lugar privilegiado para el cambalache. Y así se establece un círculo cerrado en el que las mercancías van y vuelven con gran facilidad[931].

---

927 Fernando ARELLANO. *Una introducción a la Venezuela Prehispánica*. Culturas de la Naciones Indígenas Venezolanas, 513.

928 GILIJ. *Ensayo de historia americana*, II, 266.

929 GILIJ. *Ensayo de historia americana*, II, 266.

930 GILIJ. *Ensayo de historia americana*, II, 268.

931 GILIJ. *Ensayo de historia americana*, II, 267-268.

En conclusión, en el Orinoco "no hacen falta monedas para traficar, y que a tal fin bastan solo las mercancías"[932].

11. Juegos y bailes

Entre los orinoquenses, fuera del juego de la pelota de los otomacos, "son rarísimos".

Sin embargo hay que hacer alusión a varios. El primero es el de la *maraca* que las madres les tocan a los niños cuando lloran y lo curioso es que cuando llegan a mayores "en privado y en público, la tocan todos". Otro es el de la *cerbatana* que lo hacen los niños con madera de yuca y usan como estopa las hojas y esta diversión la practican por instinto natural. Para imitar a los españoles los niños "usan cañas para cabalgar". También se manejan con las *flechas pequeñas* con las que matan pajaritos pero además se sirven de ellas para el tiro al blanco. Los niños tamanacos juegan al *pepo* que son unas pelotas hechas con hojas de maíz "y se las tiran de uno a otro sosteniéndola graciosamente en el aire por largo tiempo"[933].

En la lucha orinoquense uno siempre está inmóvil con las manos en alto y el otro le pone las manos para derribarlo; al primero le corresponde mantenerse sobre la piernas y sostenerse sin tambalearse y al segundo le incumbe zarandearlo y derribarlo a tierra. Después se invierten los papeles y se sigue el mismo procedimiento y aunque parezca mentira este juego "se hace agradabilísimo a quien lo mira"[934].

Bailes. Bailan los hombres, bailan las mujeres y "no hay uno siquiera a quien no le sea agradabilísimo el baile", y además cada nación tiene sus distintas danzas "y sus modos particulares de

---

932 GILIJ. *Ensayo de historia americana*, II, 268.

933 GILIJ. *Ensayo de historia americana*, II, 222-223.

934 GILIJ. *Ensayo de historia americana*, II, 223.

caracolear"[935]. Pero Gilij también admite la evolución y lo que en tiempos de Gumilla tuvo su esplendor "con el tiempo ha cambiado, como acaece en todas las cosas de esta tierra"[936].

Supersticiones. Al misionero de la Encaramada tanto el canto como las ceremonias y los ritos le abrían la suspicacia de su contenido supersticioso. Dentro del campo de la sospecha contemplaba la variedad de los bailes "unos dedicados a lo muertos, otros para quitar el luto, otros para curar a los enfermos, otros para poner el nombre a los niños, otros para hacer la guerra, otros para otros fines muy necios"[937].

12. Los conflictos intertribales e interétnicos

Las guerras. De entrada Gilij establece la diferencia entre las naciones del alto Orinoco en las que hay "bravísimos soldados" y las del bajo a las que considera que no son tan valerosas "aunque sean considerados feroces y traidores"[938].

Los motivos de las guerras las reduce Gilij a dos: la barbarie y el interés.

Su innata barbarie les lleva a mirar siempre con ojo amenazador a todos aquellos que no conviven con ellos. Y no es fácil hacerlos abandonar esta conducta pues aunque sean "uniformes en lo demás, es distinto en el hablar de otro, quiere insensatamente la sangre de éste". Y así se obsesionan por destruir a los países junto con sus habitantes sean enemigos o no. Y estas premisas le hacen a Gilij sacar la siguiente consecuencia: "creo que las naciones actuales

---

935 GILIJ. *Ensayo de historia americana*, II, 227.
936 GILIJ. *Ensayo de historia americana*, II, 228.
937 GILIJ. *Ensayo de historia americana*, II, 239.
938 GILIJ. *Ensayo de historia americana*, II, 278.

orinoquenses no son más que míseros restos de la crueldad de sus enemigos, pero especialmente de los caribes y de los güipunaves"[939].

Las causas. Los vínculos de amistad se rompen aun por un disgusto ligero. Una vez que se han embriagado pasan a las palabras y a las obras y así termina la paz. Huyen los huéspedes y llevan la noticia a sus paisanos y así se ponen en armas y viene la guerra en la cual "además de matar a muchos también los atan para venderlos como esclavos"[940].

La segunda causa de las guerras orinoquenses es el interés. Una vez que se apoderan de una aldea, queman las cabañas, cortan la yuca y las bananas y se hacen con todo el botín; finalmente "se llevan atados a los hombres, y siguen llorosas y sueltas las mujeres con sus hijos". Y llegados a su casa los vencedores celebran el triunfo con bailes, chicha y también "reparten entre sí los prisioneros, y entre amigos y parientes, con el fin de que juntos no estén en condiciones de huir o vengarse del daño"[941].

Aquí comienza su vida de esclavos, es decir, de *póitos* para los caribes; *chinos*, para los incas; *macos*, para el Casanare y Meta; *mero*, para los maipures[942].

En muchas naciones el trato hacia los esclavos, es "más bien amable; no les mandan sino aquellas cosas de que son encargados sus yernos"; y si los hallan industriosos y trabajadores "se aficionan a ellos hasta tal punto, que no tienen ninguna dificultad en darles por mujer a sus propias hijas"; y si logran aprender su lengua "no se distinguen en nada de los otros"[943].

En tiempos de Gilij tanto en el Casanare como en el Orinoco podían los españoles comprar algún póito "si les es ofrecido

---

939   GILIJ. *Ensayo de historia americana*, II, 278-279.

940   GILIJ. *Ensayo de historia americana*, II, 279-280.

941   GILIJ. *Ensayo de historia americana*, II, 287.

942   GILIJ. *Ensayo de historia americana*, II, 287-288.

943   GILIJ. *Ensayo de historia americana*, II, 288.

y es verdaderamente esclavo" y esta servidumbre duraba diez años y si se casaban al uso de los cristianos quedaban libres[944].

En contraposición tanto los guaipunaves como los caribes mantuvieron su política de hacer esclavos. Y el autor del *Ensayo de historia americana* culmina sus reflexiones: La adquisición de un póito lleva por consiguiente consigo la destrucción de muchos, y "las naciones, en parte muertas, en parte llevadas esclavas, se convierten en una sombra de lo que fueron"[945].

Sus armas nativas eran el arco para las distancias y la macana para las cercanías[946]. Las armas foráneas son fusiles, sables de hierro y de madera y también lanzas pero casi son de uso exclusivo de los caribes y de los guaipunavis. Como complemento también tienen tambores entre los que descuella el de los cabres y el resto "son sencillos y rudos"[947].

En el Orinoco se conocían tres clases de macanas.

La caribe que "es de una madera durísima, plana por ambas partes, adornada con hermosas líneas, larga de un palmo y medio, ancha como de uno y de grueso dos pulgadas"; además era muy lisa y para utilizarla se ata a la muñeca con cordones de algodón.

La de los oyes estaba hecha de madera de la palma arácu "y se toma en la mano a modo de cimitarra. Por la parte del mango es estrecha, pero se ensancha al medio alrededor de un palmo, y se reduce poco a poco en punta a modo de gran cuchillo".

La tercera la fabricaban los indios del alto Orinoco y "es una tabla de aracu de anchura de cuatro dedos y de cinco a seis palmos de longitud, plana en ambas partes, de corte obtuso, y que no termina en punta". Era de color negro y la usaban con ambas manos[948].

Los arcos se labraban con maderas fortísimas de color rojo

---

944   GILIJ. *Ensayo de historia americana*, II, 289.
945   GILIJ. *Ensayo de historia americana*, II, 289-290.
946   GILIJ. *Ensayo de historia americana*, II, 281.
947   GILIJ. *Ensayo de historia americana*, II, 286-287.
948   GILIJ. *Ensayo de historia americana*, II, 281.

y eran muy flexibles y elásticas. Las flechas eran de cierta "cañaheja que los tamanacos llaman *preu*" y es ligerísima. Estas cañas que no son salvajes sino plantadas por los indios tenían una longitud "de unos siete palmos". Las puntas de las flechas, antes de que conocieran el hierro, podían ser de varias clases: el hueso de la cola de la raya; espinas agudas de pescado; un trozo de madera de la palmera aracu o de otras semejantes. Las colocaban en una muesca hecha en el extremo de la cañaheja y las ataban con hilo fino y con pez de peramán. Y en el extremo le adaptaban "dos plumas cortadas por la mitad, y estas plumas son las alas, podríamos decir, que llevan velozmente la flecha". Pero hay que reconocer que el tiro de la flecha es débil "y con un palo y aun con un pañuelo en la mano, se amortigua del todo su fuerza"[949].

Armas de guerra. Sobre ese complejo mundo nos remitimos a lo específico de cada nación[950]. Es importante observar la evolución que se fue operando en el Orinoco en relación a los progresos técnicos. Antes de la llegada del misionero desconocían la existencia del hierro. Pero la presencia hispana, la cercanía a las zonas ya misionales o del ámbito caribe significaron un notable progreso en la asimilación de las nuevas tecnologías. Hasta entonces labraban sus "armas, tambores y embarcaciones con solo fuego y agua"[951]. Es llamativa la observación de Gumilla en torno a las tácticas de guerra. En general, cuando ven caer muertos a los suyos "vuelven las espaldas y toman la fuga por asilo" pero con la excepción de los otomacos y caberres[952].

Para sus guerras practican la sorpresa. Previamente preparan a tiempo las macanas, las lanzas y las flechas envenenadas amén del cazabe y la chicha. La noche antes del asalto duermen cerca de la población que van a invadir y tratan de sorprender a sus

---

949   GILIJ. *Ensayo de historia americana*, II, 281-282.
950   Véase: GUMILLA. *El Orinoco ilustrado*, 341-343.
951   GUMILLA. *El Orinoco ilustrado*, 342.
952   GUMILLA. *El Orinoco ilustrado*, 342.

enemigos durmiendo. Rodean las casas con los hombres armados y "los más animosos entran dentro y matan y atan a quien se les pone por delante". Pero si son detectados a tiempo, los que son tímidos huyen y los valerosos toman las armas[953].

Un segundo método de exterminio lo constituían los venenos.

El veneno *curare*. Aunque Gilij se remite a lo dicho por Gumilla, sin embargo añade algunas acotaciones. Su primera afirmación consiste en decir que no se produce en las reducciones sino en las naciones del interior y eran célebres los piaroas. Parece un ungüento de color negro y se "vende carísimo y pocos son los que lo tienen en cantidad[954].

Sobre su elaboración se remite al testimonio de un joven pareca quien le explicó que primero se machaca bien, luego se cuece en un platillo encima de un budare y a la vez se mueve continuamente con una varita, "hasta que llegue a su punto y se coagule por sí mismo". Y añade: "La calidad de la raíz machacada, o no la sabía o no quiso decírmela"[955]. Y su informante se rió cuando el misionero le preguntó si lo hacían las viejas[956].

Por su experiencia introduce las siguientes observaciones. Su poder actúa en la masa de la sangre "que se cree se coagula inmediatamente". Para comer los animales matados con curare hay que cocerlos. Los orinoquenses desconfían del curare guardado pues "se dice que no tiene la fuerza que tiene el fresco". Si está mezclado con agua no hace daño o su potencia es muy débil. También la humedad del aire "embota su actividad" y por ello los indios, antes de disparar la flecha envenenada "se la ponen en la boca para calentarla con el aliento". Finalmente, el herido con curare no siempre muere al instante y por ello aplican varios remedios. Algunos "beben la sal disuelta en agua, y otros la orina

---

953 GILIJ. *Ensayo de historia americana*, II, 285-286.
954 GILIJ. *Ensayo de historia americana*, II, 284.
955 GILIJ. *Ensayo de historia americana*, II, 283.
956 GILIJ. *Ensayo de historia americana*, II, 284.

misma, las cuales dos cosas tienen mucha semejanza con el agua del mar". Otros usan el mismo remedio con que se combate la catara, o sea, "jugo de la yuca agria". Y concluye: "fuera de que los [remedios] los tienen escondidos bajo profundísimo y nunca violado secreto"[957].

Posteriormente Gilij pudo informarse por un misionero jesuita de Mainas, Isidoro Losa, tanto de la variedad de este veneno como de su curación. Y para los remedios señala: "la miel de cañas dulces, la miel de las abejas, los plátanos maduros, y cualquier otra cosa dulce que se coma o se aplique a la herida, porque estas cosas desatan la sangre que se ha detenido con el veneno"[958].

La consecuencia inmediata de la conflictividad interna y externa de las naciones orinoquenses es el descenso poblacional continuado.

Al contraponer el gran número de naciones que habitan la Orinoquia y su escaso número de habitantes. Y se pregunta: ¿Qué hormigueros son éstos y de dónde tanta disminución?"[959]. Tres grandes causas encuentra Gumilla "en el corto gentío que contiene cada una de aquellas naciones del Orinoco".

La primera es la esclavitud a que sometieron los caribes a todas las etnias del gran río. Sintetiza esta realidad la contestación que le dio al misionero el cacique de los Guyqueríes: "No somos más, Padre, y los que vivimos somos los que han querido los caribes"[960].

La segunda es "el frecuente y cruel uso de darse veneno los de la misma nación". Y un veterano hombre de misiones como Gumilla no duda en escribir: "luego que muere uno de veneno, cuyas señas infalibles son, que unos se secan y mueren con sola la piel sobre los huesos; otros mueren dentro de breves días, rajándoseles las carnes, con lastimoso horror; otros se desatan en

---

957   GILIJ. *Ensayo de historia americana*, II, 284-285.
958   GILIJ. *Ensayo de historia americana*, II, 314-316.
959   GUMILLA. *El Orinoco ilustrado*, 313.
960   GUMILLA. *El Orinoco ilustrado*, 314-315.

raudales de sangre por la boca y narices, según la malignidad de los venenos". Y como es natural la reacción sigue los mismos criterios y así "se eslabona una cadena y aun muchas de muertes, con que ellos mismos se destruyen, sin necesitar de enemigos externos[961].

La tercera causa de la ruina doméstica proviene, cuando la criatura que nace es hembra, la mujer "muda el oficio de madre en el de verdugo cruel, quitando la vida a su misma hija con sus propias manos". Tal era la terrible situación de la mujer que prácticamente servía como esclava en las sociedades indígenas[962].

Completa la causalidad de la disminución demográfica con otras de menor importancia, como son: "la ninguna piedad que tienen con sus enfermos; la voracidad con que comen cuando hallan ocasión; la desnudez y desabrigo; el arrojarse al río a lavarse aunque estén sudando, y otros usos todos contra su salud"[963].

También las viruelas dejaron su huella de muerte. Por citar un caso emblemático nos referiremos a los estragos que produjo esta enfermedad el año 1740. "En Nuestra Señora de los Ángeles había más de 800 almas, sin los que eran soldados, o criados, en el castillo que serian 300 almas; en Carichana pasaban de 600 almas, que todas hacían mas de 1600, y después que pasó este trabajo, o epidemia, no quedaron cabales, 400 almas, de lo que se compuso juntarlo los indios de los demás pueblos al de Carichana"[964].

Existe otra causa que en general citan de paso los cronistas jesuitas. Es el de la esterilización de las mujeres. Agustín de Vega observó que cuando los indios están descontentos en una reducción "y se quieren huir y es que las mujeres de ex profeso se esterilizan con yerbas que tienen para ello, y la razón que dan para esto es, que lo hacen para que las mujeres no tengan embarazo para caminar. Esto de tomar yerbas para esterilizarse las indias, lo dice el Padre Gumilla lo que, es muy ordinario en ellas y cuando quieren parir,

---

961 GUMILLA. *El Orinoco ilustrado*, 315-316.
962 GUMILLA. *El Orinoco ilustrado*, 316-317.
963 GUMILLA. *El Orinoco ilustrado*, 318.
964 VEGA. *Noticia del principio y progresos*, 684.

y tener hijos, muy fácilmente lo consiguen, tomando unas yerbas que tienen, y conocen para este fin"[965].

En todo caso Gilij aduce una consideración digna de tenerse en cuenta. Al principio a muchos les parecieron infinitos y hoy "a cualquiera que tenga ojos deben parecerle poquísimos, como son en realidad. Pero esto debe entenderse en relación con el inmenso espacio que habitan"[966].

13. Ritos funerarios

En este acápite nos restringiremos a las ceremonias comunes a todas las naciones.

Inmediatamente fallece un ser querido acuden las mujeres "y unas batiendo palmas, otras golpeando, como para reanimar al difunto, la red en que yace, lloran inconsolablemente". Y lo hacen tan de corazón "que no dudo en afirmar que no se llora nunca tanto ni tan de verdad en Italia". Con las lágrimas mezclan el canto, en el cual se recuerda la pérdida sufrida, y no se oye sino el solo nombre del extinto; y para ello adoptan un ritmo musical en el que pronuncian "el nombre del difunto seis veces seguidas, y después de hacer una brevísima pausa, comienzan otra vez por el principio, sin cansarse"[967].

Existe una gran evolución del sepulcro escogido por cada nación para dar sepultura a los suyos hasta llegar al cementerio "que son menos perjudiciales a los vivos"[968]. La red en que expiró el difunto le sirve de caja y con sus cuerdas atan apretadamente al muerto y lo sepultan en la propia choza junto con su ajuar[969]. De igual forma, algunas etnias quemaban a sus finados "poniéndolos

---

965 VEGA. *Noticia del principio y progresos*, 688.

966 GILIJ. *Ensayo de historia americana*, I, 76.

967 GILIJ. *Ensayo de historia americana*, II, 102-103.

968 GILIJ. *Ensayo de historia americana*, II, 105.

969 GILIJ. *Ensayo de historia americana*, II, 104.

como en un lecho con mucha leña". El luto "es muy sagrado" pero no es igual en todas las naciones[970].

14. Religión

El punto de partida de Gilij es el P. Gumilla y afirma que en sus tiempos "se hicieron algunos descubrimientos que son muy considerables"[971].

Sobre el nombre de Dios los indígenas conocieron un ser del que dependen las cosas inferiores y el cual recibe diversas nominaciones: los tamanacos, *Amalivacá*; los parecas, *Amaruacá*; los caribes, *Amarrivacá* "y no es sino poco diferente el nombre que le dan los avaricotos, los guaiquires, los quiriquiripi, los maquiritares, y otros muchísimos, de que daremos en otra parte en el catálogo[972]. Los maipures *Purrúnaminári*[973]; los sálivas, *Puru*; los otomacos, *Jivi-uranga*[974]. Los yaruros llamaban al dios del cielo, *Andé-conomé*; al de la tierra, *Dabú-conomé*; al de las selvas, *Yuai-conomé*; al de los prados, *Chirí-conomé*; y al de las aguas y de los ríos, *Ui-conomé*. De los que no ha podido Gilij conseguir noticias exactas se remite a los puntos de referencia: los piaroas se inspiran en los sálivas "porque se asemejan bastante en el habla"; los quaquas, aunque de lengua sáliva aceptan por sus tratos con los tamanacos, *Amalivacá*[975].

Sin embargo, aclara Gilij que a ese Ser supremo no le rinden ningún homenaje religioso. Este conocimiento "termina en la mente sola en la que comienza; queda de alguna manera ins-

---

970 GILIJ. *Ensayo de historia americana*, II, 105.
971 GILIJ. *Ensayo de historia americana*, III, 28.
972 GILIJ. *Ensayo de historia americana*, III, 28. Los catálogos a que hace referencia Gilij se encuentran en GILIJ. *Ensayo de historia americana*, III, 283-316.
973 GILIJ. *Ensayo de historia americana*, III, 30.
974 GILIJ. *Ensayo de historia americana*, III, 31.
975 GILIJ. *Ensayo de historia americana*, III, 32.

truido el intelecto, pero no llega a las obras". Y por ello distingue entre los actos intelectuales y morales: en última instancia bastan los primeros "para no contarlos entre los ateos"; y los segundos se refieren a las obras, "y son como efectos de los primeros, pero libres y voluntarios"[976].

Pero si nos mantenemos en el mundo supranatural habrá que hacer referencia a dos conceptos: los espíritus y el diablo.

La visión que tenían los tamanacos sobre la inmortalidad del alma, a juicio de Gilij, era "común a los caribes y a otros indios que tienen la lengua semejante a ellos"[977].

Al diablo le atribuyen "ingenio y soberbia" pero algunos confunden, como los tamanacos y maipures, el nombre del alma con el de demonio. La explicación que encuentra Gilij es que el nombre *Yolokiamo* con que designan al demonio sea "un nombre genérico, que signifique espíritu, y que pueda corresponder igual al demonio que a las ánimas separadas de los cuerpos"; pero también se abre a otra posibilidad, que los indígenas asignen a las almas de algunos difuntos "el nombre de demonio en el mismo sentido en el que los griegos y latinos los llamaron fantasmas o también lemures y manes"[978]. Ante esta disyuntiva el autor del *Ensayo de historia americana* optó por aceptar el concepto de *nande* para designar el alma, el de *Yolokiamo* para señalar al demonio y "el sin cuerpo" para el espíritu, "nombre de dificilísima inteligencia en sus lenguas"[979].

Dejamos para los estudiosos de la filosofía de la religión la síntesis que elabora Gilij sobre este punto[980].

Las supersticiones. Entre los misioneros existió un sentido especial para vislumbrar que tras muchos ritos se escondían fuerzas superiores aunque no pudieron explicarlas. Gilij recurrirá a la cate-

---

976 GILIJ. *Ensayo de historia americana*, III, 33.

977 GILIJ. *Ensayo de historia americana*, III, 35.

978 GILIJ. *Ensayo de historia americana*, III, 36-37.

979 GILIJ. *Ensayo de historia americana*, III, 37.

980 GILIJ. *Ensayo de Historia americana*, III, 45-50.

goría de "superstición" pero aclarará de inmediato muy nítidamente que su concepto proviene de la filosofía natural pues para él no existía la relación requerida entre causa y efecto. Mentalmente lo explica basado en su concepción de la ciencia pues su carencia hace que junto al vicio domine la ignorancia "madre fecundísima de las supersticiones" y prácticamente viene a decir que la superstición es una "inepcia"[981]. Y así aduce algunos ejemplos ilustrativos como atribuir a ciertas raíces olorosas "la potencia de conciliar"; a otras amatorias "aptas para expurgar todo corazón"; o a las mujeres en menstruación que imposibilitan la pesca con su paso y otras por el estilo; o el canto de los pájaros concebido como "una especie de instrucción dada desde lo alto a las gentes"[982]. Así pues, este concepto conviene desligarlo totalmente del meramente religioso que penetra campos como la idolatría, la adivinación, la magia y el maleficio.

---

981   GILIJ. *Ensayo de Historia americana*, II, 123.
982   GILIJ. *Ensayo de Historia americana*, II, 123-125.

CAPÍTULO 3
LOS PROTAGONISTAS (II)
EL MISIONERO

1. IDENTIFICACIÓN DEL MISIONERO

La Orinoquia convocó a muy selectos jesuitas que fueron capaces de arrostrar los retos que demandaba la Venezuela profunda.

El número de misioneros que mantuvo la Compañía de Jesús en las reducciones casanareñas fue de un promedio de 10 hombres. Cuando se abren las circunscripciones de los ríos Orinoco y Meta el índice subió a 23[983]. Este proyecto convocó, aproximadamente a 153 jesuitas[984] de nacionalidades heterogéneas, de generaciones que se extienden desde el barroco a la pre-ilustración y de personalidades que libre y espontáneamente eligieron "la misión" a pesar de los reclamos y las necesidades que imponían los compromisos científicos y culturales de sus respectivas naciones.

Llama la atención el hecho de que una cuarta parte de los hombres que sumergieron su existir entre las etnias llaneras y orinoquenses provenían de Italia, Francia, Alemania, Austria, Bohemia y Yugoslavia. Este mosaico de nacionalidades y de

---

983   Archivum Historicum Societatis Iesu. *Provincia Novi Regni et Quiti*, 3, 4 y 5. Número de misioneros, por años, según los Catálogos: *1667*: 12; *1668*: 10; *1671*: 09; *1678*: 09; *1684*: 10; *1691*: 10; *1702*: 13; *1711*: 09; *1713*: 09; *1715*: 09; *1718*: 11; *1720*: 10; *1736*: 22; *1738*; 19; *1751*: 26; *1753*: 24; 1756: 25; *1763*: 23.

984   Para quien desee verificar la afirmación, puede consultar: José del REY FAJARDO. *Bio-bibliografía de los jesuitas en la Venezuela colonial*. San Cristóbal-Santafé de Bogotá, Universidad Católica del Táchira y Pontificia Universidad Javeriana, 1995.

concepciones de la vida, de cultura y de ciencia es natural que generaran un pluralismo a veces difícil, pero siempre beneficioso, en la búsqueda de la "otredad indiana". Las tres cuartas partes restantes las configuraron miembros de la Orden provenientes de todos los reinos de España (casi un 43%) y también un diciente porcentaje de jesuitas criollos (casi un 31%)[985].

A posteriori, a la hora de establecer un balance, podemos apelar a dos indicadores que pretenden interpretar bien sea las virtudes humanas del equipo misional, bien sea su capacitación intelectual a través de su obra científica.

En el primer caso hay que hacer referencia al siguiente elenco: de los 153 misioneros seis devendrían a Provinciales del Nuevo Reino[986], siete regirían como Rectores bien la Universidad Javeriana de Bogotá, bien la Universidad de Gorjón en la Isla de Santo Domingo[987], treinta y ocho dirigirían distintos colegios de tan dilatada circunscripción[988], quince serían profesores universitarios[989].

---

985 *Nacionalidad de los misioneros*: Españoles: 65 (42,48%); Neogranadinos: 47 (30,72); Italianos: 18 (11,76); Alemanes: 10 (06,54); Belgas: 05 (03,27); Franceses: 03 (01,96); Austríacos: 02 (01,31); Bohemios: 02 (01,31); Yugoeslavos: 01 (00,65). Total: 153.

986 Diego de Tapia; Mateo Mimbela; José Gumilla; Pedro Fabro; Domingo Scribani y Manuel Balzátegui.

987 Los PP.: Francisco Alvarez (1682-1684); Fernando Monterde (1697-1698); Mateo Mimbela (1720-1721; 1729); Pedro Fabro (1752-1754); Manuel Román (1761-1763); Domingo Scribani (1763).

988 Gabriel Aguilar; Francisco Alvarez; Manuel Balzátegui; Alberto Bukowski; Manuel Collado; José Dadey; Juan Díaz; Francisco Ellauri; Pedro Fabro; Manuel Gaitán; Cayetano González; Jerónimo Grossis; José Guillén; José Gumilla; Cristóbal Jaimes; Francisco Jimeno: Pedro López; Ginés Marín; Antonio Meislaz; Mateo Mimbela; Domingo Molina; José Monesiglio; Miguel Monroy; Fernando Monterde; Manuel Morelo; Martín Niño; Ignacio Olarte; Juan Ortiz Payán; Manuel Pérez; Francisco Rauber; José Rojas; Manuel Román; Domingo Scribani; Diego de Tapia; Matías de Tapia; José Tobalina; Miguel Jerónimo Tolosa; Julián de Vergara y Simón Vinans.

989 José DEL REY FAJARDO. "Filósofos y teólogos jesuitas en la Venezuela colonial". En: *Montalbán*. Caracas, N°. 3 (1974) 7-51.

Otro indicador fiable es la producción intelectual del misionero, la cual se llevó a cabo en latín, castellano, alemán, francés, italiano, holandés y checo[990].

Si pretendiéramos establecer una síntesis diríamos que la primera disciplina que tuvieron que desarrollar fue la lingüística como único y exclusivo método de acceder al otro[991].

La segunda fue la misionología o la forma de tratar y convivir con el indígena para aculturarlo al sistema reduccional[992].

La tercera vertiente fue la historia en todas sus dimensiones, desde la carta, el memorial, el informe, la relación y la crónica hasta las obras innovadoras dentro de un contexto de venezolanidad y de americanidad[993].

La cuarta área contempla los conocimientos generados en el ámbito de la geografía[994], la cartografía[995] y la historia natural[996].

---

990 Véase: José DEL REY FAJARDO. *Los jesuitas en Venezuela*. Tomo II: Los hombres. Caracas-Bogotá, Universidad Católica Andrés Bello-Pontificia Universidad Javeriana, 2007.

991 Véase: José DEL REY FAJARDO. *Aportes jesuíticos a la filología colonial venezolana*. Caracas, Ministerio de Educación, 1971, 2 vols.

992 En verdad se encuentra mucho material disperso en los cronistas de las misiones llaneras y orinoquenses. Sin embargo es necesario hacer alusión a dos tratados fundamentales. El primero pertenece al P. José Gumilla y se titula "Apóstrofe a los operarios de la Compañía de Jesús y Carta de navegar en el peligroso mar de los indios gentiles" (J. GUMILLA. *El Orinoco ilustrado*, 493-519). El segundo pertenece al P. Felipe Salvador Gilij: "De la introducción de la religión cristiana entre los orinoquenses" (Felipe Salvador GILIJ. *Ensayo de Historia Americana*, III, 53-123.

993 José DEL REY FAJARDO. "Introducción al estudio de la Historia de las misiones jesuíticas en la Orinoquia"., 261-399.

994 Daniel BARANDIARÁN. "El Orinoco amazónico de las misiones jesuíticas", 129-360.

995 José DEL REY FAJARDO. *El aporte de la Javeriana colonial a la cartografía orinoquense*. Bogotá, Pontificia Universidad Javeriana, 2003.

996 Fundamentalmente puede verse en: José GUMILLA. *El Orinoco Ilustrado y defendido. Historia natural, civil y geográfica de este gran río, y de sus caudalosas vertientes*. Caracas, Biblioteca de la Academia Nacional de la Historia (1963)

La quinta fue la antropología y la etnología[997].
La literatura espiritual[998] coronaría este recuento.
Dejamos de lado áreas como la filosofía y la teología, la lucha por la justicia[999], el estudio del aparato económico que sustentó todo el proyecto misional[1000] y el arte que no tuvo oportunidad de desarrollarse por las debilidades del trópico y la dispersión de sus habitantes[1001].

1993 y Felipe Salvador GILIJ. *Ensayo de historia americana.* Caracas, Academia Nacional de la Historia, 1965, 3 vols. El volumen IV fue publicado en Bogotá: Academia Colombiana de Historia, IV, 1955.

997 Agustín de VEGA. *Noticia del principio y progresos del establecimiento de las Missiones de gentiles en la río Orinoco por la Compañía de Jesús.* Estudio introductorio: José del Rey Fajardo sj y Daniel de Barandiarán. Caracas, Academia Nacional de la Historia, 2000.

998 JUAN RIVERO. *Teatro del desengaño* en que se representan las verdades católicas, con algunos avisos espirituales a los estados principales, conviene a saber, *Clérigos, Religiosos y Casados,* y en que se instruye a los mancebos solteros para elegir con acierto su estado y para vivir en el ínterin en costumbres cristianas. obra póstuma, escrita por el V. P. Juan Rivero, Religioso Profeso de la Compañía de Jesús, misionero apostólico y Superior de las Misiones del Orinoco, Meta y Casanare, que cultiva la provincia del Nuevo Reyno, en la América Meridional. Córdoba, en el Taller Divino de las Letras del Colegio de la Asunción, por Juan Pedro Crespo y Antonio Serrano, 1741.

999 José DEL REY FAJARDO. *Una utopía sofocada: Reducciones jesuíticas en la Orinoquia.* Caracas, Academia Nacional de la Historia (1996) 79-104.

1000 Edda O. SAMUDIO. "Las haciendas jesuíticas de las misiones de los Llanos del Casanare, Meta y Orinoco". En: José DEL REY FAJARDO (Edit.). *Misiones jesuíticas en la Orinoquia.* San Cristóbal, Universidad Católica del Táchira, I (1992) 717-781.

1001 Aunque solo toca tangencialmente el tema es bueno recurrir a: J. M. PACHECO. "Las iglesias coloniales de los jesuitas en Colombia". En: *Revista de la Academia Colombiana de Historia Eclesiástica.* Medellín, 15 (1969) 307-325. Felipe GONZÁLEZ MORA. *Reducciones y haciendas jesuíticas en Casanare. Meta y Orinoco ss. XVII-XVIII.* Arquitectura y urbanismo en la frontera orienta del Nuevo Reino de Granada. Bogotá, editorial Pontificia Universidad Javeriana, 2004.

2. La preparación intelectual

Para poder aproximarse a una cualificación de lo que fue la formación intelectual de los jesuitas que laboraron en la gran Orinoquia conviene precisar no solo las nacionalidades de los hombres que entregaron su vida a este quehacer sino también la calidad de su formación en aquellas ciencias que les eran específicas para promover tan ingente empresa.

2.1. Los fundamentos

Para ello trataremos de recorrer tres provincias de saberes.
La primera la constituía el dominio de la cultura clásica y la asimilación de un humanismo nuevo. En otras palabras, consistía en despojarse de las concepciones bárbaras de la vida. Por ello, el cultivo de las bellas letras debía transformarse en un movimiento dinamizador de la vida intelectual y religiosa, pues, en definitiva, se trataba de un humanismo moral y profano.

Estos nuevos ideales comenzaban por el dominio del latín -lengua de la ciencia y la cultura- ya que sin este presupuesto se condenaba al hombre a convertirse en un Sísifo que subía la piedra hasta la cumbre para dejarla caer y comenzar otra vez el mismo recorrido. En un segundo tramo se debían fundamentar los hábitos intelectuales, a saber, el arte de instruirse, el arte de pensar, el arte de profundizar y el arte de crear. El objetivo final era la educación integral que se sintetizaba en tres dimensiones: virtud, letras y política, es decir, sabiduría, ética y comportamiento social[1002].

La segunda era el método científico otorgado por la Filosofía

---

[1002] Para el caso concreto de la Provincia del Nuevo Reino de Granada, véase: Ignacio JULIÁN. *Lo mejor de la vida, Religion, Doctrina y Sangre recogido en un noble joven colegial de el Real, Mayor y Seminario de San Bartholome, propuesto en Ynstruccion Christiano-Politica para el uso de dicho Colegio*. 1764. [Publicado por José DEL REY FAJARDO. *La Pedagogía jesuítica en la Venezuela hispánica*. Caracas, Academia Nacional de la Historia (1979) 325-427].

y la Teología y aquí, para simplificar, lo circunscribiremos a la Escolástica.

Durante el Renacimiento y el Barroco las ciencias eclesiásticas conservaron no solo el vínculo del latín sino currículos muy similares y una producción bibliográfica que por estar escrita en una lengua común facilitaba la presencia del pensamiento en los lugares más recónditos.

Asimismo, la escolástica del barroco se distingue de las épocas anteriores por dos razones fundamentales: primera, porque la lingüística académica adopta un latín cultivado; y, segunda, porque la metodología se obsesiona por el uso sistemático de procedimientos históricos. De igual forma se abre a las tesis más modernas "siempre que éstas puedan fundarse en autoridades". Por ello no tarda la Universidad de Salamanca en aceptar la imagen copernicana del mundo y la de Coimbra la de Tycho Brahe. La ruptura con la ciencia moderna en nada se debió a la aceptación de las doctrinas nuevas sino "a la negativa de los modernos a ejercitar el arte de la interpretación y a documentar sus tesis con autoridades"[1003].

También la Teología Moral fue adquiriendo personalidad propia[1004] y los tratados "De justitia et jure" constituyen el primer intento de elaborar una moral con metodología de interdisciplinaridad. Y este nuevo género filosófico-teológico se erige como un lugar de encuentro entre la fe y las realidades sociales. Allí irían a converger la filosofía moral, las ciencias jurídicas, la teología y el derecho canónico, así como también los problemas sociales, políticos, jurídicos y económicos[1005].

Mas, con el correr de los tiempos, la evolución tampoco se detuvo en la sabana bogotana y desde el exilio romano recordará

1003   Rainer SPECHT. "Escolástica del Barroco". En: Karl RAHNER (et alii). *Sacramentum Mundi*. Barcelona, Edit. Herder, 2 (1972) 713-715.

1004   José María LERA. "La Ratio Studiorum de la Compañía de Jesús y los estudios de Teología". En: José DEL REY FAJARDO (Edit.). *Misiones jesuíticas en la Orinoquia*. San Cristóbal, Universidad Católica del Táchira, II (1992) 801-812.

1005   Marciano VIDAL. *Moral de actitudes*. Madrid, PS Editorial, III (1991) 29-39.

Gilij que hubiera deseado "para el cultivo de los buenos talentos de los hispanoamericanos: geometría, por ejemplo, historia natural, historia eclesiástica, griego y hebreo, filosofía menos sutil, teología más erudita"[1006].

Tras analizar la formación intelectual de los misioneros llegamos a una primera conclusión: que todos realizaron sus estudios de Filosofía y Teología en acreditados centros universitarios de Europa o de Nueva Granada[1007]. Pero esta afirmación la podemos matizar todavía más. La mitad de los miembros que destinó la Orden de Ignacio de Loyola a los espacios profundos de la Orinoquia adquirió su formación universitaria en las aulas santafereñas, bien fuera en su totalidad (38,56%), bien fuera como culminación de los estudios iniciados en otras latitudes del viejo mundo (11,76%)[1008].

La tercera columna de la formación se sustentó en el ejercicio

---

1006   Felipe Salvador GILIJ. *Ensayo de Historia Americana*. Bogotá, Academia Colombiana de Historia, IV (1955) 284-285.

1007   Para quien desee verificar la afirmación, puede consultar: José DEL REY FAJARDO. *Bio-bibliografía de los jesuitas en la Venezuela colonial*. San Cristóbal-Santafé de Bogotá, 1995. Serían 12 los misioneros que no estudiarían Teología dogmática sino Moral, pues esta disciplina, como autónoma, se separa de la dogmática y se erige como una "instrucción, tanto para confesores como para penitentes, fundamentada en la espiritualidad de los Ejercicios ignacianos". Su objetivo último consistía en formar buenos párrocos y administradores de los sacramentos (J. M. LERA. "La Ratio Studiorum de la Compañía de Jesús y los estudios de Teología", 806-807). Y el primer texto que se reconoce en esta nueva modalidad es la del P. Joannes AZOR. *Institutionum moralium in quibus universae quaestiones de conscientia perinentes, breviter tractatus*. Lugduni, Apud Ioannem Pillehote, ou Sumptibus Horatii Cardon, 1610.

1008   *Estudios Superiores de los misioneros*: Filosofía y Teología en la Universidad Javeriana: 59 (38,56). Filosofía y Teología en Europa: 60 (39,22). Parte en Europa y parte en la Javeriana: 18 (11,76). Filosofía y Teología Moral: 12 (07,85). Se ignora dónde: 02 (01,31). En Caracas y en la Javeriana: 01 (00,65). Hermano Coadjutor: 01 (00,65). Total: 153.

El curso de Teología Moral era más breve y solían seguirlo los que habían ingresado en la Compañía de Jesús de cierta edad y se iban a dedicar a los ministerios exclusivamente espirituales entre los indígenas. En la Orinoquia solo

de las virtudes a través de la ascética y la mística, llamadas también ciencia espiritual o arte de perfección. De este tema hablaremos más adelante.

2.2. La nueva ciudadanía mental

Pero si la universidad los había profesionalizado para ser ciudadanos de una comunidad cultural internacional, en los espacios misionales debían adquirir otra ciudadanía mental bien ajena en muchos aspectos a los arquetipos vividos y presentados.

En este momento de tránsito de la academia a la vida real es necesario formularse una nueva pregunta. ¿Cómo y dónde adquirió el jesuita llanero y orinoquense los "saberes misionales" que le obligarían a interpretar no solo los laberintos de las etnias y sus lenguas sino además a construir la reducción como proyecto de futuro?.

En una primera respuesta podemos afirmar que, fuera de la formación intelectual de la que hemos hablado más arriba, la Compañía de Jesús neogranadina solo pudo entregar a sus hombres una mística convencida del reto que asumían frente a los indígenas orinoquenses y a su hábitat inhóspito y agresivo.

Y la iniciación en los saberes misionales se llevaría a cabo, en cada caso, mediante la convivencia junto a un misionero experimentado quien debía adiestrar al novicio en la lengua y en la carta de navegar en el mar de las reducciones.

Esta ingente tarea la podemos circunscribir a tres grandes actitudes que en definitiva medirían su capacidad para crear, imitar e improvisar el porvenir.

De ahí la importancia que asumió *la flexibilidad para trascender los modelos culturales adquiridos* a fin de poder adoptar otros nuevos. Pensamos que la familiaridad con las literaturas clásicas facilitó la gestación de una apertura mental hacia la comprensión

---

siguieron esta modalidad 12 misioneros, lo que representa el (07,85). Algunos resultaron excelentes evangelizadores como el P. José Cavarte.

de los nuevos horizontes habitados por las lenguas, las mitologías y las concepciones de vida de las naciones a las que servían.

Asimismo, tanto europeos como criollos habían vivido, a su manera, los cambios de mentalidad producidos bien en sus sociedades respectivas, bien en el imperativo de las ciencias, bien en el orden social y económico que trataba de imponerse, bien en las polémicas religiosas.

De las ciudades renacentistas traían los europeos en su mente la trilogía descrita por Adolf Muschg: la Iglesia como el lugar de la verdad religiosa; el Ayuntamiento como arena para la res publica; y la Plaza del Mercado como espacio para el intercambio de los bienes económicos. Pero, esta concepción del espacio y del hombre se sustentaba sobre las exigencias de equilibrio impuestos por la filosofía de lo social: cuando el balance entre Religión, Política y Economía se desequilibraba, se iniciaba el camino hacia la servidumbre, la cual podía adoptar muy diversas máscaras[1009].

3. La formación espiritual

Dentro de la cosmovisión ignaciana, las misiones fueron parte integral de la vocación fundacional de la Compañía de Jesús[1010] con el mismo rango que la educación y la ciencia.

Ya los fundadores de la Orden pensaron largamente sobre las condiciones a que habían de someterse los que deseaban seguir la naciente institución ya que la nueva forma de vida mostraba grandes dificultades. Así lo estamparon en la Fórmula: "Este Instituto exige hombres del todo humildes y prudentes en Cristo, y señalados en pureza de vida cristiana y en letras"[1011].

El 1 de agosto de 1594 recordaba el General de la Orden,

1009 Warnfried DETTLING. "Was heisst Solidarität heute". En: *Die Zeit*, 27 Dezember, 1996, pag., 1.

1010 Manuel RUIZ JURADO. "Espiritualidad ignaciana en la <Formula del Instituto S. I.>". En: *Manresa*. Madrid, 48 (1976) 309-322.

1011 Ignacio IPARRAGUIRRE, Cándido de DALMASES y Manuel RUIZ

P. Claudio Aquaviva, en una carta a todos los jesuitas dispersos por el mundo conocido[1012], las ventajas de señalarse en el servicio de Dios mediante una mayor abnegación de si mismos para promover con "celo"[1013] la mayor gloria de Dios en los frentes misionales.

Uno de los rasgos de modernidad de la naciente Orden religiosa radicó en su carácter de corporación activa y en su actitud militante destinada a la recuperación de las almas. Había sido fundada para vivir en el mundo y sus actividades debían convertirse en constante ejemplo para la sociedad. Y Marieta Krizova añade que igual "importancia fue el acento puesto en el orden, la disciplina y el trabajo; y estas característica la acercan, más bien que la apartan, a la Reforma protestante"[1014]. Y más adelante expresa que la Compañía de Jesús "se aproximaba a la sociedad utópica por los preceptos de obediencia, de jerarquía estricta y de disciplina pedida a todos los miembros"[1015].

Pero además es necesario ubicar la visión jesuítica en el contexto de un mundo decidido a cambiar todas sus estructuras.

A partir del Renacimiento lo religioso, cultural, social y político se invaden mutuamente y es la autoridad estatal la que pretende imponer su autoridad política sobre la base de la "confesionalización", concepto adoptado por las confesiones en conflicto pues luchan por generar una nueva identidad no solo en sus instituciones sino también en los modelos de comportamiento y en las prácticas religiosas porque de ello depende su nueva biografía.

JURADO. *Obras de San Ignacio de Loyola*. Madrid, Biblioteca de Autores Cristianos (1991) 460.

1012 *Epistolae Praepositorum Generalium*. Roma, Rollari, I (1909) 231-247.

1013 El "celo" se define como "fervor y moción eficaz, nacida del amor, por cuyo impulso nos movemos a apartar y rechazar, como algo que nos importa mucho, todo lo que se opone al amado". (*Epistolae Praepositorum Generalium*. Roma, I (1909) 232).

1014 Markéta KRÍZOVÁ. *La ciudad ideal en el desierto. Proyectos misionales del Compañía de Jesús y la Iglesia Morava en la América colonial.* Praga, Universidad Carolina de Praga (2004) 57.

1015 Markéta KRÍZOVÁ. *La ciudad ideal en el desierto*, 102.

Y para ello recurre al concepto de "disciplinamiento social" requisito imprescindible sobre el que se construirá el Estado absoluto de la época moderna[1016]. El ordenamiento religioso se vincula al político y al social y tiene como objetivo la uniformización de las conductas con rituales y símbolos comunes a la Iglesia y al Estado.

Ignacio de Loyola llega al disciplinamiento social a través del disciplinamiento personal. Para reformar el mundo hay que reformarse primero a sí mismo y por ello apela a la práctica de los "Ejercicios espirituales" redactados como el camino seguido por él en la búsqueda de Dios.

Sin lugar a dudas la coherencia interna se mantuvo por el cultivo cuidadoso de su ideal y por la práctica de la obediencia religiosa.

Pero la siembra de estos ideales hay que rastrearlos en la larga etapa de formación a que estaban sometidos los jóvenes jesuitas antes de dispersarse por el mundo.

La formación del jesuita era larga y en ella se debía conjugar la síntesis que promovía la *Ratio Studiorum*: juntar virtud con letras, es decir, ciencia y conciencia, valores e inteligencia[1017].

Se comenzaba con el noviciado que duraba dos años y debía estructurarse sobre 6 grandes experiencias[1018].

La primera era la práctica de los "Ejercicios espirituales" escritos por el fundador de la Orden. Duraban un mes en completo silencio. Se trataba de iniciarse en una especie de escuela espiritual

---

[1016] W. SCHULZE. "Gerhard Öestereichs Begriff <Sozialidisziplinierung> in der frühen Neuzeit". En: *Zeitschrift für historische Forschung*, 14 (1987) 265-302. Citado por Agostino BORROMEO. "Ignacio de Loyola y sobra a la luz de las más recientes tendencias historiográficas". En: Quintín ALDEA (Ed.). *Ignacio de Loyola en la gran crisis del siglo XVI*. Bilbao, Universidad Complutense-Mensajero-Sal Terrae, S/f [1991] 328.

[1017] *Ratio atque institutio Studiorum Societatis Iesu*. Amberes, 1635.Más información en: László SZILAS. "Ratio Studiorum". En: Charles E. O'NEILL y Joaquín Mª DOMINGUEZ. *Diccionario histórico de la Compañía de Jesús*, IV, 3292-3298.

[1018] Manuel RUIZ JURADO. "Probación". En: Charles E. O'NEILL y Joaquín Mª DOMINGUEZ. *Diccionario histórico de la Compañía de Jesús*. Roma-Madrid, IV (2001) 3235.

y a la vez medir la capacidad de resistencia del candidato para las cosas espirituales. Los Ejercicios debían suministrarle al jesuita la base y la estructura sobre la que debería edificar el edificio de su vida interior.

Una vez adiestrado para navegar por los mares del espíritu el novicio debía realizar los siguientes experimentos. Servir en los hospitales a fin de ponerse en contacto con esa desconocida zona del dolor, el sufrimiento provenientes muchas veces de la pobreza en que se desarrollaba el hábitat de muchos hombres y mujeres. A ella se añadía la de "peregrinar sin dineros" con el fin de que se "pueda avezar a mal comer y a mal dormir" y además a vivir de limosna como era tan habitual en las nuevas sociedades tanto del mundo antiguo como del moderno[1019].

Las otras experiencias se vinculaban más a la vida comunitaria y consistían en ejercitar los oficios domésticos porque así lo exige la vida comunitaria y aprender desde el inicio esa actitud de servicio hacia los demás. También debían enseñar semanalmente la doctrina cristiana a niños e ignorantes de las cosas de la fe, así como las de confesar y predicar si eran sacerdotes.

Culminaría este esfuerzo por adquirir las virtudes del servicio a los demás con las horas de estudio tanto del Instituto como para repasar las humanidades aprendidas antes de ingresar a la Compañía de Jesús.

Al concluir los 3 años de estudio de Humanidades, 3 de Filosofía y 4 de Teología el jesuita debía volver a su segundo noviciado que en la terminología jesuítica se llama "Tercera Probación". Cultivado el entendimiento debía el jesuita volver a la puesta al día en la doctrina espiritual que animará su vida futura. Se trataba de repetir las experiencias llevadas a cabo en el noviciado 10 años antes aunque diseñadas de acuerdo con la realidad de sacerdotes cultos. Así pues, las exhortaciones, lecturas y mortificaciones externas, han de ser acomodadas al nivel de formación, cultura y edad de los "tercerones".

[1019] Así nacieron las Reglas de los peregrinos que aparecieron por vez primera en la edición del *Sumario de las Constituciones y Reglas* en 1567.

El jesuita salía después a la vida dotado de una experiencia espiritual como punto de referencia a los valores del espíritu y con su capacitación universitaria para ser ciudadano del mundo de las letras.

Pero en el caso de las misiones no podía cualquiera asumir ese reto pues había que tener presente tanto la salud corporal como el deseo a arrostrar dificultades con la valentía del explorador y con el espíritu de sacrificio que indudablemente exigía el trópico y sus selvas.

Una genuina interpretación de esos altos ideales lo ha recogido el P. Pablo Hernández en la *Instrucción para los que tienen deseos de ir a las Indias*[1020], vigente para los misioneros de las Provincias de Alemania.

Ciertamente se trata de un documento que ilumina la visión que tenían los superiores jesuíticos de las exigencias que imponía el mundo misional. Más allá de todas las recomendaciones de tipo espiritual y ascético nos fijaremos en dos párrafos.

El primero habla de las cualidades que deben adornar al candidato: "son grande y sólida virtud; ciencia, no cualquiera, sino bien fundada y completa en cuanto pueda ser. Resistencia corporal y costumbre de sufrir incomodidades y molestias"[1021]. Y más adelante: "Adquirir alguna práctica de artes mecánicas, de medicina y de farmacia que será de gran utilidad. [...] Ocúpese asiduamente en el estudio, que también allí hace mucha falta"[1022].

El segundo mira la convivencia: "... entienda que uno de los fines más importantes de enviar los sujetos de Europa a las Indias es el de mantener la unión, y evitar que la Compañía de allende desmerezca de lo que debe ser... Sea circunspecto en el hablar. No se muestre parcial a favor de los españoles europeos, ni a favor de los españoles americanos. Ni alabe las cosas de su

---

1020 *Instructio pro candidatis ad indos*. Pablo HERNÁNDEZ. *Organización social de las doctrinas guaraníes de la Compañía de Jesús*. Barcelona, Gustavo Gili, editor, I (1913) 347-349.

1021 Pablo HERNÁNDEZ. *Organización social...*, I, 347.

1022 Pablo HERNÁNDEZ. *Organización social...*, I, 349.

patria, dejándose llevar de la inclinación de la naturaleza, sino las de los españoles entre quienes mora: o si no las puede alabar, no las vitupere por lo menos"[1023].

También es interesante el tratamiento que José Gumilla dedica en su *Orinoco ilustrado* a lo que debe ser el comportamiento del misionero en la Orinoquia. Recoge toda su experiencia tanto en los Llanos de Casanare como en el río Orinoco en el capítulo "Apóstrofe a los operarios de la Compañía de Jesús y carta de navegar en el peligros mar de los indios gentiles"[1024]. Es un breve tratado práctico de cómo hay que tratar a los indígenas que viven en las reducciones.

Pero toda esta enorme arquitectura organizacional tuvo siempre una inspiración motriz que generó una estructura mental de valores y motivaciones que dio origen a un lenguaje singular, solo inteligible "cuando se examinan las cláusulas y el sentido del Instituto que abrazaron, tras una experiencia interior que cambió sus vidas" y que los motivó a enfrentar todo tipo de dificultades y hasta de fracasos[1025].

Todos los escritores ascéticos de la Compañía de Jesús coinciden en afirmar que el elemento inspirador del imaginario jesuítico ha sido la práctica de los denominados "ejercicios espirituales" según el modo que establece el libro de Ignacio de Loyola con el mismo título[1026].

La práctica de los ejercicios espirituales se convertía en una escuela de iniciación en los métodos de los que debería servirse el jesuita a lo largo de su vida. Estamos ante un "manual de táctica espiritual, un indicador del método que hay que seguir, del siste-

---

1023 Pablo HERNÁNDEZ. *Organización social...*, I, 348-349.

1024 José GUMILLA. *El Orinoco ilustrado y defendido*. Caracas, Academia Nacional de la Historia (1993). 493-519.

1025 M. RUIZ JURADO. "Enviados por todo el mundo...". En: *Paramillo*. San Cristóbal, 14 (1995) 735-736.

1026 Ignacio de LOYOLA. *Ejercicios espirituales para vencer a sí mismo y ordenar su vida sin determinarse por afección alguna que desordenada sea*. Propiamente este título aparece en el número [21] del texto

ma que se debe desarrollar"[1027]. Se trata de un deseo guiado por la convicción de construir un orden mejor, de reconducir los fines que llevan al ideal.

En primer lugar se convertían como en el mejor vehículo para que el ejercitante pudiera diseñar su proyecto de vida y de esa forma realizar su auténtica vocación. Y para disponer de una carta de navegar por los mares del espíritu debía asumir dos actitudes de tensión espiritual sin las cuales no puede darse ningún compromiso: el deseo de señalarse en el servicio a Dios y a los hombres[1028] y el discernimiento como mejor opción para la elección correcta e inspirada[1029].

El señalarse en el servicio es uno de las preocupaciones del sentir ignaciano. El alemán Hugo Rahner describe así la generosidad que supone el "señalarse": "La fuerza esencial que ejerció presión, inflexible y suave a la vez, en esta ordenación de la vida, es el amor que muestra su expresión en esta palabra: <más>, la palabra más característica de la espiritualidad de Ignacio"[1030].

Ignacio de Loyola coloca al ejercitante frente a sí mismo y frente al mundo de su entorno. Pues cada ser humano es agitado en su interior por "los buenos y malos espíritus". Es un conflicto entre el bien y el mal, entre la luz y las tinieblas y para ello el de Loyola crea su escuela propia para aprender el "discernimiento". Y para lograr este difícil objetivo debía aprender a evitar que otros intereses pudieran perturbar la visión interior de su alma de modo que le impidieran reconocer su futuro modo de proceder o por apegarse a sus propias aficiones, o por intentar justificar una res-

---

1027 Ignacio IPARRAGUIRRE, Cándido de DALMASES y Manuel RUIZ JURADO. *Obras de San Ignacio de Loyola*. Madrid, Biblioteca de Autores Cristianos (1991) 187.

1028 Pueden verse diversos textos en: Ignasi SALVAT. *Servir en Misión universal*. Bilbao-Santander, Ediciones Mensajero y Sal Terrae, s/f., 22-24.

1029 Maurice GIULIANI. *Acoger el tiempo que viene*. Bilbao-Santander, Ediciones Mensajero y Sal Terrae (2006) 53-64.

1030 Hugo RAHNER. *Ignacio de Loyola y su histórica formación espiritual*. Santander, Sal Terrae (1955)13-14.

puesta a medias. Se trata de un método que busca "un principio dinámico de renovación interna de la persona, que se traduce luego en transformación externa de la sociedad"[1031].

En segundo lugar se convierte en una especie de prontuario pedagógico a la hora de buscar la conversación con Dios a través de los diversos modos de oración a fin de inspirar a través de ellos la conducta cotidiana e incitar a la disciplina e incrementar la fuerza de voluntad y así asumir de modo decisivo las tareas reformadoras[1032].

Para evitar caer en la confusión y desorden y desviarse de los mejores ideales, el de Loyola recurre a la cotidianidad del examen de conciencia. Se trata de una acción reflexiva que con su ejercicio produce una madura deliberación y se acrecienta el espíritu crítico que ayuda a superar la desconfianza en los impulsos espontáneos apenas analizados a la ligera por la razón. Además, esa facultad inquisitiva colabora en revisar la fidelidad a la cotidianidad normada por la disciplina interior y exterior de forma tal que todo ello constituya la piedra de toque para comprender los niveles de la entrega, la cual, en el fondo, era entendida como respuesta individual a Dios y una respuesta corporativa a los proyectos de la Compañía de Jesús[1033].

En definitiva los Ejercicios espirituales debían dotar al jesuita por un lado de una convicción, una experiencia y un hábito[1034], y por otro, debían someterlo a una tensión dialéctica fijada por la lucha diaria entre utopía e ideología, entre auge y decadencia. Al perder la ruta de esta mística de servicio existía el peligro de caer en la burocracia y por ende en la crisis personal e institucional.

Por ello es llamativo la insistencia del hombre de Loyola en hacer referencia continua a las exigencias de la abnegación y

---

1031 Manuel RUIZ JURADO. "Ejercicios Espirituales". En: Charles E. O'NEILL y Joaquín Mª DOMINGUEZ. *Diccionario histórico de la Compañía de Jesús*. Roma-Madrid, II (2001) 1225.

1032 Maurice GIULIANI. *Acoger el tiempo que viene*, 75-90.

1033 Ignacio de LOYOLA. *Ejercicios Espirituales*, nn., 32-42.

1034 F. CHARMOT. *La pedagogía de los jesuitas*. Madrid, Edit. Sapientia (1952) 151.

mortificación para así llegar a la práctica de las virtudes sólidas. Y por ello no es de extrañar que el libro de cabecera de todos los jesuitas de habla hispana fuera el del maestro de la vida espiritual Alonso Rodríguez con su obra el *Ejercicio de perfección y virtudes cristianas*[1035], obra que ha tenido más de 300 ediciones y ha sido traducido a 23 lenguas[1036].

Para el visionario de Loyola el núcleo esencial a que aspiraba la formación de sus hombres consistía en asegurar la práctica de una abnegación radical, la renuncia completa a las comodidades, al honor mundano para de esta forma convertir a la obediencia en el motor fundamental de la Compañía de Jesús[1037].

La gran virtud del jesuita fue pues la obediencia, que es la manifestación más plena de esa abnegación, con todas las cualidades que hacen de ella la característica del servidor perfecto. Por ello la definirá el francés José de Guibert como "inteligente, activa, amante, altiva y viril, haciendo suyos de lo íntimo del corazón los pensamientos del jefe, identificándose con sus intenciones, sin temor a penas, ni a sacrificios, ni responsabilidades, con tal de llevar a feliz término todo el trabajo confiado"[1038].

El nexo entre autoridad y obediencia solo es válido y eficiente cuando la obediencia es concebida como una virtud y no como mera disciplina. Así, el sentido de corporación en el que fue educado el jesuita, hacía que cada miembro fuera responsable de la consecución del objetivo final y total de la Compañía de Jesús mediante el cumplimiento fiel de su deber asignado, pues para él la obediencia, libremente aceptada, significaba un servicio, un estar

---

1035 Alonso RODRÍGUEZ. *Ejercicio de perfección y virtudes cristianas*. Sevilla, por Matías Clavijo, 1609, 1609.

1036 John Patrick DONNELLY. "Rodríguez, Alonso (II)". En: Charles E. O'NEILL y Joaquín Mª DOMÍNGUEZ. *Diccionario histórico de la Compañía de Jesús*. Roma-Madrid, IV (2001) 3394-3395..

1037 José de GUIBERT. *La espiritualidad de la Compañía de Jesús*. Santander, Editorial Sal Terrae (1955) 52.

1038 José de GUIBERT. *La espiritualidad de la Compañía de Jesús*, 436.

siempre preparado para cualquier misión, para trabajar donde y en el puesto en que la institución necesitare la respuesta del súbdito.

Una vez sentado el sentido espiritual de la obediencia que se enmarca tanto en la generosidad del que es enviado a cualquier misión como en su siempre abierta disponibilidad para cumplir lo mandado la historia de la Compañía de Jesús misionera americana presenta algunas interpretaciones que son dignas de señalarse.

Es evidente que la vida en dispersión que hacía grande a la Orden fundada por Ignacio de Loyola acarreó muchos problemas de obediencia sobre todo en las misiones de Asia y América. Por ello aducimos el juicio de Ignacio Salvat al afrontar este punto: "Con todo, conviene no identificar los criterios y normas más estrechos y radicales que se dan en la tercera parte, dedicada a los novicios y en las cartas a los estudiantes de Coimbra, con los criterios más equilibrados de las Constituciones para los ya formados, a partir de la sexta parte. Cuando hable del gobierno de la Compañía esto quedará mejor clarificado"[1039]

Un horizonte distinto es el que se abre en las relaciones que plantean a la obediencia la creatividad, las grandes iniciativas e incluso la imposibilidad moral de poder dar cumplimiento a un mandato.

Los terrenos de la obediencia en las zonas misionales adquirían nuevas dimensiones. Es evidente que los ingentes espacios tropicales ya eran de por sí una invitación al riesgo y a la aventura. Y allí hay que inscribir el alma de sus seguidores porque debían ser capaces de convocar la inspiración de grandes sueños, individuales o colectivos, y de responder a los compromisos con la ilusión de un vidente.

Sin lugar a dudas que imaginación, creatividad y audacia tuvieron que ser principios rectores para muchos misioneros llaneros y orinoquenses a la hora de dar respuesta a los retos que le planteaban los indígenas, sus geografías y sus entornos humanos muchas veces violentos o conflictivos.

1039 Ignasi SALVAT. *Servir en Misión universal*. Bilbao-Santander, Ediciones Mensajero y Sal Terrae, s/f., 198-199.

Así pues, pensamos que la "aventura" fue un signo del riesgo que corrieron muchos misioneros a la hora de afrontar su celo apostólico con el desafío de lo desconocido y por ende sus conductas tuvieron que colocarse en zonas neutras que, en muchos casos y en grandes trayectos de su aventura, podían desbordar lo correcto y lo tradicional e incluso ubicarse en las periferias del ámbito de acción permitido por sus constituciones.

Teóricamente podrían formularse dos respuestas: la del funcionario y la del iluminado. En realidad ambas se necesitaban y en ambas debía estar presente la levadura que fermentara la causa de la mayor gloria de Dios.

Otro enfrentamiento fue el que se dio entre un mandato de la obediencia y la imposibilidad de su cumplimiento. Nos referimos al caso específico de las misiones guaraníticas, cuando los superiores religiosos de Roma imponían en virtud de santa obediencia debían hacer abandonar a los aborígenes los siete pueblos que les pertenecían por exigencia del Tratado de límites de 1750. Los misioneros arguyeron que los derechos humanos de los indígenas se erigían como una genuina objeción de conciencia que impedía la ejecución del mandato. Y alegaban "de todo lo cual se sigue legítimamente, que no es lícito llevar los indios guaraníes de sus siete pueblos a otras tierras, ni desposeerlos de sus tierras y bienes raíces, ni enseñar o decir, que tal se puede hacer en conciencia. Luego no es fácil concordar la ejecución del real tratado con la debida observancia de tan sagrados decretos. Luego no es materia ésta, en que nuestra conciencia está segura del acierto, obedeciendo a una ley civil y humana, a que tan claramente contradicen la ley natural, la divina, la eclesiástica y la civil"[1040]. Ésta fue una batalla que dieron los seguidores de Ignacio de Loyola en sus grandes luchas por la libertad y por la búsqueda de una empatía en pro de la aceptación de la alteridad.

No es fácil explicar el sentido último de la obediencia en la Compañía de Jesús. Por ello apelamos a la visión de un protestante

---

1040 AHN. *Jesuitas*, 120. ASTRAIN. *La Compañía de Jesús en la Asistencia de España*, VII, 650-651.

como Van Dyke: "La idea que Ignacio tiene de su orden es personal y no mecánica. Deben constituirla hombres y no fórmulas. Concibe la unidad de la Compañía como espiritual y no estatutaria. No consideraba las reglas que había escrito como una armadura de hierro. Establecía excepciones y las que menciona tienen por objeto evidente salvar el espíritu en detrimento de la letra"[1041].

Pero más allá de los textos ignacianos que preparan al hombre para afrontar todas las dificultades en el desempeño de su misión es conveniente analizar cómo ven los ojos de otras ciencias la acción de los misioneros en la Orinoquia.

Un antropólogo intérprete del mundo indígena de nuestro gran río insiste en que al historiar las misiones se deben diferenciar dos objetivos distintos aunque no contrapuestos.

El primero es el fin primordial, a saber, "la evangelización o predicación por la vida, el ejemplo y la palabra".

El segundo, recoge la actuación supletoria, vale decir, el andamiaje institucional de asistencia social y cultural que haga las veces "de lo que un Estado o una Entidad administrativa oficial, o un areópago de ancianos de una etnia deberían poder hacer en beneficio de sus miembros"[1042].

Esta doble realidad debía asumir la nueva cosmovisión del hombre y su mundo y la acción jesuítica tuvo "que ser una tarea de titanes en cualquier etnia frágil, insertada totalmente en las únicas coordenadas del espacio selvático-fluvial y de la constante hostilidad de otras etnias vecinas"[1043].

Y es lógico porque el conocimiento del otro y de la alteridad plantea poder entender el fenómeno de una aculturación que implica el encuentro o mutuo descubrimiento de culturas diferentes. Por ello es preciso estudiar la alteridad producida en las diferentes

---

1041 Citado por Jean LACUOTURE. *Jesuitas*. I. *Los conquistadores*. Barcelona-Buenos Aires-México. Ediciones Paidós (1993) 156.

1042 Daniel de BARANDIARÁN. "El Orinoco amazónico de las Misiones jesuíticas". En: José DEL REY FAJARDO (Edit.). *Misiones jesuíticas en la Orinoquia*. San Cristóbal, Universidad Católica del Táchira, II (1992) 322.

1043 BARANDIARÁN. "El Orinoco amazónico de las Misiones jesuíticas", 322.

culturas y el resultado de la alteridad modificada por el encuentro con sus indicadores de adaptación, asimilación o rechazo.

Y el autor de *Los hijos de la luna*[1044] describe al ignaciano orinoquense como el misionero con levadura, como "el hombre de Dios que lleva a Dios en sí y para los demás" y añade que "es precisamente esta sed de Trascendencia y de Dios en su comunión con los hombres" la atmósfera trascendental que supieron crear en su imaginario aunque a veces "se les podría tildar de estar un poco muy seguros de sí mismos y de faltar en algo a la atención al Otro"[1045]. Fueron hombres de mística y no funcionarios y esa fue la clave de su éxito.

A la hora de buscar una interpretación a la fidelidad que debía dedicar el misionero a su mensaje pensamos que la teoría de Roger Scruton sobre la denominada "clerecía" puede arrojar luz sobre esa clase de personas que se identifican a si mismas, con relación al prójimo, como guías, consejeros o instructores.

El papel del misionero era el de mediar en la transmisión del mensaje que provenía de una autoridad superior. El papel de mediador debe estar dotado de dignidad y ennoblece a quienes lo desempeñan puesto que le confieren al escriba algo del fulgor de la autoridad. Siempre existirá un espacio intermedio entre aquellos que poseen el cuerpo de conocimientos y las revelaciones de la fe y los que carecen de ellas. La función mediadora de la institución le otorga al escriba autoridad y su fidelidad al mensaje le avala la legitimidad de los poderes en que se sustenta su cargo.

Si se elimina la fe en una autoridad superior –en Dios, la tradición, las enseñanzas de la iglesia- el papel del mediador se derrumba. El escriba queda ante sus propios ojos como un náufrago, como el intérprete de una autoridad en la cual ya no cree. En ese momento deja de ser superior a su instruido a pesar de que

---

1044 Daniel de BARANDIARÁN. *Los hijos de la luna*. Caracas, Congreso Nacional de la República, 1974.

1045 BARANDIARÁN. "El Orinoco amazónico de las Misiones jesuíticas", 320-321.

se empeñe en mantener su privilegio y su posición como signos de una verdadera desigualdad[1046].

En última instancia el embrujo de la "Misión"[1047] los dotaba de energías y proyectos ilusorios encuadrados todos ellos en lo que Alfonso Alfaro denomina la *cuaterna paradójica*. En primer lugar, el compromiso adquirido en la interioridad de la experiencia religiosa. En segundo término, la obediencia que suponía una total disponibilidad de sus personas para la misión y la adquisición de un espíritu de cuerpo, todo lo cual implicaba una sintonía con los ideales de la Orden así como también con los mandatos de los superiores. Como tercer requisito se buscaba una preparación "élite" que facultaba al jesuita para hacer frente a situaciones sin precedentes y sin posibilidad de consulta y deliberación ya que en medio de tantas encrucijadas había que aportar soluciones a retos inesperados. Y finalmente la adaptación, que debía aprender las reglas del juego ajenas, penetrar lo más profundamente posible en el laberinto de imágenes y símbolos desconocidos y de esta forma tratar de precisar lo que divide para poder acentuar lo que une[1048].

1046 Roger SCRUTON. "La hegemonía intelectual de la izquierda progresista". En: *Revista de Estudios Públicos*. Santiago de Chile, Centro de Estudios Públicos, nº 85 (2002) 264.

1047 Michael Sievernich comprueba que la voz "Misión" corresponde a la primera generación de jesuitas pues recoge el profundo simbolismo que constituyó para los ignacianos empeñados en dar respuestas a los retos globales que les propiciaba el mundo nuevo. Michael SIEVERNICH. "La Misión de la Compañía de Jesús: inculturación y proceso". En: José Jesús HERMÁNDEZ PALOMO y Rodrigo MORENO JERIA (Coord.). *La Misión y los jesuitas en la América española, 1566-1767*. Sevilla, Consejo Superior de Investigaciones Científicas-Escuela de Estudios Hispano-Americanos (2005) 265-287. También en el mundo actual tiene vigencia el referente al espacio mítico que levanta la palabra "Misión" pues apunta a una acción mesiánica, a colonización ideológica o espiritual pues es un modo de exploración. Pero también pueden convertirse en modos de peregrinación, formas de prédica e instrumentos transitorios de colonización (Ver: Sandra PINARDI. "De misiones". En: *El Nacional*. (Papel Literario). Caracas, sábado 15 de julio de 2006.

1048 Alfonso ALFARO. "Hombres paradójicos. La experiencia de la alteridad". En: *Misiones jesuitas. Artes de México*. México, 65 (2003) 16-17.

La vida cotidiana del misionero

Cuando se reflexiona sobre el éxito de las misiones jesuíticas es necesario apelar a varios factores. Con todo, a la hora de realizar una síntesis diríamos que la importancia que asignó la Compañía de Jesús a la figura del "Misionero" es clave para poder interpretar el fenómeno que estudiamos.

Frente a otros ensayos misionales desarrollados en tierras venezolanas los jesuitas intentaron la misionalización directa sin la presencia de españoles y las famosas "escoltas" que en cada población no pasaban de 4 soldados en un conglomerado que podía variar entre 300 y 800 personas resulta un argumento insignificante.

El régimen interno dentro de cada población misional era austero y severo. Desconocemos las "Órdenes de las Visitas" que menciona el P. José Madrid, pero han llegado hasta nosotros las del P. Hernando Cabero, promulgadas durante sus dos provincialatos para las misiones del Marañón[1049], hermanas de las de los Llanos y el Orinoco porque la autoridad provincial era la misma.

La distribución ordinaria de todas las casas de la circunscripción neogranadina y quiteña era la siguiente:

4,30	Levantarse
5,00	Oración
6,00	Examen de la Oración
11,15	Almuerzo
7,30	Letanías
9,00	Lectura espiritual
9,15	Examen de conciencia
9,30	Acostarse[1050].

Sin embargo, existe el peligro de asomarse a este esquema de actividad diaria con una visión estática de la vida del misionero.

1049 JOUANEN. *Historia de la Compañía de Jesús en la Antigua Provincia de Quito.* Quito, Editorial Ecuatoriana, I, 620-623.

1050 JOUANEN. *Historia,* I, 612.

Por ello es preciso intentar reconstruir la vida cotidiana del jesuita en la Venezuela profunda e ignorada de la sociedad urbana.

La casa-residencia se puede reconstruir gracias a los inventarios levantados en 1767 con motivo de la expulsión de la Orden de Ignacio de Loyola de España y sus dominios ultramarinos[1051]. Hemos seleccionado la casa más moderna que tenía la Misión del Meta en la población de San Miguel de Macuco.

La casa era nueva "fabricada de piedra y tapia, de treinta varas de largo y siete de ancho, cubierta de teja, con su corredor tirado de dos y media varas de ancho con su saca, y cuatro aposentos"[1052]. Como es natural no faltaba la biblioteca[1053] la mejor compañera del misionero. En la escuela quedaban las cartillas de los niños y sobre todo sus instrumentos musicales: violines, arpa, bajón, flautas y chirimías.

Y para emprender el viaje de destierro a un lugar desconocido en Italia el P. Roque Lubián le dieron como equipaje: Un colchón con forro de listado "muy usado y basto". Tres sábanas bastas de lienzo del Socorro. Dos fundas de almohada. Cuatro camisas de bretaña y dos de ruán. Tres pares de "calzones blancos de lienzo del Reino". Dos pares de "calzones de arriba de lienzo" y otro par de paño "muy usados". Dos chupas de "lienzo basto, teñido". Un par de medias de algodón teñidas de negro. Tres pares de calcetas de hilo de algodón. Dos sotanas "con la puesta también de lienzo". Un cubierto de metal blanco. Dos servilletas de lienzo del Reino. Dos paños de mano, un mantel para la mesa y "dos platos de peltro". Y para completar la dotación se le permitió llevar su

---

1051 Pueden verse los de las Misiones de Casanare y Meta en: Felipe GONZÁLEZ MORA. *Reducciones y haciendas jesuíticas en Casanare, Meta y Orinoco ss. XVII-XVIII*. Arquitectura y urbanismo en la frontera oriental del Nuevo Reino de Granada. Bogotá, Universidad Javeriana, 2004.

1052 El inventario se encuentra en: ANB. *Conventos*, 34, fols., 805-808.

1053 José DEL REY FAJARDO. *Las bibliotecas jesuíticas en la Venezuela colonial*. Caracas, Academia Nacional de la Historia, II (1999)

breviario a fin de poder cumplir con sus obligaciones sacerdotales al que se añadieron "cinco libritos de oraciones"[1054].

Hacia 1757 un funcionario de la Expedición de Límites de 1750 poco afecto a los miembros de la Compañía de Jesús, el coronel Eugenio de Alvarado, ofrecía en su *Informe reservado* la siguiente visión de los ignacianos que regían las Misiones de la gran Orinoquia.

En Cabruta dirá de su misionero el P. Jorge Smidt: "… hace y cumple santamente con su ministerio para con los indios, como de cura con los que no lo son"[1055]. En La Encaramada se encuentra con el P. Felipe Salvador Gilij "cuyas cualidades le pueden distinguir entre los virtuosos, pues con elevada capacidad e instrucción de bellas letras de la educación italiana enseña bien a los indios. Es dotado de espíritu de lenguas del País…"[1056]. El tunjano Enrique Rojas cuidaba de La Urbana, "sujeto de distinguida virtud, si bien sus pocos años no le han quitado los temores del Noviciado y su dulce tranquilidad de espíritu le da motivo a tratar con agrado a los indios otomacos que no están bien persuadidos a la vida civil y cristiana que los Padres les ofrecen"[1057]. El P. Jacobo Nille era el cura de Carichana y "desempeña su ministerio de Misionero cumplidamente"[1058]. San Borja estaba al cuidado del jesuita sardo Miguel Angel Mellis "que lo asiste con vigilancia y es hombre de vida espiritual"[1059]. Y la última reducción jesuítica en el Orinoco

---

1054 La transcripción del inventario puede verse también en: DEL REY FAJARDO. *Documentos jesuíticos relativos a la historia de la Compañía de Jesús en Venezuela.* Caracas, III (1974) III, 61-65.

1055 Eugenio ALVARADO. "Informe Reservado sobre el manejo y conducta que tuvieron los Padres Jesuitas con la expedición de la Línea Divisoria entre España y Portugal en la Península Austral y orillas del Orinoco". En: José DEL REY. *Documentos jesuíticos relativos a la historia de la Compañía de Jesús en Venezuela.* Caracas, Academia Nacional de la Historia (1966) 306.

1056 Eugenio ALVARADO. "Informe Reservado", 311.

1057 Eugenio ALVARADO. "Informe Reservado", 314.

1058 Eugenio ALVARADO. "Informe Reservado", 317.

1059 Eugenio ALVARADO. "Informe Reservado", 320.

era El Raudal en donde se encontraba el P. Francisco del Olmo "sujeto antiguo en las Misiones, de extrema vivacidad, lleno de celo al bien de su religión y propenso al real servicio"[1060].

De las Misiones del Meta comienza su descripción por San Miguel de Macuco y de su misionero el P. Manuel Román dirá que es "hombre de tan notoria virtud y celo apostólico que es venerado de los que no lo tratan y tenido por Santo en todas sus operaciones"[1061]. Del cura de Surimena el santafereño José Esquivel se contentará con decir que "de sus buenas prendas tengo bastante noticia"[1062]. De Casimena cuidaba su fundador el sevillano Juan de Espinosa "sujeto de conocido ejemplo"[1063]. Y Jiramena escribirá el coronel del alemán Juan Walch que "no conozco este sujeto pero estoy informado es muy espiritual"[1064].

La circunscripción de Casanare la comenzará con San Salvador del Puerto a cargo del valenciano José Carbonel "sujeto de prendas y virtud según estoy informado"[1065]. Casi en idénticos términos se referirá al cura de San Ignacio de Betoyes, el santafereño Manuel Padilla "de cuyas buenas cualidades tengo repetidas noticias"[1066]. San Javier de Macaguane estaba dirigido por el antioqueño José Gereda "sujeto de quien tengo circunstanciadas noticias, que lo califican de sabio y religioso"[1067]. El misionero de Tame era el manchego Antonio Ayala "conviniendo las noticias que tengo de este sujeto con las propiedades de su instituto"[1068]. Duro es el juicio que asienta sobre Patute encomendado al valenciano Blas de Aranda "de cuya virtud son inútiles las buenas noticias

---

1060   Eugenio ALVARADO. "Informe Reservado", 323.
1061   Eugenio ALVARADO. "Informe Reservado", 326.
1062   Eugenio ALVARADO. "Informe Reservado", 326-327.
1063   Eugenio ALVARADO. "Informe Reservado", 327.
1064   Eugenio ALVARADO. "Informe Reservado", 328.
1065   Eugenio ALVARADO. "Informe Reservado", 329.
1066   Eugenio ALVARADO. "Informe Reservado", 330.
1067   Eugenio ALVARADO. "Informe Reservado", 330.
1068   Eugenio ALVARADO. "Informe Reservado", 331.

que tengo, cuando la simple residencia en tan desdichado pueblo la acredita, mayormente teniendo que tratar con los Tunebos"[1069]. Y concluye su visión de los misioneros casanareños con el pueblo de Pauto a cargo del tunjano Manuel del Castillo "sujeto de toda estimación según las noticias que tengo"[1070].

Pero más allá de esa percepción "oficial" de la vida misionera debemos profundizar en la explicitación del acontecer diario en cualquier pueblo misional.

Y debemos comenzar por el seguimiento que hacían los Superiores de la Provincia del Nuevo Reino por el régimen de austeridad que debía regir la cotidianidad de sus súbditos.

En efecto, las Constituciones de la Compañía de Jesús trazan un programa de pobreza individual extremadamente exigente para cada jesuita. De acuerdo con ella se excluye: todo lo superfluo[1071]; todo tipo de compensación bien sea por ministerios, bien por cualquier otro oficio[1072]; y todo aquello que tuviera sabor a negociación[1073].

Estas severas prescripciones valían por igual tanto para los miembros de la Orden que trabajaban en el Colegio Imperial de Madrid como para los misioneros que vivían en San Salvador del Puerto de Casanare ya que el ideal de perfección tenía que realizarse con hombres concretos y en espacios concretos y en ellos la pobreza jugaba un papel decisivo.

En este contexto, el Visitador detecta dos situaciones anómalas en las misiones llaneras: que los misioneros reciben estipendio por las Misas y también otras obvenciones de la Iglesia a título de que están dispensados por Roma.

El Visitador P. José Madrid aclara que Roma solamente ha

1069 Eugenio ALVARADO. "Informe Reservado", 332.
1070 Eugenio ALVARADO. "Informe Reservado", 333.
1071 *Constitutiones Societatis Iesu.* Parte VI, capítulo II, parágrafo 11 y ss.
1072 *Constitutiones Societatis Iesu.* Parte IV, cap. VII, parágrafo 3; cap. 15, par. 4; cap. 17, declaración, F; Parte VI, cap. 2, parágrafo 7, declaración, G; Parte VII, cap. 4, parag. 4, declaración, B; Parte X, parágrafo, 5.
1073 Congregación General II, decreto 61.

declarado que se puede recibir estipendio únicamente para sustento y vestido, pero si el Rey de España se lo da no pueden aceptarlo, y así consta en el *Libro de Respuestas de Roma* (2 de febrero de 1628)[1074]. En todo caso, después de analizar el problema llanero, declara taxativamente. Primero, que no se pueden recibir. Segundo, pueden admitir limosnas de misas, obvenciones, primicias, ofrendas de Pascua solo "como depósito, para repartirlo todo en limosnas a los indios de los pueblos que las dan y ofrecen, o para algún adorno de sus iglesias, sin aprovecharse los Nuestros de cosa alguna de destas"[1075]. Tercero, prohíbe tomar en arrendamiento los diezmos del Partido de los Llanos, porque aunque "no llegase a ser negociación rigurosa... tiene para con los seglares la nota de mucha codicia nuestra"[1076]. Finalmente, concluye este punto con las siguientes disposiciones: "... prohíbo gravemente a todos y a cualesquier Padre de los que asisten y en adelante asistieren (aun

---

1074 ARSI. N. R. et Q., 15-II, fol., 12-12v. Y a continuación transcribe el Visitador la carta del P. General al Provincial Florián de Ayerbe: "En una de 21 de septiembre de 1626 avisé a V. R. que de ninguna manera se podía hacer. Porque, lo que se ha declarado es: Que solamente se pueden recibir Ad victum, et vestitum, cuando el subsidio o limosna que el Rey da a los curas no es bastante para su sustento. Pero, siéndolo tanto que aun les sobra, como V. R. y otros me han escrito muchas veces, es cierto que no se deben ni pueden recibir limosnas por las Missas ni por ningún ministerio. Y en caso que se reciban por las razones que se admiten en Indias y en otras partes, no se puede gastar en provecho y utilidad de los Nuestros, sino de los mismos indios, repartiéndolas, como digo en otra de las que van con esta, entre los pobres del pueblo, o Parroquias, donde se dieren, o adornando sus Iglesias. Adviertan todos que este punto es muy substancial y en que puede haber mucho escrúpulo, Y vuelvo a declarar, que si en él se faltase, se faltaría en caso grave, como lo es en la Compañía recibir limosnas por missas o ministerios. V. R. se informe bien de lo que en esto ha pasado y remedie cualesquiera falta que hallare: y haga que se restituyan cualesquiera limosnas que se hayan recibido por misas o ministerios. Si no es que, como queda dicho, las han recibido los curas Ad victum, et vestitum, por no ser bastante para su sustento la limosna del Rey".

1075 ARSI. N. R. et Q., 15-II, fol., 13-13v.

1076 ARSI. N. R. et Q., 15-II, fol., 13v.

por breve tiempo) en estas misiones: Que no se metan en granjería alguna, ni con hilanzas, ni con algún otro modo de inteligencia para granjear con personal alguno, ni con indios, mestizos, ni españoles: *Quitándoles a todos hasta la menor esperanza de todo interés, o ganancia mundana y temporal,* como dice la Santidad de Clemente 9º en su Bulla; la cual no venimos a buscar a las misiones, sino la eterna salvación de los indios"[1077].

Sin embargo, habiendo conocido de cerca la difícil y austera vida que llevan los misioneros, ordena que a cada párroco se le pase íntegro el estipendio que el rey concede a los pastores de indios. A ello habría que añadir la entrega anual de 24 novillos para carne, 12 vacas para leche, 2 cerdos, 2 zurrones de miel y 12 quesos. Además el Superior deberá proporcionar a cada uno las herramientas que necesitare para el bienestar de la reducción pues la fragua de Pauto "es de la misión y padres de ella"[1078].

Con todo, más allá de ciertas comodidades que iba adquiriendo con el correr de los tiempos cada reducción es necesario acercarse también a la vida personal del jesuita que estaba al frente de cada población misional.

El número de miembros de la Compañía de Jesús que integra la acción evangelizadora en las demarcaciones llaneras y orinoquenses encomendadas a la Compañía de Jesús ofrece un universo aproximado de 153 misioneros[1079].

Pero la vida en la geografía misional significaba un cambio profundo en la existencia del jesuita y requería además una extrema capacidad de adaptación que no era asequible a todos. El hostigamiento de la naturaleza, las privaciones, la soledad, el entorno adverso y a veces hostil e incluso la muerte, así como otras causas motivaron que algunos se derrumbaran física o psicológicamente. Ello hizo que casi un 43,79% de los misioneros durara entre 1 y 4

1077 ARSI. N. R. et Q., 15-II, fol., 14.

1078 ARSI. N. R. et Q., 15-II, fol., 15-15v.

1079 Para quien desee verificar la afirmación, puede consultar: José del REY FAJARDO. *Bio-bibliografía de los jesuitas en la Venezuela colonial.* San Cristóbal-Santafé de Bogotá, 1995.

años en tierras de la gran Orinoquia. Entre 5 y 9 años el 20,26 %. Entre 10 y 14 años el 13,07% y más de tres lustros el 22,88%. Así pues, solo una cuarta parte superó los tres quinquenios.

En verdad conviene distinguir dos etapas claramente diferenciadas en la vida de una reducción. La inicial que era sumamente dura y la que se vivía una vez que la reducción se había consolidado.

Existe una primera visión global que recoge la experiencia de dos misioneros de campo: uno en el río Amazonas y otro en el Orinoco.

El P. Juan Magnin, de la vecina Misión de Mainas, al describir las dificultades que afectan al misionero y analizar las causas que le generan "tristezas y sinsabores" y le "producen cuidados harto amargos" señala, la soledad, la variedad de lenguas indias, los cuidados domésticos que deben afrontar y los mosquitos y zancudos. Y cita varios testimonios de diversos misioneros: "No sé si hay en el mundo cruces más pesadas que la de un misionero encerrado en estos bosques y relegado al fondo de estas selvas". Y otro compara su nueva vida con la de los "anacoretas en el desierto, a los condenados a las galeras o a los cautivos entre los moros"[1080].

Una síntesis similar ofrece para las Misiones del Orinoco el P. José Gumilla. Así refiere las "arduidades" que ocurren en esas tierras del gran río venezolano "ya en los excesivos calores de la tórrida zona, ya en la multitud de insectos perniciosos, en lo fragoso de los caminos, en lo peligroso de las navegaciones, lo débil de los bastimentos, los escabroso de los lenguajes y la tosquedad de los indios"[1081].

La soledad es la primera compañera para quien se interna en las selvas para fundar reducciones. Pocas veces se piensa en el cambio radical que supone para un hombre hecho para el mundo "verse de pronto trasportado a un desierto en donde a menudo pasarán semanas y aun meses sin otra compañía que tres o cuatro niños". Y establece la dialéctica del nacimiento de un poblado.

1080 Juan MAGNIN. *Descripción de la Provincia y Misiones de Mainas en el Reino de Quito.* Quito (1998) 257.

1081 José GUMILLA. *El Orinoco ilustrado.* Caracas (1993) 495.

Los indígenas se ausentan en sus expediciones durante dos o tres semanas y después regresan por "cuatro o cinco días, únicamente para ocuparse de beber y comer". De nuevo vuelven a perderse en las selvas para reaparecer al cabo de cierto tiempo. Y anota el misionero que "ya es mucho" si se puede lograr que mantengan esta conducta cíclica. Y concluye que a medida que mueren los viejos los niños que se han educado junto al misionero "se vuelven poco a poco más razonables" y de esta forma, "a fuerza de paciencia se establece un caserío que con el tiempo se poblará mucho"[1082].

La vida interior del misionero entra en una etapa de prueba. "No tiene a quién pedir consejo o de quién recibir un consuelo, ni en quien descargar su corazón, ni siquiera en el sacramento de la penitencia". Su vida es casi una noria circular: dar una vuelta por el pueblo a fin de visitar los enfermos, o sentado en una canoa ir en busca de nuevos feligreses. Hasta que por fin se adapta a la nueva situación y "se acostumbra al retiro, a la soledad, a pasar en el silencio, del que acaba por hacer sus delicias". Y concluye el misionero: "El aburrimiento huye y las penas del espíritu que pueden afligir a nuestro solitario, desaparecen"[1083].

En toda época inicial las dificultades eran inenarrables y el misionero debía aprender a afrontarlas con gran espíritu de abnegación y sacrificio.

La variedad y la complejidad de las lenguas es otro motivo de aflicción para el novato que debe iniciar su vida entre los indígenas sin conocer en absoluto una sola palabra de su idioma. Al recordar sus inicios misionales un misionero de Mainas escribía: "Qué puede hacer un misionero solo, con gente a la que no entiende y que no le entienden y a quien no puede ni siquiera hacer comprender por señas sus necesidades más urgentes y que trata en vano de volverlas evidentes"[1084].

1082 MAGNIN. *Descripción de la Provincia y Misiones de Mainas…*, 258.

1083 MAGNIN. *Descripción de la Provincia y Misiones de Mainas…*, 259.

1084 Juan MAGNIN. *Descripción de la Provincia y Misiones de Mainas en el Reino de Quito*. Quito, Biblioteca Ecuatoriana "Aurelio Espinosa Pólit".

Se podría afirmar que esta etapa vendría a ser como una soledad encarcelada. Pocos han reflexionado sobre esta terrible etapa del encuentro del misionero con el autóctono y la percepción que el indígena desarrollaba en su imaginario al no comprender absolutamente nada del mundo que traía el misionero.

Y ante estas adversidades el jesuita orinoquense se consuela con meditar que si "hubiese una lengua general que supieran todos, sería cosa tolerable trabajar allí de misionero" y piensa de inmediato en aquellos que no tienen el don de aprender lenguas pues una vez aprendida la general "podría decentemente servir a sus prójimos"[1085]. Es más, como buen lingüista, pensaba que el maipure podría convertirse en el idioma común del Orinoco medio y establece que "si se quisiera quitar el obstáculo de tantas lenguas, y disminuir a los misioneros la fatiga, ésta sería bastante a propósito para hacer de ella una lengua general"[1086].

Realmente, al sacrificio corporal que suponía la selva el jesuita debía realizar otro esfuerzo intelectual como era el aprendizaje de los idiomas.

En la penetración misionera hacia el interior del territorio amén de las incomodidades y riesgos que la acción suponía, de vez en cuando, los expedicionarios hablan de la alimentación y ofrecen algunos datos interesantes. El P. Mateo Mimbela en su viaje al Airico nos describe su dieta diaria que era pan de cazabe y la bebida el sucube que extraían de la raíz de la yuca. En el verano podían pescar abundante pescado, pero durante el invierno tenían que recurrir a tortugas, monos, papagayos, iguanas y también venados y dantas de las que sacaban las piedras bezares[1087].

Quizá las expediciones al Airico son las que más han con-

Sociedad Ecuatoriana de Investigaciones Históricas y Geográfica, (1998) 259.

1085 GILIJ. *Ensayo de Historia americana*, III, 170.

1086 GILIJ. *Ensayo de Historia americana*, III, 171.

1087 En el texto relativo a este pasaje, Rivero (*Historia de las Misiones*, 335) interpola un largo párrafo en el que habla de las hormigas voladoras y manducables.

servado la genuina cotidianidad de esas marchas. El P. José Cavarte enfrentó un viaje de más de 100 leguas con "el corto matalotaje que usan los indios, que se reduce a unas costras de cazabe y alguna vez a unos granos de maíz tostado, atenidos en lo demás a lo que diese la fortuna en la sabana, en los ríos y montes". Pero si las previsiones no cubrían el enigma de esos grandes trayectos podían llegar a situaciones límites en donde el hambre podía establecer tal género de crisis como la de un acompañante al que "hubo que aplicarse el estómago a la caliente arena de una playa para fomentarle con su calor y no morir"; y a Cavarte le comenzó a faltar la vista "por la flaqueza suma"[1088].

Al hacer la necrología de Cavarte su panegirista afirma "que apenas hay sabandija en la sabana cuyo sabor no pueda dar noticia por haberle servido de platillo; su regalo más ordinario eran ciertos gusanos gordos y rollizos de cabeza bermeja que se crían en los huecos de las palmas, y son del tamaño del dedo pulgar; cuando faltaban éstos se valía de otros gusanos menores y de más baja esfera, parecidos a las orugas de España, tostados en las brasas". Y en otra ocasión la guadaña del hambre "hubo de echar en la boca unas hojas de tabaco que bien masticadas y desechadas las trasladó al estómago, fomentando con la fortaleza de ellas el corto calor que le quedaba"[1089]. Asimismo, no supo durante muchos años qué era la sal y así comía algún pescadillo o mono que le deparaba la buena fortuna[1090].

No fue inusual que en ciertas oportunidades la soledad y las enfermedades redujeran al misionero a un miserable estado. Poco antes de morir el P. Neira en Camoa escribe su biógrafo que se vio obligado a sustentarse "con unos granos de maíz triturados y quebrados, y después cocidos en agua, que emulan un arroz claro y

---

1088 RIVERO. *Historia de las Misiones de los Llanos de Casanare y los ríos Orinoco y Meta.* Bogotá, Biblioteca de la Presidencia de Colombia (1956) 403.
1089 RIVERO. *Historia de las Misiones*, 403-404.
1090 RIVERO. *Historia de las Misiones*, 407.

de poca sustancia, sirviéndole una taza de éste por almuerzo, otra por pasto al medio día y otra a la noche"[1091].

Para la zona que se extendía más arriba del Raudal de Atures conocemos la descripción del jesuita alemán Gaspar Beck sobre los problemas alimenticios. Los procesos agrícolas hay que entenderlos a la luz de una realidad dada por las dos estaciones tropicales[1092] a la vez que nos revelan el alcance de las tecnologías indígenas. En la época de lluvias el agua inundaba los campos de arena tornándolos áridos, amén de la fuerza de los rayos del sol que lo quemaban todo[1093]. De esta suerte el suelo no producía sino frutas silvestres, dátiles de palmas muy parecidas a las bellotas de Europa por su dureza; y en consecuencia desconocían la siembre de cereales[1094]. Solamente el cazabe se constituía en el alimento diario[1095] y los sembradíos de yuca amarga se erigían además como la perpetua tentación de la nación guahíva[1096].

También el pescado formaba parte vital en la dieta del orinoquense: no especifica el misionero alemán las clases de pescado, pero si aclara que los indígenas los secaban al sol o al fuego[1097] y que desconocían -e incluso perseguían- el salar el pescado[1098].

La carne de cacería aparece más raramente en la vida del

1091 Matías de TAPIA. *Mudo Lamento*. En: José DEL REY. *Documentos jesuíticos relativos a la Historia de la Compañía de Jesús en Venezuela*. Caracas, Academia Nacional de la Historia, I (1966) 201. RIVERO. *Historia de las Misiones*, 342.

1092 G. BECK. *Misión del río Orinoco*. En: DEL REY FAJARDO. "Misión del río Orinoco en el Nuevo Reino. 1684". En: José DEL REY FAJARDO. *Documentos jesuíticos relativos a la historia de la Compañía de Jesús en Venezuela*. Caracas, Academia Nacional de la Historia, II (1974) 171-172.

1093 G. BECK. *Misión del río Orinoco*, 175.

1094 G. BECK. *Misión del río Orinoco*, 171.

1095 G. BECK. *Misión del río Orinoco*, 171.

1096 G. BECK. *Misión del río Orinoco*, 174.

1097 G. BECK. *Misión del río Orinoco*, 186.

1098 G. BECK. *Misión del río Orinoco*, 183: "... de donde colegimos nosotros que, tal vez, ellos creen en la migración de las almas de un cuerpo a otro".

jesuita: entre la fauna por él mencionada nos encontramos tigres, leones, monos y cabras silvestres muy parecidas a los gamos del Tirol[1099]. Sin embargo, anotará como curiosidad que la caza de una "fiera silvestre" les dio a los niños de la misión y a él la oportunidad de "alimentarse con carne y terminar el ayuno de casi un año"[1100].

La visión global sobre la realidad alimentaria y las posibilidades de subsistencia en el área estudiada -a nuestro juicio, de los Adoles hacia arriba- era precaria. Los suelos inundados de arena estéril y la maleza inútil obligaban a instaurar un sistema de rotación hacia sedes vecinas de los bosques. De aquí se deduce la ardua labor del conuco, pues desconocedores como eran antes de la llegada de los jesuitas del hierro, se servían de hachas de piedra e incluso con las manos para tumbar los árboles. Una vez efectuadas las quemas "sin más cultivo clavan en tierra un tronco de madera, el cual en pocos meses echa raíces, y de ellas cuecen su acostumbrado 'casabe' según lo llaman los hispanos y los indios apellidaban 'biebe', que luego exprimen para beber"[1101].

Es interesante confrontar los escritos del jesuita con las declaraciones emitidas por los testigos en 1690 sobre el ensayo misional (1681-1684). Sin lugar a dudas el capitán Tiburcio Medina es el testigo más cualificado por haber vivido en las "Provincias del Orinoco" cinco años y así testifica: "... las Provincia del Orinoco son tan estériles que ha visto por haber vivido en ellas cinco años de capitán los cuatro y meses y otros sin serlo, cómo aquellas naciones muchas partes del año se sustentan con raíces de palo y algunas naciones con tierra asada en lugar de pan, envuelta con aceite de

---

1099 G. BECK. *Misión del río Orinoco*, 172. Del texto, escrito en un estilo clásico -la redacción original es en latín- deducimos la inexistencia de otros animales domésticos. "Animales mansos son inusitados, y así ni el caballo sacude el campo podrido con el golpe de sus cuatro cascos, ni el jumento lleva carga, ni el buey rumia yerbas, ni los perros vigilan a las puertas, ni el gato acecha los ratones. En cambio produce tigres...". De las aves cita los papagayos y las tórtolas (Ibidem).

1100 G. BECK. *Misión del río Orinoco*, 189.

1101 G. BECK. *Misión del río Orinoco*, 175.

caimán, y esto no lo causa lo estéril de la tierra sino el acosamiento de guerras continuas con el caribe y esta es la causa de no haber mantenimientos, pues en el tiempo que este testigo los escoltaba y defendía se sembró y tenían sustento de maíz, plátanos y yuca"[1102].

Con todo, creemos que esta declaración es válida hasta los Adoles inclusive ya que Carichana fue el lugar de residencia habitual del capitán Medina. El plátano y el maíz no aparecen en las descripciones de Beck, mientras que sí se reiteran en las declaraciones de los testigos aludidos[1103], lo cual nos hace pensar que más arriba de la isla de los Adoles los cultivos eran como los describe el jesuita alemán.

Ciertamente esta situación cambaba radicalmente cuando la reducción disponía de sus sembradíos y de los hatos correspondientes.

Don Francisco Domínguez, el gobernador que dirigió la expulsión de los jesuitas de Casanare y Meta, meditaba el año 1779 sobre la importancia que había asumido en la criteriología jesuítica el buen funcionamiento de sus hatos. Sus productos, dice, se invertían "para bien de los indios en común". Así "se proveyó a los pueblos para el común, de carpinteros, herreros, escuelas y música" a la vez que se "asistía a los enfermos con lo necesario" y a los sanos prestándoles los utensilios para sus respectivos trabajos "manteniéndose de carnes de dichos hatos cuando trabajaban en alguna obra común a beneficio del pueblo"[1104]. Luego quiere decir

---

1102 AGI. *Santafé*, 249. Testimonio de Autos, fol., 31v-32. En la repregunta el capitán Medina añadirá: "... se ha sustentado él y la demás gente a que se da a dicho presidio de carne salada conducida de los Llanos, y maíz llevado de ellos, pescado de río, yucas y plátanos que produce dicho paraje; y cuando faltaba la carne salada, salía este testigo con sus soldados a montear puercos y venados con perros y escopetas" (fol., 70).

1103 AGI. *Santafé*, 249. Testimonio de los Autos. Salvador Esparza declara que en los pueblos de Tabaje, Catarubenes y Adoles se sustentaban los indios con casabe, plátanos y pescado (fol., 47). Y José Ruiz Romero dirá que comían "tortugas y otros pescados que pescaron, maíz, yucas y casabe que hacían de ellas, plátanos y otras frutas de la tierra" (fol., 54v).

1104 Francisco DOMÍNGUEZ. "Informe del antiguo Gobernador de los Llanos de

que la carne de res hizo presencia en la dieta de los indígenas gracias a la cría de ganado impulsada por los jesuitas.

Y en 1785 vuelve a representar ante las autoridades santafereñas la trascendencia del modelo económico jesuítico para impulsar el progreso de aquellos pueblos. Después de citar la red de haciendas que nacieron progresivamente de la de Caribabare señala todos los beneficios sociales que acarrearon en tiempo de los ignacianos pues al insistir en la conciencia del indígena que "eran bienes de comunidad" lograron construir una autosuficiencia de gestión que produjo su consiguiente bienestar[1105].

Estas afirmaciones las confirma el autor del *Ensayo de historia americana* al tratar el tema de las comidas del misionero[1106]. Entre la fundación de un poblado y su consolidación transcurren "varios años".

En la primera etapa Gilij confiesa que su vida fue "miserabilísima" y tubo que mantenerse "mucho tiempo con frutas salvajes o con algún pescado ahumado, sin tener sino rarísimas veces el cazabe".

En la segunda fase las cosas mejoraron. Pudo tener leche todos los días porque organizó el "cuidado del ganado errante" e incluso logró obtener queso. La carne se comía cuando se mataba un novillo y solo podía comerla fresca el día de la matanza. Si "la quiere buena" es preciso cocerla por la mañana. Pero en general come "carne salada"[1107]. En las vigilias de cuaresma recurría a

---

Casanare, dado a petición del Fiscal don Francisco A. Moreno, en expediente de los misioneros dominicanos sobre falta de recursos para sostener las Misiones". Santafé, 16 de Noviembre de 1779. En: José Manuel GROOT. *Historia eclesiástica y civil de Nueva Granada. Escrita sobre documentos auténticos.* Bogotá, II (1890) XXXVI-XXXVII.

1105 Francisco DOMINGUEZ. "Informe de don Francisco Domínguez a la Real Audiencia". Santafé, septiembre de 1785. En: José Manuel GROOT. *Historia eclesiástica y civil de Nueva Granada.* Escrita sobre documentos auténticos. Bogotá, Casa Editorial de M. Rivas & Cª., II (1890) XLI-XLII.

1106 GILIJ. *Ensayo de Historia americana,* III, 68-71.

1107 GILIJ. *Ensayo de Historia americana,* III, 69: "Se corta en largas tiras finas

las tortugas, al manatí y al pescado que sobraba del carnaval. Se completaba la dieta con fríjoles y arroz "para las cuales dos cosas es sumamente apropiado el clima del Orinoco" amén de las calabazas y la yuca dulce[1108].

Para los condimentos confiesa que "nunca vi vinagre ni vino" y los asiáticos son inasequibles pues su precio "es sumamente alto en aquellos lugares". Sin embargo además de los pimientos, los ajos y las cebollas "la industria de los misioneros y de los habitantes españoles" ha logrado encontrar los sustitutos autóctonos.

Uno provenía de la "catara", es decir, del "jugo de la yuca agria ligeramente cocido" al que se le inoculaban algunos pimientos para darle el sabor picante y producía "un acidillo no desagradable". Otro se elaboraba del "jugo agriado de la palmera corozo" aunque no gozaba del mismo valor que el anterior. Un tercero provenía de los "plátanos llamados guineos" maduros. Su tratamiento daba un "vinagre que cuanto más envejece se torna más ácido, [y] es tan semejante al nuestro tanto en el color, como en la fuerza y sabor, que se confunde fácilmente"[1109].

También la sal escaseaba y la que era traída del mar era

---

el novillo, las cuales se salan, se trabajan bien sobre el curo fresco del animal, y se cuelgan al sol para secarlas. Se secan perfectamente en uno o dos días. Y al principio, especialmente en tiempo de verano, son sabrosas. Pero al poco tiempo se vuelven madera, no menos por la dureza que por la insipidez. Peor aún sucede en invierno, o en el tiempo de las lluvias periódicas, en que de ordinario se comen las sobras de los insectos que devoran continuamente la carne así salada".

1108 GILIJ. *Ensayo de Historia americana*, III, 69.

1109 GILIJ. *Ensayo de Historia Americana*, III, 70. Su elaboración la describe Gilij de la siguiente manera: "… cuando están maduros se ponen en un cedazo, y junto con la cáscara se ponen en un dedazo ralo de palma encima de un tendedero de madera. Después de uno o dos días (necesitan este tiempo para fermentar) comienza a escurrir un líquido semejante al vino, que se recibe en un recipiente puesto debajo y que poco a poco va embotellando. Todo sale espontáneamente en pocos días. Pero si no queda nada, se aprieta con la mano, se pasa por un cedazo más cerrado, y se tiene luego al sol hasta que se separan las partículas más gruesas".

"bastante cara" y había que recurrir a la "fósil negra de Santa Fe. Y cuando faltaban ambas le sugirieron al misionero que echara pimientos a la comida para darles "algún sabor"[1110].

También recurría a una especie "de ensalada cocida o de menestra" que se le denominaba "pira". Se elaboraba con la verdolaga "que allí se da hermosísima" o con "el bledo silvestre guisado con aceite de tortuga y con agua". Y confiesa Gilij que ese alimento "me agradaba mucho" y le solía servir de cena además porque en aquellos lugares "se padece mucho de la insipidez"[1111].

Como bebida se recurría al agua, caliente, "y en muchas partes además de sabor malo" pero esto se combatía "comiendo un poquito de cazabe en miel, o cualquier otro dulce antes de comer". En consecuencia todo misionero debía tener su provisión de miel de abejas o de caña de azúcar y si la necesidad obligaba se recurría a un plátano asado "de aquellos que llamamos hartones". También deja constancia de lo caro del vino "por lo cual no se usa sino para las misas". Muy usado era el aguardiente de caña y "si se bebe en las ocasiones debidas y moderadamente, no es dañoso"[1112].

La soledad entre los misioneros de la Orinoquia adquirió diversos rostros e inventivas.

En los insondables territorios llaneros la búsqueda de nuevos indígenas constituía una tarea difícil y casi heroica para el misionero. Un aventurero pleno como era el P. José Cavarte tenía entre sus obsesiones llegar a vincularse con las Misiones jesuíticas de Mojos y para ello estaba estudiando en su vejez la lengua omagua[1113]. En 1695 se instala con los Achaguas del Guaviare y allí gastó

1110 GILIJ. *Ensayo de Historia Americana*, III, 70.

1111 GILIJ. *Ensayo de Historia Americana*, III, 71.

1112 GILIJ. *Ensayo de Historia Americana*, III, 71. La descripción del plátano hartón puede verse en el tomo I, pag., 197. "Esta banana es la más sana de todas, de un dulce no empalagoso, y buena de comer de varias maneras. Es buena cruda, es mejor asada, pero a manera de nuestros higos, es sabrosísima seca".

1113 RIVERO. *Historia de las Misiones*, 405: "Revolviendo yo algunos papeles de los que dejó el Padre, encontré en uno de ellos un principio de gramática,

7 años "en una vida de anacoreta sin más ocupación que clamar a Dios por la salvación de aquellas almas". Y añade su biógrafo que en "este género de vida penitente y solitario" duró hasta 1707 fecha en que el Provincial del Nuevo Reino mandó rescatarlo con una escolta de soldados. Y el encuentro no pudo ser más emocionante pues "no había entre todos uno que conociese al Padre según lo desfigurado que estaba, pálido, macilento, el pelo largo, la barba casi hasta la cintura, sin más ropa que una ruana rota y remendada, puesta a la raíz de las carnes, que era todo su abrigo"[1114].

Una etnia difícil de misionar fue la de los guahivos y chiricoas. Eternos andariegos de los territorios llaneros la Compañía de Jesús intentó reducirlos a vida comunal en diversas oportunidades pero siempre sin resultado. El bávaro Francisco Rauber decidió innovar el acercamiento a estas naciones con un método singular. El escritor italiano Felipe Salvador Gilij apuntará que "haría falta que uno tuviese la paciencia de ir matorral en matorral, de río en río, de prado en prado con ellos. Así lo hizo antaño el célebre Padre Rauber. Pero finalmente, cuando le faltó el aliento, debió a su disgusto dejarla"[1115].

En otro capítulo tocamos el tema de los "misioneros volantes" del siglo XVIII pero es bueno conocer algunos ensayos realizados durante el XVII:

En la experiencia de la parte alta del Orinoco medio iniciada en 1681 se patentiza el modus operandi de los hombres encargados de afincarse en el mundo sáliva. El P. Gaspar Beck narra como natural que no solo atendía a 5 aldeas sino que además realizaba excursiones a poblados más lejanos como las tierras del

---

que en su vejez estaba componiendo de la lengua enagua, por las esperanzas que tenía que se pudieran conquistar los que la usan; tenía encargado con mucho empeño a la ciudad de Quito el arte de la lengua inca para estudiarla, por lo que podría acontecer sobre las conquistas de los incas".

1114 GUMILLA. *Escritos Varios*. Estudio preliminar y compilación del P. José del Rey. Caracas, Biblioteca de la Academia Nacional de la Historia (1970) 14.

1115 GILIJ. *Ensayo de Historia Americana*, I, 66.

otro lado del río Cuboho, distante por lo menos 3 días del camino de Cusia[1116]. Y la muerte le sorprendería a su compañero Cristóbal Rüdel cerca del pueblo de los Adoles que distaba de Peruba, al menos, 6 días de navegación[1117].

Al estudiar la penetración en la provincia de los achaguas descubrimos en el P. Alonso de Neira viajes mucho más largos.

Quizá la imagen del misionero andariego de las ilimitadas extensiones de los Llanos sea el P. José Cavarte de quien dejó estampado su biógrafo la siguiente estampa: "Una de ellas [exploraciones] que por aquel tiempo espantó, y hasta ahora es digna de mucha admiración, fue, venir el Padre José Cavarte a pie y sin más avío que un talego colgado al hombro desde el Orinoco hasta estas misiones, 180 leguas de llanos, poblados de gentes bárbaras y ajenas a toda humanidad sin más escolta que la de dos o tres indiecillos chontales"[1118].

Pero también los viajes conllevaban tanto un espíritu de aventura como de riesgo. En la búsqueda de los Achaguas el P. Antonio Castán nos ha conservado en su crónica la frescura de una narración escrita, al parecer, casi al momento de llevarse a cabo la acción. "... considérese caminando por desiertos nunca pisados por el hombre, a pie, cincuenta y cinco días que duró el viaje, a la inclemencia de los tiempos, cargando los atillos, en el rigor del invierno, con aguaceros continuos, esguazando a cada paso profundas ciénagas de media legua de largo, y hubo ocasión que todo un día se estuvo caminando por una, con el agua hasta la cintura; saliendo de éstas se daba en pantanos enfadosos y en atolladeros terribles, en pajonales cerrados y cañaverales agudos, que rajaban las piernas y la cara, tropezando a cada paso con todo género de culebras disformes, con tigres horribles, con mil sabandijas mortíferas y ponzoñosas, con innumerables enjambres

---

1116 G. BECK. *Misión del río Orinoco*, 177.

1117 AGI. *Santafé*, 249. *Testimonio de los Autos* ..., fol., 67v-68.

1118 GUMILLA. *Escritos varios*, 9.

de mosquitos y tábanos, cuyos picos, como lanzas agudas, hacían correr la sangre y atormentaban sin piedad"[1119].

Y su compañero Alonso de Neira escribirá que logró dar con unos achaguas que buscaba[1120], pero por caminos "tan intratables y perversos, que aún en el rigor del verano no se podían trajinar por causa de los muchos pantanos"[1121]. Y en otra oportunidad solo pudo recorrer el camino de 20 leguas en 3 días por lo difícil del camino y porque tuvieron que "hacer puentes a tres ríos, el primero llamado Caracata, el segundo Ascaricutí, el tercero Atanare[1122].

Las *Cartas Annuas* de 1694-1698 nos han conservado la transparencia de un relato original que recoge el viaje del P. Neira al Airico. Las dificultades comenzaron desde el principio pues al buscar guías para el gran viaje y "el primer embarazo fue no hallarlas; porque el que más sabia de el Airico, apenas sabía el nombre; pero suplió esta falta un mal delineado Mapa, que había remitido por los Llanos el Padre José Cabarte". Iguales dificultades confrontaron con "la falta de alimento, y bagajes, que no tenían".

Pero la decisión de lograr los objetivos hizo que el 27 de

1119 J. RIVERO. *Historia de las Misiones…*, 238-239.

1120 RIVERO. *Historia de las Misiones…*, 161.

1121 RIVERO. *Historia de las Misiones…*, 164.

1122 RIVERO. *Historia de las Misiones…*, 196. Sin embargo, creemos que las rutas descritas por Neira desde el momento de abandonar la navegación por el Meta hasta Onocutare son distintas. La primera sería la descrita por el misionero en su carta del 2 de diciembre de 1664 (RIVERO. *Ob. cit.,* 195-196) y la segunda, la proveniente de una Relación posterior (*Ibidem*, 201-202). La segunda seguiría el siguiente trazado: a mitad de camino entre la desembocadura del Casanare en el Meta y de éste en el Orinoco se encuentra un puerto que lo bautizaron como Santa Cruz de Atanarí (RIVERO. *Ob. cit.*, 201). Y continúa: "… saltando en este puerto a tierra, y cogiendo la derrota hacia la izquierda del río, por la parte del norte, se camina por sabanas de horribles pajonales, eslabonados a trechos con algunas montañuelas, y no pocos palmares espesísimos y de muchos peligros y trabajos…" (Ibidem). En esta relación no se dice ni la distancia a Onocutare ni los días que necesitaron para llevar a cabo la expedición; pero sí relata vívidamente la realidad del terreno.

enero de 1696 se pusieran en camino con dos alcaldes de la ciudad de San Juan de los Llanos, 6 españoles y siete indios "que le quisieron ir haciendo escolta". "Guiados todos por los rumbos de el sobredicho Mapa, se dilataron muchos días en el viaje por serles forzoso ir descabezando varias ciénegas, y quebradas; y muchos palmares impenetrables por su espesura; caminando por esto con grandes rodeos al paraje que buscaban". A los 15 días de camino tuvieron que dejar de caminar 3 "a causa de un vehemente dolor de estómago, que puso en aprieto al Padre Alonso, y en cuidado los compañeros". Mas al hacer el balance de estas primeras jornadas "se hallaron en no menor confusión por no haber encontrado en tanto tiempo un hombre siquiera, que les diese alguna luz, que los pusiese en camino"[1123].

Después de muchas peripecias aprovechó Neira una oportunidad de crisis para que sus acompañantes regresaran a San Juan "pues la cortedad de los bajeles no daba lugar a otra cosa, siendo capaces solamente de su Persona, y cuatro Yndios Achaguas, que le habían de acompañar". Pero fue en vano pues el alcalde Mora y un soldado desconocieron el mandato del jesuita. Siguieron su ruta y anota el cronista que "iba el buen Padre Alonso encajonado, o como en un ataúd, sin poder revolverse de un lado a otro, al sol, al agua, y al viento, sin la menor cubierta, o reparo: Y el Alcalde Mora, y un indio Bogador, apenas podían ir sentados". Y así iniciaron su navegación por el río Ariari cuando hacía un mes exactamente que habían partido de Sabana Alta[1124].

Al cuarto de hora de navegación el piloto que gobernaba la segunda canoa, la del bastimento, se trastornó "en una grande profundidad. Corrió mucho peligro la vida de el español Alonso; perdióse el matalotaje, que solo se pudo librar una taleguilla de harina de maíz, y perdiéronse también algunas hachas de cortar, y cuchillos de monte, un arcabuz, y otras alhajas", sin embargo los indígenas salvaron "una petaquilla en que llevaba el Padre sus

---

1123 APT. Leg., 26. *Letras annuas de la Provincia del Nuevo Reino de Granada de la Compañia de Jesus, desde el año 1694 hasta fines de 98*, fols., 137-137v.

1124 APT. Leg., 26. *Letras annuas*…, fols., 141-141v.

papeles, y el lío de su ropa, donde traía una devota imagen de Christo Crucificado. La cual tomando en la mano el indio, que la sacó, exclamó lleno de fe y confianza: Por este Cristo se salvó toda la ropa: palabras, que hicieron derramar lágrimas de devoción al Padre Alonso, y sus compañeros"[1125].

Después de varios días de viaje río abajo encontraron un pueblo que había sido abandonado pero habían dejado los platanales que les sirvieron de socorro. "Pero presto se les aguó la alegría; porque descubrieron, que el río se iba enredando, y ocultando en un laberinto de ramas, y troncos, que cerraban de el todo el paso a los bajeles. El indio que gobernaba el de el Padre se subió en un palo grueso para reconocer el paso. Estaba carcomido el palo, quebróse, y cayó sobre el mismo indio, y el sobre otros palos, que le maltrataron mucho: dio gritos, y acudiendo a él todos le hallaron con tres heridas en la cara, y el cuerpo tan quebrantado, que no le podían mover sin causarle acerbísimos dolores"[1126]. Para sustituir al boga debió el alcalde Mora suplirlo y "aunque llevaba desolladas las manos de el mismo exercicio, se persuadió, que a él solo tocaba trabajar por entrambos"[1127].

Por fin encontró al P. José Cavarte acompañado de dos soldados españoles "Venían estos tan desnudos como los indios, y el Padre poco menos, que ellos. Diole el Padre Alonso una de dos sotanas viejas, que traía: y no le pudo dar otra cosa; porque la desgracia de el río le dejó tan pobre como vimos"[1128].

Otras veces había que realizar increíbles caminatas para poder salvar la vida ante la violencia, por ejemplo, de los caribes. El 10 de marzo de 1684 tuvo el P. Julián de Vergara que iniciar una apresurada huida desde el Orinoco hasta las misiones casanareñas, caminata que duró 105 días[1129].

1125   APT. Leg., 26. *Letras annuas...*, fol., 141v.

1126   APT. Leg., 26. *Letras annuas...*, fol., 142v.

1127   APT. Leg., 26. *Letras annuas...*, fol., 142v.

1128   APT. Leg., 26. *Letras annuas...*, fol., 145v.

1129   MERCADO. *Historia de la Provincia del Nuevo Reino y Quito de la*

Pero sin lugar a dudas la expedición más notable que realizaran los misioneros orinoquenses fue la del P. Manuel Román en su viaje para investigar el flagelo de la esclavitud que provenía de las posesiones portuguesas y que acabó realizando el descubrimiento del brazo Casiquiare (1744). De Carichana al territorio caberre duró el viaje 24 días. Y desde el río Atabapo hasta Mariwá realizó el viaje fluvial con los portugueses en un recorrido de aproximadamente 2.400 kilómetros. Este periplo lo realizó en 8 meses de los cuales la mitad se gastaron en tan ingente trayecto. La navegación era lenta pues así acostumbraban pasar de la cuenca amazónica a la orinoquense las "bandeiras" portuguesas, buscando "in situ" y en todo momento su sustento diario[1130].

Pero hubo un momento en que la dialéctica de sedentarismo y movilidad hizo su crisis y nos referimos a la etapa de comienzos del XVIII, tras el naufragio de la Misión del Orinoco con sus cinco intentonas y después de comprobar que el ingente esfuerzo por penetrar el gran Airico no ofrecía resultados tangibles la frustración pareció apoderarse de los que tuvieron que replegarse a lo que habían sido los inicios de la Misión de Casanare en 1661.

Muy duro debía ser para un misionero haber abandonado Europa para emprender grandes empresas espirituales en el corazón de América y verse reducido a la estéril monotonía de la burocracia. Tal es la sensación que producen las palabras escritas por el P. Bukovski a su paisano el P. Wenceslao Breyer el 29 de enero de 1708, misionero en Mainas: "V. R. y el P. Francisco Buenaventura [Widra] han nacido para cosas grandes; yo para regaladas porque aquí padezco poco y menos hago. Por falta de gentío se trabaja poco y el temporal sobra con abundancia. Cinco pueblos hay aquí

Compañía de Jesús. Bogotá, Biblioteca de la Presidencia de Colombia, II (1957) 394-396.

1130 AIUL. Papeletas: ROMAN, Manuel. "Descubrimiento de la comunicación del Orinoco con el Marañón y Relación que hace el P. Manuel Román de su viaje de Carichana al Río Negro: desde el 4 de febrero hasta el 15 de octubre de 1744". APT. *Fondo Astráin*, 28. *Informe sobre la misión del Orinoco*. (DEL REY FAJARDO. *Documentos jesuíticos*, II, 333-336).

bien establecidos, y tres ciudades de españoles. Solo que falta aquí es V. R. para que refine las músicas"[1131].

Otro tema que descubre el valor del que debía estar dotado el misionero es el que enfrenta la inseguridad de que gozaron por mucho tiempo las reducciones. Las crónicas misionales hacen referencia a muy diversas categorías de "guerra" que sufrieron las poblaciones tanto de los Llanos como del Orinoco. En verdad no conocemos ningún estudio sobre la incidencia de estas terribles etnias sobre las misiones jesuíticas.

Podríamos clasificar las acciones bélicas en tres géneros diversos: las ocasionadas por el beduinismo de algunas naciones andariegas; las provenientes de las rencillas entre naciones; y las causadas por el interés y colonialismo. Aquí nos reduciremos a hacer referencia al hecho de cómo podían influir estas acciones guerreras en la vida cotidiana de una reducción.

Apenas llevaban 7 años en territorio achagua los ignacianos cuando los guahivos y chirocoas dieron su gran batalla contra los habitantes de Atanarí. Estos "caribes" de los Llanos, "gente andariega y ladrona, sin casas, ni hogares, ni labranzas", acostumbrados al pillaje. Desde antes de la llegada de los jesuitas estas dos naciones tenían avasallados a los achaguas de Onocutare y Atanarí "que entraban en su labranzas como si ellos las hubieran hecho, y en sus poblaciones como si fueran propias y con tan despótico domino que no había cosa reservada para ellos; hasta las mujeres se las quitaban a los tristes achaguas ..."[1132].

El incidente explosivo se dio a "principios de enero" de 1668. Habiendo salido un teniente del pueblo con su gente para traer bastimentos a la población sorprendieron en sus labranzas a una cuadrilla de guahivos y como éstos huyeran los siguieron e hirieron de muerte a un hijo del cacique de esa parcialidad. Se llamaba Bacacore y era "de repugnante aspecto, pues sobre ser pequeño de estatura, más de lo regular, era tuerto y calvo" pero a

---

1131 APQu. Leg., 8. *Carta del P. Alberto Bukovski al P. Wenceslao Breyer*. Santa Bárbara de Casanare y enero 29 de 1708.

1132 RIVERO. *Historia de las Misiones*, 221.

la vez era "de gran valor, arriesgado e intrépido" y decidió vengar la muerte de su hijo[1133].

Ante tal situación los dos misioneros, Antonio Castán y Juan Ortiz Payán, procedieron a instruir a los hombres en "algunas militares industrias" y se comenzó con la minuta de cuánta gente "había de macana y flecha" para proseguir después a poner "sobre las casas cuatro o seis muchachos de los más grandes, para que sirviendo de centinelas diesen aviso con su voces si descubrían enemigos". Como es natural Bacacore ensayaba sus estrategias con "invasiones ordinarias y con sustos continuos"[1134].

Tras diversas escaramuzas decidió Bacacore dar su asalto final y así preparó "en escuadrones con lindo método, asignando a cada cuadrilla la parte del pueblo por donde se debía embestir" y señaló la casa de los Padres como objetivo principal. El 1º de febrero, habiendo conocido los achaguas los planes del adversario decidieron "a entregarse y a entregar a los Padres a los enemigos, o a huirse y dejarlos solos". Pero de forma sorpresiva se presentaron en Atanarí 14 soldados del presidio de Guayana que "venían fugitivos". Mas el acoso del cacique guahivo produjo una situación de "extremada pobreza y necesidad" y su comida se reducía a "agua de ají, en la que remozaban el cazabe" y unas "*puchas* o mazamorra de harina de maíz sin sal"[1135].

Preparada la defensa y su consiguiente estrategia por los soldados españoles se mantuvo la población recuperó sus ánimos y esperó de nuevo el ataque. El 11 de febrero, entre las 9 y 10 de la mañana, "apareció sobre nuestro pueblo todo el grueso del ejército contrario, marchando en buen orden, repartido por todas partes, según la disposición que había dado su general y caudillo". Encabezaba el ejército Bacacore "con los embijes en su rostro, con el carcaz y macana que traía en la mano". El P. Castán se refugió en la iglesia con las mujeres y niños, mientras Ortiz Payán se movía

---

1133   RIVERO. *Historia de las Misiones*, 222.

1134   RIVERO. *Historia de las Misiones*, 224.

1135   RIVERO. *Historia de las Misiones*, 226.

por todas partes "lloviendo sobre su cabeza sin cesar un furioso aguacero de flechas".

Como le notificaran que Bacacore ya se había apoderado de la casa de uno de los capitanes achaguas se dirigió allí. Y se encontró con el terrible jefe guahivo. Cobró ánimos el Padre y con valor resuelto, "en lugar de volver el pie atrás, se abalanzó al indio que venía ya descargando el golpe, y le dio dos o tres gritos terribles que le espantaron; pero aunque bastaron éstos para aterrarle y sorprenderle, no fueron suficientes para detener el impulso de la macana que venía ya por el aire, y que con su natural peso caminaba al estrago, y hubo de descargarle un furioso golpe que recibió el Padre sobre el hombro derecho, y hubiera sido mortal, sin duda, si hubiera resistido todo el impulso de lleno". Y cuando se preparaba el indio para el segundo golpe aprovechó el jesuita "para abrazarse con él, pidiendo socorro a los suyos, y bregando por sujetarlo". Acudió un soldado y varios indígenas y "fuele tan mal a Bacacore, que a pesar de su arrogancia y fuerza con que fulminaba pestes y despedía bravatas ardiendo en furor y cólera, fue preso con ignominia y despojado de las armas de que blasonaba hinchado"[1136].

De su pelea con el capitán Bacacore conservó "muchos años" la macana de éste, y también "quedóle gran dolor en el hombro y brazo... renovaronsele por tiempos estos dolores y le quedó algún impedimento en el ejercicio del brazo"[1137].

Pero a pesar de la derrota la guerra siguió hasta el 11 de abril y siempre solían tratar de emboscar a los achaguas por la noche y concluye el cronista diciendo que "debieron ser algo más de 40 los muertos contrarios"[1138].

De igual forma no es difícil de imaginar que tratando el misionero con naciones per se belicosas la paz social no se viera

---

1136 RIVERO. *Historia de las Misiones*, 228-230.

1137 RIVERO. *Historia de las Misiones*, 230.

1138 RIVERO. *Historia de las Misiones*, 231. También Rivero recoge en este capítulo otra acción de los guhaivos y chiricoas que concluyó de la misma manera.

perturbada por muy diversos agentes. Y así vemos con frecuencia, sobre todo a los inicios de la reducción, cómo el misionero tenía que afrontar situaciones de conflicto inéditas para cualquier hombre civilizado. En esta conjura participaban españoles, indios y brujos.

Ya en los albores de la vida misional ciertos hispanos recurrían a la rica retórica de las medias verdades, las falsedades, las calumnias y "cavilosas maquinaciones", sobre todo cuando sentían que se tocaban sus intereses, y más si eran ilegales. Un hombre duro, hecho a la vida misional como era el P. Alonso de Neira, escribió a un confidente suyo: "Bien sabe Dios que ya nos causaba fastidio el vivir, y que oprimido de pesadumbres, melancolías y tristezas, pedía a Dios muy de veras el morir"[1139].

En los comienzos de la reducción de Tame también su cura el francés Antonio de Monteverde se vio precisado a enfrentar intereses locales no ya de los peninsulares sino de los propios indígenas. Por diversos motivos se enfrentaron don Rodrigo "indio principal del pueblo" y el capitán Castaño, valiente y "ambicioso y altivo". Entablada la pelea entre los seguidores de ambos se colocaron en dos filas frente a frente. "No se oía otra cosa en este tiempo que una confusa gritería, ni se miraba otra cosa que lanzas, cuchillos y macanas, entre las flechas y arcos; los ademanes terribles con que se explicaban daban a entender la carnicería del rompimiento, y de cerrar unos con otros, y solo esperaban la señal para empezar la guerra".

Enterado el P. Monteverde hizo rápidamente acto de presencia en el lugar de la refriega. "Entró con su bordón en medio de las dos filas, entre las lanzas y macanas, y levantando la voz en tono alto y severo, a lo que añadí mayor eficacia su agigantada estatura y respetable rostro encendido, los puso en silencio a todos". Tras su breve discurso y sus respuestas al "altivo y descarado" Castaño logró que hicieran las paces. Y continúa el historiador: "No solo en esta ocasión se halló nuestro misionero entre las lanzas y las

---

1139 RIVERO. *Historia de las Misiones*, 138.

macanas; fueron muchas las ocasiones en las cuales se vio metido en semejantes refriegas para defender a sus indios"[1140].

Nos llama la atención una curiosa confrontación que tuvo el P. José Gumilla con la nación de los anibalis. Una vez verificado el rechazo de esta nación al misionero y declarada la guerra el autor de *El Orinoco ilustrado* recurrió a la inteligencia dado que en esta ocasión no lo acompañaba el capitán de la escolta y su "ejército" era mucho menor que el de los anabalis. El misionero partió de un principio observado por los indígenas: "no acometer al enemigo en guerra viva hasta no reconocer quién da muestras de cobardía o flaqueza, para lo cual sale a tentar vado uno de sus capitanes, el más valiente, persuadido de que si muestra ánimo y valentía, el contrario pierde la victoria; pero si muestra flaqueza, se dan por victoriosos los otros...".

Así salió a la escena el misionero y del lado contrario hizo presencia el joven Balivasi "en quien corrían parejas la soberbias y el valor". Este se presentó ante el Padre y se le encaró "con el arco tirante y la flecha tendida sobre él, y vibrándola con tanta prisa y horribles ademanes, que bastaba a poner horror ,,, y con la acción de quien dispara, tiró con violencia de la cuerda y apuntó al pecho". La contestación de Gumilla fue aguantar la mirada "le dio un formidable grito, y le echó al mismo tiempo la mano para arrancarle la melena ... para que desistiera de su intento" pero la juventud y ligereza de Balivasi logró desprenderse y regresó a su puesto. Repitió el indio esta misma escena 5 veces y el Padre "viendo que ya bastaba de pruebas y de experiencias tan pesadas" hizo silencio y pronunció su discurso.

Tras su retórica parece que se convencieron los ánimos "trocaron la pasada saña en una amigable paz, vinieron de común acuerdo todos, y Balivasi el primero, con todos los arcos y carcaces debajo del brazo, en señal de benevolencia, danto fin a esta temida guerra, con amigables abrazos..."[1141].

1140   RIVERO. *Historia de las Misiones*, 170-171.

1141   RIVERO. *Historia de las Misiones*, 376-378. La historia continúa y allí se pactó la paz con Seisere hermano de Balivasi.

El tema de las relaciones piache-misionero merece una gran atención. Es lógico que la presencia del misionero no fuera mirada por los piaches con ojos benignos. Gilij habla incluso del "sumo odio"[1142]. Es fácilmente deducible que no podían pactar con un nuevo estatus político en el que su poder casi absoluto quedaba desmoronado. Y en consecuencia debían defender todas las tradiciones que habían significado su poder. Así instigarán al principio que no les obligaría a ellos a abandonar "los antiguos bailes, la pluralidad de mujeres y nuestras inveteradas costumbres, de abrazar una religión extranjera, que proponiéndonos premios que no vemos nos hace abandonar neciamente el presente"[1143].

También debemos resaltar que es poco lo que se ha estudiado acerca de la posición del piache en medio de la comunidad indígena. Pues si bien es verdad que era la cabeza "intelectual" de la comunidad también es verdad que la sociedad lo miraba con respeto, recelo y también con temor[1144].

El historiador Rivero parece acoger bajo el mismo concepto a mojanes y hechiceros y así se desprende cuando habla del tunebo Donse, quebradero de cabeza del P. Antonio Monteverde en las reducciones de Tame y Tunebos[1145].

Esta fue sin duda la peor batalla que tuvieron que enfrentar los misioneros pues sus capacidades médicas eran respetadas por todos, sin embargo la incredulidad del misionero comenzaba al observar la capacidad de convencimiento que tenía el piache para subyugar a sus connacionales a la resistencia decidida contra los advenedizos que pretendían cambiar las reglas de juego de la reducción. Con todo, el significado de la seguridad colectiva contra las invasiones de naciones más poderosas que conllevaban la esclavitud

---

1142 GILIJ. *Ensayo de historia americana*, II, 99.

1143 GILIJ. *Ensayo de historia americana*, II, 100.

1144 GILIJ. *Ensayo de historia americana*, II, 90: En definitiva: "son mirados con veneración, o digámoslo justamente, con horror por los orinoquenses".

1145 RIVERO. *Historia de las Misiones…*, 147, 148.

es de pensar que en la mente del autóctono debía darse una batalla interna que concluía en la búsqueda de su supervivencia.

En el gran río venezolano las misiones jesuíticas vivieron todos los avatares de un conflicto bélico pues como anotará el cronista Agustín de Vega "por marzo de 733, quedó rota la guerra con la Nación Cariba que nos dieron bastante que hacer hasta el año de 744"[1146].

Quien estudie detalladamente la geografía histórica de las misiones jesuíticas entre el Caño de Uyapi y Carichana podrá apreciar los estragos de una guerra a juzgar por las misiones destruidas, los indios huidos y los misioneros en un continuo repliegue para comenzar de nuevo su inquebrantable proyecto[1147].

Pero la inseguridad, el miedo y la carencia de toda ayuda material debido al control a que estaba sometido el gran río venezolano por los caribes, produjo dificultades incluso para conseguir medios de subsistencia necesarios para las misiones y ello llevó a Rotella a realizar un viaje en 1734 a Calabozo, hecho que le acarreó la denuncia de contrabando[1148].

En 1735 la invasión caribe había comenzado por las misiones franciscanas y el P. Gumilla regresó de Guayana " desahuciado de socorro" pues el gobernador vino a manifestar que todo quedaba a expensas de la Compañía de Jesús[1149]. Tal era la tensión que se vivía en aquel momento en el Orinoco jesuítico que Gumilla se mostró decidido a abandonar las misiones del Orinoco y replegarse a Casanare, mas el P. Manuel Román fue partidario de mantenerse en el campo de batalla y concentrarse en Pararuma sirviéndose del

---

1146 Agustín de VEGA. *Noticia del principio y progresos del establecimiento de las Missiones de gentiles en la río Orinoco por la Compañía de Jesús*. Caracas, Academia Nacional de la Historia (2000) 26.

1147 José DEL REY FAJARDO. "Topohistoria misional jesuítica llanera y orinoquense". En: José DEL REY FAJARDO y Edda O. SAMUDIO. *Hombre, Tierra y Sociedad*. San Cristóbal-Bogotá, Universidad Católica del Táchira-Pontificia Universidad Javeriana (1996) 7-158

1148 VEGA. *Noticia del principio y progresos*, 64.

1149 VEGA. *Noticia del principio y progresos*, 74.

monte de Marimarota y allí fortificar el castillo de San Javier para que actuara como de alcabala a fin de solicitar salvaconducto de tránsito por el Orinoco a los usuarios del río[1150].

A pesar de todas las medidas que fueron adoptando los miembros de la Compañía de Jesús siempre encontraban fórmulas los caribes para burlar la vigilancia jesuítica, pues, sus compromisos con los europeos para el suministro de contrabando humano se basaban exclusivamente en sus actos guerreros.

Al tratar de convertir en zona de guerra las misiones de los de Loyola es lógico pensar en las angustias y temores en que se desarrollaba la vida en las nuevas poblaciones orinoquenses pero también nació el espíritu colectivo de defensa tanto en los soldados de la escolta como en la colaboración de los indígenas en la custodia de las poblaciones pues servían de centinelas "y tocan caracoles, o cornetas, [que] parecen las trompetas de Gedeón"[1151].

Todavía en 1744 la red de espionaje caribe había extendido de tal forma sus tentáculos que prácticamente conocía de antemano los movimientos que se pensaban llevar a cabo en su contra en las misiones para así actuar con eficacia sobre unas misiones que paulatinamente se habían ido forjando sus espacios de paz[1152]. Pero a partir de 1747 todas las reducciones entrarían en un período de paz que solo sería perturbado, a veces, por los terribles guaypunabis.

Otro capítulo interesante en la vida cotidiana del misionero llanero y orinoquense es el de la salud pues tanto el clima como el entorno humano y ecológico no facilitaban mucho las exigencias mínimas que hoy reclamamos como "inalienables". Sin embargo, no es un tema que haya llamado la atención de los cronistas coloniales y ello dificulta su reconstrucción. En todo caso nos remitimos al capítulo que en este mismo tomo hemos dedicado a "La salud, las enfermedades y sus remedios".

1150   VEGA. *Noticia del principio y progresos*, 75-77.

1151   AGI. *Santo Domingo*, 634. *Carta del P. Manuel Román al P. José Gumilla.* Cabruta 11 de junio de 1741.

1152   APT. *Fondo Astráin*, 28. *Informe sobre la misión del Orinoco*, 1744. (En: DEL REY FAJARDO. *Documentos jesuíticos*, II, 320-321).

En este sentido ofreceremos una panorámica en la que las enfermedades y la muerte nos ayuden a comprender la realidad del misionero a la hora de enfrentar esas difíciles situaciones.

Quien estudie detenidamente las cartas necrológicas que se redactaban a la memoria de cada difunto podrá encontrar interesantes informaciones aunque siempre hay que tomarlas con precaución pues están visualizadas con el tamiz de la loa espiritual que acarreaba cada difunto.

El P. Juan Ortiz Payán, personaje pintoresco y aventurero, en la peregrinación que tuvo que realizar con los achaguas desde San Joaquín al Puerto de Casanare, una noche, entre las once y las doce, despertó "...con un calenturón tan recio y tan agudo que, como él decía, se persuadió que era ya llegada la hora (...); así estuvo hasta cerca del amanecer, cuando encontró particularmente en el pecho y en los brazos unos granos bien gruesos, que, siendo de día, reconoció que eran viruelas que llaman cimarronas los naturales, y los españoles locas"[1153].

Las *Cartas Annuas* de los años 1694-1698 nos han conservado un relato único a la hora de catalogar la enfermedad y la causa de su proveniencia. Encontrándose el P. Alonso de Neira en Etare la falta de alimento le obligó a buscarlo en un pueblo a dos jornadas de su residencia. Llevó en su compañía, aunque sin saberlo, un "famoso hechicero" quien con sus "hechizos y malas artes" le causó una enfermedad no conocida. "Diole a un oído un corrimiento con calentura continua, y crecimientos todos los días, estando el Padre todo un año, que duró la enfermedad como insensato, y sin ningún conocimiento". Habiendo fallecido el causante "le tuvieron sin enterrar ocho días, creyendo resucitaría en virtud de sus hechizos; pero viendo se tardaba en esto, i no pudiendo sufrir el mal olor que exhalaba el cadáver, le quemaron". Y desde ese tiempo "empezó a sentir el Padre alivio en su dolencia, arrojando de el oído dos huesecillos, con unas juntas como de sierra, de el grueso de una avellana, y algo mas largos". Y concluye el cronista

---

1153 RIVERO. *Historia de las Misiones*, 238.

su historia diciendo: "con lo cual no solo quedo libre del achaque, y de todos sus accidentes malignos; sino con mucha mejoría en la vista, que con la edad tenia muy consumida, y casi acabada"[1154].

Gilij llegó al Orinoco en 1749 y pronto pudo verificar que el difícil clima de esas regiones afectaba la salud de la que había gozado en Europa. Hay algunos rasgos indelebles en la memoria del misionero acerca de sus primeros años de vida misional. Pareciera como si el hambre, la pobreza y las enfermedades le hubieran dejado tal huella que perduraban todavía en el pobre destierro de Roma. Ya en septiembre de 1749, al descender las aguas del río, le atacaron las fiebres las que, con alguna interrupción, le durarían 6 años[1155]. También padeció fluxiones en los ojos[1156] y fue objeto dos veces de la enfermedad del bicho[1157].

Poco conocíamos de los últimos años del ardoroso P. Bernardo Rotella y el H. Agustín de Vega lo describe "con la natural actividad que el Padre tenía porque los Yndios con más prisa hicieran su Pueblo, se empeñó mucho en trabajar, por si mismo, cargando palos, ramas, y palmas, de manera que le dio un furioso tabardillo, el cual hallando complicada la naturaleza de otras enfermedades, actuales que padecía, cuasi todos los diez y siete años continuos de sumos trabajos en estas misiones" pasó a la vida eterna[1158].

Siempre fue la misión del Orinoco una tierra difícil para la vida de los europeos. El P. Gumilla anotaría en su correspondencia con el P. General de la Compañía de Jesús que el alemán Ernesto Steigmiller, quien procedía de la difícil misión de los tunebos de

---

1154 APT. Leg., 26. *Letras annuas de la Provincia del Nuevo Reino de Granada de la Compañía de Jesus, desde el año 1694 hasta fines de 98*, fol., 151v-152.

1155 GILIJ. *Ensayo de historia americana*, II, 69.

1156 GILIJ. *Ensayo de historia americana*, II, 73.

1157 GILIJ. *Ensayo de historia americana*, II, 72.

1158 Agustín de VEGA. *Noticia del principio y progresos del establecimiento de las Missiones de gentiles en la río Orinoco por la Compañía de Jesús*. Caracas (2000) 749.

Patute[1159], al llegar al río venezolano estaba "muy débil de salud para tanto trabajo y comidas agrestes"[1160]. Lo cierto es que de inmediato le asaltaría una enfermedad que lo llevaría a la muerte el 4 de noviembre de 1736[1161]. Por la misma carta conocemos que en las reducciones del Orinoco no disponían los jesuitas de infraestructura sanitaria para curar a sus enfermos pues atestiguará que dos convalecientes como eran los PP. Steigmiller y Salazar "fue preciso subieran a Casanare por que les apretaba la enfermedad de la qual murió el Padre Ernesto"[1162]. Presumimos que la enfermería debía estar ubicada o en las reducciones del piedemonte como Pauto o Tame, o en la hacienda de Caribabare.

Las frágiles barquichuelas en que se movían tanto indígenas como españoles hacía sumamente vulnerable la vida cotidiana de sus usuarios. La muerte siempre estaba al acecho en la gran red fluvial de los grandes ríos llaneros que hacen grande al Orinoco.

El historiador Pedro de Mercado pareciera impresionado con esa forma de ver la muerte, pues, sentencia que la Providencia permite que unos mueran en las aguas "y otros quiere que salgan con vida de entre las mismas ondas"[1163].

Dentro de este contexto hace referencia a dos significativos casos. El primero es el del P. Martín Bolea quien murió ahogado en el río Casanare al poco tiempo de iniciar su acción misional[1164]. El segundo fue el P. Cristóbal Riedel que "murió sorbido de los raudales de Suena"[1165]. En pocos meses de actividad apostólica se había destacado tanto en el trabajo como en la dedicación a la

---

1159   STOCKLEIN. *Welt-Bott*, III, nº. 391. *Brief P. Ernesti Steigmiller an R. P. Segismundum Pusch*. Patute, 30 octobris 1727. Gumilla. *Escritos varios*, 173.

1160   GUMILLA. *Escritos varios*, 173. *Carta del P. José Gumilla al P. General*. Orinoco y octubre 31 de 1735.

1161   ARSI. N. R. et Q., 4, fol., 288.

1162   GUMILLA. *Escritos varios*, 173. *Carta del P. José Gumilla al P. General*. Orinoco y octubre 31 de 1735.

1163   MERCADO. *Historia de la Provincia…*, II, 326.

1164   MERCADO. *Historia de la Provincia…*, II, 326.

1165   MERCADO. *Historia de la Provincia…*, II, 326.

conversión de las almas[1166] y sobresalió "como pocos en el don de lenguas y ya dominaba siete"[1167].

Otra forma de muerte en las misiones fue la del homicidio llevado a cabo por los indios caribes en la parte alta del Orinoco medio con tres misioneros: el español Fiol, el alemán Gaspar Beck y el flamenco Ignacio Theobast; a los dos últimos "quemaron los brazos y piernas… y se los llevaron consigo"[1168].

Otro capítulo funerario los constituía ferocidad del clima tropical que cobró sus exigencias con jesuitas que duraron muy poco en el terreno misional. En la zona de Carichana fallecieron en breve tiempo el caraqueño Francisco de Ubierna solo duró siete meses "en la ocupación santa de misionero en aquella tierra"[1169] pues la muerte le salió al encuentro en julio de 1679[1170], al parecer en Tabaje[1171] y en Carichana el italiano Carlos Francisco Panigati y

---

1166 G. BECK. *Missio orinocensis in Novo Regno*. En: DEL REY FAJARDO. *Documentos jesuíticos*, II 178.

1167 BECK. *Missio orinocensis in Novo Regno*, 179: "Sobresalió como pocos en el don de lenguas y ya dominaba siete". MERCADO. *Historia de la Provincia*, II, 390: "Ocupóse en estudiar varias lenguas, muchas artes y principalmente la de la matemática y filosofía, a que dio complemento con la ciencia de la Teología sagrada".

1168 MERCADO. *Historia de la Provincia*, II, 395.

1169 MERCADO. *Historia de la Provincia*, II, 389.

1170 PACHECO. *Los jesuitas en Colombia*. Burgos, Hijos de Santiago Rodríguez, II (1962) 394 afirma que fue su deceso en julio de 1679. El P. **Alberto Moreno. Necrologio de la Compañía de Jesús en Colombia.** Medellín (1957) afirma que la muerte acaeció en junio de 1679. Y en los archivos romanos de la Compañía de Jesús se le recensa en "junio de 1679" (ARSI. *Historia Societatis*, t. 49, fol., 75v).

1171 En las declaraciones del capitán Tiburcio Medina (AGI. *Santafé*, 249. *Testimonio de los autos…*) dadas el 8 de marzo de 1690 (fol., 67) dice del P. Ubierna: "que murió en Orinoco a quien no conoció y vio sacar sus huesos en el Pueblo de Tabaje" (fol., 73). En la misma declaración dice más adelante: "Y que al Padre Francisco de Ubierna no le conoció pero oyó decir este testigo al Padre Pedro de Ortega en el Presidio de Carichana en una de las ocasiones que estuvo este testigo en dicho paraje, como tenía allí los huesos del dicho Padre Ubierna que había muerto en Carichana de achaque de calenturas" (fol., 75).

ambos murieron "dentro de breve tiempo, no sé si a impulsos de la necesidad o del rigor de aquellos temperamentos"[1172]. El flamenco Pedro Brander le sorprendería la muerte "al dar el primer paso de su ministerio apostólico en su más robusta edad"[1173]. Y también otro flamenco, veterano misionero de los Llanos, el P. Juan Capuel, quien llegó a Pararuma "descalzo de pie y pierna"[1174], la muerte le sorprendería al año siguiente de una "esguinencia"[1175].

El proyecto misional del Orinoco en la segunda mitad del siglo XVII costó a la Compañía de Jesús la vida de una docena de jesuitas de gran trayectoria o prospectiva misioneras[1176]. También la posibilidad del envenenamiento se sumaba a las causas de muerte de los misioneros, Así, en una averiguación solicitada por el Procurador General de la Compañía de Jesús en Bogotá en 1689, el capitán Tiburcio Medina, jefe de la escolta de las misiones, declaraba que la muerte de los PP. Castán y Monteverde obedecía a envenenamientos y de igual opinión era el capitán Juan Ruiz Romero[1177]. Sin embargo, nunca coincidió con ésta la versión de los jesuitas. El primer biógrafo de Castán estampó lacónicamente en su necrología: "... y apenas llegó a ella [la nueva misión del río Meta] cuando le acometió una calentura, con tales accidentes, que

---

1172   RIVERO. *Historia de las Misiones*, 266.

1173   GUMILLA. *Escritos varios*, 45.

1174   VEGA. *Noticia del principio y progresos*, 74.

1175   VEGA. *Noticia del principio y progresos*, 74. DEL REY FAJARDO. *Biobibliografía*, 120-121.

1176   Solo en el Orinoco fallecieron los siguientes Padre. En Guayana: Andrés Ignacio (1648) y Francisco Ellauri (1665). En Sinaruco: Antonio Monteverde (1669) y Antonio Castán (1670). En el Orinoco: Cristobal Ruedel (1682); Ignacio Fiol (1684); Gaspar Poek (1684); Ignacio Toebast (1684); Carlos Francisco Panigati (1685); Vicente Loverso (1693).

1177   AGI. *Santafé*, 249. *Testimonio de los autos hechos a pedimento del Padre Procurador General de la Religión de la Compañía de Jesús en la ciudad de Santafé en el Nuevo Reino de Granada, cerca de la escolta y lo demás que han pedido se para el fomento de las misiones de la Provincia del Orinoco.* [Año, 1689].

le dieron a entender que se le llegaba la última hora"[1178]. Y el P. Juan Fernández Pedroche escribía en 1687 en una nota marginal de su documento: "Muertos de pura necesidad P. Antonio Monterde (sic). P. Antonio Casta (sic)"[1179].

Otra posibilidad dentro del trabajo misional era encontrar la muerte en la más absoluta soledad. Un arquetipo de misioneros como el P. Alonso de Neira entregó su alma al Creador después de tratar 40 años con los indígenas llaneros. Su biógrafo afirma que murió "por la debilidad del estómago, atenuado y consumido con tantas peregrinaciones, destemples, fatigas, aguas y soles"[1180], el 11 de enero de 1706 en los desiertos de Camoa. Y el historiador Rivero que conoció al indígena que estuvo presente en la muerte recoge el hecho y dice que los indios entregaron a la tierra el venerable cuerpo "sin más oficio de difuntos que las oraciones del catecismo, que le rezó un indio que hacía el oficio de sacristán"[1181].

4. El oasis de las lecturas

Las soledades en que se encontraban inmersos los misioneros así como los largos inviernos que inmovilizaban su actividad por la

---

1178 P. MERCADO. *Historia de la Provincia,* II, 381. Asimismo, tampoco en la biografía de Monteverde se dice absolutamente nada sobre el posible envenenamiento (MERCADO. *Historia de la Provincia,* II, 366).

1179 ARSI. N. R. et Q., 15-I, fol., 142. La misma opinión manifiestan los historiadores jesuitas coloniales. Rivero (J. RIVERO. *Historia de las Misiones...,* 247) dice: "Enfermaron de muerte los dos, a violencia de la perversidad del temperamento, de los muchos trabajos que padecían y necesidades extremas...". Cassani (Joseph CASSANI. *Historia de la Provincia de la Compañía de Jesús del Nuevo Reyno de Granada en la América.* Caracas (1967) 238) asegura, citando al P. Castán, que murió de "tabardillo nada curado". Con todo debemos confesar que de los documentos citados, per se, el de más valor es el de Mercado porque es contemporáneo y el redactor de la Carta Necrológica suele ser compañero del difunto.

1180 Matías de TAPIA. *Mudo Lamento.* En: José DEL REY. *Documentos jesuíticos,* I (1966) 201.

1181 RIVERO. *Historia de las Misiones,* 342.

sabana los inducían a la meditación, a la lectura y al estudio. La lectura era uno de los mejores compañeros de la soledad y desde la lejana Roma recordaría el P. Gilij a Francisco Uramá, su sirviente, que "leía tanto en español como en latín" y durante el desayuno le leía libros "y siempre con gusto mío"[1182].

Hasta el presente solo hemos podido recopilar el haber bibliográfico que reposaba en las misiones jesuíticas de Casanare y Meta en el momento de la expulsión en 1767[1183] con excepción del pueblo de San Salvador de Casanare, a orillas del río que lleva su nombre. De las bibliotecas orinoquenses, desconocidas todavía hoy por nosotros, nos consta que pasaron primero a Ciudad Guayana de Angostura y luego, por Real Cédula de 6 de septiembre de 1783, serían donadas por el Rey a los franciscanos de Píritu y del Orinoco[1184].

Pero, ¿responden en verdad los fondos inventariados a los haberes documentales y bibliográficos que reposaban en las reducciones jesuíticas llaneras? En el caso específico de las misiones de Casanare y del Meta la realidad archivística y bibliotecológica era mayor que lo asentado en los respectivos inventarios[1185].

Sin embargo, intentaremos ofrecer una visión, lo más cercana posible a la realidad, de las preocupaciones que mostraban las bibliotecas misionales ya que la información levantada por el propio gobernador Domínguez de Tejada, además de ser excesivamente escueta e imperfecta, dejó constancia de no haber podido inventariar 58 títulos al calificarlos como viejos, o inservibles[1186].

1182 GILIJ. *Ensayo de Historia americana*, III, 64.

1183 Archivo Nacional de Colombia (ANB). *Conventos*, 29, fols. 205 y ss. *Carta del Gobernador Domínguez de Tejada al Virrey y Junta de Temporalidades*.

1184 Pablo OJER. "Estudio Preliminar" a Fray Antonio de CAULIN. *Historia chorografica de la Nueva Andalucía*. Caracas, Academia Nacional de la Historia (1966) CLXXXV y siguientes (AGI. *Caracas*, 286).

1185 ANB. *Temporalidades*, 7, fol., 942-942v. Dice que los libros son 435 tomos que se remiten a Tocaría en cinco cargas de petacas. Pero a ellos hay que añadir los del Meta y otros de las haciendas que en total forman 7 cargas de petacas.

1186 Las bibliotecas misionales las publicamos en nuestro libro: DEL REY FAJARDO.

Llama la atención la huella de las diversas nacionalidades de jesuitas que laboraron en el campo misional; de ahí que encontremos libros en latín, castellano, francés, italiano, alemán, portugués y hebreo.

Es natural que la literatura latina fuera de dominio común y por ende que los misioneros fueran asiduos lectores, entre otros, de Ovidio[1187], Virgilio y Quinto Curcio[1188].

En lo que respecta a la racionabilidad matemática debemos hacer mención de una *Arizmética francesa*[1189], una *Trigonometría* en alemán[1190], una *Tabulae senum* (Tablas de senos)[1191] y *Elementos de Euclides*[1192]. Y para la racionabilidad lingüística el abanico se abre desde unos simples Catones[1193] y la *Orthografía* de Mañer[1194] hasta la *Retórica* de Le Jay[1195], pasando por Nebrija[1196].

En cuanto a la acción sanitaria hacia los indígenas se refiere, se servían del *Florilegio Medicinal* del H. Steynefer[1197], así como de

---

La expulsión de los Jesuitas de Venezuela (1767-1768). San Cristóbal, Universidad Católica del Táchira, 1990.

1187 DEL REY FAJARDO. *La expulsión de los Jesuitas...* Bibliotecas Misionales, nº. 1993, 2056.

1188 ANB. *Temporalidades*, t. 7, fol., 926.

1189 DEL REY FAJARDO. *La expulsión de los Jesuitas...* Bibliotecas Misionales, nº. 2044.

1190 DEL REY FAJARDO. *La expulsión de los Jesuitas...* Bibliotecas Misionales, nº. 2128.

1191 DEL REY FAJARDO. *La expulsión de los Jesuitas...* Bibliotecas..., nº. 2127.

1192 ANB. *Temporalidades*, t. 7, fol., 926.

1193 DEL REY FAJARDO. *La expulsión de los Jesuitas...* Bibliotecas..., nº. 2084.

1194 DEL REY FAJARDO. *La expulsión de los Jesuitas...* Bibliotecas...,, nº. 2059.

1195 DEL REY FAJARDO. *La expulsión de los Jesuitas...* Bibliotecas..., nº. 2129.

1196 DEL REY FAJARDO. *La expulsión de los Jesuitas...* Bibliotecas..., nº. 1981, 2011, 2094.

1197 DEL REY FAJARDO. *La expulsión de los Jesuitas...* Bibliotecas..., nº. 1915, 1957, 2102. Amplia información en: Bernd HAUSBERGER. *Jesuiten aus Mitteleuropa im kolonialen Mexiko*. Wien-München, Verlag für Geschichte un Politik, (1995) 315-318. Su nombre: Johann Steinhöfer (Esteyneffer).

sendos tratados, sin autor, de *Cirugía*[1198] y otro de *Medicina*[1199] y de la obra de Madame Fouquet[1200], información que expresamente la confirma el P. Gilij[1201].

Mas, sin lugar a dudas, el filón bibliográfico más rico es el que pertenece al ámbito de la Compañía de Jesús, bien sea el referente a su contenido ascético, bien al hagiográfico, bien al legal.

Más allá de la Carta Magna de la Compañía de Jesús[1202] y de su interpretación legal[1203] no podía faltar lo que constituía el alma espiritual del comportamiento diario del jesuita: los Ejercicios Espirituales. La bibliografía de este pequeño libro es extensa pues a veces aparece solamente en ediciones originales de su autor: Ignacio de Loyola[1204] y otras a través de sus innumerables comentaristas como: Pablo Señeri[1205]; José Guizzardi[1206]; Juan

---

1198 DEL REY FAJARDO. *La expulsión de los Jesuitas...* Bibliotecas..., n°. 1983.

1199 DEL REY FAJARDO. *La expulsión de los Jesuitas...* Bibliotecas..., n°. 1982.

1200 DEL REY FAJARDO. *La expulsión de los Jesuitas...* Bibliotecas..., n°. 2065, 2066.

1201 GILIJ. *Ensayo de Historia Americana*. Caracas, Academia Nacional de la Historia, II (1965) 76.

1202 DEL REY FAJARDO. *La expulsión de los Jesuitas...* Bibliotecas..., n°. 1987, 1999.

1203 DEL REY FAJARDO. *La expulsión de los Jesuitas...* Bibliotecas..., n°. 1969, 1990, 1967, 2047.

1204 DEL REY FAJARDO. *La expulsión de los Jesuitas...* Bibliotecas..., n°. 1950, 2042, 2048, 2071.

1205 DEL REY FAJARDO. *La expulsión de los Jesuitas...* Bibliotecas..., n°. 1938. Mario COLPO. □Segneri, Paolo (junior)□. En: Charles E. O'NEILL y Joaquín Mª DOMÍNGUEZ. *Diccionario histórico de la Compañía de Jesús*. Roma-Madrid, IV (2001) 3548-3549.

1206 DEL REY FAJARDO. *La expulsión de los Jesuitas...* Bibliotecas..., n°. 2109. Armando GUIDETTI. "Giizzardi. Goiseppe". En: Charles E. O'NEILL y Joaquín Mª DOMÍNGUEZ. *Diccionario histórico de la Compañía de Jesús*, II, 1847.

Pedro Pinamonti[1207]; Camilo de Ettori[1208]; Sebastián Izquierdo[1209] y Tomás de Villacastín[1210].

Complementaría este capítulo un extenso campo que traduce a literatura espiritual los ricos contenidos ascéticos y místicos generados por lo que podríamos denominar espiritualidad ignaciana. Los dos autores más significativos fueron: el *Ejercicio de perfección y virtudes cristianas* del clásico castellano P. Alonso Rodríguez[1211], lectura usual para todos los jesuitas coloniales tanto en España como en todos sus dominios y las *Meditaciones* del P. Luis de la Puente[1212]. También adquirió una difusión inusitada la obra del P. Pedro de Calatayud, escritor prolífico y misionero de multitudes en España durante la primera mitad del siglo XVIII. Los misioneros orinoquenses no solo guardaron un gran aprecio de su persona sino que también fueron lectores de sus obras[1213].

También existió un género literario muy singular, denominado "Varones ilustres". Era una especie de florilegio de los hombres que se habían distinguido por el cultivo de las virtudes

---

1207 DEL REY FAJARDO. *La expulsión de los Jesuitas...* Bibliotecas..., n°. 2113. Armando GUIDETTI. Pinamonti. Giovanni Pietro. En: Charles E. O'NEILL y Joaquín Mª DOMÍNGUEZ. *Diccionario histórico de la Compañía de Jesús*, IV, 3136-3137.

1208 DEL REY FAJARDO. *La expulsión de los Jesuitas...* Bibliotecas..., n°. 2114. Armando GUIDETTI. Ettori (Ettorri), Camillo. En: Charles E. O'NEILL y Joaquín Mª DOMÍNGUEZ. *Diccionario histórico de la Compañía de Jesús*, II, 1343.

1209 DEL REY FAJARDO. *La expulsión de los Jesuitas...* Bibliotecas..., n°. 2118. Alberto DOU. Izquierdo, Sebastián. En: Charles E. O'NEILL y Joaquín Mª DOMÍNGUEZ. *Diccionario histórico de la Compañía de Jesús*, III, 2116-2117.

1210 DEL REY FAJARDO. *La expulsión de los Jesuitas...* Bibliotecas..., n°. 2116. Manuel RUIZ JURADO. Villacastín, Tomás de. En: Charles E. O'NEILL y Joaquín Mª DOMÍNGUEZ. *Diccionario histórico de la Compañía de Jesús*, IV, 3973-3974.

1211 DEL REY FAJARDO. *La expulsión de los Jesuitas...* Bibliotecas..., n°. 1949, 2036.

1212 DEL REY FAJARDO. *La expulsión de los Jesuitas...* Bibliotecas..., n°. 2108.

1213 DEL REY FAJARDO. *La expulsión de los Jesuitas...* Bibliotecas..., n°. 2078.

religiosas, científicas, literarias o misionales. Cada Provincia, o demarcación geográfica solía tener el suyo, pero además existían otros que eran internacionales y su objetivo último se cifraba en crear arquetipos de imitación entre los jesuitas jóvenes. En las provincias de España, América y Filipinas se divulgaron mucho los tomos de *Varones ilustres*[1214] tanto del P. José Cassani como los del P. Bartolomé de Alcázar, ambos fundadores de la Real Academia Española de la Lengua. A ellos habría que añadir las *Cartas de San Francisco Javier*[1215] que tanta resonancia tuvieron en la Europa de fines del XVI y comienzos del XVII[1216].

Completaría este género de literatura espiritual las biografías de algunos santos de la Compañía de Jesús como Francisco de Borja[1217], tercer general de los jesuitas y pariente de uno de los grandes mandatarios del Nuevo Reino de Granada y San Juan Francisco de Regis[1218] que debió ser muy popular pues patrocinó varias reducciones y su biografía fue escrita en México por el P. Juan Antonio de Oviedo[1219]. Entre las personalidades americanas sobresale el apóstol de los negros en Cartagena, Pedro Claver[1220], uno de los fundadores de las misiones del Paraguay y prolífico escritor, Pedro Antonio Ruiz de Montoya[1221], y del ámbito novo-

---

1214 DEL REY FAJARDO. *La expulsión de los Jesuitas...* Bibliotecas..., nº. 1913, 2024, 2057, 2097.

1215 DEL REY FAJARDO. *La expulsión de los Jesuitas...* Bibliotecas..., nº. 1963, 2070.

1216 Félix ZUBILLAGA. *Cartas y escritos de San Francisco Javier*. Madrid, Biblioteca de Autores Cristianos, 1979.

1217 DEL REY FAJARDO. *La expulsión de los Jesuitas...* Bibliotecas..., nº. 2067.

1218 DEL REY FAJARDO. *La expulsión de los Jesuitas...* Bibliotecas..., nº. 2000.

1219 Ernest J. BURRUS y Jesús GOMEZ FREGOSO. "Oviedo, Juan Antonio de". En: Charles E. O'NEILL y Joaquín Mª DOMÍNGUEZ. *Diccionario histórico de la Compañía de Jesús*, III, 2937-2938.

1220 DEL REY FAJARDO. *La expulsión de los Jesuitas...* Bibliotecas..., nº. 2103.

1221 DEL REY FAJARDO. *La expulsión de los Jesuitas...* Bibliotecas..., nº. 2040. Javier BAPTISTA y Clement J. McNASPY. "Ruiz de Montoya, Antonio". En:

hispano el misionero de las Californias Juan de Ugarte[1222], y el P. José Vidal[1223]. Tampoco faltaba la vida del más esclarecido de los pensadores jesuitas españoles el P. Francisco Suárez[1224], y la del P. Luis de la Puente[1225], genuino clásico de la teología ascética.

Llama la atención el gran afecto que mostraron también los jesuitas hacia la Madre Agreda[1226] y su *Mística ciudad de Dios*[1227] así como también hacia el clásico indólogo, obispo de Quito, el Ilustrísimo Montenegro[1228] y a la obra del catedrático agustino Juan Márquez, el *Gobernador cristiano*[1229].

Dentro del campo de la teología es necesario hacer algunas acotaciones que no superan el campo de la conjetura pero que ilustran las preocupaciones intelectuales de los misioneros.

Queda fuera de toda duda que la Biblia fue el libro más

Charles E. O'NEILL y Joaquín Mª DOMÍNGUEZ. *Diccionario histórico de la Compañía de Jesús*, IV, 3436-3437.

1222 DEL REY FAJARDO. *La expulsión de los Jesuitas...* Bibliotecas..., nº. 2069. Jesús GOMEZ FREGOSO. "Ugarte, Juan de". En: Charles E. O'NEILL y Joaquín Mª DOMÍNGUEZ. *Diccionario histórico de la Compañía de Jesús*, IV, 3856.

1223 DEL REY FAJARDO. *La expulsión de los Jesuitas...* Bibliotecas..., nº. 1953. Francisco ZAMBRANO y José GUTIÉRREZ CASILLAS. *Diccionario bio-bibliográfico de la Compañía de Jesús en México*. México, XVI (1977) 640-641.

1224 DEL REY FAJARDO. *La expulsión de los Jesuitas...* Bibliotecas..., nº. 1917. Eleuterio ELORDUY. □Suárez, Francisco□. En: Charles E. O'NEILL y Joaquín Mª DOMINGUEZ. *Diccionario histórico de la Compañía de Jesús*, IV, 3654-3656.

1225 DEL REY FAJARDO. *La expulsión de los Jesuitas...* Bibliotecas..., nº. 2001. Manuel RUIZ JURADO. □La Puente, Luis de□. En: Charles E. O'NEILL y Joaquín Mª DOMÍNGUEZ. *Diccionario histórico de la Compañía de Jesús*, III, 2244-2245.

1226 DEL REY FAJARDO. *La expulsión de los Jesuitas...* Bibliotecas..., nº. 1920.

1227 DEL REY FAJARDO. *La expulsión de los Jesuitas...* Bibliotecas..., nº. 1919.

1228 DEL REY FAJARDO. *La expulsión de los Jesuitas...* Bibliotecas..., nº. 2101.

1229 Francisco Javier LOPEZ DE GOICOECHEA ZABALA. "Política y religión en el pensamiento de Juan Márquez (1565-1621)". En: *Cuadernos salmantinos de Filosofía*. Salamanca, XXIII (196) 275-301.

socorrido en el ámbito misional, sea como texto originario[1230], sea en la modalidad de las Concordancias[1231]. Los comentaristas son pocos pero selectos: Cornelio Alápide[1232], Luis Alcázar[1233], Juan Pablo Oliva[1234] y Juan Silveyra[1235] y Gerónimo Laureto.

Poco campo tuvo la teología especulativa en los anaqueles de los espacios profundos llaneros. Sin lugar a dudas la problemática que planteaban las etnias llaneras y orinoquenses no sintonizaba con una escolástica decadente.

Por ello no es de extrañar que fuera la teología moral -más cercana a las relaciones entre el hombre y Dios y los demás hombres- la que atrajera la preocupación y el estudio de los misioneros que levantaban las nuevas reducciones. Hay que hacer notar que los autores más consultados fueron escritores de calidad como Martín Bonacina[1236], Hermann Busembaun[1237], Antonino Dia-

---

1230 DEL REY FAJARDO. *La expulsión de los Jesuitas...* Bibliotecas..., nº. 1931, 1937, 2014, 2029.

1231 DEL REY FAJARDO. *La expulsión de los Jesuitas...* Bibliotecas..., nº. 2028.

1232 DEL REY FAJARDO. *La expulsión de los Jesuitas...* Bibliotecas..., nº. 1940, 2020.

1233 DEL REY FAJARDO. *La expulsión de los Jesuitas...* Bibliotecas..., nº. 2022. José ESCALERA y Estanislao OLIVARES. □Alcázar, Luis□. En: Charles E. O'NEILL y Joaquín Mª DOMÍNGUEZ. *Diccionario histórico de la Compañía de Jesús*, I, 40-41.

1234 DEL REY FAJARDO. *La expulsión de los Jesuitas...* Bibliotecas..., nº. 1973, 2050. MARIO FOIS. □Oliva, Juan Pablo [Gianpaulo]□. José ESCALERA y Estanislao OLIVARES. □Alcázar, Luis□. En: Charles E. O'NEILL y Joaquín Mª DOMÍNGUEZ. *Diccionario histórico de la Compañía de Jesús*, II, 1633-1642.

1235 DEL REY FAJARDO. *La expulsión de los Jesuitas...* Bibliotecas..., nº. 1925, 1941.

1236 DEL REY FAJARDO. *La expulsión de los Jesuitas...* Bibliotecas..., nº. 2051.

1237 DEL REY FAJARDO. *La expulsión de los Jesuitas...* Bibliotecas...,, nº. 1916, 1955, 1988, 2037, 2119. Philip SCHMITZ. □Busembaum, Hermann□. En: Charles E. O'NEILL y Joaquín Mª DOMÍNGUEZ. *Diccionario histórico de la Compañía de Jesús*, I, 578.

na[1238], Pablo Señeri[1239], Tirso González[1240], Claudio La Croix[1241], Francisco Larraga[1242], Pablo Layman[1243], Francisco Toledo[1244], Gabriel Vázquez[1245], y otros.

Un género literario poco estudiado en nuestros países es el de los sermonarios. Más allá de su valor literario que se puede encontrar en ellos hay que resaltar los análisis no solo de las preocupaciones religiosas, morales, intelectuales y culturales de los hombres de la época sino además se erigen en verdaderos tratados sobre las virtudes y los vicios de la sociedad a la que retrataban[1246]

1238   DEL REY FAJARDO. *La expulsión de los Jesuitas...* Bibliotecas..., nº. 1974.

1239   DEL REY FAJARDO. *La expulsión de los Jesuitas...* Bibliotecas..., nº. 1938, 1945, 1972, 2032, 2122. Giuseppe MELLINATO. □Segneri, Paolo (senior)□. En: Charles E. O'NEILL y Joaquín Mª DOMINGUEZ. *Diccionario histórico de la Compañía de Jesús*, IV, 3547-3548.

1240   DEL REY FAJARDO. *La expulsión de los Jesuitas...* Bibliotecas..., nº. 1968, 1992. Isidoro PINEDO. □González de Santalla, Tirso□. En: Charles E. O'NEILL y Joaquín Mª DOMÍNGUEZ. *Diccionario histórico de la Compañía de Jesús*, II, 1644-1650.

1241   DEL REY FAJARDO. *La expulsión de los Jesuitas...* Bibliotecas..., nº. 1912, 2068, 2093.

1242   DEL REY FAJARDO. *La expulsión de los Jesuitas...* Bibliotecas..., nº. 1956.

1243   DEL REY FAJARDO. *La expulsión de los Jesuitas...* Bibliotecas..., nº. 1978, 2091. Robert L. BIRELEY. □Laymann, Paul□. En: Charles E. O'NEILL y Joaquín Mª DOMÍNGUEZ. *Diccionario histórico de la Compañía de Jesús*, III, 2297-2298.

1244   DEL REY FAJARDO. *La expulsión de los Jesuitas...* Bibliotecas..., nº. 2052. John Patrick DONNELLY. □Toledo, Francisco□. En: Charles E. O'NEILL y Joaquín Mª DOMÍNGUEZ. *Diccionario histórico de la Compañía de Jesús*, IV, 3807-3808.

1245   DEL REY FAJARDO. *La expulsión de los Jesuitas...* Bibliotecas..., nº. 1977. John Patrick DONNELLI. □Vázquez (Vásquez), Gabriel□. En: Charles E. O'NEILL y Joaquín Mª DOMÍNGUEZ. *Diccionario histórico de la Compañía de Jesús*, IV, 3912-3913.

1246   Véase por ejemplo: Francisco SANCHEZ-BLANCO. "La situación espiritual de España hacia mediados del siglo XVIII vista por Pedro Calatayud: lo que un jesuita predicaba antes de la expulsión". En: *Archivo hispalense*, 71 (1988) 15-33.

en modo análogo al que hoy realizan los medios de comunicación social.

No pensamos que esta literatura fuera fuente de inspiración directa para los misioneros llaneros en su prédica diaria pero sí nos inclinamos a opinar que más allá del ocio intelectual servía para alimentar su espíritu en la dialéctica de superación por conseguir un mundo mejor. Por ello no es de extrañar que sintieran pasión por la encendida oratoria del portugués y misionero en el Brasil P. Antonio Vieyra[1247] o el gran predicador de la burguesía parisina el P. Luis Bourdaloue[1248].

No deja de llamar a extrañeza la exigua presencia de autores que cultivaron el género histórico desarrollado por la Compañía de Jesús en ambas Américas aunque no faltaban ni *El Orinoco ilustrado*[1249], ni *El Marañón y Amazonas*[1250].

1247 DEL REY FAJARDO. *La expulsión de los Jesuitas...* Bibliotecas..., n°. 1946, 1961, 2038. José VAZ DE CARVALHO. ▢Vieira, António▢. En: Charles E. O'NEILL y Joaquín Mª DOMÍNGUEZ. *Diccionario histórico de la Compañía de Jesús*, IV, 3948-3951.

1248 DEL REY FAJARDO. *La expulsión de los Jesuitas...* Bibliotecas..., n°. 2043. John Patrick DONNELLI. ▢Bourdaloue, Louis▢. En: Charles E. O'NEILL y Joaquín Mª DOMINGUEZ. *Diccionario histórico de la Compañía de Jesús*, I, 508-509.

1249 DEL REY FAJARDO. *La expulsión de los Jesuitas...* Bibliotecas..., n°. 2033. José DEL REY FAJARDO. *Biblioteca de Escritores jesuitas neogranadinos*. Bogotá, Editorial Pontificia Universidad Javeriana(2006) 338-347.

1250 DEL REY FAJARDO. *La expulsión de los Jesuitas...* Bibliotecas..., n°. 1928. José DEL REY FAJARDO. *Biblioteca de Escritores jesuitas neogranadinos*, 580-583.

Capítulo 4
Los difíciles caminos del encuentro

Lo que podríamos denominar el "proceso del encuentro" consideramos que amerita unas consideraciones para poder entender el acceso del misionero al mundo real y simbólico del indígena.

La experiencia universal de la Compañía de Jesús creó un modelo que se basaba en la persuasión y en la simbiosis de las culturas y, en consecuencia, debía interpretar y asimilar el conocimiento de los particularismos locales, la maestría técnica de las lenguas y las reglas sociales[1251].

La armonización y criollización de estos principios tuvo una epifanía en la República guaranítica del Paraguay con la consiguiente reinvención del paisaje y del espacio en medio de la selva, concretizado en una ciudad civilizadora y racional[1252]. Por todo ello algunos comparan el régimen de la reducción con las abadías benedictinas de la Edad Media, solo que el claustro era suplantado por la selva.

Estudiaremos cuatro pasos que a nuestro entender resumen el periplo que tuvo que recorrer el misionero desde el aprendizaje

---

1251 Claude BLANCKAERT. "Unité et altérité. La parole confisquée". En: Claude BLANCKAERT (Edit.). *Naissance de l'ethnologie?*. Paris, Les Editions du Cerf (1985) 15.

1252 Archivo de la Provincia de Quito. Leg., 3. *Instrucción y órdenes dadas por el Padre Provincial Rodrigo Barnuevo para los Padres Andrés Ignacio y Alonso Fernández para la misión de la Guaiana donde son enviados por la santa obediencia en 4 de junio de 1646*. El documento ha sido publicado por José DEL REY FAJARDO. *Documentos jesuíticos relativos a la Historia de la Compañía de Jesús en Venezuela*. Caracas, II (1974) 153-156.

del idioma y la busqueda del indígena hasta logar la convivencia reduccional.

1. El aprendizaje del idioma

La primera exigencia para un encuentro entre el indígena y el misionero requería del dominio de la lengua para poder entenderse.

El punto de partida de esta descomunal empresa lo sintetiza un historiador de la Lingüística[1253] de la siguiente manera. Escribir la gramática de una lengua trasmitida por tradición oral significa recorrer un camino tan inédito como arduo y supone un esfuerzo de proporciones "jamás conocidas en la historia de la lingüística". El misionero tenía que comenzar por identificar los diversos sonidos y hacer por primera vez la trascripción fonética. Después debía enfrentarse a la paciente tarea de ir formando un vocabulario y continuar su labor con la recopilación del mayor número de frases y modismos. Superada esta etapa se iniciaba la estructuración de la gramaticalidad y corrección del lenguaje y para ello tenía que recurrir a los indígenas conocedores de su propio idioma. Finalmente, del conjunto de locuciones correctas se llegaba a la morfología y la sintaxis[1254].

¿Cómo enfrentaron este reto los jesuitas que asumieron el sueño de la Orinoquia?

En el ámbito de lo que fue la Provincia del Nuevo Reino de Granada (Colombia, Ecuador y Venezuela) los seguidores de Ignacio de Loyola se involucraron desde su llegada en 1604 con el mundo indígena y para preparar el encuentro con el "otro" crearon dos instituciones fundamentales: la Cátedra de Langua Chibcha

---

1253   Fernando ARELLANO. *Historia de la Lingüística*. Caracas, Universidad Católica Andrés Bello, 1979, 2 vols.

1254   Fernando ARELLANO. *Una Introducción a la Venezuela Prehispánica. Culturas de las naciones indígenas venezolanas*. Caracas, Universidad Católica Andrés Bello (1986) 526.

en la Universidad Javeriana (1613) y de forma paralela las Escuelas de Lengua en Cajicá, Fontibón y Duitama[1255].

Pero en los espacios de la gran Orinoquia el planteamiento era totalmente inédito por la fragmentación de sus etnias y por la multiplicidad de lenguas habladas por las diversas naciones que integraban ese territorio misional.

Siempre que se entablaba un ensayo misional surgía paralelamente el consiguiente proceso filológico. Por parte del misionero: un desconocimiento total de la lengua; por parte del indígena: ignorancia del castellano y carencia de todo tipo de escritura[1256]. Así pues, la evolución del proceso filológico tuvo que ser lento y extremadamente dificultoso: el misionero debió aprender el idioma sin ninguna ayuda metodizada, estructurarlo en categorías gramaticales "nebrijanas", enseñárselo al indígena y crearle de esta forma los fundamentos de la Literatura indígena que hoy conocemos[1257].

Consecuentemente, hubo que desechar la *Escuela de Lenguas y* recurrir a un sistema más primitivo —aunque no por eso menos eficiente. Todo novel misionero debía convivir con un Maestro experimentado y buen lenguaraz hasta hacerse dueño del nuevo idioma[1258]. Es sintomático el que los grandes misioneros

---

1255 José DEL REY FAJARDO. *La Universidad Javeriana, intérprete de la "otredad" indígena (siglos XVII-XVIII)*. Bogotá, Pontificia Universidad Javeriana (2009) 26-50.

1256 RIVERO. *Historia de las Misiones*,59: "… no saben estos la lengua castellana, como suele suceder por lo general, o si la saben es tan diminuta y corta, que en sacándolos de lo más común es como si les hablara griego".

1257 RIVERO. *Historia de las Misiones*,61-62: "No había ni una palabra escrita sobre el idioma de estos indios, con que su primer cuidado fue la aplicación a estas lenguas, formando vocabularios y componiendo directorios para aprenderlos y enseñarlos". Cfr. Pedro PELLEPRAT. *Relato de las Misiones*,48. CASSANI. *Historia de la Provincia de la Compañía de Jesús*, 18-19.

1258 Es inútil multiplicar los ejemplos. Escogemos tres al azar. 1. "Ordenó asimismo el P. Altamirano que en cada doctrina residieran dos sacerdotes: uno de ellos podría ser un joven para iniciarse en el manejo de las lenguas indígenas y en los métodos misionales" (PACHECO. *Los jesuitas en Colombia*, II, 400). 2. "… y en poco tiempo le industrió (Monteverde a Jaimes) y le dirigió en las lenguas y

tanto del siglo XVII como los del XVIII fueran a la vez excelentes *lenguaraces*. Baste recordar los nombres más significativos: Alonso de Neira, Dionisio Mesland, Antonio Monteverde, José Cavarte, José Gumilla, Juan Rivero, Roque Lubián, José María Forneri, Manuel Román, Felipe Salvador Gilij y otros.

El autor de *El Orinoco ilustrado* nos ha detallado en la breve biografía que escribe sobre Juan Rivero ese primer contacto del jesuita recién llegado a las misiones con el aprendizaje de la lengua.

Destinado a san Javier de Macaguane[1259] "se aplicó a estudiar (cosa rara) a un mismo tiempo dos lenguajes diferentes porque la mayor parte de aquella Misión habla la lengua *Ayrica* guturaj, y por sus muchas consonantes difícil de pronunciar: de ésta tomó por maestro a Pedro Guitarra, indio, Fiscal de la doctrina, que sabía bien la española; lo restante de aquel gentío habla lengua *Jirara*, pero dividida en dos dialectos, que la vuelven bien desemjanate a sí misma, tanto que en la boca de la Capitanía de los *Araucas* casi parece otra de la que habla la capitanía de los *Eles*, pero ella es una derivada de la lengua *Betoyana*; de esta lengua (digámoslo así) tripartita tomó el Padre Juan por maestro a un Padre Misionero, que distaba de allí siete leguas; del Fiscal tomaba lección mañana y tarde y la encomendaba a la memoria. A tomar lección de la lengua *Jirara*, hasta que se hizo capaz del arte de ella, iba todos los jueves, sin falta, a la Misión del otro Padre, y después ya eran menos los viajes que suplía enviando a su Maestro una carta en lengua *Jirara* que servía de composición; ésta volvía corregida y puesta en estilo y le añadía el Misionero vecino otra carta acerca del mismo asunto pero con otras frases y modos característicos de hablar. De las cartas corregidas hizo el Padre un Libro y de las de

---

trato para con los indios" (CASSANI. *Historia de la Provincia de la Compañía de Jesús*, 111). 3. "... mas desentrañando sus raíces y principios, escribió sus artes (el P. Rivero) en que después, con gran celo y no menor prudencia, adiestró a muchos misioneros que hoy llevan el peso de las misiones sobre sus hombros y se precian de haber sido sus discípulos" (GUMILLA. *Breve noticia*, 27-28").

1259 José DEL REY FAJARDO. *Los jesuitas en Venezuela*. Tomo III: *Topo-historia*. San Cristóbal, Fondo Editorial Simón Rodríguez, II (2011) 23-24.

su Maestro otro, ambos de bastante cuerpo en que construía y se adistraba cada dia más. La tarea y tesón en el estudio de una y otra lengua, creo que no ha tenido ejemplar en aquellas misiones (...). En fin, a los nueve meses de aquel tan amargo estudio que solo el amor de Dios y de los prójimos lo puede endulzar (...) explicó el Padre Rivero la Doctrina Cristiana y oyó confesiones de todos sus neófitos de una y otra lengua en aquella Cuaresma y sus escritos quedan en aquella Reducción para mucho alivio de los Padres que hoy asisten y para los que en adelante les siguieren"[1260].

Y en un mundo tan variado como el de la Orinoquia este proceso se transformó en una exigencia cíclica, en una verdadera conditio sine qua non, para toda tarea misionera, "cosa tan necesaria, que sin ella no puede darse paso alguno en la conversión de los gentiles"[1261]. Es decir, que la experiencia misionera de los Llanos y del Orinoco tuvo que enfrentar por una parte la multiplicidad de idiomas y dialectos inmersos en un medio geográfico amplísimo, poco poblado y muy disperso, y por otra la escasez del personal misionero.

A veces la inadecuación del esfuerzo intelectual y humano del misionero para aprender un idioma y el número de personas tan reducido en posesión de esa lengua, debió provocar un conflicto interno en la psicología íntima del misionero: "No hay duda de que las lenguas del Orinoco son muchas, si se habla en general ya que no hay tribu salvaje que no tenga una lengua particular y distinta de las otras indias en muchas cosas. Es, por consecuencia, enormísima la fatiga que es necesaria para aprenderlas. Pero no es todo el mal. Cuando después de mucho esfuerzo se sabe finalmente una lengua, con ella no se puede servir sino a muy pocos

---

[1260] José GUMILLA. "Breve noticia de la apostólica y exemplar vida del angelical y V. P. Juan Ribero de la Compañía de Jesús, missionero de indios en los ríos de Cazanare, Meta y otras vertientes del gran río Orinoco, pertenecientes a la provincia del Nuevo Reyno". En: José GUMILLA. *Escritos varios*. Estudio preliminar y compilación del P. José del Rey S. J. Caracas, Academia Nacional de la Historia (1970) 37-38.

[1261] RIVERO. *Historia de las Misiones*, 59.

salvajes que la hablan. De querer servir a otros, una vez aprendida la primera, es preciso volver a sudar para saber también otras"[1262].

Pero la diversidad fluctuante de circunstancias hizo que la formación lingüística del misionero estuviera condicionada a un imprevisto devenir; mas, aun en estas circunstancias, juegan un gran papel dos factores humanos poco conocidos: los sirvientes del misionero que se procuraba supieran varias lenguas[1263] y la convivencia al lado de indígenas ya reducidos y *bilingües* que eran fruto de las mezclas raciales de diversas naciones[1264].

2. La búsqueda del indígena

Un segundo reto surgía a la hora de dar cumplimiento a la forma de dar cumplimiento a la búsqueda del indígena. En la gran Orinoquia no se dieron nunca grandes poblados de autóctonos sino una gran dispersión propia de aquellas geografías interioranas que constituyen la Región de los Llanos.

Amén de la conquista espiritual que suponía la esencia de la Misión la corona asentaba dos acciones fundamentales del imperio: la presencia administrativa del estado en esas incógnitas regiones y el establecimiento de una frontera efectiva hispana que avanzaba y se imponía frente a los enemigos bien indígenas, bien europeos.

1262 GILIJ. *Ensayo de Historia americana*, III, 170: "Es realmente una pena después de haber aprendido una lengua no verse uno delante sino de un puñado de personas que hacen para el misionero un círculo no menos privativo que pequeño. Tómese por ejemplo la nación de los voqueares. No eran en mi tiempo mas de una sesentena de almas. . . Perece con ellos su lengua, y el misionero se queda menos apenado que mudo".

1263 GILIJ. *Ensayo de Historia americana*, II, 177: "... intervinieron como es costumbre los sirvientes de los misioneros, que por lo común son inteligentes y dueños de muchas lenguas".

1264 RIVERO. *Historia de las Misiones*,199: "Hay muchos indios de madre sáliva y de padre achagua, y saben ambas lenguas; y así como lo voy ya estudiando, con facilidad podré escribir la dicha lengua, y en teniendo noticia pasar a su provincia".

A fin de lograr esos grandes ideales para la apertura geográfica, étnica y espiritual la Compañía de Jesús ideó en la Orinoquia una metodología singular: los denominados "misioneros volantes". Eran hombres dotados de una "salud robustísima" y de un buen conocimiento de las lenguas[1265] y del país, y experimentados conocedores de la psicología indígena, quienes debían recorrer sistemáticamente toda la geografía lejana misional en busca de indígenas fugitivos o bien de naciones nunca conocidas ni reducidas antes a fin de entablar los primeros contactos con los gentiles y reclutar posteriormente neófitos para las reducciones[1266].

En esta difícil categoría de misionalización el historiador Gilij hará mención expresa de los PP. Francisco del Olmo, José María Forneri[1267], Blas de Aranda[1268] entre otros; pero siempre quedaría el núcleo humano central que serviría de catalizador, grupo integrado por Manuel Román, Francisco del Olmo, Roque Lubián y Francisco González.

Gran parte de la vida misionera del P. Francisco del Olmo la absorbe la incesante búsqueda de los yaruros a lo largo del Sinaruco, Meta y "otros ríos que desaguan en el Orinoco"[1269]. También el Ventuari catalizó varios de sus viajes con el afán de reducir los maipures[1270], y todavía más allá entabló amistad con los guaipunaves y especialmente con su cacique Cuseru, quien prestaría más tarde tan buenos servicios a la Expedición de Límites[1271]. Con mucha justicia escribía Gilij al narrar su muerte: "... con mucho disgusto

---

1265 GILIJ. *Ensayo de Historia americana*, III, 97-98.

1266 GILIJ. *Ensayo de Historia americana*, III, 90-97. (La jornada de camino estaba calculada en 30 millas. Ibidem). Sobre el modus operandi: GILIJ. *Ob. cit.*, III, 90-91.

1267 GILIJ. *Ensayo de Historia americana*, III, 90-91.

1268 GILIJ. *Ensayo de Historia americana*, I, 128.

1269 GILIJ. *Ensayo de Historia americana*, III, 90. Otros detalles interesantes de la págs. 91 a 97. La jornada de camino estaba calculada en 30 millas (III, 105).

1270 GILIJ. *Ensayo de Historia americana*, III, 90-91.

1271 GILIJ. *Ensayo de Historia americana*, III, 104.

mío murieron con él las muchas rarísimas noticias que habrían podido darme de sus viajes a los gentiles"[1272].

La misión viajera y exploradora de José Mª Forneri significan un palmario testimonio de la puesta en acción de la nueva política expansionista aunque el cronista atestigüe que "no es mi intención aquí hacer la lista de todos los viajes de este misionero"[1273]. Si excluimos los "muchos y fatigosos" que hizo a los yaruros, los demás de esta época se orientaron a los maipures del Tuapu, a los piaroas del Ventuari[1274], a los parecas en 1751[1275], a los guaipunavis del río Inírida[1276] y al fortín de Cuseru en el Atabapo[1277].

Hacia 1750 debió realizar su viaje al río Inírida a visitar a Cuseru[1278], famoso cacique guaipunavi, quien entablaría una buena amistad con el P. Francisco del Olmo y sería más tarde uno de los fundadores de San Fernando de Atabapo[1279]. Ello explicaría que el catálogo de la Provincia del Nuevo Reino lo reseñase en 1751 como Socio del P. Blas de Aranda en la reducción de San Juan Nepomuceno del Raudal de Atures[1280], frontera de las poblaciones jesuíticas en el sur del Orinoco.

En el propio año de 1751 fue a los parecas para aumentar la reducción de La Encaramada. Sus tierras estaban a tres jornadas de La Urbana "hacia el mediodía" pero fueron recibidos hostilmente por sus habitadores y tuvieron que retirarse sin éxito[1281].

1272   GILIJ. *Ensayo de Historia americana*, I, 129; III, 104.

1273   GILIJ. *Ensayo de Historia americana*, III, 103.

1274   GILIJ. *Ensayo de Historia americana*, I, 70.

1275   GILIJ. *Ensayo de Historia americana*, III, 104.

1276   GILIJ. *Ensayo de Historia americana*, III, 104-105.

1277   GILIJ. *Ensayo de Historia americana*, III, 109.

1278   GILIJ. *Ensayo de Historia americana*, II, 188-190.

1279   GILIJ. *Ensayo de Historia americana*, I, 72-73.

1280   ARSI. N. R. et Q., 4, fol., 299v. Catálogo Breve de 1751.

1281   GILIJ. *Ensayo de Historia americana*, III, 109. Una de las razones de la vuelta fueron los *paturos*. "Son los *paturos* ciertas estacas durísimas y agudísimas de madera de palma aracu, cuya punta se unta con el veneno llamado curare.

En 1753 fue destinado a Patura, reducción de los piaroas, situada a la orilla derecha del Orinoco, tierra adentro unas seis millas, a fin de sustituir al P. Francisco González[1282]. De este año data su viaje al Ventuari a las tierras de los piaroas[1283].

Pero en 1753, dentro de la categoría de "misionero volante", se instala con los yaruros de San Borja[1284]. El 6 de agosto de 1783 recordaba en una carta escrita en Loreto al P. Lorenzo Hervás y Panduro los siguientes pormenores de esta etapa biográfica:

> Allí condujo el P. Olmo una colonia de Yaruros en las riberas del río Orinoco, y poco tiempo después de dicha transmigración, yo sucedí al Padre en el apostolado. En verdad encontré una nación dócil, tratable y fiel, que apenas conoce la poligamia, aunque el repudio se usa algunas veces, ni se dedica a embriagarse, ni a la costumbre feroz de comer carne humana. Pero su pereza es inmensa, por lo tanto estaban acostumbrados a no cansarse ni a trabajar para su sustento, que consistía en frutas silvestres, en la caza y en la pesca. Por esto, con mucha dificultad pude introducir entre los Yaruros el trabajo del campo y algunos otros oficios necesarios. El Señor quiso que mi dedicación tuviera recompensa de modo que después de pocos años, los Yaruros se aplicaron tanto a la agricultura que recogían abundantemente frutos como para vender y proveer a las necesidades. El trabajo se hacía en común, una vez para una familia y otra vez para otra[1285].

Estos palos se ponen en hoyitos excavados a propósito en los senderos por los que se pasa, y después se recubren con hojas secas para quitar la sospecha de los extraños. En tamanaco se llaman *patucu* y son del tamaño del dedo meñique y de la longigud de unos dos palmos. Quien cae en estas trampas con los pies descalzos, es atravesado por las estacas con increíble dolor" (*Ibidem*).

1282   GILIJ. *Ensayo de Historia americana*, III, 105.

1283   La descripción del viaje: GILIJ. *Ensayo de Historia americana*, III, 104-109.

1284   ARSI. N. R. et Q., 4, fol., 301v. Catálogo Breve de 1753.

1285   ARSI. *Opera Nostrorum*, 342. Hemos utilizado nuestra traducción: *Aportes jesuíticos a la filología colonial venezolana*, II, 279-280.

Si permaneció en San Borja tres años llegaríamos al año 1756, fecha en que fue sustituido por el P. Miguel Angel Mellis[1286]. En ese mismo año se interrumpe la vida misionera de Forneri porque es destinado a la fundación del colegio de Caracas.

Pero, la dialéctica misional se movía entre coordenadas de sedentarismo y movilidad. Un ejemplo lo tenemos en el P. Felipe Salvador Gilij quien nunca perteneció al grupo de "misioneros volantes" y siempre se mantuvo como cura residente en La Encaramada.

Sin embargo, lo incluimos aquí aunque su faceta exploratoria es posterior a 1757. No hemos podido precisar la fecha de la expedición al Río Túriba en busca de los areverianos[1287]. En 1756 subió hasta el raudal de Cuituna (Maipures) y a otro que los indígenas llaman Saridá[1288]. En 1757, al ir en busca de indios maipures, recorrió el río Tipapu (Sipapu) y después el de su afluente el Auvana, ya que esas regiones fueron patria de los maipures, avanes, quirrupas y algunos piaroas[1289].

En 1764, en funciones de Superior de las Misiones, llegó al Raudal de Maipures para visitar la acción del P. Francisco del Olmo[1290]. En abril de 1766, por mandato del Superior, P. José M. Forneri, se dirigió Gilij al Suapure en busca de los areverianos que solicitaban hacer una reducción en ese río[1291]. Y aunque no especifica fechas también dice Gilij haber navegado el Manapiare, el Guaya donde fundó La Encaramada, pero más arriba asume el nombre de Túriba y hacia su origen el de Maita. Y también confiesa haber llegado al Cuchivero[1292].

Mas, todo este continuo trajinar de los misioneros por la

1286 *Ibidem.*
1287 GILIJ. *Ob. cit.*, II, 55.
1288 GILIJ. *Ob. cit.*, I, 42-43.
1289 GILIJ. *Ob. cit.*, I, 58-59.
1290 GILIJ. *Ob. cit.*, I, 72.
1291 GILIJ. *Ob. cit.*, I, 60.
1292 GILIJ. *Ob. cit.*, I, 60.

Orinoquia no hubiera tenido resultados favorables en sus jornadas si no hubieran contado con el auxilio sincero de excelentes indígenas que poseían el conocimiento total de sus tierras y servían de guía a los misioneros para indicarles los mejores caminos, los pasos adecuados para el cruce de los ríos o la ubicación de otros miembros de su etnia[1293].

La historia misional nos ha conservado estimulantes ejemplos.

El P. José Cavarte podrá explorar el Airico gracias a un indígena llamado Chepe Cavarte. Era hijo de un cacique sáliva pero el hecho de haber sido cautivado por los chiricoas y vendido después a un español de la ciudad de Guayana lo convertía en un viajero cualificado. "Hízose muy célebre este indio entre las demás naciones, que no le sabían otro nombre que el de Chepe Cavarte; así lo llamaban todos y su nombre era conocido entre los gentiles del Meta, Orinoco y Airico"[1294].

Para el acceso al Airico de Macaguane se serviría el P. José Gumilla del cacique jirara Antonio Calaimi, personaje pintoresco, cantor del pueblo de Tame a quien Rivero lo describirá "sin más equipaje ni caudal para el viaje que un clarín[1295] pendiente del cinto" y no podrá decidir si fue "fugitivo o peregrino". Lo cierto

---

1293 GILIJ. *Ensayo de Historia americana*, II, 143. Aquí explica Gilij la riqueza de información que supone el conocimiento geográfico de los indígenas. "Pero yo no terminaría sino muy tarde contando las muchas cosas curiosas que se oyen en los viajes de los orinoquenses. Quiero decir de todas maneras que así como ponen cuidado en observar de una parte a otra un país, saben después referir, aunque sea después de muchos años, sin confusión cada cosa... Dando vueltas por el mundo, nadie mejor que los indios sabrían dar razón de él. Notan cuidadosamente los grandes montes, y a falta de éstos, los grandes árboles, y subiendo a éstos observan con ojo curioso y atento todos los países que por cualquier lado ven".

1294 RIVERO. *Historia de las misiones...* 35-36.

1295 Para Calaimi el clarín fue un verdadero instrumento de guerra pues acosado por los indios Isabacos, echó mano del clarín y lo tocó con todas sus fuerzas de tal manera que los agresores huyeron despavoridos (GUMILLA. *Escritos varios*, 203).

es que llegó hasta la población de Pedraza y estableció contactos con los pueblos emplazados en la geografía comprendida entre Tame y esta población venezolana[1296].

Uno de los personajes anónimos más destacados en la historia de las misiones del Orinoco fue Sarrio[1297] a quien conocemos únicamente por la Crónica del H. Agustín de Vega. A este indígena se le encomendaron algunas de las tareas más difíciles llevadas a cabo en la reducción y pacificación de los guaypunabis y cabres del Atabapo e Inírida y de los maipures y mapoyos de los raudales de Atures y Maipures. Barandiarán llega a escribir: "Nadie que sepamos, hizo lo que éste hizo por Guayana"[1298].

Lamentablemente, todo este acervo de experiencias viajeras que fueron dominio común del jesuita misionero y parte de su cotidianidad no encontró eco en los informes y escritos que hoy conocemos y el cual hubiera significado un rubro documental importante para el haber de la literatura geográfica misionera. Ahí radica la diferencia de actitud entre el misionero y el viajero.

Con el balance desarrollado en 6 años (de 1750 a 1756) en pro de la geografía venezolana podemos concluir con Daniel de Barandiarán: "Los jesuitas no solo descubrieron el Orinoco, sino toda la Orinoquia con todas sus redes de afluentes fluviales, algo que no realizó ninguna otra instancia gubernativa o religiosa. Tal es la idea clave por la que se debe a los jesuitas el honor de haber descubierto toda la geografía de la Orinoquia de hoy, considerada

---

1296 RIVERO. *Historia de las misiones...* 346 y ss.

1297 Agustín de VEGA. *Noticia del principio y progresos del establecimiento de las Missiones de gentiles en la río Orinoco por la Compañía de Jesús.* Estudio introductorio: José del Rey Fajardo sj y Daniel de Barandiarán. Caracas, 2000. Los caribes lo llamaban el Hermano Manuel (p. 708), los españoles: Sarrio (p. 711); Miaminare los guaypunabis (730)

1298 Daniel de BARANDIARAN. "La crónica del Hermano Vega 1730-1750". En: Agustín de VEGA. *Noticia del principio y progresos del establecimiento de las Missiones de gentiles en la río Orinoco por la Compañía de Jesús.* Estudio introductorio: José del Rey Fajardo sj y Daniel de Barandiarán. Caracas (2000) 143.

entonces como una faceta bipolar de un Orinoco Amazónico, tal como el mundo entero lo estimaba durante por lo menos dos largos siglos: desde 1580 hasta 1780"[1299].

3. El "Mirray" o la cultura del contacto

Una vez aprendida la lengua de la etnia en la que debían laborar se imponía la convivencia y el diálogo tiempo imprescindible para que el misionero se hiciera partícipe del hábitat en que vivía inmerso y por ende llegar a convertirse en parte de su historia, de su geografía, de su literatura y de sus modos de ser y existir porque, en definitiva, el lenguaje interpreta la diversidad humana e ilumina la identidad exclusiva del ser humano. A la diversidad de idiomas siempre corresponde diversidad de corazones, escribirá Gilij[1300] y por ello rechazaría todo parecido a la mentalidad reaccionaria de los que en este ámbito hablan de estructuras profundas y estructuras superficiales[1301].

Sin embargo, un mundo todavía inexplorado es el que nos han legado los escritores coloniales jesuíticos con su información sobre el "mirray" que no es otra cosa que el primer "descubrimiento del otro". En el caso de las etnias llaneras consistía en un largo acto protocolar cuyo hecho central recogía el discurso de bienvenida del cacique al que respondía del mismo modo el huésped[1302].

1299 Daniel de BARANDIARÁN. "los hombres de los ríos". [Mss. cedido gentilmente por el autor y que aparecerá en el libro *El legado de los jesuitas a Venezuela*.

1300 Felipe Salvador GILIJ. *Ensayo de Historia Americana*. Caracas, Academia Nacional de la Historia, II (1965) 147. "Me parece a mi el corazón del hombre no diferente de la lengua que le tocó en suerte al nacer"

1301 Jesús OLZA. "El Padre Felipe Salvador Gilij en la historia de la lingüística venezolana". En: DEL REY FAJARDO (Edit). *Misiones jesuíticas en la Orinoquia*. San Cristóbal, II (1992) 439. Para explicitar esta teoría: Susan SONTAG. *Kunst und Antikunst*. Reinbek bei Hamburg, 1968 y sobre todo el capítulo I: "Gegen Interpretation", pp. 9-18.

1302 Un ejemplo puede verse en GUMILLA. *El Orinoco ilustrado*, 242.

A veces también se interpreta el "mirray" como equivalente a un "razonamiento" pronunciado como discurso. Estamos ante un monólogo en el que solamente habla el protagonista y los demás escuchan. Una vez que los caribes infringieron una dura derrota sobre los chiricoas el jefe de éstos, Chacuamare, se dirigió a los suyos "con un mirray o razonamiento contra la nación Achagua (...) que despedía volcanes encendidos para abrasar la tierra". Y el cronista añade que "... no era menester tanta retórica, ni tanto artificio de palabras..."[1303].

En otras oportunidades se reduce a una mera información: al referirse a los guahivos y chiricoas cuando ingresan en una reducción se dividen en cuadrillas "y empiezan sus *mirrayes* a voz en cuello dando noticia a sus amigos de las novedades de tierra dentro, de lo que hay de lo que no hay y de cuanto les viene a la boca hablando a diestro y siniestro tarea en que consumen muchas horas sin acertar a callar"[1304]. Aquí se permuta el protagonista individual por el colectivo pero se mantiene el discurso sin respuesta de los visitados.

También hay que considerar dentro de este concepto el método que utilizaban para las asambleas populares: "discurrían así los más del Pueblo en sus juntas, y *mirrayes* que para esto hacían"[1305]. Se trata de un encuentro en el que los integrantes de una comunidad deliberan sobre la posibilidad de dar la bienvenida o no al misionero que desea instalarse en su población. En realidad en este episodio se dan dos partes. En la primera presenciamos un *mirray* deliberativo como expresión comunitaria de un pueblo y en él prevaleció el parecer del cacique "indio muy manso y de más discurso que los otros". En la segunda interviene el forastero, que es el misionero, y se entabla el verdadero *mirray*. Al escuchar la asamblea al P. Alonso de Neira hablar "con tanta propiedad y

---

1303 Juan RIVERO. *Historia de las Misiones de los Llanos de Casanare y los ríos Orinoco y Meta*. Bogotá, Biblioteca de la Presidencia de Colombia (1956) 40.

1304 RIVERO. *Historia de las Misiones*, 150.

1305 RIVERO. *Historia de las Misiones*, 329.

destreza el idioma achagua" y sobre todo al percatarse de los muchos trabajos que había padecido en su largo viaje "sosegó al pueblo" y así le dieron posada[1306].

Y esta actitud comunicacional se aplicaba de igual forma al encuentro que se realizaba con naciones distintas. En una reunión de guahivos y amarizanes[1307] se manejaron de la siguiente manera: "... hablando todos [más de 350] casi a una, hundían a gritos el monte". La argumentación de los guahivos hacia los amarizanes nos la ha conservado el misionero historiador[1308]. La resulta de estos *mirrayes* fue el fracaso de la expedición.

Y dentro de este mismo contexto podemos extraer de una carta escrita por el P. Mateo Mimbela el 1º de abril de 1696 dos formas nuevas de contacto que se desarrollaron en corto período de tiempo: el primero es intertribal y el segundo entre la etnia visitada y un grupo mixto hispano indígena. El marco geográfico es el gran Airico.

En la primera oportunidad el encuentro fue casi imprevisto entre los autóctonos que por el "lenguaje parecen guagibos" y los achaguas. Como el cacique visitado entendía la lengua de los visitantes el diálogo fue más fácil. Luego que llegaron los huéspedes los indios de más autoridad se sentaron sobre un palo y el cacique hizo un "largo discurso como acostumbran todas estas naciones en los recibimientos de forasteros; hablaba en lengua achagua, pero se conocía que no era la suya propia, porque solo usaba de

---

1306 RIVERO. *Historia de las Misiones*, 329-330.

1307 Juan Rivero los considera achaguas (RIVERO. *Historia de las Misiones*, 329 y 427) mientras que Gilij como "un poco semejantes a los achaguas en el idioma" (GILIJ. *Ensayo de historia americana*, IV, 387).

1308 RIVERO. *Historia de las Misiones*, 437-438: "Para que vais con esos blancos (les decían) mirad que os llevan engañados: mucho nos admiramos de vosotros que siendo entendidos como lo sois y sabiendo la dura servidumbre que por su causa padecieron vuestros antiguos y contaron nuestros tíos y abuelos y con la libertad de vuestros hijos... éstos pasarán su vida en mísera esclavitud y los vivireis vosotros consumidos de penas sobre quitaros las mujeres, si antes no entregan vuestros cuellos al dogal o al cuchillo".

los infinitivos e impersonales". El que fungía de jefe de la misión peroró "con las mismas frases e impropiedades con había hablado el cacique"[1309].

En el segundo caso, realizado horas después, la reunión convocó a un pequeño grupo de españoles con su correspondiente comitiva indígena. La carta antes citada recoge la intervención inicial del hombre blanco así: "Luego empezaba a manotear ya con una mano ya con otra, escupía recio sin decir voz significativa, solo de cuando en cuando pronunciaba este vocablo *Camuniba* que quiere decir *caribes*. Los indios se persuadían que los sermoneaba en su lengua española porque cada nación sermonea en la suya, si no sabe la de aquella a quien ha de hacer semejante *Mirrai* o razonamiento; todos le atendían con silencio y cuidado, y luego le respondió un indio principal, a quien parecía que dirigía la plática con otro sermón mas largo"[1310].

En conclusión: el "mirray" significó entre las etnias llaneras y orinoquenses un punto de encuentro tanto para las relaciones comerciales como para las amistosas. Pero ello no excluye la existencia de los lugares de desencuentro que tuvieron que vivir entre el afán de los "poderosos" bien fueran autóctonos, bien criollos, bien europeos.

4. El encuentro definitivo a través del cabildo y del municipio

La última fase del encuentro versa sobre la forma de tratar y convivir con el indígena para aculturarlo al sistema reduccional[1311].

1309 RIVERO. *Historia de las Misiones*, 323.

1310 RIVERO. *Historia de las Misiones*, 324.

1311 En verdad se encuentra mucho material disperso en los cronistas de las misiones llaneras y orinoquenses. Sin embargo es necesario hacer alusión a dos tratados fundamentales. El primero pertenece al P. José Gumilla y se titula "Apóstrofe a los operarios de la Compañía de Jesús y Carta de navegar en el peligroso mar de

Sin embargo, no estará de más que el lector se pregunte antes de seguir adelante: ¿Cuáles eran las opciones de futuro que se les ofrecían a las naciones débiles del Orinoco ya mediado el siglo XVIII?

La primera consistía en mantenerse en su status ancestral ajeno a todos los avatares que vivía la Provincia de Guayana en su acelerada evolución política. Los cambios políticos demostrarían que era honestamente impensable.

La segunda opción venía dada por la realidad social violenta a que estaban sometidas las gentes de nuestro gran río: ser mercancía humana para el comercio caribe.

Y este comercio inhumano duró más de un siglo (de 1620 a 1750). En efecto, "puede fácilmente calcularse en más de 30 mil indios aniquilados y más de diez mil vendidos como esclavos por los caribes, con la complicidad de los holandeses, franceses, ingleses y hasta de los mismos españoles. ¡Cuarenta mil víctimas en solo la hidrografía del Orinoco, en solo 30 años (1696-1730) sin contar los doce años de la hecatombe que representó el episodio de Quirawera (1684 a 1696)"[1312].

En realidad pareciera que la nación caribe estaba convencida que la gran Orinoquia era un verdadero semillero del mercado humano cuyo objetivo consistía en suministrar mano de obra esclava a los intereses europeos enquistados en las Guyanas.

Con todo, el regreso de la Compañía de Jesús al río Orinoco en 1731 obligó a esta etnia depredadora de seres humanos a cambiar sus tácticas de captura.

Su primera respuesta fue declarar una verdadera guerra a muerte contra las misiones porque ellas significaban un final

---

los indios gentiles" (J. GUMILLA. *El Orinoco ilustrado*, 493-519). El segundo pertenece al P. Felipe Salvador Gilij: "De la introducción de la religión cristiana entre los orinoquenses" (Felipe Salvador GILIJ. *Ensayo de Historia Americana*, III, 53-123.

1312 Daniel de BARANDIARAN. "El Orinoco amazónico de las Misiones jesuíticas", 237-241. Demetrio RAMOS PEREZ. *Estudios de Historia venezolana*. Caracas (1988) 241.

brusco e inesperado para tan fácil y pingüe negocio como era el de la esclavitud[1313].

Mas, como con el correr de los acontecimientos exigiera a los miembros de la Compañía de Jesús tomar medidas cuasi militares como la fundación del fuerte de San Javier (1736) en Marimarota[1314]. Hacemos nuestras las consideraciones de Daniel Barandiarán: "Su vocación estratégica no significa en absoluto 'una estrategia clérigo-militar en el proceso de colonización del Orinoco Medio durante el siglo XVIII': tal fue la reflexión de un equipo de sociólogos que trabajó en la arqueología de Marimarota en 1995. Se trata, reiteramos, de una abnegada y valiente resolución por parte del equipo jesuítico del Orinoco, resolución tomada tangencialmente a la responsabilidad dormida gubernativo-militar de Ciudad Guayana, con la única y exclusiva finalidad de acabar con las 'razzias' esclavistas de franceses y de holandeses por intermedio de una etnia caribe convertida en basura social, humana y cultural, por la sencillísima razón de que, a falta del número pautado de esclavos, tenían que entregar a sus propias mujeres e hijos"[1315].

En resumen, la segunda opción que se ofrecía a las naciones de la gran Orinoquia era continuar la depredación esclavista que a nuestro juicio frenó y alteró el normal desenvolvimiento de la Provincia primigenia de nuestra Guayana porque las cacerías humanas, sistemáticamente llevadas a cabo por este terrible etnia, arrancó lo mejor de la vida útil de los indígenas guayaneses con la consiguiente eliminación de mujeres, niños y ancianos. Además, produjo no solo inestabilidad territorial sino migraciones forzadas

---

1313 Esta historia puede verse en: José DEL REY FAJARDO. *Misiones jesuíticas en la Orinoquia*. Tomo I. Aspectos fundacionales. Caracas, Universidad Católica Andrés Bello (1977) 130-138.

1314 GUMILLA. *El Orinoco ilustrado*, 202. Graciela HERNÁNDEZ. "El Fortín de San Francisco Javier: una estrategia clérigo-militar en el proceso de colonización del Orinoco Medio durante el siglo XVIII". En *Montalbán*. Caracas, 29 (1996) 29-53.

1315 Daniel de BARANDIARAN. *Los hombres de los ríos*. (Los jesuitas y el Orinoco Amazónico). Mss. cedido gentilmente por el autor. pp., 24-25.

incompatibles con asentamientos durables misionales. Sin embargo son contados los investigadores que se adentran en esta cruel realidad negadora de todo horizonte de futuro.

La tercera opción consistía en la oferta jesuítica de poblarse en establecimientos misionales para convertirse en ciudadanos del imperio español, adoptar la lengua de los monarcas (aunque se respetaba el bilingüismo) y darles la fe religiosa católica.

El mejor intérprete de esta transición es el veterano misionero orinoquense José Gumilla quien de forma diríamos brutal ha trazado el difícil camino que había que recorrer en el proceso de transformación –según su terminología- de "indio bárbaro" en "indio reducido".

El autor de *El Orinoco ilustrado* describe el punto de partida de esta manera: "El indio en general (hablo de los que habitan las selvas y de los que empiezan a domesticarse) es ciertamente hombre; pero su falta de cultivo le ha desfigurado tanto lo racional que en el sentido moral me a trevo a decir que el indio bárbaro y silvestre es un monstruo nunca visto, que tiene cabeza de ignorancia, corazón de ingratitud, pecho de inconstancia, espaldas de pereza, pies de miedo, y su vientre para beber y su inclinación a embriagarse son dos abismos sin fin. Toda esta tosquedad se ha de ir desbastando a fuerza de tiempo, paciencia y doctrina..."[1316].

Este texto ha producido innumerables críticas por parte de ciertos grupos indigenistas. Sin embargo, su genuina interpretación, dentro del género retórico, conlleva a ubicar los conceptos de "bárbaro" y "reducido" como antagónicos y en definitiva expresan dos momentos culturales distintos en la visión del indígena separados por un proceso diferenciador y aculturador. Y estos dos momentos culturales en la percepción del autóctono hay que tenerlos presentes cuando los cronistas se expresan del "indio" pues de lo contrario se podrá caer en un error de perspectiva histórica.

Así pues, la última opción era la respuesta jesuítica a las exigencias de la monarquía española de constituirse en las pro-

---

1316 José GUMILLA. *El Orinoco ilustrado*, 103.

fundas soledades de la Orinoquia en los creadores de "Estado", es decir, debían convertir al indígena en súbdito del rey de España, en ciudadano de un municipio, en beneficiario de un futuro mejor y a la vez dotarlo de la lengua de Castilla y hacerlo hijo de la iglesia católica[1317].

Era un reto gigantesco pasar de la prehistoria a la historia y suponía un cambio tan radical que era imposible poder ser asimilado de inmediato por la mentalidad del indígena. Se trataba de abandonar una autonomía casi absoluta con sus ritos y ritmos muy específicos y adquirir una libertad totalmente distinta y condicionada por las exigencias de la ciudad misional.

Y de esta forma repentina el misionero se constituía en un auténtico alcalde de estas improvisadas poblaciones y como tal debía preocuparse de las necesidades divinas y humanas. Ciertamente debía tener muy claro el sentido de lo que es el municipio, el marco geográfico que definía su acción, la lengua como vehículo de cohesión, el éxito en la economía para fundamentar las bases del desarrollo social y humano, la mejora de la vivienda, el urbanismo como expresión de progreso, el sentido del arte, y sobre todo la educación. Y como una metaestructura debía promover la fe católica con todo su esplendor. Ciertamente que la vida cotidiana de un jesuita en la Orinoquia requería todo lo mejor de un ser que hubiera podido triunfar en el mundo civilizado pero optó por llevar progreso y modernización a las etnias encomendadas a la Compañía de Jesús en la Venezuela profunda.

Pero también debemos reseñar que la identidad del misionero tuvo que sufrir una remodelación por las imposiciones de la modernidad. Gobernar una ciudad "in fieri" suponía adquirir

---

1317 Juan RIVERO. *Historia de las Misiones de los Llanos de Casanare y los ríos Orinoco y Meta*. Bogotá (1956) 293: En 1692 describía el Consejo la acción de los jesuitas "... que no se contentan solamente con reducir a los gentiles y agregarlos a pueblos, sino que procuran también con toda solicitud enseñarlos a vivir vida social, política y económica, como también su educación en las buenas costumbres y su mayor aumento".

y poner en práctica una serie de labores gerenciales que las debía aprender in situ[1318].

¿Y cómo se llevó a cabo este proceso? Mediante lo que David Block denomina la "cultura reduccional". Este concepto abarca el proceso que vivirían las reducciones en sus usos y costumbres hasta llegar a desarrollar formas de vida cada vez mejores. Algunas de ellas, y no las más importantes, fueron: el cruce y selección de modos de subsistencia europeos e indígenas, así como en su resultante híbrido que adoptó formas más eficientes para llevar a cabo las tareas tradicionales. De esta suerte las reducciones se convirtieron en centros urbanos en miniatura, poblados por indígenas que producían bienes para su propia subsistencia y para los mercados españoles[1319] a la vez que cultivaban fórmulas de bienestar social. Estos ideales se concretaban en las siguientes fases.

La primera fase estuvo dedicada a educación de la juventud y la formación religiosa de la población. La Escuela y la Iglesia puestas al servicio del cambio. La segunda se centró en crear las infraestructuras que debían garantizar la subsistencia, el embellecimiento de la población con la construcción y dotación de la Iglesia y los edificios públicos, el progresivo mejoramiento de la sanidad y de la traza urbana, y la capacitación de los recursos humanos para el trabajo. La tercera etapa debía recoger el fruto de la Escuela y de la Iglesia para de esa forma formar en "policía" a los habitantes de la misión y convertirlos en súbditos de la corona española. Y la última propugnaba la adquisición de las formas de gobierno para garantizar el orden, la convivencia social, el trabajo y el descanso.

1318 Una imagen del misionero orinoquense la trazó el Provincial Mateo Mimbela al describir la acción del P. José Gumilla: "… porque olvidado de sus lucidos talentos que pedían ocupaciones de mayor lustre, valiéndose de sus buenas habilidades y tomando sobre sí las ocupaciones de muchos oficiales, servía de carpintero, albañil, alarife, escultor, pintor, jugando con tal primor los instrumentos de cada arte, como si hubiera sido ese el único empleo de toda su vida". (AGI. *Santafé*, 298. *Relación formada por el P. Mateo Mimbela*).

1319 David BLOCK. *La cultura reduccional de los Llanos de Mojos*. Tradición autóctona, empresa jesuítica & política civil, 1680-1880. Sucre, Historia Boliviana (1997) 32.

Solo a través de las generaciones jóvenes tratarían los misioneros de moldear una conducta social basada en el amor a lo propio y a fomentar las fuerzas verticales que insertan al hombre en la tierra con garantía de futuro.

Quizá uno de los retos más difíciles para el misionero fue el de conjugar la puesta en marcha del aparato productivo y la ruptura en la conducta del indígena del binomio falta de necesidades-ausencia de actividad.

La mayor inversión que realizó la Compañía de Jesús, amén de la formación religiosa de la población y de la educación de la juventud, se dirigió a crear aquellas tres estructuras sobre las que debía reposar la reducción: el aseguramiento de la subsistencia, la capacitación de los recursos humanos y la adquisición de la ciudadanía a través del nuevo concepto de municipio.

El punto de partida de esta ingente tarea misional y humana hay que fijarlo en la ausencia de conciencia histórica, familiar, social y nacional y por ende de un pronunciado estancamiento cultural y económico. Desconocían en pleno siglo XVII la utilización del hierro[1320], del papel[1321], del libro[1322] y de las formas de transmisión de la cultura[1323].

La primera preocupación era la subsistencia. Así se explica la insistencia en la intensificación y mejoramiento de la agricultura "que conduce al buen estado de las poblaciones"[1324].

Con el tiempo el alejamiento de algunas naciones de su entorno selvático o sabanero era compensado por la introducción

---

1320   GILIJ. *Ensayo*, I, 79. GUMILLA. *El Orinoco ilustrado*, 344, 430.

1321   GILIJ. *Ensayo*, II, 179.

1322   GILIJ. *Ensayo*, II, 39.

1323   GILIJ. *Ensayo*, II, 123

1324   GILIJ. *Ensayo*, III, 67. Cada domingo, concluida la misa, el Misionero daba órdenes para los que habían ausentarse a sus sementeras, hacer de bogas, peones u otra ocupación que le obligara a ausentarse del pueblo; las determinaciones quedaban registradas en unos cuadernillos, llamados *Diarios*, a través de los cuales se controlaba el trabajo y los jornales (ALVARADO. *Informe reservado*, 253).

de tecnologías que observaban la rotación de cultivos, la cría de animales domésticos, el uso de arados de rastreo y de surco de suelos, frutales y en definitiva por la adopción de una alimentación proteínica con el pescado y la carne aunque la fertilidad de los conucos les obligara a hacer sus rozas lejos del mismo Orinoco[1325].

De forma paralela se procedía a la creación del "hato" que debía satisfacer las necesidades comunes así como también ser subsidiario a la labor que suponían las tierras para sementeras de plátano y yuca generalmente[1326]. De este modo se beneficiaban las viudas, se sustentaban los niños de la escuela, los huérfanos y los enfermos[1327].

Un papel todavía no estudiado lo cumplen las cofradías y las congregaciones misionales en ese marco de referencia que indicaba Hegel de crear nuevas necesidades y con ellas el deseo y la voluntad de obtenerlas[1328].

También la preocupación social requiere espacios importantes en la planificación misional. Las viudas, los huérfanos, los ancianos y los enfermos constituyen el otro rostro de la comunidad al que hay que sostener y atender. Esto explica la función social

---

1325 Daniel de BARANDIARAN. "El Orinoco amazónico de las misiones jesuíticas", 318.

1326 SAMUDIO, Edda O. "Las haciendas jesuíticas de las misiones de los Llanos del Casanare, Meta y Orinoco". En: José DEL REY FAJARDO (Edit.). *Misiones jesuíticas en la Orinoquia (1625-1767)*. San Cristóbal, I (1992) 748.

1327 GUMILLA. *El Orinoco ilustrado…*, 514. ALVARADO. *Informe reservado*, 252.

1328 G. W. F. HEGEL. *Vorlesungen über die Philosophie der Geschichte*. Werke 12. Frankfurt/M (1986) 108. PEREZ ESTEVES. "Hegel y América". En: *Analogía Filosófica*. México, año 8, nº. 2 (1994) 119-137.

de las haciendas[1329] y la sanitaria de las boticas[1330] y la hospitalaria cuando los hombres, tiempos y lugares lo permitían[1331].

La segunda gran preocupación se dirigía a la formación de los recursos humanos, a la capacitación de los indígenas en sus respectivos oficios y en dotar de una infraestructura económica al futuro de la reducción.

Por primera vez vivían el reto de saltar del utillaje a la herramienta y a la racionalización del trabajo. Los indígenas orinoquenses se iniciaron en las técnicas europeas mediante los talleres que suponían, en principio, la implantación de la fragua[1332], la adquisición de telares[1333] y el uso de la carpintería[1334]. Sin embargo

---

1329   Edda O. SAMUDIO A. "Las haciendas jesuíticas de las Misiones de los Llanos del Casanare, Meta y Orinoco". En: DEL REY FAJARDO (Edit.). *Misiones jesuíticas en la Orinoquia*. San Cristóbal, I (1992) 776-777.

1330   Agustín VEGA. *Noticia*, 105. Refiriéndose al misionero dice: "... un amoroso Padre de familia, que tiene prevención de medicinas, quantas puede adquirir, y el libro de mayor importancia despues de los necesarios, que nunca les falta, es alguno de medicina".

1331   De la misma forma que contrataban maestro de música se esforzaban en conseguir, dentro de sus posibilidades, médicos. El P. Dionisio Mesland, cuando en 1653 llegó a Guayana se trajo consigo a Renato Xabier "... cirujano y médico y hace las más curas y medicinas con mucha /ilegible/ de interés y los pobres los cura de balde y aun los sustenta en su casa mientras los esta curando y que asimismo tiene una botica donde saca los recados para las medicinas necesarias sin ningún interés..." (Archivo Nacional de Chile. *Jesuitas*, 226. *Renato Xabier y el Sargento Guido Belile vecinos de la ciudad de Santa Maria de Rosa ante vuestra merced parecemos... y decimos que a nuestro derecho conviene que vuestra merced mande se nos saque un tanto autorizado...* [Pauto, marzo de 1678]).

1332   GUMILLA. *El Orinoco ilustrado*, 515: "El atractivo más eficaz para establecer un pueblo nuevo y afianzar en él las familias silvestres es buscar un herrero y armar una fragua, porque es mucha la afición que tienen a este oficio, por la grande utilidad que les da el uso de las herramientas, que antes ignoraban".

1333   GUMILLA. *El Orinoco ilustrado*, 515: "No importa menos buscar uno o más tejedores de los pueblos ya establecidos para que tejan allí el hilo que traen ellos, porque la curiosidad los atrae a ver urdir y tejer, y ver vestidos a los oficiales y a sus mujeres les va excitando el deseo de vestirse y se aplican a hilar algodón".

1334   GILIJ. *Ensayo*, III, 65.

la hacienda de Caribabare –símbolo de la creatividad jesuítica neogranadina– tenía además la ramada del trapiche, otra de adobería y una con un horno de teja[1335].

Y como es natural se fueron abriendo los caminos de la cultura tanto a través de la pintura[1336], como de las artesanías derivadas de la carpintería[1337] y otras similares.

Así se iniciaba la época artesanal, por oficios, a la que seguiría casi inmediatamente la pre-mercantilista y consecuentemente nacía una nueva sociedad que necesariamente originaría patrones propios y particulares de ocupación de aquel vasto territorio llanero con el norte siempre presente de la "Reducción ordenada".

En ella tuvieron la primera pasantía los que posteriormente se convertirían en mayordomos, capataces, peones, punteros, conductores, pastores y también los incipientes jinetes, los cuales, gracias a la actividad ganadera, transformarían al indígena en experto vaquero[1338].

También la reducción cobijaba mano de obra libre y esclava, indígenas forasteros y trabajadores no indígenas con quienes

---

1335 ANB. *Temporalidades*, t., 5. *Testimonio del cuaderno de inventario de Caribabare y deposito*. 7 de octubre de 1767, fol., 690v-691.

1336 RIVERO. *Historia de las Misiones*, 449: "… los muchachos más hábiles de manos se aplican al oficio de pintor, uno de los cuales sabe ya buscar la vida con sus pinceles, vendiendo a los españoles varias imágenes de santos". Y GILIJ. *Ensayo*, III, 65: "… saben embellecer muy bien las iglesias, coloreándolas con varias tierras y con jugos de algunas plantas".

1337 En el inventario de la Reducción de Betoyes se encontraron para la iglesia que se iba a construir: "… tallas doradas y dadas de mermellón… cinco portadas, en la misma conformidad que los altares, la una de tatozano, y las cuatro de la sacristía", así como las sillas, los candeleros, las jarras, los hacheros y los faroles (ANB. *Temporalidades*, t., 13. *Inventario de los bienes del Pueblo de San Ignacio de Betoyes*. 17 de octubre de 1767. Fols., 225v-226. Véase: Edda O. SAMUDIO. "Las haciendas jesuíticas de las misiones…", I, 774).

1338 Véase: Edda O. SAMUDIO. "Las haciendas jesuíticas de las misiones…", I, 772.

establecían compromisos laborales anuales bajo el sistema de concierto[1339].

Asimismo fue surgiendo una nueva clase laboral como la de los trabajadores con distintas habilidades, desde los diestros maestros artesanos, quienes constituyeron mano de obra especializada, hasta la servidumbre que habitaba en las haciendas y concurría directamente a su trabajo. A ellos se unían otros artesanos, ya oficiales o aprendices, indígenas y no indígenas, quienes con sus diversos trabajos contribuían a la construcción de los recintos públicos y privados[1340].

La tercera preocupación se centraba en levantar la "Reducción ordenada" tanto en sus espacios físicos, como en las exigencias de la nueva convivencia social, religiosa, laboral y cultural.

El punto de partida del municipio solía fundamentarse en el respeto a las jerarquías políticas de las naciones antes de reducirse. Los caciques gozaban de dignidad perpetua y hereditaria excepto en caso de rebelión contra su soberano[1341]. En la misión usaban bastón de mando con pomo de plata y en la iglesia ocupaban un

---

[1339] ALVARADO. *Informe reservado...*, 244. RUEDA ENCISO, Eduardo. "El complejo económico administrativo de las haciendas...". *Boletín Cultural y Bibliográfico*, 7-8. Los concertados tributarios recibían un trato especial pues en esos casos era la hacienda la que tenía que pagar el tributo que se les descontaba del pago.

[1340] Véase: Edda O. SAMUDIO. "Las haciendas jesuíticas de las misiones...", I, 753.

[1341] GILIJ. *Ensayo*, II, 331. Sobre los caciques en general (GILIJ. *Ensayo*, II, 169-176). "Respecto al gobierno civil de estas tribus: el *cacique*, al igual que un pequeño príncipe, las preside con la suprema autoridad y se sirve para la más cómoda administración de su pueblo de un *teniente*; a éste, como hay muchas parcialidades en estas tribus, el cacique agrega la misma cantidad de *capitanes* y éstos a su vez tienen sus lugartenientes llamados *alcaldes*. Los últimos cumplen con las órdenes dadas a ellos a través de otros oficiales menores llamados *alguaciles*, y a quienes pertenece preocuparse por que todo el pueblo asista diariamente..." (J. STÖCKLEIN. *Der Neue Welt-bott*. Carta nº 568. *Carta del P. José María Cervellini al P. Francisco Pepe*. Misión de los Llanos, 2 de julio de 1737).

sitial de honor. Generalmente ni el misionero, ni los capitanes de la escolta, ni el gobernador decidían nada sin antes escuchar el parecer del cacique o caciques[1342].

Pero la adaptación a los modelos indianos se iniciaba con los alcaldes a quienes correspondía el gobierno ordinario e inmediato del pueblo y eran elegidos anualmente. Y los fiscales, igualmente electos por un año, eran los encargados de celar por el cumplimiento de la justicia y los ejecutores de los castigos impuestos por las faltas cometidas[1343].

Las funciones que hoy denominaríamos como policiales les estaban asignadas a la Escolta[1344], es decir, la custodia del orden y de la ley entre los indígenas[1345]. En poder de los capitanes de la escolta residió siempre el conocer las causas civiles y militares[1346].

También la instalación de los mecanismos que miran a la salud fueron preocupación del misionero, desde la prevención de

---

1342   GILIJ. *Ensayo*, II, 173. En el ámbito económico también aprovecharon las infraestructuras existentes. Nancy Morey ha estudiado la vigencia de redes comerciales indígenas, hecho que es muy importante a la hora de visualizar la acción misionera y su expansión (Robert V. y Nancy MOREY. *Relaciones comerciales en el pasado en los Llanos de Colombia y Venezuela*. Caracas, 1975).

1343   GILIJ. *Ensayo*, III, 331. ALVARADO. *Informe reservado*, 253. ANB. *Temporalidades*, t. 5, fol., 788v: "... en este año [1745] pidió el P. Gumilla, superior de las Misiones, dos títulos uno de alguacil mayor y otro de notario...".

1344   Para las Escoltas nos remitimos a: José DEL REY FAJARDO. "Las escoltas militares en la misiones jesuíticas de la Orinoquia (1661-1767)". En: *Boletín de la Academia Nacional de la Historia*. Caracas, t. LXXVIII, nº 311 (1995) 35-69.

1345   GILIJ. *Ensayo*, II, 305.

1346   El 1º de julio de 1754 solicitaba el P. Salvador Quintana que se concediese a don Juan Antonio Bonalde, capitán de la escolta, "jurisdicción ordinaria" y título "como se ha concedido antes" (ANB. *Miscelánea*, t. 110, fol., 613). También conocemos una Real Provisión del Presidente don Diego de Córdoba, 1704, sobre dar jurisdicción criminal al cabo de la escolta de los Llanos para castigar los delitos (ANB. *Miscelánea*, t. 64, fol., 8).

las medicinas necesarias[1347], hasta las boticas[1348] y pequeños centros asistenciales que colaboraran a la beneficencia organizada, como el de Pauto[1349]. Por ello no es extraño encontrar en las bibliotecas misionales obras como el Florilegio medicinal del H. Steynefer[1350].

Tampoco se puede olvidar que los miembros de la Orden ignaciana practicaron la creación de un genuino sentido de frontera. Se enfrentaron a la guerrilla fluvial y selvática de los indios caribes al servicio del azúcar holandés y de los intereses foráneos. Colaboraron a contener las intenciones de dominio que sobre las "llaves" del Orinoco intentaron holandeses, franceses, suecos e ingleses. Manejaron con diplomacia la invasión portuguesa que había producido una sangría, todavía no estudiada, por sus razzias en las ignotas regiones sureñas con el consiguiente esclavizaje de tanto indígena venezolano. Y sobre todo enseñaron a los "reducidos" a amar y defender sus nuevas patrias.

De esta forma la corona española asentaba dos acciones fundamentales del imperio: la presencia administrativa del estado

---

1347 El H. Agustín de Vega quien al describir al misionero dice: "... [es] un amoroso Padre de familia, que tiene prevención de medicinas, quantas puede adquirir, y el libro de mayor importancia despues de los necesarios, que nunca les falta, es alguno de medicina" (Agustín VEGA. *Noticia*, 105).

1348 El P. Gilij, desterrado en Roma, recordará en 1780 la visita que le hizo al autor de *El Orinoco ilustrado* en su reducción de Betoyes el año 1749 y escribirá: "En su casa, o cabaña, tenía toda suerte de útiles medicinas caseras, y al primer aviso del fiscal, dedicándose como amorosa madre a cuidarlos, era todo agilidad, todo prontitud, todo alegría. Yo estaba a su lado sorprendido de sus dulces maneras. (...) Y movido del ejemplo de tan gran hombre, una vez que hube llegado al Orinoco me afané por imitarle en algo" (GILIJ. *Ensayo..*, III, 81-82).

1349 AGI. *Santafé*, 249. *Testimonio de los Autos hechos a pedimiento del Padre Procurador General de la Religión de la Compañía de Jesús de la ciudad de Santa Fe... cerca de la escolta y lo demás que han pedido se de para el fomento de las misiones de la Provincia de Orinoco*, fol., 77v. Semejantes declaraciones aducen los otros testigos: José Ruiz Romero (fol., 62v-63); Salvador Esparza (fol., 52v).

1350 Juan Herno. STEYNEFER. *Florilegio medicinal de todas las enfermedades, sacado de varios y clasicos Authores para bien de los pobres, en particular para las provincias remotas en donde administran los RR. Misioneros de la Compañia de Jhesus*. Mexico, 1712]. [Sommervogel, VII, 1537].

en esas incógnitas regiones y el establecimiento de una frontera efectiva hispana que avanzaba y se imponía frente a los enemigos bien indígenas, bien europeos.

Pero, en la formación de la nueva identidad jugó un papel decisivo la Escuela aunque debemos reconocer que son muy pocas las noticias que sobre esta institución nos han legado los escritores jesuitas de la época.

La Escuela es el primer espacio de actuación pública en que se sumerge el niño porque allí afronta por vez primera el problema de la socialización que en definitiva es la cita con la sociedad, con los otros, con los extraños y de esa forma trasciende el cerrado círculo familiar. Como dice un educador moderno la escuela es "justamente el primer y continuo encuentro con lo no-familiar, el espacio y el tiempo para el destete de la matriz familiar y del aprendizaje para la convivencia social"[1351].

La construcción del hombre y de la humanidad necesita de las herramientas del maestro y del aula de clase pues ningún lugar más idóneo para saber qué somos y a dónde se dirigen nuestros pasos como ciudadanos del mundo.

En la vida cotidiana de la reducción los jóvenes dedicaban lo mejor de su tiempo a las tareas escolares. La misión se encargaba del sustento diario pues además de que los padres se encontraban en las labranzas[1352] era la mejor oportunidad para sembrar en las mentes juveniles las nuevas ideas y proyectos para diseñar un futuro mejor.

En las jóvenes Escuelas del Orinoco se enseñaba solamente a leer y escribir[1353] y "no son instruidos en otras ciencias, como porque sabida la de leer bien y escribir, les parece que ya están bastante instruidos y que no tienen necesidad de más"[1354].

1351 Leonardo CARVAJAL. "La presunta nueva misión de la escuela y los valores democráticos". En: José Francisco JUAREZ (coord.). *Segundas jornadas de Educación en valores*. Caracas, Universidad Católica Andrés Bello (2003) 44.

1352 ALVARADO. *Informe reservado*, 251.

1353 GILIJ. *Ensayo de Historia americana*, III, 63.

1354 GILIJ. *Ensayo de Historia americana*, III, 64.

Pero sin lugar a dudas la entidad educativa que más sintonía despertó en el alma de los indígenas orinoquenses fue la música. Gilij confiesa: "Y si he de decir libremente lo que siento, ninguna cosa fue jamás llevada de Europa a aquellos lugares que más les agradase, ninguna que imitaran mejor"[1355].

El descubrimiento de un pueblo músico le lleva a concluir al autor del *Ensayo de Historia Americana* que se puede convertir en música una nación[1356].

Este fervor misional por la música hizo que también hubiera que contratar maestros que canalizaran esta vocación de los orinoquenses y de esta forma el canto y la orquesta e incluso la fabricación de algunos instrumentos musicales que fueron fermento de transformación de las reducciones y de esta forma fueron abriendo su espíritu a opciones más altas de cultura[1357].

La asidua instrucción hacía que en pocos años la reducción cambiase por completo[1358]. Pero eran los niños los que polarizaban

---

1355 GILIJ. *Ensayo*, III, 64.

1356 GILIJ. *Ensayo*, III, 64.

1357 GUMILLA. *El Orinoco ilustrado*, 515. A modo de ejemplo: en la Reducción de Betoyes existía un cajón en la Escuela para guardar los papeles de música: "… siete oficios de difuntos, cinco misas en música impresa, dos cuadernos de varias piezas puestas en música y otros varios anexos a la música" (ANB. *Temporalidades*, t., 13. *Inventario de los bienes del Pueblo de San Ignacio de Betoyes*. 17 de octubre de 1767. Fols., 135-136.

1358 GILIJ. *Ensayo de Historia americana*, III, 78. En la pág. 84: "… la instrucción sea continua, aunque sea breve, los cambia del todo". GUMILLA. *El Orinoco ilustrado*, 180. RIVERO. *Historia de las Misiones*, 94-95: "Cantáronse las vísperas por la tarde y se encendieron luminarias por la noche y concurrieron con sus tamboriles y flautas los indios, para mayor celebridad al otro día, para celebrar la fiesta, cercaron la plaza con muchos y vistosos arcos, adornados todos ellos con variedad de frutas. Después de la procesión, a la cual asistieron con velas encendidas, como en la pasada, se celebró la misa con la mayor solemnidad que se pudo, de músicos instrumental es y la salva de arcabucería, con lo que alegraron la función algunos españoles de los que concurrieron este día. Lo que les llamó la atención fue una danza de los indios Tunebos, que danzaron a su usanza ese día, cargados de cascabeles, de lo cual quedaron más pagados, como cosa muy rara y nunca vista en su tierra…".

todas las esperanzas de una educación basada en la psicología del indígena y en las necesidades del país.

La rutina escolar diaria se interrumpía tanto con las vacaciones normales como con las extraordinarias y como es natural, siguiendo la costumbre de los colegios jesuíticos del mundo, todos los jueves eran día de asueto. Entre las vacaciones extraordinarias se contaba la celebración de la festividad de San Luis Gonzaga, patrono de la reducción, "que se extendía hasta ocho días". Estos asuetos se dedicaban a salir de excursión y acampar bien fuera a orillas del Orinoco bien "en las playas deliciosas del lago Guaya". Una vez instalados en el lugar del asueto "unos corrían, otros se subían a los árboles, otros se divertían de otros modos honestos". Además todos colaboraban a la alegría de la reunión pues debían buscar la leña, otros conseguir el agua para la comida que siempre era "abundantísima para tenerlos contentos". Y resume el misionero el día que era "de no pequeño placer para todos y los indios cada vez se aficionaban más a la reducción"[1359].

El P. Gilij afirma categóricamente que "ni en tan numerosas naciones, varias en sus costumbres y lengua, se descubre una propensión particular a los juegos"[1360] con excepción de los otomacos que tienen una gran pasión por el juego de la pelota[1361].

El misionero de Mainas coincide con el del Orinoco en verificar la carencia de juegos y pasatiempos pero con todo recoge las siguientes formas de diversión: "Luchas, carreras, remedarse unos a otros, burlarse, darse puñetazos, saltar, reír a carcajadas y otros infantilismos semejantes"[1362].

Es indudable que estas escuelas significaron el comienzo de la historia de la alfabetización en la Orinoquia. Y gracias al aprendizaje del castellano entraban a formar parte de la ciudadanía

---

1359   GILIJ. *Ensayo de Historia americana*, III, 74.

1360   GILIJ. *Ensayo de Historia americana*, II, 224.

1361   GILIJ. *Ensayo de Historia americana*, II, 224-226.

1362   Juan MAGNIN. *Descripción de la Provincia y Misiones de Mainas en el Reino de Quito*. Quito (1998) 213.

del imperio español aunque lugares tan ignotos como las selvas de nuestro gran río tardaran en asomarse a la verdadera cultura occidental. Y como anota Francisco Esteve Barba gracias al aprendizaje del alfabeto pudieron los indios americanos "liberar a su memoria de sus tradiciones y escribirlas, con plena posibilidad de hacerlo, en el idioma mismo en que habían sido formuladas"[1363].

Todavía más, existe otra faceta interesante como es el hecho de que el mundo formativo que se iniciaba en la Escuela se complementaba en el trato social con el jesuita. La coexistencia niño-misionero durante todo el día tanto en la Escuela como en la Iglesia y en la Plaza principal de la reducción fue fundamental para fomentar el cambio mental y cultural que debía operarse en cada pequeña población de los Llanos o el Orinoco. El misionero de La Encaramada confesará que después de algunos años de vida reduccional "se mudan las costumbres y procedimientos de una reducción"[1364].

El primordial objetivo consistía en implantar nuevas formas de convivencia social y así dentro del ámbito de la casa del misionero se iniciaba un proceso de socialización juvenil que iría progresivamente generando formas de vida más sanas y más educadas. El vestido, la dieta alimentaria, los buenos modales, el lenguaje correcto así como una actitud cada día más responsable definen el cambio no solo de mentalidad sino de comportamiento social.

La lectura atenta del *Ensayo de Historia americana* nos conduce a una visión, hasta simpática y humorista de los cambios a que hacemos referencia[1365].

Pero dentro de estos sutiles contextos la "razón de estado" les induciría a los jesuitas a superar la tensión entre los ideales

---

1363 Francisco ESTEVE BARBA. "La asimilación de los signos de escritura en la primera época". En: Demetrio RAMOS(Edit.). *Estudios sobre política indigenista española en América*. Valladolid, Universidad de Valladolid, I (1975) 258.

1364 GILIJ. *Ensayo de Historia americana*, III, 78.

1365 Puede verse un ejemplo en el capítulo que dedica a la instrucción extraordinaria. GILIJ. *Ensayo de Historia americana*, III, 78-81.

religiosos de la evangelización y los procesos de mundanización que debía transformar las poblaciones misionales.

Cuando Berenson establece que la Iglesia católica ha sido dispensadora de "mundanidad", opinamos que interpreta el valor de su pedagogía cultural y espiritual como categoría integradora de los opuestos.

Este juicio de valor, que proviene de un crítico del arte, formula la última síntesis de lo que en realidad trataron de practicar los jesuitas en sus misiones: elevar los actos de los hombres a sacramentos salvando así el abismo que media entre las necesidades humanas y su satisfacción. Por eso, añade: "A través del rito acompaña la vida con un aparato que es esencialmente <mundano>, sin embargo, para quienquiera, tiene la capacidad espiritual de trascenderlo, llenándolo de significados misteriosos y <superiores>, de manera que concilia las ceremonias con ciertas difíciles aspiraciones del alma e infunde a las necesidades vitales cierto arrebato que parece trascenderlas y casi destruir su imperiosa necesidad"[1366].

En la cosmovisión reduccional se cultiva una trilogía compuesta por liturgia, fiesta y trabajo y de esta forma la mundanidad alcanza un valor estético y así divorcia el utilitarismo de el ser que la practica.

Estamos ante la ritualización del tiempo y del espacio mediante los actos y contenidos litúrgicos. En este contexto la plaza mayor asume un significado idealizador y su cúspide se centra en la iglesia.

En ella todo debe ser majestuoso pues se ha convertido en el lugar sagrado para el intercambio entre la palabra de Dios y la respuesta del hombre.

En la forma asistimos a una socialización ritualizada. Guardando las debidas distancias se puede aseverar de la Orinoquia algo parecido a lo que expresa Lacouture para el Paraguay: que la religiosidad teatral de la Compañía de Jesús se entrelaza con el

---

[1366] Humberto MORRA. *Coloquio con Berenson*. México, Fondo de Cultura Económica (1968) 213-214.

"barroquismo salvaje de los neófitos, con un resabio de militarismo español y de paganismo de la selva"[1367].

El triunfalismo de las ceremonias religiosas se mueve entre el espectáculo y la oración, entre la vistosidad y el recogimiento interior, entre la nostalgia del pasado y el misterio del porvenir. Por esta razón se estudian al detalle los movimientos de masas y se someten a ritmos en los que alternan la fiesta con la devoción y por ello están envueltos en incienso, cánticos, chirimías, danzas, altares, arcos de triunfo y procesiones.

La monotonía de la cotidianidad debe ser continuamente rota por la fiesta y la liturgia. Lo religioso en un mundo no festivo equivalía a trivializar la vivencia superior y a despojarle del brillo que constituye su vida propia. Como apunta Jensen: "la representación sacra es algo más que una realización aparente, y también algo más que una realización simbólica, porque es mística. En ella algo invisible e inexpresado reviste una forma bella, esencial, sagrada"[1368]. Por ello adquiere un gran relieve la estudiada periodización de la vida reduccional en la que los contenidos de los ciclos vitales de la etnia son asumidos, insertados, o refundidos, a través del culto y de la ritualización, en los ciclos litúrgicos cristianos de forma tal que el hombre y el tiempo se hagan festivos.

Mas, el proceso aculturador es muy lento. Los mayores añoran sus antiguos lares pero se sienten atrapados por el acoso circular de caribes, guahivos y chiricoas, guaypunabis y europeos. Cada vez más el retorno a la selva conlleva mayores problemas de seguridad y subsistencia. Y el misionero debe estar convencido de esta alternancia en la conducta social de su reducción. En última instancia es un abismo lo que separa la prehistoria de la historia.

Mientras tanto se intensifica la esperanza en la educación de los niños, conscientes de que habrá que esperar, por lo menos,

---

1367 Jean LACOUTURE. *Jesuitas*. I. *Los conquistadores*. Barcelona-Buenos Aires-México, Ediciones Paidós (1993) 530.

1368 A. E. JENSEN. *Mito y culto entre pueblos primitivos*. México, Fondo de Cultura Económica (1966) 65.

hasta la tercera generación[1369]. Solo la convicción de esta realidad y la responsabilidad consiguiente se convierten en dogma para volver a comenzar de nuevo todo el proceso.

Todo ello cooperó para aceptar el hábitat de la reducción como el espacio idóneo para un nuevo orden social basado en la convivencia, el trabajo, la igualdad, el respeto a las tradiciones identitarias y la justicia. La tolerancia y la comprensión exigirían al misionero armarse de paciencia y resistencia pues ésta era la única clave para diseñar el paso de una civilización "sacral" a una "profana". Por ello, siempre llamó la atención la liberalidad con que los jesuitas actuaron frente a la población adulta a la que permitían ausentarse de los poblados durante cinco días a la semana para atender sus sembradíos[1370].

En consecuencia, el objetivo fundamental de la Misión-ciudad eran los niños y los jóvenes, los cuales eran moldeados, sin interferencias, en los valores -viejos y nuevos- de la misión y como consecuencia fue surgiendo un folklore religioso en la Orinoquia que iba impregnando el acontecer diario de esas pequeñas reducciones-ciudades.

Todo se perdió tras la expulsión de los jesuitas de nuestro gran río en julio de 1767.

1369 Agustín de VEGA. *Noticia del Principio y progreso del establecimiento de las Missiones de Gentiles en el Rio Orinoco...* En: José del REY FAJARDO. *Documentos jesuíticos relativos a la Historia de la Compañía de Jesús en Venezuela*. Caracas, 11 (1974) 107.

1370 Eugenio de ALVARADO. "Informe reservado sobre el manejo y conducta que tuvieron los Padres Jesuitas con la expedición de la Línea Divisoria entre España y Portugal en la Península Austral y orillas del Orinoco [1756]". En: DEL REY FAJARDO. *Documentos jesuíticos relativos a la Historia de la Compañía de Jesús en Venezuela*. Caracas, Academia Nacional de la Historia (1966) 251-255.

Capítulo 5
Introducción a las literaturas indígenas

Al estudiar los caminos de la "otredad" en las relaciones indígena-misionero en los terrenos de la gran Orinoquia, durante los tiempos coloniales, el investigador debe reconstruir las huellas de una literatura de difícil acceso para el estudioso de estos temas tan especializados.

En toda lengua no escrita se pueden detectar dos grandes estratos; el primero lo integran el vocabulario, las etimologías, la gramática y el diccionario. En un segundo nivel se cultiva la belleza de la palabra a través de las creaciones literarias aun tratándose de pueblos ágrafos. Los horizontes de la palabra, escrita u oral, son infinitos pues desde el género menor como son refranes, adivinanzas, anécdotas, consejos se llega al género mayor, vale decir, los cuentos y leyendas, los cantos rituales, la escenificación coreográfica, las sesiones de piachería y toda la mentalidad mágica que configura ese hábitat[1371].

En el laberinto de lo desconocido la lengua era el mejor camino para acceder al alma, al pensamiento y a la historia de los autóctonos. Y los jesuitas llaneros y orinoquenses entendieron que su inserción en el mundo cultural indígena dependía del estudio de las lenguas aborígenes para poder asomarse a sus universos míticos.

Largo tuvo que ser el recorrido intelectual del misionero para poder descubrir el valor lingüístico y poético que florecía más allá de la palabra indígena en su afán por adquirir un nuevo lenguaje y construir así el genuino discurso iluminado.

1371 Cesáreo de ARMELLADA. "Vista panorámica de la *Literatura Pemón*". En: *Montalbán*. Caracas, I (1972) 319-332.

1. La evaluación de las fuentes jesuíticas

Antes de ingresar a este territorio casi inexplorado de las fuentes hay que reconocer que no es tarea fácil poder acceder con solvencia a la prehistoria del mundo indígena venezolano.

Y la primera pregunta es: se puede llegar a tener un conocimiento válido del pasado cultural de nuestras etnias indígenas? Y en caso afirmativo: cuándo y cómo se abren esos pueblos de la Venezuela profunda a la toma de conciencia de sus propias historias para que puedan exigir el protagonismo en la redacción de sus respectivas biografías.

La razón es evidente pues de lo contrario pareciera que estuviéramos asumiendo la tesis de que se puedan dar pueblos sin historia cuando en verdad lo que debemos dejar como reflexión es la antinomia de que una cosa es que desconozcamos esa memoria histórica y otra bien distinta es que ella no exista.

Además, no puede el investigador pasar por alto la terrible realidad que suponía a las etnias llaneras y orinoquenses el ser todavía pueblos ágrafos. Beatriz Fernández explica la tesis que la presencia o ausencia de escritura "se constituye en un factor determinante en el modo de entender la historia y de encarar el destino". De esta suerte, "cuanto mayor sea la tradición oral de una cultura, más se apoyará en la repetición de los acontecimientos y, por lo tanto, mayor será su anclaje en el pasado y su inmovilismo".

Por el contrario, la cultura escrita dotaba al "otro" de una enorme potencialidad de improvisación para afrontar e interpretar las situaciones originales que se planteaban en el diálogo o la convivencia[1372].

Con todo, antes de iniciar el estudio detallado de la obra de los seguidores de Ignacio de Loyola conviene dejar constancia

---

1372 Beatriz FERNÁNDEZ HERRERO. "El <otro> Descubrimiento. (La imagen del español en el indio americano)". En: *Cuadernos Hispanoamericanos*. Madrid, n°. 250 (1993) 12 y ss.

de las obras producidas por las otras órdenes religiosas: franciscanos[1373], agustinos[1374], capuchinos[1375] y dominicos[1376].

Importancia de las fuentes misionales jesuíticas. Sin lugar a dudas la historia de Guayana hace acto de presencia en Europa ya en los albores del descubrimiento a través de las expediciones doradistas que alumbraron las ilusiones de los hombres del XVI hasta convertirse en un verdadero mito con su generosa y apasionante visión literaria[1377]. Sin embargo el agotamiento de tanta aventura acabaría naufragando en las aguas del mito del Dorado[1378].

En verdad, para acceder de una manera indirecta al mundo aborigen hay que recurrir a las Misiones ya que desde el punto de vista histórico ese mundo indígena fue marginal, al menos hasta mediados del siglo XVII, en lo administrativo y económico tanto para las autoridades civiles del Nuevo Reino de Granada como para las de la Provincia de Venezuela.

Con la llegada institucional de las Misiones a partir de 1640[1379] se establece un nuevo punto de encuentro entre el autóctono y el misionero distinto a los vividos con los descubridores, conquistadores, soldados, traficantes o funcionarios regios de paso.

1373 Odilo GÓMEZ PARENTE. *Labor Franciscana en Venezuela: I. Promoción indígena*. Caracas, Universidad Católica Andrés Bello, 1979.

1374 Fernando CAMPO DEL POZO. *Los agustinos y las lenguas indígenas de Venezuela*. Caracas, Universidad Católica Andrés Bello, 1979.

1375 Buenaventura de CARROCERA. *Lingüística indígena venezolana y los misioneros Capuchinos*. Caracas, Universidad Católica Andrés Bello, 1981.

1376 Alberto E. ARIZA. *Los Dominicos en Venezuela*. Bogotá, Convento de Santo Domingo, 1971.

1377 Una síntesis: Sonia GARCÍA. "El Dorado, mito de". En: FUNDACIÓN POLAR. *Diccionario de Historia de Venezuela*. Caracas, Fundación Polar, II (1997) 190-192.

1378 Véase: Demetrio RAMOS PÉREZ. *El mito del Dorado . Su génesis y proceso*. Caracas, Academia Nacional de la Historia, 1973.

1379 Para una visión general de las Misiones en tiempo de la colonia, véase: José DEL REY FAJARDO. "Misiones". En: FUNDACIÓN POLAR. *Diccionario de Historia de Venezuela*. Caracas, Fundación Polar, III (1997) 181-188.

Y también hay que precisarlo: este encuentro se distanciaba también de los mantenidos con las etnias indígenas poderosas como la de los caribes o bien con las potencias pequeñas locales siempre hambrientas de esclavos.

En consecuencia, los autóctonos comenzaron a ser conocidos en el mundo occidental a través del prisma misional y de esta forma fueron pasando del anonimato a la historia. Y si bien no podían disponer de archivos escritos trataron los misioneros rescatar sus tradiciones orales y la ausencia de libros fue recuperada en parte por la voz de los ancianos en cuya memoria reposaban los hechos más significativos de cada nación; y de esta forma, aunque su conciencia de nación era débil, sin embargo intentaron en medio de sus posibilidades desarrollar una renovada identidad.

¿Qué garantía ofrecen estas fuentes? El planteamiento anterior nos introduce en el problema de los grados de veracidad del texto trasmitido. En última instancia habría que recurrir a las cualificaciones provenientes bien del misionero, bien de los informantes indígenas, bien de los dominios de los piaches.

El verdadero problema radica en la cualidad humana e intelectual del escritor. El jesuita que en tierras americanas era enviado a los campos misionales se había formado en la escuela de la *Ratio Studiorum* y por lo tanto su estructura mental venía conformada por el humanismo renovador. Estaba adaptado a una concepción global del mundo en donde había aprendido un modelo cultural paradigmático y desde ese marco diseñaban el "mundo nuevo"[1380]. Y su humanismo les abría las perspectivas para conocer sistemáticamente la variedad natural de los hombres americanos[1381].

Está fuera de toda duda el influjo que ejerció en la Com-

[1380] Fermín DEL PINO DÍAZ. "Los métodos misionales jesuitas y la cultura de <los otros>". En: José Jesús HERNÁNDEZ PALOMO y Rodrigo MORENO JERIA (Coord.). *La Misión y los jesuitas en la América española, 1566-1767*. Sevilla, Consejo Superior de Investigaciones Científicas-Escuela de Estudios Hispano-Americanos (2005) 48-49.

[1381] Fermín DEL PINO DÍAZ. "*La Historia natural y moral de las Indias* como

pañía de Jesús colombina la obra del P. José de Acosta y su visión comparada de las sociedades que le descubría diversos niveles: salvajes, bárbaras o civilizadas y cada una de ellas exigía métodos distintos de incorporación a la cultura y al evangelio. Si la cosmovisión cultural china ofrecía un panorama moderno en su organización social, las comunidades indígenas brasileras por el contrario no se estructuraban en clases sociales, ni ciudades, ni organización del trabajo, ni escritura, mientras que México y Perú ofrecían las sociedades intermedias sin escritura alfabética "pero con todas las sofisticaciones socio-políticas de las demás"[1382].

Una verificación de esta actitud mental hacia la búsqueda del "otro" se había formado en la concepción del jesuita del barroco como lo demuestra el escritor norteamericano O'Malley quien no duda en afirmar que a través de los colegios los ignacianos adquirieron un compromiso con la cultura, la urbanidad, la civilidad, la conversación y con el diseño de un hombre honesto. Bebieron esta inspiración en la tradición de la formación para el bien de la ciudad que nace con Isócrates en Atenas y que se incrustó en el corazón de los humanistas del Renacimiento. Los clásicos encontraron un excelente escenario en los colegios jesuíticos y fueron enseñados "no simplemente como modelos de vida sino también como fuentes de inspiración ética"[1383].

Sin embargo, algunos antropólogos han puesto en tela de juicio la capacidad del misionero para llegar a captar el código cultural de los pueblos a los que prestaban sus servicios aunque le conceden cierto mérito en lo relativo al conocimiento de la cultura material y al dominio de las lenguas.

Sin entrar en esa polémica[1384] de si el misionero está in-

---

 género: orden y gestación literaria de la obra de Acosta". En: *Histórica*. Lima, XXIX/2 (2000) 295-326.

1382   Fermín DEL PINO DÍAZ. "Los métodos misionales jesuitas y la cultura de <los otros>", 64.

1383   John O'MALLEY."Cinco misiones del carisma jesuita. Contenido y método". En: *Apuntes ignacianos*. Bogotá, 51 (2007) 28.

1384   Para ello nos remitimos a la breve síntesis que ofrece Fermín DEL PINO

capacitado para adquirir un conocimiento desprejuiciado de los "otros", debemos confesar que la razón científica cuestiona la fiabilidad del conocimiento etnográfico y lingüístico adquirido en visitas rápidas a territorios exóticos pues aunque puedan describir los rasgos culturales externos cómo profundizar en el mundo de sus creencias y de sus costumbres[1385]!. Como estatuye Stocking "la lengua es la única clave para una correcta y completa comprensión de la vida y el pensamiento de un pueblo"[1386].

Fue Lévi-Strauss quien introdujo el criterio de la formación progresiva y gradual de la conciencia de la "otredad". Y en su análisis de los tres humanismos sugiere tres formas de acceder a la "otredad": la primera nos acerca a la comprensión de los pueblos que se ubican en nuestras cercanías, es decir, los pueblos clásicos; en segundo lugar las otras civilizaciones y por último los no civilizados. Y basaba su argumentación en la filosofía educativa de la Compañía de Jesús, la cual, inspirada en el nuevo humanismo renacentista había imbuido a sus alumnos en el interés que despierta el "otro" como objeto de estudio de los pueblos de la antigüedad clásica y los que se descubrían en el Nuevo Mundo[1387].

DÍAZ. "Los métodos misionales jesuitas y la cultura de <los otros>". En: José Jesús HERNÁNDEZ PALOMO y Rodrigo MORENO JERIA. *La Misión y los jesuitas en la América española, 1566-1767: Cambios y permanencias.* Sevilla (2005) 43-68.

1385 Véase: Robert H. LOWIE. *Historia de la etnología.* México, Fondo de Cultura Económica (1946) 16.

1386 George W. STOCKING. "La magia del etnógrafo.El trabajo de campo en la antropología británica desde Tylor a Malinowski". En: H. VELASCO MAILLO y otros (Editores). *Lecturas de antropología para educadores.* Madrid (1993) 63 (43-93). Citado por Fermín DEL PINO DÍAZ. "Los métodos misionales jesuitas y la cultura de <los otros>". En: José Jesús HERNÁNDEZ PALOMO y Rodrigo MORENO JERIA. *La Misión y los jesuitas en la América española, 1566-1767: Cambios y permanencias.* Sevilla, Consejo Superior de Investigaciones Científicas-Escuela de Estudios Hispano-Americanos (2005) 54.

1387 Claude LÉVI-STRAUSS. "Los tres humanismos". En: *Antropología estructural. Mito, sociedad, humanidades.* México (1979) 257-259. Citado

El proceso de la "búsqueda del otro" por parte del jesuita se inicia desde el mismo momento del encuentro y como es natural tuvo que transcurrir un tiempo prudencial hasta alcanzar la etapa del diálogo, vale decir, el impuesto por el aprendizaje de la lengua y el requerido por el estudio de los mundos simbólicos y culturales de cada una de las naciones encomendadas a los ignacianos.

Extremadamente difícil tuvo que ser esta primera fase para el misionero y fruto de ese largo camino que supone el logro de un "lenguaje común" capaz de lograr el entendimiento y la convivencia. Sin embargo, una vez alcanzado el punto de fusión de los dos mundos, totalmente diversos, comenzaron a mirarse frente a frente en una situación anónima para ambos.

Por una parte, de repente, el autóctono se hacía presente en el mundo cultural hispano y comenzaba a ser observado con otros ojos que trataban de involucrarlo en una nueva ciudadanía y con la expectativa de un futuro jamás pensado ni soñado. Y es natural que el indígena se preguntara sobre lo que iba a suceder con su pasado, con el bagaje de su memoria histórica guardada a su manera en la memoria de sus mayores y en la sabiduría de sus piaches[1388].

Por otro lado, el misionero se encontraba inerme ante una situación no previamente estudiada y ante unos hombres con categorías sociales y culturales totalmente desconocidas tanto en las universidades en las que se había formado así como también en la vivencia experimental de sus conocimientos universales.

Una vez adquirida esa plataforma cultural común pudo el misionero iniciar el conocimiento progresivo del mundo material y espiritual del indígena e iniciar una nueva etapa en la que la historia comenzaba a reflejar una identidad nueva y a fortalecer los medios de sobrevivencia y de afirmación para un mundo indetenible.

El nacimiento del texto histórico y literario. Así nace el texto

---

por Fermín DEL PINO DÍAZ. "Los métodos misionales jesuitas y la cultura de <los otros>", 59-60.
1388 Ver descripción de Felipe Salvador Gilij

histórico y literario como expresión de una forma de ser, pensar y sentir, pues, en definitiva el texto es un acto verbal que se conserva en la memoria colectiva y a la vez identifica los rasgos comunes a una nación que, a la hora de la verdad, es lo que define su cultura. Con la Escuela los niños aprenden a escribir pero en castellano y no hemos podido averiguar si también aprendían a hacerlo en su idioma materno.

Por otra parte en los pueblos "grafos" el texto se expresa generalmente en su propia lengua pero también están admitidos textos que recurren a otros lenguajes. Lo que da un primer valor a la crónica es que el recolector sea contemporáneo a lo narrado y además que sea capaz de comprender por sí mismo el lenguaje de los actores[1389].

En todo caso, el criterio organizativo de los textos se basa en el referente que siempre se complementa con la fijación de los límites cronológicos y con la dimensión conceptual que los inspira.

En nuestro caso concreto de los Llanos de Casanare y Meta así como también en el Orinoco, el texto conoció idiomas muy diversos: el castellano, el italiano, el latín, el flamenco y el alemán.

Sin embargo, cuáles fueron los caminos utilizados en la elaboración del texto indígena dentro de las Misiones jesuíticas.

El primero provendrá de los propios indígenas quienes en muchas oportunidades se convirtieron en excelentes intérpretes de su cultura para trasmitírsela al misionero como se detecta en diversas fuentes escritas en las historias de las Reducciones.

La segunda posibilidad pertenece al misionero ya instalado y conocedor de las lenguas y las costumbres de su entorno. Es el caso de las obras de los denominados cronistas que no solamente transmiten el dato primigenio sino que además existe una elaboración propia, fruto de la convivencia con los autóctonos y de la reflexión que la experiencia de los años madura en profundidad.

1389   Arnaldo MOMIGLIANO. "Ancient history and the antiquarian. Contributo alla storia degli studi classici". En: *Storia e Letteratura*. Roma, 47 (1955) 67-106.

El estudio detallado de varios libros de la *Historia de las Misiones* del P. Juan Rivero así lo testifica[1390].

Y el tercero, que es el más común, es el que podríamos designar como "texto mixto". Se trata de contenidos literarios en los que intervienen el indígena, el misionero y la mano de un estilista que lo traduce al gusto cultural de la época. Podríamos decir que el relato sigue el siguiente recorrido. Conocido el texto indígena es traducido al castellano por el misionero quien para trasmitirlo al mundo exterior es posible admitir que haya sufrido alguna alteración. Generalmente se trasladaba el contenido a una carta, relato o informe que abandonaba el ámbito misional para adquirir ciudadanía en la literatura histórica jesuítica. Una vez fuera del terreno misional hay que admitir una nueva posibilidad en la que el texto sufriera alguna mutación, sobre todo en el estilo, pues podía pasar íntegro o fraccionado a las *Cartas Annuas*[1391] y así penetraba de forma definitiva en el mundo literario interno y externo.

El tema de los mitos y tradiciones lo trataremos más adelante.

1390 El proceso para identificar diversos relatos documentales pertenecientes al P. Alonso de Neira reviste una dificultad especial. Rivero fue un excelente conocedor de la cultura achagua y por ello, cuando sus citas no son textuales, se sirve, a veces, de explicaciones aclaratorias e incluso interpolaciones que no son fáciles de detectar. Sin embargo, podemos establecer tres categorías de procedencia en el largo texto riverano. El primero evidencia el origen neirano, textual o cuasi-textual, y está compuesto por el contenido señalado entre los números 2 a 9 de nuestro elenco documental (José DEL REY FAJARDO. *Los jesuitas en Venezuela*. Tomo II: Los hombres. Caracas-Bogotá (2007) 376.

1391 Galaxis BORJA GONZÁLEZ. "Las narrativas misioneras y la emergencia de una conciencia-mundo en los imperios jesuíticos alemanes en el siglo XVIII". *Procesos. Revista Ecuatoriana de Historia*, 36, (2012) 170. Enrique DUSSEL. "Europa, modernidad y eurocentrismo". En: Edgardo LANDER (edit.). *La colonialidad del saber: eurocentrismo y ciencias sociales. Perspectivas latinoamericanas*. Caracas, FACES-UVCIESALC (2000) 59-79.

2. La experiencia lingüística de los jesuitas neogranadinos

Cuando en 1661 los jesuitas neogranadinos se asomaban a los Llanos casanareños dejaban a su espalda el deseo regio de una lengua general, el frío altiplano y la organización del imperio chibcha para buscar el corazón de la utopía: los espacios profundos de la Orinoquia representados por un mosaico de naciones y etnias, por los horizontes infinitos del Llano y las soledades interpretadas cíclicamente por la lluvia y el sol y el nomadismo de la mayoría de sus habitantes. Pero también hay que afirmar que hacían acto de presencia con las experiencias lingüísticas elaboradas a lo largo de media centuria en el variado mundo chibcha.

Tres ensayos fundamentales habían construido la tradición lingüística de los seguidores de Ignacio de Loyola en las tierras del Nuevo Reino de Granada.

El primero data de 1606 ya que en esa fecha fueron protagonistas activos en el Sínodo de Santafé que se inició en Bogotá el día 21 de agosto de 1606 y cuyas conclusiones las firmaría el arzobispo Bartolomé Lobo Guerrero el 3 de septiembre[1392]. En este encuentro se diseñó un verdadero proyecto de reforma espiritual y cívica tanto para los españoles como para los aborígenes con vigencia en todo el territorio de la extensa arquidiócesis bogotana.

Además, como el arzobispo era muy sensible a la trágica problemática que vivían los autóctonos pronto sintonizó con dos jesuitas italianos, fundadores del colegio de Santafé, formados en las disciplinas lingüísticas del Renacimiento y con gran facilidad para los idiomas: José Dadey[1393] y Juan Bautista Coluccini[1394].

Gracias al testimonio del Presidente del Nuevo Reino, don Juan de Borja, podemos asomarnos a la realidad que se vivía en la

---

1392 Juan Manuel PACHECO. "Constituciones sinodales del sínodo de 1606". En: *Ecclesiastica Xaveriana*. Bogotá, vol., 5 (1955) 153-201.

1393 PACHECO. *Los jesuitas en Colombia*, I, 581-583.

1394 PACHECO. *Los jesuitas en Colombia*, I, 578-581.

capital bogotana con respecto a la enseñanza del catecismo a los indígenas de la sabana[1395].

Su preocupación era radical pues alegaba que los autóctonos de su jurisdicción no estaban convertidos "por haber sido enseñados y doctrinados en la lengua castellana". En consecuencia, de acuerdo con el arzobispo, decidieron aprobar la traducción de un catecismo que había sido elaborado por el P. José Dadey y redactado con la ayuda del catedrático de la lengua y otros peritos de la ciudad.

Sin embargo este texto provocó las más enconadas polémicas en la capital bogotana. Ante esta situación decidió el Presidente convocar una nueva reunión el 25 de agosto de 1606 con todas las autoridades eclesiásticas y con los mejores lenguas[1396] y tras algunas correcciones declararon que "está bien y fielmente traducida y les parece que está cónsona conforme y significativa de las cláusulas que en romance tiene la dicha doctrina y que con ella no vivirán los naturales tan ciegos e idólatras"[1397]. Y en virtud del patronato procedió a promulgar que "dicha traducción de la doctrina cristiana, que se ha de enseñar y predicar a los dichos naturales, que es la contenida y declarada en diez fojas, señalada la primera plana de cada una dellas de la rúbrica y firma de Su Señoría..."[1398].

La segunda experiencia fue institucional. Dos respuestas dieron los ignacianos al problema lingüístico de la región a su llegada a Santafé.

La primera fue la "Cátedra de la lengua chibcha", institución netamente académica que tuvo su sede en las aulas de la Universidad Javeriana. Si la "Facultad de Lenguas" tenía como

---

1395   ARSI. N. R. et Q., 14-I, fols., 48-50: *Auto que el Señor Presidente del Nuevo Reino proveyó sobre la doctrina en la lengua mosca que los Padres de la Compañía compusieron y defendieron*. Santafé, 25 de agosto de 1606.

1396   Entre los peritos señala: Gonzalo Bermúdez (catedrático), fray Bernardo de Lugo, fray Nicolás de Troya, Fray Gaspar de Alvarado, Pedro Gutiérrez (clérigo), Diego Romero de Aguilar, Juan de Lara y Juan de Sepúlveda (intérpretes de la Audiencia) (*Ibidem*, fol., 49).

1397   ARSI. N. R. et Q., 14-I, fol., 49.

1398   ARSI. N. R. et Q., 14-I, fol., 49v.

misión formar ciudadanos para la cultura y la ciencia de Occidente, la "Cátedra de lengua chibcha" se esforzaba en dotar a las élites del claustro javeriano de un instrumento capaz de poder acceder a los mundos autóctonos a fin de reconstruir sus identidades en el marco de una nueva cultura mestiza, producto de la inserción con los hombres de otros mundos.

La segunda respuesta fue calificada como la "Escuela de Lenguas" y tuvo carácter provisional. Su función fue primordialmente pedagógica pues se requería con urgencia formar a los hombres en la lengua chibcha para que pudieran acometer con celeridad el reto de llevar adelante la promoción humana, social y religiosa de las comunidades a las que debían atender. Por ello, este ensayo tuvo como maestros a los mejores conocedores de las lenguas del altiplano y como geografía a una parroquia totalmente indígena como era la de Cajicá y así se adiestró "in situ" la primera generación de lingüistas jesuitas en el Nuevo Reino de Granada[1399].

La tercera experiencia fue el experimento misional realizado en 1625 en la Serranía de Morcote, verdadera antesala del Llano casanareño.

La ubicación geo-humana ofrecía por su parte grandes perspectivas pues debían actuar en una región de eslabonamiento racial interesante: la frontera del dominio organizado del muisca frente a la dispersión del mundo llanero.

Sin embargo, debemos asegurar que la interconexión de las etnias del piedemonte andino se comprueba con la existencia de una transición racial de la realidad del mundo muisca a la dispersión étnica de la gran Orinoquia. En este sentido recogemos la información de los cronistas jesuitas: Mercado mencionará

1399 Véase: José DEL REY FAJARDO. *La Universidad Javeriana, intérprete de la "otredad" indígena (siglos XVII-XVIII)*. Bogotá, Pontificia Universidad Javeriana (2009) 13.

a los giraras y cacatíos[1400]; Rivero describirá los cacatíos[1401], los giraras[1402], los tunebos[1403], los támaras[1404] y al analizar la geografía añadirá que la cordillera estaba habitada por los morcotes, guaceos, tunebos, chitas y los del Pueblo de la Sal[1405]; mientras que Joseph Cassani hará referencia a los "tunebos, morcotes, guacicos, chitas y otros"[1406].

Ofrecemos a continuación una síntesis de la obra indigenista escrita por los protagonistas de este ensayo misional realizado en las fronteras del imperio muisca que se asoma a las ilimitadas regiones del Llano.

Del P. Domingo Molina se conservan informaciones sobre *Gramática de la lengua chita y traducción del catecismo a ella*; *Apuntamientos para formar Arte y Vocabulario de 12 diferentes lenguas que se hablan en estas misiones del Nuevo Reino*; y *Catecismo y confesionario en lengua Tuneba*[1407].

La obra escrita del P. Diego de Acuña parece ser bastante amplia ya que su temática no se agotó en la catequética sino que trascendió a la amplia y sugerente vertiente de la Teología popular para las naciones misionales[1408]. Los bibliógrafos españoles PP. Uriarte y Lecina le asignan el *Vocabulario y Arte de la lengua de los*

1400 MERCADO. *Historia de la Provincia*, II, 247-249. El autor hace referencia a la confesión de una india girara en lengua cacatía. Serían lenguas emparentadas?. Sería el fenómeno típico de mujeres que practicaban el bilinguismo?. En una zona de trasiego racial estos fenómenos deben estudiarse con singular atención.

1401 RIVERO. *Historia de las Misiones*, 56.

1402 RIVERO. *Historia de las Misiones*, 117-118.

1403 RIVERO. *Historia de las Misiones*, 56-58.

1404 RIVERO. *Historia de las Misiones*, 59.

1405 RIVERO. *Historia de las Misiones*, 56.

1406 CASSANI. *Historia de la Provincia de la Compañía de Jesús*, 99.

1407 AIUL. Papeletas: MOLINA, Domingo.

1408 MERCADO. *Historia de la Provincia*, II, 243: "Hizo tratados de la gravedad del pecado mortal, de las penas del infierno con que se castiga por una eternidad, del modo con que se habían de prevenir con el sacramento de la penitencia y para el de la Sagrada Eucaristía".

indios Morcotes y traducción en ella de la doctrina cristiana y algunas oraciones de la Iglesia[1409] pero desconocemos el fundamento de su afirmación aunque sospechamos que haya sido la *Historia* del P. Mercado su fuente de inspiración[1410]. De igual forma habría que hacer mención acerca de los *Misterios de la fe cristiana en 6 lenguas*[1411] y el *Arte y vocabulario de la lengua mosca*[1412].

De la estancia llanera del P. José Dadey quedan noticias de sus *Apuntamientos para formar Arte y Vocabulario de los dialectos de los Indios de Paya, Pisba y Támara*[1413] y del *Catecismo de la Doctrina Cristiana traducido a los dialectos de los Indios de Paya, etc.*[1414].

El P. Miguel Jerónimo de Tolosa acompañó en 1619 al arzobispo de Bogotá, don Fernando Arias de Ugarte, en la visita pastoral que el prelado santafereño realizó a todas aquellas regiones[1415]. De este viaje data el *Catecismo para los indios del distrito de Mérida*[1416] que le fue de gran utilidad ya "que la lengua de los indios del distrito de Mérida era general"[1417]. De la ciudad del

---

1409   AIUL. Papeletas: ACUÑA, Diego de.

1410   MERCADO. *Historia de la Provincia*, II, 243. "Hizo tratados de la gravedad del pecado mortal, de las penas del infierno conque se castiga por una eternidad, del modo con que se habían de prevenir con el sacramento de la penitencia y para el de la Sagrada Eucaristía".

1411   MERCADO. *Historia de la Provincia*, II, 243.

1412   MERCADO. *Historia de la Provincia*, II, 335-336: "... se esmeró en aprender la lengua índica que llaman de los moscas y compuso arte y vocabulario en ella".

1413   URIARTE Y LECINA. *Biblioteca*, II, 338, B.

1414   URIARTE Y LECINA. *Biblioteca*, II, 338, C.

1415   MERCADO. *Historia de la Provincia*, II, 239.

1416   MERCADO. *Historia de la Provincia*, I, 90: "Cuando ... supe que la lengua de los indios del distrito de Mérida era general ... me puse de propósito a aprenderla y hacer mis cartapacios de ella con intento de tener alguna noticia para que ayudándome alguna persona pudiese traducir en la lengua de los indios los misterios de nuestra santa fe. Traduje por entonces algunos ... Eso hice a los principios, que después con el estudio me habilité a poder enseñarlos sin leer". Acerca del Catecismo: Mario Germán ROMERO. *Fray Juan de los Barrios y la evangelización del Nuevo Reino de Granada*. Bogotá (1960) 258.

1417   MERCADO. *Historia de la Provincia*, I, 90.

Chama pasaron al piedemonte barinés y allí redactó, pensamos que de forma muy rudimentaria, el *Catecismo para los indios de Aricagua*[1418]. Y de igual forma se comportó en Gibraltar en donde elaboró el *Catecismo para los indios de Gibraltar*[1419]. En la misión de la Serranía de Morcote demostró ser un excelente operario misional[1420]. También en Chita prosiguió en su labor catequética y afrontó la ignorancia religiosa de sus moradores "con los catecismos que hizo en las tres lenguas de los anexos"[1421].

Ningún proyecto misional jesuítico dispuso de un equipo de hombres lingüísticamente tan capacitados como eran José Dadey, Domingo Molina, Miguel Jerónimo Tolosa, Diego de Acuña y José Tobalina. A ellos se debía en gran parte la organización lingüística llevada a cabo por la Compañía de Jesús en la Sabana, tanto a nivel universitario como "in situ". Buenos lenguaraces y conocedores del muisca es explicable que se impusiesen rápidamente en estos dialectos.

En resumen: la obra lingüística desarrollada por los jesuitas neogranadinos en casi media centuria estaba avalada por la ingente producción de gramáticas, diccionarios, catecismos, pláticas de doctrina, poesías y canciones populares, es decir, que conocían perfectamente la filosofía de los instrumentos literarios aptos para adentrarse en el mundo real e imaginario del mundo indígena.

Y de esta forma iniciarían en 1661 el gran "Proyecto Orinoquia" por el que se dejaba atrás la "Escuela de Lenguas" para dar paso al esfuerzo personal de cada misionero pues así lo imponía

---

1418   MERCADO. *Historia de la Provincia*, I, 90: "En Aricagua ... trabajé haciendo catecismo en su lengua ... y en ella los catequicé, oyendo ellos con mucho gusto".

1419   MERCADO. *Historia de la Provincia*, I, 90: "El catecismo que hice mandó su señoría a los curas que lo trasladasen y lo enseñasen a sus feligreses".

1420   ARSI. *Congregationes Provinciales*, 63, fol. 367. El P. Francisco Fuentes ponderaba en 1633 sobre Dadey y Tolosa: "Son de los mejores obreros de indios que ha tenido la Provincia por espacio de treinta años". (Cfr. PACHECO. *Los jesuitas en Colombia*, I 392).

1421   MERCADO. *Historia de la Provincia*, II, 241.

tanto al mosaico de lenguas habladas por los autóctonos así como también la dispersión geográfica en la que vivían.

3. El "Mirray" o Literatura del primer encuentro

Este género literario es el que ha tenido un especial cultivo y resonancia entre los historiadores jesuitas coloniales. Nos referimos al "Mirray" que recoge el protocolo de cualquier encuentro entre las naciones indígenas.

Este discurso coloquial se ubica en la mitad geográfica de lo que los tratadistas señalan como los planos de la incomunicación entre el español y el indígena. Todavía más, se erige en una metodología del diálogo y del entendimiento practicado más allá de las diferencias del nivel lingüístico y del nivel cultural que poseían las diferentes naciones que compartían los espacios de la gran Orinoquia. Era el modo tradicional de interpretar los signos de alteridad entre conglomerados humanos distintos y distantes.

En la historiografía jesuítica al primero que observamos que utiliza el concepto de "mirray" es el filólogo Juan Rivero quien ofrece la siguiente descripción: "… derívase esta palabra del Verbo *numerraidary* que significa perorar en su idioma, con que es aqueste Mirrai cierta oración retórica, compuesta en estilo alto, ésta la estudian desde niños y se la enseñan con mucho cuidado sus Padres y ésta es su cortesía con los huéspedes como lo dicen ellos. Para esto la aprenden con grandes desvelos como los niños cristianos el catecismo, enséñanles el tono de la voz y el modo de poner la cabeza y manos mientras oran que no basta cualquier estilo, y tono para el efecto"[1422].

Estamos ante un texto literario que elabora una oración retórica compuesta "en estilo alto" y en el que la oralidad parece gozar de valor de crónica protocolar.

La fuente pertenece a un escritor que domina la lengua

1422 RIVERO. *Historia de las Misiones*, 430.

achagua a la que ha dedicado gran parte de su vida y que legó el mejor diccionario colonial de esa etnia[1423]: el P. Juan Rivero. También debemos anotar que entre los historiadores jesuitas coloniales de la Orinoquia es el que mejor ha definido el *mirray*.

Así pues, su significado literario tuvo que gozar de gran importancia ya que se trasmitía de padres a hijos y éstos debían aprenderlo como los niños cristianos el catecismo. Y la categoría de ritual les llevaba a cuidar el tono de la voz y el movimiento de la cabeza y las manos.

Mas, el estudio del texto riverano nos lleva a identificar diversas ceremonias de contacto. Sin lugar a dudas la más llamativa es la del saludo de bienvenida a los huéspedes. Pero también se dan otros actos de encuentro que revisten menos espectacularidad.

Si de la narración de los hechos pasamos a la estructura literaria del "mirray" observamos que en general era simple: dos tediosos e interminables discursos pertenecientes a los protagonistas del encuentro.

La ceremonia se regía por un estricto ritual que era observado con escrupulosidad. El orador se sentaba en "un asiento bajo o en cuclillas" y su posición estaba prescrita de la siguiente manera: los codos sobre las rodillas y en la mano izquierda las armas; "la derecha ha de estar ociosa totalmente o puesta sobre la mejilla ... ha de estar cabizbajo mientras ora y con los ojos en el suelo" y después da paso a su discurso[1424].

En un segundo paso se establece que el "mirray" debe iniciarse "en tono de oración de ciego, medio entre dientes, y con velocidad suma como cosa estudiada". Al concluir la primera parte de este curioso sermón tenía que adoptar un tono de lamentación

---

1423 Alonso de NEIRA y Juan RIBERO. *Arte y vocabulario de la lengua achagua. Sacado de lo que trabajaron los Padres Alonso de Neira y Juan Ribero de la Compañía de Jesús. Trasuntado en el Pueblo de Sn. Juan Francisco de Regis. Año de 1762.* Existen dos ediciones. Citamos la editada por nosotros: José DEL REY FAJARDO. *Aportes jesuíticos a la filología colonial venezolana.* Caracas, Ministerio de Educación-Universidad Católica Andrés Bello, II (1971) 25-182.

1424 RIVERO. *Historia de las Misiones*, 430.

"o como se acaba de cantar una epístola, levantando un poco la voz y dejándola caer de golpe". El homenajeado tomaba la palabra para hablar por largo tiempo y rematar del mismo modo. A continuación explicaba el orador los siguientes puntos y así se sermoneaban cerca de hora y media "ya uno ya otro, como si rezaran a coros". Y el acto concluía levantándose cada uno de su asiento para salir "a digerir la bebida por el pueblo para beber más"[1425].

El cuerpo del discurso se componía de dos partes: la primera que era la introductoria se adecuaba a las exigencias del momento y la segunda recogía todos los argumentos ya sabidos y tradicionales.

En la bienvenida el orador hace referencia a algunas circunstancias propias de aquel acto. Así por ejemplo, "que él, días antes había visto pasar sobre su casa un pájaro, de singulares plumas y colores; o que había soñado que, estando sus sementeras muy marchitas, había sobrevenido sobre ellas una lluvia muy a tiempo, etc.; y que todo aquello eran avisos de que el Padre había de venir a verlos, etc."[1426].

El segundo paso contempla el cuerpo del discurso que contenía "varias lástimas y aventuras sucedidas a sus mayores" para concluir "con estas dos palabras, dos veces repetidas, en tono más alto": "Es verdad sobrino, es verdad"[1427]. Rivero sintetiza el argumento de la oración en las palabras de bienvenida y lo mucho que se alegran de tenerlos entre ellos y concluye: "esto lo repiten de mil modos y con circunloquios varios, y ésta es la razón de gastar tanto tiempo, cuando podían acabarlo en un cuarto de hora cuando más"[1428].

Con el "mirray" y la celebración comunitaria posterior se cierra la fase del contacto que es previa a lo que en la terminología misional se denominarán las "entradas".

1425 RIVERO. *Historia de las Misiones*, 430.

1426 José GUMILLA. *El Orinoco ilustrado y defendido*. Caracas, Academia Nacional de la Historia (1993) 242.

1427 GUMILLA. *El Orinoco ilustrado y defendido*, 242: "Yaquetá, nude yaquetá".

1428 RIVERO. *Historia de las Misiones*, 430.

Los misioneros se sirvieron de este obligado ritual para todos y cada uno de los contactos llevados a cabo en su entorno indígena. La pedagogía del encuentro conllevaba un gran sacrificio pues, a la larga y reiterativa retórica de los incidentes del viaje y de los objetivos de su presencia, seguían las innumerables preguntas de los visitados a los ayudantes del jesuita mientras el misionero se hacía conducir a los enfermos, se preocupaba por los niños y regalaba a todos avalorios y otros regalos[1429].

Desde el punto de vista de la evolución histórica de este curioso "protocolo del encuentro" haremos alusión a dos discursos pronunciados en dos marcos temporales y geográficos distintos: uno, que es el primero de que tenemos noticia entre el P. Alonso de Neira y los achaguas el año 1664; el otro es el sostenido por el P. José Gumilla con los caribes en el bajo Orinoco el año 1733.

El primero guarda la frescura del momento pues lo entresacamos de una carta que escribió el P. Neira el 2 de diciembre de 1664 desde San Juan de Onocutare, cuando ya poseía el dominio de la lengua y de la geografía[1430].

El encuentro conllevó dos sesiones. La primera se desarrolló de noche y fuera del pueblo. De entrada el cacique manifestó: "Yo no os conozco ni sé cómo os de llamar, tíos, primos o cuñados; mañana a la luz del sol lo veremos". Después mandó colocar las dos hamacas "y estuvo sustentando conversación hasta media noche". Toda la argumentación se redujo a dar explicaciones justificativas por no haber ido al Puerto[1431].

La segunda se desarrolló ya en el pueblo. El escenario se encontraba en la plaza principal y en medio tenían una casa que llaman el *daury*, equivalente al *mentidero* "que suele haber en algunos pueblos de España". Este es lugar de encuentro "por las tardes", al regreso de sus labranzas, y allí cuelgan sus hamacas y "se están colgados parlando en ellas". Esta misma casa la utilizan

---

1429 MERCADO. *Ob. cit.*, II, 289-290.
1430 El texto completo puede verse en: RIVERO. *Historia de las Misiones*, 195-200.
1431 RIVERO. *Historia de las Misiones*, 196-197.

de *chubay* "que es una de las más célebres borracheras". También le llamó la atención al misionero que la "ringlera de asientos" tuviera la mayoría respaldo y que estuvieran forrados "en cueros de lobos de agua"[1432].

La ceremonia se inició cuando el cacique mandó sentar a Neira en la silla principal y en las demás sus acompañantes. De inmediato fueron "viniendo por hileras los indios, saludando a cada uno de por sí y a mi entre ellos". El misionero relata que "a todos los fueron graduando, a los unos llamaban tíos, a los otros nietos, a mi los grandes me llamaban <mi Padre> y los mozos <mi abuelo>. Y de inmediato se procedió al agasajo[1433].

Después se procedió a la audiencia. La queja fundamental de los indios principales consistió en denunciar a los "blancos de Barinas y de Tocuyo" que los habían diezmado y a los secuestrados los tienen sirviéndose de ellos como de macos. "Por su causa andamos años ha de tierra en tierra" y añaden: "¿por qué estos blancos, como si fueran Guagibos, nos persiguen?". Y así fueron proponiendo sus "lástimas" y la plática del misionero "fue toda civil, porque no daban lugar a más las materias que se tocaban"[1434].

El segundo documento recoge el "mirray" que sostuvo el P. José Gumilla con los caribes de Prurey y Caura.

Cuando a principios del año 1733 subía el autor de *El Orinoco ilustrado* de la ciudad de Guayana aguas arriba decidió visitar a los caribes pues dentro de su concepción geomisional esta etnia significaba un reto trascendental para la pacificación del gran río venezolano.

El recibimiento no pudo ser más halagüeño pues los indígenas "le hicieron muchos agasajos, que para ello tienen los caribes buena maña y labia, más que ninguna otra nación del Orinoco".

En vista de esas pruebas de amistad el misionero aceptó visitarlos en su propio hábitat. Iba acompañado del P. Bernardo

---

1432   RIVERO. *Historia de las Misiones*, 197-198.
1433   RIVERO. *Historia de las Misiones*, 198.
1434   RIVERO. *Historia de las Misiones*, 198.

Rotella y una vez llegados a su destino "salieron a recibirlos los magnates y los condujeron con mucha seriedad a la casa que tenían prevenida para ello.

El escenario fue parecido a los descritos en los Llanos. Los caribes se sentaron en sillas y para los visitantes colgaron sus hamacas. Y de inmediato comenzó Gumilla "su arenga muy despacio", según la costumbre de los autóctonos "en que ponen ellos lo político de sus visitas, o bienvenidas, o llegadas y la discreción de sus festejos a los que vienen de otras partes, o quieren que sean sus amigos".

El cuerpo del razonamiento se reduce a "contar sus trabajos y cuanto les pasó en el camino, hasta lo más mínimo". Los anfitriones corresponden con otro discurso "mucho más largo en que refieren muchos de los cuentos de que tienen llenas las cabezas" y está reservado a los "magnates o los que hacen cabezas".

A continuación se procedía a la salutación en la que van pasando uno por uno y consiste en "decirle, *ya viniste*? y así van pasando muy serios [y] a esto ha de responder el huésped, que si".

Concluido el ceremonial se procedía al banquete que consistía en cerveza o chicha y una buena torta de cazabe hecho de yuca.

Después vino la segunda parte de la función que equivale a la primera pero con menos inhibiciones. Gumilla les manifestó sus intenciones: enseñarles el camino del cielo "y todo lo que conducía para vivir racionalmente". En este razonamiento "se extendió muy mucho" y ellos "muy atentos le dejaron decir". De seguidas contestó el caribe principal que "si quería vivir con ellos, que no había lugar porque ellos no habían menester de Padres ni menos que les enseñaran cosa ninguna" que en el Orinoco había mucha gente con quien vivir y que "ellos serían amigos, como lo eran de los de Guayana".

En estos puntos pasaron "dos días" y Gumilla les pidió "que le mantuvieran la amistad"[1435].

1435 Agustín de VEGA. "Noticia del principio y progresos del establecimiento de las Missiones de gentiles en la río Orinoco por la Compañía de Jesús". En:

Gilij ofrece una síntesis general en la forma cómo los habitantes de las selvas actúan en este primer encuentro. Se trata del primer contacto con extranjeros o con indios de otras lenguas. Se ubican "a distancia de un tiro de arco". Se cercioran primero "si quien les hace la visita viene solo, si acompañado de otros, si con armas de fuego o sin ellas". Verificadas estas posibilidades se acercan a los visitantes "pero con las flechas en la mano, listas para toda necesidad". Y de ordinario, para el trato solo admiten dos personas. Pero en definitiva son importantes dos variables: los regalos y el hablar su lengua[1436].

Como es natural los historiadores jesuitas llaneros han trasladado a sus historias el "mirray" que servía de primer contacto entre el misionero y las etnias que visitaban. Pero también se daba el "mirray" con fines económicos de intercambio de mercancías más usual que el anterior.

Es fácil de suponer parecidas rúbricas se guardaban en las reglas del comercio y ello conllevaba la misma serie de patrones de comportamiento simbólico.

Una comprobación la confrontamos con la realidad actual pues todavía hoy se conserva entre las etnias Guahibo-Chiricoa y los Achagua el "mirray" como el inicio del ritual de intercambio, procedimiento que todavía formaliza las relaciones comerciales entre los diversos grupos llaneros. Así lo describe Francisco Ortiz: "Luego de las peroratas violentas por parte de los respectivos líderes se ofreció bebida a los recién llegados y progresivamente el silencio y la tensión fue cediendo el paso a la algarabía del trueque deyopo, peramán, veradas y machetes no ya en guisa de temibles armassino de pacífica mercancía, por parte de los venezolanos, a cambio deperros, capi, ropa de segunda (tercera o cuarta habría que caso de los Cuiba) etc. por parte de la gente de Mochuelo"[1437].

José DEL REY FAJARDO. *Documentos jesuíticos relativos a la Historia de la Compañía de Jesús en Venezuela.* Caracas, Academia Nacional de la Historia, II (1974) 11-12.

1436 GILIJ. *Ensayo de historia americana*, II, 118.

1437 Francisco ORTIZ GÓMEZ. "Nómadas en el oriente colombiano: una

Francisco Ortiz recoge con mucha precisión el contenido de los discursos. Por un lado narra que el encuentro se llevaba a cabo en la casa de uno de los ancianos del lugar; y los visitantes escuchaban a su líder que "vociferaba toda suerte de reclamos sobre las vicisitudes del viaje, la falta de alimentos, la imposibilidad de traer nada, la hostilidad de las gentes a lo largo del camino". A esta perorata contestaba el jefe local "con el mismo tono airado" y alegaba la falta de alimentos y la imposibilidad de atender a los visitantes. Y cuando la confrontación parecía inminente le advirtieron al autor del artículo que todo ello no era sino "el inicio del ritual de intercambio"[1438].

Otro punto de consideración, que pensamos se daba también en los tiempos pasados, es la utilización del lenguaje de tinte "familiar" que se daba entre ellos. En primer lugar utilizan el concepto de *cuñado*, real o virtual, que viene a ser el término amistoso "con que se habla a un desconocido con quien se negocia y con quien virtualmente se llega al intercambio de hermanas". Y entre sobrinos y tíos, yernos y suegros, se intercambian alimentos[1439]. Ésta era la base del intercambio de los productos de la diversidad de los recursos regionales. Y todas estas operaciones mercantiles de los tiempos coloniales las han recogido con gran precisión los dos antropólogos norteamericanos Robert y Nancy Morey[1440].

---

respuesta adaptativa al entorno social". En: *Maguaré*, 17 (2003) 276.

1438 Francisco ORTIZ GÓMEZ. "Nómadas en el oriente colombiano: una respuesta adaptativa al entorno social", 275-276.

1439 Francisco ORTIZ GÓMEZ. "Nómadas en el oriente colombiano: una respuesta adaptativa al entorno social", 276-277.

1440 Robert V. y Nancy C. MOREY. "Relaciones comerciales en el pasado en los llanos de Colombia y Venezuela". En: *Montalbán*. Caracas, 4 (1975) 533-564.

4. La catequesis como literatura del encuentro espiritual

Sin lugar a dudas que todo el proceso catequético de acercamiento a los principios religiosos tuvo que hacerse en las lenguas vernáculas. Y la producción escrita de la que tenemos noticia es de gran extensión.

A nuestro juicio sería muy importante conocer el extraordinario esfuerzo llevado a cabo por los misioneros para poder explicar al indígena tanto los misterios de la fe católica como la adecuación lingüística a los conceptos abstractos que predicaba la teología, expresión de un mundo cultural totalmente diverso al del indígena orinoquense.

Una fuente de inspiración para futuras investigaciones debe ser el seguimiento de la formación religiosa que se basaba fundamentalmente en la enseñanza de la doctrina cristiana y en los sermones y pláticas con que el misionero debía completar la visión de la nueva sociedad.

Al amanecer las campanas despertaban a la población con el toque del Ave María y media hora después se daba la señal para la doctrina de los niños, quienes se dividían en grupos para repetir la doctrina cristiana. Duraba media hora, se hacía frente a la casa del misionero y era en lengua vernácula[1441]. Concluida la catequesis se dirigían en procesión a la iglesia cantando algunas oraciones[1442].

Después del acto religioso se iniciaban las tareas del día pregonadas en el umbral de la iglesia; las mujeres, según sus edades, se consagraban al aseo del pueblo y al cuidado de sus casas[1443].

Por la tarde se reanudaban las tareas educativas a las 2; a las

---

1441   GILIJ. *Ensayo de Historia americana*, III, 73. En la pág. 72 dice: La asistencia era total "tanto por la novedad, que aman sumamente los indios, como por los regalitos con que los misioneros los atraen, vienen con gusto a oírla".

1442   ALVARADO. *Informe reservado*, 257. GILIJ. *Ensayo de Historia americana*, III, 73.

1443   ALVARADO. *Informe reservado*, 257.

4,30 se repetía la doctrina cristiana en castellano[1444] "para acostumbrar a los niños desde el principio a la lengua de sus monarcas"[1445]. La pedagogía misionera insistía en que la "instrucción... sea frecuente, sea incluso cotidiana, pero sea breve"[1446]. Al oscurecer se recitaba o se cantaba el rosario en la iglesia y a continuación los músicos y los cantores se reunían por separado tanto para ensayar como para tocar los instrumentos[1447].

Más difícil resultaba la educación religiosa de los adultos, a quienes sus obligaciones les exigían permanecer en sus labranzas casi toda la semana[1448]. El sábado a las 4,30 se reunían en la plaza junto a la casa del misionero; el acto comenzaba con la actuación del Fiscal de Justicia[1449].

Es necesario hacer referencia al modo como el jesuita cumplía con su obligación de catequista en una reducción integrada por varias etnias con lenguas distintas como era el caso de La Encaramada.

El sábado por la mañana asistían a la Misa únicamente aquellos que se encontraban sin tareas en la reducción. A continuación "recitaba yo con ellos en alta voz las oraciones de la doctrina, y sin entretenerlos más (…) los volvía a enviar a sus casas"[1450].

Por la tarde se convocaba a los tamanacos, parecas y avaricotos "indios que no se diferencian mucho entre sí en el habla". Se iniciaba la sesión como en la mañana y la lengua utilizada era el tamanaco con la versión en ese idioma que había realizado el misionero. Y en menos de un cuarto de hora recitaban el Catecismo brevísimo del Concilio de Lima. Después se retiraban los jóvenes

---

1444   ALVARADO. *Informe reservado*, 257. GILIJ. *Ensayo de Historia americana*, III, 74.

1445   GILIJ. *Ensayo de Historia americana*, III, 72.

1446   GILIJ. *Ensayo de Historia americana*, III, 78.

1447   GILIJ. *Ensayo de Historia americana*, III, 74.

1448   ALVARADO. *Informe reservado*, 251.

1449   ALVARADO. *Informe reservado*, 253.

1450   GILIJ. *Ensayo de Historia americana*, III, 74.

y seguidamente los presentes hacían algunas preguntas y con base a la temática planteada concluía el Padre con un sermón[1451]. Terminada la función de los "tamanacos y de sus aliados" se volvían a tocar las campanas y venían a la iglesia "los maipures, los soldados, sus familias y otras personas españolas" y todos juntos rezaban el rosario y así concluía la función del sábado.

El domingo por la mañana la tarea era mucho más pesada. El primer toque convocaba a los maipures y avanes "a los cuales, dada primero la doctrina en su lengua y después el sermón al modo dicho" se volvía tañer la campana para el resto de las naciones. Y en este acto solemne se utilizaba el latín en la misa y el castellano en la predicación para "acostumbrar a los neófitos a esta lengua"[1452]. Seguidamente se celebraba la misa; los días ordinarios tocaban flautas y violines; los domingos y demás festividades el sacrificio eucarístico era solemnizado además por los músicos de la escuela[1453].

El mismo Gilij se preguntaba si no era demasiada instrucción: "Es cosa un poco dura –contesta– pero necesaria. Los indios nuevos necesitan de instrucciones frecuentes... Pero además, este es un método, sabiamente introducido para tener a esta gente, de por sí voluble, ocupada de varias maneras, o para extinguir o para santamente burlar su nostalgia de las antiguas selvas"[1454]. El canto, la música, las procesiones, las funciones litúrgicas, los diversos tipos de diversión, y sobre todo la amabilidad del misionero y el cambio que visiblemente se opera en los hijos atrae y vincula poco a poco a los adultos a la reducción[1455].

1451 GILIJ. *Ensayo de Historia americana*, III, 76.
1452 GILIJ. *Ensayo de Historia americana*, III, 77.
1453 ALVARADO. *Informe reservado*, 258.
1454 *Ibidem*.
1455 GUMILLA. *El Orinoco ilustrado*, 124-125: "Y cuando después de reducidas aquellas familias, esparcidas en muchas leguas de selvas, a población regular, escoge el Padre Misionero los chicos para la escuela y los que dan muestras de más hábiles para la música, este es un favor que ata últimamente a sus padres, y estiman y aprecian y hacen gala de que su hijo sea cantor, como si se le hubiera dado la mayor dignidad del mundo". Y en la página 127: "En fin, una de las

Concluida la misa dominical el Padre daba órdenes para los que habían de hacer de bogas, peones u otra ocupación que los ausentase del pueblo; las determinaciones quedaban registradas en unos cuadernillos, llamados *Diarios,* a través de los cuales se controlaba el trabajo y los jornales[1456]. Pero también "el Padre les distribuye la ocupación del día, esto es, que los varones vayan a la escuela, cargar agua, barrer los aposentos y casa de Procuraduría, y a las mujeres según sus edades el aseo del Pueblo, limpieza y entretenimiento de sus pobres casas"[1457].

Pero de nuevo volvemos a encallar en la misma dificultad: por una parte convendría conocer cuál era el texto indígena utilizado para la enseñanza de la catequesis cristiana y en segundo término si las posibles traducciones castellanas eran fieles al texto indígena o si se contentaban con repetir lo que decían los catecismos aprobados por los sínodos diocesanos.

Sin lugar a dudas las versiones autóctonas tenían que estar imbuidas de poesía a fin de poder traducir las abstracciones escolásticas y teológicas a un lenguaje inteligible a la mentalidad de los aborígenes hijos de una cultura diametralmente opuesta.

Hacemos esta aseveración porque así lo demuestra la historia de lo que podríamos designar como el "Proceso al Rezo cotidiano en lengua cumanagota"[1458] cuya fallida publicación viene explicar la temática que nos preocupa.

El bello texto bilingüe que conocemos[1459] tuvo que recorrer el siguiente viacrucis.

---

    principales cosas que domestica mucho a los indios silvestres (...) la causa accesoria más eficaz es ver la buena crianza que los ministros del evangelio dan a sus hijos, y como ellos se han criado sin educación alguna, les cae muy en gracia ver a sus hijos humildes y rendidos a sus mandados...".

1456   ALVARADO. *Informe reservado,* 253.

1457   ALVARADO. *Informe reservado,* 257.

1458   Fray Diego de TAPIA. *Rezo cotidiano en lengua cumanagota.* Estudio preliminar: Pablo Ojer. Edición crítica: Carmela Bentivenga. Caracas, Universidad Católica Andrés Bello, 1969.

1459   Diego de TAPIA. *Rezo cotidiano en lengua cumanagota,* 121-135.

Fue el P. Pedro Cordero[1460] quien propuso a los franciscanos reunidos en Píritu la publicación del *Rezo* del P. Diego de Tapia y a su aprobación se unieron el Comisario de Misiones, el Vicario Superintendente de Cumaná, el Gobernador y varios religiosos entendidos en el idioma, además atravesaba el Atlántico con "las licencias necesarias para su impresión"[1461]. Una vez llegado el *Rezo* a la Península obtuvo el placet del Comisario General de Indias de los Franciscanos[1462] y en agosto de 1752 lo introdujo el P. Francisco Nistal Yáñez[1463] al Consejo y este cuerpo en su sesión del día 23 acordó que lo examinara el Fiscal.

El 22 de mayo de 1753 decidió el Fiscal pasarlo al estudio de los teólogos y así fueron designados los jesuitas Juan Francisco López[1464] de México y Pedro de Arroyo[1465], del Paraguay, que estaban de paso por la capital española. Sus opiniones fueron distintas pues mientras el mexicano era del parecer de que el texto debía guiarse por el catecismo español, el paraguayo por el contrario manifestó el criterio: "soy de dictamen que no se debe proceder con

---

1460 Véase: Odilo GÓMEZ PARENTE. *Labor Franciscana en Venezuela: I. Promoción indígena.* Caracas, Universidad Católica Andrés Bello (1979) 491-493.

1461 Seguimos fundamentalmente el resumen que trae Pablo Ojer en (Fray Antonio CAULÍN. *Historia de la Nueva Andalucía.* Estudio Preliminar y edición crítica de Pablo Ojer, Caracas, Academia Nacional de la Historia, I (1966) CVI-CXIII).

1462 Licencia de impresión dada en San Francisco de Madrid, 19 de agosto de 1752 (*Expediente* en: AGI. *Caracas*, 185).

1463 Véase: Odilo GÓMEZ PARENTE. *Labor Franciscana en Venezuela: I. Promoción indígena.* Caracas, Universidad Católica Andrés Bello (1979) 490-491.

1464 Ernest J. BURRUS y Jesús GÓMEZ FRAGOSO. "López, Juan Francisco". En: Charles O'NEILL y Joaquín Mª. DOMÍNGUEZ. *Diccionario histórico de la Compañía de Jesús.* Roma-Madrid, Institutum Historicum S. I.-Universidad Pontificia de Comillas, III (200) 2415.

1465 José Eug. De URIARTE y Mariano LECINA. *Biblioteca de escritores de la Compañía de Jesús pertenecientes a la antigua Asistencia de España desde sus orígenes hasta el año de 1773.* Madrid, Imprenta de la Viuda de López del Horno, I (1925) 331-332.

demasiado escrúpulo en conceder la licencia por alguna mudanza que se encuentre en las voces"[1466].

Pero sería el juicio del dominico Juan de Puga quien movería al Fiscal a proponer al Consejo las severas medidas que debería adoptar contra la obra. En su análisis cargado de citas de la Sagrada Escritura, la Patrística y de la Teología se declaraba de forma decidida a la publicación del *Rezo*[1467].

Toda su argumentación la basó en la traducción castellana del texto cumanagoto que le sacó de quicio al tropezar con fórmulas que se apartaban del catecismo aprobado por la Iglesia de uso común en toda España, fruto de una aquilatada labor de síntesis teológica. De esta forma ignoraba que las dos versiones del Rezo "representaban un notable esfuerzo de adaptación pedagógica del pensamiento cristiano a la mentalidad de los indígenas"[1468].

Para el teólogo Puga había deslices muy graves pues alteraban las palabras del mismo Jesucristo y así se refería al Padre Nuestro, que en la versión hispana del cumanagoto decía: ·"Padre nuestro, Dios, que estás en el Cielo, sea reverenciado tu nombre; danos el cielo, hagamos tu voluntad acá en la tierra como los que están en el cielo. Nuestro sustento cotidiano dánosle hoy, y perdónanos nuestros pecados, como perdonamos a nuestros enemigos. No permitas que pequemos cuando somos tentados para pecar. Líbranos, apártanos de todo mal. Amén Jesús"[1469].

Para concluir: el Fiscal el día 3 de dictaminó su apreciación contraria a la publicación y recomendó que se despacharan órdenes al Obispo de Puerto Rico y al Comisario General de Indias para que procedieran a recoger todos los ejemplares que hallaren

---

1466   AGI. *Caracas*, 183. *Expediente*. Ambos dictámenes están fechados en el Colegio Imperial de Madrid: el del P. Arroyo el 30 de mayo y el del P. López el 3 de junio de 1753.

1467   AGI. *Caracas*, 183. *Expediente*. Carta del P. Puga a Don José Ignacio Goyeneche. Santo Tomás (Madrid), 27 de julio de 1753.

1468   Antonio CAULÍN. *Historia de la Nueva Andalucía*, I, p., CVII.

1469   El texto bilingüe puede verse en: Diego de TAPIA. *Rezo cotidiano en lengua cumanagota*, 122.

y además que una junta de lingüistas redactaran un nuevo Rezo de acuerdo con el catecismo de la Iglesia. Este parecer se convirtió en acuerdo del Consejo el 22 de diciembre de 1753.

Con todo, el proceso no concluyó aquí sino que tuvo su continuación ideológica en un largo Memorial que escribió el historiador Caulín al Consejo[1470]. Tres argumentos esgrime el ilustrado franciscano.

El primero alega que ningún teólogo tiene voto, no estando instruido en aquel idioma. Y añade: Este reparo ya lo puse yo en las misiones, persuadiendo a que se pusiese el Castellano en nuestras propias frases y se dejase el Indio en las suyas, supuesto que era una misma substancia.

El segundo consiste en presentar un nuevo catecismo castellano que no es otro que el que rezamos en España y es el mismo que va traducido en cumanagoto y ha añadido algunas voces más propias para que hallándolo V. M. sin inconveniente se digne proveer del espiritual socorro que esperan los indios con la restitución del mencionado Catecismo.

El tercero recurre a las Leyes de Indias y a las Actas del Primer Concilio Limense para que se enseñe a los indios en su propia lengua.

Lamentablemente este nuevo intento naufragó en las mismas aguas que el anterior.

Hemos aducido este largo testimonio porque refleja con toda claridad el divorcio que existía entre los misioneros que se entregaban con denuedo a crear una nueva Literatura espiritual en lengua vernácula y la posición de los teólogos hispanos que al parecer desconocían el esfuerzo llevado a cabo en los primeros siglos del cristianismo para adecuar a un nuevo lenguaje las enseñanzas de la Iglesia frente a las filosofías griegas y latinas que desconocían los

---

1470 AGI. *Caracas*, 185. Memorial autógrafo de Fr. Antonio Caulín (s.f. ni l.) con nota del mismo a Don José Ignacio de Goyeneche. Ambos deben ser de fines de octubre de 1761 ya que el 24 de ese mes y año fue considerado el documento por el Consejo.

misterios principales de la fe católica. Los neologismos son parte integral de todo idioma que se pone al día y se adecua a la cultura.

Sospechamos que los jesuitas orinoquenses así como fueron diligentes en publicar las historias misionales cuidaron con esmero la creación de una literatura catequética vernácula de cuya traducción no tenemos noticia alguna. Lo que sí es evidente que asumieron la conciencia que implicaba la creación de un léxico cristiano para traducir catecismos, confesionarios, sermones y otros escritos religiosos. Lamentamos de veras que la ingente producción en lengua achagua del P. Alonso de Neira no haya llegado hasta nosotros para poder emitir una opinión verdaderamente crítica.

Todavía más, en la correspondencia del Superior de las Misiones del Orinoco, Manuel Román, cuando se dirigía al P. Gumilla de viaje por Europa le anexaba cantidad de textos en lengua indígena para que nadie pudiera leer sus pensamientos sobre temas delicados. ¿Aplicarían el mismo criterio para las traducciones bilingües de su extensa Literatura espiritual?

5. El testimonio de Felipe Salvador Gilij

La única constancia de que disponemos de las literaturas maipure y tamanaca nos la ofrece el misionero italiano Felipe Salvador Gilij en el tomo dedicado a la Lingüística[1471]. A continuación insertamos ambos textos.

[208] RAZONAMIENTO EN MAIPURE SOBRE LA CREACIÓN DEL HOMBRE
Nupuriacá niyucuáre. Yuániké pieta; naumarí nuturá nike piáu. Piósuké umári-vi: náumarí uacaniacáu. Naya nuca umá caví, nuca uacaniámacumáu. Nuca seccácuni camonée nupá manáni. Piósu piné camonée umakírri. Papuyatámi nuca camonée nica-

---

1471 Felipe Salvador GILIJ. *Ensayo de historia americana*. Caracas, Academia Nacional de la Historia, III (1965) 176-180. Las páginas entre corchetes [] refieren a la edición italiana publicada en Roma en 1782.

niacáu. Niapá yasa caví: naumarí uma caví. Nuca umamacumá ebacarí camonée: avanumé piná umá. Umá cayarrakiní Atáni-rri iti. Umá niacá tiniokí: taá yuti Eva. Nuá caní Paraíso Terrestre icutí. Sonirri-miné nicaniacáu ike. Naá niturrúpa Piósu yucuáre, nuca nimavámacumá. Piósu puriacá niyucuáre: ununá neca, ma nike. Niapá icaké nike aá tinacá sonirri-miné. Nuca necaké, ma níke; nimavámacúmá. Necari uati, nimavá-kiacó. Naá piná uáti turá. Tamáu niapá niituá. Eva tamáu yunavá naucaretí. Yunuá yuví aa-tinacá; nemaké, Piosu mapucúmi uati. Cuné miné yunáva-ké. Uatí yunávari uati, uméni numacú-ike tapuná Vasurí. Iquá turá yuke; ma yuke, cuné-minéké. Nucamá, yumá yuke papuyá Eva: Uamavámacumá. Nuca nimavacá, ma, meniacáu Vasúri. Naumarí yacaké Eva. Niapá yutacáu yutúca purená yuccápi-ike. Yuicaké Atani yuke. Atani niacá, yutáa·macumá yunikiní anítu, uati nuca ecarí uati, ecaké. Niapá Piósu, merracáu nike. Uacáti paré-pi, Atani, ma yuke. Nunecacáu, ma Atani; naumarí numeniquacáu: maárrutení caná, ma. Iti icari pike, maárratuní capí? ma yuke Piósu: nuca piturrúpa nuyucuáre, ma ike; naumarí piviá maárrutení capí: pimavá-kiaco; maisuíni kiacó picaniacáu; piyatánapá-kiacó peca, ma íke. Turá niacá Eva yuke, veyacáu. Uméni meniá caná, yumá Eva; naumarí naca. Caví kiacó-pi pinupá, ma yuke Piósu, sapáni pimasavá caná. Niapá uanacaré Angeli terruá caní Paraíso-iquá ike peni uaccaniário iatí. Naá niturrúpa Piósu yucúare pacatiá nicániacáu sonirri: nuca nimavá-macumá; Yacápi uamavacá uayá nitianimí, sapáni, nuca nitturúpa Piósui-ke.

[209] TRADUCCIÓN LITERAL

Os hablo. Está cerca la fiesta, por eso os hablo a vosotros primero. Es de Dios de quien os hablo. Existe Dios que nos hizo: por eso existimos. Si no nos hubiera hecho, no existiríamos. No sabe el hombre nacer de sí. Dios solo es el creador del hombre. Antiguamente no hubo hombres. Después quiso que nosotros (existiéramos): por eso nos hizo. No hizo muchos hombres. Hizo solo dos. Hizo el varón, Adán su nombre. Hizo también a la mujer. Le dio su nombre de Eva. Los puso en el Paraíso terrestre. Estaban muy bien allí. Si hubieran respondido (obedecido) a la palabra de Dios, no habrían muerto. Dios les habló: comed de todo, les dijo. Después les mostró el fruto de un árbol hermosísimo. No comais de él, les dijo, para que no murais. Cuando comais de él, morireis. Así habló. Se fue luego de ellos (se alejó de ellos) . Eva fue a ver el país. Se encontró con el fruto del árbol del que Dios había dicho: no comais. Agradabilísimo lo vio. Viéndolo, el demonio entró en la boca de una serpiente. Desde allí le habló a ella: cómelo, le dijo, es muy sabroso. No, dijo al principio Eva, temo que muramos. No morireis, dijo engañándola el demonio. Esto hizo (por eso) que lo comió Eva. Después fue a llevar los parientes (otros frutos semejantes) en su mano. Los mostró a Adán. Adán aún temiendo que no su mujer no diera el corazón (no se contristase) no comiendo de ellos, los comió. Después Dios se les apareció. ¿Dónde estás, Adán, le dijo. Me avergüenzo, dijo Adán; por eso me he escondido. Estoy sin vestido, dijo. ¿Quién te ha enseñado que estás sin vestido?, le dijo. No has obedecido mi palabra, le dijo; por eso sabes que estás sin vestido. Morirás, estarás mal, sudarás para comer, le dijo. Habló aún a Eva, reprendiéndola. La serpiente me ha engañado, dijo Eva; por eso he comido. Con dolor parirás, le dijo Dios, en pago de haberme desobedecido. Después ordenó a un ángel que los expulsara del Paraíso terrestre a la tierra en que estamos. Si hubieran obedecido a Dios, siempre habrían estado bien: no habrían muerto. Ahora morimos nosotros, sus hijos, en pago de haber ellos desobedecido a Dios.

[210] EL MISMO RAZONAMIENTO EN TAMANACO
Caramáne pac-ure auyac-ne: pieta uocheppóne-paké. Morevoráipaké caramanarimne pac-ure itavapó. Tióchire aichí caramanarimdepo. Nare nachíine Camanéinam'-gemó: morevoráipaké yoichu kikemó. Kikemó yamanemnar'-yave iteuyá, ipurá kiuchilgemorbe. Itauyáre itólo adjipla-prá. Tiochitpe Amanené. Penaréne itótoprá nachíine: moreretpepé Tióchi ipíine kikemó:

morevarái paké kikemó yamanéine. Tane itóto anamaneprá: ac-chakefpe namenéine. Apaliké namanéine Atani taro- tepó. Aicá namanéine Eva itedjéti Ac-chakére íine Paraíso Terrestre tarotepcháve. Patcurberé naictómne itáve. Tióchi caramanári yacrer'-yave iteuyác-ne, attakepuprá iuochilgemorbe. Tióchi ngaramanárimúine iteuyácne: terndjiaré manaptechí, táine. Moreretpepé nenepóine ¡teuyac-ne yeye-yepéru. Keic-pe patcúrbe nachíine. Anemaprá maic-techí, táine, avattagepurgam-yaváponó. Auyác-ne yemer'yáve, avattagepúr-gemó. Chen' caidjetpe táine itetepcháve. Eva ndáine pata yeneché. Necheporíine yeye yeper' yakére, tenemetéve, tarotpe iteuyac-ne Tióchi. Tic-poréne nenéine. Iteuyá yenér'-yáve akkéi-yacá nuomúine Yolokiámo. lmdáve ngaramanárimúine iteuyá: yemeké, táine, tic-poréne. Aneméripiprá ure, tainerbe penaréne Eva: attagemnénu. Attagepuprá avachilgemó, taine yangupfer-bé iteuyá yemetec-pé. Yemelekemné ndáine iprép'yareché iño uyá. Crerétpere yeméine ipúti uoc-chimar' yavaponó, yememnaryáve iteuyá. Moreretpepé nepúine Tiochi. Tecapé amáre, Atani? táine. Tipchapámdje ure táiné; morevorái-paké uolonamdjé: inepómna ure. Anec-pe nbutpóine auyá inepomna avachiíl? taine. Caramanári anacreprá machilí morevoraipaké auyá puc-ché inepomna avachilí. Avattagepúri, petkebra avachilí, uochepucreché ananapúri yanápúri auyá, táine. Eva uyatpere ngaramanárimúine; iteuyá tanummaché. Akkéi uyá ure tangupteché, táine, uyá yemetc-pé. Moróne auómnecarí, táine Tióchi, caramanári yeucmatpe yepefpé. Moreretpepé, inonnokirbe, Angeli yonnókkíine taurec-na; taurére pata-yacá, taro uyá, kikemó amenáre itáve maíri. Iteuyacne yacrer'yáve Tióchi caramanári, ipakére iuochilgemórbe, attagepuprá. Kikemó amenáre uattagepuptáke, yepétpe iteuyác-ne yeuc-matpe Tióchi caramanari.

[211] TRADUCCIÓN LITERAL
Yo estoy en la acción de hablaros (esto es: os hablo). La fiesta se acerca. Por eso os hablo antes de ella. Dios será de lo que os hable. El fue nuestro Creador. A semejanza de esto (por esto)

nosotros existimos. Si él no nos hubiera hecho, no existiríamos. Por sí mismo el hombre no existe. Solamente Dios es el Creador. Antes (antiguamente) no existió el hombre. Después de esto Dios quiso que nosotros (existiéramos): por eso nos hizo. Muchos hombres no hizo: dos seres hizo. Hizo el varón, Adán llamado. A la mujer hizo, Eva su nombre. A ambos los puso en el llamado Paraíso Terrestre. Muy bien estaban allí. De Dios la palabra observando, no estarían muertos. Dios les habló. Todo comereis, dijo. Después de esto les mostró un fruto. Era bastante hermoso. No lo comereis, dijo, para que no murais. Si de él comeis, morireis. Así dijo antes de marcharse. Eva fue a ver el país (lugar donde habitaban). Se encontró con el fruto del que Dios les había dicho: no comereis de él. Lo miró con gusto. Mirándolo ella, entró en una sierpe el demonio. En la boca de ella le habló. Come, dijo, es sabroso. No quiero comer, habría dicho primero Eva (esto es: dijo primeramente Eva, pero ...), para que yo no muera. No morireis, dijo, engañándola, para que lo comiese. Después de haber comido, fue a llevar los parientes (otros frutos semejantes) a su marido. También él comió, para que no se contristase su mujer no comiendo él. Después de esto vino Dios. ¿Dónde estás, tú, Adán?, dijo. Tengo vergüenza, dijo; por eso me he escondido; estoy sin vestido. ¿Quién te ha enseñado que estás sin vestido? dijo. No has observado mi palabra, por eso tú sabes que estás desnudo. Morirás, estarás mal, sudado (sudando) comerás tu alimento, dijo. También habló a Eva. La reprendió. La serpiente me ha engañado, dijo, para comerlo. Con dolor parirás, dijo Dios, en castigo de mi palabra desobedecida. Después de esto, por orden de él un ángel los mandó a otra parte; a otro lugar, digo yo, donde estamos ahora. Observando ellos la palabra de él no habrían muerto, habrían sido siempre. Nosotros ahora morimos en pago (en pena) de haber ellos desobedecido la palabra de él.

6. Leyendas y conocimientos míticos

El análisis de la historiografía jesuítica publicada no ha sido rica a la hora de recoger los mitos y las leyendas de los indígenas que en la gran Orinoquia estuvieron a su cuidado. Ello no excluye que estos estudios no se llevaran a cabo por hombres que convivieron con los autóctonos y que supieron meditar y escribir sobre sus mundos míticos y ancestrales. Habría que recurrir a la extensa bibliografía inédita que mencionamos detalladamente en el capítulo dedicado a las fuentes.

En todo caso, la decisión cesárea que tomó el rey Carlos III el año 1767 de expulsar de todos sus dominios a los seguidores de Ignacio de Loyola hizo sepultar en el olvido todo el material escrito por los misioneros orinoquenses.

Como prueba fehaciente de lo dicho nos restringiremos al testimonio de uno de los grandes pensadores venezolanos coloniales, el P. Felipe Salvador Gilij, quien a pesar de que tuvo que abandonar el día 3 de julio de 1767 su residencia de la Encaramada y dejar todos sus archivos a merced de los avatares que representaban los "ilustrados" que los expatriaban. El jesuita italiano recordará su deseo de recogerlas en su exilio romano en dos publicaciones que todavía permanecen inéditas: la primera se titula *Anécdotas americanas*[1472] y la segunda: *La religión de los americanos*[1473].

Mas los diversos cronistas no pasan por alto los mitos y leyendas tradicionales en la historiografía venezolana y colombiana: Manoa, las Amazonas y el Salvaje.

1472 GILIJ. *Ensayo de historia americana*, III, 336: "Las restantes noticias, si a Dios place, se añadirán separadamente en las *Anécdotas Americanas*". Y en el tomo IV, 75: "Pero de este asunto hablaré en mejor ocasión, es decir, cuando en tomo separado publique mis *Anécdotas Americanas*".

1473 GILIJ. *Ensayo de historia americana*, III, 50: "Pero hemos dicho bastante de la religión antigua de los orinoquenses. Cosa ciertamente grata sería oir ahora las máximas de otros americanos sobre este punto; y nosotros, si Dios nos da tantas fuerzas, lo haremos en volumen separado". Y en el tomo IV, pag. 218: "Y basta por ahora haber dicho esto acerca de un punto al cual deberé volver más detenidamente en el tomo que prometí sobre la Religión antigua americana".

En el siglo XVI el utópico Dorado convocaría una serie de gestas cuyos relatos fueron fuente generosa de inspiración histórica[1474] así como también han servido para iluminar la creación literaria que aún hoy día recrea los imaginarios de esas regiones míticas[1475].

Don Antonio de Berrío (c. 1527-1597)[1476] sería el primer gran visionario de la Guayana integrada, pues, pronto intuiría que la mítica Manoa no se encontraba en tierras amazónicas, ni en las orinoquenses sino en suelo guayanés. Y con la fundación de San José de Oruña en Trinidad y de Santo Tomé de Guayana en el Orinoco se diseña la nueva Guayana y establece la línea de comunicación desde el Puerto de Casanare hasta la desembocadura del Orinoco pasando por el Meta[1477]. De esta suerte se clausuraba el denominado ciclo de la creación de las gobernaciones en el oriente venezolano.

Atrás quedaban heroicas empresas descubridoras que habían recorrido el gran arco de la costa atlántica entre el gran río venezolano y el brasilero así como también todo el curso del Amazonas; y por tierra llegarían hasta el reino de los Omaguas. El mito del Dorado había enloquecido y devorado los sueños de tanto explorador que perdería su vida y su fortuna en esta infructuosa búsqueda.

En la historiografía escrita jesuítica la primera mención de "El Dorado" la encontramos en el *Mudo lamento* (1715) del P. Matías de Tapia.

1474 Véase: Demetrio RAMOS PÉREZ. *El mito del Dorado. Su génesis y proceso*. Caracas, Academia Nacional de la Historia, 1973

1475 Una síntesis puede verse en: S. G. [Sonia GARCÍA]. "El Dorado, mito de". En: FUNDACIÓN POLAR. *Diccionario de Historia de Venezuela*. Caracas, II (1997) 190-192.

1476 Pablo OJER. *Don Antonio de Berrío, gobernador del Dorado*. Caracas, Universidad Católica Andrés Bello, 1960. José Rafael LOVERA. *Antonio de Berrío, la obsesión por el Dorado*. Caracas, Petróleos de Venezuela, 1991.

1477 Pablo OJER. *La formación del Oriente venezolano. I. Creación de las gobernaciones*. Caracas, Universidad Católica Andrés Bello (1966) 514.

Al describir la geografía ubicada al sur de San Juan de los Llanos y del río Ariari existe una tradición entre sus pobladores que "se halla una población tan vasta, y grande en sus casas y habitadores, que el modo de explicar su grandeza, es diciendo que el Sol nace dentro del Pueblo, y se pone dentro del mismo Pueblo; que estos son tan abundantes de oro, y plata, que por falta de hierro y acero, usan los instrumentos para labrar la tierra y cortar las maderas, fabricados de plata y oro"[1478].

Pasada "la alta cordillera del Ariari, que corre desde Guanacas hasta el Orinoco, está por toda aquella parte Oriental, sin descubrirse"[1479], el Dorado. Inicia su descripción con la cautela necesaria el decir que "hay también tradición confusa" de la existencia de un pueblo grande que se ve desde lejos y "es el que llaman el Dorado, y que sus habitadores son descendientes de aquella multitud de naturales, que acompañaban al Emperador Inca, y cuando en el Perú le quitaron la vida, se ausentaron, llevando consigo los tesoros, sin saberse hasta ahora donde pararon, o a donde fueron a poblar"[1480].

Llama la atención el hecho de que Tapia divida la población en la que nace el sol de la del Dorado y las precauciones conceptuales con que trata, como de pasada, este tema.

Sobre el Dorado y la ciudad de Manoa debemos hacer notar que el historiador Rivero debió conocer por escritos del siglo XVII la leyenda relativa a la ciudad mítica de Manoa. Al cotejar los textos de la edición publicada en Bogotá en 1883 con la inédita de Roma observamos algunas variantes dignas de ser tomadas en cuenta.

La edición impresa dice: "Existe la creencia en los Llanos

1478 Matías de TAPIA. *Mudo lamento de la vastísima, y numerosa gentilidad, que habita las dilatadas márgenes del caudaloso Orinoco, su origen, y sus vertientes, a los piadosos oídos de la Magestad Cathólica de las Españas, nuestro Señor Don Phelipe Quinto* (que Dios guarde). Madrid, 1715. [Reproducido en: José DEL REY. *Documentos jesuíticos relativos a la Historia de la Compañía de Jesús en Venezuela*. Caracas, Academia Nacional de la Historia (1966) 206.

1479 TAPIA. *Mudo lamento*, 208.

1480 TAPIA. *Mudo lamento*, 207.

de que hay una nación que habita en unos lugares sobre los cuales se ve, por las tardes, cuando el cielo está despejado, una nubecilla resplandeciente llamada Gran Manoa, y dicen que allí se retiró el hermano del Inca con su gente. Pero dejando estas tradiciones, que no merecen la pena detenernos en ellas, pasamos a dar noticia..."[1481].

La edición manuscrita de Roma dice: "Pasando pues a otra nación están también en estos llanos *los descendientes de Línea, y es tradición de los viejos* que habitan en unas tierras sobre las quales se ve por las tardes, quando está el cielo despejado, una nubecilla resplandeciente llamada la Gran Manoa, y dicen que allí se retiró el Hermano del Ynga, con su gente; *estos, y otros muchos descubrimientos de que tratare después, y que dejo por ahora* por no ser prolijo en la narración amontonando muchas cosas que son parecidas entre si, se hicieron en estos llanos..."[1482].

Efectivamente, al tratar de Guayana retorna el tema de el Dorado. El texto reza así: "Por los años de 1606, con poca diferencia de tiempo, anduvo muy válida en España la noticia que corría sobre el descubrimiento del Dorado en las Yndias o por lo menos se prometían descubrirle, y ganarle grande fue el fervor, que se reconoció entonces, en la nación española, imaginándose como metidos en este Palacio encantado lleno de gigantes de oro cercado por todas partes para su resguardo de salvajes, de topacios y rubíes con sus mazas de perlas. Ello parece que es así; pues por mucho que se ha buscado con exquisitas diligencias y por mucho que resplandece su nube de noche, hacia la banda del Oriente no se ha descubierto todavía"[1483]. Y a continuación narra el desencanto y frustración que ocasionó el fracaso de la expedición, tema que le sirve a Rivero para introducir la biografía del Hermano Rafael Ramírez, uno de sus sobrevivientes.

1481 RIVERO. *Historia de las Misiones*, 21.
1482 Biblioteca Nacional Central de Roma. *Gesuitico*, 1157, fol., 32.
1483 Biblioteca Nacional Central de Roma. *Gesuitico*, 1157, fol., 230. RIVERO. *Historia de las Misiones*, 191.

Y concluye Rivero: "En esto paró el Dorado tan buscado y apetecido, propio paradero de los tesoros del mundo y de quienes buscan sus engaños"[1484]. Después inserta la narración del Dorado con la de las Amazonas.

Gumilla quiere fijar su posición al hablar de El Dorado "separando al mismo tiempo las cosas fabulosas de las probables, reteniendo éstas y despreciando aquellas"[1485]. En su argumentación histórica recurre a los escritores neogranadinos Fernández de Piedrahita y Fray Pedro Simón.

La voz del Dorado tuvo su origen en la costa de Cartagena y de Santa Marta para ir subiendo después a Vélez y Bogotá y vino a concluir en esta etapa en el valle de Sogamoso; allí encontraron a un sacerdote que "se untaba a lo menos las manos y la cara con cierta resina, y sobre ella le soplaban con un cañuto polvos de oro, que con facilidad (como dije) le lacan y entresacan de las playas de muchos ríos; y de aquí tomó su denominación el famoso Dorado, según esta opinión"[1486].

La ubicación geográfica, siempre huidiza, se fue desplazando más allá de la gran serranía hasta "unos dilatados llanos muy poblados, en donde estaba el Dorado tan ansiosamente deseado"[1487]. Y a partir de este momento hace un recuento de las expediciones doradistas.

El año 1541 afrontó el reto Jiménez de Quesada y al superar la cordillera fundo la ciudad de Santiago de las Atalayas y "con increíbles trabajos penetró los bosques del Ayrico; y perdida casi toda su gente, salió a Timaná el año de 1541"[1488]. Ese mismo año se efectúan dos intentos más: uno, desde el Perú a través del río Marañón con "el animoso Orellana; pero en vano"; otro, desde Coro con Felipe de Utre y 120 hombres, quien siguiendo el curso

---

1484 RIVERO. *Historia de las Misiones*, 191.
1485 GUMILLA. *El Orinoco ilustrado*, 263.
1486 GUMILLA. *El Orinoco ilustrado*, 263-264.
1487 GUMILLA. *El Orinoco ilustrado*, 264-265.
1488 GUMILLA. *El Orinoco ilustrado*, 265.

del Guaviare llegó al primer pueblo de "los omeguas, enaguas o Manoa"[1489].

Recoge a continuación las expediciones de Pedro de Ursúa que concluyó con los hechos bochornosos del tirano Aguirre; Pedro Silva con sus dos intentonas: la primera que salió de Sanlúcar el año 1569 con más de 600 hombres, y la segunda con 160 hombres que perecieron entre los indios del Guarapiche; igual suerte corrió el capitán Serpa. Y concluye: "Omito los intentos de otros, a quienes el famoso Dorado inquietó mucho, aprovechó nada y les costó la vida"[1490].

Con estas premisas el autor de *El Orinoco ilustrado* trata de dar su visión del Dorado y de la ciudad de Manoa. Su primer argumento se basa en la facilidad de comprobar el camino recorrido por Felipe de Utre a través del testimonio de personas "cualificadas"; el segundo toma su fundamento en la atestación de varios indígenas supuestamente "conocedores" de Manoa.

El viaje de Utre está referido con tanta individualidad que hasta los misioneros y Gumilla lo han experimentado con sus propios ojos, y "hemos hallado señales tan fijas de tal viaje, que no me es factible negarlo". Como confirmación aduce que en 1721 vio en las Misiones de Pedraza "los falconetes de bronce de a dos en carga que Utre… había prevenido [Felipe de Utre] para su viaje"; también añade el testimonio del P. José Cavarte, jesuita que "gastó treinta y nueve años en Misiones en el Ayrico, Guaviari, Ariari y Orinoco", el cual, "estuvo firme siempre en que aquel era el rumbo para ir al Dorado"[1491].

Pero si dejamos el camino del Dorado y nos centramos en la descripción de Manoa habrá que recurrir en primer lugar al indio de la Misión de Guanápalo, llamado Agustín, "el cual protestaba que fue cautivo de edad como de quince años; y que en la ciudad de Manoa o enaguas había sido esclavo otros quince años". Y su

---

1489   GUMILLA. *El Orinoco ilustrado*, 265.

1490   GUMILLA. *El Orinoco ilustrado*, 265-266.

1491   GUMILLA. *El Orinoco ilustrado*, 266-267.

fuga que duró 23 días hasta el Orinoco y todavía recordaba las pernoctas en "el Hormiguero, el Almorzadero y los demás a este tenor". Y el dicho indio Agustín pintaba muy al por menor "el palacio del rey, los palacios y huertas para su diversión en el campo, y tales individualidades que un bozal no es capaz de fingir, ni tenía motivo para ello"[1492].

El segundo aporte para la construcción de la historia de Manoa lo proporcionaron "los indios del Brasil", quienes habían emigrado de sus tierras y en sus enfrentamientos "fueron los más de ellos, o casi todos, muertos por los omaguas". Sin embargo, allí se percataron de que "el único metal de que fabrican sus herramientas es oro, y que las estatuas de sus templos eran de oro, etcétera". Tras su descalabro y como secuela de su venganza salieron algunos para el Perú y a través de ellos tuvo conocimiento de Manoa el virrey de Lima, marqués de Cañete[1493].

La tercera figura clave es la del cacique de Macatoa quien fue el informante directo de Felipe de Utre y su noticia "fue verdadera en todo". Se refiere al número de omaguas y a las riquezas del país[1494]. El ejército omagua era "como unos quince mil indios" que fueron rechazados por Pedro de Limpias con 37 soldados. Después de esta acción "supieron por mayor de muchas ciudades y tesoros de aquellas provincia"[1495]. La fuerza del argumento de Gumilla se basa en el conocimiento de la psicología social del indígena que solo delatan a la nación enemiga, pues, "no avisan, si no es para vengarse, o para sacudir el yugo". Pero lo dicho era la primera parte del raciocinio del misionero: la segunda consistía en mostrarle a Utre su buena voluntad "y avisar en secreto a los omaguas (cosa muy usada entre los indios gentiles)"; pues de esta forma quedarían los españoles destruidos en un momento y el

---

1492 GUMILLA. *El Orinoco ilustrado*, 267.

1493 GUMILLA. *El Orinoco ilustrado*, 267-268.

1494 GUMILLA. *El Orinoco ilustrado*, 268.

1495 GUMILLA. *El Orinoco ilustrado*, 265.

cacique Macatoa adquiriría mucho mérito "para con los caciques o régulos del Dorado"[1496].

La conclusión final de Gumilla es que "este agregado de cosas constituye un fundamento grave a favor de la existencia del Dorado, una posibilidad no despreciable"[1497].

Todavía más, a modo de anexo, incluye una observación. Manoa es "en lengua achagua tercera persona del verbo negativo *Manoayuna*, que es *no derramo*, cuya tercera persona, Manoa, quiere decir *no derrama*; nombre que dan a todas las lagunas, no sin propiedad; y así, ciudad de Manoa, es lo mismo que la ciudad de la Laguna"[1498].

También debemos dejar constancia de otras fuentes complementarias que utilizó el autor de *El Orinoco ilustrado* para la cartografía de la región. Según su propia confesión se sirve para el Ayrico hasta el Guaviare del P. José Cavarte[1499], quien falleció en 1724[1500]. Para la región del sur del Guaviare apela a Fr. Silvestre

---

1496 GUMILLA. *El Orinoco ilustrado*, 269.

1497 GUMILLA. *El Orinoco ilustrado*, 270.

1498 GUMILLA. *El Orinoco ilustrado*, 271.

1499 Archivo del Servicio Geográfico del Ejército. *Carpeta: Venezuela y Guayana*. Mapa de Gumilla. En las notas marginales se lee lo siguiente: "Hasta lo demarcado solo el P. Joseph Cavarte llegó y subió Guaviare arriva parte de cuias aguas viene de las cerranías que dividen a los Llanos de Neiba destos otros llanos de la Cordillera de Quito a Careana (¿?). A Quito baja un rio que abajo se llama Placencia, y costeandola y costeando la Cordillera entran en éste los rios siguientes hasta en frente de Timaná: Rio Tecuara, Rio Zanza, Rio Bodoquera, Rio Minebajaya, Rio Verde, Rio Zanabanda, Rio La enfermeria Rio La fragua, Rio San Pedro, Rio Moco".

1500 J. DEL REY FAJARDO. *Bío-bibliografía de los jesuitas en la Venezuela colonial*. Santafé de Bogotá-San Cristóbal, Pontificia Universidad Javeriana-Universidad Católica de Táchira (1995) 152.

Hidalgo[1501], quien habría vivido en los Llanos hasta 1717[1502]. Y para la imprecisa área del Dorado aduce el testimonio de Juan González Navarro quien en 1728 hizo una expedición en busca de la mítica tierra doradina[1503].

Un largo capítulo le dedica Gilij al tema de El Dorado[1504] y no duda en afirmar que "estuvo en boga esta fábula en el siglo pasado y sin notar la gran paradoja la creyeron muchos"[1505].

Si se atiende al concepto estamos ante un país "más rico que cualquier otro descubierto en el Nuevo Reino" y no se le puede comparar "ni el célebre Potosí, ni el Chocó, ni las minas de Méjico, ni tantos otros lugares de donde se sacan tan preciosos tesoros, sin encontrar nunca el fin". Toda la historia que se fue elaborando a lo largo de los siglos se centra en el oro[1506].

Su ubicación "es tan imprecisa que no ha sido hasta ahora conocida por experiencia por persona alguna"[1507]. Sin embargo, no deja de pasar por alto que en el Gesù de Roma, donde vivía el General de los jesuitas, había un mapa en uno de sus corredores en el que se leía "al mediodía de los países caribes, pero más allá

1501 Archivo del Servicio Geográfico del Ejército. *Carpeta: Venezuela y Guayana*. Mapa de Gumilla. "Relacion que dio el P. Fray Silvestre Hidalgo religioso de San Agustin que fue capellan por los años de 1709 en la entrada o descubrimiento que desde los Andaquies para dentro. Duro 13 meses, de todos los cuales rios toma su caudal [el] Orinoco".

1502 Fernando CAMPO DEL POZO. *Los Agustinos y las lenguas indígenas de Venezuela*. Caracas, Universidad Católica Andrés Bello (1979) 106.

1503 Archivo del Servicio Geográfico del Ejército. *Carpeta: Venezuela y Guayana*. Mapa de Gumilla. En las notas marginales se lee lo siguiente: "En el año de 1728 fue de la Ciud. de Guiana (por orden del Sr. Dn. Aug. de Arredondo Governador y Capitan General que era de la isla de Trinidad y Provincia de Guayana) Juan Gonz. Navarro y tres compañeros a descubrir el dorado y llegando a la boca del Guaviare lo subió hasta más arriba del Rio Uva (?), yban en traje de caribes".

1504 GILIJ. *Ensayo de historia americana*, I, 137-144.

1505 GILIJ. *Ensayo de historia americana*, I, 144.

1506 GILIJ. *Ensayo de historia americana*, I, 137.

1507 GILIJ. *Ensayo de historia americana*, I, 137.

del ecuador, este epígrafe en español: El Dorado, gente del Inga Enaguas, esto es, el Dorado y los Enaguas, gente del Inca"[1508].

La estructura presentada por Gilij se fundamenta en varios autores. Por supuesto se inicia con Gumilla por razones obvias. Incluye al historiador franciscano Torrubia, al francés La Condamine[1509], al italiano Ramusio[1510], al inglés Raleigh[1511], Oviedo[1512] y Piedrahita[1513].

El recorrido histórico se inspira fundamentalmente en Gumilla aunque a veces clarifica ciertos pasajes. Completa su visión con la actuación de los franciscanos a través de la Crónica

---

1508 GILIJ. *Ensayo de historia americana*, I, 144.

1509 Charles-Marie de LA CONDAMINE (París, 1701–París, 1774). *Relation abrégé d'un voyage fait dans l'intérieur de l'Amérique méridionale depuis la côte de la mer du Sud jusqu'aux côtes du Brésil et de la Guyane, en descendant la rivière des Amazones, lue à l'assemblée publique de l'Académie des sciences, le 28 avril 1745*. París, Vve. Pissot,1745.

1510 Giovanni Battista RAMUSIO (Treviso, 1485–Padova, 1557). *Delle Navigationi et Viaggi*. Venice, Nella Stamperia de Giunti, III, 1554.

1511 Walter RALEIGH (Barton, 1554-Londres, 1618). *The Discoverie of the large, rich and bewtiful empyre of Guiana, with a relation of the great and Golden Citie of Manoa (wich the Spanyards call El Dorado)...* London, Robert Robinson, 1596.

1512 Gonzalo FERNÁNDEZ DE OVIEDO Y VALDÉS (Madrid, 1478-Valladolid, 1557). *Historia general y natural de las Indias, islas y tierra-firme del mar océano*. Tomo primero de la segunda parte, segundo de la obra por el Capitán Gonzalo Fernández de Oviedo y Valdés; publícala la Real Academia de la Historia; cotejada... enriquecida... por José Amador de los Ríos. Madrid, Imprenta de la Real Academia de la Historia, 1851. La carta fue descubierta por Eugenio ASENSIO. "La carta de Gonzalo Fernández de Oviedo al cardenal Bembo sobre la Navegación del Amazonas". En: *Miscelánea Americanista*. Homenaje a D. Antonio Ballesteros Beretta, 1880-1949. Madrid, I, 1951.

1513 GILIJ. *Ensayo de historia americana*, I, 138. Lucas Fernández de Piedrahita (Bogotá, 1624-Panamá, 1688). *Historia general de las conquistas del Nuevo Reino de Granada*. Madrid, 1688.

de Torrubia[1514] que se centra en el año 1596 en sus proyectos de fundar la Custodia del Dorado. También incluye a Raleigh.

Pasa después a analizar la argumentación del P. Gumilla y no duda en afirmar que "confieso ingenuamente que algunas de sus razones no me disgustan"[1515].

En su proceso crítico comienza por la geografía y señala que toda la región en donde se desarrolló la empresa de Utre es el Airico muy conocida por los jesuitas posteriores al misionero de Betoyes. Y concluye: no hay señal ninguna del Dorado. Ni se encuentra la nación Omagua, que era creída dueña del Dorado. También he de decir que de los omaguas apenas si quedan algunos en la Quebradita en los Llanos de San Juan, y otros pocos en el Marañón"[1516].

En su razonamiento sobre los aportes del cacique Macatoa establece varias observaciones dignas de ser tenidas en cuenta y en ellas se esconde el lingüista que pretende buscar la verdad a través del alma del lenguaje.

La primera afronta el nombre de el Dorado que se pone en boca del susodicho cacique y establece que "no es india sino española, ¿y cómo podía él saberla?, como porque viéndose en Macatoa españoles amantes del oro, quiso quizá mostrarles, a cambio del que buscaban, otro oro"[1517].

La segunda observación se centra en el nombre mismo de Macatoa y la duda del jesuita italiano comienza por distinguir si es el nombre de una aldea o más bien el de un indio. Y aduce como confirmación que el año 1751 se encontró el P. Roque Lubián en el Airico con cacique llamado Macatúa "el cual le dijo que había ido allí con sus betoas por temor a los portugueses". Según la costumbre indígena de repetir en los hijos los nombres de sus antepasados es posible que éste cacique fuera descendiente de Macatoa. Y concluye

---

1514   GILIJ. *Ensayo de historia americana*, I, 139.
1515   GILIJ. *Ensayo de historia americana*, I, 140.
1516   GILIJ. *Ensayo de historia americana*, I, 140.
1517   GILIJ. *Ensayo de historia americana*, I, 140.

su argumentación: "… que en los relatos del Dorado hay muchos enredos procedentes del desconocimiento de las palabras indias, y por consiguiente poco o nada de sólido hay en ellos"[1518].

Después de dar respuesta a lo calidad de testimonio del cacique Macatoa pasa el misionero de la Encaramada a analizar la atestación del indio Agustín de la Misión de Guanápalo. Sus relatos "son maravillosos" y además que citaba con los nombres españoles los lugares en que había estado Felipe de Utre. Y se pregunta: "¿Quién conservó en selvas tan dilatadas, y por tanto tiempo tan largo, tales nombres?". Y se contesta: hoy un indio "haría esfuerzos para pronunciar medianamente las antedichas palabras". Y a Gilij le parece "falso o mal entendido el relato del indio"[1519].

En otro orden de cosas el misionero de la Encaramada hace alusión a otra ubicación del Dorado en la parte meridional del lago de la Parima como una creencia vigente en su tiempo en las gentes del Orinoco.

De la existencia del nombrado lago "no hay ninguna duda entre los orinoquenses". Pero la significación del nombre no es oro sino pez pues la palabra Parima significa "lugar de rayas".

En esta parte recurre Gilij a La Condamine quien recoge de los indígenas brasileros la afirmación de la mayor isla del mundo, la gran Mesopotamia comprendida entre los ríos Orinoco y Amazonas unidos entre sí por el río Negro; y allí "se ha buscado durante largo tiempo el pretendido lago de oro de Parima y la ciudad imaginaria de Manoa del Dorado" y añade que es fácil ver "en las expresiones del P. Acuña que en su tiempo todo el mundo estaba desengañado de esta bella quimera"[1520].

En su análisis crítico Gilij comienza por afirmar que debiera darse alguna constancia de la existencia del Dorado pero "no hay fundamento para creerla". Aunque reconoce que algunos españoles del gran río venezolano hablan de ese tema, sin embargo "nunca,

---

1518 GILIJ. *Ensayo de historia americana*, I, 140-141.

1519 GILIJ. *Ensayo de historia americana*, I, 141-142.

1520 GILIJ. *Ensayo de historia americana*, I, 142.

siquiera una vez en tantos años, he oído hablar de él a ningún indio". Y cita al maipure Veniamari "(que no era escaso ni de ingenio ni de palabras)" quien hablando sobre esta materia solo decía que en alto Caura había una ciudad de fugitivos europeos y "del Dorado sin embargo no decía siquiera una palabra"[1521].

Por último el escritor italiano da su propia interpretación. El Dorado no significa un lugar de oro, "sino un hombre dorado o sobredorado". Y para la confirmación histórica recurre a la carta que el 20 de enero de 1543 escribió Fernando de Oviedo al Cardenal Bembo en la que después de describir el descubrimiento del Marañón por Orellana le habla del Dorado. Dada la importancia que le asigna Gilij transcribimos el párrafo completo.

"No era tanto la canela lo que movió a Gonzalo Pizarro a buscarla, cuanto encontrar juntamente con esta especie un gran príncipe que se llama el Dorado, del cual se tiene mucha noticia en aquellas partes, y dicen que continuamente va cubierto de oro molido, y tan fino como la sal bien molida, porque le parece que no tiene otro vestido ni ornamento que éste, y que placas de oro labradas son cosa gruesa y común y que otros señores pueden vestir, y se visten de ellas cuando les place, pero espolvorearse con oro es cosa muy singular, y de mucho gasto, porque cada día se cubre de nuevo con aluel polvo de oro, y por la noche se lava y lo deja, porque tal vestido no le da embarazo ni le ofende ni molesta su gentil disposición en parte alguna, y con cierta goma o licor odorífero se unge por la mañana y sobre aquella untura echa aquel oro molido, y queda toda la persona cubierta de oro desde la planta del pie hasta la cabeza, tan resplandeciente como una figura de oro trabajada de mano de un excelente orive [orífice], de modo que se comprende por ésto y por la fama que en aquel país hay minas de oro riquísimas. Así que, Reverendísimo Señor, este rey dorado es el que aquellos andaban buscando"[1522].

En conclusión, como en estos lugares solo había naciones

1521 GILIJ. *Ensayo de historia americana*, I, 142-143.

1522 Citado por GILIJ. *Ensayo de historia americana*, I, 143-144.

salvajes e incultas se pretendió "que después de la destrucción del Reino de Perú habían ido allá los omaguas para hacer como una colonia con sus restos. Pero digámoslo de nuevo: son mentiras"[1523].

Las Amazonas[1524]. Según la tradición de los Achaguas existía una isla entre los ríos Orinoco y Meta y en ella un pueblo "que tendrá de longitud una legua" y en él unas casas de piedra que configuraban una ciudad. Este espacio geográfico estaba habitado por las Amazonas, mujeres "varoniles y guerreras" que mantenían sus guerras tanto con naciones "de menor espíritu" como los achaguas así como también con "las naciones más carniceras como son los caribes".

Varias son las historias que adjudican a estas excepcionales mujeres. Una hace referencia al ingreso a la isla, que lo autoriza la Gobernadora "en cierto tiempo" a fin de que otras naciones entren a comerciar con ellas y hace mención expresa de los quirrubas [quirrupas]. En esta oportunidad les permiten pasar la noche pero al amanecer del día siguiente expulsan a los extranjeros con todo rigor. También narran que quitan la vida a sus hijos varones luego que nacen y se reservan únicamente a las hijas.

Con respecto al origen, escribe Rivero, que "fueron Scitas de nación" y habiendo pasado a Capadocia con sus maridos fueron éstos vencidos y muertos en una batalla y ello obligó a las féminas a empuñar las armas y con ellas conquistaron otras tierras. Finalmente fueron vencidas y en su dispersión "unas pasaron a África, otras a Francia y otras al río que hoy se llama de las Amazonas". Sin embargo el cronista apunta "que es poco verosímil que llegasen también la isla que queda dicha, entre el Meta y el Orinoco".

Dentro de este ámbito de creencias se incluye la acción de un clérigo de la ciudad de Santiago de las Atalayas que dedicó 30.000 pesos de plata a "la conquista de las Amazonas" y para ello sacó el título de Gobernador y Capitán General de las Amazonas y

---

1523   GILIJ. *Ensayo de historia americana*, I, 144.

1524   Toda la narración puede verse en: RIVERO. *Historia de las Misiones*, 17-19.

del Dorado que le otorgó el Marqués de Sofraga Presidente entonces del Nuevo Reino de Granada. Trajo a su costa desde Cartagena dos capitanías de soldados "con muchos instrumentos de guerra" y además levantó la *Gran ciudad de Sofraga* a tres leguas de Pauto. Poco duró la empresa pues los soldados desertaron "bien aviados con el pillaje". Como consecuencia de ello dividió su gobierno con D. Martín de Mendoza, encomendero de Casanare. Edificaron un castillo "a dos jornadas de Casanare y a tres del Meta" y desde allí perpetraron entradas contra los Achaguas quienes horrorizados "se hubieron de retirar tierra adentro". Y concluye la narración con la llegada al Castillo de cuatro clérigos quienes "por orden del Arzobispo, prendieron al cura Gobernador, y se lo llevaron, dando en tierra con la pretendida conquista".

Pero si analizamos este texto observaremos que por confesión del propio autor, el "Relato de las Amazonas" pertenece al P. Neira[1525]; sin embargo, ignoramos el grado de fidelidad que haya conservado Rivero en la trascripción del documento neirano, aunque en verdad se trata de una "tradición de los antiguos achaguas, venida de padres a hijos"[1526].

No es nuestro propósito intentar un estudio exegético del texto riverano de las Amazonas, pero sí queremos dejar constancia de sus estratos literarios porque ello confirma el grado de interés de Neira por recoger los relatos de cultura oral achagua en el preciso momento en que se realiza el contacto de los jesuitas con esa nación indígena.

En el "Relato de las Amazonas" se pueden identificar

1525 RIVERO. *Historia de las Misiones*, 17: "No es razón que pasemos en silencio las Amazonas que, según la tradición de los antiguos achaguas, venida de padres a hijos, pueblan también estos países; *diré lo que hallé sobre este punto en una Relación de las misiones escrita por el Padre Neira*". (El subrayado es nuestro).

1526 RIVERO. *Historia de las Misiones*, 17-19. El "Relato" está compuesto de 4 párrafos: el primero corresponde al estrato indígena; el segundo al occidental; y el tercero y el cuarto al mixto. Este último habría que ubicarlo temporalmente entre 1630 y 1636 en que gobernó el Nuevo Reino el Marqués de Sofraga (Cfr. Juan Manuel PACHECO. "El Marqués de Sofraga". En: *Revista Javeriana*. Bogotá, 41 (1954) 37-45; 91-93).

claramente tres estratos diferentes. El primero es de provenencia netamente indígena y en él se describe el hábitat de las Amazonas entre el Meta y el Orinoco y la presencia de los achaguas, los caribes y los quirrubas.

El segundo bebe su esencia en la tradición occidental pues narra el origen escrito de estas míticas mujeres, su estancia en Capadocia y su dispersión posterior en África, Francia, el río Amazonas y una isla entre el Meta y el Orinoco.

El tercero es de inspiración mixta y se vincula a la acción de un clérigo de Santiago de la Atalaya, quien consiguió el título de Gobernador y Capitán General de las Amazonas, otorgado por el Marqués de Sofraga (don Sancho Girón de Narváez) y compartido después con don Martín de Mendoza. También habla de la Gran ciudad de Sofraga a 3 leguas de Pauto y de un castillo a dos jornadas del Casanare y tres del Meta[1527].

Gilij por su parte le dedica un largo capítulo a las Amazonas[1528]. Lo escribe en Roma, el año 1781, en medio de una sociedad intelectual y cultural sumamente crítica.

Su relación es la siguiente. El Dorado y las Amazonas americanas surgieron "al mismo tiempo". Reconoce que no es testigo ocular del hecho pero cree en el relato que le hicieron los quaquas y el indio Vachá. Es una nación de solas mujeres; "es sumamente belicosa, y en vez de hilar algodón como nuestras mujeres, fabrica de continuo cerbatanas y otros pertrechos de guerra". Una vez al año admiten la presencia de los hombres y una vez que quedan embarazadas "les dan en premio cerbatanas, y los devuelven a sus países. En dando a luz matan a los varones y guardan las mujeres para perpetuar la nación"[1529]. Pero al relato anterior une por extenso el del viajero La Condamine[1530] muy rico en información sobre las

---

1527 RIVERO. *Historia de las Misiones*, 22-27.

1528 Gilij de dedica a este tema todo el capítulo VI del Libro I. GILIJ. *Ensayo...*, I, 144-151.

1529 Éste es el relato completo que escuchó Gilij de los quaquas: GILIJ. *Ensayo...*, I, 148.

1530 GILIJ. *Ensayo...*, I, 145-151.

amazonas guayanesas. Y concluye el largo capítulo diciendo que se trata de "un pueblo de mujeres salvajes, en todo semejantes a las otras, excepto que no son débiles como las otras. Yo no les añado ni policía, ni riqueza, ni costumbres civilizadas". Y finaliza: "… hoy las creo bastante pocas, y en número que no excede el de las otras naciones del mediodía"[1531].

Sin embargo, el estudio detallado de esta leyenda le deja al analista algunas dudas. El texto que aduce pertenece casi en su totalidad al viajero La Condamine[1532] aunque abre su disertación con una carta de Fernández de Oviedo al cardenal Bembo de fecha 20 de enero de 1543[1533].

Mas, el lector avisado tiene que preguntarse cuál es el interés del jesuita misionero para insistir en este tema. Y comienza su argumentación diciendo que "no podría omitirlo sin defraudar a mis lectores de las noticias particulares que tengo"[1534] y concluye "libres ya de las cosas que más podían urgir a los literatos o más bien a aquellos que gustan de novedades y lo maravilloso en la historia…"[1535].

En segundo lugar, y pensamos que esa fue su trampa, orienta su interpretación hacia el valor primigenio de la lengua y literatura de los quaquas, habitantes del Cuchivero. Y establece dos premisas: la primera el nombre indígena *Aikeam'-benanó* (una nación de solas mujeres, en tamanaco); y la segunda el testimonio del indio Vachá "el cual no sabía, al menos entonces, ni una palabra de español, para poder decir que había oído hablar de ellas a cualquier europeo y que introducía en la lengua de los tamanacos una fábula"[1536]. Así pues, la fuerza del argumento gilijiano radica en el peso que para él tienen las literaturas indígenas no contami-

---

1531 GILIJ. *Ensayo…*, I, 150 y 1515.
1532 GILIJ. *Ensayo…*, I, 145 y ss.
1533 GILIJ. *Ensayo…*, I, 143 y 145.
1534 GILIJ. *Ensayo…*, I, 144.
1535 GILIJ. *Ensayo…*, I, 152.
1536 GILIJ. *Ensayo…*, I, 148.

nadas ya que su valor proviene de la originalidad del relato que de ninguna manera puede tener influjos europeos. Y una vez aceptada la narración del indio Vachá la enriquece con la de La Condamine. El fundamentalismo crítico en pro del valor de la lengua indígena no penetrada por el castellano le hizo víctima de su propio error.

Ciertamente, Gilij cometió un error histórico por ser fiel al texto indígena y examinarlo a la luz de la pureza lingüística no contaminada por los influjos lingüísticos extraños como es este caso de las Amazonas[1537].

Cunill Grau también alude a algunos párrafos en que nuestro autor ofrece visiones de geografía críptica, "reconociendo la existencia de influencias sobrenaturales o factores no observables ni explicables"[1538].

Entre los relatos "ingenuos" todavía debemos hacer referencia al "salvaje peludo".

Rivero describe al salvaje" –figura al parecer mítica- como tan parecido a una criatura racional, que visto de lejos "apenas se puede distinguir si es bruto o algún indio de los que salen a cazar". Según Rivero habitaba "especialmente en la [montaña] de Macaguane y Betoyes" y para su descripción se remite al testimonio del capitán de la escolta, Domingo Zorrilla. Narra este soldado

---

[1537] Gilij de dedica a este tema todo el capítulo VI del Libro I. GILIJ. *Ensayo...*, I, 144-151. Pensamos que su trampa radicó en su interpretación del valor primigenio de la lengua y literatura de los quaquas, habitantes del Cuchivero. Y establece dos premisas: la primera el nombre indígena *Aikeam'-benanó* (una nación de solas mujeres en tamanaco); y la segunda el testimonio del indio Vachá "el cual no sabía, al menos entonces, ni una palabra de español, para poder decir que había oído hablar de ellas a cualquier europeo y que introducía en la lengua de los tamanacos una fábula" (GILIJ. *Ensayo...*, I, 148). Así pues, la fuerza del argumento gilijiano radica en el peso que para él tienen las literaturas indígenas no contaminadas ya que su valor proviene de la originalidad del relato que de ninguna manera puede tener influjos europeos.

[1538] Pedro CUNILL GRAU. "Felipe Salvador Gilij...", 27. Véase: Horacio CAPEL. "Organicismo, fuego interior y terremotos en la Ciencia Española del siglo XVIII". En: *Cuadernos críticos de Geografía Humana*. Barcelona, 27-28 (1980) 1-95.

que caminando por la montaña de Macaguane divisó en la maleza "una bestia parada en los dos pies, con la cabeza y brazos como si fuera hombre, de mediana estatura, gruesa la cabeza y poblado de pelo todo el cuerpo". La primera impresión fue de sorpresa y cuando reaccionó para dispararle, "el salvaje percibió el ruido de la llave, puso los ojos en el capitán" y partió a velocidad de allí y se emboscó en el interior de la montaña[1539].

Gumilla afirma que en su viaje de Caracas a Cádiz (1738) "trajeron un feroz salvaje para la leonera del Rey nuestro señor"[1540].

Justifica Gilij[1541] la inclusión de este tema en su *Ensayo* ya que no "soy el primero en presentarlo". Por una parte recurre a la autoridad del *Diccionario de Historia natural* de M. Bomare[1542]; por otra se acoge a la curiosa relación del señor Juan Ignacio Sánchez "persona honradísima, y uno de los señores principales de la tierra de San Carlos en los Llanos de Caracas"[1543]. Sin embargo, más adelante, afirma que "no conocí a ningún indio que me dijese que lo había visto con sus propios ojos (…) Todos temen al salvaje, y como habita en lugares inaccesibles, nadie se atreve a acercarse a ellos por temer por su vida. Pero todos dicen las mismas cosas, y narran de él hechos sucedidos a sus antepasados"[1544].

Es un animal bípedo y en tamanaco le llaman *achi*. Tiene una figura humana y no se diferencia de los hombres sino en los pies "cuyas puntas están naturalmente vueltas hacia atrás, como por astuto artificio de Caco lo fueron antaño las huellas de los

---

1539   RIVERO. *Historia de las Misiones*, 15-16.

1540   GUMILLA. *El Orinoco ilustrado*, 308.

1541   Alfredo PAOLILLO y Aldemaro ROMERO DÍAZ: (1989, 172): se trata de una creencia popular en Venezuela. Se le suelen atribuir las cualidades descritas al oso frontino o de anteojos: *Tremarctos ornatus*.

1542   Jacques-Christophe VALMONT DE BOMARE. *Dictionnaire raisonné universel d'histoire naturelle*. Lyon, Hnos. Bruyset, 1761, 15 vols. Ver tomo III, entrada "Homme sauvage".

1543   GILIJ. *Ensayo de historia americana*, I, 223.

1544   GILIJ. *Ensayo de historia americana*, I, 224.

bueyes por él robados"[1545]. Es todo peludo de la cabeza a los pies, "sumamente libidinoso, y rapta si se le antoja a las mujeres"[1546]. Habita en los montes más altos y en los países de los mapoyes, cerca del río Paruasi hay una montaña que la llaman *achi-tipuíri* que significa montaña de los salvajes y cerca de la Guayana hay otro monte que se llama Achi[1547].

Aquí casi se mezcla el análisis lingüístico de la toponimia con la leyenda típicamente europea. Después de analizar todas las informaciones cruzadas y a pesar de que no tiene testimonios directos de los indígenas que lo hayan visto o conocido, le concede a la leyenda cierto crédito[1548]. En realidad este mito del salvaje, tan europeo, pervive todavía en muchos medios rurales en Venezuela y Colombia[1549].

Ponemos fin a este capítulo con el tema de la fábula como conocimiento. Fue el jesuita italiano el que más se preocupó por estos asuntos y a él hay que recurrir hasta que se puedan descubrir las fuentes inéditas.

El cielo creían que era una bóveda puesta encima de la tierra. Todos los objetos de hierro piensan que son "hechos con trozos de cielo arrancados a golpes de pico". Y de los objetos llevados desde Europa estaban convencidos de que eran obra de sus difuntos que en el camino se los robaban los españoles pues en sus fábulas los tamanacos después de su muerte iban a vivir a esos países[1550].

Las lluvias creían que era la orina de Kineméru que ha-

1545 Es una alusión clásica que se encuentra en el Libro VIII de la *Eneida* de Virgilio (versos 193 y siguientes).

1546 GILIJ. *Ensayo de historia americana*, I, 223.

1547 GILIJ. *Ensayo de historia americana*, I, 224.

1548 GILIJ. *Ensayo...*, I, 223-224.

1549 Sobre la bibliografía del mito, véase: Angelina POLLAK ELTZ. "Mitos". En: FUNDACION POLAR. *Diccionario de Historia de Venezuela*. Caracas (1997) 196-200. Edmundo MAGAÑA. "Gilij: ideología y mitología guayansa". En: *Montalbán*. Caracas, 21 (1989) 125-152.

1550 GILIJ. *Ensayo de historia americana*, II, 196-197.

bitaba en lo alto de del monte Paurari, situado enfrente de la Encaramada, y cuando éstas se desarrollaban en otras partes se debían a sus hijos que eran muchos. El trueno era un disparo del fusil de Kineméru[1551].

Del sol, la luna y las estrellas Gilij transcribe las declaraciones de Mayacoto: "Los de arriba son personas como nosotros. Las estrellas son sus ojos, está animado el sol, animada también la luna, cuya mujer es aquella estrella (señaló a Venus), la cual se ve bien debajo, bien encima, pero siempre a poca distancia del marido"[1552]. A una la llamaban *peye* (la tortuga de río), a la otra *cani* (la tortuga de tierra), pero muerto el cacique Monaíti ya no pueden ofrecer más explicaciones[1553].

Sobre la cintura de Orión (las Cabrillas) señalan la siguiente metamorfosis. Salieron a pescar un indio con su mujer y como ésta no tolerara las represiones de su marido le cortó ligeramente una pierna con un hacha. El marido, habiéndose levantado en alto se convirtió en una estrella y por ello se la llama "el sin pierna"[1554].

Habitan en los lagos unas grandes serpientes que llaman *Tuna-imu* (padre del agua) y piensan "que si mueren aquellos monstruos cesan del todo las aguas"[1555].

A ocho leguas de distancia de la Encaramada se encuentra una roca llamada *Tepu meréme*, es decir, piedra pintada. Gilij la visitó y vio unas pinturas "que están en la bóveda de la susodicha cueva no son más que groseras líneas hechas antiguamente con alguna piedra, y no tienen ninguna apariencia de letras". Y los indios dicen que "las hizo cierto Amalivacá, que ellos tienen por su Dios". Al viejo continente lo llaman "el otro lado del mar"[1556].

También poseen una tradición según la cual el mar llegó

1551 GILIJ. *Ensayo de historia americana*, II, 197.
1552 GILIJ. *Ensayo de historia americana*, II, 197.
1553 GILIJ. *Ensayo de historia americana*, II, 198.
1554 GILIJ. *Ensayo de historia americana*, II, 198-199.
1555 GILIJ. *Ensayo de historia americana*, II, 198.
1556 GILIJ. *Ensayo de historia americana*, II, 199-200.

hasta la Encarmada y que los países ahora secos "estuvieron sumergidos en las aguas" cosa que "no parece inverosímil"[1557].

De los europeos tienen noticias muy débiles. A los españoles les llaman *Pongueme*, esto es, gente vestida; a los holandeses los caribes les llaman *Paranákari*, habitantes del mar[1558].

Para quien desee una visión elaborada de estos mitos nos remitimos al ensayo de Edmundo Magaña que ofrece un amplio panorama sobre este tema[1559].

7. Un marco de referencia para la Lingüística del Oriente venezolano

Hemos juzgado conveniente insertar una especie de mapa lingüístico de lo que fue el Oriente venezolano y la presencia jesuítica en este gran proyecto digno de ser estudiado en nuestra historia de la Filología colonial.

Como afirma Francisco Javier Pérez la tradición lingüística en Venezuela fija sus orígenes a finales del siglo XVI a pesar de que existen investigadores que lo nieguen, aunque "siempre por desconocimiento"[1560]. Sin embargo, esta tradición se mantendría hasta el siglo XIX cuando la lingüística venezolana irrumpa en los

---

1557 GILIJ. *Ensayo de historia americana*, II, 200.

1558 GILIJ. *Ensayo de historia americana*, II, 200.

1559 Edmundo MAGAÑA. "Gilij: ideología y mitología guayanesa". En: *Montalbán*. Caracas, 21 (1989) 125-151.

1560 Francisco Javier PÉREZ HERNÁNDEZ. *Historia de la lingüística en Venezuela desde 1782 hasta 1929*. San Cristóbal (1988) 12. Arístides ROJAS. "Literatura de las lenguas indígenas de Venezuela". En: *Estudios indígenas. Contribución a la historia antigua de Venezuela*. Caracas: Imprenta Nacional (1878) 155-188. Blas BRUNI CELLI. *Venezuela en cinco siglos de imprenta*. Caracas, Academia Nacional de la Historia (1998) 1.263-1.267. Günther HAENSCH. "Dos siglos de lexicografía del español de América: Lo que se ha hecho y lo que queda por hacer". En: Gerd WOTJAK y Klaus ZIMMERMANN (Eds.). *Unidad y variación léxicas del español de América*. Frankfurt/Main, Vervuert Verlag (1994) 42.

terrenos de la gramática con un sólido grupo de obras que adquirirían su carta de ciudadanía con la figura de don Andrés Bello.

Sin lugar a dudas fue la Provincia de la Nueva Andalucía la primera personificación del afán misionero por afrontar el reto de las lenguas indígenas en la región[1561]. Y serían algunos representantes de la familia macrocaribe las que serían objeto de estos primeros estudios. Y como conceptúa el historiador de esta disciplina en Venezuela "no puede dejarse de entender que significaron el esfuerzo lingüístico más vasto de los que se haya emprendido en nuestra historia de la lingüística. Más aún, la que hoy consideramos ausencia de métodos científicos no puede dejar de comprender la solvencia de muchas de estas producciones y los valiosos refinamientos ensayados para inmiscuirse en los resquicios más impenetrables de estas lenguas, siempre llenas de enigmas para estos lingüistas, no por vocacionales menos visitados por la intuición y el tino certero"[1562].

Las Misiones institucionales se inician en el Oriente venezolano con los franciscanos que habían fundado en 1656 su convento en Cumaná con la vista puesta en la gran región de los

---

1561 Odilo GÓMEZ PARENTE. *Labor Franciscana en Venezuela: I. Promoción indígena.* Caracas, Universidad Católica Andrés Bello (1979) 429-440. Buenaventura de CARROCERA. *Lingüística indígena venezolana y los misioneros Capuchinos.* Caracas, Universidad Católica Andrés Bello (1981). J. A. RAMOS MARTÍNEZ y Cayetano de CARROCERA. *Memorias para la historia de Cumaná y Nueva Andalucía.* Cumaná. Universidad de Oriente, II (1980) 367-390. Blas BRUNI CELLI. *Esfuerzo lingüístico: Las misiones franciscanas de la Nueva Andalucía y la plenitud del encuentro.* Caracas, Academia Venezolana de la Lengua (1998) 16-19 [Discurso de incorporación como Individuo de Número]. Francisco Javier PÉREZ. *Estudios de lexicografía venezolana.* Caracas, Ediciones La Casa de Bello (1997) 18 y 43.

1562 Francisco Javier PÉREZ. *La historia de la lingüística en Venezuela y su investigación historiográfica* [Discurso de Incorporación como Individuo de Número]. Caracas: Academia Venezolana de la Lengua, correspondiente de la real Academia Española, (2005) 55.

cumanagotos[1563] y en 1658, de forma sorpresiva, hacen su aparición los capuchinos aragoneses que también venían a laborar tierras misionales de esa esquina nororiental de Venezuela[1564].

Pero si retomamos el hilo histórico de la lingüística misional venezolana debemos confesar que no deja de llamar a reflexión el monumental esfuerzo realizado por los hijos de Francisco de Asís para haber elaborado en tres décadas tan significativos aportes a la lengua cumanagota.

El iniciador de este movimiento sería el P. Manuel de Yangües quien redactó las primeras "Reglas de la lengua cumanagota" mejoradas con el devenir de los años por Matías Ruiz Blanco[1565]. En 1680 publicaba Francisco de Tauste su *Arte, y Bocabulario de la lengua de los indios Chaymas, Cumanagotos, Cores, Parias, y otros diversos de la Provincia de Cumaná o Nueva Andalucía*[1566]. Tres años más tarde sacaba a la luz pública Matías Ruiz Blanco su "Diccionario de la Lengua de los Indios Cumanagotos, y Palenques"[1567] y en 1690 seguían "Reglas para la inteligencia de la lengua de los Indios de Píritu" y "Tesoro de Nombres, y verbos, y verbos de esta lengua, con algunas frases, y modos de hablar particulares", en *Arte y tesoro de la Lengua Cumanagota*[1568].

Pero de igual forma debemos hacer referencia a otro hecho histórico que todavía hoy no alcanza a ser explicado en toda su profundidad. Debemos aclarar que aunque los jesuitas neogranadinos

---

1563 Odilo GÓMEZ PARENTE. *Labor Franciscana en Venezuela: I. Promoción indígena.* Caracas, Universidad Católica Andrés Bello (1979) 125-137.

1564 Buenaventura de CARROCERA. *Lingüística indígena venezolana y los misioneros Capuchinos.* Caracas, Universidad Católica Andrés Bello (1981) 13-14.

1565 GÓMEZ PARENTE. *Labor Franciscana en Venezuela*, 416-417.

1566 Julio PLATZMANN. *Algunas obras raras sobre la lengua cumanagota.* Leipzig, B. G. Teubner, I (1888) 5-43.

1567 Julio PLATZMANN. *Algunas obras raras sobre la lengua cumanagota.* Leipzig: B. G. Teubner, II (1888) 73-220. GOMEZ PARENTE. *Labor Franciscana en Venezuela*, 418-450.

1568 Julio PLATZMANN. *Algunas obras raras sobre la lengua cumanagota.* Leipzig, B. G. Teubner, III (1888, vol. III) 47-250.

nunca pudieron acampar en tierras del caribe, sí lo hicieron los ignacianos galos que venían de las Islas caribeñas. Y esa presencia jesuítico-francesa en la esquina nororiental de Venezuela se lleva a cabo entre 1653 y 1656, es decir, es previa a todo el movimiento misional que se desarrolla tanto en Colombia como en Venezuela.

La efímera presencia de los ignacianos galos en el núcleo del Guarapiche legó, al menos, una crónica de su historia y el primer documento filológico que conoció la luz pública dentro del acervo bibliográfico producido por la Compañía de Jesús en Venezuela.

Se puede considerar como un aporte interesante para la Historia de la Filología venezolana la *Introduction à la langue des Galibis*[1569], pequeño folleto de 30 páginas, editado en París en 1655 por el P. Pierre Pelleprat.

Sobre la personalidad literaria de este misionero francés hablaremos más adelante.

Un complemento a la historia de la lingüística guayanesa del siglo XVII es la obra del jesuita cartesiano Denis Mesland ya que los documentos nos hablan de pariagotos, aruacos y guayanos. Quizás haya que inclinarse hacia los pariagotos puesto que las fuentes más cercanas nos hablan claramente de esta nación[1570].

En medio de tantas lagunas es lógico que el estudio de lo filológico participe de similares imprecisiones. Por los biógrafos de Mesland conocemos la existencia de un *Arte y Vocabulario,* así como una serie de *Pláticas y Canciones piadosas*[1571] que recogen la

---

1569 PELLEPRAT. *Introducción àla langue des Galibis, sauvages de la Terre Ferme de l'Amerique méridionale.* Par le P. Pierre Pelleprat, de la Compagnie de Jesús. A París, chez Sebastian Cramoisy, pp. 30 y una hoja para el Privilegio.

1570 Nos inclinamos a pensar que eran pariagotos los indios misionados porque: 1. Los documentos relativos a la dejación de la misión hablan claramente de Pariagotos (AGI. *Santo Domingo,* Leg. 678). 2. Rivero en su manuscrito de la *Historia de las misiones* también habla de los Pariagotos. 3. El término "guayanos" lo vemos por primera vez en *El Mudo Lamento* de Tapia(p. 173).

1571 Archivo inédito de Uriarte-Lecina. Es una lástima que el P. Lecina no indique la fuente de donde ha tomado la referencia.

labor misional de una década en ese medio guayanés tan inestable y adverso.

Quizá pueda llamar la atención la rapidez con que el jesuita cartesiano sintonizó con los pariagotos pero no debemos olvidar que tanto el gálibi como esta lengua guayanesa pertenecía a lo que Tovar denomina "caribe costeño"[1572]. Así pues, la afinidad lingüística de la gran familia caribe explicaría la facilidad con que Mesland pudo entablar contacto con los indígenas inmediatos a Santo Tomé de Guayana.

La Babel lingüística del Orinoco medio. En estas dilatadas y oscuras geografías se detectan hoy las sucesivas ocupaciones tanto de los aruacos y caribes así como también intrusiones tan disímiles como la de los pueblos de la gran etnia macrochibcha o de etnias tan lejanas como la Tupí-guaraní. Casi podríamos parodiar con R. H. Robins que el Orinoco significaba una nueva Babel de naciones y lenguas[1573].

Todo estudioso conoce a grandes rasgos estas fases orinoquenses que brillaron tanto en el bajo Orinoco como en el medio con sus sorprendentes montículos funerarios y hasta con sus elevadas calzadas de piedra en los Llanos inundables[1574].

Este mundo caribe, o mejor macrocaribe, puede ser considerado, desde su ingreso en la hoya orinoquense algunas centurias antes de la llegada de Colón, como el pueblo de la navegación fluvial o marítima. Muy probablemente su acceso a la gran Orinoquia debió efectuarse por una doble vía: la fluvial amazónica desde el Matto Grosso y la marítima por la desembocadura del Amazonas y su lanzamiento costero e insular en el Mediterráneo americano. Por ello, tanto los caribes fluviales como los marítimos aportarán

---

1572 Antonio TOVAR y Consuelo LARRUCA DE TOVAR. Catálogo de las lenguas de América del Sur con clasificaciones, indicaciones tipológicas, bibliografía y mapas. Madrid, Edit. Gredos (1984) 138-139.

1573 Robert H. ROBINS. *Breve historia de la lingüística.* Madrid, Cátedra (2000) 155.

1574 Mario SANOJA e Iraida VARGAS. *Antiguas formaciones y modos de producción venezolanos.* Caracas, Monte Avila Editores, 1991.

una gran cosmovisión del mundo y del agua: "Mar y Río" de donde y por donde todo nació y emergió[1575].

En verdad, no resulta fácil sistematizar las lenguas del gran río venezolano. Las razones son obvias: en primer lugar por el multifacetismo de la idiomática orinoquense que, por una parte obligó a los misioneros a prestar una atención muy desigual a la filología indígena ya sea por la pobre posibilidad que depende del factor tiempo (casi siempre los espacios temporales no superan los cinco lustros) ya sea por la triste perspectiva que presentaba el exiguo número de componentes de algunas naciones; y en segundo lugar, estas mismas circunstancias provocaron en el misionero "lenguaraz" la obligación de dominar varios idiomas, todo lo cual imposibilita una estructuración abierta a una rápida comprensión del lector.

De esta forma resulta fácil comprender que en el estudio de la "Filología orinoquense" predominen más las personalidades que reflexionan sobre las lenguas indígenas que un auténtico "corpus" encaminado a facilitar directamente el proceso de aculturación de ese mosaico anárquico de naciones.

Y pensamos que los Superiores de la Misión del Orinoco todos dieron ejemplo de la preocupación por la lingüística como lo demuestra José Gumilla que dominó la lengua betoy[1576] y estudió con ahínco la caribe, la otomaca[1577], la jirara y otras[1578]. Manuel Román, sucesor del autor de *El Orinoco ilustrado*, aunque la his-

---

1575 Daniel de BARANDIARÁN. "El Orinoco amazónico de las Misiones jesuíticas". En: José DEL REY FAJARDO (Edit.). *Misiones jesuíticas en la Orinoquia*. San Cristóbal, II (1992) 269-272.

1576 RIVERO. *Historia de las Misiones*, 361. CASSANI. *Historia de la Provincia*, 238. GILIJ. *Ensayo de historia americana*, III, 332. "La lengua betoy fue reducida a Gramática por el P. Gumilla, manuscrito". AGI. *Santafé*, 298. *Relación del P. Mateo Mimbela*: "… perfeccionándose tanto en el lenguaje que en breve pudo predicarles y enseñarles haciendo Vocabulario y algunas notas importantes para su inteligencia".

1577 CASSANI. *Historia de la Provincia*, 306.

1578 CASSANI. *Historia de la Provincia*, 237: "… hasta que bien instruido en la lengua jirara, y con bastantes y con bastantes noticias de otras, y no pocas que pudo adquirir de su estudio".

toriografía jesuítica no se ha fijado en su faceta lingüística, nos consta que se desempeñó con precisión, al menos, con el sáliva[1579]. El siguiente superior Bernardo Rotella, según el testimonio fidedigno del H. Agustín de Vega, "supo con perfección dos lenguas que fue la cariba y la de los Achaguas, las más generales en todo el Orinoco"[1580]. Roque Lubián fue perito en el sáliva[1581]. Felipe Salvador Gilij, el más preclaro de los lingüistas jesuitas del Orinoco tuvo un talento especial para las lenguas como lo demuestran sus estudios del tamanaco y maipure[1582] y José Mª. Forneri se distinguió por sus conocimientos del yaruro[1583].

También el H. Agustín de Vega fue un excelente lenguaraz lo que le permitió adentrarse en la psicología, en la cotidianidad y en las formas de vida de los indígenas a los que sirvió. Nos consta, por lo menos, de sus conocimientos del sáliva[1584], del maipure[1585] y del achagua[1586]. Pero su ir y venir por toda la gran arteria fluvial nos asoma a la capacidad que tenía para observar el ámbito de

---

1579   Agustín de VEGA. *Noticia del Principio y progresos*, 567: "... llegó el Padre Manuel Román al Orinoco, para que como sabía la lengua sáliva cuidara del pueblo de Nuestra Señora de los Angeles".

1580   Agustín de VEGA. *Noticia del Principio y progresos*, 749.

1581   HERVÁS Y PANDURO. *Catálogo de las Lenguas*, I, 221: "En los manuscritos del señor don Roque Lubián, antes citado, doctísimo y zelosísimo misionero de los sálivas, se ha hallado la siguiente advertencia...".

1582   ALVARADO. *Informe reservado*, 311: "Es dotado [Gilij] de espíritu de lenguas del país y de la Tamanaca y Maypure ha compuesto un bello diccionario".

1583   ARSI. *Opera Nostrorum*, 342, fol., 202v.

1584   Hablando del P. Capuel dice que en Pararuma le escuchó pronto predicar en lengua sáliva "y yo le oía y hablaba con bastante propiedad" (Agustín de VEGA. *Noticia del Principio y progresos*, 74).

1585   Agustín de VEGA. *Noticia del Principio y progresos*, 95. Cuando acompaña a don Antonio Jordán al Raudal de Atures entabla diálogo con los maipures "entendiéndome lo que les hablaba, admirándose que hablase su lengua gente blanca".

1586   Agustín de VEGA. *Noticia del Principio y progresos*, 95. En la misma oportunidad del Raudal relata que "hallé un indio quirrupa, que estaba en artículo mortis, me apliqué a catequizarlo en la lengua achagua, que es la misma de su nación".

los modos de expresión autóctonos. Así dirá que la lengua de los atures "es diversa de todas"[1587] y que los guaypunabis entendían muy bien la de los cabres[1588].

Pero es conveniente que dejando atrás el perfil lingüístico desarrollado por los seguidores de Ignacio de Loyola en las selvas del Orinoco pasemos a mencionar el grupo de naciones que de forma preferente atrajeron el interés de los jesuitas: Yaruros, otomacos, maipures, tamanacos y sálivas; a través de estos núcleos se fueron o se intentó polarizar a los pueblos circunvecinos.

Y descendiendo directamente al contenido de las Literaturas concretas ubicadas en el área misional de la Orinoquia, no es mucho el material que hemos logrado recoger, aunque lo juzguemos suficiente para abrir nuevas rutas a una Historia de la Filología jesuítica.

Pronto se adueñó del idioma yaruro el P. Francisco del Olmo "en la que también salió Maestro en poco tiempo" y es "indecible lo que padeció en su reducción [de los yaruros]"[1589]. Fruto de este interés le llevó a escribir su *Arte y Vocabulario* antes de 1740[1590], pero no nos atrevemos a precisar la fecha del *Catecismo... de los indios que habitan las orillas del Meta y Casanare, tributarios del Orinoco*[1591]. Con todo, su eterna vida andariega[1592] le debió distraer de la preocupación por el mejoramiento y corrección de sus notas gramaticales, pues según el juicio de su sucesor el P. José Forneri le resultaron insuficientes; al cabo de 3 años podía gloriarse

---

1587   Agustín de VEGA. *Noticia del Principio y progresos,* 78.

1588   Agustín de VEGA. *Noticia del Principio y progresos,* 671.

1589   El testimonio de Vega es muy diciente porque convivió con esta etnia y ha dejado excelentes relatos de su modo de actuar: VEGA. *Noticia del Principio y Progresos,* 665.

1590   GUMILLA. *El Orinoco ilustrado,* 204. Quizás más se adapta a la realidad la apreciación de Gilij de que escribió "algunas notas" (GILIJ. *Ensayo de Historia americana,* III, 332)

1591   *Archivo inédito Uriarte-Lecina.* Papeletas de del Olmo.

1592   GILIJ. *Ensayo de Historia americana,* III, 104.

de haber redactado una obra nueva: *"una grammatica compita e un abbondante dizionario"*[1593].

José María Forneri (1719-?)[1594] fue otro de los "misioneros volantes" cuya acción consistía en recorrer las selvas para reclutar nuevas naciones indígenas para las reducciones[1595]. Su aporte a la filología yarura se puede sintetizar en: *Elementos gramaticales de la Lengua Yarura*[1596]; *Gramática y diccionario de la Lengua Yarura*[1597]; *Gramática y vocabulario de la lengua Yarura*[1598] y completaría su obra

---

1593   ARSI. Opp. NN. 342, fol. 202v.

1594   DEL REY FAJARDO. *Biblioteca de Escritores jesuitas neogranadinos*, 290-293.

1595   GILIJ. *Ensayo de Historia americana*. Caracas, III, 104-105: "No es mi intención hacer aquí la lista de todos los viajes de este misionero. Dejando, pues, los que hizo al fortín de Cuseri en el río Atabapo, a la nación de los maipures en el Tuapu, y los muchos y fatigosos que hizo también a los yaruros, esbozaré solo aquel que hizo por tierra en busca de los piaroas, que habitan en las cercanías del Venituari (sic)".

1596   ARSI. *Opera Nostrorum*, 342, fols., 202r-209v. La traducción castellana la publicamos en: *Aportes jesuíticos a la filología colonial venezolana*. Caracas, II (1971) 277-288.

1597   ARSI. *Opera Nostrorum*, 342, fol., 202-202v. Citamos por nuestra traducción castellana: "El P. Olmo, mi antecesor, sabía muchísimo de la lengua Sáliva; cuando conversaba con los yaruros usaba siempre este idioma, que era comprendido bien por ellos. Aprendió la lengua yarura y recogió algunos breves elementos que me dejó cuando le sucedí. Empecé a aprender las primeras nociones de la lengua con estos elementos, pero enseguida me di cuenta de su imperfección; por lo que, viendo que no eran suficientes para aprender bien la lengua y encontrándome sin un compañero (puesto que en cada misión del Orinoco solo había un misionero por la escasez de Jesuitas en la provincia de Santa Fe) me puse con todo empeño posible a aprender la lengua con una práctica continua hablando con los Yaruros; *y después de tres años tuve el consuelo de poder hacer una Gramática bastante completa y un Diccionario abundante, que luego dejé a mi sucesor el P. Miguel Mellis...*" (DEL REY FAJARDO. *Aportes jesuíticos a la filología colonial*, II, 280).

1598   AIUL. Papeletas: Forneri, José María: "Pensó en imprimirlo el P. Gilij como apéndice del t. IV de su obra y dejó de hacerlo creyendo que los iba a publicar el P. Hervás". Esta gramática es distinta a la reseñada en la entrada anterior. La primera se quedó en el Orinoco al tiempo de la expulsión de 1767. La segunda

con la hoy perdida *Relación de la religión, costumbres y ceremonias de los indios yaruras*[1599].

De su colaboración a la obra de Hervás hablaremos más abajo; a pesar de todo creemos conveniente transcribir un párrafo de una carta de Gilij a Hervás con fecha 25 de marzo de 1784: "Estos índices, y otras noticias que se contienen en los papeles que en esta carta incluyo, había yo determinado imprimir con la *gramática jarura* de nuestro común amigo el señor Don Joseph Forneri en un apéndice al tomo IV de mi obra: mas con placer abandono mi intención y empeño, sabiendo que V. piensa publicarla en su vasta obra de las lenguas"[1600].

La lengua yarura Gilij la clasifica como matriz[1601] y de la misma forma la percibe Hervás[1602]. Sin embargo Tovar aduce que esta lengua "presenta interesantes semejanzas de léxico con las lenguas chibchas" por lo que parece acertada la propuesta de considerarla como tal[1603].

Los otomacos han pasado a la literatura histórica venezolana

---

fue redactada en Italia, muchos años después, con las imperfecciones que ello supone.

1599   AIUL. Papeletas: Forneri, José María.
1600   HERVÁS. *Catálogo de las Lenguas*, I,203.
1601   GILIJ. *Ensayo de historia americana*, III, 175: "La lengua de los yaruros se cree que es también matriz, y de las voces que hay en ella mezcladas de los otomacos se piensa que han venido del trato de los yaruros con esta nación".
1602   HERVAS. *Catálogo de las Lenguas*, I, 226: "La lengua yarura, o por mejor decir japoen, es matriz de buen artificio, y tiene algunas palabra otomacas por lo que, quien entienda algo de estas dos lenguas, fácilmente se puede equivocar juzgando que tengan afinidad, o sean dialectos de una lengua matriz; mas su afinidad consiste en algunas palabras, que a las dos naciones han sido comunes por su trato que será antiguo" (Hervás cita aquí textualmente una carta del P. Forneri).
1603   Antonio TOVAR y Consuelo LARRUCA DE TOVAR. *Catálogo de las lenguas de América del Sur con clasificaciones, indicaciones tipológicas, bibliografía y mapas*. Madrid, Edit. Gredos (1984) 182.

por su valentía[1604], por el juego de la pelota[1605] y por la geofagia[1606]. Su hábitat se extendía desde la desembocadura del Cinaruco hasta el río Apure[1607]. Acosta Saignes incluye en su clasificación de las áreas culturales venezolanas además de los otomacos a los guamos, taparitas y parcialmente a los yaruros[1608].

La lengua otomaca la clasificó Gilij como matriz[1609] y Hervás y Panduro adoptó la misma opinión que el jesuita italiano pero después de conocer los manuscritos del P. Roque Lubián se inclinó a clasificarla como de la familia caribe[1610]. Loukotka la considera como matriz con dos dialectos: el taparita y el maiba o amaygua[1611]. Tovar la ubica en el grupo Tucano y "se puede poner en relación con el antiguo taparita"[1612].

El P. Gumilla se cuenta entre los cultivadores de esta lengua[1613]; pero entre los considerados como "entendidos" sobresale el P. Juan Bautista Polo (1723-177?)[1614], aunque hasta el momento no se haya encontrado ningún escrito suyo. Los bibliógrafos Uriarte y Lecina hacen referencia *Apuntes varios sobre la lengua /ilegible/*

[1604] GILIJ. *Ensayo de historia americana*, I, 133-134.

[1605] GUMILLA. *El Orinoco ilustrado*, 147.

[1606] GUMILLA. *El Orinoco ilustrado*, 149. GILIJ. *Ensayo de historia americana*, II, 254-255.

[1607] GILIJ. *Ensayo de Historia americana*, I, 67.

[1608] Miguel ACOSTA SAIGNES. *Estudios de Etnología antigua de Venezuela*. Caracas, Universidad Central de Venezuela (1961) 53.

[1609] GILIJ. *Ensayo de historia americana*, III, 174.

[1610] HERVÁS. *Catálogo de las lenguas*, I, 221.

[1611] LOUKOTKA. *Classification of Soth American Languages*. Los Ángeles, University of California (1968) 149.

[1612] Antonio TOVAR y Consuelo LARRUCA DE TOVAR. *Catálogo de las lenguas de América del Sur* con clasificaciones, indicaciones tipológicas, bibliografía y mapas. Madrid, Edit. Gredos (1984) 163.

[1613] CASSANI. *Historia de la Provincia de la Compañía...*,306.

[1614] GILIJ. *Ensayo de historia americana*, III, 252.

del P. Juan Bautista Polo, misionero del Orinoco[1615] sin que hayamos podido descifrar el idioma al que refiere la nota.

Fuera del estudio vasco-otomaco emprendido por el P. Miguel Ibaseta es necesario resaltar los "Apuntamientos sobre la lengua otomaca"[1616] del P. Bernardo Rotella y los "Apuntes sobre la lengua y costumbres de los indios otomacos" del P. Enrique Rojas (1729-?)[1617].

La mejor información de que disponemos de las etnias de nuestro gran río pertenece a los tamanacos.

La lengua tamanaca la clasificó su misionero como dialecto del caribe[1618] sin embargo Hervás sugerirá que no descienden de los caribes[1619]. Tovar confirma la tesis de Gilij[1620].

El haber sido el P. Gilij el primer misionero, y el único, de esta etnia pues a ella dedicó 18 años y medio de su vida, es decir, toda su biografía misionera[1621] nos introduce a una consideración que generalmente se pasa por alto a la hora de valorar el esfuerzo que suponía aprender la lengua de naciones tan pequeñas.

Cuando el 6 de julio de 1767 se le intimó la expulsión de los dominios españoles y la expropiación de todos sus bienes la cultura venezolana perdió no solo lo mejor que se había escrito sobre la lingüística y la literatura tamanaca sino que en nombre del "despotismo ilustrado" todas las investigaciones del sabio misionero italiano desaparecieron para siempre.

Es lógico que el lector moderno se pregunte a dónde fueron

1615 AIUL. Papeletas: Polo, Juan Bautista. La lectura de la lengua es ininteligible: Maypure?, Mapoye ?. Lo cierto es que era versado en la otomaca.

1616 *Archivo inédito Uriarte-Lecina*, Papeletas Rotella.

1617 *Archivo inédito Uriarte-Lecina*. Papeletas Rojas.

1618 GILIJ. *Ensayo de historia americana*, III, 174.

1619 HERVÁS. *Catálogo de Lenguas*, I, 212.

1620 Antonio TOVAR y Consuelo LARRUCA DE TOVAR. *Catálogo de las lenguas de América del Sur con clasificaciones, indicaciones tipológicas, bibliografía y mapas*. Madrid, Edit. Gredos (1984) 138-141.

1621 GILIJ. *Ensayo de historia americana*, II, 155.

a parar la *Gramática y diccionario de la lengua tamanaca*[1622] así como la *Gramática y vocabulario de la lengua maypure*[1623].

Pero más allá del ámbito gramatical el misionero de La Encaramada buscó siempre la sabiduría de los ancianos del pueblo para acrecentar los conocimientos literarios le llevaron a redactar tanto las *Narraciones indígenas en Tamanaco y Maipure*[1624] así como también las *Poesías*[1625] en ambas lenguas.

Y como es natural toda su docencia espiritual y ascética con la que pretendía acrecentar los conocimientos espirituales de sus feligreses quedó recogida en las *Instrucciones diversas en lengua tamanaca y maipure*[1626]. De igual forma la *Doctrina Christiana y*

1622 GILIJ. *Ensayo de historia americana*, III, 140: "Así hice yo en las *dos gramáticas*, tamanaca y maipure, en los *respectivos diccionarios* y en las diversas instrucciones por mi compuestas en las susodichas lenguas". ALVARADO. *Informe reservado*, 311: "Es dotado [Gilij] de espíritu de lenguas del país y de la Tamanaca y Maypure ha compuesto un bello diccionario". Sin embargo, en el Archivo inédito Uriarte-Lecina (Papeletas: GILIJ. Felipe Salvador) se reseña: "C. *Arte de la lengua Tamanaca*. D. *Vocabulario Tamanaco-Español*". No aducen aquí ninguna fuente. HERVAS. *Biblioteca jesuítico española*, II, GILIJ: "... él fue el primer escritor de la gramática y de los vocabularios de las lenguas tamanaca y maipure".

1623 GILIJ. *Ensayo de historia americana*, III, 140. ALVARADO. *Informe reservado*, 311. AIUL. Papeletas: GILIJ, Felipe Salvador: "E. *Arte de la lengua Maypure*. F. *Vocabulario Maypure-Español*". HERVAS. *Biblioteca jesuítico española*, II, GILIJ: "... él fue el primer escritor de la gramática y de los vocabularios de las lenguas tamanaca y maipure".

1624 GILIJ. *Ensayo de historia americana*, III, 39: "Tuve cuidado, preguntando a los entendidos, de ponerlos *todos* por escrito y de escudriñarlos con diligencia. Son simples prosas ...". Y en (III, 176): "Yo en la lengua de los maipures y tamanacos tuve relatos hermosísimos transcritos por mi, es decir, aquellos mismos que con las mismas palabras oyeron ellos a sus ancianos". En el mismo tomo III (pp. 176-180) recoge Gilij dos pequeños ejemplos.

1625 GILIJ. *Ensayo de historia americana*, II, 232: "Hice algunas rimas tanto en tamanaco como en maipure. Pero aunque las escucharon con placer, nunca hubo alguno que me dijera que las había también en sus lenguas".

1626 GILIJ. *Ensayo de historia americana*, III, 140: "Así hice yo (...) en las diversas instrucciones por mi compuestas en las susodichas lenguas". HERVÁS. *Biblioteca*

Sermones morales en las lenguas Tamanaca y Maypure[1627] se erigen como una pieza fundamental para comprender no solo el método y el alcance picológico-religioso de la catequización, sino también como documento literario en tamanaco y maipure, a juzgar por el breve ejemplo que nos ha conservado Gilij en su *Ensayo de Historia Americana*[1628].

En el Archivo del P. Hervás y Panduro reposa un interesante *Epistolario* que recoge parte de la correspondencia mantenida entre el P. Gilij y el autor del *Catálogo de las Lenguas* desde el 7 de junio de 1783 al 25 de febrero de 1784[1629].

Tampoco podemos pasar por alto sus estudios de gramática comparada como "La comparación de la lengua areveriana y maquiritare con el caribe", aunque no llegamos a concluir el que la aserción de Gilij equivalga a la realidad de un escrito o de algún estudio[1630], pero de ello trataremos más adelante. Asimismo desconocemos la fuente de inspiración de otra supuesta producción gilijiana citada por los dos mencionados bibliógrafos españoles: "Selecti (?) documenti di parecchie Lingue dell'America Meridionale, e d'alcuni dell'Europa"[1631].

Todo lo dicho acerca de los tamanacos debemos repetirlo

---

jesuítico española, II, GILIJ: "Estos manuscritos dejó el autor en la Encaramada antes nombrada".

1627   AIUL. Papeletas: GILIJ, Felipe Salvador: "Quedaron en la Encaramada el año 1767 al ser desterrados los jesuitas".

1628   GILIJ. *Ensayo de Historia americana*, III, 176-180.

1629   Las cartas se encuentran en la Biblioteca Vaticana. *Vat. Lat.*, 9802. Todas ellas las publicamos en nuestra obra: *Aportes jesuíticos a la filología colonial venezolana*. Caracas, II (1971) 205-237. Sobre el contexto: Miguel BATLLORI. "El archivo lingüístico de Hervás en Roma y su reflejo en Wilhelm von Humboldt". En: *Archivum Historicum Societatis Iesu*. Roma, 20 (1951) 59-116.

1630   GILIJ. *Ensayo de Historia americana*, II, 234: "Así pienso que les haya sucedido a los areverianos, así a los maquiritares, así a algunos otros, cuya lengua fue comparada por mi a la de los caribes".

1631   Archivo inédito Uriarte-Lecina. Papeletas Gilij.

con los maipures pues juntos habitaron la reducción de San Luis de la Encaramada, juntos fueron misionados por el P. Gilij y juntos compartieron toda la acción cultural y religiosa llevada a cabo por el jesuita italiano.

Gumilla los situó de forma algo imprecisa a partir de las bocas del Meta, Orinoco arriba, junto con los sálivas, atures, quirrupas y abanes[1632]. Pero hay que recurrir al autor del *Ensayo de Historia americana* para precisar sus orígenes geográficos: habitaron la región del Ventuari[1633] y dentro de esa zona las riveras del río Auvana[1634]. Con la llegada de las Misiones jesuíticas se trasladarían a la Encaramada[1635] y al Raudal de Atures, en 1748, juntamente con los abanes[1636].

Gilij cataloga el maipure como lengua matriz y tiene como dialectos "el avane, el meepure, el cávere, el parene, el güipunave, el kirrupa y muchos otros lenguajes escondidos en el alto Orinoco, en el Río Negro y en el Marañón"[1637]. Tovar de igual forma lo considera arahuaco central[1638].

1632 GUMILLA. *El Orinoco ilustrado*, 203.

1633 GILIJ. *Ensayo de historia americana*, I, 132.

1634 GILIJ. *Ensayo de historia americana*, I, 58.

1635 GILIJ. *Ensayo de historia americana*, I, 58-59.

1636 GILIJ. *Ensayo de historia americana*, I, 75.

1637 GILIJ. *Ensayo de historia americana*, III, 175. Y el mismo Gilij en su (tomo II, 56) explicará: "Su lengua, como facilísima de aprender, se ha convertido entre los orinoquenses en lengua de moda, y quién poco, quién mucho, quién medianamente, quién bien, la hablan casi todos". HERVÁS Y PANDURO. *Catálogo de las Lenguas...*, I, 220-221: "El señor don Manuel Álvarez, que ha sido misionero de los achaguas en el pueblo llamado San Juan Francisco de Regis, en la ribera del río Meta, me ha dicho que los achaguas le decían que entendían bastante bien a los guamos del río Apure, y a los guagivos, y a los cabres o cáveres; y este dicho señor Alvarez parece probar que todas estas lenguas son dialectos maipures (...) Puede ser que la semejanza de estas lenguas consista en tener muchas palabras usuales, que sean comunes a todas ellas". Antonio TOVAR y Consuelo LARRUCA DE TOVAR. *Catálogo de las lenguas de América del Sur*, 126-128.

1638 Antonio TOVAR y Consuelo LARRUCA DE TOVAR. Catálogo de las

La producción gramatical, lingüística y literaria de esta etnia la hemos tratado al hablar de los tamanacos y ellos nos remitimos. En el Raudal de Atures también el P. Francisco del Olmo laboró con esta etnia y nos legó *Apuntamiento para completar el Arte y Vocabulario de la lengua Maypure*[1639].

Un índice del florecimiento de los estudios filológicos se vislumbra en la aparición de una problemática variada —para muchos exótica quizá— pero que en realidad denota la preocupación por llegar a las razones últimas de la Filosofía del Lenguaje.

La documentación fundamental la ofrece el *Ensayo de Historia Americana* del P. Gilij; hubiese sido interesantísimo completar la visión del jesuita italiano con los inventarios efectuados 1767 a raíz de la expulsión de la Compañía de Jesús a pesar de nuestra paciente búsqueda y revisión de los expedientes, si exceptuamos Casimena, Surimena y Macuco, en las demás reducciones los inventariadores silencian estos trabajos, que por otra parte nos consta que existieron[1640].

Largo tuvo que ser el recorrido intelectual del misionero para poder descubrir el valor lingüístico y poético que florecía más allá de la palabra indígena en su afán por adquirir un nuevo lenguaje y construir así el genuino discurso iluminado.

De ensayos sobre las lenguas del Orinoco en general, nos han llegado referencias muy vagas: "Apuntes sobre las lenguas del Orinoco" del P. Juan Nepomuceno Buckhart[1641], *Observaciones sobre las lenguas de las naciones inmediatas a la yarura* del P. José

---

lenguas de América del Sur con clasificaciones, indicaciones tipológicas, bibliografía y mapas. Madrid, Edit. Gredos (1984) 1126-128.

1639   AIUL. Papeletas: DEL OLMO, Francisco.

1640   V. gr. la *Gramática Yarura*. ARSI. Opp. NN. 342. "Elementi Grammaticali della lingua yarura". Fol. 203v. En el mismo fondo puede verse el testimonio del P. Padilla "Elementi grammaticali delle lingua betoy".

1641   Archivo inédito Uriarte-Lecina. Papeletas Burckhard.

María Forneri[1642] y algunas especulaciones sobre algunos idiomas del Orinoco del P. Manuel Álvarez[1643].

Nos consta de los estudios comparativos que los jesuitas, sobre todo centroeuropeos, establecieron con las lenguas del viejo continente e incluso orientales. El P. Juan Nepomuceno Burckhart (1719-1758), gran conocedor del griego y del hebreo[1644], intentó formular una comparación entre las lenguas sacras, incluido el siríaco y las orinoquenses pero sin llegar a ningún resultado[1645]. Análogos planteamientos establecieron algunos misioneros alemanes tratando de establecer referencias con las lenguas germánicas[1646]. El jesuita vizcaíno Miguel Ibaseta (1719-1755) ensayó el estudio comparativo entre el vasco y el otomaco, pero su prematura muerte hizo que el trabajo quedara inconcluso[1647]. De igual forma el historiador italiano de la Orinoquia contrapuso las lenguas areveriana y maquiritare a la caribe[1648].

8. Literaturas indígenas

En diversos lugares de esta obra hemos hecho alusión a las producciones literarias realizadas tanto en los Llanos casanareños. Sin embargo, para la historia de la lingüística indígena producida por los seguidores de Ignacio de Loyola remitimos al lector a nuestro libro *Nosotros también somos gente*[1649].

1642   HERVÁS. *Catálogo de las Lenguas*. I, 225-227.

1643   HERVÁS. *Catálogo de las Lenguas*, I, 220-221.

1644   GILIJ. *Ensayo de historia americana*, IV, 289.

1645   GILIJ. *Ensayo de historia americana*, III, 132.

1646   GILIJ. *Ensayo de historia americana*, III, 131.

1647   GILIJ. *Ensayo de historia americana*, III, 131.

1648   GILIJ. *Ensayo de historia americana*, III, 234.

1649   José DEL REY FAJARDO. *Los jesuitas en Venezuela*. Tomo IV: *Nosotros también somos gente. (Indios y jesuitas en la Orinoquia)*. Caracas, Academia Nacional de la Historia (2011) 167-228.

CAPÍTULO 6
CUATRO PERSONALIDADES CLAVES PARA LA VISIÓN
JESUÍTICA DE LA FILOLOGÍA COLONIAL VENEZOLANA

No es fácil para el investigador no especializado en el tema poder afrontar con soltura la gran variedad de información histórica, y por ende lingüística, muy fragmentada por cierto, ya que lo que denominamos la "gran Orinoquia" la constituían durante el dominio hispánico las siguientes entidades: Guayana y su Provincia[1650], el Llano colombo-venezolano[1651], la intensa biografía colonial del río Orinoco[1652] y la mirada expansiva de las Provincias de Venezuela[1653] y de la Nueva Andalucía[1654]. A ello habría que añadir los

---

1650 Dada la complejidad de la literatura escrita sobre Guayana hemos optado por remitir al lector a la información que suministra el *Diccionario de Historia de Venezuela*: Álvaro GARCÍA CASTRO. "Guayana, Provincia de". En: FUNDACIÓN POLAR. *Diccionario de Historia de Venezuela*. Caracas, Fundación Polar, II (1997) 594-597.

1651 Nos permitimos sugerir: Jane M. HAUSCH. *Una frontera de la sabana tropical. Los llanos de Colombia, 1531-1831*. Santafé de Bogotá, Colección Bibliográfica. Banco de la República, 1994. María Eugenia ROMERO MORENO. Luz Marina CASTRO AGUDELO. Amparo MURIEL BEJARANO. *Geografía humana de Colombia. Región de la Orinoquia*. Santafé de Bogotá, Instituto Colombiano de Cultura Hispánica, 1993.

1652 Marco Aurelio VILA. "Orinoco, río". En: FUNDACIÓN POLAR. *Diccionario de Historia de Venezuela*. Caracas, Fundación Polar, III (1997) 436-438.

1653 Allan Randolph BREWER-CARÍAS. "Venezuela, territorio de". En: FUNDACIÓN POLAR. *Diccionario de Historia de Venezuela*. Caracas, Fundación Polar, IV (1997) 232-245.

1654 FUNDACIÓN POLAR. "Nueva Andalucía, provincia de". En: FUNDACIÓN POLAR. *Diccionario de Historia de Venezuela*. Caracas, Fundación Polar, III (1997) 337-340.

intentos expansionistas de naciones extranjeras como Holanda, Francia, Inglaterra y Brasil.

Por otra parte, como la historia del aporte de la Compañía de Jesús a la historia de la filología venezolana colonial la hemos desarrollado in extenso en nuestro libro *Los jesuitas en Venezuela*[1655] nos circunscribiremos aquí a estudiar cuatro grandes personalidades que a nuestro juicio sintetizan las cuatro grandes visiones sobre los aborígenes venezolanos y sus lenguas.

El francés Pierre Pelleprat (1606-1667) abre en 1655 en París la visión jesuítica del Oriente de Venezuela con sus proyecciones geográficas de los espacios que se ubican entre el Orinoco y el Amazonas y con la acertada cosmovisión del mundo caribe tanto insular como continental. Es la primera presencia jesuítica venezolana en las historiografías francesa, antillense y guayanesa.

El castellano Alonso de Neira (1635-1706) representa el primer ensayo misional neogranadino más allá del movimiento filológico desplegado por los seguidores del de Loyola en tierras americanas a través de las Cátedras universitarias para las lenguas indígenas. El hombre y la cultura de la nación achagua asumen conciencia de su identidad gracias a la obra misional de este desconocido jesuita.

El valenciano José Gumilla (1686-1750) con su publicación de *El Orinoco ilustrado* en 1741, en Madrid, abre la época de la ilustración de la Orinoquia. Sin lugar a dudas se situaba en un momento crucial para la historia de las ideas en el mundo occidental. Su contexto así parece indicarlo, pues, *El espíritu de las leyes*, de Montesquieu, aparece en Ginebra a finales de 1748. En el mismo año Buffon publica su primer volumen de *Historia Natural*, que sienta las bases epistemológicas de las nuevas ciencias naturales. Rousseau publica en 1749 su famoso *Discurso sobre las Ciencias y las Artes*; Condillac, su *Tratado de los Sistemas*; y D'Alambert, sus

---

1655 José DEL REY FAJARDO. *Los jesuitas en Venezuela.* Tomo IV: *Nosotros también somos gente. (Indios y jesuitas en la Orinoquia).* Caracas, Academia Nacional de la Historia, 2011.

Investigaciones sobre la precisión de los Equinoccios. Los hombres de la Orinoquia hacían acto de presencia en el mundo de la ilustración.

El italiano Felipe Salvador Gilij (1721-1789) se erige como el primer escritor orinoquense quien con personalidad intelectual propia ocupó un sitial de honor en el ámbito de las ciencias lingüísticas mundiales.

1. Pedro Pelleprat (1606-1667)[1656]

Cuando mediaba el siglo XVII inició la Compañía de Jesús en el Oriente venezolano dos intentos misionales totalmente indepen-

---

1656 ARSI. *Aquitania*, 6 a 10: Catálogos de 1625 a 1656.Catálogos de la Provincia de México: 1659 a 1667.*Monografías*: Jules PELLISSON. «Les deux Pelleprat». En: *Bulletin de la Societé des Archives Hist. de Saintongne*, t. IV (1883) 21-26. MONTEZON, *Mission de Cayenne et de la Guayane Françaises.* Paris, Julien. Lanier, Cosnard, (1857). La *Relation des Missions*ocupa de la pág. 1 a la 193. En las páginas introductorias tiene una breve biografía. José DEL REY. «Estudio Preliminar» (Pierre PELLEPRAT. *Relato de las Misiones de los Padres de la Compañía de Jesús en las Islas y en Tierra Firme de América Meridional.* Caracas, 1965, vol. 77 de la Biblioteca de la Academia Nacional de la Historia), pp. XXII-LXI.—. *Bio-bibliografía de los jesuitas en la Venezuela colonial.* Caracas (1974) 436-438.*Enciclopedias:* Henricus RYBEYRETE. *Scriptores Provinciae Franciae Societatis Jesv, Ab anno 1640 ad annum 1670, jussu R. P. Stephani Dechamps, Provincialis ejusdem provinciae collecti ab Henrico Rybeyrete ejusdem Sociatatis,* 1670. (Mss.) 299-301. Nathanael SOTVELLO [SOUHWELL. SOTWELL]. *Bibliotheca Scriptorvm Societatis Jesu.* Opvs inchoatvm a R. P. Petro Ribadeneira Eivsdem Societatis Theologo, anno salutis 1602 [sic]. Continvatvm a R. P. Philippo Alegambe Ex eadem Societate, vsque ad annum 1642. Recognitum, et productum ad annum Jubilaei M.DC.LXXVI. A Nathanaele Sotvello Eiusdem Societatis Presbytero... Romae, I. A. De Lazzaris (1676) 691. Carlos SOMMERVOGEL. *Bibliothèque de la Compagnie de Jésus.* [Reimpresión por el P. M. DYKMANS. Héverlé-Louvain. Éditions de la Bibliothèque S. J. Collège philosophique et théologique, 1960]. Tomo VI () 450.

dientes: El de Guayana (1646) con sede en Santo Tomé[1657] y el del Guarapiche (1651) llevado a cabo por los jesuitas franceses[1658].

La rápida actuación del Gobierno de Guayana, el fracaso de la Compañía de Tierra Firme, y sobre todo la rectitud con que procedió el misionero francés Denis Mesland[1659], hicieron que a partir del año 1654 se unificaran en cierto sentido ambos intentos bajo la corona española para desembocar en el fracaso total en 1681[1660].

Claro-oscuros en la personalidad de Pierre Pelleprat

No ha sido afortunado este abnegado hijo de Ignacio de Loyola ni en su biografía francesa ni en la valoración de su obra histórica y lingüística[1661].

El primer problema que se debe enfrentar es la dilucidación de las tres personalidades de apellido Pelleprat.

El primero es Pierre Pelleprat, párroco de Ars y desconocido por los bibliógrafos de las grandes Enciclopedias, oriundo de Burdeos, doctor en Teología y preceptor del conde de Bremond, y a quien atribuyen de las *Prolusiones Oratoriae*[1662].

Muy poco sabemos de Pedro Ignacio Pelleprat; en los diversos catálogos que hemos revisado aparece siempre dedicado a una vida de entrega sacerdotal a la sociedad de las ciudades del

---

1657 Gabriel MELGAR. *Carta Anua:* Archivo Romano de la Compañía de Jesús. N. R. et Q. 12, I, fol. 196 y ss.

1658 PELLEPRAT. *Relation des Missions.* L. II; c. 1º (83).

1659 J. DEL REY FAJARDO. "Apuntes para una biografía misional del P. Dionisio Mesland (1615-1672)".

1660 J. M. PACHECO. *Los jesuitas en Colombia.* II, 387.

1661 Véase: Pierre PELLEPRAT. *Relato de las Misiones de los Padres de la Compañía de Jesús en las Islas y en Tierra Firme de América Meridional.* Estudio preliminar por José del Rey. Caracas, Academia Nacional de la Historia, 1965.

1662 Jules PELLISSON. "Les deux Pelleprat". *Bullet de la soc. des Archiv. hist. de Saintonge.* t. IV (1883) 21-26.

Sur de Francia. El año 1636 lo encontramos en Fontenay-le-Comte como capellán de la flota real[1663] y en 1640 en la "casa de los Exorcistas". Fue ésta una misión impuesta a los jesuitas y que el General P. Mucio Vitelleschi tuvo que aceptar de mala gana debido a las presiones de Luis XIII y del cardenal Richelieu. La existencia de esta residencia se extiende del año 1634 al 1641. El oficio de exorcista era ejercitado por los jesuitas en Loudum y aquí se entronca con la historia de los posesos y del convento de las Ursulinas[1664]. Según Sommervogel, y con él todos los escritores posteriores, las *Prolusiones Oratoriae* se deberían al P. Pedro Ignacio Pelleprat, preceptor del marqués de Bremond[1665].

El verdadero Pierre Pelleprat[1666] nació en Burdeos en 1606 e ingresó en la Compañía de Jesús el 23 de septiembre de 1623 después de haber concluido sus estudios humanísticos[1667]. Realizó los estudios de Filosofía y Teología dentro de la Orden. En 1645 había abandonado la docencia para dedicarse a la oratoria[1668]. En 1651 se embarcó en La Rochelle para trabajar en las misiones jesuíticas de las Antillas[1669]. En junio de 1653 acompañaba al P. Dionisio Mesland a la Misión del Guarapiche en la fachada oriental venezolana[1670] ya que el sabio cartesiano había llegado a Tierra Firme

---

1663 Pierre DELATTRE, S.J. *Les établissements des Jésuites en France depuis quatre siècles*. Repertoire Topo-Bibliographique publiée á l'occasion du Quatrième Centenaire de la fondation de la Compagnie de Jésus 1540-1940 sous la direction de Pierre Delattre. Enghien-Wetteren, Institut Supérieur de Théologie-Imprimerie de Meester Frères, II (1953) 999.

1664 DELATTRE, S.J. *Les établissements des Jésuites en France...*, II, 1.457-1.458.

1665 SOMMERVOGEL. *Bibliothèque de la Compagnie de Jésus*. VI, 450.

1666 Véase: José DEL REY FAJARDO. *Biblioteca de escritores jesuitas neogranadinos*. Bogotá, Editorial Pontificia Universidad Javeriana (2006) 537-539.

1667 ARSI. Provincia de Aquitania. Catálogo de 1625.

1668 ARSI. Provincia de Aquitania. Catálogo de 1645.

1669 PELLEPRAT. *Relato de las Misiones de los Padres de la Compañía de Jesús en las Islas y en Tierra Firme de América Meridional*. Caracas (1965) 20.

1670 PELLEPRAT. *Relato de las Misiones de los Padres de la Compañía de Jesús en las*

porque los Cores, los Arotes, los Paria, los Caribes y los Gálibis eran amigos de los franceses[1671] y estaban confederados contra los Aruaca y Chaimagotos, aliados de los españoles[1672]. El 22 de enero de 1654 se veía obligado a abandonar el continente por enfermedad[1673]. El 16 de febrero de 1655 retornaba a Francia[1674]. El 15 de junio de 1656 se embarcaba en Nantes, con la "Compañía de Tierra Firme", para dar comienzo a la nueva misión del Guarapiche[1675]. Para el 6 de febrero de 1657 la empresa había fracasado[1676]. En 1658 trabajaba en Méjico en la misión de los indios taraumaras[1677]. En 1662 vivía en la residencia de San Luis de la Paz[1678]. Falleció en Puebla de los Ángeles el 21 de abril de 1667[1679].

Pelleprat, punto de encuentro de tres historiografías distintas

La presencia de los jesuitas franceses en la fachada oriental de Venezuela obliga al investigador a descubrir las causas que mo-

---

Islas y en Tierra Firme de América Meridional, 54.

1671 PELLEPRAT. *Relato*, 51.

1672 PELLEPRAT. *Relato*, 50.

1673 PELLEPRAT. *Relato de las Misiones*, 94.

1674 PELLEPRAT. *Relato de las Misiones*, 45.

1675 J. Bapt. DU TERTRE. *Histoire Génerale des Antilles habités par les françois.* París, Chez Thomas Iolly, au Palais, en la Salle des Merciers, à la Palme, & aux Armes d'Hollande, I (1667) 481-491.

1676 J. Bapt. DU TERTRE. *Histoire Génerale des Antilles habités par les François*, 488-489.

1677 ARSI. Provincia de México. Catálogo de 1658.

1678 ARSI. Provincia de México. Catálogo de 1662.

1679 SOTWELL. *Bibliotheca scriptorum Societatis Jesu, opus inchoatum a R. P. Petro Ribadeneira, ejusdem Societatis Theologo, anno salutis 1602, continuatum a R. P. Philippo Alegambre, ex eadem Societate, usque ad annum 1642. Recognitum & productum ad annum Iubilaei MDCLXXV a Nathanaele Sotvello ejusdem societatis Presbytero*. Romae, ex Typographia Jacobi Antonii de Lazzaris Varesii, MDCXXVI, 691.

tivaron la realidad de un anillo histórico poco estudiado en torno a lo que en aquel tiempo denominaron como el Guarapiche. Y una de las más importantes la constituyó los frecuentes intercambios migratorios sobre todo caribes.

El punto de partida se inicia con la evolución de la literatura histórica de esa imprecisa zona geográfica pues al analizar las arterias vitales de la bibliografía descubre que nuestro personaje se inscribe de forma pasajera pero real en tres grandes familias historiográficas: la antillense, la "guyanesa" y la venezolana.

La historiografía antillense. La vinculación pellepratiana a la Historia religiosa de las Antillas obedece no solo a una realidad de presencia histórica sino también al hecho de que toda la primera parte de la *Relation des Missions* está consagrada al mundo insular caribe.

Las fuentes para el estudio del establecimiento de los jesuitas en las Antillas, en su primera época, pueden reducirse a tres personalidades: Jacques Bouton, Pierre Pelleprat y Jean Manguin[1680].

El núcleo misional jesuítico del Caribe francés se distinguió por sus hombres y por su inteligente proyección hacia el continente. El fundador, Jacques Bouton, fue al decir de Rybeyrete "grande en todas las cosas"[1681]. En un pequeño libro de 141 páginas, escrito a los tres meses de estancia y que ha pasado a la categoría de curiosidad bibliográfica, ha reflejado unas grandes dotes de observación y de historiador. Se trata de la *Relation de l'établissement des François en l'isle de la Martinique,* París, 1640[1682].

1680 M. F. de MONTÉZON. *Mission de Cayenne et de la Guyane Française,* Paris, Julien. Lanier, Cosnard, 1857.

1681 RENNARD (Abbé). *Essai bibliographique sur l'histoire religieuse des Antilles françaises.* Paris, Seceétariat des Pères du Saint-Esprit (1931) 15.

1682 Jacques BOUTON. *Relation de l'éstablissement des François depuis l'an 1635 en l'ile de la Martinique, une des Antilles de l'Amérique.* Des moeurs des sauvages, de la situation et des autres singularités de l'isle. Paris, Cramoisy, 1640. Par le P. Jacques Bouton. (Nacido en Nantes el 15 de julio de 1591, ingresa en la Compañía de Jesús el 2 de septiembre de 1610. Profesor de

Otro gran aporte lo constituyen las tres cartas del P. Jean Manguin escritas a lo largo del trienio 1679-1682. Como sus colegas Bouton y Pelleprat la estancia en las Islas es un episodio dentro de su vida, aunque en realidad sus 8 años de permanencia (1676-1684) aventajan el haber de los otros dos escritores[1683]. Así tenemos:

1º *De la Martinique. Le dix mai 1679. Une lettre au R. P. Antoine Pagez, provincial de la Compagnie de Jésus en la province de Toulouse,* 34 págs.
2º *De Saint Christophe, au mois de mai 1682. Une lettre a une persone de condition du Languedoc,* 98 pág.
3º *Des lettres contenant des rélations sur la Mission de la Martinique (1678-1681),* 117 págs.[1684].

No estará de más el señalar a modo de apéndice otros tres escritos de los que hace mención Rennard al fin de su capítulo dedicado a las fuentes jesuíticas del siglo XVII. Se trata de las Memorias concernientes a la Misión de los Padres de la Compañía de Jesús en las islas francesas de América (42 págs.); una carta del P. René de la Vigne escrita desde San Cristóbal al Provincial el 1º de mayo de 1662 recogida por Rybeyrete; y por último otra del P. Juan Hallay sobre Martinica en 1657[1685].

Nuevas dimensiones nos proporcionan las fuentes bibliográficas contemporáneas sobre todo G. De Vaumas en su *L'éveil*

Filosofía y Teología. Parte en 1640 a Martinica pero regresa al poco tiempo a Europa; muere el 7 de noviembre de 1658. Cfr. SOMMERVOGEL. *Bibliothèque,* II, 53; RENNARD, *Essai bibliographique,* 12 y ss.)

1683 Jean Manguin, nacido en Carcasona el 14 de febrero de 1637; después de varios años dedicado a la enseñanza, parte para Martinica en 1676 y tras su regreso en 1684 se dedica en Francia a la predicación. Cfr. RENNARD, *Essai bibliographique,* 17-18.

1684 Abbé RENNARD. *Essai bibliographique,* 18.

1685 Abbé RENNARD. *Ibid.*

missionnaire de la France au XVIIe. siècle[1686], el *Dictionnaire biographique de la Martinique* de Bernard David[1687] y los interesantes estudios de Giovanni Pizzorusso sobre las misiones católicas en las Antillas[1688].

La historiografía guyanesa. Dentro de estas perspectivas continentales la misión de Cayena y Guyana adquirió una significación extraordinaria y consecuentemente toda la literatura escrita nos aboca a su interpretación.

Es importante resaltar que para esas fechas se manejaba el doble concepto que puede tener la palabra Gálibi: para Venezuela su sentido se restringe a una área concreta ubicada en el Oriente del país, y en nuestro caso concreto al Guarapiche. Para los europeos la amplitud geográfica y étnica se extiende incluso hasta la actual Guayana francesa[1689], pues identificaban las tierras de los Gálibis

---

1686   G. DE VAUMAS. *L'éveil missionnaire de la France au XVIIe. Siècle*. París, Bloud & Gay. Bibliothèque de l'histoire de l'Eglise. Collection publiée sous la direction de e. Jarry, 1959.

1687   Bernard DAVID. *Dictionnaire biographique de la Martinique (1635-1848)* "Le Clergé". Tome I. 1635-1715. Fort-de-France, Société d'Histoire de la Martinique, 1984.

1688   Giovanni PIZZORUSSO. *Roma nel Caraibi: organizzazione delle missione cattoliche nelle Antille en el Guyana (1635-1675)*. Ecole Franciase, 1995, así como su artículo "Ordini regulari, missione e politica nelle Antille del XVII secolo". En Flavio RURALE. *I Religiosi a Corte. Teologia, politica e diplomazia in Antico Regime*. Roma, Bulzoni (1998) 249-286.

1689   Cuando Pelleprat habla de la Lengua Gálibi *(Relato de las Misiones*, 82, dice: "Mi gran deseo de aprender esta lengua se acrecentaba todavía más porque la consideraba casi tan universal y corriente en Tierra Firme, como la latina en Europa").Ha sido la bibliografía francesa la que ha confundido el concepto de *Gálibi:* Claude de la Mousse, S.J.
1. *Relation du second voyage du P. Jean de la Mousse, chez les Indies de la riviére de Sinamary, en 1684.* MS.
2. *Relation du troisieme voyage, chez les Galibis, en 1686.* MS.
3. *Extrait de quelques letres, écrites de Cayenne, en 1687.* MS.
4. *Relation du voyage dans les Isles de l'Amérique et dans les nnnées 1688, 1689, 1690 et 1691.* MS.

con las enormes territorios ubicados al sur del Orinoco y con el devenir del tiempo el hábitat de Cayena[1690].

En efecto, los ignacianos franceses que laboraron en la esquina nororiental de Venezuela pronto entendieron las posibilidades que ofrecía aquella inmensa fachada atlántica desguarnecida e ignorada. Y sus buenas relaciones con la etnia en la que laboraban como misioneros les llevó a diseñar un campo misional.

Tras el primer contacto de Denis Mesland en Tierra Firme con los Gálibis se planteó entre los jesuitas franceses de las Islas la sugerencia de que además de Guarapiche buscaran otro terreno misional en Guayana, de forma tal que si se vieran obligados a abandonar el primero pudieran seguir trabajando en el segundo con los infieles[1691]. Y Antonio Monteverde había programado la "Misión de Tierra Firme" para el quehacer misional jesuítico-francés, proyecto que al final de su vida afirmaba que hubiera podido ser "una de las mejores [misiones] y más considerables de todas las Indias"[1692].

---

5. *Grammaire et Dictionaire de la langue Gálibi.* M.S.
Dominicus LACOSTE O. P. *Catechismus Doctrinae Christianae lingua Galibiorum vernacula.* Ms. (Cfr. STREIT. *Bibliotheca Misionum*, II, 704). Voyage. De la France. Equinoxiale. En l'Isle de Cayenne, Entrepris Par Les François. En LAnnée M.DC.LII. Diuisé en trois Livres. Le Premier, contient l'establissement de la Colonie. Son embarquement & sa rout iusques a son arriuée en l'isle de Cayenne. Le Seconde, ce qui s'est passé pendant quinze mois que Ton a demeuré dans le pais. Le Troisieme traitte du temperament du pais, de la fertilité de sa terre, et des moeurs & façons de faire des Sauuages de cette contrée. Avec vn Dictionaire de la Langue du mesme pais. Par M. Antoine Biet, Prestre, Curé de Ste. Geneviéve de Senlis Supériour des Prestes qui ont passé dans le Pais. A París, Chez Francois Clozier dans le Cour du Palais, proche l'Hoste du Premier President. M.DC.LXIV. Avec Privilege Du Roy. 412 ffnc, 432 pp.

1690   Guillaume de VAUMAS. *L'éveil missionnaire de la France au XVIIe siècle.* Paris, Bloud& Gay (1959) 229-232.

1691   PELLEPRAT. *Relato*, 53.

1692   ARSI. *Fondo Gesuitico*, vol., 757, nº 244. *Carta del P. Monteverde al P. Asistente de Francia.* Pauto, 16 de abril de 1669.

Una síntesis de los aportes bibliográficos de los jesuitas franceses en Cayena durante los años en que nos movemos la aporta Fortuné de Montézon en su volumen dedicado a la *Mission de Cayenne et de la Guyana Française*[1693]. Y es de resaltar que sea Pierre Pelleprat quien abra esta dimensión historiográfica nueva, que históricamente viene a ser la prolongación de la acción misionera insular gala en el Continente.

Dentro de este grupo de escritores conviene resaltar a los Padres Jean Grillet, François Béchamel y Aimé Lombard.

El viaje de penetración en territorio indígena realizado por los PP. Jean Grillet y François Béchamel del 25 de enero al 27 de junio de 1674 nos ha quedado todo íntegro registrado en un interesante diario: *Voyage que les PP Jean Grillet et François Béchamel, de la Compagnie de Jésus, ont fait dans la Guyane en 1674*[1694].

Los comienzos de la misión dentro de su marco histórico los conocemos por una carta del P. Grillet escrita en 1668 desde Cayena, con ocasión del regreso a la misión después de su cautiverio en Barbados tras la ocupación inglesa: *Lettre du P. Jean Grillet premier supérieur de la mission de la Compagnie de Jésus, a Cayenne du 14 juin 1668, adressée a París, a un religieux de la meme Compagnie*[1695].

También es interesante la *Lettre du P. Aimé Lombard, missionaire de la Compagnie de Jésus, a son frère, en France, a la date du 13 decembre 1723*[1696]. Este escrito no se encuentra en la Colección

---

1693 De MONTEZON [Fortuné DEMONTEZON] . *Mission de Cayenne et de la Guyane française*. París, Julien. Lanier, Cosnard, 1857. *La Relation des Missions del P. Pierre Pelleprat* ocupa en este volumen de la página 1 a la 193. Cfr. Paul MURY, *Les Jésuites a Cayenne: Histoire d'une mission de vingt-deux ans dans les pénitenciers de la Guyane*, Strasbourg-Paris, Le Roux, Rétaux & Fils, 1895. (En la introducción viene a desarrollar el autor la misma concepción que Montézon.)

1694 MONTÉZON. *Mission de Cayenne et de la Guyane française*, 227-276.

1695 MONTÉZON. *Mission de Cayenne et de la Guyane française*, 195-226.

1696 MONTÉZON. *Mission de Cayenne et de la Guyane française*, 276-366.

de *Cartas edificantes*, sin embargo apareció en el tomo IV, c. I, de *Nonveau Voyage en Guinée et a Cayenne* de Marchais[1697].

Para asomarse a la visión francesa y vaticana del problema es necesario recurrir a estudios como los de Giovanni Pizzorusso[1698] y Guillaume de Vaumas[1699] que conjugan la acción política y diplomática de expansión francesa de Richelieu con la desarrollada por "Propaganda Fide" de Roma. Sin embargo Marc de Civrieux se ubica en una visión franco-venezolana que trata de explicar la presencia francesa en el Oriente de Venezuela[1700]. Por otro lado Miguel Ángel Perera presenta un panorama más bien ecléctico en el que trata de descubrir los elementos constitutivos del problema para poder asomarse a las explicaciones históricas[1701].

La historiografía venezolana. Esta coordenada ubica consecuentemente las relaciones de Pelleprat con la historiografía jesuítica antillense, venezolana y guyanesa.

En este mundo historiográfico no solo su obra sino también la persona y su biografía, en su conjunto armonizado, definen el valor y el sentido de esta nueva coordenada.

Pero dentro de la historiografía jesuítica venezolana sería el P. Pedro Pelleprat el que primero tocaría el tema "internacional" de los caribes. Según el jesuita francés son los caribes "los habitantes naturales de las Islas que llevan este nombre". Mas, la presencia

---

1697 MONTÉZON. *Mission de Cayenne et de la Guyane française*, p. XVIII.

1698 Giovanni PIZZORUSSO. *Roma nei Caraibi*. L'organizzazione delle Misión cattoliche nelle Antille e in Guyana (1635-1675). Roma, École française de Rome, 1995.

1699 Guillaume de VAUMAS. *L'éveil missionaire de la France au XVIIe siècle*. Paris, Bloud& Gay, 1959.

1700 Marc de CIVRIEUX. "Los Caribes y la Conquista de la Guayana Española (Etnohistoria Kari'ña)". En: *Montalbán*. Universidad Católica Andrés Bello, 5 (1976) 875-1021.

1701 Miguel Ángel PERERA. *La provincia fantasma. Guayana siglo XVII*. Ecología cultural y antropología histórica de una rapiña, 1598-1704. Caracas, Universidad Central de Venezuela, 2003.

de los europeos les obligó a retirarse a las Islas de San Vicente y Dominica y la de Grenada la habitaron conjuntamente con los Gálibis "nación de Tierra Firme"[1702].

Así pues, no es de extrañar que el autor de la *Relation des Missions* sea miembro a la vez de la Historia misional francesa y de la española, y que participando de estos dos grupos no se pueda vincular a ninguno de una manera integral y orgánica.

El carácter pasajero de su acción misionera no responde plenamente al alcance real de su obra escrita que no deja de ofrecer rasgos y aportes imprescindibles para la investigación misional, a pesar de que su radio de acción histórico alcance un máximum de 3 años —1652-1655— y que la conclusión definitiva se traduzca en un rotundo fracaso.

Ciertamente, la *Relation des Missions des Pères de la Compagnie de Jésus dans les Iles et dans la terre ferme de l'Amérique Méridionale*[1703] la que ha consagrado como escritor e historiador, e iniciador de las publicaciones históricas jesuítico-venezolanas.

El año 1655 —tiene entonces 48 años— constituye un punto clave en la biografía literaria e histórica del jesuita de Burdeos. Su regreso a Francia se conjuga con la redacción de su obra más importante y psicológicamente supone uno de los momentos cumbres de lo que fue el proyecto-humano de la vertiente que nunca llegó a realizarse de Pelleprat. Esta euforia vendrá a frustrarse con el fracaso subsiguiente al intento de establecimiento de Guanátigo ensayado por la "Compañía de Tierra Firme" en 1656-57. Esta línea de tiempo es la frontera que señala las dos estancias

---

1702   Pierre PELLEPRAT. *Relato de las Misiones de los Padres de la Compañía de Jesús en las Islas y en Tierra Firme de América Meridional.* Estudio preliminar por José del Rey. Caracas, Academia Nacional de la Historia (1965) 36.

1703   Pierre PELLEPRAT. *Relation des Missions des Pères de la Compagnie de Jésus dans les Iles et dans la Terre ferme de l'Amérique méridionale.* Divisée en deux parties avec une introduction à la langue des Galibis, sauvages de la Terre Ferme de l'Amérique, par le Père Pierre Pelleprat de la Compagnie de Jésus, a Paris chez Sebastian Cramoisy et Gabriel Cramoisy. MDCLV.

pellepratianas en tierras de América con su sentido y orientación totalmente diversas.

Quizá lo más llamativo de este siglo haya sido el olvido que los especialistas han dedicado a Pelleprat. Ninguno de los "clásicos" modernos ha conocido con exactitud ni los protagonistas ni la obra del intento misional del Guarapiche: Joaquín Borda[1704], Antonio Astráin[1705], Manuel Aguirre[1706], Daniel Restrepo[1707].

La reivindicación comenzó con el libro de los dos investigadores de la Universidad Católica Andrés Bello, Pablo Ojer y Hermann González, *La Fundación de Maturín y la Cartografía del Guarapiche*[1708].

Pero si queremos precisar el concepto geográfico de "caribe" fue Felipe Salvador Gilij quien mejor dibujó el mapa de esta nación. Con sentido geográfico confirmó el nombre de "Caribana", provincia que comprende a "los que viniendo de Cayena por tierra hasta el Caura, se detienen en todos los países intermedios. Hay allí es cierto, también otras naciones (...) Pero todos o casi todos, por los usos y por la lengua, como por alianzas variables, pueden llamarse caribes"[1709]. Sin embargo, también distingue las dos aserciones que se esconden tras el concepto: "Los geógrafos de

---

1704   José Joaquín BORDA. *Historia de la Compañía de Jesús en la Nueva Granada*. Poissy, Imprenta de S. Lejay, 2 vols.

1705   Antonio ASTRAIN. *Historia de la Compañía de Jesús en la Asistencia de España*. Madrid, Razón y Fe, 1912-1925, 7 vols.

1706   Manuel AGUIRRE ELORRIAGA. *La Compañía de Jesús en Venezuela*. Caracas, Editorial Cóndor, 1941.

1707   Daniel RESTREPO. *La Compañía de Jesús en Colombia*. Compendio historial y Galería de ilustres varones. Bogotá, Imprenta del Corazón de Jesús, 1940.

1708   Pablo OJER y Hermann GONZÁLEZ. *La fundación de Maturín y la Cartografía del Guarapiche*. Caracas, Universidad Católica Andrés Bello (1957) 23. Se han servido de la obra de Dom Gualbert VAN DER PLAS, OSB, *The Massacre of two Missionaries in the Island of St. Vicent*. Port of Spain, Port-of-Spain Gazette, 1954.

1709   GILIJ. *Ensayo de historia americana*, I, 126.

hoy, bajo el nombre de Caribana, no conocen sino aquella gran extensión de tierra que comenzando desde el Punía y, quizá aún más arriba, se extiende hasta Cayena. Pero antiguamente el nombre Caribana fue propio de otro lugar de la Provincia de Urabá en la América septentrional"[1710].

Además, es conveniente apelar a *La Provincia fantasma* de Miguel Ángel Perera en donde se dan cita las potencias extranjeras, sobre todo Francia y Holanda; los aborígenes de esa gran geografía utilizados por los europeos para sus fines comerciales y los nuevos pactos interétnicos que tuvieron vigencia a lo largo del siglo XVII[1711].

El fin que se propone Pelleprat es el de relatar la interrelación existente entre la Historia de la Compañía de Jesús y el hombre que coloniza, comercia o vive en las islas antillenses, especificado en sus grupos étnicos: franceses, irlandeses, ingleses, indios y negros; y en el continente apunta algunos datos sobre las relaciones entre los españoles y ciertas tribus indígenas que buscaban la tutela de Francia y aporta interesantes datos para la geografía, la etnología y el folklore del Guarapiche, a la vez que describe las relaciones de la costa atlántica venezolana con el mundo insular caribe, especialmente francés.

La valencia del P. Pierre Pelleprat, escritor, actúa plenamente dentro de la vertiente biográfica americana; y será el mundo del Caribe quien proporcione los horizontes de inspiración al jesuita burdigalense. Aunque su temática es variada: Historia, Filología y algo de Ascética, sin embargo la producción es más bien restringida y con aportes interesantes.

Pierre Pelleprat en la encrucijada lingüística del Oriente de Venezuela

Pierre Pelleprat se ha convertido en la encrucijada lingüística de Oriente venezolano pues por una parte se abre con él la

---

1710 GILIJ. *Ensayo de historia americana*, I, 260.
1711 Miguel Ángel PERERA. *La provincia fantasma. Guayana siglo XVII*. Ecología cultural y antropología histórica de una rapiña, 1598-1704. Caracas, Universidad Central de Venezuela, 2003.

producción filológica venezolana y también a él hay que acudir para la interpretación de la de la producción guyanesa.

Como afirma Francisco Javier Pérez la tradición lingüística en Venezuela fija sus orígenes a finales del siglo XVI a pesar de que existen investigadores que lo nieguen, aunque "siempre por desconocimiento"[1712]. Sin embargo, esta tradición se mantendría hasta el siglo XIX cuando la lingüística venezolana irrumpa en los terrenos de la gramática con un sólido grupo de obras que adquirirían su carta de ciudadanía con la figura de don Andrés Bello.

Sin lugar a dudas fue la Provincia de la Nueva Andalucía la primera personificación del afán misionero por afrontar el reto de las lenguas indígenas en la región[1713]. Y serían algunos representantes de la familia macrocaribe las que se convertirían en objeto de estos primeros estudios. Y como conceptúa el historiador de esta disciplina en Venezuela "no puede dejarse de entender que significaron el esfuerzo lingüístico más vasto de los que se haya

---

1712 Francisco Javier PÉREZ HERNÁNDEZ. *Historia de la lingüística en Venezuela desde 1782 hasta 1929*. San Cristóbal (1988) 12. Arístides ROJAS. "Literatura de las lenguas indígenas de Venezuela". En: *Estudios indígenas. Contribución a la historia antigua de Venezuela*. Caracas: Imprenta Nacional (1878) 155-188. Blas BRUNI CELLI. *Venezuela en cinco siglos de imprenta*. Caracas, Academia Nacional de la Historia (1998) 1.263-1.267. Günther HAENSCH. "Dos siglos de lexicografía del español de América: Lo que se ha hecho y lo que queda por hacer". En: Gerd WOTJAK y Klaus ZIMMERMANN (Eds.). *Unidad y variación léxicas del español de América*. Frankfurt/Main, Vervuert Verlag (1994) 42.

1713 Odilo GÓMEZ PARENTE. *Labor Franciscana en Venezuela: I. Promoción indígena*. Caracas, Universidad Católica Andrés Bello (1979) 429-440. Buenaventura de CARROCERA. *Lingüística indígena venezolana y los misioneros Capuchinos*. Caracas, Universidad Católica Andrés Bello (1981). J. A. RAMOS MARTÍNEZ y Cayetano de CARROCERA. *Memorias para la historia de Cumaná y Nueva Andalucía*. Cumaná. Universidad de Oriente, II (1980) 367-390. Blas BRUNI CELLI. *Esfuerzo lingüístico: Las misiones franciscanas de la Nueva Andalucía y la plenitud del encuentro*. Caracas, Academia Venezolana de la Lengua (1998) 16-19 [Discurso de incorporación como Individuo de Número]. Francisco Javier PÉREZ. *Estudios de lexicografía venezolana*. Caracas, Ediciones La Casa de Bello (1997) 18 y 43.

emprendido en nuestra historia de la lingüística. Más aún, la que hoy consideramos ausencia de métodos científicos no puede dejar de comprender la solvencia de muchas de estas producciones y los valiosos refinamientos ensayados para inmiscuirse en los resquicios más impenetrables de estas lenguas, siempre llenas de enigmas para estos lingüistas, no por vocacionales menos visitados por la intuición y el tino certero"[1714].

Desde el ángulo institucional las Misiones se inician en el Oriente venezolano con los franciscanos que habían fundado en 1656 su convento en Cumaná con la vista puesta en la gran región de los cumanagotos[1715] y en 1658, de forma sorpresiva, hacen su aparición los capuchinos aragoneses que también venían a laborar tierras misionales de esa esquina nororiental de Venezuela[1716].

Pero si retomamos el hilo histórico de la lingüística misional venezolana debemos confesar que no deja de llamar a reflexión el monumental esfuerzo realizado por los hijos de Francisco de Asís para haber elaborado en tres décadas tan significativos aportes a la lengua cumanagota.

El iniciador de este movimiento sería el P. Manuel de Yangües quien redactó las primeras "Reglas de la lengua cumanagota" mejoradas con el devenir de los años por Matías Ruiz Blanco[1717]. En 1680 publicaba Francisco de Tauste su *Arte, y Bocabulario de la lengua de los indios Chaymas, Cumanagotos, Cores, Parias, y otros diversos de la Provincia de Cumaná o Nueva Andalucía*[1718]. Tres años

---

1714   Francisco Javier PÉREZ. *La historia de la lingüística en Venezuela y su investigación historiográfica* [Discurso de Incorporación como Individuo de Número]. Caracas: Academia Venezolana de la Lengua, correspondiente de la real Academia Española, (2005) 55.

1715   Odilo GÓMEZ PARENTE. *Labor Franciscana en Venezuela: I. Promoción indígena*. Caracas, Universidad Católica Andrés Bello (1979) 125-137.

1716   Buenaventura de CARROCERA. *Lingüística indígena venezolana y los misioneros Capuchinos*. Caracas, Universidad Católica Andrés Bello (1981) 13-14.

1717   GOMEZ PARENTE. *Labor Franciscana en Venezuela*, 416-417.

1718   Julio PLATZMANN. *Algunas obras raras sobre la lengua cumanagota*. Leipzig, B. G. Teubner, I (1888) 5-43.

más tarde sacaba a la luz pública Matías Ruiz Blanco su "Diccionario de la Lengua de los Indios Cumanagotos, y Palenques"[1719] y en 1690 seguían "Reglas para la inteligencia de la lengua de los Indios de Píritu" y "Tesoro de Nombres, y verbos, y verbos de esta lengua, con algunas frases, y modos de hablar particulares", en *Arte y tesoro de la Lengua Cumanagota*[1720].

Clasificación de la lengua. El Gálibi según Antonio Tovar pertenece al Caribe costeño pero su estudio conlleva complicaciones dialectales porque "los nombres como galibí, caribe negro o moreno, calinago, karib, los dialectos llamados así por sus mismos hablantes, caribes de las pequeñas Antillas"[1721].

Y Francisco Javier Pérez precisa que dada la fuerza que adquirió este subgrupo en la región insular antillense se le denomina también como "Caribe antillense", un subtronco del caribe[1722].

Dentro del marco de los estudios caribes es necesario llamar la atención sobre la teoría suscrita, en 1655, por el misionero Pedro Pelleprat sobre el origen de esta nación. Según él, los Gálibi era un pueblo del continente que había invadido las islas y exterminado a sus antiguos habitantes que eran los *Iñeri*; de la fusión de los hombres gálibis y de las mujeres iñeri nacen los caribes que se servían de dos lenguas: una propia de los hombres y otra particular de las mujeres[1723].

1719 Julio PLATZMANN. *Algunas obras raras sobre la lengua cumanagota*. Leipzig: B. G. Teubner, II (1888) 73-220. GOMEZ PARENTE. *Labor Franciscana en Venezuela*, 418-450.

1720 Julio PLATZMANN. *Algunas obras raras sobre la lengua cumanagota*. Leipzig, B. G. Teubner, III (1888, vol. III) 47-250.

1721 Antonio TOVAR y Consuelo LARRUCA DE TOVAR. *Catálogo de las lenguas de América del Sur con clasificaciones, indicaciones tipológicas, bibliografía y mapas*. Madrid, Edit. Gredos (1984) 138-139.

1722 Francisco Javier PÉREZ. "El lingüista cartesiano Pierre Pelleptrat". En: Allan R. BREWER-CARÍAS, et alii. *Libro homenaje al Padre José del Rey Fajardo sj*. Caracas, Editorial Jurídica Venezolana, II (2005) 1306.

1723 Pierre PELLEPRAT. *Relato de las misiones de los Padres de la Compañía de Jesús*

A la hora de precisar el mapa geográfico de los aborígenes con quienes el misionero trató, escribe: "En un ámbito de cincuenta leguas yo he localizado seis [naciones], a saber: Los Paria, a la entrada, cerca de su desembocadura; los Arote, a 20 ó 25 leguas de este país, más arriba; los Chaimagotos a la derecha, los Aruacas a la izquierda, los Gálibis más adentro que éstos y los Cores cerca del nacimiento del río"[1724].

El Gálibi según Pelleprat. Pedro Pelleprat escribía en 1655 que los Gálibis invadieron las islas antillanas y acabaron con los hombres y niños de los Igneri que eran sus verdaderos habitantes y conservaron a las mujeres y niñas; "así pues, como los maridos hablaban la lengua de los Gálibis las mujeres la de los Igneri, los Caribes, que son sus descendientes, se sirven de las dos lenguas"[1725].

Pelleprat consideraba esta lengua "casi tan universal y corriente en Tierra firme, como la latina en Europa"[1726]. Y en confirmación de lo dicho afirma que fuera de los cumanagotos todos los demás le entendían: "los Paria, los Arotes, los Cores, los Chaimagotos, los Caribes venidos desde las Islas..."[1727].

Gilij, buen conocedor de la lengua caribe, identifica 20 naciones venezolanas bajo esta filiación[1728]. Pero a continuación explicita que "con las acostumbradas diferencias pequeñas se usa la misma lengua en la costa de Paria, en las cercanía de Caracas, y quizá también en otras partes". Y abre a continuación su teoría "de que en gran parte de Tierra firme, aunque algo variada en los dialectos, se habla su lengua". Y también se lamenta de no tener

---

    en las Islas y en Tierra Firme de América Meridional. Caracas (1965) 36.

1724   PELLEPRAT. *Relato*, 68.

1725   Pierre PELLEPRAT. *Relato de las Misiones de los Padres de la Compañía de Jesús en las Islas y en Tierra Firme de América Meridional*, 36.

1726   PELLEPRAT. *Relato*, 82.

1727   PELLEPRAT. *Relato*, 83.

1728   Los dialectos caribes son: tamanaco, pareca, uokeári, uaracá-pachilí, uaramúcuru, mujeres solas, payuro, kikiípa, mapoye, oye, akerecoto, avaricoto, pariacoto, cumanacoto, guanero, guakirí, palenco, maquiritare, areveriana (GILIJ. *Ensayo*, III, 174).

una lista de palabras de los autóctonos de las Antillas "y si aún las tuviera, encontraría semejanza quizá con la de los caribes de Tierra firme, que se cree que han pasado allí desde aquellas islas en las primeras conquistas"[1729].

Pierre Pelleprat lingüista

Se puede considerar como un aporte interesante para la Historia de la Filología venezolana la *Introduction à la langue des Galibis*[1730], pequeño folleto de 30 páginas, editado en París en 1655 por el P. Pierre Pelleprat.

Aunque forma parte del libro *Relation des Missions des PP. de la Compagnie de Iesvs Dans les Isles, dans la terre ferme de L'Amerique Meridionale*. París, MDCLV, sin embargo a veces se encuentra como documento aparte. Y asimismo es curioso anotar que, a pesar de haber tenido la *Relation* dos reediciones, con todo, en ninguna de ellas se ha incluido este documento filológico[1731].

Hasta el momento solo conocemos dos versiones de la *Introduction*: la edición príncipe llevada a cabo en París en 1655 y la segunda en 1971 como parte de nuestra obra *Aportes jesuíticos a la Filología colonial venezolana*[1732].

Una vez más nos vemos obligados a reconocer una nueva antinomia vivida por la *Introduction à la langue des Galibis* en el mundo editorial pues mientras en las grandes Bibliotecas de Escri-

---

1729   GILIJ. *Ensayo de historia americana*, III, 174.

1730   PELLEPRAT. *Introduction àla langue des Galibis, sauvages de la Terre Ferme de l'Amerique méridionale*. Par le P. Fierre Pelleprat, de la Compagnie de Jésus. A París, chez Sebastian Cramoisy, pp. 30 y una hoja para el Privilegio.

1731   *Mission de Cayenne et de la Guyane Francaise*. París, 1857. (La Relation des Missions ocupa las pp. I-193) Pierre PELLEPRAT. *Relato de las Mistiones de los Padres de la Compañía de Jesús en las islas y en Tierra Firme de América Meridional*. Caracas, 1965 (Biblioteca de la Academia Nacional de la Historia, vol. 77). Estudio preliminar por José del Rey, S. J. LXI-112.

1732   José DEL REY FAJARDO. *Aportes jesuíticos a la filología colonial venezolana*. Caracas, Ministerio de Educación, II (1971) 7-23.

tores se pueden seguir sus huellas desde el propio nacimiento, por el contrario solo en 1971 se logró llevar adelante una reedición de tan desconocido librito en las provincias de la historia.

La biografía de la *Introduction* en el mundo de las bibliografías podemos afirmar que nace inmediatamente después de su publicación. Nos limitaremos aquí a citar tres enciclopedias que recogen la historia del interesante escrito: el francés Carlos Sommervogel[1733], los bibliófilos españoles J. Eug. Uriarte[1734] y Mariano Lecina[1735], el alemán Rob. Streit[1736].

Se puede afirmar que con la *Bibliothèque de la Compagnie de Jésus* de Sommervogel queda definida la ficha bio-bibliográfica de Pierre Pelleprat pues sin lugar a dudas es la síntesis definitiva de todos los bibliógrafos que le precedieron[1737].

La continuación de la magistral Biblioteca de Sommervogel en España la llevaron a cabo los PP. Uriarte y Lecina pero tan interesante como necesario repositorio solo pudo conocer los dos primeros volúmenes y en nuestro caso hay que recurrir a las papeletas que dejaron estos dos investigadores para conocer su

---

1733 Carlos SOMMERVOGEL, Carlos. *Bibliothèque de la Compagnie de Jésus*. Bruxelles, Schepens-París, Picard, 1890-1932, 11 vols. [Reimpresión por el P. M. DYKMANS. Héverlé-Louvain. Éditions de la Bibliothèque S. J. Collège philosophique et théologique, 1960].

1734 José Eug. de URIARTE. *Catálogo razonado de obras anónimas y seudónimas de autores de la Compañía de Jesús pertenecientes a la antigua asistencia española*: con un apéndice de otras de los mismos, dignas de especial estudio bibliográfico… Madrid, Sucesores de Rivadeneyra, 1904-1916, 5 vols.

1735 José Eug. de URIARTE y Mariano LECINA. *Biblioteca de escritores de la Compañía de Jesús pertenecientes a la antigua Asistencia de España, desde sus orígenes hasta el año de 1773*. Madrid, Viuda de López del Horno, I, 1925; Gráfica Universal, II, 1929-1930.

1736 Rob. STREIT. *Bibliotheca Missionum. Zweiter Band. Amerikanische Missionksliteratur 1493-1699*. Freiburg/Br., Herder & Co., 1924.

1737 Carlos SOMMERVOGEL. *Bibliothèque de la Compagnie de Jésus*. Bruxelles, Schepens-París, Picard, VI (1895) 449-450.

versión sobre Pelleprat[1738] y se puede decir que son un resumen de Sommervogel pero ampliando algunos puntos[1739].

La *Bibliotheca Missionum* del alemán Rob. Streit[1740] ha incrementado la bibliografía de los Repertorios bibliográficos de los siglos anteriores de suerte que a Sommervogel y Uriarte añade: Anatole LouisGarraux[1741], Henry Ternaux[1742], Auguste Carayon[1743] y Charles Leclerc[1744].

La Introducción que hoy conocemos la redactó en París para incluirla en la *Relation des Missions* con las palabras más útiles y necesarias para la conversación[1745]. Y a su vez, en la redacción

---

1738 Archivo Inédito Uriarte-Lecina. Madrid. Papeletas: Pelleprat. Pierre.

1739 URIARTE. *Catálogo razonado de obras anónimas y pseudónimas de autores de la Compañía de Jesús pertenecientes a la antigua asistencia de España*. Con un apéndice de otras de los mismos dignas de especial estudio bibliográfico (1540-1773). Madrid, Sucesores de Rivadeneyra, IV (1914) 47.

1740 Rob. STREIT. *Bibliotheca Missionum*. Zweiter Band. *Amerikanische Missionksliteratur 1493-1699*. Freiburg/Br., Herder & Co., (1924) 540-541.

1741 Anatole Louis GARRAUX. *Bibliographie brésilienne. Catalogue des ouvrages français & latins relatifs au Brésil 1500-1898*. Paris, Ch. Chadenat (1898) 226.

1742 Henri **TERNAUX-COMPANS**. *Bibliothèque américaine, ou Catalogue des ouvrages relatifs à l'Amérique qui ont paru depuis sa découverte jusqu'à l'an 1700*. Paris, Arthus-Bertrand (1837) n°., 747.

1743 Auguste CARAYON. *Bilbiographie historique de la Compagnie de Jésus, ou catalogue des ouvrages relatifs à l'histoire des jésuites depuis leur origines jusqu'à nos jours*. Paris, A. Durand, 1864.

1744 Charles LECLERC. *Bibliotheca Americana: Histoire, gógraphie, voyages, archéologie et linguistique des deux Amériques et des îles Philippines*, Paris, Librairie de Maisonneuve (1878) n°., 1328, 1536, 2239.

1745 PELLEPRAT. *Introduction a la langue des Galibis*, 14-15 "... agrego solamente las palabras necesarias y más comunes en la conversación; remito las otras al *Diccionario* que dejé en mi país y el que espero perfeccionar a mi regreso". Con respecto al *Diccionario* dice el mismo autor: "Esta lengua es tan abundante y tan rica en vocabulario, que he visto algunas veces veinticuatro palabras para significar las cosas; esto me obligó a hacer dos Diccionarios: uno en el que ponía solamente una palabra para expresar una cosa, y que era suficiente para poder aprender hablar; otro que era necesario

primitiva pellepratiana hay que admitir, como base previa los conocimientos y las notas del P. Denis Mesland, pionero tanto en la labor misionera como en la lingüística[1746].

La génesis de este escrito es interesante. Los originales del auténtico *Diccionario Galibi* nos son desconocidos, puesto que Pelleprat los dejó en el año de 1653 en Guarapiche en espera de su regreso con la expedición colonizadora.

Una primera pista para entender la calidad de la obra filológica de Pelleprat la define la comitiva en la que hizo acto de presencia en Guarapiche el 9 de agosto de 1653[1747]; el 20 de junio de ese año se habían embarcado Martinica los PP. Dionisio Mesland y Pedro Pelleprat[1748], cuatro laicos y tres Gálibis que un francés había conseguido en los entornos del río Coppename (actual Suriman)[1749].

Este texto ilumina las dos primeras ayudas que le sirvieron al novel lingüista para el aprendizaje del idioma. En primer, lugar la Gramática y Diccionario que había elaborado el jesuita Mesland fruto de su dedicación al aprendizaje sistemático de la lengua a la que dedicaba diez horas diarias[1750]. En segundo término es de

---

        para entender, ya que en él se encontraban todos los términos que tienen la misma significación". (PELLEPRAT. *Relato de las Misiones, 82*).

1746 PELLEPRAT. *Relato de las Misiones, 82:* "Las memorias del Padre Mesland me sirvieron mucho para esto".

1747 PELLEPRAT. *Relato*, 57.

1748 PELLEPRAT. *Relato*, 54. Bernard DAVID. *Dictionnaire biographique de la Martinique (1635-1848)* "Le Clergé". Tome I. 1635-1715. Fort-de-France, Société d'Histoire de la Martinique, I (1984) 185-189.

1749 Bernard DAVID. *Dictionnaire biographique de la Martinique (1635-1848)* "Le Clergé". Tome I. 1635-1715. Fort-de-France, Société d'Histoire de la Martinique, I (1984) 172.

1750 ARSI. *Gallia*, 103, fol., 292. *Carta del P. Denis Mesland al R. P. General*. Santa Fe, 19 de septiembre de 1654: "… después de morar casi un año aprendiendo su lengua y componiendo una gramática y diccionario como lo hice aunque de forma imperfecta por la escasez de tiempo, me regresé para dar cuenta a mis superiores y solicitar un padre como compañero que me fue acordado". [El

considerar la ayuda de los tres indígenas gálibis que procedían de Surinam[1751].

A estos auxilios hay que añadir el esfuerzo personal que consistió fundamentalmente en el método de campo y en su singular vocación lingüística sintetizada en metas descriptivas claras heredadas de su maestro.

Nuestro autor describe de esta forma su modus operandi. Un vez que se quedó solo con un joven de 16 años, sin poder hablar ni encontrar ningún intérprete para hacerse entender de los autóctonos, "Dios me preparó una ocasión favorable para aprender la lengua, dándome una hinchazón tremenda en las piernas y en los pies y obligándome a permanecer en el pueblo donde estaba (…). Retenido en casa de esta forma, empleaba en este estudio todos los días, varias horas, y aunque a veces me distraían los indios con quienes vivía u otros venidos de lejos para verme, sin embargo no me eran completamente inútiles estas distracciones, ya que con sus conversaciones aprendía algunas palabras de su lengua. Como por la noche me quedaba solo en el pueblo (…) pasaba una buena parte de la misma para poner en orden mis notas, hacer un diccionario para mi uso particular y para los Padres que serían enviados a convertir a los salvajes". Y concluye: "Las memorias del Padre Mesland me sirvieron mucho para esto"[1752].

El Arte y Vocabulario. El pequeño libro de Pelleprat consta de dos secciones: en la primera afronta la descripción gramatical y en la segunda una descripción léxica[1753].

El Arte o Gramática lo inicia como es natural explicando

---

texto está en francés]. PELLEPRAT. *Relato de las Misiones, 82:* "Las memorias del Padre Mesland me sirvieron mucho para esto".

1751 Bernard DAVID. *Dictionnaire biographique de la Martinique (1635-1848)* "Le Clergé", I, 172.

1752 Pierre PELLEPRAT. *Relato de las Misiones de los Padres de la Compañía de Jesús en las islas y en Tierra Firme de América Meridional.* Caracas (1965) 82.

1753 Un estudio detallado sobre el Arte y Vocabulario puede verse en: Francisco Javier PÉREZ HERNÁNDEZ. "El lingüista cartesiano Pierre Pelleprat". En: Allan

su finalidad. "Con este escrito complazco a varias personas de mi consideración que, con frecuencia me han preguntado acerca del idioma hablado por los salvajes, con quienes conviví en Tierra Firme de nuestra América; y del que deseaban tener algunas nociones. Creo que este pequeño trabajo no será inútil a aquellos que necesiten trasladarse a aquellas regiones, ya sea por razón de comercio o del cultivo de las tierras, ya sea para adquirir coronas en el cielo con la conversión de esos pueblos infieles"[1754].

De inmediato ordena la morfología y la sintaxis. Entre sus observaciones detecta la fragmentación lingüística de la región gálibihablante pues aun hablando la misma lengua se sirven de palabras que se tornan diferentes al ir de una región a otra y así admite el criterio de que a veces la geografía física genera fronteras lingüísticas[1755].

También encuentra similitud entre la pronunciación del gálibi con la del francés pues a ambas las encuentra suaves, carentes de acentos rudos y de una pronunciación gutural[1756].

Concibe la morfología de esa lengua en función de las partes de la oración "no sin apuntar hacia una idea conectada con la gramática universal, tan querida por el cartesianismo lingüístico"[1757] y

---

R. BREWER-CARÍAS. et alii. *Libro homenaje al Padre José del Rey Fajardo sj*. Caracas, Editorial Jurídica Venezolana, II (2005)1307-1316.

1754 Pedro PELLEPRAT. "Introducción a la lengua de los Gálivis, salvajes de la Tierra Firme de Amlérica Meridional". En: José DEL REY FAJARDO. *Aportes jesuíticos a la filología colonial venezolana*. Caracas, Ministerio de Educación, II (1971) 9.

1755 Francisco Javier PÉREZ HERNÁNDEZ. "El lingüista cartesiano Pierre Pelleprat", 9: "Antes de entrar en el estudio de este lengua, es preciso notar, que esto pueblos esparcidos en vastas extensiones, usan para expresarse términos que difieren de una región a otra y que no siempre son los mismos, aunque hablen la misma lengua".

1756 Pedro PELLEPRAT. "Introducción a la lengua de los Gálivis, salvajes de la Tierra Firme de Amlérica Meridional", 9: "… a mi parecer, nuestros franceses podrán pronunciarla con facilidad, ya que es suave, sin acentos rudos ni pronunciación gutural".

1757 PÉREZ HERNÁNDEZ. "El lingüista cartesiano Pierre Pelleprat", 1307.

así alerta sobre el parecido entre las partes de la oración del gálibi con las de las lenguas conocidas[1758].

El método que utiliza responde a la concepción de la gramática va siempre a la búsqueda de significaciones lógicas pues trata de guiarse por los enclaves fundamentales que interpretan la universidad de los fenómenos del lenguaje. Y por ello recurre a la comparación o contrastación de la lengua que estudia con las europeas[1759].

Amén de otras interesantes observaciones aborda al final de su Introducción tres temas muy interesantes: el préstamo lingüístico, el lenguaje metafórico y la comunicación gestual[1760].

El Vocabulario. El autor se adelanta al tratar el tema de la lexicografía que viene a ser como el anticipo del Diccionario del que lamentablemente solo tenemos noticias: "Estas consideraciones bastan para el fin que me propuesto: agrego solamente las palabras necesarias, y más comunes en la conversación; remito las otras al Diccionario que dejé en mi país [Guarapiche] y el que espero perfeccionar a mi regreso"[1761].

Francisco Javier Pérez al estudiar este punto concreto a través de los campos léxico-semánticos detalla 292 unidades tanto universales como pluriverbales que organiza en 21 campos con sus respectivos títulos específicos[1762].

1758 Pedro PELLEPRAT. "Introducción a la lengua de los Gálivis, salvajes de la Tierra Firme de Amlérica Meridional", 9: "Se compone de partes semejantes a las de los idiomas que conocemos".

1759 Pedro PELLEPRAT. "Introducción a la lengua de los Gálivis, salvajes de la Tierra Firme de Amlérica Meridional", 13: "Este idioma tergiversa también otras cuatro letras de nuestro alfabeto y de las cuatro letras hace dos al pronunciar la L como la R, y la R como la L. También la B como P y la P Como la B".

1760 Para una lectura más densa del tema recomendamos: PÉREZ HERNÁNDEZ. "El lingüista cartesiano Pierre Pelleprat", 1307-1310.

1761 Pedro PELLEPRAT. "Introducción a la lengua de los Gálivis, salvajes de la Tierra Firme de Amlérica Meridional", 14.

1762 PÉREZ HERNÁNDEZ. "El lingüista cartesiano Pierre Pelleprat", 1311-1316.

Y concluye haciendo mención de la lingüística humanística: "Ésta debe describir y analizar la lengua desde la visión de la lógica científica para comprender las raíces del pensamiento lingüístico y su funcionamiento en una lengua particular. Pero, sobre todo, la fuerza que rige este proyecto de estudio no es otra que la de un sentido humanísitco y humano de la lengua, residenciado en una formación misional cristiana del crecimiento del hombre por vía de la fe[1763].

2. Alonso de Neira (1635?-1706)[1764]

Mientras fracasaba el Proyecto del Guarapiche (que miraba al mundo caribe y atlántico) nacía otro proyecto jesuítico en la orilla opuesta que se extendía desde el piedemonte andino hasta las riberas del gran río Orinoco y en medio los Llanos casanareños "tierra abierta y tendida, buena para el esfuerzo y para la hazaña, toda horizontes, como la esperanza; toda caminos como la voluntad"[1765].

El primer encuentro jesuítico con el Llano casanareño se dio el año 1661 a través de la nación achagua, en el río Casanare, en donde el P. Alonso de Neira fundó la población de San Salvador del Puerto[1766]. A partir de ese momento se irían reconstruyendo las fronteras de lo que podríamos designar como la "Provincia achagua".

1763   PÉREZ HERNÁNDEZ. "El lingüista cartesiano Pierre Pelleprat", 1318.
1764   Matías de TAPIA. "Mudo Lamento". En: DEL REY FAJARDO. *Documentos jesuíticos relativos a la Historia de la Compañía de Jesús en Venezuela.* Caracas, I (1966) 197-199. Juan RIVERO. *Historia de las Misiones de los Llanos de Casanare y los ríos Orinoco y Meta.* Bogotá, Biblioteca de la Presidencia de Colombia (1956) 343-346. José DEL REY FAJARDO. *Biblioteca de escritores jesuitas neogranadinos.* Bogotá, Editorial Pontificia Universidad Javeriana (2006) 506-511.
1765   Rómulo GALLLEGOS. *Doña Bárbara.* Bogotá, Oveja Negra (1987) 63.
1766   RIVERO. *Historia de las Misiones,* 124.

El mundo achagua visto por los jesuitas

Ha sido Juan Rivero quien ha dibujado el mejor mapa geográfico de esta etnia. Se extendía "desde muy cerca de Barinas hasta San Juan de los Llanos, y desde allí hasta Popayán sin que se les haya descubierto términos hasta ahora". También describe una "gran manga" de esta nación que partía de San Salvador del Puerto de Casanare "hasta el Ariporo y hasta las orillas del Meta". Además, esta etnia contaba con más de 20 naciones o provincias que hablaban un mismo idioma, "si bien había, y aún hay ahora algunas diferencias, como las que existen en Castilla entre portugueses y gallegos..."[1767].

En la historiografía capuchina también se habla de ellos como parte integrante de varias misiones llaneras e incluso habitaron ellos solos el pueblo de Nuestra Señor de la Paz de Guanarito[1768].

Lengua: Gumilla no se atrevió a clasificar la lengua achagua[1769] mientras que Felipe Salvador Gilij, verificó que pertenecían a la gran familia maipure (o como se diría después arauaca)[1770], la familia lingüística más extendida de América del Sur pues geográficamente se extendió desde las Antillas hasta el Chaco. Loukotka y Rivet señalan como foco de dispersión la región comprendida entre el Orinoco y el Río Negro[1771]. Las huellas de esta etnia dentro

---

1767   RIVERO. *Historia de las Misiones*, 21-22.

1768   Buenaventura de CARROCERA. *Lingüística indígena venezolana y los misioneros Capuchinos*. Caracas, Universidad Católica Andrés Bello (1981) 118.

1769   GUMILLA. *El Orinoco Ilustrado*, 298: "... de la achagua, aunque es la más pronunciable, suave y elegante de todas, todavía no se han descubierto lenguajes derivados; porque, aunque en la lengua maipure se hallan muchas palabras achaguas, son introducidas por el comercio...". HERVAS. *Catálogo de las Lenguas*, I, 208; 220.

1770   GILIJ. *Ensayo de Historia americana*, III, 174-175; 332.

1771   Antonio TOVAR. *Catálogo de las lenguas de América del Sur*, 120.

de territorio venezolano aparecen en los guajiros, los caquetíos, los maipures, los cabres y otros orinoquenses[1772].

Habitantes: Sobre la nación achagua actuaron como pocas la esclavitud y las enfermedades. "Ha sido, dice Rivero, de las más numerosas y dóciles de cuantas pueblan esas comarcas"[1773]. En tiempo de Gumilla no llegaba a 3.000 almas[1774].

Variantes en el gentilicio. Ante la variedad de nombres que le asigna la historia: xaguas, axaguas, adaguas y achaguas, nos acogemos a la evolución interpretativa que formula Fernando Arellano[1775].

Dos etapas distingue el catedrático de lingüística comprada de la Universidad Católica de Caracas. La primera se basa en la evolución castellana de los fonemas /x/ y /j/ los cuales representaban en la ortografía medieval dos fonemas fricativos prepalatales, uno sordo /x/, equivalente a la ch francesa o a la sh inglesa (s en el alfabeto fonético), y otro sonoro /j/, equivalente a la j francesa en palabras como jamais, general, réfuge (z en el alfabeto fonético).

En una segunda etapa, a comienzos del siglo XVI, se perdió la diferencia entre ambos fonemas prevaleciendo el sordo y "no había distinción entre Axaguas y Ajaguas y ambas se pronunciaron Ashaguas (Asagwas)". Además se fue produciendo una confusión, por analogía fonética, "entre el fonema fricativo prepalatal sordo y el fonema africado palatal sordo (ch=c en el alfabeto fonético) "y se confundió Ashaguas con Achaguas" y ésta fue la palabra que manejaron los jesuitas.

1772 Loukotka clasifica el achagua como familia aruaca, perteneciente al grupo caquetío (LOUKOTKA. *Classification of South American Indian Languages*. Los Angeles (1968) 128).

1773 RIVERO. *Historia de las Misiones*, 21.

1774 GUMILLA. *El Orinoco Ilustrado*, 315.

1775 Fernando ARELLANO. *Una introducción a la Venezuela Prehispánica. Culturas de las Naciones Indígenas Venezolanas*. Caracas. Universidad Católica Andrés Bello (1986) 414.

El imaginario achagua. Rivero recoge la llegada de los jesuitas en 1661 y presenta el siguiente cuadro. "Todavía están vivas las memorias, aún en lo más retirado del Airico, de las tiranías y opresiones que ejecutaron con los indios estos establecedores de la paz [conquistadores], no obstante haber pasado más de ciento veinte años. En su fantasía creen oír los estallidos de la pólvora y el estruendo militar, y ver las argollas y dogales, pues todo esto se imprimió de tal manera en su cortedad y pequeñez de ánimo, que aun en los arcabucos y malezas les parece no estar seguros de los antiguos invasores; los troncos se les figuran soldados, las ramas arcabuces y lanzas, y el ruido de los árboles al soplo de los vientos les parece el de un ejército que se acerca. Tal fue el terror de estos pobres bárbaros, producido por la tiranía de los conquistadores"[1776].

El misionero-historiador ha trazado una pequeña prehistoria de la nación achagua y en ella se deja entrever una realidad social conflictiva, todavía vigente apenas mediado el siglo XVII. Las relaciones hispano-achaguas estaban signadas fuertemente por el servicio personal, la encomienda y la esclavitud sin que el proceso colonizador hispano hubiera alcanzado formas más evolucionadas para asimilar a su aparato estatal los hombres y las tierras del Llano. La visión del autóctono en el momento del contacto con la Compañía de Jesús es ciertamente deprimente: no había en el Llano blanco, ni mestizo que no se sirviese de los achaguas para las tareas más penosas[1777]. Todavía más, el pueblo achagua no solo había sido condenado al servicio personal, sino a ser vendido como esclavos "y hacían sacas muy cuantiosas para proveer a todo el reino, como es notorio"[1778].

Pero si descendemos a la prehistoria propiamente dicha Rivero no hace referencia a las expediciones doradistas de los siglos

---

[1776] RIVERO. *Historia de las Misiones*, 23.

[1777] RIVERO. *Historia de las Misiones*, 32. Y en la página siguiente explicita: "... apenas había mestizo en estos Llanos, por pobre que fuese, que no se sirviese de *Macos* Achaguas y se consideraban más ricos los que tenían mayor número de ellos a su servicio".

[1778] RIVERO. *Historia de las Misiones*, 33.

XVI y XVII[1779] ni tampoco a las obras de los escritores santafereños. Pensamos que en este tramo histórico se guía exclusivamente por la historia oral recogida por el P. Neira de los achaguas en los primeros años de su estancia casanareña. En las "entradas" se remonta a las acciones del capitán Alonso Jiménez llevadas a cabo hacia 1606, las posteriores del Capitán Lázaro de la Cruz y las de un capitán desconocido hacia 1661; todas ellas acaban con el exterminio de los achaguas[1780].

Dos alusiones interesantes para la historia social del Llano se desprenden del texto que estudiamos: la presencia de achaguas en las minas[1781] y en la industria del algodón. La primera referencia no especifica lamentablemente el lugar pero suponemos que se refiere a los establecimientos de la cordillera; la segunda estaba radicada en Santiago de las Atalayas y por su vigor y colorido la transcribimos íntegramente: "Era mucho el obraje que había entonces sobre beneficiar el algodón: para eso tenían ramadas muchas y capaces, y en ellas, como si fueran cárceles o mazmorras, de Berbería, tenían encerradas a estas gentes, atareadas todo el día en desmotar e hilar el algodón, más oprimidos y sujetos que si fueran esclavos. No perdonaban sexo ni persona semejante ejercicio, pues no solamente las mujeres, para quienes es más propia esta ocupación, se empleaban en ella, sino hasta los varones para quienes es indigna la operación de hilar, la cual desdeñan aun los bárbaros; y hasta los niños tiernos, cuya delicadeza y edad pedía dispensación en el trabajo; todos sacaban fuerzas de flaqueza para hilar el día entero y cumplir su tarea, sobreponiéndose a la falta de vigor, el temor del castigo, y la crueldad de los amos"[1782].

1779 Entre ellos estarían: Antonio de Berrío, Francisco de Aguilar, Francisco de Cáceres, Diego de Vargas, etc. (Para ello nos remitimos a Pablo OJER. *La formación del Oriente Venezolano*. Caracas, I (1966). Tampoco se pueden olvidar las expediciones de Jorge de Spira, Nicolás de Federman, Felipe de Hutten, Gonzalo Jiménez de Quesada y Hernán Pérez de Quesada.

1780 RIVERO. *Historia de las Misiones*, 23-26.

1781 RIVERO. *Historia de las Misiones*, 24.

1782 RIVERO. *Historia de las Misiones*, 32.

Con la llegada de los jesuitas se paralizó, en gran parte, la venta de Macos pero siguió la lucha de los miembros de la Compañía de Jesús contra los encomenderos y contra aquellas autoridades que, so capa del tributo y del servicio personal, querían seguir avasallando a los indígenas[1783].

Dentro del campo bélico y de exterminio de la nación achagua hay que incluir un capítulo que escribieron los guahivos y chiricoas pues Juan Rivero no deja de hacer referencia a que han sido sus grandes perseguidores "matando a los grandes y cautivando a los chicos para venderlos a menos precio a las demás naciones". Y para ello hace alusión a la sangrienta venganza que promovió el cacique Chacuamare quien "cubrió de cadáveres de achaguas las arenas del Meta, haciendo que corriesen sus espumas enrojecidas con sangre de inocentes"[1784].

La sociedad. La nación achagua había estado muy extendida por amplias regiones llaneras y dentro de la administración jesuítica se comprueban muchas parcialidades que de ordinario eran totémicas pues asumían nombres de animales que consideraban como sus antepasados. Así por ejemplo, en Barragua, nos encontramos con los amarizanes que se decían descender de unas culebras que en su lengua llamaban "amarizán"; otros de los murciélagos y los designaban isirriberrenais "porque irri significa murciélago"; y así sucesivamente se podían catalogar los que descendían de los tigres, de los zorros y de otros animales y pájaros. Sin embargo, en muchas oportunidades había que tomar esta visión con sentido del humor pues de esta suerte "se dan cornelejo, como dicen, unas parcialidades con otras". La palabra *cuisaunasí* que significa chanza o broma sirve también para designar el linaje o clan totémico[1785].

Las noticias que disponemos sobre la *vivienda* son muy dispersas. En Onocutare tenían una casa en medio de la plaza que

---

1783 RIVERO. *Historia de las Misiones*, 33.

1784 RIVERO. *Historia de las Misiones*, 39. Una descripción de toda esta historia puede verse en el texto que corre de la página 39 a la 43.

1785 RIVERO. *Historia de las Misiones*, 333.

llaman *el daury*, "equivalente al mentidero que suele haber en los pueblos de España". Después del trabajo se reúnen los hombres y echados en sus hamacas conversan toda la tarde. Como es natural cumple tanto funciones comunales como festivas. El P. Alonso Neira fue recibido oficialmente en el *daury*: tenían una fila de asientos, los más de ellos con respaldo, y las sillas estaban forradas "con cueros de lobos de agua". El cacique invitó al misionero a sentarse en la silla principal y los acompañantes lo hicieron en los asientos adjuntos. Después vino el saludo de los Achaguas "por hileras" y "a todos los fueron graduando, a los unos llamaban tíos, a los otros nietos, a mi los grandes me llamaban <mi padre> y los mozos <mi abuelo>. Terminada la salutación llegaron las indias trayendo sus grandes vasijas de *mazamorrales*, "bebidas de tal manera dispuestas que sirven para el hambre y la sed". Y el acto concluyó con la audiencia[1786].

Pero este espacio también les servía para celebrar el *chubay* que es una de sus más célebres borracheras. Según Rivero se realizan de acuerdo con algunas supersticiones. Los indios embijados cubren sus cabezas con cabelleras de *quitebe* y azotan a los muchachos, para que no digan palabra de lo que allí oigan a las mujeres, "porque es agüero entre ellos muy temido, que si los muchachos dicen cosa que allí oigan a alguna guaricha, la tal guaricha ha de morir muy presto" y por eso se tapan bien las paredes del caney[1787]. Fernando Arellano se inclina a creer que se trataba de una ceremonia de pubertad o de iniciación[1788].

Cuando el misionero visitó al cacique Irrijirre dejará nota diciendo que es "una de las mejores, más capaces y curiosamente trazadas de cuantas he notado entre indios". Era redonda, como si "hubieran trazado la planta con un compás"; toda ella parecía una media naranja "de las que fabrican en los templos; podían

---

1786 RIVERO. *Historia de las Misiones*, 198.
1787 RIVERO. *Historia de las Misiones*, 197-198.
1788 Fernando ARELLANO. *Una introducción a la Venezuela Prehispánica. Culturas de la Naciones Indígenas Venezolanas*, 442.

acomodarse en ella 500 hombres, "como se acomodan los pasajeros en un navío". Allí vivía con toda su familia y la cocina la tenía aparte[1789]. Del mirray hemos hablado en otra parte.

Las hamacas donde duermen suelen tener dos varas de longitud y de ancho vara y cuarta y las tejen "de un hilo que sacan de los cogollos de las palmas, y las cuelgan de los dos puntos para dormir, y cuando hacen viaje las cuelgan bien alto de los árboles para estar seguros de los tigres"[1790].

Comercio. San Salvador del Puerto, a orillas del río Casanare, estaba situado en la "banda del río que mira al Nuevo Reino"[1791]; y con respecto al Orinoco: subiendo, 8 por el Meta y 22 por el Casanare; y bajando, de 10 a 12[1792] y de allí al Orinoco en 4 ó 5 días[1793].

Al parecer, la clave del éxito de esta población misional radicaba tanto en su posición estratégica para las comunicaciones oficiales entre Santo Tomé de Guayana y Bogotá así como también por ser el centro privilegiado para el comercio tanto con Guayana como con las islas del entorno.

La principal mercancía era la *quiripa* ya que "toda la llevan del puerto de Casanare", en donde vale una sarta "dos reales de plata, en la ciudad de la Guayana vale cuatro y en la Isla de la Trinidad ocho". Pero además la quiripa se valoraba en un doble sentido: por una parte servía de "adorno de joyería" y por otra se consagraba como la "moneda nacional". Como adorno era utilizada por los varones y se la ponían "en la cintura y revuelta en los brazos" y a las mujeres les servía "de gargantilla, de pulsera en los brazos, de

---

1789   RIVERO. *Historia de las Misiones*, 429.

1790   RIVERO. *Historia de las Misiones*, 116.

1791   RIVERO. *Historia de las Misiones*, 124.

1792   RIVERO. *Historia de las Misiones*, 88.

1793   ALVARADO. *Informe reservado*, 329.

cadenas en los cabellos" y había indias que cargaban "casi media arroba" y cuanto "más grande es, se tiene de mayor estimación"[1794].

En segundo lugar les servía de moneda de intercambio pues con ella "hacen sus cambios, celebran sus tratos y contratos" y era estimada tanto en Guayana como en Trinidad. Y como contrapartida los Achaguas recibían herramientas como "hachas, machetes, cuchillos, púas, arpones y otros objetos"[1795].

La *quiripa* eran unas planchuelas "de la forma de los reales de plata, o moneda de vellón". Su tamaño ordinario era en redondo "como la uña del dedo pulgar" aunque también había de tamaño pequeño semejante "a la lentejuela de plata y oro" que utilizan los españoles. Su fuente son unos caracoles especiales, algo medianos que se crían "en las playas de los ríos". La *quiripa* la obtienen de la parte más dura del caracol, que es lo que "cae hacia su punta o remate". De ese material hacen pedacillos a los que van cercenando las puntillas con unas piedrezuelas que les sirven de lima para obtener la figura redonda la cual consiguen abriéndoles en el mismo centro "un ojuelo tan derecho, y tan de medio a medio" como si lo hubieran hecho con un taladro de acero. El paso siguiente consiste en elaborar las sartas y la medida estándar suele ser el "grosor de la cintura del hombre" y las ciñen muy tirantes a un palo o tabla y con una piedra especial, que mojan continuamente en el agua, van refregando la quiripa "y la dejan tan perfectamente redonda como las monedas segovianas"[1796].

También criaban los loros y los papagayos no solo para su diversión y recreo sino también por "el interés de las plumas con que adornan sus *Llautos* [delantales con que se cubren]". Además se especializaron en la producción de plumas de muy diversos colores. Para conseguirlo practicaban el siguiente proceso. El punto de partida es un sapo vivo al que punzan repetidas veces con una púa hasta que salga sangre. Después lo ponen al lado de una

---

1794   RIVERO. *Historia de las Misiones*, 160-161.

1795   RIVERO. *Historia de las Misiones*, 161.

1796   RIVERO. *Historia de las Misiones*, 160.

totuma y "con ají y pimienta molida" van cubriendo las heridas del animal el cual responde destilando poco a poco "lo más activo de su humor revuelto con ponzoña y sangre". A continuación le mezclan con unos polvos encarnados que llaman *Chica* de donde sale un barniz. La acción siguiente consiste en arrancarle las plumas al papagayo y en las oquedades le van untando con la punta de un palito el barniz dicho y el animal "queda por muchos días como gallina clueca, muy encrespado y triste". Transcurrido este tiempo de transición recobra el papagayo sus nuevas plumas "pero tan mejoradas y vistosas, que es cosa de admiración ver la hermosura y gallardía" y sobre todo se deja notar en ellas "un bello encarnado en manchas, sobre campo amarillo, el cual campea en admirable variedad entre las plumas verdes"[1797].

Mucha fama adquirieron "las uñas de la gran bestia" que eran muy apreciadas "por haberse experimentado ser admirable contra la gota coral, tomando de sus polvos, y colgando una de aquellas uñas al cuello del doliente". Estas uñas con las piedras bezares y los colmillos del caimán se guardaban en el ojo del boticario como lo más rico de la botica[1798].

Una biografía dedicada al mundo achagua

El P. Alonso de Neira había nacido en Matapozuelo (León) hacia 1635 e ingresado a la Compañía de Jesús el 1 de enero de 1650[1799]. Suponemos que el primer tramo de su biografía jesuítica tuvo que iniciarse en el noviciado de Villagarcía de Campos, centro muy prestigioso para los estudios clásicos[1800] en donde debió

1797 RIVERO. *Historia de las Misiones*, 9-10.

1798 GUMILLA. *El Orinoco ilustrado*, 211.

1799 ARSI. N. R. et Q., 3, fol., 323v. (Catálogo, 1678). Todos los Catálogos comprendidos entre 1661 y 1702 fijan la misma fecha.

1800 Conrado PÉREZ PICÓN. *Villagarcía de Campos. Estudio histórico-artístico*. Valladolid, Institución cultural Simancas, 1982. Conrado PÉREZ PICÓN. *Un colegio ejemplar de Letras Humanas en Villagarcía de Campos (1576-1767)*. Valladolid, Sal Terrae, 1983.

adquirir su sólida formación humanística. No hemos podido precisar dónde estudió el curso de filosofía y los tres primeros años de teología.

Atravesó el Atlántico en la expedición de 1658[1801] y en 1659 cursaba el 4º año de Teología en la Universidad Javeriana de Bogotá. Dada la costumbre de la Provincia del Nuevo Reino debió realizar su año de Tercera Probación en Tunja, en 1660, al concluir su currículo teológico. A continuación debió regresar a la Sabana bogotana, como predicador y operario, hasta su viaje a las misiones llaneras[1802].

En marzo de 1661 hacían su entrada definitiva los jesuitas a los Llanos de Casanare[1803] y su primer trazado misional abarcaba el cuadrilátero y comprendido entre Pauto, San Salvador del Puerto, y por otra parte Tame y Patute, pues, de esta suerte se entablaba contacto con tres grandes naciones llaneras: los achaguas, los tunebos y los giraras. Tres años más tarde se establecían las primeras

---

1801 La expedición zarpó el 16 de septiembre de 1658 (AGI. *Indiferente General*, 2871). Agustín GALÁN GARCÍA. *El Oficio de Indias de los jesuitas de Sevilla 1566-1767*. Sevilla, Fundación Fondo de Cultura de Sevilla (1995) 257.

1802 ARSI. N. R. et Q., 5, fol., 1. Catálogo Breve de 1661. Está fechado el 20 de febrero de 1661: *Ibidem*, fol., 5). En la biografía que trae Mercado (*Ob. cit.*, II, 366-378) del P. Agustín Rodríguez dice que el P. Alonso de Neira fue compañero de aposento del P. Agustín Rodríguez (MERCADO. *Historia de la Provincia del Nuevo Reino y Quito*, II, 368-369). Dice el biógrafo: "El Padre Alonso de Neira siendo hermano estudiante hizo instancias al superior para que le diese al hermano Agustín por compañero de aposento ..." (*Ob. cit.*, II, 368). A nuestro juicio ambos jesuitas solamente pudieron encontrarse en Bogotá a finales de 1659 y comienzos de 1660 pues el P. Rodríguez había ingresado en la Compañía de Jesús el 15 de julio de 1657 (ARSI. N. R. et Q., 3, fol., 185v. Catálogo de 1660) y el 15 de agosto permanecía todavía en Tunja sin haber pronunciado todavía sus votos del bienio (ARSI. N. R. et Q., 5, fol., 5v. Catálogo Breve, 1659). Así pues, la estancia del P. Rodríguez en Bogotá tiene que datar de después del 15 de agosto de 1659. Otro problema distinto es el de decir que él convivió con el P. Neira cuando éste era "hermano estudiante". Generalmente los jesuitas se ordenaban de sacerdotes al concluir su tercer año de teología. ¿No sucedió lo mismo con Neira?. Por el momento no lo hemos podido dilucidar.

1803 RIVERO. *Historia de las Misiones...*, 203.

relaciones con una de las naciones más difíciles e inestables de la Orinoquia: los guahivos y chiricoas[1804].

Si Chita[1805] había sido la encrucijada del primer ensayo realizado por los jesuitas santafereños en la cornisa oriental andina (1625-1628)[1806], en el segundo y definitivo sería San Salvador del Puerto a orillas del río Casanare, camino obligado de Guayana y del silencio desconocido.

Los fundadores de las misiones casanareñas no pudieron abandonar la capital del Nuevo Reino antes de 21 de abril. A Neira se le asignó el Puerto de Casanare, poblado que a su llegada cobijaba "cuarenta indios y otros que no lo eran"[7]. De esta suerte fundó con unas parcialidades achaguas la reducción de San Salvador del Puerto "en el mismo Puerto de Casanare, a la banda del río que mira hacia el Nuevo Reino"[1807].

Una de las claves de su estrategia expansionista radica en la posición privilegiada que gozaba la reducción recién fundada. En efecto, la ubicación geográfica del Puerto no solo contemplaba la ruta hispana entre Guayana y Bogotá[1808] sino que además fungía como un enclave comercial del mundo achagua, situación que facilitó el conocimiento y el entendimiento de otras poblaciones de la misma etnia. A ello hay que añadir que la *quiripa*[1809] desarrolló

1804 RIVERO, *Historia de las Misiones...*, 155.

1805 Para el estudioso que desee ubicar cada una de las poblaciones misionales que en adelante citaremos lo remitimos a: José DEL REY FAJARDO. *Los jesuitas en Venezuela*. Tomo III: *Topo-historia*. San Cristóbal, Fondo Editorial Simón Rodríguez 2011, 2 vols.

1806 José DEL REY FAJARDO. *Los jesuitas en Venezuela*. Tomo V: *Las Misiones germen de la nacionalidad*. Caracas-Bogotá, Universidad Católica Andrés Bello-Pontificia Universidad Javeriana (2007) 30-50.

1807 RIVERO. *Historia de las Misiones de los Llanos*, 124.

1808 RIVERO, *Historia de las Misiones...*, 98.

1809 Ha sido el P. Rivero entre los escritores jesuitas quien más ampliamente ha descrito la *quiripa*. "Es la *quiripa* -escribirá- a manera de unas polanchuelas de la forma de los reales de plata, o moneda de vellón; su tamaño ordinario en redondo es como la uña del dedo pulgar, alguna labran un poco mayor, otra menor y

tanto el comercio que llegó a fungir como "moneda nacional" para la compra de herramientas como hachas, machetes, cuchillos, púas, arpones y otros objetos[1810].

Así pues, en sus 45 años de misionero (1661-1706) Alonso de Neira recorrería toda la extensa geografía de lo que podríamos designar como la "Provincia Achagua" y fijaría su capital en la población de San Salvador del Puerto. De allí nacieron las expediciones para el conocimiento de esta nación indígena y para su posible reunificación. Podemos sintetizar sus correrías en las siguientes etapas.

En una primera etapa nacieron las expediciones para el conocimiento de esta nación indígena y para su posible reunificación. De esta forma podemos seguir desde la entrada de su primer misionero el P. Alonso de Neira en 1661[1811] así como las excursiones a los Achaguas de San José de Aritagua[1812] y las llevadas a cabo para

---

otra hacen pequeña y menuda que parece puntualmente a la lentejuela de plata y oro con que suelen los españoles bordar y guarnecer los vestidos. Lábrase ésta de unos caracoles especiales que se crían por estos sitios (...); lo más duro del caracol, que cae hacia su punta o remate, es lo que sirve para la quiripa... Para componer la quiripa van haciendo los pedacillos de caracol conforme al tamaño que el oficial le quiere dar; y estando ya en pedazos le van cercenando las puntillas con unas piedrezuelas que para esto tienen, las que les sirven de lima, dejándolos con alguna redondez, y para dársela de todo punto, les abren en el mismo centro un ojuelo tan derecho, y tan de medio a medio, como si fuera hecho con instrumento o taladro de acero; estando ya así horadados, les van haciendo sartas, y la medida de cada sarta es que ciña cumplidamente un palo llano o tabla, como del grosor de la cintura de hombre, y en él las ponen muy tirantes, y con una piedra de la calidad que ellos saben (que no cualquiera sirve para este efecto), mojándola muy a menudo en agua, refregando la quiripa, y la dejan tan perfectamente redonda como las monedas segovianas" (RIVERO. *Historia de las Misiones...*, 160).

1810 RIVERO. *Historia de las Misiones...*, 161.

1811 Alonso de NEIRA. *Relación de la entrada a las Misiones de los Llanos*. Año 1661. (Véase: RIVERO. *Historia de las Misiones...*, 124-125).

1812 Alonso de NEIRA. *Relación de la expedición a San José de Aritagua*. Año 1664. (Véase: RIVERO. *Historia de las Misiones...*, 159-165).

la fundación[1813] y la posterior traslado a Atanarí[1814] de sus hermanos de raza de san Joaquín de Onocutare en 1665.

En una segunda etapa tiene que asumir en 1669 lo que ha pasado a la historia como la "Misión de Cinaruco" y de la cual tuvo que hacerse cargo por la muerte de su fundador el P. Antonio de Monteverde y se abre de esta forma al mundo de la nación Sáliva[1815] y de esta forma se instala en este nuevo ensayo y se abría hacia los deseados espacios orinoquenses[1816].

En una cuarta etapa trata de insertarse en 1691 en los fallidos intentos para restaurar la "Misión del Orinoco".

La última etapa se desarrolla en las regiones del gran Airico en 1695 al ser enviado junto con el P. Mateo Mimbela a buscar un nuevo camino al Airico por San Juan de los Llanos[1817].

El 11 de enero de 1706[1818] fallecía, como a las 10 de la

1813 NEIRA, Alonso de. *Relación de la fundación de San Joaquín de Onocutare.* Año, 1665. (Véase: RIVERO. *Historia de las Misiones...*, 201-202. En la pag. 202 explicita: "... Por estos estorbos y peligros caminó nuestro misionero a costa de indecibles afanes, y esta es la causa de las pequeñas jornadas que hacía, *como se dice en su relación*").

1814 NEIRA, Alonso de. *Relación de la mudanza del pueblo de San Joaquín de Onocutare a Atanari.* Año, 1665. (Véase: RIVERO. *Historia de las Misiones...*, 213-215). IDEM. *Carta al Señor General don Diego de Egües.* San Joaquín de Onocutare, 2 de diciembre de 1664. (RIVERO. *Historia de las Misiones...*, 195-200. En la pág. 195 testifica: "... pero porque este viaje tiene muchas circunstancias dignas de que se atiendan y estimen, me ha parecido conveniente insertar en este capítulo *una relación suya*, que hizo sobre esta entrada, con ocasión de dar noticia de todo al Señor General D. Diego de Egues, presidente de este Reino entonces...").

1815 RIVERO. *Historia de las Misiones de los Llanos*, 245.

1816 RIVERO. *Historia de las Misiones de los Llanos*, 243: "Ya hemos visto aquí las idas y venidas de nuestros operarios a varios países y distritos, a las montañas de Macaguane, a la serranía de Patute y a los desiertos de Atanarí; ahora veremos entrar al sitio de Sinareuco al apostólico Padre Antonio de Monteverde en busca de la nación Sáliva".

1817 RIVERO. *Historia de las Misiones de los Llanos*, 321.

1818 Biblioteca Nacional. Mss. 105. *Libro de la Sacristía de Tunja*, fol. 185v.

mañana, en los desiertos de Camoa, solo, "sin más oficios de difuntos que las oraciones del catecismo, que le rezó un indio que hacía oficio de sacristán"[1819].

Su biógrafo relata su deceso de la siguiente manera: "... extenuado y consumido con tantas peregrinaciones, destemples, fatigas, aguas y soles; obligado a no poder sustentarse con otro alimento que con unos granos de maíz medio quebrados (...) hasta que queriendo Dios Nuestro Señor premiar sus gloriosos trabajos y fatigas apostólicas con el descanso eterno, dispuso que habiendo dicho misa una mañana, se sintiese después de celebrar, extraordinariamente indispuesto: lleváronle a su pobre cama los pocos indios que se hallaron presentes, de los cuales vive todavía uno en mi pueblo y me ha referido varias veces como testigo de vista esta circunstancia última; habiéndolo reclinado en su lecho, entregó como a las diez del día su dichoso espíritu con mucha paz en manos de su Creador, que para tan perseverantes trabajos le había conducido a estas tierras"[1820].

La "Reducción ordenada" y la promoción cultural de los Achaguas

La intuición más acertada del misionero Neira fue el diseño de la arquitectura urbanística local como centro de atención del pueblo: la iglesia, la plaza y la escuela.

Para sembrar el alma de la municipalidad en las reducciones fundadas tanto en los Llanos como en el Orinoco los ignacianos recurrieron a un proceso difícil y largo porque en definitiva consistía en saltar de la prehistoria a la historia. Se imponía un cambio de mentalidad que modernizara los modos de pensar y de actuar

---

1819 RIVERO. *Historia de las Misiones...*, 342.
1820 RIVERO. *Historia de las Misiones de los Llano*s, 342. Y a continuación sigue Rivero: "y sin mas aparato ni funeral pompa que las que tuvo en la isla de Sanchón el príncipe de los misioneros, San Francisco Javier, ... entregaron a la tierra el venerable cuerpo, sin más oficio de difuntos que las oraciones del catecismo que le rezó un indio que hacía oficio de sacristán".

de los reducidos a fin de crear una nueva identidad salvaguardo la esencia del pasado.

El proyecto fundacional debía seguir las siguientes fases: La primera fase debía estar dedicada a educación de la juventud y la formación religiosa de la población. La Escuela y la Iglesia puestas al servicio del cambio. La segunda se centró en crear las infraestructuras que debían garantizar la subsistencia, el embellecimiento de la población con la construcción y dotación de la Iglesia y los edificios públicos, el progresivo mejoramiento de la sanidad y de la traza urbana, y la capacitación de los recursos humanos para el trabajo. La tercera etapa debía recoger el fruto de la Escuela y de la Iglesia para de esa forma formar en "policía" a los habitantes de la misión y convertirlos en súbditos de la corona española. Y la última propugnaba la adquisición de las formas de gobierno para garantizar el orden, la convivencia social, el trabajo y el descanso. Solo a través de las generaciones jóvenes tratarían los misioneros de moldear una conducta social basada en el amor a lo propio y a fomentar las fuerzas verticales que insertan al hombre en la tierra con garantía de futuro.

San Salvador del Puerto de Casanare fue la primera experiencia reduccional llevada a cabo por los jesuitas neogranadinos en las sabanas llaneras. Y ciertamente que su fundador, el P. Alonso de Neira, supo imprimirle su sello de originalidad y de arquetipo visionario pues de facto asumió las funciones de un auténtico alcalde de su improvisada población y como tal debía preocuparse de las necesidades divinas y humanas.

En efecto, demostró tener muy claro el sentido de lo que es el municipio, el marco geográfico que definía su acción, la lengua como vehículo de cohesión, el éxito en la economía para fundamentar las bases del desarrollo social y humano, la mejora de la vivienda, el urbanismo como expresión de progreso, el sentido del arte, y sobre todo la educación. Y su audacia apostó por la traza de la Iglesia como rectora de la organización social y cultural de la población y la Plaza como lugares de encuentro de todos los habitantes de la población.

El diseño fundacional planteado sería en adelante similar: una plaza de forma cuadrangular alrededor de la cual se situaba la iglesia, la casa del misionero, la garita de los soldados y a veces la escuela, la carpintería, otras dependencias similares, las viviendas de los indígenas y también la Cruz Atrial.

La iglesia solía estar ubicada en el costado principal de la plaza pero como la sacralización del ámbito urbano de la plaza inspiraba el lugar de encuentro de toda la población, el templo se complementaba con las capillas "posas" –pequeñas ermitas en los cuatro ángulos de la plaza– que servían para "posar" al Santísimo Sacramento en las procesiones del Corpus Christi y las de Semana Santa. A ellas habría que añadir los arcos triunfales de gran vistosidad para los movimientos de masas en los actos religiosos.

Alonso de Neira tenía conciencia de que su ensayo era la primera respuesta para el gran proyecto misional que se iniciaba en pleno Llano y así intuyó de inmediato la necesidad de crear un modelo distinto para el nuevo hábitat y se lanzó a construir una iglesia en San Salvador del Puerto de Casanare realmente original y autóctona.

Su planta regular de tres naves –en cuadro– y esquinas ochavadas, realzaban el carácter centralizado y jerárquico de su organización espacial[1821].

El templo "muy capaz y curioso, y de una fabricación bien rara" lo construyó "en mes y medio". Pensamos que se inspiró en las viviendas de los Achaguas pues se valió "de la habilidad de sus indios, curiosos sobremanera, y prolijos en la fábrica de sus casas". Se componía de cuatro naves "en cuadro, largas y anchas, a proporción, en medio de las cuales sobresalía la Capilla mayor, a manera de media naranja[1822], que estribaba y se mantenía sobre

---

1821 Felipe GONZÁLEZ MORA. *Reducciones y haciendas jesuíticas en Casanare, Meta y Orinoco ss. XVII-XVIII*. Arquitectura y urbanismo en la frontera oriental del Nuevo Reino de Granada. Bogotá, Editorial Pontificia Universidad Javeriana, Biblioteca del Profesional, Bogotá 1a.edición, 2004.

1822 La propuesta espacial de cúpula de media naranja sobre crucero, se evidencia en varias de las iglesias de las reducciones entre los guaraníes. Ver: Fernando

doce vistosas columnas de madera, en el espacio de cincuenta pies de ancho y otros tantos de longitud; en lo alto de la media naranja colocó por fuera una bien alta y curiosa cruz, la cual daba a la obra mayor realce"[1823]. El historiador Cassani añade que "toda la obra era de madera, aunque en la parte exterior se vistió de tapias de tierra; en lo interior, así las columnas, como las paredes las pintó todas con aquellos su barnices, que ellos usaban para pintarse los cuerpos"[1824].

Liturgia y folklore son los dos polos en que se movió todo el ámbito misional en las reducciones casanareñas.
La liturgia fue el alma de la pedagogía espiritual misionera pues la tradición de la Iglesia católica –y también la americana- aceptó como fórmula válida la "lex orandi, lex credendi". Y el folklore viene a ser la inspiración de la religiosidad popular pues es la interpretación que una sociedad adopta ante el diálogo que el hombre desea entablar con Dios.

En las misiones observamos una doble liturgia: la sacramental, solemne en la que todo lo mejor y más creativo debe iluminar las funciones religiosas que fundamentalmente giran en torno a la Eucaristía; y la para-sacramental, alegre, plástica, activa que pretende ser expresión de los sentimientos más nobles del indígena. A ellas hay que añadir la música escolar y la folklórica.

Las funciones estrictamente religiosas eran cuidadas con gran esmero y su vistosidad era llamativa tanto para los residentes

---

ARELLANO. *El arte jesuítico en la América española.* San Cristóbal (1991) 119-123.

1823 Juan RIVERO. *Historia de las Misiones…*, 124. Joseph CASSANI. *Historia de la Provincia de la Compañía de Jesús del Nuevo Reyno de Granada en la América.* Estudio preliminar y anotaciones al texto por José del Rey, s. J. Caracas, Biblioteca de la Academia Nacional de la Historia (1967) 152: "Su disposición era ochavada, y con tres naves, en medio de las cuales levantó doce columnas, sobre las cuales estribaba la techumbre, que era de madera, y defendía de las aguas".

1824 Joseph CASSANI. *Historia de la Provincia…*, 152.

como para los extranjeros que transitaban por las diversas poblaciones misionales. Llama a reflexión el testimonio de un oficial regio, don Pascual Martínez Marco, quien en su *Diario* anotaría sobre el Jueves Santo de 1749 que presenció en Carichana: "Vimos el monumento que se hace muy precioso y celebran todas las funciones de iglesia como en cualquiera catedral por tener una capilla y cuerpo de música muy crecido y diestro"[1825].

La Escuela. En la formación de la nueva identidad jugó un papel decisivo la Escuela aunque debemos reconocer que son muy pocas las noticias que sobre esta institución nos han legado los escritores jesuitas de la época.

La Escuela y la Iglesia son los dos polos que van a generar simultáneamente la educación de la juventud, no como factores antagónicos, sino como dos principios subsidiarios empeñados en crear un hombre nuevo y orinoquense. Toda la vida espiritual, cultural y social de la misión se moverá en torno a ese eje que en la arquitectura de la reducción está enmarcado en la plaza principal.

La Escuela es el primer espacio de actuación pública en que se sumerge el niño porque allí afronta por vez primera el problema de la socialización que en definitiva es la cita con la sociedad, con los otros, con los extraños y de esa forma trasciende el cerrado círculo familiar. Como dice un educador moderno la escuela es "justamente el primer y continuo encuentro con lo no-familiar, el espacio y el tiempo para el destete de la matriz familiar y del aprendizaje para la convivencia social"[1826].

En la vida cotidiana de la reducción los jóvenes dedicaban lo mejor de su tiempo a las tareas escolares. La misión se encargaba del sustento diario pues además de que los padres se encontraban

---

[1825] Jean-Paul DUVIOLS. "Pascual Martinez Marco. Viaje y derrotero de la ciudad de Cumaná a la de Santa Fe de Bogotá (1749)". En: *Cahiers du monde hispanique et luso-brésilien.* Toulouse, 26 (1976) 27.

[1826] Leonardo CARVAJAL. "La presunta nueva misión de la escuela y los valores democráticos". En: José Francisco JUÁREZ (coord.). *Segundas jornadas de Educación en valores.* Caracas, Universidad Católica Andrés Bello (2003) 44.

en las labranzas[1827] era la mejor oportunidad para sembrar en las mentes juveniles las nuevas ideas y proyectos para diseñar un futuro mejor.

Aunque Iglesia y Escuela se complementaban a la hora de impartir "formación" para los jóvenes, sin embargo cada una respetaba los horarios establecidos. Por la mañana, después de los actos religiosos, los varones debían acudir a la Escuela y a arreglar las dependencias "públicas" de la reducción[1828]. Por la tarde se reanudaban las tareas educativas a las 2; a las 4,30[1829].

La construcción del hombre y de la humanidad necesita de las herramientas del maestro y del aula de clase pues ningún lugar más idóneo para saber qué somos y a dónde se dirigen nuestros pasos como ciudadanos del mundo.

Es indudable que estas escuelas significaron el comienzo de la historia de la alfabetización en la Orinoquia. Y gracias al aprendizaje del castellano entraban a formar parte de la ciudadanía del imperio español aunque lugares tan ignotos como las selvas de nuestro gran río tardaran en asomarse a la verdadera cultura occidental. Y como anota Francisco Esteve Barba gracias al aprendizaje del alfabeto pudieron los indios americanos "liberar a su memoria de sus tradiciones y escribirlas, con plena posibilidad de hacerlo, en el idioma mismo en que habían sido formuladas"[1830]. Todo se perdió tras la expulsión de los jesuitas de nuestro gran río en julio de 1767.

En el diseño de la población misional la Escuela significaba un elemento renovador dentro de la concepción de la plaza central. El nuevo orden cultural se iniciaba en la Escuela y la plaza era el lugar de encuentro para fabricar los nuevos valores religiosos, educacionales, laborales, sociales y culturales. Y a través de la

---

1827 ALVARADO. *Informe reservado*, 251.

1828 ALVARADO. *Informe reservado*, 257.

1829 ALVARADO. *Informe reservado*, 258.

1830 Francisco ESTEVE BARBA. "La asimilación de los signos de escritura en la primera época". En: Demetrio RAMOS (Edit.). *Estudios sobre política indigenista española en América*. Valladolid, Universidad de Valladolid, I (1975) 258.

educación se debía dar respuesta a la "razón de estado" pues de esa forma se armonizaban los ideales religiosos de la evangelización y los necesarios procesos de mundanización, puerta obligada de la modernidad en un mundo que comenzaba a asomarse a la cultura a través del libro escrito. Y dentro de la educación revistió una importancia radical la música.

San Salvador del Puerto de Casanare fue un modelo desde sus inicios del desarrollo cultural y social que debía generar cualquier población misional. El teatro y la poesía, el canto y los bailes folklóricos, la iniciación musical, el gusto por la lectura y el ansia de aprender a escribir circunscriben la tenacidad del P. Alonso de Neira, que sin lugar a dudas fue el mejor misionólogo práctico del siglo XVII[1831].

Un testigo presencial escribiría años más tarde: "Instituyó cantores de punto y órgano; llevó todo género de instrumentos, harpas, rabeles, chirimías, baxones, trompetas, y clarines, que consiguió tocasen con eminencia dichos indios"; y más adelante añade que en las fiestas cantaban romances en verso achagua[1832]. A la escuela de música hay que añadir la de danza pues en ciertas ocasiones los niños "engalanados con sus camisetas muy vistosas y labradas" danzaron con "tan linda gracia y donaire... que causaron admiración"[1833].

Alonso de Neira y la cultura achagua

Alonso de Neira intérprete de la tradición jesuítica neogranadina del compromiso con el mundo indígena. En verdad, nuestro

---

[1831] RIVERO. *Historia de las Misiones,* 124: "No se puede negar haber sido el P. Alonso uno de los más activos y eficaces misioneras que conocieron estos llanos". A ello habría que añadir el capítulo 12 del Libro 3º. MERCADO. *Historia de la Provincia,* II, 328-331. Cfr. Juan M. PACHECO. *Los jesuitas en Colombia,* II, 325.

[1832] Matías de TAPIA. *Mudo lamento...,* 198. En: J. DEL REY FAJARDO. *Documentos jesuíticos relativos a la historia de la Compañía de Jesús en Venezuela.* Caracas (1966) 198.

[1833] Juan RIVERO. *Historia de las Misiones...,* 125.

autor supo asumir las responsabilidades que habían contraído los jesuitas neogranadinos con el mundo indígena. Como estudiante de la Universidad Javeriana conoció de cerca la Escuela del Chibcha que funcionaba en esa Casa de Estudios para lo superior. También convivió con los miembros de la segunda generación de lingüistas autóctonos que la podemos ubicar entre 1616 y 1642. Sus integrantes serían José Hurtado, Pedro Pinto, Hernando Cavero, Miguel Jerónimo de Tolosa, Domingo Molina [Molinello], Francisco de Lea, Juan de la Peña, Pedro Morgáez, Alonso González, Damián Buitrago, Francisco Ellauri, Pedro Ostos. A este grupo se debió la expansión no solo en tierras boyacenses sino en las minas de Santa Ana (Tolima)[1834].

En el imaginario jesuítico perviviría el ensayo frustrado (1625-1628) que trataba de trascender la geografía chibcha para ensayar un proyecto novedoso más allá de sus fronteras naturales. Se trata del ensayo llevado a cabo en la Serranía de Morcote y jurisdicción de Chita, pues, se dejaban atrás los dominios del chibcha para abrirse a otras provincias indígenas ubicadas en el balcón andino que se asoma a los Llanos orientales colombianos lo que significaba un paso trascendental pues era iniciar un diálogo con nuevas y desconocidas naciones.

La historia demostraría que Alonso de Neira se erigió en un verdadero continuador de la tradición jesuítica neogranadina al liderar las nuevas acciones en las ilimitadas llanura casanareñas, del piedemonte andino hasta las proximidades del Orinoco. De esta suerte dejan a la espalda la unidad idiomática del chibcha para incursionar el reto de la dispersión lingüística proveniente de la diversidad de naciones. Por estos ingentes espacios deambulaban etnias como los achaguas, sálivas, tunebos, giraras, airicos, guahivos y chiricoas y otros de los que hablaremos más adelante. Habían sido poblaciones abundantes en habitantes pero estaban muy diezmadas a la llegada de los jesuitas en 1661.

[1834] José DEL REY FAJARDO. *La Universidad Javeriana, intérprete de la "otredad" indígena (siglos XVII-XVIII)*. Bogotá, Pontificia Universidad Javeriana (2009) ----

Perfil intelectual. La importancia de la figura intelectual del P. Alonso de Neira para el estudio del mundo achagua es decisiva. Su rico talante de humanista lo adquirió en el gran centro de estudios clásicos como fue el gran Colegio de Villagarcía de Campos en donde estudió Letras Humanas[1835]. Una confirmación de este juicio lo encontramos en hecho de que fuera llamado de las Misiones en 1678 para encargarse como Prefecto de los Estudios menores y Maestro de Seminario en la Universidad Javeriana de Bogotá[1836]. Es curioso anotar que de un gran teólogo la dirección de los estudios humanísticos pasó a un profesor de lengua chibcha y de éste a un ilustrado misionero de los Llanos de Casanare.

Humanista integral y filólogo indigenista, dominó el achagua y el sáliva a la perfección dejando en el primer idioma singulares escritos y traducciones para sus indígenas[1837]. Viajero incansable por los ilimitados espacios de la Provincia Achagua sacaría tiempo para cultivar las letras y la poesía. Según el testimonio del P. Rivero versificaba en castellano "con muchísima facilidad y elegancia", e incluso se dedicó a aplicar la variada métrica castellana a la lengua achagua[1838] y su vena poética la utilizó tanto en la lengua del Lacio[1839] como en la de Cervantes.

Creador de la cultura achagua. Quizá San Salvador del

[1835] Conrado PÉREZ PICÓN. *Villagarcía de Campos. Estudio histórico-artístico.* Valladolid, Institución cultural Simancas, 1982. Conrado PÉREZ PICÓN. *Un colegio ejemplar de Letras Humanas en Villagarcía de Campos (1576-1767).* Valladolid, Sal Terrae, 1983.

[1836] APT. *Fondo Astráin, 18. Ordenes antiguas, que por orden de N. R. P. Lorenzo Ricci, ya no están en uso y deven guardarse en el archivo.* "Resulta de la visita de este Collegio de Santafe por el Padre Joseph de Madrid. Visitador y Vice Provincial de esta Provincia por el mes de Septiembre de 1678", fol., 39v.

[1837] José DEL REY FAJARDO. *La "Facultad de Lenguas" en la Javeriana colonial y sus profesores.* Bogotá, Pontificia Universidad Javeriana (2004) 51-52.

[1838] RIVERO. *Historia de las Misiones...*, 344.

[1839] Una muestra de su dominio de la versificación latina está en el Epigrama que se conserva en: Gabriel ÁLVAREZ DE VELASCO. *De la exemplar vida y muerte dichosa de doña Francisca Zorrilla.* Alcalá, 1661.

Puerto sea la cristalización concreta de sus ideales humanistas. El principio fundamental de su actuación se encauzaba a "atraerlos por este medio a la enseñanza cristiana, racional y política"[1840]. Y la meta final aspiraba a que sus indios "supiesen de todo". De esta suerte instituyó y formó un pueblo en el cual, a expensas de sus trabajos, aplicación incansable y singularísima introducción con los indios, tuvo modo de instruirlos para carpinteros, herreros, sastres, zapateros, pintores y escultores"[1841]. Gilij que conoció esta reducción en 1749, escribía: "... es muy civilizada, pero pequeña, porque por el mal clima muchísimos achaguas han muerto"[1842].

Empeñado en que sus indios supieran de todo apeló a la técnica jesuítica del teatro[1843] para solaz de los recién reducidos y como arma de transmisión cultural. De igual forma recurrió a la versificación española para hacer llegar a su auditorio, en verso, fragmentos importantes de la literatura espiritual de la época. Así nos encontramos con el famoso libro del Kempis o la *Imitación de Cristo*[1844] o el Tratado del jesuita español Alonso Rodríguez, *Ejercicio de Perfección*, que alcanzó innumerables ediciones a lo largo de los siglos XVII al XX[1845]. En prosa difundió la obra de una escritora

---

1840   RIVERO. *Historia de las Misiones...*, 344.

1841   RIVERO. *Historia de las Misiones...*, 543. (Su ideal era eme supieran de todo: RIVERO. *Historia de las Misiones...*, 254).

1842   GILIJ. *Ensayo de Historia americana*, IV, 393.

1843   Alonso de NEIRA. *Comedias de Vidas de Santos y Autos Sacramentales*. [TAPIA. *Mudo lamento,* 198: "Compuso muchas Comedias de Vidas de Santos y Autos Sacramentales; que hacía representar a los indios, con que los tenía embelesados, aficionados y cautivos...". RIVERO. *Historia de las Misiones...*, 344.]

1844   Alonso de NEIRA. *Contemptus Mundi en verso español.* (RIVERO. *Historia de las Misiones...*, 344. *Contemptus mundi* es el libro de Tomás de KEMPIS. *Imitación de Cristo*).

1845   Alonso de NEIRA. *Ejercicio de Perfección del P. Alonso Rodríguez en verso español.* (RIVERO. *Historia de las Misiones...*, 344: "... los tres tomos de ejercicios del Padre Alonso Rodríguez". El título es: *Ejercicio de perfección y virtudes cristianas*).

española de moda en el siglo XVII como fue Madre Agreda y su interesante obra la *Mística ciudad de Dios*[1846].

Fue todo un florecimiento cultural y humano el que surgió en este traficado Puerto del Casanare. El teatro y la poesía, el canto y los bailes folklóricos, la iniciación musical, el gusto por la lectura y el ansia de aprender a escribir circunscriben la tenacidad de este jesuita que sin lugar a dudas fue el mejor misionólogo práctico del siglo XVII[1847].

La obra escrita de Alonso de Neira

Neira, como jesuita del barroco, es hijo de la cultura clásica y por ende fiel cultor de la poesía, de las lenguas y de la ascética.

La intensa capacidad creativa de este misionero dio por resultado la iniciación de una auténtica Literatura en Achagua; lamentablemente no podemos emitir un juicio valorativo de una obra que en nuestros días aparece como totalmente perdida.

La cristianización y la aculturación del indio llanero germinaron no solo armónica sino unitariamente; de ahí la fecundidad productiva y el ansia de plastificar los dos conceptos —religión y cultura— en el teatro, la poesía, el canto y el folklore populares.

1846   Alonso de NEIRA. *Tratado de la Madre Agreda.* (RIVERO. *Historia de las Misiones*..., 254: "Todavía existen algunos libros de estos y los leen; entre ellos anda un tratado de la venerable madre Agreda, que hasta estas materias se extendía su fervoroso celo, para que supiesen de todo").

1847   RIVERO. *Historia de las Misiones*..., 124. "No se puede negar haber sido el P. Alonso uno de los más activos y eficaces misioneros que conocieron estos llanos". PACHECO. *Los jesuitas en Colombia*, II, 325. Cfr. MERCADO. *Historia de la Provincia*, II, 328-331. RIVERO. *Historia de las Misiones*..., Libro 3, Cap. 12.

Las referencias sobre su producción poética tanto en achagua[1848] como en castellano[1849] son abundantes.

Tenemos noticia de que practicó el verso latino, el castellano y el achagua. De sus tiempos de estudiante en la sabana bogotana nos ha quedado un epigrama, en lengua del Lacio, dedicado a la madre del P. Gabriel Álvarez:

> Improba laethali damnet si stamine Clotho,
> Et celeres rumpat Parca severa dies:
> Nulla tui, Gabriel, disrumpet fila parentis,
> Semper in aeternum vivet uterque parens,
> Hoc etenim libro superans respirat ad auras,
> Et quasi vitali flagrat uterque rogo.
> Hanc alius numeris tentans describere vitam,
> Dispar historiae forsitam ille foret.
> Sic igitur scribat vitam de coniuge coniux,
> Coniuge par, coniux author, et historia[1850]

1848   Matías de TAPIA. *Mudo Lamento*. En: DEL REY FAJARDO. *Documentos jesuíticos*, I, 198: "Enseñó a sus indios a componer todo género de versos en lengua Achagua, conforme al metro español, y todas las fiestas cantaban romances en verso de esta lengua". El P. Fabo parece hacerle autor de un manuscrito anónimo: *Miscelanea variarum compostionum in exercitiis idiomatis achaguae*. (FABO. *Idiomas y etnografía de la región oriental de Colombia*. Barcelona, J. Benet, impresor (1911) 114-115). Rivero (RIVERO. *Historia de las Misiones de los Llanos*, 257): "... compuso en lengua india una Historia sagrada en verso, que tomaron de memoria los achaguas, y la representaron en teatro público, función muy aplaudida y a la cual acudieron vecinos españoles".

1849   RIVERO. *Historia de las Misiones de los Llanos*, 344: "... tradujo en verso castellano, para el cual tenía muchísima facilidad y elegancia, algunos libros, y entre ellos el *Contemptus mundi* [se refiere a la *Imitación de Cristo* de Tomás de Kempis] y los tres tomos de *Ejercicios* [*Ejercicio de perfección y virtudes cristianas*] del P. Alonso Rodríguez".

1850   Ad patrem Gabrielem Alvarez de Velasco, Societatis Iesu, pater Ildophonsus de Neyra, ejusdem Societatis, Epigramma. En: Gabriel ÁLVAREZ DE VELASCO. *De la exemplar vida y muerte dichosa de doña Francisca Zorrilla*. Alcalá, en el colegio de Santo Tomás, 1661. La traducción castellana reza: "Si la ímproba Cloto condena con la mortal hebra/ y la severa Parca rompe los rápidos días/,

Ciertamente que lo poético polarizó una gran parte de su obra literaria pues cultivó ampliamente los más variados temas: nos quedan referencias de una *Historia Sagrada*[1851], de unos cuantos *Libros de devoción*[1852]. A todo ello habría que añadir *Colección de poesías* en verso achagua[1853] y algunos *Cánticos sagrados para las principales festividades de entre año*[1854].

Pero lo más desconocido en su obra literaria lo constituye su aporte a lo religioso y a lo ascético tanto en castellano como en achagua[1855].

Los escritos históricos. Como hipótesis podemos sostener que los textos neiranos fueron los que sirvieron de base tanto a Pedro de Mercado (1683) como a Juan Rivero (1729) en algunas áreas fundamentales de su discurso histórico.

Así pues, adquiere una gran importancia el hecho de iden-

---

ninguna, Gabriel, romperá los hilos de tus padres;/ siempre vivirán en eterno ambos tus padres./ En este libro renacen a las auras sublimes/ y ambos brillan en la vital pira./ Si otro tratara de escribir esta vida/ probablemente sería impar a la historia./ Así, pues, escriba el esposo de la esposa/ el esposo autor par de la esposa y de la historia".

1851 RIVERO. *Historia de las Misiones...*,257.
1852 Archivo inédito de Uriarte-Lecina. Papeletas de Neyra.
1853 TAPIA. *Mudo Lamento*,198. ¿Serán estas poesías las que vamos a estudiar en el Ms. posterior?
1854 Archivo inédito Uriarte-Lecina. Papeletas de Neira: "en achagua".
1855 M. de TAPIA. *Mudo Lamento*. En: DEL REY FAJARDO. *Documentos jesuíticos*, I, 198: "Compuso muchas comedias de Vidas de Santos y Autos Sacramentales, que hacía representar a los indios, con que los tenía embelesados, aficionados y cautivos ...". José DEL REY FAJARDO. *Aportes jesuíticos a la filología colonial venezolana*. Caracas, Ministerio de Educción (1971) 254: "Compuso varios libros en su idioma, llenos todos ellos de celestial doctrina; sacaron varias copias los mismos indios, que ya sabían escribir algunos de ellos, y los guardaban con grande aprecio, y los leían con mucho fruto de sus almas. *Todavía existen algunos libros de estos y los leen*; entre ellos anda un tratado de la venerable Madre Agreda, que hasta estas materias se extendía su fervoroso celo, *para que supiesen de todo*" (Los subrayados son nuestros). Rivero escribe su *Historia* en Guanápalo en 1729.

tificar los diversos relatos documentales que sirvieron de base a Rivero en la redacción de la *Historia de las Misiones*. Este proceso reviste una dificultad especial ya que el misionero-historiador fue un excelente conocedor de la cultura achagua y por ello, cuando sus citas no son textuales, se sirve, a veces, de explicaciones aclaratorias e incluso interpolaciones que no son fáciles de detectar. Sin embargo, podemos establecer tres categorías de procedencia en el largo texto riverano.

Señalamos, no como cita textual, sino como parte integrante de la narración general los siguientes temas: *Relación de la entrada a las Misiones de los Llanos*. Año 1661[1856]; *Relación de la expedición a San José de Aritagua*. Año 1664[1857]; *Carta al P. José de Urbina, Rector del Colegio Máximo de Santafé*. San José de Aritagua, 2 de febrero de 1664[1858]; *Relación de algunas cosas de edificación sucedidas en Aritagua y Casanare con los Achaguas*. S. a.[1859]; *Carta al Señor General don Diego de Egües*. San Joaquín de Onocutare, 2 de diciembre de 1664[1860]; *Relación de la fundación de San Joaquín de Onocutare*. Año, 1665[1861]; *Relación de la mudanza del pueblo de*

1856 RIVERO. *Historia de las Misiones de los Llanos*, 124-125.

1857 RIVERO. *Historia de las Misiones de los Llanos*, 159-165.

1858 RIVERO. *Historia de las Misiones de los Llanos*, 163-164.

1859 RIVERO. *Historia de las Misiones de los Llanos*, 165-169. En la pag. 165 dice: "... varios son los casos que podría traer aquí, sucedidos entre esta gente, pero solo referiré algunos *sacados de una relación del Padre Neira, que pondré casi con sus mismos términos*". (El subrayado es nuestro).

1860 RIVERO. *Historia de las Misiones de los Llanos*, 195-200. En la pág. 195 testifica: "... pero porque este viaje tiene muchas circunstancias dignas de que se atiendan y estimen, me ha parecido conveniente insertar en este capítulo una relación suya, que hizo sobre esta entrada, con ocasión de dar noticia de todo al Señor General D. Diego de Egues, presidente de este Reino entonces...".

1861 RIVERO. *Historia de las Misiones de los Llanos*, 201-202. En la pag. 202 explicita: "... Por estos estorbos y peligros caminó nuestro misionero a costa de indecibles afanes, y esta es la causa de las pequeñas jornadas que hacía, *como se dice en su relación*". (El subrayado es nuestro).

San Joaquín de Onocutare a Atanarí. Año, 1665[1862]; *Relación de los progresos de la doctrina del Puerto*]. S.a.[1863].

El segundo cuerpo documental es el que se refiere a *Los ritos, costumbres, usanzas y supersticiones de la nación achagua*[1864], texto que en principio abre algunos interrogantes. Constituye en sí mismo un relato o son varios?. ¿Pueden ser datados?. ¿Quién es el autor?

Tras su primera lectura podría pensarse en la paternidad literaria del P. Juan Rivero; pero el hecho de que Mercado en su *Historia de la Provincia del Nuevo Reino y Quito de la Compañía de Jesús* incluya también la mayor parte del relato riverano[1865], nos obliga a reflexionar sobre la existencia de un texto anterior a ambos escritores y en consecuencia la autoría de Rivero queda descartada. Además, el cotejo del relato en Mercado y en Rivero

---

1862 RIVERO. *Historia de las Misiones de los Llanos*, 213-215.

1863 RIVERO. *Historia de las Misiones de los Llanos*, 253-257.

1864 RIVERO. *Historia de las Misiones de los Llanos*, 32-35; 105-117.

1865 Quien compare el texto mercadiano (MERCADO. *Historia de la Provincia del Nuevo Reino y Quito*, II, 255-266) con el riverano (RIVERO. *Historia de las Misiones de los Llanos*, 105-116) observará de inmediato: que el texto de Rivero es más largo y contiene más información. Segundo: los textos comunes son idénticos, salvo que en ocasiones Rivero clarifica o amplifica algunas redacciones que así lo ameritan. Estas diferencias son normales ya que Mercado escribe la *Historia de la Provincia del Nuevo Reino y Quito* en cuatro volúmenes y a la misión de los Llanos le dedica el Libro VIII del volumen II; Rivero se circunscribe a la historia de las misiones de Casanare y de los ríos Orinoco y Meta y por ende puede explayarse en su relato. El relato achagua podría ser visto así de forma paralela:

MERCADO	RIVERO			
Cap. VIII.		Agoreros.	pp. 255-256	pp. 107-108.
Cap. IX.		Poligamia	pp. 257-258	pp. 110-111.
Cap. X. Bebidas		pp. 259	pp. 111.	
Cap. XI.		Comidas	pp. 260-262	pp. 112-114.
Cap. XII.		Labranzas	pp. 263-264	No aparece en este contexto
Cap. XIII.		Enfermedades	265-266	pp. 115-116.

nos lleva a establecer una fecha aproximativa, más allá de la cual no puede datarse el documento. Por nuestra parte opinamos que podría fijarse una fecha alrededor de 1680 ya que para ese año se puede considerar como concluida la historia estructural mercadana relativa a las misiones llaneras[1866].

Sin embargo, la lectura atenta de Rivero nos da luz para resolver estas dudas, pues en el momento preciso en que va a iniciar la descripción del mundo achagua, se apresura a prevenir al lector: "... algo se dijo de otros indios y en especial de los Tunebos, con que viniendo en particular a tratar de estas cosas, *diré lo que he hallado sobre esto, averiguado por larga experiencia de los fundadores de estos pueblos, y lo que se ha ido notando y averiguando después con el manejo de estas gentes*"[1867].

Así pues, deberíamos concluir que la autoría de estos relatos hay que atribuírsela al P. Alonso de Neira pues fue el fundador no solo de San Salvador de Casanare sino también de San José de Aritagua y San Joaquín de Atanarí y el misionero que más largamente trató con los achaguas y el que redactó más escritos sobre ellos entre los que citamos más arriba.

El tercer cuerpo documental estaría constituido por las narraciones achaguas que sirvieron de fuente a Rivero para la

---

[1866] La Historia misional de Mercado concluye prácticamente con el viaje de los achaguas de San Joaquín de Atanarí al Puerto de Casanare, es decir, en 1668. De ahí salta al viaje de los cuatro misioneros al Orinoco en 1681 y al motín de los giraras en 1683 (MERCADO. *Historia de la Provincia del Nuevo Reino y Quito*, II, 332) acontecimientos que se ven añadidos a última hora. Lo mismo podríamos decir de las dos últimas biografías: la del P. Francisco de Ubierna (*Ob. cit.*, II, 382-390) que únicamente dedica a su vida misionera el último párrafo de la necrología, y la del P. Cristóbal Riedel (MERCADO. *Historia de la Provincia del Nuevo Reino y Quito*, II, 390-394) incluida en el contexto de la renovación de la misión del Orinoco.
En lo que a la documentación achagua se refiere podemos afirmar que maneja información solo hasta 1668, hecho que nos hace más verosímil la posibilidad de que sea el P. Neira el autor de los relatos utilizados por Mercado.

[1867] RIVERO. *Historia de las Misiones de los Llanos*, 105-106. (El subrayado es nuestro).

elaboración del texto que ofrece en su Libro I de la *Historia de las Misiones* en los capítulos dedicados al tema que nos ocupa.

A los achaguas dedica expresamente el misionero-historiador los capítulos VIII[1868] y X[1869] del Libro I, a los que habría que añadir el "Relato de las Amazonas"[1870]. A nuestro entender, del capítulo II al V[1871], dedicados a la descripción de la flora y fauna llanera, abren un espacio meramente descriptivo al que es difícil asignar hoy por hoy la crítica de provenencia, lo cual no excluye que hayan podido ser tomados de los escritos de los primeros misioneros.

Por confesión del propio autor, el "Relato de las Amazonas" pertenece al P. Neira[1872]; sin embargo, ignoramos el grado de fidelidad que haya conservado Rivero en la trascripción del documento neirano, aunque en verdad se trata de una "tradición de los antiguos achaguas, venida de padres a hijos"[1873].

No es nuestro propósito intentar un estudio exegético del texto riverano de las Amazonas pero sí queremos dejar constancia de sus estratos literarios porque ello confirma el grado de interés de Neira por recoger los relatos de cultura oral achagua en el preciso momento en que se realiza el contacto de los jesuitas con esa nación indígena.

1868   RIVERO. *Historia de las Misiones de los Llanos*, 22-27.

1869   RIVERO. *Historia de las Misiones de los Llanos*, 32-35.

1870   RIVERO. *Historia de las Misiones de los Llanos*, 17-19.

1871   RIVERO. *Historia de las Misiones de los Llanos*, 3-16.

1872   RIVERO. *Historia de las Misiones de los Llanos*, 17: "No es razón que pasemos en silencio las Amazonas que, según la tradición de los antiguos achaguas, venida de padres a hijos, pueblan también estos países; *diré lo que hallé sobre este punto en una Relación de las misiones escrita por el Padre Neira*". (El subrayado es nuestro).

1873   RIVERO. *Historia de las Misiones de los Llanos*, 17-19. El "Relato" está compuesto de 4 párrafos: el primero corresponde al estrato indígena; el segundo al occidental; y el tercero y el cuarto al mixto. Este último habría que ubicarlo temporalmente entre 1630 y 1636 en que gobernó el Nuevo Reino el Marqués de Sofraga (Cfr. Juan Manuel PACHECO. "El Marqués de Sofraga". En: *Revista Javeriana*. Bogotá, 41 (1954) 37-45; 91-93).

En el "Relato de las Amazonas" se pueden identificar claramente tres estratos diferentes. El primero es de proveniencia netamente indígena y en él se describe el hábitat de las Amazonas entre el Meta y el Orinoco y la presencia de los achaguas, los caribes y los quirrubas.

El segundo bebe su esencia en la tradición occidental pues narra el origen escrito de estas míticas mujeres, su estancia en Capadocia y su dispersión posterior en África, Francia, el río Amazonas y una isla entre el Meta y el Orinoco.

El tercero es de inspiración mixta y se vincula a la acción de un clérigo de Santiago de la Atalaya, quien consiguió el título de Gobernador y Capitán General de las Amazonas, otorgado por el Marqués de Sofraga (don Sancho Girón de Narváez) y compartido después con don Martín de Mendoza. También habla de la Gran ciudad de Sofraga a 3 leguas de Pauto y de un castillo a dos jornadas del Casanare y tres del Meta[1874].

Viniendo al capítulo VIII del Libro I, que trata de las entradas de algunos españoles a la nación achagua, pensamos que los tres primeros relatos configuran narraciones típicas de tradición oral dado su carácter esencialmente anecdótico, su único núcleo temático y la carencia de referencias a personas y lugares que no sean los actores del tema principal[1875].

Y ¿puede llegarse al recolector de estos relatos? Si en realidad integran parte de un todo, algo de luz deja entrever Rivero al tratar el caso del capitán anónimo cuando escribe: "Ahí permanecían los huesos de esos inocentes destrozados, *el año de 61*, y podía haberlos visto el padre Alonso de Neira cuando pasó por allí, si el

---

1874   RIVERO. *Historia de las Misiones de los Llanos*, 22-27.

1875   La acción del capitán Alonso Jiménez se desarrolla hacia 1606 a orillas del Meta (RIVERO. *Historia de las Misiones de los Llanos* 23-25). La acción del capitán Lázaro Cruz tiene lugar en fecha desconocida, pero posterior a la anterior, en una isla del Meta (*Ibidem*, 25-26). La tercera, poco anterior a marzo de 1661 concluye cerca del río Pauto y no se da el nombre del capitán (*Ibidem*, 26). La cuarta sucede en el río Duya y es a todas luces posterior y sospechamos que sea añadidura del propio P. Rivero (*Ibidem*, 26-27).

dolor que le atravesaba las entrañas, y el vivo sentimiento de tanta inhumanidad, le hubieran dado lugar para mirarlos"[1876].

Esta afirmación nos lleva a deducir como factible que el P. Neira fue el recopilador de éste y de los relatos anteriores y más si tenemos en cuenta que Rivero se ha servido para otras tradiciones achaguas, como la de las Amazonas, de "una relación de las misiones escritas por el P. Neira"[1877].

El capítulo X hace referencia a la servidumbre que padecían los achaguas[1878] y aunque la primera alusión es sobre "el obraje que había entonces para beneficiar el algodón" en Santiago de las Atalayas, sin embargo quiere dejar constancia Rivero que su relato se refiere a la etapa posterior a la entrada de los misioneros en 1661[1879] y así aduce la acción de D. Francisco de Unzueta y del capitán Pedro Navarro.

El relato sobre Francisco López de Unzueta, como era su verdadero nombre, se reitera en el contexto de la fundación de la reducción de San Salvador de Casanare[1880] e incluso parece formar una sola unidad con la parte del capítulo XI del Libro II que se refiere al P. Neira[1881]. Por ello su data podría ser el propio año 1661, hecho que se corroboraría al ser nombrado Francisco López de Unzueta corregidor de los Llanos por el Presidente Dionisio Pérez Manrique el 23 de julio de 1661[1882].

1876 RIVERO. *Historia de las Misiones de los Llanos*, 26.

1877 RIVERO. *Historia de las Misiones de los Llanos*, 17.

1878 RIVERO. *Historia de las Misiones de los Llanos*, 32-35.

1879 RIVERO. *Historia de las Misiones de los Llanos*, 33: "Andaba tan insolente la codicia, que aun después de muchos años de esta persecución, *cuando ya tenían misionero que los cuidase y amparase...*" (El subrayado es nuestro).

1880 El primer contexto en que aparece Unzueta (como lo llama Rivero) lo describe como "red barredera" (RIVERO. *Historia de las Misiones de los Llanos*, 33) de los achaguas de forma tal que muchos abandonaron la misión. En el segundo contexto (RIVERO. *Ob. cit.*, 125) se reitera la misma temática y en los mismos términos.

1881 RIVERO. *Historia de las Misiones de los Llanos*, 136-137.

1882 ANB. *Gobierno*, t. 2, fol., 434.

El relato sobre el capitán Pedro Navarro se lleva a cabo en Burari[1883] y debió tener alguna significación para que Rivero lo haya incluido en su *Historia*. Creemos que es un relato trunco como se desprende de la lectura del texto y se confirma con el cotejo del manuscrito original de Rivero[1884]. Con todo opinamos que el hecho tuvo lugar en 1664, o antes, ya que el mencionado capitán viajó con el P. Ellauri a Guayana[1885] y este viaje se dio en julio o agosto de 1664[1886].

También procede aquí la pregunta sobre el autor de estos relatos. A nuestro parecer la fuente original que inspiró a Rivero no es otra que los escritos del P. Neira por las siguientes razones. En el propio contexto del capítulo X riverano, el autor aduce el expreso testimonio del P. Neira, el cual viene a resumir la tesis del capítulo y es la interpretación de una achagua de las palabras "amo" o "señor"[1887].

La secuencia de la estructura narrativa aconseja la pertenencia de la anécdota al todo anterior. Segundo: dadas las fechas de redacción de los relatos, datados entre 1661 y 1664, solo el fundador de San Salvador de Casanare era el único jesuita que

---

1883   RIVERO. *Historia de las Misiones de los Llanos*, 33.

1884   En el manuscrito romano de Rivero se detecta el problema entre las fotos 45 y 46. El texto corrido sería así: "... hizo presa después de cinco piraguas de Achaguas Gentiles que subían a Casanare con sus mujeres y la chusma llamados de los misioneros / [foto 46] y porque el Padre Ellauri cuando bajaba a la Guayana apretó a este capitán...".

1885   RIVERO. *Historia de las Misiones de los Llanos*, 34: "... y porque el Padre Ellauri, cuando bajaba a la Guayana, *apretó a este capitán, con quien iba embarcado*...". (El subrayado es nuestro).

1886   RIVERO. *Historia de las Misiones de los Llanos*, 177.

1887   RIVERO. *Historia de las Misiones de los Llanos*, 34: "Buen testimonio es de este horror, que las extorsiones de los blancos infundían en los indios, especialmente los que habían sido sus amos y señores, es el dicho de un Achagua de Casanare. Servía de intérprete este indio al P. Alonso de Neira y como advirtiese que en el Credo figuraba el nombre de amo o Señor en aquellas palabras que dicen 'creo en Jesucristo, nuestro Señor', el indio le dijo: borre ese nombre Padre, porque los indios dirán después, que si Dios es nuestro amo nos tratará como a perros".

para ese entonces había convivido con los achaguas. Todavía más, en el caso de Francisco López de Unzueta es testigo y actor el P. Neira[1888]; y sobre Pedro Navarro se puede verificar el testimonio del P. Ellauri en una carta de Neira, fechada el 2 de diciembre de 1664, y escrita en San Joaquín de Onocutare[1889].

Completarían esta información la Relación del P. Mateo Mimbela en la que los escritos neiranos que contribuyeron a la redacción de la historia del Airico[1890].

Alonso de Neira lingüista

Serios problemas nos plantea el estudio y la reconstrucción de la obra filológica de Alonso de Neira que, a pesar de ser tan extensa, no ha llegado a nuestras manos sino muy fragmentada.

Y este silencio lo recogen los grandes repertorios bibliográficos jesuíticos como los de Backer y Sommervogel, si bien es verdad que no escapó la figura de Neira a la curiosidad de los bibliógrafos españoles, Uriarte y Lecina, quienes en las notas de su archivo dejaron una excelente recensión de las obras de este extraordinario "Lenguaraz"[1891].

Para la reconstrucción de su bibliografía filológica disponemos de dos fuentes directas: *El Mudo Lamento* del P. Matías de

---

1888 RIVERO. *Historia de las Misiones de los Llanos*, 33: "Advertidos los más por el Padre misionero, no quisieron recibir sus dádivas, diciendo que no se vendían por interés tan vil". Y más adelante dice: "... desampararon el pueblo y se volvieron a tierra de gentiles, con indecible dolor del Padre Misionero".

1889 RIVERO. *Historia de las Misiones de los Llanos*, 199.

1890 En nuestro elenco documental señalábamos [*Relación de su entrada al Airico*]. Las dos fuentes principales para esta época son: *Letras annuas de la Provincia del Nuevo Reyno de Granada de la Compañía de Jesús desde el año 1694 hasta fines de 98*. (APT. Leg., 26, fols., 134-155). Y Rivero (RIVERO. *Historia de las Misiones de los Llanos*, 317-340)

1891 Archivo inédito de Uriarte-Lecina. Papeletas de Neira, Alonso de. En el *Catálogo de Anónimos y Seudónimos*, IV, n. 6377 habla de la Gramática Achagua citando al Conde de la Viñaza.

Tapia[1892] y la *Historia de las Misiones* de Juan Rivero[1893], a quien el P. José Cavarte le comunicó interesantes noticias sobre esta época[1894].

Como excelente lenguaraz pudo penetrar el alma de la lingüística de la nación achagua y propagó entre los habitantes de San Salvador del Puerto de Casanare una selecta bibliografía para adelantar en la vida cultural y espiritual hecho que demuestra su profundo conocimiento del idioma[1895]. Así no es de extrañar que en este proyecto de devoción popular culta lograra un clima de religiosidad entre los habitantes que no deja de llamar la atención[1896].

El compromiso que adquirió con sus misionados se tradujo

1892 Matías de TAPIA. *Mudo lamento de la vastísima, y numerosa gentilidad, que habita las dilatadas márgenes del caudaloso Orinoco, su origen, y sus vertientes, a los piadosos oídos de la Magestad Cathólica de las Españas, nuestro Señor Don Phelipe Quinto (que Dios guarde)*. Madrid, 1715. [Reproducido en: José DEL REY. *Documentos jesuíticos relativos a la Historia de la Compañía de Jesús en Venezuela*. Caracas, Academia Nacional de la Historia (1966) 169-213]. ---

1893 Juan RIVERO. *Historia de las Misiones de los Llanos de Casanare y los ríos Orinoco y Meta*. Bogotá, Biblioteca de la Presidencia de Colombia, 1956. ---

1894 Creemos que Uriarte y Lecina han utilizado las mismas fuentes que nosotros ya que su catalogación es fundamentalmente la misma.

1895 Alonso de NEIRA. *Diversos tratados de espiritualidad*. (TAPIA. *Mudo lamento*, 198: "... y también varios tratadillos espirituales que tradujo en la misma lengua". MERCADO. *Historia de la Provincia...*, II, 327. RIVERO. *Historia de las Misiones...*, 254: "Compuso varios libros en su idioma, llenos todos ellos de celestial doctrina; sacaron varias copias los mismos indios, que ya sabían escribir algunos de ellos, y los guardaban con grande aprecio, y los leían con mucho fruto de sus almas. Todavía existen algunos libros de éstos y los leen". AIUL. Papeletas: NEIRA, Alonso: "Tratado sobre los Misterios de nuestra redención, en achagua"; "Tratado de la devoción de la Virgen, en achagua"; "Del modo de comulgar y dar gracias, en achagua"; "De la manera de mantenerse en el amor de las virtudes y aborrecimiento de los vicios, en achagua"; "Tratado de la devoción al Santo Angel, en achagua". FABO. *Idiomas y etnografía de la región oriental de Colombia*, 113-116).

1896 Alonso de NEIRA. *Relación de algunas cosas de edificación sucedidas en Aritagua y Casanare con los achaguas*. S. a.. (RIVERO. *Historia de las Misiones...*, 165-169. En la pag. 165 dice: "... varios son los casos que podría traer aquí, sucedidos entre esta gente, pero solo referiré algunos *sacados de*

en la fecundidad productiva y el ansia de plastificar los conceptos –religión y cultura- en el teatro, la poesía, el canto y el folklore populares.

Una visión global nos ofrece el siguiente panorama. En el género teatral sobresalen las *Comedias de Vidas de Santos* y los Autos Sacramentales[1897]. El capítulo catequético-doctrinal merecería una atención especial: partiendo del *Catecismo y Doctrina Cristiana*[1898] habría que remontarse a un verdadero tratado de Teología pastoral indígena recopilada en los *Tratados varios de espiritualidad*[1899]. Incluso lo poético polarizó una gran parte de su obra literaria pues cultivó ampliamente los más variados temas; nos quedan referencias de una *Historia Sagrada*[1900], de unos cuantos *Libros de devoción*[1901] y de una colección de *Poesías* en verso achagua[1902]; su producción poética se complementa con algunos *Cánticos sagrados para las principales festividades de entre año*[1903].

Los testimonios de los contemporáneos así lo demuestran. Según el P. Matías de Tapia, testigo presencial, "compuso muchas comedias de vidas de santos y autos sacramentales que habían de representar los indios, con lo que los tenía embelesados, aficionados y cautivos"[1904].

Ya a los seis meses de estancia en San Salvador del Puerto,

---

una relación del Padre Neira, que pondré casi con sus mismos términos". (El subrayado es nuestro).

1897 Matías de TAPIA. *Mudo Lamento*, 198. RIVERO. *Historia de las Misiones*, 344.

1898 RIVERO. *Historia de las Misiones*, 165. Joseph CASSANI. *Historia de la Provincia de la Compañía de Jesús*, 122. TAPIA. *Mudo Lamento*, 198.

1899 RIVERO. *Historia de las Misiones*, 254.

1900 TAPIA. *Mudo Lamento*, 198.

1901 Archivo inédito Uriarte-Lecina. Papeletas: NEIRA, Alonso de.

1902 TAPIA. *Mudo Lamento*, 198.

1903 Archivo inédito Uriarte-Lecina. Papeletas: NEIRA, Alonso de.

1904 Matías de TAPIA. *Mudo Lamento*. En: José DEL REY. *Documentos jesuíticos relativos a la Historia de la Compañía de Jesús en Venezuela*. Caracas (1966) 194. Trascribe el texto: RIVERO. *Historia de las Misiones...*, 344.

con motivo de la inauguración de la iglesia, Alonso de Neira preparó "ciertas danzas" que ejecutaron los indiecitos de San Salvador de Casanare "engalanados con sus camisetas muy vistosas y labradas". Y danzaron "con tan linda gracia y donaire" que causaron admiración entre sus habitantes[1905].

En el campo estricto de la Filología hay que resaltar sus Gramáticas y Vocabularios: Achaguas y Sáliva[1906].

La única obra que ha llegado hasta nosotros es el *Arte y Vocabulario de la Lengua Achagua*[1907] que hasta el momento ha conocido dos ediciones. La primera apareció el año 1928 en las ediciones de la Biblioteca de Palacio[1908] y la segunda en Caracas en 1971 y en ésta seguimos el texto madrileño pero le hemos añadido las variantes que hemos encontrado en el manuscrito que reposa en Bogotá[1909].

Y la primera pregunta que surge es: Corresponde esta "Gramática Achagua" al manuscrito que se publicó en Madrid en 1928 en la colección "Lenguas de América"?

Existe en realidad un cierto confusionismo entre muchos investigadores al tratar de este escrito. A veces pareciera que los PP. Alonso de Neira y Juan Rivero hubieran colaborado en la redacción del texto que hoy conocemos; sin embargo, no llegaron

---

1905 RIVERO. *Historia de las Misiones...*, 125.

1906 TAPIA, *Mudo Lamento*, 198.

1907 *Arte y bocabulario de la lengua achagua: Doctrina christiana, confessionario de uno y otro sexo e instrucción de cathecumenos* (Arte y vocabulario de la lengua achagua: doctrina cristiana, la confesión de ambos sexos y la instrucción en el catecismo). Sacado de lo que trabajaron los Padres Alonso de Neira y Juan Ribero de la Compañía de Jesús. Trasuntado en el Pueblo de S. Juan Francisco de Regis. Año de 1762.

1908 BIBLIOTECA DE PALACIO. *Lenguas de América*, Manuscritos de la Real Biblioteca, Madrid Gráficas Reunidas, Tomo I (1928) 1-174.

1909 El texto fue publicado en: José DEL REY FAJARDO. *Aportes jesuíticos a la filología colonial venezolana*. Caracas, Ministerio de Educación, II (1971) 25-182. Véase: Sergio Elías ORTIZ. *Prehistoria*. Tomo 3: *Lenguas y dialectos de Colombia*. Bogotá, Historia Extensa de Colombia (1965) 177-178.

ni siquiera a conocerse, pues Neira murió en 1706 y Rivero llegó a las Misiones quince años más tarde.

Una prueba ilustrativa de estos errores e imprecisiones nos la ofrece Alemany y Bolufer: "de la lengua de los achaguas –escribe- no sabemos que se haya publicado más que la obra del P. Juan Rivero, titulada *Estudios sobre las lenguas achaguas* (Madrid, 1679) que no hemos podido ver en ninguna de nuestras bibliotecas y la del P. Alonso de Neyra, titulada *Vocabulario Achagua* (Mérida, 1701), que tampoco hemos visto y que sin duda son los originales de donde se sacaron la gramática y el vocabulario de la primera de las obras que hemos enumerado, según veremos después"[1910].

Sería interesante conocer la fuente de inspiración del investigador español a la hora de redactar el párrafo anterior pues el P. Juan Rivero (1681-1736)[1911] llegó a las Misiones en 1721[1912] y el P. Alonso de Neira, uno de los fundadores de las misiones casanareñas, fallecería en 1706 y hasta el momento carecemos de la prueba documental que verifique la publicación de su "Vocabulario" y menos en la ciudad de Mérida ya que suponemos que fue en la Mérida de España pues en la Mérida venezolana solo llegaría la imprenta bien entrado el siglo XIX.

Todavía más. Nos llama poderosamente la atención el hecho de que el historiador Rivero silencie la *Gramática Achagua* cuando enumera las obras de Neira[1913] y también cuando se refiere a los manuscritos neiranos manejados en su tiempo por los achaguas[1914]. Es muy posible que se trate de un descuido ya que

---

1910 José ALEMANY Y BOLUFER. "Gramática de la Lengua Achagua por el P. Alonso de Neira, comentada y expuesta con plan metódico". En *Investigación y Progreso"*. Año II, (1928), 389.

1911 DEL REY FAJARDO. *Los jesuitas en Venezuela*. Tomo II: *Los hombres*, 433-436.

1912 GUMILLA. *Breve Noticia del Venerable Padre Juan Ribero*. Córdoba [1741] 36.

1913 RIVERO. *Historia de las Misiones…*,254; 344.

1914 "Sacaron varias copias los mismos indios, que ya sabían escribir algunos de ellos, y los guardaban con grande aprecio, y los leían con mucho fruto de sus almas. Todavía existen algunos libros de estos y los leen". RIVERO. *Historia de las Misiones*,254.

el autor de la *Historia de las Misiones*[1915] expresamente copia la relación del P. Tapia, quien claramente anota: "por la eminencia que tuvo Neira en la lengua achagua y Sáliva, de que hizo Artes y Vocabularios"[1916].

Por otra parte sí podemos asegurar que Rivero "dejó enriquecidas las misiones del Meta" con sus Gramáticas y otros escritos[1917]. Esta afirmación podría abrir la posibilidad de que el misionero-historiador sea el padre de este manuscrito que comentamos, distinto al escrito por Neira.

En resumen, el escrito que estudiamos supone la existencia de dos obras anteriores pertenecientes tanto a Neira como a Rivero, a las que lógicamente hay que añadir la del Autor Anónimo del único texto que ha conocido la luz pública.

No hemos podido dilucidar si se trata de un mero "trasunto" o más bien de una síntesis de dos trabajos[1918]. Igualmente ignoramos la personalidad del autor o copista. En 1763 dirigía la reducción de S. Juan Francisco de Regis de Surimena el P. Cayetano Pfab[1919] mas ignoramos la fecha de llegada del jesuita alemán a este pueblo. En 1756 el encargado era el P. José Esquivel[1920]. Cualquiera de los dos hubiera podido ser el transuntador o el sintetizador.

Finalmente, se duda de la existencia de un *Resumen* del "trasunto" de 1762. "No sabemos de otras copias que se hubieran tomado del primer trabajo, salvo un resumen que según Schuller

---

1915 RIVERO. *Historia de las Misiones...*,343.

1916 TAPIA. *Mudo Lamento*,198.

1917 GUMILLA. *Breve noticia*, 22.

1918 En el Manuscrito de Madrid (también en el de Bogotá) se habla claramente de *Trasunto:* sin embargo, en el Expediente de las obras remitidas por Mutis (AGI. *Indiferente General.* Leg. 1342) se dice: "3. Arte y Vocabulario de la Lengua Achagua compuesto de lo que trabajaron los Padres Alonso de Neyra y Juan de Rivero de dicha compañía...".

1919 ARSI. *Provincia Novi Regni et Ouiti* (= NR et Q), 4, fol., 375. Catálogo 1763.

1920 ARSI. N. R. et Q, 4, fol., 348. *Catalogo Breve*. 1756.

se encuentra en la Biblioteca de la Real Academia de la Historia de Madrid"[1921].

Para el estudio detallado de la *Gramática Achagua* nos remitimos al análisis realizado por Francisco Javier Pérez[1922] quien concluye su análisis reconociendo "el notable esfuerzo de sistematización lexicográfica puesto en práctica en un momento en el que la técnica estaba en plena experimentación, inclusive para las lenguas de Europa" y así adquiere su importancia dentro de una corriente de descripción léxica que, aunque restringida a las lenguas indígenas de Venezuela, se emparenta con una tradición de estudios coloniales que son la base de las modernas descripciones del habla venezolano[1923].

Otros escritos filológicos. Un estudio crítico mucho más acucioso se necesita respecto al Manuscrito descubierto por el P. Fabo en Colombia y que lleva por título: *Miscelánea variarum compositionum in exercitiis idiomatis achaguae,* 425 pp.[1924].

1921   Sergio Elias ORTIZ. *Prehistoria. Lenguas y dialectos indígenas de Colombia,* 178.

1922   Francisco Javier PÉREZ. "Técnica lexicográfica antigua en el Vocabulario Achagua de Neira y Rivero". En: *Paramillo.* San Cristóbal, 15 (1996) 617-647.

1923   Francisco Javier PÉREZ. "Técnica lexicográfica antigua en el Vocabulario Achagua de Neira y Rivero", 643. Para el estudio actual del achagua, véase: Miguel Ángel MELÉNDEZ LOZANO. "El «Arte y Vocabulario de la Lengua Achagua: de los Padres (S.].) Alonso de Neira y Juan Rivera trasunto en 1762; aportes y limitaciones de la gramática y el léxico con relación al estudio actual de esta lengua". En: Klaus ZIMMERMANN (ed.). *La descripción de las lenguas amerindias en la época colonial.* Frankfurt-Madrid, Vervuert-Iberoamericana (1997) 433-447.

1924   Fray P. FABO. *Idiomas y etnografía de la región oriental de Colombia.* Barcelona (1911), 114. Fabo lo describe así: "Octavo mayor, forrado con pergamino en el dorso esta leyenda: "Lengua Achagua" L.M.J.; y el título que ostenta en la primera página es latino: "Miscelánea variarum compositionum in exercitiis idiomatis achaguae. Tratado primero sobre los preceptos del decálogo". Comienza una plática en achagua y sin concluirla vuelve a titular el libro y a copiar con algunas incorrecciones la misma primera plática que principia: "Dios ibanacare yuchamacaje, etc.". Está la obra escrita con primoroso correccional y pastrano, a dos tintas, con letras de adorno y viñetas y contiene nada menos que 425 V páginas". *(Ibidem).*

Se trata de un escrito interesante a juzgar por su temática, pero del que convendría ante todo analizar tanto su genuinidad literaria como la del Autor.

El contenido, como lo indica su título latino, comprende una rica y variada Miscelánea dogmático-pastoral con su apéndice final de 14 poesías asonantadas en achagua. Sería de gran interés para la Filología indígena y para la Misionología el conocimiento de las formas literarias y conceptuales de los temas tratados: Mandamientos, sacramentos, novísimos y textos bíblicos.

Pero el punto decisivo se centra hoy por hoy en la dilucidación del Autor de este manuscrito achagua.

Ciertamente el autor es un jesuita: en las viñetas aparece siempre el característico anagrama JHS distintivo de la antigua Compañía de Jesús; hay algunos sermones dedicados a N. P. S. Ignacio, San Francisco de Borja y al Beato Regis patronos de algunas de las reducciones llaneras. Una posible dificultad la presentaría el hecho de que al dorso del manuscrito se encuentren las iniciales L.M.J.; aceptamos como verosímil la explicación del P. Fabo quien las atribuye al propietario de la joya filológica Lorenzo M. Girón[1925].

Dentro de la hipótesis más lógica se podría atribuir la propiedad intelectual de este escrito tanto al P. Neira como al P. Rivero, o quizás a los dos.

Nos consta de la gran habilidad métrica del fundador del Puerto de Casanare y de *Poesías varias en lengua achagua*[1926], sin

---

1925   FABO. *Idiomas y etnografía de la región oriental de Colombia*, 116. Sergio Elias ORTIZ. *Prehistoria. Lenguas y dialectos indígenas de Colombia*, 178 dice: "... en poder de algún particular se hallaba en 1910, otro manuscrito curioso que P. Fabo lo describe así... "Cfr. Lázaro M. Girón. Antiguos Achaguas. En: *Papel Periódico Ilustrado*, año II, p. 56 y 57. Bogotá, 1882-1883".

1926   TAPIA. *Mudo Lamento*. 198. En el manuscrito anónimo: *Miscelánea variarum compositionum in exercitiis idiomatis achaguae* cita 14 poesías asonantadas en achagua. que muy posiblemente pertenecen al P. Neira. Una de ellas comienza así:
Jainataca Masicatare
Guata Miniu Guacha
Mata Guaibaca Guirruri

embargo nos parece que la estructura del contenido del escrito que estudiamos se adapta más a las noticias que tenemos de los *Sermones de Pláticas de doctrina* del P. Juan Rivero[1927].

Añadimos un argumento objetivamente muy débil pero que quizá pueda ofrecer un punto más de reflexión para la tesis de la pluralidad de autores. Las reducciones de San Ignacio, San Borja y San Regis son todas posteriores a la muerte de Neira. En la última desarrolló una gran actividad misional Rivero[1928]; las otras dos reducciones no fueron de achaguas. Claro que siempre cabría la pregunta: hasta qué punto tienen relación los sermones con las diversas reducciones?

Con todo, en el momento de deducir conclusiones juzgamos que es muy aventurado adjudicar la genuinidad, con las pruebas que aducimos, a los PP. Neira y Rivero aunque por el camino de la sana inducción estos dos misioneros pudieran ser los autores del grueso manuscrito. Todo esto no excluye una última posibilidad, aunque sea muy remota; no podía constituir este "Corpus achagua" una recopilación de diversos autores o un trasunto espigado de los escritos que yacían en las misiones entre los cuales figurarían como fuente principal las obras riveranas y neiranas?

> Ribema giarena saicaba
> Masicatare guamauca,
> Neba! caigibe macacha
> Cayayi, catabacayi
> Carrunatacayi taba...

[1927] Más nos inclinaríamos a atribuirle a Rivero estos escritos porque se adaptan más a su producción. Gumilla dice en su biografía de Rivero, p. 22: "Y en fin, con los muchos y copiosos manuscritos de Sermones y Pláticas de Doctrina, dexo enriquecidas las Missiones de Meta".

[1928] RIVERO. *Historia de las Misiones...*, 438-439.

3. JOSÉ GUMILLA (1686-1750)[1929]

Como afirma Andrés Castro Roldán: "La primera recepción de la obra de Gumilla en Francia se sitúa, justamente, en torno a la polémica sobre la figura de la Tierra y las medidas equinocciales, y, por ende, dentro del contexto de los descubrimientos geográficos, aunque su divulgación en círculos más amplios se debe, en gran parte, a los jesuitas y a sus seguidores"[1930]. Remitimos al lector para las diversas formas en que fue recibido y criticado al interesante artículo de Andrés Castro Roldán[1931].

1929 Para una completa información de la bibliografía gumillense anterior a 1963 nos remitimos a: Instituto Panamericano de Geografía e Historia (en colaboración con Demetrio Ramos). "Bibliografía Gumillense". En: José GUMILLA. *El Orinoco ilustrado y defendido*. Caracas, Biblioteca de la Academia de la Historia, vol. 68., 1963, pp. CXXVII-CXXXVIII. Y dado la abundante y desigual bibliografía que existe sobre el P. José Gumilla preferimos hacer referencia a las obras fundamentales que recogen toda la literatura relativa al prolífico misionero del Orinoco. Manuel PADILLA. *Memorias para la vida y correrías apostólicas del P. Gumilla*. (Escrito totalmente desconocido y del cual solo tenemos noticia por las papeletas que dejó en su archivo inédito el P. Lecina. Cfr. AIUL. Papeletas: GUMILLA, José). Demetrio RAMOS. "Gumilla y la publicación de El Orinoco ilustrado". En: P. José GUMILLA S. I. *El Orinoco ilustrado y Defendido*. Caracas (1963) XXVII-CXXVI. José DEL REY FAJARDO. "Estudio Preliminar" a: P. José GUMILLA. *Escritos varios*. Caracas, Academia Nacional de la Historia (1970) XI-CIX. DEL REY FAJARDO. "7. P. José Gumilla (1686-1750)". En: *Misiones jesuíticas en la Orinoquia*. San Cristóbal, I (1993) 325-353. José M. BARNADAS. "Unas cartas desconocidas del Padre José Gumilla: 1740-1741". En: *Archivum Historicum Societatis Iesu*. Roma, t. XXXVII, (1968) 418-426. J. R. FORTIQUE. *Aspectos médicos en la obra de Gumilla*. Caracas, 1971, 132 pp. J. DEL REY FAJARDO. "GUMILLA, José". En: Charles E. O'NEILL y Joaquín Mª DOMINGUEZ. *Diccionario histórico de la Compañía de Jesús*. Roma-Madrid, Institutum Historicum S. I.-Comillas, II (2001) 1848-1849. Juan RIVERO. *Historia de las Misiones de los Llanos de Casanare y los ríos Orinoco y Meta*. Bogotá, Biblioteca de la Presidencia de Colombia, 1956.

1930 Andrés CASTRO ROLDÁN. "*El Orinoco ilustrado* en la Europa dieciochesca". En: *Fronteras de la Historia*. 16-1 (2011) 53.

1931 Andrés CASTRO ROLDÁN. "*El Orinoco ilustrado* en la Europa dieciochesca". En: *Fronteras de la Historia*. 16-1 (2011) 42-73.

En verdad, *El Orinoco ilustrado* se implicaba en el movimiento de iniciativas del siglo XVIII, "el mismo que se despliega en la ilusión y en el optimismo de la Emancipación"[1932], pues, en definitiva es el heredero directo de todo el impulso de acción que se inicia en esas fechas[1933].enciclopedismo. Para Arrom es tan profundo el cambio que se instaura con *El Orinoco ilustrado* que, por su contenido cree "se acerca más a Humboldt que a los historiadores del siglo anterior"[1934]. Además, como obra representativa, la ubica en la línea de la del regidor de La Habana, José Martín Félix de Arrate, autor de la *Llave del Nuevo Mundo, antemural de las Indias Occidentales: La Habana descrita, noticias de su fundación, aumentos y estado*.

Por otra parte, las tierras del Oriente de Venezuela, y con ellas el río Orinoco y la Provincia de Guayana, ingresaron como protagonistas en la Historia de América desde los albores del descubrimiento. Sin embargo, su auténtica biografía comenzaría a ser escrita a mediados del siglo XVIII.

En el siglo XVI el utópico Dorado convocaría una serie de gestas cuyos relatos fueron fuente generosa de inspiración histórica[1935] así como también han servido para iluminar la creación literaria que aún hoy día recrea los imaginarios de esas regiones míticas[1936].

Desde que en 1596 publicara en Londres Walter Raleigh su

1932 Ramón EZQUERRA. "La crítica española de la situación de América en el siglo XVIII". En: *Revista de Indias*. Madrid, n°., 87-88 (1962) 189.

1933 D. RAMOS. *Art. cit.*, CXXIV-CXXV.

1934 José Juan ARROM. "Esquema generacional de las letras hispanoamericanas". En: *Thesaurus*. Bogotá, t. XVI, n° 2 (1961) 328. 7. 100,

1935 Véase: Demetrio RAMOS PEREZ. *El mito del Dorado. Su génesis y proceso*. Caracas, Academia Nacional de la Historia, 1973

1936 Una síntesis puede verse en: S. G. [Sonia GARCIA]. "El Dorado, mito de". En: FUNDACION POLAR. *Diccionario de Historia de Venezuela*. Caracas, II (1997) 190-192.

libro *The Discoverie*[1937] tendrían que transcurrir 145 años para que el río Orinoco y la Provincia de Guayana penetrasen en el mundo culto europeo con personalidad propia. Pero, si el libro del inglés produjo un gran impacto en la sociedad culta y política europea de comienzos del siglo XVII no lo fue menos el originado por *El Orinoco ilustrado* del P. José Gumilla editado en Madrid en 1741[1938]. Baste aducir que en los tres lustros que separan la segunda edición de la obra del misionero (1745) aparecieron en Francia extensas síntesis y estudios que venían a hacerse eco de la problemática planteada por la curiosa sagacidad del jesuita orinoquense[1939].

[1937] Walter RALEIGH. *The Discoverie of the large, rich and bewtiful empyre of Guiana, with a relation of the great and Golden Citie of Manoa (wich the Spanyards call El Dorado)...* London, 1596. A ésta habría que añadir el diario de viaje de la expedición que en 1647 dirigió el capitán Manuel de Ochagavía para descubrir el río Apure (Jacinto de CARVAJAL. *Relación del descubrimiento del río Apure hasta su ingreso en el Orinoco.* León, 1892).

[1938] José DEL REY FAJARDO. "José Gumilla, explorador científico de la Orinoquia". En: Juan PLAZAOLA (Edit.). *Jesuitas exploradores, pioneros y geógrafos.* Bilbao, Ediciones Mensajero (2006) 199-243.

[1939] *Mémoires pour l'Histoire des Sciences et des beaux Arts, commencés d'etre imprimés l'an 1701 a Trevoux et dédiés a son Altesse Sérénissime Monseigneur le Prince Souverain de Dombes.* A Paris. Chez Chabert:
- (1747) Oct. Dec., pp. 2.319-2.345, 2.501-2.524.
- (1748) Jan. Mar., pp. 27-53, 189-191.
- (1759) Mar.-Avril, PP. 623-640.
Année Littéraire, année M.DCC.LVIII par M. Fréron, des Académis d'Angers, Montauban, de Nancy, de Marseille et de Caen.
A Amsterdam. Et se trouve a Paris chez Michel Lambert.
- (1758) Tom. VI, pp. 327-350.
- (1758) Tom. VII, pp. 73-92.
Journal encyclopédique par une sociètè de gens de lettres, dédié a Son Alt. Ser. et Emin. Jean Théodore, Duc de Baviére, etc....
A Liège, de l'Imprimerie du Bureau du journal.
- (1759) Tom. I, part. 3, pp. 73-84.
- (1759) Tom. II, part. 1, pp. 82-100.
Journal Étranger ou notice exacte et détaillée des ouvrages des toutes los nations étrangéres, en fait d'arts, des sciences, de litterature, etc., par M. Fréron, des Académies d'Angers, de Montauban et de Nancy.

Por otra parte, *El Orinoco ilustrado* se inscribe en el reto del gran sueño americano diseñado por los miembros de la Compañía de Jesús como lo recoge la literatura histórica de los jesuitas americanos una floración de estudios que proponían meditaciones transformadoras para levantar un nuevo proyecto de la América profunda[1940].

Citaremos algunos ejemplos significativos: En el Capitolio de Washington existen dos estatuas representativas de sendos descubridores jesuitas: la del P. Jacobo Marquette (1637-1675)[1941], explorador del Missisipi y la Luisiana[1942] y la del P. Eusebio Kino (1645-1711), descubridor de la Península de California[1943].

Si nos restringimos a las demarcaciones que configuraron la Provincia del Nuevo Reino y Quito observaremos que en Co-

---

A Paris, chez Michel Lambert.
- (1756) Janvier, pp. 3-46.
Journal des savants combiné avec les Mémoires de Trévoux.
A Amsterdam, chez Marc Michel Rey.
- (1758) Sept.-Oct. PP. 353-359.

1940 Para una visión general: Ángel SANTOS HERNÁNDEZ. "Actividad misionera de los jesuitas en el continente americano". En: José DEL REY FAJARDO (Edit.). *Misiones jesuíticas en la Orinoquia*. San Cristóbal, Universidad Católica del Táchira, I (1992) 7-137. Un estudio imprescindible para la geografía histórica jesuítico-venezolana es: Pedro CUNILL GRAU. "Felipe Salvador Gilij, geógrafo dieciochesco de la cuenca del Orinoco y del Amazonas venezolano". En: *Montalbán*. Caracas, n°., 21 (1989) 21-68.

1941 L. CAMPEAU. "Marquette, Jacques". En: Charles E. O'NEILL y Joaquín Mª DOMÍNGUEZ. *Diccionario histórico de la Compañía de Jesús*. Roma-Madrid, III (2001) 2514.

1942 J. MARQUETTE. *Récit des voyages et des découvertes du R. Père Jacques Marquette de la Compagnie de Jesús en l'année 1673 et aux suivantes…et le journal autographe du P. Marquette en 1674 et 1675, avec la carte de son voyage tracée de sa main.* Albany, 1855.

1943 Ernest J. BURRUS. "Kino (Chini, Chino) Eusebio Francisco". En: Charles E. O'NEILL y Joaquín Mª DOMÍNGUEZ. *Diccionario histórico de la Compañía de Jesús*. Roma-Madrid, III (2001) 2194-2195.

lombia sería el P. Antonio Julián (1722-1790)[1944] el cantor del gran río Magdalena[1945].

La bibliografía sobre el Amazonas[1946] es mucho mayor pues se extiende desde el P. Cristóbal de Acuña (1598-1670)[1947] y Manuel Rodríguez (1628-1684)[1948] pasando por el P. Samuel Fritz (1651-1725)[1949] y Pablo Maroni (1695-1757)[1950] hasta el P. José Chantre y Herrera (1738-1801)[1951].

Venezuela haría acto de presencia en el mundo europeo el año 1741 al aparecer en la capital hispana dos obras fundamentales para el conocimiento histórico de la Orinoquia: la *Historia de la Provincia de la Compañía de Jesús del Nuevo Reino de Granada*, en

[1944] José DEL REY FAJARDO. *Catedráticos jesuitas de la Javeriana colonial.* Bogotá, (2002) 161-167.

[1945] Antonio JULIÁN. *La Perla de América, Provincia de Santa Marta, reconocida, observada y expuesta en discursos históricos por Don Antonio Julián.* Madrid, 1787.

[1946] Cristóbal de ACUÑA. *Nuevo descubrimiento del gran río de las Amazonas el año de 1639.* Madrid, 1641. Manuel RODRIGUEZ. *El Marañón y Amazonas.* Madrid, 1684. Samuel FRITZ. *El gran río Marañón o Amazonas con la misión de la Compañía de Jesús.* Quito, 1707. Pablo MARONI. *Noticias auténticas del famoso río Marañón, y misión apostólica de la Compañía de Jesús de la Provincia de Quito.* Madrid, 1889. José CHANTRE Y HERRERA. *Historia de las Misiones de la Compañía de Jesús en el Marañón Español (1637-1767).* Madrid, 1901.

[1947] Enrique FERNÁNDEZ G. "Acuña, Cristóbal de". En: Charles E. O'NEILL y Joaquín Mª DOMÍNGUEZ. *Diccionario histórico de la Compañía de Jesús.* Roma-Madrid, I (2001) 13.

[1948] Jorge VILLALBA. "Rodríguez Villaseñor, Manuel". En: Charles E. O'NEILL y Joaquín Mª DOMÍNGUEZ. *Diccionario histórico de la Compañía de Jesús.* Roma-Madrid, IV (2001) 3398.

[1949] Jorge VILLALBA y J. Mª DOMÍNGUEZ. "Fritz, Samuel". En: Charles E. O'NEILL y Joaquín Mª DOMINGUEZ. *Diccionario histórico de la Compañía de Jesús.* Roma-Madrid, II (2001) 2194-2195.

[1950] Jorge VILLALBA. "Maroni, Pablo". En: Charles E. O'NEILL y Joaquín Mª DOMÍNGUEZ. *Diccionario histórico de la Compañía de Jesús.* Roma-Madrid, III (2001) 2511.

[1951] Jorge VILLALBA. "Chantre y Herrera, José". En: En: Charles E. O'NEILL y Joaquín Mª DOMÍNGUEZ. *Diccionario histórico de la Compañía de Jesús.* Roma-Madrid, I (2001) 751-752.

la América[1952] del cofundador de la Real Academia José Cassani (1673-1750)[1953] y *El Orinoco ilustrado* del misionero del gran río venezolano, P. José Gumilla[1954].

En este punto queremos destacar un hecho excepcional. La biografía gumillana del Orinoco, tutelada por el aval del conocido escritor y académico P. José Cassani, tuvo pronto una enorme repercusión en el mundo europeo. En realidad gracias a la *Historia* del P. José Cassani gozó Gumilla de todo el favor del oportunismo en el viejo mundo y no es raro encontrar ejemplares suyos en las Bibliotecas europeas: en realidad fue la única fuente impresa de que han dispuesto los investigadores europeos hasta fines del siglo XIX y casi pudiéramos decir que hasta nuestros días.

Pensamos que con toda razón escribía Manuel Aguirre Elorriaga que la "historia de los grandes ríos americanos está vinculada de modo singular, y por extraña y persistente coincidencia, a grandes misioneros, escritores y descubridores jesuitas"[1955] estaba estableciendo una simetría histórica entre los caminos acuáticos de la geografía americana y la presencia de miembros de la Compañía

---

1952   Joseph CASSANI. *Historia de la Provincia de la Compañía de Jesús del Nuevo Reino de Granada, en la* América. Madrid, 1741.

1953   José [MARTÍNEZ DE LA] ESCALERA. "Cassani, José". En: Charles E. O'NEILL y Joaquín Mª DOMÍNGUEZ. *Diccionario histórico de la Compañía de Jesús.* Roma-Madrid, I (2001) 695.

1954   Joseph GUMILLA. *El Orinoco ilustrado.* Historia Natural, Civil y Geographica, de este Gran Río, y de sus caudalosas vertientes: Govierno, usos, y costumbres de los indios sus habitantes, con nuevas y utiles noticias de Animales, Arboles, Aceytes, Resinas, Yervas, y Raíces medicinales: Y sobre todo, se hallarán conversiones muy singulares a nuestra Santa Fé, y casos de mucha edificacion. *Escrita* por el P. Joseph Gumilla, de la Compañía de Jesús, Missionero, y Superior de las Missiones del Orinoco, Meta, y Casanare, Calificador, y Consultor del Santo Tribunal de la Inquisición de Cartagena de Indias, y Examinador Synodal del mismo Obispado, Provincial que fue de su Provincia del Nuevo Reyno de Granada, y actual Procurador a entrambas Curias, por sus dichas Missiones y Provincia. Madrid, 1741, XL (sin foliar)-580 + 19 de índices.

1955   Manuel AGUIRRE ELORRIAGA. *La Compañía de Jesús en Venezuela.* Caracas (1941) 3.

de Jesús que supieron legar a la posteridad la biografía de las grandes arterias de los mundos descubiertos por Colón[1956].

A fin de poder acercarnos a la importancia que asume la obra del misionero orinquense José Gumilla como divulgador de la cultura guayanesa en el mundo culto trataremos los siguientes acápites: 1. Síntesis biográfica de José Gumilla y 2. La obra escrita de José Gumilla.

Síntesis biográfica de José Gumilla

El año 1705 la Casa de Contratación de Sevilla redactaba la siguiente ficha de identificación para un pasajero que viajaba hacia el Nuevo Reino de Granada: "30. El Padre Joseph Gumilla, filósofo, natural de Cárcer obispado de Valencia, de edad de diez y nueve años poco más o menos, mediano de cuerpo, señales de viruelas, lunar pequeño junto al ojo derecho"[1957]. Sin embargo, en la documentación presentada al Consejo de Indias la reseña rezaba: "30. Joseph Gumilla natural de Carcer obispado de Orihuela, de edad de diez y ocho años, philósopho de primer año"[1958].

José Gumilla había nacido en Cárcer[1959] (Valencia) el 3 de mayo de 1686[1960]. Ingresó en la Compañía de Jesús el 13 de junio

---

1956 Francisco MATEOS. "Antecedentes de la entrada de los jesuitas españoles en las Misiones de América". En: *Missionalia Hispanica*. Madrid (1944) 109-166.

1957 AGI. *Contratación*, 5548. Expedición de 1705. En: DEL REY FAJARDO. *Documentos jesuíticos*, III, 25.

1958 AGI. *Contratación*, 5548. Expedición de 1705. Petición del P. Juan Martínez de Ripalda.

1959 Llama la atención que el gran bibliógrafo de la Compañía de Jesús, Sommervogel, pusiera como lugar de nacimiento a Jánovas de Aragón, diócesis de Barbastro (SOMMERVOGEL. *Bibliothèque de la Compagnie de Jésus*, Bruxelles-Paris, III (1892) 285). Quizá la fuente del error del P. Sommervogel pudo haber estado en una mala lectura de la afirmación del Catálogo del Nuevo Reino de 1738 que indica como lugar de nacimiento de Gumilla: "Jativensis in Hispania" (ARSI. N. R. et Q., 4, fol., 274).

1960 Francisco MATEOS. "La patria del Padre José Gumilla". En: *Sic*. Caracas (1953) 416-419. El P. Mateos publica la partida de nacimiento de Gumilla,

de 1704[1961] y se embarcó el 4 de mayo de 1705 en el navío San José de la flota de Tierra Firme[1962].

Una vez en el Nuevo Reino pensamos que Gumilla tuvo que concluir su noviciado en la ciudad de Tunja en junio de 1706. Los estudios superiores los cursó en Bogotá en la Universidad Javeriana: Filosofía de 1706 a 1709 y Teología de 1709 a 1713[1963]. Recibió la ordenación sacerdotal en Santafé de Bogotá el 31 de marzo de 1714[1964]. En Tunja llevó a cabo su año de Tercera Probación del 6 de septiembre de 1714 al 6 de septiembre de 1715[1965].

La biografía misional de Gumilla se puede dividir en tres etapas: la que podríamos llamar casanareña, la orinoquense y la europea.

Casanare y Meta. A finales de 1715 debió llegar Gumilla a las misiones[1966] y tras su noviciado misional de 6 meses, se instala a

---

documento incontrovertible para las siguientes consideraciones. Los catálogos neogranatenses coinciden todos con esta fecha a excepción del de 1711: 3 de mayo de 1688 (ARSI. N. R. et Q., 4, fol., 61); y del de 1720: 3 de mayo de 1687 (*Ibidem*, fol., 221).

1961   ARSI. N. R. et Q., 4, fol., 61. Catálogo de 1711. La misma fecha reiteran todos los Catálogos posteriores.

1962   AGI. *Contratación*, 5548. *Certificacion de Matheo Felix de Pineda*.

1963   ARSI. N. R. et Q., 4, fol., 61. Catálogo de 1711: "Studuit 3 Phi. et Theol. 1 intra", lo que significa que cursaba 2º año de teología en 1711. Si el Catálogo de 1713 dice que estudió "intra" 3 años de Filosofía y 4 de Teología, significa que para esa fecha (finales de 1713: *Ibidem*, fol., 112) había puesto punto final a sus estudios (*Ibidem*, fol., 114).

1964   ARSI. N. R, et Q., 4, fol., 140v. *Supplementum primi et secundi catalogi hujus Provinciae Novi Regni confectum a prima decembris 1713 ad 26 decembris 1715*.

1965   ARSI. N. R. et Q., 4, fol., 140v.

1966   Si el 6 de septiembre concluía su Tercera Probación en Tunja y "si el mes de enero de 1716 le pareció al Padre José Gumilla que era tiempo de hacer su primera entrada" (Juan RIVERO. *Historia de las Misiones de los Llanos de Casanare y los ríos Orinoco y Meta*. Bogotá, Biblioteca de la Presidencia de Colombia (1956) 359), en ese lapso intermedio de tiempo hay que ubicar la llegada de Gumilla a las misiones. Mimbela ("Relación de la entrada a las Naciones Betoyes y su cristianización (1725)", 208) dice que partió a las misiones directamente del

las orillas del río Tame dando lugar a la fundación de San Ignacio de Betoyes hacia marzo o abril de 1716[1967].

Hacia dos polos geográficos y étnicos dirigió su estrategia Gumilla desde San Ignacio de Betoyes: la región de los lolacas[1968] y en 1719 a las tierras de los anabalis[1969] al otro lado del río Sarare[1970]. Los contactos con esta nación resultaron esperanzadores pues de esta forma pudo Gumilla entablar amistad con Seisere, cacique de los situjas[1971], al que obedecían otros muchos pueblos del área.

En 1722 consiguió el autor de *El Orinoco ilustrado* reunir a los situjas y anabalis y la promesa de los guaneros y mafilitos[1972]. Con dos entradas más en 1723 y 1724 se puso fin a la reducción de la nación betoye[1973]. Con toda razón podía escribir en 1741 Gumilla: "... de éste [el Apure] mejor que de ningún otro río puedo hablar por haber gastado nueve años continuos en sus vegas, visto sus cabeceras, navegado sus medianías y bocas repetidas veces"[1974].

En 1723 era nombrado Superior de las misiones[1975] y en

---

colegio de Tunja; así es que creemos que no ofrece dudas la llegada de Gumilla a las misiones a fines de 1715.

1967 Mateo MIMBELA. "Relación de la entrada a las Naciones Betoyes y su cristianización (1725)". En: José GUMILLA. *Escritos varios*. Caracas, Academia Nacional de la Historia (1970) [189-266] 208-210. RIVERO. *Historia de las Misiones*, 356-357.

1968 RIVERO. *Historia de las Misiones*, 365.

1969 RIVERO. *Historia de las Misiones*, 371.

1970 RIVERO. *Historia de las Misiones*, 381.

1971 RIVERO. *Historia de las Misiones*, 381.

1972 RIVERO. *Historia de las Misiones*, 383.

1973 RIVERO. *Historia de las Misiones*, 387-388.

1974 José GUMILLA. *El Orinoco ilustrado y defendido*. Caracas, Academia Nacional de la Historia (1993) 63.

1975 APT. Leg., 132. *Carta del P. Tamburini al P. Francisco Antonio González*. Roma, 27 de marzo de 1723. Fol., 263. Sospechamos que el cambio debió llevarse a cabo en el segundo semestre de 1723 ya que en octubre de ese mismo año el P. González actuaba como Rector de la Universidad Javeriana (ANB. *Notaría 3a*, t. 151 (1723), fol., 201).

consecuencia las preocupaciones tuvieron que abrir paso no solo a la totalidad de las misiones casanareñas sino también a los nuevos proyectos que pretendían recuperar los ensayos llevados a cabo en el Airico al concluir el siglo XVII.

Para 1724 tenía Gumilla idea clara y precisa de su diseño misional: "Deseaba la Religión adelantar unas Misiones y, aunque se solicitaban por todas partes modos prudentes para el paso al Orinoco, o para nuevas reducciones de los muchos indios que habitan en las riberas del río Meta, de el río Vichada y otros ríos, no se encontraban"[1976].

Su misión consistía en verificar las potencialidades de expansión tanto en el mundo achagua como en el sáliva. Pero este proyecto lo llevaría adelante el P. Juan de Rivero.

También en 1724 se pensó en reiniciar la acción misional con los guagivos y chiricoas, quienes dominaban la parte inferior del río Meta[1977]. Los ensayos jesuíticos no remontarían el año 1730.

Las ideas del nuevo Superior de las misiones habían ciertamente cosechado sus frutos, tanto que el P. General de la Compañía de Jesús le escribía el 15 de diciembre de 1725: "En el informe repetido que tengo del feliz estado y progreso de las misiones, me ha llenado de gozo viendo las nuevas reducciones formadas y los que cada día acuden para ser instruidos en nuestra santa fe; con singularidad de informan del infatigable celo del P. Gumilla, superior de ellas, y de lo mucho que también trabaja el P. Rivero"[1978].

El Orinoco. Según el testimonio gumillano a fines de noviembre se había "empezado la labor por esta medianía del

---

1976 Mateo MIMBELA. "Relación de la entrada a las Naciones Betoyes y su cristianización (1725)", 196.

1977 MIMBELA. "Relación de la entrada a las Naciones Betoyes y su cristianización (1725)", 197-200.

1978 APT. Leg., 132, fol., 270. *Carta del P. Tamburini al P. Méndez.* Roma, 15 de diciembre de 1725.

Orinoco"[1979] acompañado por el polémico Bernardo Rotella[1980] y por el polifacético H. Agustín de Vega[1981].

Su objetivo inicial fue la ciudad de Guayana en donde debían encontrarse con el nuevo gobernador Don Carlos de Sucre para fijar las estrategias misioneras para la cristianización del Orinoco[1982]. También decidió dialogar con los Capuchinos de Guayana de quienes obtuvo anuencia para emprender la reducción de los aruacas sitos "a la espalda del cerro de la Hacha a la orilla del río Caroní"[1983] y tradicionalmente amigos de los españoles[1984].

Tras el fracaso de este intento fundacional Gumilla tendría que afrontar dos grandes problemas: las polémicas generadas por las jurisdicciones territoriales misionales con otras órdenes religiosas y afrontar de lleno el dominio esclavizador de la zona por parte de los caribes.

Para definir las fronteras de las geografías asignadas a las

1979   AGI. *Caracas,* 391. *Carta de Gumilla a Sucre.* 23 de febrero de 1733.

1980   CASSANI. *Historia de la Provincia de la Compañía de Jesús del Nuevo Reyno de Granada en la América,* 379.

1981   Agustín de VEGA. *Noticia del principio y progresos del establecimiento de las Missiones de gentiles en la río Orinoco por la Compañía de Jesús.* Estudio introductorio: José del Rey Fajardo sj y Daniel de Barandiarán. Caracas, Academia Nacional de la Historia (2000) 518: "Señaló el Padre Provincial a los primeros Padres que fueron el Padre Joseph Gumilla sujeto muy práctico en reducir a los gentiles y al Padre Bernardo Rotella *y a otro sujeto por su compañero*". El H. Vega en su escrito utiliza generalmente este estilo de tercera persona.

1982   Agustín de VEGA. *Noticia del principio y progresos del establecimiento de las Missiones de gentiles en la río Orinoco por la Compañía de Jesús,* 518. CASSANI. *Historia de la Provincia…,* 379-380.

1983   AGI. *Santo Domingo,* 678. *Da quenta a Vuestra Majestad con certificación del escribano de Cámara de lo que ha executado sobre el deslinde y demarcacion de las misiones de los religiosos capuchinos y de la Compañía de Jesus en la Provincia de la Trinidad y Guayana en conformidad del Real Orden de Vuestra Majestad.* (Citaremos por GUMILLA. *Escritos varios,* 93).

1984   GUMILLA. *El Orinoco ilustrado,* 137: "Yo quise hacer el último esfuerzo el año de 1731".

misiones que laboraban en la gran Guayana el autor de *El Orinoco ilustrado* sería signatario de los siguientes acuerdos.

El 21 de febrero de 1732 firmaba con Fray Tomás de Santa Eugenia, Prefecto de las misiones del Caroní, el Convenio de Guayana[1985] por el que los jesuitas misionarían a los aruacas. El 20 de marzo de 1734 suscribía en Santo Tomé la Concordia de Guayana por la que se dividía el territorio guayanés entre las diversas Ordenes Religiosas que allí laboraban[1986]. El 28 de noviembre de 1736 rubricaba en Caracas con Fray Salvador de Cádiz la Concordia de Caracas[1987] por la que los Capuchinos caraqueños ingresaban a la biografía de la Orinoquia. Como para esas fechas había sido designado Rector del Colegio de Cartagena partió de la capital caraqueña a la Perla del Caribe a los comienzos de 1737[1988].

Los problemas con los caribes. La presencia jesuítica en el Orinoco equivalía a la erradicación del comercio humano que habían implantado los holandeses, ingleses y franceses, a través de los caribes, para los mercados esclavistas del Caribe. Si los miembros de la Compañía de Jesús reiteraban la necesidad absoluta de las escoltas en el gran río venezolano era porque en justicia había que defender a los hombres que constituían el Estado español y la Provincia de Guayana y en último término sus propias misiones. Ellos, mejor que nadie, habían denunciado la trata de indios por los caribes desde el siglo XVII. Una síntesis de esta lucha por la justicia la sintetizaría, en 1780, con profunda tristeza, Felipe Salvador Gilij al anotar que "contra su crueldad hablan los muchos esclavos orinoquenses vendidos por los caribes a las colonias de Holanda sobre el Atlántico"; y con respecto al número de habitantes de los

---

1985   GUMILLA. *Escritos varios*, 99-100.

1986   AGI. *Santo Domingo*, 678. GUMILLA. *Escritos Varios*, 101-105.

1987   AGI. *Santo Domingo*, 634.

1988   AGI. *Santafé*, 400. Citado por PACHECO. *Los jesuitas en Colomba*, III, 469. Si el escrito es del 1 de marzo quiere decir por el contexto que para esas fechas ya estaba en Cartagena, lo cual nos hace sospechar que posiblemente el viaje lo realizó desde Caracas en barco.

pueblos al sur del Orinoco dirá que es "tan reducido, que parece apenas creíble"[1989].

Y en este contexto es preciso incluir otra observación. Según Daniel Barandiarán los caribes traficantes de esclavos no eran del Orinoco y de facto se constituyeron en el "brazo armado" de holandeses, franceses e ingleses para la gran industria de la esclavitud. Esta apreciación no pasó desapercibida a la fina observación del jesuita italiano autor del *Ensayo de Historia Americana*, quien anota: "Estos [los caribes] son los que viniendo de la Cayena por tierra hasta el río Caura, se detienen en todos los países intermedios. Hay allí, es cierto, otras naciones (...). Pero todos, o casi todos, por los usos y por la lengua, como por alianzas variables, pueden llamarse caribes"[1990].

El inicio de hostilidades se dio en marzo de 1733 cuando los caribes incendian Nuestra Señora de los Ángeles de Pararuma y gracias a la escolta unificada y a la llegada de don Félix de Almazán, cabo del castillo de Guayana, pudieron ser rechazados en la Urbana[1991].

En marzo de 1735 hacía acto de presencia el gobernador Sucre en Cumaná y la marea de las incursiones caribes hacia las misiones volvió a subir de nuevo de forma tal que en septiembre incendiaban la reducción franciscana de Mamo y en octubre las de San José de Otomacos y San Ignacio de Guamos[1992].

En este estado de cosas optaron los jesuitas, en 1736, por buscar una solución militar propia a fin de atajar a los caribes mediante la construcción, cerca de Carichana, del reducto de San Javier en Marimarota. Este primitivo puesto militar consiguió impedir el flujo de las armadas caribes aguas arriba; sin embargo, los caribes buscaron caminos de tierra que desembocaban más al norte de las misiones jesuíticas. Gracias a ello no interrumpieron

---

1989 GILIJ. *Ensayo de Historia Americana*. Caracas, I (1965) 133.
1990 GILIJ. *Ensayo de Historia Americana*, I, 126.
1991 VEGA. *Noticia del principio y progresos*, 24-26.
1992 GUMILLA. *El Orinoco ilustrado y defendido*. Caracas, 333-334.

sus acciones de contrabando humano ni sus actos guerreros pues lograron descubrir que aguas abajo se podía burlar la vigilancia del fortín en las noches oscuras y en las grandes crecientes del Orinoco[1993].

En 1737 tuvieron que soportar las misiones un nuevo asalto caribe al mando del francés Bleso, mas gracias a la ayuda de la escolta y del pueblo lo pudieron rechazar[1994].

En 1738 la presión caribe buscó nuevas fórmulas de agredir el territorio jesuítico. En esta oportunidad se coaligaron 30 franceses con los caribes pero no lograron llegar a su destino[1995].

El viaje a Europa. Poco duró su estancia en Cartagena pues en junio de 1738 actuaba ya como Provincial[1996]. Y en Bogotá se aceleraron los acontecimientos pues la Congregación Provincial reunida en Santafé el 8 de septiembre de 1738 fue elegido Procurador a Roma juntamente con el P. Diego Terreros[1997]. En julio de 1739 había llegado a Madrid[1998] y su estadía en Europa data de julio de 1739[1999] a enero de 1743[2000].

Una de las principales actividades del jesuita valenciano en la Corte madrileña fue la de redactar *El Orinoco ilustrado*, obra que concluyó hacia marzo de 1741 ya que el 1 de abril le remitía don Dionisio de Alcedo y Herrera su dictamen definitivo[2001]. Más

---

1993 AGI. *Quito*, 198. *Segunda Vía. Respuesta al pliego ... 1742.* (GUMILLA. *Escritos varios*, 307).

1994 La descripción del asalto en: VEGA. *Noticia del principio y progresos*, 84-85.

1995 ANB. *Curas y Obispos*, 36, fol., 133. *Carta del P. Manuel Román al P. José Gumilla.* 1 de octubre de 1738.

1996 AGI. *Santafé*, 415. *Carta del P. José Gumilla al Rey.* Santafé, 30 de junio de 1738.

1997 AGI. *Santafé*, 406. *Carta de los PP. Diego Terreros y José Gumilla en que comunican haber sido elegidos ...* (Citada por PACHECO. *Los jesuitas en Colombia*, III, 258).

1998 GUMILLA. *Escritos varios*, 54.

1999 GUMILLA. *Escritos varios*, 54.

2000 AGI. *Contratación*, 5549. *Doc. cit.*, fol., 7.

2001 GUMILLA. *El Orinoco ilustrado*, 21.

lento aparece el proceso de aprobaciones que concluye el 7 de septiembre con el del Consejo de Indias[2002].

El 19 de enero de 1743 se embarcó con 7 jesuitas rumbo a Cartagena en el navío francés San Rafael[2003]. El 16 de abril se encontraba ya la expedición en Santafé de Bogotá. Regresado a San Ignacio de Betoyes fue Superior de la Misión de Casanare de 1745[2004] a 1747[2005] y en esta población le sorprendió la muerte el 16 de julio de 1750[2006].

La obra escrita de José Gumilla

Querer limitar dentro de las fronteras de *El Orinoco ilustrado* la obra literaria de Gumilla, es desconocer la ideología y la obra de un hombre que reflexionó de las más diversas formas sobre el problema de la arteria fluvial venezolana.

Hasta hace pocos años los historiadores habían visto en el jesuita de Cárcer (Provincia de Valencia) a un eterno caminante: explorador y aventurero: Y sin embargo, esa visión reducida y parcial hay que completarla con la del pensador que descubrió

2002 15 de mayo: Aprobación del P. Tomás Nieto Polo. 17 de mayo: Licencia del Ordinario. 14 de julio: Aprobación del P. Antonio Goyeneche. 20 de julio: Licencia del Consejo. 5 de septiembre: Licencia de la Orden. 7 de septiembre: Licencia del Consejo de Indias. (GUMILLA. *El Orinoco ilustrado*,).

2003 Agustín GALÁN GARCÍA. *El Oficio de Indias de los jesuitas de Sevilla 1566-1767*. Sevilla, Fundación Fondo de Cultura de Sevilla (1995) 319.

2004 ANB. *Temporalidades*, t. 5, fol., 788v: "... en este año [1745] pidió el P. Joseph Gumilla, Superior de las Misiones, dos títulos uno de alguacil mayor y otro de notario".

2005 ANB. *Temporalidades*, t. 5, fol., 789: [Año de 1747] "quarenta pesos de siete ternos de flautas que pidió el P. Joseph Gumilla y se traxeron de fuera y se remitieron a su reverencia".

2006 ARSI. N. R. et Q., 4, fol., 328v. *Supplementum primi et secundi Catalogi Provinciae Novi Regni Societatis Jesu confectum a prima octobris anni 1749 usque ad primam aprilis an. 1751*. Biblioteca Nacional. Mss. 105. *Libro de la Sacristía del colegio de Tunja*, fol., 158.

científicamente el Orinoco, como escritor, ensayista y en un sentido lato sociólogo.

La obra escrita de Gumilla, cronológicamente penetra unos 7 lustros, y literariamente los temas más variados: Geografía, etnología, misionología, filología, antropología, historia, etc.

No hay que olvidar que Gumilla estudió casi dos lustros en la Universidad Javeriana de Bogotá, uno de los centros intelectuales más florecientes del Nuevo Reino. Y el contacto con el Alma Mater se mantiene durante los años misioneros[2007]. Así pues, no es de extrañar que una sólida formación universitaria le capacitara para la metodología de un trabajo científico y le abriera horizontes en los diversos géneros literarios.

Indudablemente que *El Orinoco ilustrado* (1741) significa la primera gran síntesis de la ideología gumillana, superada más tarde por los escritos del año 1749. Con todo creemos que dará mucha luz el análisis del ámbito de la obra literaria del misionero orinoquense, estudiada a lo largo de su evolución cronológica.

Los orígenes exactos de la carrera literaria son difíciles de precisar ya que permanece inédita toda su vertiente filológica que se inicia paralelamente a su actividad misionera. En todo caso, aunque a Gumilla hay que incluirlo dentro de un grupo generacional de escritores-misioneros, sin embargo habrá que considerarlo como anterior a todo el grupo y en cierto sentido como su inspirador.

La pluma gumillana fue incansable como lo demuestra su propia bibliografía. En 1737, Guillermo Duez, seudónimo de la oposición al jesuitismo neogranadino, agredirá a Gumilla diciendo que «de las misiones finge mil primores que escribe y apoya el Provincial Jaime López, porque es valenciano». Y su buen amigo Felipe Salvador Gilij dirá: "Él entre mil continuas ocupaciones que lleva consigo el oficio de misionero de pueblos nuevos, *no desdeñó la historia y los estudios aún más amenos*"[2008].

2007 José GUMILLA. *El Orinoco ilustrado y defendido*. Caracas, Academia Nacional de la Historia (1993) 401.

2008 Felipe Salvador GILIJ. *Ensayo de historia americana*. Caracas, Academia Nacional de la Historia, I (1965) 19-20.

Una síntesis de la bibliografía gumillana se puede recoger en los siguientes capítulos:
1. Filología;
2. Historia;
3. Memoriales y Cartas;
4. Cartografía;
5. *El Orinoco ilustrado* y sus etapas;

Como es natural la esencia de este estudio deja fuera de sus fronteras el análisis y la información sobre los puntos 3 y 4 a los que hacíamos referencia más arriba[2009]. Y por ello nos limitaremos a esbozar los dos primeros enunciados y el número 5.

Filología

La obra literaria gumillana se inicia con la Filología, y lamentablemente es la vertiente de su producción escrita más oscura y difícil, por no decir imposible, de recopilar.

Los motivos de este silencio son fundamentalmente documentales: La *Historia* del P. Cassani, a pesar de que se remonta hasta 1740 es muy poco lo que añade a la de Rivero en la zona cronológica de 11 años que separan las obras de estos dos historiadores orinoquenses. Habrá que esperar a que la investigación y los bibliógrafos descubran las obras inéditas de los PP. Tomás Casabona, Roque Lubián y Antonio Salillas[2010] y sobre todo la

---

2009 Remitimos al lector a nuestra obra: José GUMILLA. *Escritos varios*. Estudio preliminar y compilación del P. José del Rey S. J. Caracas, Academia Nacional de la Historia (1970) LXVI-CIX. Para la cartografía: José DEL REY FAJARDO. *El aporte de la Javeriana colonial a la cartografía orinoquense.* Bogotá, Pontificia Universidad Javeriana (2003) 24-32; 50-56.

2010 Archivo Nacional de Chile. *Jesuitas*, 446. En un Inventario de la biblioteca de la procura de la Provincia del Nuevo Reino, hecho a raíz de la expulsión de 1767 se lee: "Otro legajo, encuadernado, en folio, manuscrito, con el título de Historia de las conquistas de españoles y descubrimiento de naciones, reducciones de infieles en el río Orinoco, a cargo de la Religión de la Compañía, por el P. Juan Ribero y el P. Thomas de Casabona". A ella

biografía del mismo P. Gumilla, a fin de abrir nuevas rutas a la orientación bibliográfica[2011].

La personalidad filológica gumillana es la de un escritor, que por una parte es viajero y hombre de acción y por otra un pensador comprometido en la redención conjunta del indio y del gran potencial que yace irredento en su paisaje geográfico[2012]. De ahí que la vertiente lingüística, a pesar de sus indudables atisbos, no sea ni la más genuina ni tampoco la más profunda de la literatura gumillana.

Para comprender la obra de literatura indigenista del autor de *El Orinoco ilustrado* hay que señalar que no surge de la línea tradicional jesuítica, achagua o sáliva, sino que la mayor parte de su vida se desarrolla en un quehacer pionero en el difícil mundo betoye y en el complicado mosaico de naciones del gran río venezolano, con un paréntesis en las misiones del Meta.

Con todo, podemos afirmar que Gumilla fue un gran lin-

---

habría que añadir la *Historia del Orinoco* del P. Roque Lubián (Lorenzo HERVÁS Y PANDURO. *Biblioteca jesuítico-española (1759-1799)*. Estudio introductorio, edición crítica y notas: Antonio Astorgano Abajo. Madrid, Libris: Asociación Libreros de viejo, I (2007) 344). También desconocemos la *Historia Natural del Orinoco* del P. Antonio Salillas (AIUL. Papeletas: SALILLAS, Antonio. "Mss.").

2011 En el Archivo inédito de Uriarte-Lecina nos encontramos entre las papeletas del P. Manuel Padilla la siguiente obra: "Memorias para la vida y correrías apostólicas del P. Gumilla".

2012 José DEL REY. "Venezuela y la ideología gumillana. En: *Sic*, Caracas (1964) 74-76.

güista y un cultivador de la Filología indígena. Dominó la lengua betoye[2013] y estudió con ahínco la caribe, otomaca[2014] jirara y otras[2015]

El serio aprendizaje de las lenguas indígenas fue una de sus principales preocupaciones como Superior de las Misiones, hasta el punto de escribir al General de la Compañía de Jesús pidiéndole que de ninguna manera permitiese sacar de los Llanos a los que supieran las lenguas indígenas[2016]. Y sospechamos que dos amonestaciones del P. Tamburini, General de los Jesuitas, a los Provinciales del Nuevo Reino en 1723 y 1725 responden a este tesón gumillano de revalorizar las misiones[2017].

La producción, de la que hoy tenemos noticia, se refiere solo a la lengua betoye y tenemos noticia de los siguientes manuscritos:

2013   Juan RIVERO. *Historia de las Misiones de los Llanos de Casanare y los ríos Orinoco y Meta*. Bogotá, Biblioteca de la Presidencia de Colombia (1956) 361. Josef CASSANI. *Historia de la Provincia de la Compañía de Jesús del Nuevo Reino de Granada en la América*. Estudio preliminar y anotaciones al texto por José del Rey, s. j. Caracas, Biblioteca de la Academia Nacional de la Historia (1967) 238.

2014   CASSANI. *Historia de la Provincia de la Compañía de Jesús del Nuevo Reyno de Granada...*, 306.

2015   CASSANI. *Historia de la Provincia de la Compañía de Jesús del Nuevo Reyno de Granada...*, 237: "... hasta que ya bien instruido en la lengua jirara, y con bastantes noticias de otras, y no pocas que pudo adquirir su estudio ...". Una lectura atenta de *El Orinoco ilustrado* nos llevaría a la insinuación de que también supo otras lenguas: lolaca (p. 288; 458), sáliva (p. 299); situfa (p. 299); achagua (p. 170; 290) y sobre todo en AGI. *Santo Domingo*, 634. En una carta del P. Román al P. Gumilla hay varios párrafos en achagua, y concluye así su asunto el P. Román: "Ya casi no me acuerdo de la lengua achagua, me falta el ejercicio, pero V. R, supongo entenderá bien e inferirá lo que quiero decir".

2016   APT. Leg. 132: Cartas de PP. Generales. *Retz al Provincial del Nuevo Reino*. Roma, 15 de septiembre, 1736.

2017   APT. Leg. 132, fol. 270. *Carta del P. Tamburini al P. González*. 3' carta. Roma, 27 de marzo, 1723. *Carta de Tamburini a Méndez*, 15 de diciembre de 1725, fol. 270: "Solo siento que no haya toda aquella aplicación que se requiere, en algunos, para aprender las lenguas indígenas".

Gramática de la lengua betoy[2018], *Vocabulario de la lengua betoy*[2019] y su correspondiente *Catecismo*[2020] y *Pláticas varias*[2021].

Puede ser que en su segunda estancia en los Llanos, después de su regreso de Europa, aumentase la producción literaria indigenista al amparo de su vida sedentaria y pacífica.

Pero su preocupación filológica no encalló en lo gramatical sino que también intentó hacer Filosofía del Lenguaje. Al fin y al cabo tomó conciencia de que era parte viva de una tradición jesuítica que se había esmerado desde los comienzos en el estudio de la idiomática llanera[2022]. Es muy significativo que el P. José Dadey, fundador de la cátedra de muisca en la Universidad Javeriana de Bogotá[2023], fuera más tarde también el fundador de las misiones llaneras y al mismo tiempo el iniciador de los estudios filológicos.

Este aporte a la filología venezolana –hoy casi en su tota-

2018 GILIJ. *Ensayo de historia americana*, III, 332: "La lengua betoy fue reducida a Gramática por el P. Gumilla, manuscrito". Puede verse además (Tomo IV, 392). AGI. *Santafé*, 298. *Relación del P. Mateo Mimbela*: "... perfezionandose tanto en el lenguaje que en breve pudo predicarles y enseñarles haciendo Bocabulario y algunas notas importantes para su inteligencia".

2019 RIVERO. *Historia de las Misiones de los Llanos*, 389: "Por estos medios y principalmente con las pláticas frecuentes que el Padre les hace en su propia lengua a la cual se aplicó con eficacia sacando Vocabulario y Arte, traduciendo en ella el catecismo".

2020 RIVERO. *Historia de las Misiones de los Llanos*, 389. GUMILLA. *El Orinoco ilustrado*, 283: "No obstante en la nación beyota hubo que vencer algo, porque pusimos en el catecismo esta pregunta: "Theodá, Dios o qué"?. El sol es Dios? y al punto respondían que sí. La respuesta que se les enseña es: *"Ebamucá, futuit ajajé Diosó abulú, ebadú, tuluebacanutó"*. No es, porque es fuego que Dios crió para alumbrarnos".(Sigue un párrafo interesante en el que se citan algunas otras preguntas del Catecismo).

2021 AIUL. Papeletas: Gumilla, José. "Arte y Vocabulario de la lengua betoy; con doctrina, Confesionario y Pláticas en ella".

2022 GUMILLA. *El Orinoco ilustrado*, 298: "Nuestros mayores, bien prácticos en los rudimentos de las lenguas, nos dejaron advertido que las que se derivan de una capital siempre mantienen los pronombres primitivos de su matriz, aunque con alguna variedad, y se ha experimentado que es regla cierta".

2023 José DEL REY FAJARDO. *La Universidad Javeriana, intérprete de la*

lidad perdido– culmina con la obra de Felipe Salvador Gilij y de los jesuitas expulsos en Italia[2024].

Dos temas fructíferos plantea Gumilla en los capítulos III y IV de la Segunda Parte de *El Orinoco ilustrado*: la enumeración de las lenguas matrices y derivadas del área llanero-orinoquense; y el origen de esas mismas lenguas.

En este primer intento de clasificación descubre nuestro misionero 5 idiomas matrices: caribe, sáliva, achagua, guahiva y betoyegirara. Sobre el otomaco, aruaco y guaraúno no se atrevió a emitir ningún juicio y del modo similar al que las lenguas romances se derivan del latín, estas cinco matrices se ramifican de la siguiente manera: De la caribe provienen: la guayana, palenque, guiri, guayquirí, mapuy y cumanagota. La aturi viene a ser una corruptela de la sáliva. De la achagua no se han descubierto derivadas, ya que las palabras adjudicadas a la maypure se deben a la vida comercial. De la guahiva nace la gran variedad de chiricoas. De la betoye y jirara se deducen: la situfa, ayrica, ele, luculía, jabúe, arauca, quilifay, anabalí, lolaca, atabaca y otras[2025].

Respecto al estudio del origen de las lenguas reconoce desde el principio una doble dificultad metodológica: por una parte son pocos los indios que las hablan y por otra desconocen el profundo significado de las tradiciones y ancestros[2026].

Con todo, esta objeción no parece afectar a las "lenguas derivadas o subalternas" pues el esfuerzo de los misioneros ha logrado superarlas. "... la separación de su original no puede proceder de otro principio que de una notable dispersión de muchas

---

"*otredad" indígena (siglos XVII-XVIII)*. Bogotá, Pontificia Universidad Javeriana (2009) 26-36.

2024   José DEL REY FAJARDO. *La Universidad Javeriana, intérprete de la "otredad" indígena (siglos XVII-XVIII)*, 127-159.

2025   GUMILLA. *El Orinoco ilustrado*, 298. El P. Gilij hizo una nueva clasificación de las lenguas orinoquenses y establece 9 lenguas matrices: caribe, sáliva, maipure, otomaca, guama, guahiba, yaruro, guraúno y arauaco. (GILIJ. *Ensayo de historia americana*, III, 174-1759.

2026   GUMILLA. *El Orinoco ilustrado*, 297.

familias de la lengua principal, que, o voluntariamente desterradas, o extraídas violentamente por enemigos más fuertes y pobladas á notables distancias ... de la falta de comunicación entre sí y de la insensible omisión de unas sílabas y aumento de otras ... al cabo de años viene a resultar un nuevo lenguaje"[2027].

No fue tan afortunado Gumilla al elucubrar sobre el origen de las lenguas matrices pues no pudo liberarse de las concepciones aprioristas y falsamente bíblicas tan en boga en América. Con todo, su intención le llevó a negar tanto la autoctonía idiomática como la dependencia exclusiva de los antiguos hebreos; e indirectamente dejó sentado el origen múltiple en el poblamiento americano.

El error del erudito jesuita radica en recurrir al curioso fenómeno bíblico de la dispersión de los hombres tras el fracaso de la Torre de Babel[2028] para explicar un hecho que para él cada día se hacía más incontrovertible. Pero si apela a esta exégesis de la Sagrada Escritura es por dos razones: porque le parece que la dispersión de Babel es más universal etnológica y cronológicamente que la transplantación del pueblo Judío llevada a cabo por el rey de Asiria Salmanasar; y en segundo lugar, porque "siendo sus lenguajes tan regulares y expresivos de los conceptos como la más cultivada lengua de nuestra Europa, es inventiva muy superior a la cortedad de su genio"[2029].

No acepta la teoría de que los hebreos fueron los pobladores de América porque es imposible pensar en un continente vacío durante tanto tiempo, y sobre todo, el hacer depender de las tres

---

2027 GUMILLA. *El Orinoco ilustrado*, 300-301.

2028 Génesis, cap. XI.

2029 GUMILLA. *El Orinoco ilustrado*, 302. Continuamos la cita iniciada en el texto: "Esto es evidente a los Padres misioneros, quienes, penetrados íntimamente en el idioma y cotejado con la tosquedad de los que lo usan, al reconocer una regularidad tan formal como la del arte latino, ven que tiene superior fuente el caudal de aquella natural elocuencia y recurren luego al prodigio con que Dios confundió una lengua dividiéndola en muchas...".

lenguas comunes a las doce tribus de Israel toda la proliferación de lenguas americanas es un imposible[2030].

Historia

La vertiente histórica es la que más posibilidades ha abierto a la realización del proyecto de poder compilar la obra escrita de Gumilla.

Desafortunadamente, la realidad de las *Historias* de Pedro Mercado[2031], Juan Rivero[2032] y José Cassani[2033] obligó a nuestro biografiado a intentar nuevas rutas, fuera de los géneros tradicionales, para dar expresión al rico caudal de conocimientos adquiridos a base de observación, reflexión y experiencia[2034]. Consecuentemente, el autor de *El Orinoco ilustrado* no pudo insertar directamente en su obra la estructura específicamente histórica, de la que fue creador y orientador por muchos años.

Por eso, aunque esta dimensión penetra gran parte de la producción inédita gumillana, sin embargo nos limitaremos en este apartado, por razones meramente metodológicas, a estudiar las influencias ejercidas en la *Historia de las Misiones* de Juan Rivero diversos escritos de José Gumilla.

2030   GUMILLA. *El Orinoco ilustrado*, 303-305.

2031   Pedro de MERCADO. *Historia de la Provincia del Nuevo Reino y Quito de la Compañía de Jesús*. Bogotá, Biblioteca de la Presidencia de Colombia, 1957, 4 vols. [Redactada en 1684]

2032   Juan RIVERO. *Historia de las Misiones de los Llanos de Casanare y los ríos Orinoco y Meta*. Bogotá, Biblioteca de la Presidencia de Colombia, 1956. [Redactada en 1729].

2033   Joseph CASSANI. *Historia de la provincia de la Compañía de Jesús del Nuevo Reyno de Granada en la América: descripción y relación exacta de sus gloriosas missiones en el Reyno, llanos, meta, y río Orinoco, almas y terreno que han conquistado sus missioneros para Dios*. Madrid, En la Imprenta y Librería de Manuel Fernández, 1741.

2034   GUMILLA. *El Orinoco ilustrado*, "Prólogo", pero sobre todo las pp. 30-31.

La Historia de la misionalización de la gran familia betoy

Los bibliófilos españoles José Eug. de Uriarte y Mariano Lecina atribuyen a Gumilla la paternidad de una serie de escritos que, debidamente organizados, pasaron a formar parte del Libro V de la *Historia de las Misiones* del P. Rivero[2035]; aunque ignoramos las razones reales que tuvieron para esta asignación bibliográfica, nos inclinamos a creer que lo hicieron basados en la realidad que parece desprenderse del texto riverano.

Pero existe un paso previo que ilumina mejor la posibilidad de la paternidad literaria de Gumilla del cuerpo documental al que se refieren Uriarte y Lecina y que nosotros ampliamos a 14 capítulos del Libro V. Una confrontación minuciosa del texto riverano con la "Relación" entregada por el P. Maleo Mimbela al Presidente Manso en 1725 da como resultado la verificación de que Rivero ha transcrito, casi literalmente en su *Historia*, el largo manuscrito mimbelano[2036].

2035 AIUL. Papeletas de Gumilla, José
 a) "Relación de su entrada con el Cacique Don Antonio Calaimi y el Capitán Don Domingo Zorrilla a la Nación Lolaca y del fruto hecho entre estos indios: 1717". (Hay un extracto en la *Historia de las Misiones*, pp. 354-358).
 b) "Relación de su entrada a los Anibalis, y de los grandes peligros que pasó: 1720". Un extracto: *Historia de las Misiones*, 363-372.
 c) "Relación de su nueva entrada con el capitán Zorrilla a los Anibalis y otros indios vecinos: donde se da cuenta de la justicia que se hizo de algunos rebeldes, y de muchos infieles que vinieron pidiendo el Bautismo: 1722". Un extracto: *Historia de las Misiones*, 373-379.
 Nota: Uriarte y Lecina han utilizado la Edición de Bogotá de 1883.

2036 AGI. *Santafé*, 298. *El Presidente de Santa Fe. Remite relación de las Missiones que tiene la Compañía de Jhesus en la Provincia de los Llanos y Orinoco*. Santa Fe, y octubre 20 de 1725. (La Relación fue enviada el 20 de octubre de 1725 y recibida en el Consejo el 20 de abril de 1726). Este documento ha sido utilizado por Rivero en su Historia de las Misiones. Libro V, cap. VIII-XXII.
 A continuación insertamos las equivalencia de los capítulos:
 Memorial   *Historia de las Misiones.*
                                                                         Lib. V

De ahí que el problema haya que ubicarlo en torno al documento original de 1725.

Y precisamente, una serie de circunstancias muy específicas nos obligan a hacer un planteamiento más de fondo: Es el P. Mateo Mimbela el autor o solo el recopilador o redactor de la *Relación* de 1725?; o en otras palabras, qué diferencias existen entre la *Relación* que reposa en el Archivo de Indias enviada por el Presidente Manso y el texto primigenio del documento recibido por Mimbela en 1724?

Dos hechos nos inducen a reflexionar sobre esta problemática: la unidad histórico-literaria que desarrolla como tema la misionalización de la gran familia betoye en torno a la figura del P. José Gumilla, que pasa a ser su único protagonista y en segundo lugar la contraposición que establece el P. Mimbela en su escrito entre la historia antigua de las misiones jesuíticas y la nueva que surge a la sombra de la actividad del autor de *El Orinoco ilustrado*.

Es de notar la contraposición que el P. Mimbela hace en la Introducción que encabeza el largo documento: "... pongo en noticia de Vuestra Señoría la fundación de los primeros pueblos que hizo la Compañía que haré con brevedad, por estar ya sobre ellos seguidos autos y dado pleno informe a su Magestad, se han

4. Primer descubrimiento de los Betoyes y noticia de otras naciones	VIII. Primer descubrimiento de la nación betoyes y noticias de otras naciones.
5.	IX.
6.	XII.
7.	XXI.
8.	X.
9.	XIII.
10.	XIV y XV.
11.	XVI.
12.	XVII y XVIII.
13.	XIX y XX.
14.	XXI y otras fuentes.
15.	XXII.
16.	XI.

añadido las nuevas fundaciones con Relación plena que pedí al Superior de las Misiones pasa satisfacer al celo de Vuestra Señoría"[2037].

El Superior que remitió la "Relación plena" no es otro que el P. Gumilla, quien en 1723 era nombrado Superior de las Misiones jesuíticas[2038]. A esto hay que añadir una convergencia de argumentos: "las nuevas Fundaciones" se deben al espíritu pionero e innovador de Gumilla quien fue el creador de la Misión de Betoyes y a su vez el único que pudo suministrar los datos de una narración tan anecdótica, concreta y minuciosa, por haber sido el protagonista de la acción hasta 1724[2039].

Además, de la misma forma en que Rivero adapta el documento mimbelano a su *Historia* con muy ligeras variaciones, así

[2037] AGI. *Santafé. Relación del P. Mimbela*, fol. 1. Es un poco extraño que no firmase la Relación el P. Francisco Méndez quien bahía sido nombrado Provincial el 27 de marzo de 1723 (APT. Leg. 132: *Cartas de PP. Generales*, fol. 263) y nos consta ciertamente que lo era el 22 de septiembre de 1724 (ANB. *Notaría 3*; t. 153 (1724), fol. 186). Estaría fuera de la capital visitando su extensa provincia? Hay una serie de coincidencias que pueden ilustrar el por qué firmó este documento el P. Mimbela, además de lo que diremos después. El P. Mimbela regresó de Europa en la misma expedición en la que venía el Presidente electo Don Antonio Manso Maldonado el 19 de febrero de 1724 (cfr. STÖCKLEIN, *Weltbott*, Brief n. 286, p. 88); sin embargo, José María RESTREPO SÁENZ. *Biografías de los Mandatarios y Ministros de la Real Audiencia (1671-1819)*. Bogotá (1952), 64 pone el 18 de febrero).
El P. Mimbela con su expedición debió llegar a Bogotá a finales de marzo, pues desde marzo de 1723 estaba nombrado consultor de Provincia (APT. Leg. 132. *Carta del P. Tamburini* del 27 de marzo de 1723; fol. 263). En febrero de 1728 desempeñaba el cargo de Prefecto de Estudios de la Universidad Javeriana (ANB. *Notaría 3*, t. 160 (1728), fol. 4v).

[2038] APT. Leg. 132. Fols. 263-264. *Tamburini a González*, Roma, 27 de marzo de 1723. RIVERO. *Historia de las Misiones de los Llanos*, 409: "Escribió sobre sus virtudes el Padre José Gumilla, como Superior que era entonces…". (La carta necrológica de Gumilla es del 26 de abril de 1724).

[2039] Como colaboradores inmediatos de Gumilla aparecen el capitán Domingo Zorrilla y el cacique Calaimi. A ambos les dedicó en *El Orinoco ilustrado* frases de amistad y gratitud. Y de ellos indudablemente recogió muchos datos de su Relación.

se puede conjeturar que actuó Mimbela con el escrito gumillano, práctica frecuente de los Superiores jesuitas cuando firmaban las *Cartas Annuas* o remitían a las autoridades civiles los correspondientes Informes, sobre todo misionales.

Otro problema lo constituirá la determinación de los límites del texto original gumillano ya que en la redacción del escrito de Mimbela existen evidentes interpolaciones, v. gr. en el cap. 14 donde se habla de las virtudes de la personalidad de Gumilla[2040], o en el cap. 6 donde se describe su destino a las misiones por el Provincial, que entonces era el propio P. Mimbela[2041].

Biografía del P. José Cavarte

Dentro del género histórico hay que incluir dos ensayos encaminados a perpetuar la memoria de grandes misioneros: los PP. José Cavarte y Juan Rivero.

La necrología del P. José Cavarte es el primer escrito que conocemos de este género. El manuscrito fue utilizado por Rivero, 4 años más tarde, en la redacción de su *Historia de las Misiones* y por su testimonio llegamos a la existencia de este escrito de Gumilla[2042].

Fuera de Rivero no sabíamos de otro escritor que directamente hubiera manejado esta fuente gumillana, hecho que nos hacia sospechar que dicha biografía había pasado definitivamente al olvido.

2040 AGI. *Santafé*, 298. Relación firmada por el P. Mimbela. (Desgraciadamente la copia que transcribimos no tiene numeración de páginas): "... diré en breve por evitar prolijidad lo que he visto y notado en dicho Padre, muchas veces que he tenido la fortuna de visitarle en su pueblo". (No creemos que el informante sea el P. Mimbela, ya que a pesar de que fue misionero a fines del siglo XVII, y Provincial hasta 1716, sus actividades le mantuvieron alejado de las misiones fuera de esos períodos).

2041 El P. Matías Mimbela fue Viceprovincial de 1711 al 13, y Provincial de 1713 al 1716. Cfr. GOETSTOUWERS-VAN DE VORST. *Synopsis historiae Societatis Jesu*. Lovanii, Typis ad Sancti Alphonsi (1950) 665.

2042 RIVERO. *Historia de las Misiones de los Llanos*, 409.

Revisando el Archivo del Rectorado del Colegio del Salvador de Zaragoza (España) dimos con una hermosa obra manuscrita del P. Juan Arbizu titulada: *Historia del Colegio de la Compañía de Jesús de Zaragoza*[2043]. En el Volumen III nos sorprendió el largo estudio que el autor dedicaba al P. José Cavarte, misionero orinoquense. Mas al final, nuestra sorpresa fue enorme al topar con la siguiente nota del P. Arbizu: "Añado: Que essta carta como va escrita, menos el principio de ella que da razón de su vocación, noviciado y partenza a Indias, es traslado de la que me envió desde Santa Fe de Bogotá y recibí en marzo de 1725 el Hermano Lucas Amat, valenciano que desde este Colegio de Zaragoza fue a la provincia del Nuevo Reino con otros a 7 de octubre de 1723. Y en la que me escribe, me dice que el Padre José Gumillas [sic], misionero residente en la reducción de San Ignacio de los Betoyes fue el que hizo la carta y la envió al Colegio de Santa fe; de la cual hizo hacer una copia. Y esta llegó a mis manos y la guardo con otras de las Indias"[2044]

Este descubrimiento significó un gran aporte para el proyecto de la compilación de las "Obras Completas" de Gumilla así como para el estudio de la personalidad del P. José Cavarte, figura clave en una etapa misional de transición difícil y a la vez escasa en documentos.

Conviene ante todo, pues, asentar claramente la realidad y la valoración literaria del manuscrito que estudiamos. Desconocemos el auténtico original gumillano, fechado el 26 de abril de 1724 en San Ignacio de Betoyes[2045]. La copia europea que publicamos es

---

[2043] Juan ARBIZU, *Historia del Colegio de la Compañía de Jesús de Zaragoza*. Tercera parte. Comienza desde el año de 1650 hasta el de 1700. La ofrece a loa muy Reverendos Rector, Padres y hermanos del mismo colegio. El Padre Juan Arbizu, de la Compañía de Jesús. Adornada de indices y catalogos como en los libros antecedentes. MS. que reposa en el Archivo del Rectorado del Colegio del Salvador de Zaragoza. (Lamentablemente se ha perdido uno de los tomos).

[2044] Juan ARBIZU, *Historia del Colegio de la Compañía de Jesús de Zaragoza*, III, 679: "Añadidura".

[2045] ARBIZU, *Historia del Colegio de la Compañía de Jesús de Zaragoza*, III, 679.

un "traslado" del original que llegó a manos del P. Arbizu en marzo de 1725, lo cual nos obliga a concluir que debió ser remitida al poco tiempo de escribirse[2046].

Pero en el "traslado" del P. Juan Arbizu se reconocen tres fuentes distintas que en parte nos hacen perder la realidad de la auténtica extensión del documento gumillano: la descripción inicial del autor de la *Historia del Colegio de Zaragoza;* el *Epistolario* del propio P. Cavarte insertado en el mismo texto; y la *Necrología* de Gumilla que se transcribe al pie de la letra desde "la partenza a Indias".

Tampoco podemos llegar a conclusiones claras a través de las fuentes riveranas que datan de 1729. A pesar de que Rivero conoció la *Carta Necrológica* de Gumilla[2047], sin embargo actúa con autonomía y originalidad puesto que no solo convivió 15 meses con Cavarte[2048] sino que además tuvo en su mano el archivo privado del incansable jesuita andariego[2049], razones obvias para decidirse a escribir una biografía de Cavarte enteramente propia; de ésta se valió para ofrecer muchas de las noticias dispersas a lo largo de su *Historia de las Misiones*[2050].

La importancia del P. José Cavarte en la historia de las Reducciones llaneras y orinoquenses es decisiva, no solo en la

---

2046 ARBIZU, *Ibidem.*

2047 RIVERO. *Historia de las Misiones de los Llanos*, 409-410: "Escribió sobre sus virtudes el Padre José Gumilla, como Superior que era entonces, en carta que sobre ellas envió a la ciudad de Santafé, en donde se hallan otras cosas de mucha edificación, que omito por la brevedad...".

2048 RIVERO. *Historia de las Misiones de los Llanos*, 404: "... les habré de reducir a las pocas que adquirí en este sitio, en el espacio de 15 meses que le acompañé, desde que bajé al Meta".

2049 RIVERO. *Historia de las Misiones de los Llanos*, 405: "Revolviendo yo algunos papeles de los que dejó el Padre... ".

2050 RIVERO. *Historia de las Misiones de los Llanos*, 404: "Tuve la curiosidad de encomendar a la pluma, para la edificación común, muchas de estas noticias, y de ellas me he valido hasta aquí en lo que llevo escrito cuando se ha ofrecido hablar de las empresas da dicho Padre...".

vertiente misional, sino en la dimensión cultural, sobre todo filológica y cartográfica.

Cavarte fue uno de los mejores "lenguaraces" que tuvo la misión de los Llanos[2051], llegando a dominar a la perfección los idiomas sáliva, achagua[2052] y el girara[2053]. En la historia de la filología indígena ocupará un puesto merecido.

"Revolviendo yo –dice Rivero– algunos papeles de los que dejó el Padre, encontré en uno de ellos un principio de gramática, que en su vejez estaba componiendo de la lengua enagua, por las esperanzas que tenía de que se pudieran conquistar los que la usan; tenía encargado con mucho empeño a la ciudad de Quito el arte de la lengua inca para estudiarla, por lo que podría suceder sobre las conquistas de los incas"[2054].

Muchos de estos trabajos están hoy perdidos, pero su labor y la elaboración de un concepto fundamental de "misionero" fueron factores decisivos entre la joven generación que convivió con él, especialmente Rivero.

Biografía del P. Juan Rivero

Lo más llamativo de esta obra de Gumilla es la poca correlación que existe entre el número de sus ediciones y el desconocimiento que ha imperado sobre todo en la vertiente de los investigadores.

Lo paradójico se resalta en el hecho de que Ramón Guerra Azuola se sirviese de la biografía del P. Rivero para el "Prólogo" de la primera edición de la *Historia de las Misiones*[2055] en contra-

---

2051 RIVERO. *Historia de las Misiones de los Llanos*, 283.
2052 RIVERO. *Historia de las Misiones de los Llanos*, 318; 403; 408.
2053 RIVERO. *Historia de las Misiones de los Llanos*, 405.
2054 RIVERO. *Historia de las Misiones de los Llanos*, 405.
2055 Ramón GUERRA AZUOLA. "Prólogo" a la *Historia de las misiones de los Llanos de Casanare y los ríos Orinoco y Meta*. Bogotá, Impr. de Silvestre y Compañía (1956), IV: "... y vamos a decir quién era él, extractando una

posición a los historiadores jesuitas, como Antonio Astrain[2056] y Manuel Aguirre[2057], que ni siquiera citan el escrito gumillano, motivado en parte por la minusvaloración con que tratan la figura del misionero-historiador. Hay que hacer una excepción con el P. Daniel Restrepo quien manejó la *Necrología* de Rivero[2058] y alertó sobre las libertades que se tomó en la transcripción de la *Historia de las Misiones* el editor de 1883[2059].

Mejor acogida tuvo la *Breve Noticia de la Apostólica y ejemplar vida del P. Juan Rivero* en el difícil mundo de la Bibliografía[2060].

Las circunstancias geográficas y editoriales de su impresión nos llevan a establecer dos fuentes bibliográficas distintas en un solo bienio.

La edición príncipe conoció la luz pública en Madrid, el 28 de julio de 1739; el fin que je propuso el autor fue la de remitir el folleto a la Provincia jesuítica del Nuevo Reino[2061]. Pero curiosamente ha sido ésta la única pista que han seguido los bibliógrafos. Muy posiblemente se debe a que Ximeno fue el primero en incluir

carta que el Padre Gumilla escribió en Madrid y fue publicada allí en julio de 1739". (La edición de 1956 está copiada de la de 1883).

2056   Antonio ASTRAIN. *Historia de la Compañía de Jesús en la Asistencia de España*. Madrid, Razón y Fe, 1912-1925, 7 vols.

2057   Manuel AGUIRRE ELORRIAGA. *La Compañía de Jesús en Venezuela*. Caracas, Editorial Cóndor, 1941.

2058   Daniel RESTREPO. *La Compañía de Jesús en Colombia*. Bogotá, Imprenta del Corazón de Jesús (1940) 394-396.

2059   Daniel RESTREPO. *La Compañía de Jesús en Colombia*, 433.

2060   José GUMILLA. *Breve noticia de la Apostolica, y exemplar vida del Angelical y V. P. Juan Ribero, de la Compañia de Jesus, Missionero de Indios en los Rios de Cazanare y Meta, y otras vertientes del Rio Orinoco, perteneciente a la Provincia del nuevo Reyno*. Carta escrita por el P. Joseph Gumilla de la misma Compañía, Superior que fue de dichas Missiones, y al presente Procurador General de dicha Provincia a entrambas Curias. En 4º, 31 pags. Sin pie de imprenta pero fechado: "Madrid, y julio 28, de 1739".

2061   GUMILLA. *Breve Noticia de la Apostólica y ejemplar vida del P. Juan Rivero*. Madrid (1739) 31: "... formé este resumen, y breve Carta, que impresa, remito a esa santa Provincia...".

esta edición en su obra de 1749[2062]. A partir del ilustre bibliófilo valenciano tanto los Repertorios tradicionales: Backer[2063], Sommervogel[2064], Medina[2065], Streit[2066], como los Manuales de los Libreros, v. gr. Palau y Dulcet[2067] citan únicamente la obra de 1739.

A la existencia de la segunda edición llegaron los PP. Uriarte y Lecina a través del *Teatro del Desengaño*[2068]. En 1741[2069] apare-

---

2062 Vicente XIMENO. *Escritores del Reyno de Valencia chronologicamente ordenados desde el año MCCXXXVH1 de la christiana conquista de la misma Ciudad, hasta el de MDCCXLVII.* En Valencia, en la oficina de Joseph Estevan Dolz, Impressor del S. Oficio, II (1749) 286.

2063 Agustín de BACKER. *Bibliothéque des écrivains de la Compagnie de Jésus, ou notices bibliographiques 1º de tous les ouvrages publiées par les membres de la Compaganie de Jésus de la fondation de l'ordre jusqu'á a nos jours, 2º des apologies, des controverses religieuses, des critiques littéraires et scientifiques suscitées á leur sujet.* Liège-París, IV (1869) 297. (La cita es muy imprecisa: "Vida, y muerte del P. Juan Rivero. En Madrid").

2064 Carlos SOMMERVOGEL. *Bibliothèque de la Compagnie de Jésus.* Bruxelles, Schepens-Paris, Picard, III (1892) 1949. Cita con toda perfección en la obra de Madrid.

2065 José Toribio MEDINA. *Biblioteca Hispano-Americana (1493-1810).* Santiago de Chile, Casa del Autor, IV (1901) nº., 3173.

2066 Rob. STREIT. *Bibliotheca Missionum.* Freiburg/Br., Herder & Co, III (1927) 122.

2067 PALAU Y DULCET, *Manual del Librero Hispanoamericano.* Barcelona Librería Palau &**Oxford**, Dolphin, VI (1953) 478. (Añade: "De mucha rareza").

2068 J. Eug. de URIARTE. *Catálogo razonado de obras anónimas y seudónimas de autores de la Compañía de Jesús pertenecientes a la antigua asistencia española.* Madrid, Establecimiento Tipográfico <Sucesores de Rivadenyra> Impresores de la Real Casa, III (1906) 476-477; n. 4.507.

2069 Juan RIVERO. *Teatro del desengaño* en que se representan las verdades católicas, con algunos avisos espirituales a los estados principales, conviene a saber, *Clérigos, Religiosos y Casados*, y en que se instruye a los mancebos solteros para elegir con acierto su estado y para vivir en el ínterin en costumbres cristianas. obra póstuma, escrita por el V. P. Juan Rivero, Religioso Profeso de la Compañía de Jesús, misionero apostólico y Superior de las Misiones del Orinoco, Meta y Casanare, que cultiva la provincia del

ció en Córdoba la obra póstuma del P. Juan Rivero el *Teatro del Desengaño* auspiciada por los Hermanos de la Escuela de Cristo. El mismo capellán de la Hermandad D. Juan de Alea y Estrada narra la historia del manuscrito: "... concluido el funeral que se celebró en Casanare el día 18 de agosto de 1736 ... pasaron luego todos con tanta codicia a saquear las pobres alhajas y papeles del venerable difunto. Poco hubo que repartir y entre todos, aunque yo estaba ausente, me tocó la mejor parte, y es este libro que doy a luz, que recibí todo de letra del V. P. (...) Enviómelo uno de aquellos Padres Misioneros a quien viviré agradecido"[2070].

El propio Dr. Alea decidió incluir la biografía de Rivero en esta publicación y muy probablemente colaboró el propio Gumilla a juzgar por la Licencia concedida por el P. General de la Compañía de Jesús, Francisco Retz, para las dos obras el 18 de abril de 1740[2071]. La Biblioteca de la Presidencia de Colombia reeditó íntegramente en 1956 la edición de Córdoba[2072]. No deja de causar extrañeza el que al concienzudo Valdenebro y Cisneros se le haya pasado por alto la inclusión del libro riverano en su estudio sobre la *Imprenta de Córdoba*[2073].

Respecto al texto de las dos ediciones se puede afirmar que

Nuevo Reyno, en la América Meridional. Córdoba, [1741]. El libro no tiene fecha. La licencia del Ordinario data del 13 de Abril de 1741. La Tassa de D. Miguel Fernández Munilla, cuando ya el libro estaba impreso es del 22 de enero de 1742.

2070 JUAN DE ALEA Y ESTRADA, "Introducción dedicatoria" al *Teatro de el Desengaño* del P. Juan Rivero. Bogotá, Biblioteca de la Presidencia de Colombia (1956) 8.

2071 Juan RIBERO. *Teatro de el Desengaño*, 37. En la "Introducción Dedicatoria" al (*Teatro de el Desengaño*, 9) dice el Dr. Alea: "pondré aquí el compendio breve de la vida y virtudes del V. P. Juan Ribero, que en carta circular se envió a toda la Provincia de este Nuevo Reyno".

2072 Juan RIBERO, *Teatro de el Desengaño*. Bogotá, 1956. Biblioteca de la Presidencia de Colombia, 1956.

2073 José María de VALDENEBRO, *La imprenta en Córdoba*. Ensayo bibliográfico por Don José María de Valdenebro y Cisneros. Madrid, Madrid: [s. n.], 1900 (Est. tip. "Sucesores de Rivadeneyra")

las variantes son más aparentes que reales; lo más significativo lo constituye la diversidad de títulos[2074], la supresión en el párrafo 1 y en el último de casi la mitad del texto, y el haber prescindido en la segunda edición de la numeración arábiga de los párrafos[2075].

Finalmente, al notificar las fuentes históricas en las que se ha inspirado Gumilla, además de su larga convivencia con Rivero, señala la *Necrología* del P. Quirós y las noticias de los conmisioneros del Orinoco que trabajaron largos años a su lado[2076].

Juzgamos que en un sentido amplio se podría anexar a modo de apéndice al capítulo histórico una monografía curiosa, que podríamos calificar de "Tratado medicinal", redactada a base de la flora llanera y orinoquense. Sin duda que las abundantes referencias que hace en *El Orinoco ilustrado* significan una recopilación de escritos y de experiencia anteriores[2077].

Cerramos este apartado llamando la atención del lector interesado por la bibliografía gumillana que puede revisarla a través

---

2074 Edición de 1739: *Breve Noticia de la apostólica y exemplar vida del Angelical, y V. P. Juan de Ribero, de la Compañía de Jesús, Missionero de Indios en los Ríos de Cazanare, Meta y otras vertientes del gran Río Orinoco, pertenecientes a la Provincia del Nuevo Reyno*. Carta escrita por el P. Joseph Gumilla de la misma Compañía, Superior que fué de dichas Missiones y al presente Procurador General de dicha Provincia a entrambas Curias.
Edición de 1741: *Breve Noticia del Venerable Padre Juan de Ribero de la Compañía de Jesús, Apostólico Misionero en la Provincia del Nuevo Reyno de Granada*. Carta circular, que para la misma Provincia imprimió en Madrid a 28 de julio de 1739 el P. Joseph Gumilla de la misma Compañía, Superior que fue de las mismas Misiones, y entonces Procurador General por la dicha Provincia a las Cortes de Madrid y Roma.

2075 Fuera de lo indicado en el texto son mínimas y raras las variaciones. El par. 16 de la príncipe comienza: "No así"; la de 1741: "Mas".

2076 GUMILLA. *Breve Noticia*, 31.

2077 GUMILLA. *El Orinoco ilustrado*. Libro I, cap. 20; Libro II, cap. 3 y 21. Cfr. etiam las pp. 401, 402, 404, 416. AGI. *Santafé*, 298. *Informe del P. Mimbela*: "Escribió para este efecto un tratado de varios remedios y yerbas para aplicar a sus enfermos". Y Felipe Salvador GILIJ. *Ensayo de historia americana*, II, 76: "Madame Fouget también añadió a los remedios comunes en Francia los que diligentemente recogió de la obra del P. Gumilla".

del tomo publicado en la Academia Nacional de la Historia el año 1970 sobre los escritos de José Gumilla[2078].

El Orinoco ilustrado

En 1741 aparecía en Madrid *El Orinoco ilustrado* del misionero del gran río venezolano, P. José Gumilla[2079].

Para la recta comprensión de esta polémica obra debemos distinguir tres fases en el aporte de *El Orinoco ilustrado*. La primera corresponde a la edición de 1741. La segunda se refiere a la edición de 1745, muy cercana a la de 1741, pues al partir el autor para América en 1743 no pudo disponer materialmente del tiempo requerido para conocer las profundas transformaciones que en esos precisos momentos adelantaban sus hermanos de religión en el Orinoco profundo. Y la tercera, hoy desconocida por nosotros pero real, es la de 1750 que recoge su visión definitiva gumillana tras la gran década de descubrimientos jesuíticos en la Orinoquia.

¿Cuál fue la causa última y decisiva que movió al misionero orinoquense redactar El Orinoco *Ilustrado*?

El proceso de decisión parece iniciarse al intercambiar Gumilla sus ideas en Europa[2080]; a esta primera causa habría que

---

2078 José GUMILLA. *Escritos varios*. Estudio preliminar y compilación del P. José del Rey S. J. Caracas, Academia Nacional de la Historia, 1970.

2079 Joseph GUMILLA. *El Orinoco ilustrado*. Historia Natural, Civil y Geographica, de este Gran Río, y de sus caudalosas vertientes: Govierno, usos, y costumbres de los indios sus habitantes, con nuevas y utiles noticias de Animales, Arboles, Aceytes, Resinas, Yervas, y Raíces medicinales: Y sobre todo, se hallarán conversiones muy singulares a nuestra Santa Fé, y casos de mucha edificacion. *Escrita* por el P. Joseph Gumilla, de la Compañía de Jesús, Missionero, y Superior de las Missiones del Orinoco, Meta, y Casanare, Calificador, y Consultor del Santo Tribunal de la Inquisición de Cartagena de Indias, y Examinador Synodal del mismo Obispado, Provincial que fue de su Provincia del Nuevo Reyno de Granada, y actual Procurador a entrambas Curias, por sus dichas Missiones y Provincia. Madrid, 1741, XL (sin foliar)-580 + 19 de índices.

2080 J. GUMILLA. *El Orinoco ilustrado*, 29. "Este material o terreno (digámoslo así) abandonado, he determinado cultivar, suave fuertemente compelido de los

añadir la intención o las intenciones del jesuita misionero que había viajado a Europa como Procurador de la Provincia del Nuevo Reino ante las cortes de Madrid y Roma. Así pues hay que pensar en la conjunción, por una parte, de los deseos manifestados por los "literatos", y, por otra, la solución a los problemas misionales orinoquenses que fundamentalmente se cifraban en el reclutamiento de misioneros[2081].

De esta suerte y como consecuencia directa se comprende la dualidad intencional de Gumilla: hacer que el Orinoco renazca al mundo científico con todas sus posibilidades[2082] y paralelamente redimir a los habitantes de la gran arteria fluvial con la presencia de nuevos misioneros. Este afán propagandístico aparece claramente sin recurrir a segundas intenciones[2083].

ruegos de muchas personas, a quienes no puedo disgustar cuya insinuación sola bastaba para darme por obligado". Y en la Introducción a la segunda parte conceptúa: " ... la materia... se reducirá responder a varias preguntas y dudas curiosas, originadas de lo mismo que llevo ya referido, y dar satisfacción a otras que de las mismas respuestas han excitado personas d literatura; y como tales, ansiosas de saber más y más.." (Gumilla. *Ob. cit.*, 275). "... por lo que he experimentado u observado en Italia, Francia y España, en donde tratando de estas mismas materias con personas de notoria y calificada erudición...".

2081 "Y por esto, no como dictamen, sino como instancia, me parece que debo pedir a V.R. se sirva hacer que pase, cuanto antes, de la oficina de su aposento al molde de la prensa, para que salga a la noticia del público a ser demostración del Orinoco, inteligencia de sus partes, conocimiento de sus naciones, comprensión de sus naturales, desengaño de errores, instrucción de políticos, dirección de misioneros, representación de las Misiones, aplauso de la Compañía y utilísima consecuencia de la procuración de V.R. a esta corte..." (Dictamen de Don Dionisio de Alcedo y Herrera. Cfr. *El Orinoco ilustrado*, 20-21).

2082 J. GUMILLA. *El Orinoco ilustrado,* 31: "...dará motivo para que el gran río Orinoco, hasta ahora casi desconocido, renazca en este libro con el renombre de ilustrado, no por el lustre que de nuevo adquiere, sino por el caos del olvido de que sale a la luz pública".

2083 J. GUMILLA. *El Orinoco ilustrado,* 30: " ... solo haré algunas reflexiones que den luz y prevengan los ánimos de los operarios que Dios nuestro Señor llamare al cultivo espiritual de aquella mies".

J. GUMILLA. *El Orinoco ilustrado,* 52: "A este nobilísimo fin (agregar cuanto

Cada día se afinca más el convencimiento de que Gumilla redactó *El Orinoco Ilustrado* en Europa, y más exactamente en el invierno inmediato a su regreso de Roma en 1740.

El argumento decisivo creemos encontrarlo en una carta de Gumilla al H. Miguel Sanchiz, su corresponsal en Gandía: "Salúdeme mucho (y sea con cara y frazes de pascua) a mi señora la duquesa... y con la fraze más pura que se le ocurra (que no sea montañesa de Ontiñente) insinúele a Su Exª cómo todo este invierno me ha llevado respondiendo por escrito a las preguntas que su Exª me hizo, y a todas quantas se me pueden hazer (que es quanto se puede decir), de las quales ha resultado un libro cuyo título es: El Orinoco Ilustrado. Historia natural, civil y geographica, con la variedad de usos y costumbres raras de aquellas gentes. Sale nuevamente a luz por N. N. Dedícase al grande Apostol San Francisco Xavier, despues de aver resistido a tres graves impulsos de dedicarlo a la señora duquesa de Gandía y de Béjar; pero basta mi buena intención, aunque resistida, para que su Exª se digne de tomar la obra en sus manos, que saldrá a más tardar para mayo"[2084].

En este mismo contexto se explican las palabras del censor Jesuítico P. Antonio de Goyeneche, fechadas el 1,4 de julio de 1741 en el mismo colegio imperial de Madrid: "...obra, que no habiéndole costado al autor especial dificultad componerla, la ha tenido grande en darla al público; y nosotros no hemos tenido mayor para vencer su resistencia: con que si en esto hubiese culpa, no será suya, sino nuestra, por la instancia"[2085].

También la lectura del texto mismo nos lleva a precisar

---

antes estas ovejas perdidas al rebaño de la Santa Iglesia), como a centro único corren todas las líneas de esta historia".

Cfr. "Apóstrofe a los operarios de la Compañía de Jesús y Carta de Navegar en el peligroso mar de los indios gentiles" (J. GUMILLA. *El Orinoco ilustrado*, 493-519).

[2084] J. GUMJLLA. *Escritos Varios* (Estudio preliminar y Compilación por José del Rey sj. Biblioteca de la Academia Nacional de la Historia, vol. 94). Caracas (1970), 180-181.

[2085] J. GUMILLA. *El Orinoco ilustrado*, 8.

las mismas fechas de redacción en la capital española[2086]; tanto las referencias geográficas y literarias como las cronológicas nos hacen pensar en una redacción final llevada a cabo en los primeros meses de 1741[2087]. Apela además a libros y personas que únicamente las pudo consultar o tratar en Europa. Un ejemplo típico lo constituye las continuas citas de la *Historia de la Provincia del Nuevo* Reyno del P. José Cassani[2088] o los procuradores de las diversas provincias americanas o de Filipinas[2089].

2086 Todas las citas se refieren a *El Orinoco ilustrado*: "... lo mismo que todos los días de enero sucede aquí en Madrid, donde estoy escribiendo esto en enero" (p. 74). "...explícome con lo que sucede en el temperamento de esta Corte" (p. 77). y prosiguieron el año de 1739, por aviso que acabo de recibir en esta Corte por carta del P. Bernardo Rotella" (p. 251).

2087 Cualquier fecha posterior a 1739 o cualquier lugar europeo suponen como consecuencia inmediata la redacción europea de *El Orinoco ilustrado*. Citamos algunos ejemplos: "El año pasado de 1739. - ." (p. 472). "...por lo que he experimentado en Italia, Francia y España" (p. 37). "...tanto que desde el año 1731 hasta el de 1739, han sido recogidos estos y aquellos a colonias regulares" (p. 140). "Me compele el haber comido pan americano durante 36 años continuos" (p. 181) (Gumilla partió para América en 1705). Habla de Roma, donde su única permanencia finaliza hacia marzo de 1740 (pp. 305, 363). El mismo estilo del texto es netamente europeo y los ejemplos abundan desde la primera página hasta la última:
"...como fragmentos que recogí en los desiertos de Orinoco" (p. 31).
"...en mi último viaje ... le hizo dar vueltas ... Dios nos favoreció" (p. 64).
"...lo mismo sucede en el temperamento de esta Corte" (p. 77).
"...porque allá los rayos del sol no hieren de soslayo" (p. 79).
"...tan diversos de los de nuestra Europa" (p. 220).
"...y esto mismo oí también a otros Padres españoles de aquellas Misiones" (p. 235).
"...no así en aquel país..." (p. 294).
"...cuando acá vemos todo lo contrario, y aun en las Américas se reconocen..." (p. 313).

2088 J. GUMILLA. *El Orinoco ilustrado,* 29, 57, 67, 122, 167, 206, 334.

2089 J. GUMILLA. *El Orinoco ilustrado,* 180, 195, 478. Los Procuradores de Filipinas. (pp.,400, 487). El Encargado de la Botica del Colegio Imperial de Madrid (p. 388). El Procurador de Nueva España (pp., 382-383). El H. Miguel Ferrer (p. 383). Acerca de los libros no podemos citar a priori el

Finalmente hemos de confesar que entre sus escritos americanos anteriores a 1740 no nos hemos tropezado nunca con la más mínima referencia a una obra estructurada en el sentido de *El Orinoco Ilustrado*.

La redacción definitiva debió concluirla -a más tardar- para finales de marzo ya que el 1ºde abril de 1740 D. Dionisio de Alcedo y Herrera le podía remitir al jesuita valenciano su dictamen definitivo[2090].

Mas ¿cómo pudo Gumilla redactar en tan poco tiempo un libro tan extenso si no disponía de antemano de mucho material organizado?

El mismo autor en el prólogo a El *Orinoco Ilustrado* abre la sugerencia cuando enmarca los límites de su Historia: "...concatenará las cosas singulares que observé y noté acerca de las aves, animales, insectos, árboles, resinas, hierbas, hojas y raíces"[2091].

Además, el estudio de las formas externas literarias nos aboca a la detección de distintos estratos que integran los diversos "contenidos literarios" utilizados por el autor. El análisis de estos fragmentos cronológicos y temáticos inciden en la posibilidad de nuestra tesis. La riqueza de lo anecdótico atestigua en sana lógica la existencia de un Diario o Libro de Notas[2092].

---

número real de los que utilizó en Europa, pero nos inclinamos a creer que fue la mayoría.

2090   Dictamen de Don Dionisio Alcedo y Herrera. J. GUMILLA. *El Orinoco ilustrado*,21.

2091   J. GUMILLA. El *Orinoco ilustrado*, 31.
Citamos también otro texto que aboga por nuestra tesis: " ...pongo unilateral traducción de la lengua betoyana al castellano..." (J. GUMILLA. El *Orinoco ilustrado*, 319).

2092   Ordenamos cronológicamente las citas expresas que hacen referencia a años concretos. J. GUMILLA. El *Orinoco ilustrado*:
1716   "Me cito a mí mismo, porque pasó delante de mis ojos en el año 1716", (p. 125). "Año de 1716...", (p. 285).
1717   "Año de 1717...", (p. 286).
"...con haber sucedido el año 1717, a principios de febrero", (p. 359).
1719   "Esto pasó en el pueblo de San Ignacio de Chicanoa, año 1719",

Aunque una gran parte de la producción gumillana se mueve dentro del área de lo "histórico", sin embargo, tanto su vocación como su temperamento literario le acercaron más a la Geografía Humana y a la Antropología. Por eso no es de extrañar la coexistencia de un doble concepto de Historia dentro del pensar gumillano; lo estático y lo dinámico (pasado histórico y presente prospectivo) crean una antinomia en el misionero orinoquense que podríamos definirla como el resultado de las divergencias existentes entre su concepto de Historia y lo existencias de lo "histórico".

Pero no discurre por estos cauces *El Orinoco Ilustrado,* ya que en ningún momento pretende su autor escribir una historia crítica ni de las misiones, ni de nuestra gran arteria fluvial; y mucho menos de detiene a explicar su pensamiento sobre la "Historia".

Su concepción es netamente tradicional y así identifica la Historia con la Historia General, denominación tan usual en la

---

(p. 172). "Caminábamos el año de 1719 por las vegas del río Apure", (pp. 369-370). "El año de 1719 soñó un viejo...", (p. **511).**
1721 "Yo encontré el año 1721...", (p. 113).
1723 "El año 1723 encontré en las juntas de los ríos Sarare y Apure", (p. 119).
1724 "A las riberas del río Cravo llegué, año de 1724", (p. 287).
"Digo que caminando, el año de 1724, con el Padre Provincial", (p. 381).
1733 "...en el año de 1733, me quejé agria, aunque modestamente al Gobernador de Esquivo", (p. 328).
1734 "...me dijeron el año pero no me acuerdo; solo hago memoria de que me lo refirieron en diciembre de 1734", (p. 304).
"...al año siguiente...", (pp. 330-331).
1735 ...y fue que el año 1735 llegaron a esta población tres venerables ancianos", (p. 156).
... en la grande persecución de los caribes del año 1735", (p. 223).
"El año de 1735 creí que a las nueve de la noche nos habían asaltado los bárbaros caribes", (p. 459).
1736 "Consta esto de lo que le sucedió al Padre Manuel Román ... El día de San Lorenzo, 10 de agosto de 1736", (p. 176).
1737 "...y me aseguró el año de 1737 el señor Gobernador de Caracas", (p. 184).

historiografía indiana[2093]. Describe esta disciplina, sin establecer un concepto, como el testigo de los tiempos y la luz para todas las edades y generaciones[2094]. También parece admitir un fin primario: disipar las dudas mediante la claridad, la distinción y el método[2095]; y otro secundario, que es la honesta recreación y el aprovechamiento interior[2096].

Una confirmación explícita aparece en la crítica de las fuentes. Una detenida reflexión sobre la bibliografía histórica utilizada por el autor de *El Orinoco Ilustrado,* nos conduce a la conclusión de que fundamentalmente las obras consultadas son las "clásicas" de los siglos XVI y XVII: José de Acosta, Colón, Herrera, Laet, Piedrahita, Fray Pedro Simón, etc. Pero sin lugar a dudas lo más significativo radica en el hecho de que el misionero orinoquense haya escogido como arquetipos literarios a un variado e interesante grupo de escritores jesuitas del siglo XVII[2097]: Antonio Ruiz de Montoya (1585-1652)[2098], Andrés Pérez Ribas (1575-1655)[2099],

---

2093 J. GUMILLA. El *Orinoco ilustrado*, 29.

2094 J. GUMILLA. El *Orinoco ilustrado*, 37.

2095 J. GUMILLA. El *Orinoco ilustrado*, 37: "Y al modo que (si falta la luz) en la más curiosa galería, todo aquel archivo de la mas apreciable antigüedad, pasa a un caos de confusión, pareciendo -ordinarias las piedras más selectas, y borrón tosco la más sutil miniatura, no de otra manera la más curiosa Historia, si le faltare la luz, claridad, distinción y método, será toda confusión y origen de muchas dudas contra el fin primario de la Historia que tira a disiparlas".

2096 J. GUMILLA. El *Orinoco ilustrado*, 491: "Y antes de retirar la pluma, me debo prometer de la benignidad y discreción del piadoso y prudente lector que disimulará los borrones que de ella se hubieren deslizado en el tosco lienzo de esta Historia en la cual quisiera haber emulado con tal viveza los colores en la variedad del contexto, que a un mismo tiempo arrebatasen la vista para la honesta recreación, la atención para el aprovechamiento interior y el ánimo para alabar a Dios, siempre admirable en sus criaturas".

2097 J. GUMILLA. El *Orinoco ilustrado*, 30.

2098 Javier BAPTISTA y Clement J. McNASPY. "Ruiz de Montoya, Antonio". En: Charles E. O'NEILL y Joaquín Mª DOMÍNGUEZ. *Diccionario histórico de la Compañía de Jesús*. Roma-Madrid, IV (2001) 3436-3437.

2099 Ernest J. BURRUS Y Jesús GOMEZ FREGOSO. "Pérez de Rivas (Ribas),

Francisco Combés (1620-1665)[2100], Francisco Colín (1592-1660)[2101] y Manuel Rodríguez (1628-1684)[2102]

Otra manifestación más periférica se deja entrever en la imperfección –y a veces descuido– con que trabaja el aparato crítico de su libro[2103], en contra-posición a la minuciosidad que despliega cuando describe o transcribe el hombre y el paisaje orinoquense.

Todo esto nos hace intuir la pugna interna de un Gumilla, que por formación es clásico, pero que su vivencia existencias de la Orinoquia le indujo a formulaciones nuevas, realistas y dinámicas, a pesar de que parecieran intrascendentes para la historia[2104].

Mas recientemente fue la valoración nueva de lo "histórico" lo que dio renombre a *El Orinoco Ilustrado*. Desde los mismos umbrales de su obra, se apresura Gumilla a expresar sus intenciones y sus objetivos, cuando contrapone Historia General a la que él piensa ofrecer a sus lectores: Historia natural, civil y geográfica. Gobierno, usos y costumbres de los indios, sus habitadores, con

---

Andrés". En: Charles E. O'NEILL y Joaquín Mª DOMINGUEZ. *Diccionario histórico de la Compañía de Jesús*. Roma-Madrid, III (2001) 3093.

2100   José S. ARCILLA. "Combés, Francisco". En: Charles E. O'NEILL y Joaquín Mª DOMÍNGUEZ. *Diccionario histórico de la Compañía de Jesús*. Roma-Madrid, I (2001) 868.

2101   José S. ARCILLA. "Colín (Colí), Francisco". En: Charles E. O'NEILL y Joaquín Mª DOMÍNGUEZ. *Diccionario histórico de la Compañía de Jesús*. Roma-Madrid, I (2001) 855-856.

2102   Jorge VILLALBA. "Rodríguez Villaseñor, Manuel". En: Charles E. O'NEILL y Joaquín Mª DOMÍNGUEZ. *Diccionario histórico de la Compañía de Jesús*. Roma-Madrid, IV (2001) 3398.

2103   J. GUMILLA. El *Orinoco ilustrado*, 54 (errores sobre Pizarro y Orellana); 55 (errores históricos referentes a Guayana); 78 (el autor no es Pérez de Roxas, como dice Gumilla, sino Pérez de Ribas); 114 (sobre el origen judaico de los indígenas venezolanos); 120 (no sabemos de dónde sacó Gumilla los "Mojos de Quito").

2104   J. GUMILLA. El *Orinoco ilustrado*, 32-33: "No obstante, no repetiré en esta Historia lo que ya está escrito en aquélla De modo que la cosecha abundante de copioso grano, en muchas y selectas noticias, hallará el curioso en dicha Historia General; y en ésta solo el residuo de algunas espigas, fragmentos y migajas...".

nuevas y útiles noticias de Animales, Arboles, Frutos, Resinas, Aceytes, Yerbas y Raices medicinales[2105].

Dos cualificaciones determinan el auténtico concepto de lo "histórico" en Gumilla: la concepción del Orinoco como protagonista de su nueva historia, y, en segundo lugar, la elección de la observación directa y la experiencia como bases de su metodología.

Al considerar al Orinoco -mejor diríamos la Orinoquia- como protagonista de su libro, significa intuir la "continentalidad" de Venezuela y un llamado a la conciencia de que la nacionalidad se fundamenta en el binomio hombre-territorio. Aquí se entronca su nueva ideología de la que hemos hablado en otra ocasión[2106].

Con respecto al método, hay que resaltar el inicio del predominio del criterio de experimentación como superior al de autoridad, y en segundo lugar la justificación de una búsqueda de cauces nuevos para expresar una problemática real que se le escapaba a la férrea estructura de la "Historia General".

A Gumilla, como autor, no se le pueden negar las credenciales necesarias de un investigador de campo de esa época: alumno distinguido de la Universidad Javeriana de Bogotá, supo conjugar en su mente la disciplina lógica de la Escolástica con una vocación personal proclive al método de observación empírica. Además, si vivió 22 años en las misiones y estuvo dotado de un espíritu insaciable de curiosidad[2107] e incluso fue cuidadoso no solo de observar y anotar sus experiencias[2108]. sino en aceptar una auténtica crítica de sus escritos[2109], no creemos que sea exagerado ni

---

2105   J. GUMILLA. El *Orinoco ilustrado*, 29; 32-33; 122. "Es muy extendido el terreno que abarca esta Historia, recopilando especies y noticias, que están allá dispersas en muchos centenares de lenguas" (p. 394).

2106   José DEL REY. "Venezuela y la ideología gumillana". En: *Sic,* Caracas (1964), 74-76.

2107   J. GUMILLA. El *Orinoco ilustrado*, 367: "Preguntéles la causa, movido de mi continua y natural curiosidad, y me respondieron…".

2108   J. GUMILLA. El *Orinoco ilustrado*, 31: "…con quienes concatenaré las cosas singulares que observé y noté acerca de…".

2109   Felipe Salvador GILIJ. *Ensayo de Historia Americana.* Caracas (Biblioteca de

pretencioso cuando formula su criterio de credibilidad. "No pido ni quiero que se me dé más fe ni más autoridad a mi dicho que la que se me debe por testigo ocular, por sacerdote y por religioso... de la Compañía de Jesús[2110]

No podemos pasar por alto el juicio objetivo de dos escritores orinoquenses contemporáneos, pero posteriores, al autor de *El Orinoco Ilustrado,* y cuyo testimonio reviste gran valor: nos referimos a los Padres Antonio Caulín ()[2111]y Felipe Salvador Gilij (1721-1789)[2112]

Dice el autor de la *Historia Coro-graphica* en 1779: "... dexando a su Author en los debidos créditos de un varón apostólico y docto, y a su Obra digna de toda estimación, en todo aquello que no da fundamento para apartarme de lo que escribió, como se dexa ver en los muchos pasages que le sigo"[2113].

---

la Academia Nacional de la Historia. 71. Fuentes para la Historia Colonial de Venezuela. Traducción y Estudio Preliminar de Antonio Tovar) (1965), I, 20: "El mismo no solo previó, sino que vio en parte estas vicisitudes: y solía decirme graciosamente muchas veces que si a mí me tocara la suerte de ir de misionero al Orinoco, impugnase su libro (...). No repito servilmente lo dicho por él, sino que como él quería, y muchas veces me lo dijo, lo aumento con nuevos hallazgos y lo aclaro".

2110 J. GUMILLA. El *Orinoco ilustrado*, 181. "No cito testigos del otro mundo; en éste estoy yo, que refiero lo que he visto, y de no haberlo visto, ni lo creyera, ni lo tomara en boca" (p. 144).

2111 Odilo GÓMEZ PARENTE. *Labor Franciscana en Venezuela: I. Promoción indígena*. Caracas, Universidad Católica Andrés Bello (1979) 470-483.

2112 José DEL REY FAJARDO. *Bío-bibliografía...*, 259-264.

2113 Antonio CAULÍN. *Historia de la Nueva Andalucía*. Caracas (Biblioteca de la Academia Nacional de la Historia, 8ª Fuentes para la Historia colonial de Venezuela. Estudio preliminar y Edición crítica de Pablo Ojer), I (1966), 27-28. Juan Antonio NAVARRETE. *Arca de Letras y Teatro Universal*. Caracas (Biblioteca de la Academia Nacional de la Historia, 60. Fuentes para la Historia Colonial de Venezuela) (1962), 92: "Esta su obra es para mi y debe ser para todo americano tan apreciable, como la aguja de marear en el mar (...). En mi Repertorio General, folio 83 y 88 he puesto índice alfabético a la dicha obra de Gumilla, que no la tiene, y un resumen de las equivocaciones que le nota Caulín".

Más explícito es el juicio del discípulo de Gumilla, el jesuita italiano P. Felipe Salvador Gilij: "Pero excepto éstos que me parecen errores, el P. Gumilla, no menos por el Orinoco sacado de la oscuridad con sus fatigas y sus escritos, que por otras apreciables dotes, merece suma laude. Antes de él no hubo nadie que escribiese sobre el Orinoco, o al menos nadie hubo digno de consideración... Y si a aquellas dotes de gracia y fluidez en el decir, que son en él singularísimas, se hubiesen unido, además, otras de crítica exacta y de orden cuidadoso en el contar, tendría después de su muerte, como lo tuvo en vida, gran encomio"[2114].

Gumilla sitúa a la Verdad como "base principal y fundamental de la Historia"[2115] y profesa claramente su deseo de apartar "lo que hallare no ser conforme con la realidad de lo que tengo visto y experimentado"[2116]; incluso en el plano de las ideas, llega a sostener que la "experiencia es madre de la mejor Y más cierta filosofía"[2117].

En ningún problema insiste tanto Gumilla como en el de ser fidedigno; por eso fundamenta su "fidelidad histórica" en tres bases: Las Historias de Mercado y Rivero[2118]; la experiencia personal tras una cuidadosa observación; y el testimonio cualificado de terceras personas[2119]. En realidad toda la problemática gira en torno a los dos últimos puntos.

Pero no se adecuó la realidad a estos principios, y así

2114 GILIJ. *Ensayo de Historia Americana*, I,19-20.

2115 J. GUMILLA. El *Orinoco ilustrado*, 32.

2116 J. GUMILLA. El *Orinoco ilustrado*, 30.

2117 J. GUMILLA. El *Orinoco ilustrado*, 92.

2118 No sabemos por qué no hace referencia a la *Historia de la Provincia del Nuevo Reyno* del P. José Cassani en esta ocasión; lo cierto es que a lo largo del texto será la obra que cite de forma regular.

2119 J. GUMILLA. El *Orinoco ilustrado*, 32.
"No he sido testigo como dije de esta trampa con que los monos se prenden por sus mismos puños; pero tengo por fidedignas a las personas citadas, a quienes oí lo referido...". (J. GUMILLA. El *Orinoco ilustrado*, 433). Rotella, Bernardo (p. 223) (p. 251). Sales, José S.J. (p. 180). Steigmiller, Ernest S.J. (p. 89). Tachart (p.

descubrimos una significativa dualidad entre la criteriología propiamente dicha y la aplicación posterior a la crítica interna de *El Orinoco Ilustrado*.

En tres dimensiones insiste Gumilla en el plano teórico de los criterios: discernimiento, cualificación y objetividad.

En la valoración de los testimonios ajenos -clave para interpretar la credulidad gumillana- practica nuestro autor un buen criterio de discernimiento. Citamos un testimonio que juzgamos debe ofrecer mucha luz: "Este Juan Navarro y sus compañeros hicieron su diario y derrotero, que he leído varias veces: y aunque apuntaron en él varias noticias que necesitan de nueva confirmación y que omita, con todo, aquí y en otras partes me valdré de algunas de ellas, que tengo por ciertas; lo uno, porque las he visto practicadas en otros ríos y naciones; lo otro, porque examinando a Ignacio de Jesús, que hoy es soldado de nuestra escolta y acompañó a dicho Juan Navarro en el citado viaje, he visto tener probabilidades. Quede hecha aquí esta salva para cuando citare a estos viajeros, a fin de que se sepa la probabilidad de lo que por sus noticias hubiere de referir"[2120].

Esta actitud crítica parece complementarse con la cualificación que en general le merecen los libros históricos; éstos no tienen "otro apoyo, sino el de la fe humana, fortalecida con las señales de credibilidad que alegan los autores, y con las circunstancias que concurren en la persona, estado y ocupación del que escribe"[2121].

---

385). Toro, Juan Bautista de Dr. (p. 220). **Tuluiay** (p. 292). Zorrilla, Domingo (capitán) (p. 138).

2120 J. GUMILLA. El *Orinoco ilustrado*, 326. "Quéjome, sí, de aquellos viajeros y diaristas, de cuyos apuntamientos se valió M. Noblot; cuya calidad, graduación y secta debia haber examinado antes (...) una amigable reconvención a M. Noblot y en su persona a los eruditos recopiladores de manuscritos anónimos más dignos de examen de lo que parece a primera vista. Muéveme a esto el amor a la verdad, y la obligación de volver por el honor de los americanos, denigrado injustamente, con el de sus ministros evangélicos, y el de la nación española". J. GUMILLA. El *Orinoco ilustrado*, 181.

2121 J. GUMILLA. El *Orinoco ilustrado*, 381.

Y como era lógico que la visión del trópico orinoquense pareciese a los europeos fantástica y subjetiva, por eso enfatiza la posición gumillana que combate el argumento de "paridad" sobre todo cuando se trata de lo inaudito y extraordinario: "negarlos, o porque no los hemos visto o porque no haya autor que escriba de ellos, fuera a mi ver vulgaridad, exorbitante"[2122]. Y de ahí trasciende a una conclusión de profundas repercusiones filosóficas y antropológicas: el continente americano es un mundo nuevo, con hombres nuevos y estructuras nuevas[2123].

Mas a pesar de todo lo dicho, la obra gumillana ofrece sus vetas de credulidad y de errores, patentizados ya por los escritores de su tiempo.

Con mucha razón escribía Gilij, al analizar los yerros de *El Orinoco Ilustrado*: "El P. Gumilla, que quiso darnos alguna noticia antes de tiempo, se apartó enormemente de la verdad"[2124].

Con todo, hay dos observaciones que deben encuadrar el juicio sereno que se formule sobre la credulidad. de nuestro autor. Como es lógico y natural, Gumilla no escapó a las influencias del medio rural llanero-orinoquense en que sumergió su existencia. Si a la soledad misionera añadimos la propensión mítica del Llano y el primitivismo cultural del mundo circundante misional: indios, soldados, aventureros y algún que otro misionero[2125], llegaremos

---

2122   J. GUMILLA. El *Orinoco ilustrado*, 38.

2123   J. GUMILLA. El *Orinoco ilustrado*, 33.

2124   GILIJ. *Ensayo de Historia Americana* I,23.

2125   Ponemos a continuación, la lista de personas consultadas por Gumilla sobre los diversos aspectos. Entre paréntesis indicamos la página de *El Orinoco Ilustrado:*

Agullón, Juan de (Hermano) (p. 399). Anisón, Carlos S.J. (p. 256; 409-410). Anónimo: Encargado de la Botica del Colegio Imperial de Madrid (p. 388). Habitantes del Delta (p. 58). Habitantes de Trinidad (p. 44; 47; 304). Médico de Bogotá (p. 446). Procuradores del Paraguay (p. 180). Vecino de Guayana (p. 125). Bejarano, José S.J. (p. 487). Calvo, José S.J. (p. 400) (487). Carcasio, Pompeyo S.J. (p. 215). Cavarte, José S.J. (p. 191; 267; 326; 366). Eglin, Francisco (p. 138). Ferrer, Miguel S.J. (p. 383). Flores, Miguel de (Fray) (p. 267). García, Diego S.J. (p. 478). Gobernador de Caracas (p. 184). González

a la conclusión de que Gumilla es hijo de una época y exponente de una situación geo-humana en interesante evolución[2126].

En segundo lugar, muchos de estos errores hubiera podido corregirlos si su segunda edición la hubiera preparado en América[2127]; pero en esto tuvo nuestro misionero que pagar tributo a la lentitud de su tiempo, además, si consideramos que redactó y concibió su libro en pocos meses y en Europa, donde la confrontación de ciertas experiencias era imposible, el error de Gumilla radica en gran parte en la celeridad con que preparó la segunda edición antes de regresar en enero de 1743 al Nuevo Reyno.

Finalmente, en ocasiones puede producir la impresión de que el apasionamiento en Gumilla le lleva a tomar posiciones

---

Navarro, Juan (p. 326). Hidalgo, Silvestre (Fray) (p. 284). Jesús, Ignacio de (p. 326). Lozano y Vélez, Bernardo S.J. (p. 383). Masías, Francisco (p. 361). Meaurio, Ignacio (p. 262). Moya, Benito de (Fray) (p. 176) (486). **Or, Diego de** (p. 260). Rico, Juan José S.J. (p. 195; 478). Rivero, Juan S.J. (p. 189; 374). Román, Manuel (p. 176; 234; 251).

2126   GILIJ. *Ensayo de Historia Americana,* II, 228."Y no por esto debe decirse que Gumilla nos cuente mentiras o sueños de fantasía calenturienta. No. Debe solo decirse que lo que hubo antaño en el Orinoco con el tiempo ha cambiado, como acaece en todas las cosas de esta tierra".

2127   GILIJ. *Ensayo de Historia Americana,* I, 53: "Feliz Gumilla, que viviendo todavía, y siendo misionero en el Casanare, tuvo la suerte de deponer su error. Supo este grande hombre, no para su confusión sino para que se sume a sus gloriosos hechos (pues siempre fue amante, como he dicta, de la verdad), supo, digo, el viaje hecho al río Negro por el P. Román y la comunicación descubierta en aquella ocasión del Orinoco con el Marañón; y sin oponerse a ella o neciamente defender el error antes aceptado, en enero de 1749, estaba preparando para su historia una adición, que él mismo me leyó en la cual, luego de retractar su error, describía larga y graciosamente, según solía el descubrimiento, que no sabía antes. Como le sobrevino la muerte ... la obra quedó imperfecta e inédita". Tampoco hay que olvidar, en contraposición a Caulín, que el franciscano-historiador fue capellán de la Expedición de Límites y, por tanto, no solo convivió con el equipo de técnicos enviados por la monarquía española, sino que, además, pudo comprobar in *situ* -haciendo referencia a Gumilla- muchas de sus aseveraciones.

preconcebidas; sin embargo, sus retractaciones[2128] y la honestidad demostrada en otras ocasiones[2129] nos disuaden de ello[2130].

Conviene dejar sentado que la verdadera ideología es la que corresponde al Gumilla reinsertado en las misiones casanareñas, al menos desde 1743, tras su periplo europeo. Algunos retazos los comenta su discípulo el P. Felipe Salvador Gilij y otros responderían a los descubrimientos que se había realizado su equipo misional desde su partida a Cartagena de Indias en 1737 hasta su vuelta a la reducción de Betoyes.

Sin lugar a dudas la obra gumillana había provocado grandes polémicas, las cuales habría que ubicarlas en contextos muy variados a fin de buscar una genuina explicación.

A nuestro parecer fue Demetrio Ramos Pérez quien inició la gama de visiones de Gumilla[2131] y a ellas se debe recurrir a la hora de buscar explicaciones "históricas" a los supuestos errores gumillanos. Sin embargo, gracias a los estudios de Daniel de Barandiarán y a sus conocimientos geográficos de la Orinoquia

---

2128 GILIJ. *Ensayo de Historia Americana,* I,20, 53.

2129 Además de los textos expresos del P. Gilij; Cfr. José DEL REY. "Estudio Preliminar". En: José GUMILLA. *Escritos Varios.* Caracas. (Biblioteca de la Academia Nacional de la Historia, 94.Fuentes para la Historia Colonial de Venezuela.) (1970), pp. LXXXI-LXXXIV.

2130 En diversas ocasiones, el P. Gilij reconoce que las opiniones de Gumilla eran explicabas, dados los conocimientos que en aquel entonces se tenían. V. gr. GILIJ. *Ensayo de Historia Americana,* I, 141: "Este ingenuo modo de hablar del P. Gumilla me atrae (refiriéndose al Dorado) y descubro en los muertos papeles aquella agudeza que reconocí siempre en él cuando vivía. Pero el indio Agustín pudo mentir, y me duele extremadamente que en el tiempo en que traté a este escritor nada despreciable, aunque hubiese yo leído su Orinoco ilustrado, fuera yo tan novato en la historia de América".

2131 Demetrio RAMOS. "Gumilla y la publicación de El Orinoco ilustrado". En: José GUMILLA. *El Orinoco ilustrado y defendido.* Caracas, Academia Nacional de la Historia (1963)XXVII-CXXVI. La temática mencionada puede verse: LXXVIII-CXXII.

la imagen de Gumilla ha recuperado su valor científico y cultural que le es debido[2132].

En conclusión. Cuando el 16 de julio de 1750 le sorprendió la muerte al hijo de Cárcer en la pequeña población misional de San Ignacio de Betoyes en el Alto Apure[2133] pudo contemplar desde esa atalaya en donde había comenzado su vida guayanesa en 1715 las grandes transformaciones que se habían operado en esos 35 años de sueños, vigilias, sufrimientos y retos.

Se había puesto fin a la terrible sangría esclavista indígena que había atormentado durante casi siglo y medio a las etnias débiles de la Orinoquia. La unidad del territorio hasta las márgenes del Amazonas se había consolidado tras el descubrimiento del brazo Casiquiare en 1744 y el viaje del que fuera Rector de la Universidad Javeriana de Bogotá, Manuel Román. Las fuentes del Orinoco habían dejado de ser andinas para ubicarse en su verdadero origen guayanés gracias al mapa de Bernardo Rotella en 1747. El reto del sur de Venezuela había comenzado a descifrarse. Su libro de *El Orinoco ilustrado* había descubierto a los hombres pensantes de Europa la realidad y las posibilidades de la Orinoquia profunda. Al cerrar sus ojos a esta vida el jesuita valenciano legaba a la posteridad el reto de una Orinoquia habitada por un hombre que comenzaba a ser nuevo amén de hacerle responsable de las enormes posibilidades políticas, económicas, sociales y humanas.

En fin, era el mejor testamento que había labrado para la posteridad al interpretar un envidiable pre-concepto de la Venezuela continental con su espina dorsal del río Orinoco como argumento de la nueva nación. Así lo reconocería la historia que

---

2132 Daniel de BARANDIARÁN. "La crónica del Hermano Vega 1730-1750". En: Agustín de VEGA. *Noticia del Principio y Progresos del establecimiento de las Missiones de Gentiles en el Rio Orinoco, por la Compañía de Jesús*. Estudio introductorio: José del Rey Fajardo y Daniel de Barandiarán. Caracas, Academia Nacional de la Historia (2000) 460-474.

2133 José DEL REY FAJARDO. *Los jesuitas en Venezuela*. Tomo II: *Los hombres*. Caracas-Bogotá (2007) 246.

nació en 1777 –27 años más tarde– con la creación de la Capitanía General de Venezuela.

4. Felipe Salvador Gilij (1721-1789)[2134].

En la década que se extiende a lo largo de 1780 a 1790 adquirió una profunda vitalidad en el mundo ilustrado la Filosofía del Lenguaje y por primera vez en su historia, Venezuela presentaría un teórico totalmente desconocido entre sus propios escritores: un abnegado misionero del Orinoco llamado Felipe Salvador Gilij.

Desterrado por Carlos III el año 1767 de la pequeña población La Encaramada, sita en las márgenes del gran río venezolano y refugiado en Roma, en el silencio de su soledad, sus meditaciones lingüísticas le llevaron a dilucidar con toda claridad los componentes de dos grandes familias lingüísticas americanas: la caribe y la maipure. Habría que esperar un siglo para que Lucien Adam y Karl von den Stein confirmaran la vigencia de las conclusiones gilijianas y la validez de su tesis para las lenguas de la Orinoquia, la Amazonia, las Guayanas y el Caribe[2135].

Sin embargo, sus contemporáneos europeos pronto le reconocieron sus méritos pues el sabio alemán de la universidad de Gottinga, Augusto Ludovico Schlözer, le escribía en carta del 21 de febrero de 1782: "Por tus escritos de las cosas del Orinoco, te felicito …, principalmente por lo que dices en el tomo tercero sobre las lenguas americanas… Hace poco hemos recorrido las más septentrionales regiones de Europa y Asia, hemos investigado los idiomas de cada nación, hemos distinguido las lenguas matrices

---

2134 Dado lo extenso de la bibliografía queremos remitirnos a dos fuentes importantes de información: José DEL REY FAJARDO. *Bio-bibliografía de los jesuitas en la Venezuela colonial.* Caracas (1974) 228-234. La Revista *Montalbán.* Caracas, Universidad Católica Andrés Bello, dedicó su nº. 21 (1989) al P. Gilij con el título: *Bicentenario de Filippo Salvatore Gilij S. J. 1789-1989.*

2135 Wilhelm SCHMIDT. *Die Sprachfamilien und Sprachkreisen der Erde.* Heidelberg (1962) 243-244, 250.

de los dialectos... Quedaba el mundo americano. Tu nos lo abres, varón eruditísimo, y nos enseñas las lenguas de pueblos antes apenas conocidos de nombre; y no solo nos las enseñas, sino que, lo que nadie hizo antes que tu, sobre ellas filosofas, y filosofas con sobriedad. Muchas gracias te darán por esta habilidad tuya muchos sabios, pero principalmente Buttner, mi íntimo amigo y colega, que en esta clase de estudio ha envejecido rodeado de pública alabanza. Y habrá quienes no solo te quedarán agradecidos, sino que te corresponderán: habrá quienes comparen tus descubrimientos con los de nuestros autores, y reprueben que mucho que tu creías propio de tus americanos y de sus lenguas, se halla también particularmente en las de los finlandeses, eslavos, turcos..."[2136].

Pero su ingreso a la sociedad del conocimiento mundial se debió a su obra *Saggio di Storia Americana*, aparecida en Roma entre 1780 y 1784[2137], en momentos en que la imagen de los seguidores del vasco de Loyola trataba de de ser extinguida del imaginario occidental pues habían sido expulsados de todos los países regidos por los Borbones y finalmente extinguidos por el Papa Clemente XIV en 1773.

Además, en el contexto político y social en el que se fraguaba la nueva Europa hay que reconocer que se trataba de un hecho insólito como parecerían demostrarlo los aires de secularismo y anticatólicos que se habían adueñado del viejo mundo.

Es evidente que los tormentosos años que corren entre la Ilustración y el Romanticismo patrocinaron, entre otras noveda-

---

2136 Felipe Salvador GILIJ. *Ensayo de historia americana*. Caracas, Academia Nacional de la Historia, III (1965) 281.

2137 *Saggio di Storia Americana, o sia Storia Naturale, Civile e Sacra de' Regni, e delle provincie Spagnuole di Terraferma nell'America meridionale.* escrita dall'Abate Filippo Salvatore Gilij e consacrata alla Santità di N. S. Papa Pio Sesto felicemente regnante. Tomo I. *Della storia geografica e naturale della provincia dell' Orinoco.* Roma MDCCLXXX. Per Luigi Perego Erede Salvioni, Stampator vaticano nella Sapienza. 8º, XLIV-355 pp. Tomo II. *De' Costumi degli Orinochesi.* Roma, MDCCLXXXI. 8º, XVI-399 pp. Tomo III. *Della religione e delle lingue degli Orinochesi, e di altri Americani.* Roma, MDCCLXXXII. 8º, XVI-430 pp. Tomo IV. *Stato presente di Terra-Ferma.* Roma, MDCCLXXXIV. 8º, XX-498 pp.

des, una nueva organización del saber que se construye en torno a tres grandes territorios: la vida, el lenguaje y el trabajo. En todo caso debemos confesar que sería la Ilustración el vehículo de la modernidad y por ende la clave de la transición.

Giacomo Martina observará que lo que en el Renacimiento se daba de forma germinal, confusa y contradictoria, en la Ilustración se manifiesta de modo explícito e implacable[2138]

Posteriormente harían acto de presencia de forma brusca y violenta los aires renovadores sembrados por la Revolución francesa que significaron un cambio radical de la mentalidad de los hombres pensantes y también la reestructuración de las estructuras jurídicas, sociales e intelectuales que habían sostenido un mundo en bancarrota.

Hay que reconocer que había sido largo y hasta sangriento el camino que la vieja Europa había recorrido hasta encontrar nuevas inspiraciones para superar la imagen de un mundo todavía regido por los saberes clásicos y por los diversos despotismos y de esta suerte se abrirían nuevos espacios a la mundanidad y al hombre como hombre.

En realidad se había revivido a un Descartes mucho más duro y difícil porque entre el yo pienso y el yo existo se había interpuesto una pesada oscuridad.

Pero ¿cuáles eran las garantías que ofrecía este desconocido escritor?

El primer aval para entender la figura intelectual de Gilij lo constituye la estructura mental de este sufrido seguidor de Ignacio de Loyola se había configurado, parte en Europa y parte en América y así se entiende la equilibrada simbiosis de sus concepciones tanto del Viejo como del Nuevo Mundo.

Su sólida formación clásica, adquirida en Italia, no le abandona en ningún momento. Por ello no es de extrañar que fuera profesor de retórica de los jóvenes jesuitas que se preparaban para iniciar los estudios de Filosofía y Teología en la Universidad

---

2138 Giacomo MARTINA. *La Iglesia, de Lutero a nuestros días*. II. *Época del absolutismo*. Madrid, Ediciones Cristiandad (1974) 28 y ss.

Javeriana de Bogotá[2139]. Y también el *Saggio* está empapado de los aromas clásicos.

En Bogotá conoció y asumió el aire y la especificidad de la Compañía de Jesús americana y más concretamente neogranadina. Y esa huella significó un aporte decisivo en su visión y cosmovisión de América[2140]. Allí se embebió de un nuevo pluralismo no solo porque convivió con jesuitas criollos sino también porque los europeos allí encarnados veían el nuevo mundo con ojos americanos.

Los estudios superiores –humanidades, filosofía y teología– responden a tres centros distintos: La Universidad Gregoriana de Roma, corporación élite en educción superior de la Compañía de Jesús del antiguo Régimen[2141]; al colegio de San Hermenegildo de Sevilla[2142], lugar de encuentro internacional de todos los jesuitas

---

2139   ARSI. N. R. et Q., 4, fol., 359v. Catálogo de 1763: «Fuit instructor Juniorum».

2140   Jesús OLZA. "El Padre Felipe Salvador Gilij en la Historia de la Lingüística venezolana". En: José DEL REY FAJARDO. *Misiones jesuíticas en la Orinoquia*. San Cristóbal, Universidad Católica del Táchira, II (1992) 361-460. Véase en concreto el capítulo VII: "La formación del científico y humanista" (pags. 441-459)

2141   Ricardo GARCÍA VILLOSLADA. *Storia del Collegio Romano dal suo inizio (1551) alla soppressione della Compagnia di Gesù (1773)*. Roma, Apud Aedes Universitatis Gsregorianae, 1954.

2142   Fernando GARCÍA GUTIÉRREZ. "La iglesia de San Hermenegildo, de Sevilla". En: *Boletín de Artes de la Real Academia de Bellas Artes de Santa Isabel de Hungría*, Real Maestranza de Caballería de Sevilla, Sevilla (1997) 125-138. A. M.ª MARÍN FIDALGO. "Más datos sobre el colegio de San Hermenegildo de Sevilla". En: *Archivo Hispalense*, Sevilla, Diputación Provincial de Sevilla 276-278 (2008), 303-325. Francisco de Borja MEDINA. "La Compañía de Jesús en Sevilla". En: *Órdenes y congregaciones religiosas en Sevilla*. Sevilla, Ateneo y Fundación Cajasol (2008) 356-391.Antonio de SOLÍS (1610-1686). Leonardo MOLINA GARCÍA. *Los dos espejos: historia de la Casa Profesa de la Compañía de Jesús en Sevilla durante sus dos primeros siglos 1550-1767*. Sevilla, Fundación Focus-Abengoa; Compañía de Jesús de la Provincia de Andalucía, 2010. Martin MURPHY. John HUXTABLE ELLIOTT; José Miguel SANTAMARÍA. *Ingleses de Sevilla: El Colegio de San Gregorio, 1592-1767*. Sevilla, Secretariado de Publicaciones Universidad de Sevilla, 2012.

europeos que viajaban a América[2143] y la Universidad Javeriana de Bogotá (1743-1748)[2144] donde enseñó literatura después de haber concluido su currículum teológico (1747-1748)[2145].

Los mejores años de su biografía (1749-1767) los consagraría al trabajo de campo en las desoladas regiones que baña el río Orinoco, donde la soledad sería una constante invitación al estudio y la reflexión para el mejoramiento de las etnias en las que había enterrado su existencia.

Y en el último tramo de su vida intelectual (1767-1789), desterrado a Italia, los enriquecería con sus estudios y trato con científicos que en Roma que lo insertarían en el cambiante mundo Europeo.

Un segundo aval viene representado por las relaciones personales que Gilij mantuvo bien con sus profesores, bien con sus colegas, bien con los intelectuales europeos una vez que se instaló en Roma.

A su excelente formación clásica supo añadir las enseñanzas de su polémico profesor romano Juan Bautista Faure[2146] quien

---

2143   AHN. *Jesuitas*, 827/2. *Filiacion de los Regulares de la Compañia transferidos de la Provincia de Santa Fee de Bogotá en el Navío nombrado San Pedro y San Pablo que al presente se hallan residiendo en la Casa Hospicio de esta Ciudad.*

2144   José DEL REY FAJARDO. *Los precursores de la 'Sociedad del conocimiento' en la Javeriana colonial*. Bogotá, Editorial El Búho, 2010.

2145   Felipe Salvador GILIJ. *Ensayo de Historia Americana*. Bogotá, IV (1955) 284: "Y hablaré no solamente por testimonio ajeno, sino también por propia experiencia, por haber hecho en una de ellas [la Javeriana] mis estudios teológicos y enseñado por algún tiempo literatura". ARSI. N. R. et Q., 4, fol., 359v. Catálogo de 1763: "Fuit Instructor Juniorum".

2146   Felipe Salvador GILIJ. *Ensayo de Historia Americana*. Estado presente de la Tierra Firme [Tomo IV]. Bogotá, Biblioteca de Historia Nacional (1955) 265. Mario ZANFREDINI. "Faure, Giovanni Battista". En: Charles E. O'NEILL y Joaquín Mª DOMÍNGUEZ. *Diccionario histórico de la Compañía de Jesús*, II, 1382: "Arrestado en Roma apenas promulgado (1773) el breve de supresión de la Compañía de Jesús, se enteró por el interrogatorio del juez que el motivo no era por algo que hubiere escrito, sino por lo que pudiera escribir contra el breve. Siempre agudo de ingenio y de palabra, exclamó

figuraría en los tormentosos años de la extinción de la Compañía de Jesús en 1773 con un escrito redactado a petición del papa Clemente XIII[2147].

En la Universidad Javeriana de Bogotá donde estudio Teología guardará recuerdos gratos de el P. Ignacio Meaurio, uno de los jesuitas más ilustres del siglo XVIII quien también había ocupado la cátedra de Filosofía y había sido Provincial y Procurador a Madrid y Roma[2148]. El P. Francisco Cataño quien había regentado antes las cátedras de teología y durante su estadía sería Rector del Colegio-Seminario de San Bartolomé[2149] y según Gilij "canonista famosísimo"[2150]. Los también neogranadinos José de Rojas[2151] y Jerónimo Godoy[2152]. Los belgas Pedro Fabro, intelectual de pro, quien intentaría en vano establecer una misión en el Darién y desde 1757 asumiría la alta dirección de la Provincia[2153] y Simón Wynans que amén de haber sido misionero en los Llanos ocuparía la cátedra de Sagrada Escritura y la dirección de estudios

---

que según la jurisprudencia cualquiera podía ser condenado a galeras o a la horca por temor de que pudiera cometer un robo o un asesinato. Al no habérsele acusado de ningún delito, se le liberó al fin en tiempos de Pío VI (agosto de 1775) y fue a Viterbo donde pasó sus últimos años".

2147   No hemos podido identificar el texto al que hace referencia Luengo. Para la bibliografía de Faure nos remitimos a: Carlos SOMMERVOGEL. *Bibliothèque de la Compagnie de Jesús*. Bruxelles-París, III, 558-569.

2148   José DEL REY FAJARDO. *Biblioteca de escritores jesuitas neogranadinos*, 437-440.

2149   J. M. PACHECO. "La Universidad Javeriana de Santafé de Bogotá durante la época colonial". En: DEL REY FAJARDO. *La pedagogía jesuítica en Venezuela*. San Cristóbal, Universidad Católica del Táchira I (1991) 153-154.

2150   GILIJ. *Ensayo de historia americana*, IV, 290.

2151   José DEL REY FAJARDO. *Biblioteca de escritores jesuitas neogranadinos*, 588-591.

2152   José DEL REY FAJARDO. *Biblioteca de escritores jesuitas neogranadinos*, 316-317. 1

2153   José DEL REY FAJARDO. *Biblioteca de escritores jesuitas neogranadinos*, 264-266.

de la Javeriana[2154]. Entre sus profesores recordará con admiración al P. Jaime de Torres como el sabio profesor de Teología[2155]. Y sus preocupaciones venezolanas las ilustraría con el P. Ignacio Ferrer[2156] quien en 1747 llegaría de Caracas tras 12 años de lucha por fundar un colegio jesuítico en la capital venezolana.

Como misionero reivindicará siempre a su maestro el P. José Gumilla a quien le dedicará, cuando lo amerite, grandes elogios. A su paso en enero de 1749 por San Ignacio de Betoyes escribirá: "En su casa o cabaña, tenía toda suerte de útiles medicinas caseras, y al primer aviso del fiscal, dedicándose como amorosa madre a cuidarlos, era todo agilidad, todo prontitud, todo alegría. Yo estaba a su lado sorprendido de sus dulces maneras. Y viéndome atento a este nuevo modo de farmacia, "Católico –me dijo de manera muy familiar en él– católico, así se hace". Y movido del ejemplo de tan gran hombre, una vez que hube llegado al Orinoco, me afané por imitarlo en algo[2157].

Llama poderosamente la atención la continua preocupación de nuestro misionero por llegar siempre al alma de las lenguas que hablaba en el Orinoco y la búsqueda de sus posibles relaciones con otras lenguas. En este contexto dejará constancia que sus compañeros alemanes que trabajaron con él en el gran río[2158] que en sus meditaciones lingüísticas no encontraron afinidad alguna con las lenguas sacras (hebreo, siríaco y otra oriental), ni el P. Juan Nepomuceno Buckhart ni otros que dominaban esas lenguas[2159]; solo la lengua "vizcaína" es una imagen de las lenguas indias y aunque el P. Miguel Ibaseta no logró terminar su estudio era de la

---

2154   José DEL REY FAJARDO. *Biblioteca de escritores jesuitas neogranadinos*, 733-734.

2155   GILIJ. *Ensayo de historia americana*, IV, p. XX, 125. Para más información: José DEL REY FAJARDO. *Biblioteca de escritores jesuitas neogranadinos*, 700-703.

2156   José DEL REY FAJARDO. *Biblioteca de escritores jesuitas neogranadinos*, 274-277.

2157   GILIJ. *Ensayo de historia americana*, III, 81-82.

2158   GILIJ. *Ensayo de historia americana*, III, 131.

2159   GILIJ. *Ensayo de historia americana*, III, 132.

opinión de que no existía entre ambas comunidad de palabras, y por lo tanto no eran parientes[2160].

Pero su inserción en la sociedad del conocimiento europea se llevaría a cabo en la pluricultural Roma en esas interesantes épocas de cambio que constituyen el tránsito de la ilustración al romanticismo.

Extinguida la Compañía de Jesús en 1773 por el papa Clemente XIV Gilij se radica en la ciudad eterna y recupera su vocación intelectual para dedicarse a la reconstrucción del mundo indígena orinoquense en medio de la floración de estudios sobre el "americanismo".

Su producción científica pronto tendría progresiva acogida en dos escritores claves para insertarse en las diversas geografías de la intelectualidad europea: el español Lorenzo Hervás y Panduro y el alemán Augusto Ludovico Schlözer.

Todo aquel ejército de escritores desterrados a los Estados Pontificios pero con la pluma ágil y productiva tendrían en Lorenzo Hervás y Panduro (1735-1809)[2161] el incansable recolector de sus bibliografías gracias al gigantesco proyecto que se denominó *Biblioteca jesuítico-española de escritores, que han florecido [por-en] siete lustros. Estos empiezan desde el año 1759, principio del reinado del augusto rei Carlos III, y acaban en el año 1793*[2162], manuscrito

---

2160 GILIJ. *Ensayo de historia americana*, III, 131.

2161 Hermenegildo DE LA CAMPA. "Hervás y Panduro, Lorenzo". En: Charles E. O'NEILL y Joaquín Mª DOMÍNGUEZ. *Diccionario histórico de la Compañía de Jesús*. Roma-Madrid, II, 1914-1916. A este artículo nos remitimos para su extensa bibliografía.

2162 Uriarte describe así el manuscrito en su *Catálogo razonado*, I, pag., XXV. Lorenzo HERVÁS Y PANDURO. *Biblioteca jesuítico-española de escritores, que han florecido [por-en] siete lustros*. Estos empiezan desde el año 1759, principio del reinado del augusto rei Carlos III, y acaban en el año 1793. Obra de Lorenzo Hervás y Panduro, etc. [Volumen primero. Volumen segundo, en el cual se contienen tres catálogos de escritores y noticia de los manuscritos que de escritores españoles hay en siete bibliotecas insignes de Roma]. Dos tomos en folio de 198 hojas (sin 2 de portada y advertencia), 231 (sin 9 de índices y final). Faltan los folios, 4, 5, 6 y 7, la introducción y la dedicatoria. De la

que reposa en el Archivo de Loyola (Guipúzcoa)[2163]. Pero dentro de la visión universal de la Lingüística hay que recurrir a Idea dell'Universo y también al Catálogo de las Lenguas[2164].

Mas en el mundo anglosajón Gilij encontraría un ilustrado admirador en el profesor de la universidad de Gottinga Augusto Ludovico Schlözer, uno de los más destacados historiógrafos del siglo XVIII y pionero en su visión holística al incluir el lenguaje en la historiografía, no solo por su valor instrumental sino como objeto de la historia junto a otros aspectos políticos, geográficos,

---

introducción hace mención el autor en la introducción especial del 2º tomo. De la introducción y dedicatoria habla una carta de Bernad a Hervás, 13 de septiembre de 1799. Sin embargo, a juicio de Astorgano quien ofrece la mejor descripción de la Biblioteca es Enrique del PORTILLO. "Lorenzo Hervás". En: *Razón y Fe*. Madrid, XXXII (1912) 18.

2163 Archivo de Loyola. Caja, 06, nº., 01. Para la descripción de los manuscritos y sus publicaciones parciales, véase: Lorenzo HERVÁS Y PANDURO. *Biblioteca jesuítico-española (1759-1799) I*. Estudio introductorio, edición crítica y notas: Antonio Astorgano Abajo. Madrid, Libris: Asociación Libreros de viejo, 2007. Lorenzo HERVÁS Y PANDURO. *Biblioteca jesuítico-española II. Manuscritos hispano-portugueses en siete bibliotecas de Roma*. Estudio introductorio, edición crítica y notas: Antonio Astorgano Abajo. Madrid, Libris: Asociación Libreros de viejo, 2009. Lorenzo HERVÁS Y PANDURO. *Biblioteca jesuítico-española II. Manuscritos hispano-portugueses en siete bibliotecas de Roma*. Estudio introductorio, edición crítica y notas: Antonio Astorgano Abajo. Madrid, Libris: Asociación Libreros de viejo, 2009.

2164 Hervás publicó su gran obra *Idea dell'Universo, che contiene la Storia della vita dell'uomo, elementi cosmografici, viaggio estatico al mondo planetario, e Storia della terra*. Cesena, 1778-1792, 22 volúmenes. Los tomos XVII-XXI salieron con título separado y son: XVII: *Catalogo delle lingue conosciute e noticia della loro afinitá e diversità*. 1784. XVIII: *Origine, formazione, mecanismo ed armonia degl'idiomi*. 1785. XIX: *Arithmetica delle Nazioni, e divisione del tempo fra gli Orientali*. 1786. XX. *Vocabulario poliglotto…*,1787. XXI: *Saggio prattico delle lingue come prolegomeni e una raccolta di orazioni dominicali in più de trecento lingue et dialecti…*, 1787. Toda esta ingente obra fue refundida y considerablemente aumentada en su edición castellana. (Véase: SOMMERVOGEL. *Bibliothèque…*, IV, 319-322).

jurídicos, militares, etc. como lo percibía Guillermo de Humboldt[2165]. Su opinión sobre Gilij la hemos escrito más arriba.

Su inserción en los grandes repertorios bibliográficos europeos se consolidó, entre otras, por dos razones evidentes: la primera, por la fervorosa recepción que tuvo su *Saggio* en el mundo científico y literario de Italia y Francia[2166]; la segunda, porque en 1785 -un año después de publicar su obra en italiano- se traducía al alemán[2167] idioma en el que conocería varias ediciones. Para su evolución bibliográfica nos remitimos a la *Bibliotheca Missionum* de Streit[2168].

Visión biográfica

Nació el P. Felipe Salvador Gilij en Legogne cerca de Norcia, diócesis de Spoleto, el 27 de julio de 1721[2169]. Creemos que se trata de un error de imprenta la aseveración del propio Gilij de que nació el día 26 de julio[2170] ya que la propia partida

---

2165 Wilhelm von HUMBOLDT. *Über die Verschiedenheit des menschlichen Sprachbaues. Erster Abschnitt. Von der allgemeinen Sprachkunde und dem besondren Zwecke der gegenwärtigen Schrift.* Werke in fünf Bänden III. *Schriften zur Sprachphilosophie.* Stuttgart. Cotta (1969) 171-173. Ahí habla de las lenguas indígenas de América, de Gilij , Hervás, Schlözer y de Camaño.

2166 Véase: *Nuovo Giornale di Letteratura de Modena*, t. 33, pags., 233-251. También: *Efemeride Lettararie di Roma*, X: 1-3; 7-9; 9-12; 25-27; 33-35; 289-291; 297-299. XI: 153-155; 161-163; 169-171. XII: 97-99. *L'Esprit des Journaux.* París: 1781 (junio) 106-116; 1782 (enero) 75-90; 1784 (julio) 187-209; 1785 (octubre) 160-169.

2167 *Nachrichten vom Lande Guiana, dem Orinocoflus, und den dortigen Wilden.* Aus dem Italienischen des Abbt Philip Salvator Gilii auszugsweise übersetzt. Hamburg, bei Carl Ernst Bohn, 1785, XVI-528p.

2168 Rob. STREIT. *Bibliotheca Missionum.* Freiburg/Br, III (1927) 302-303, 313, 314, 344.

2169 ARSI. N. R. et Q., 4, fol., 314 y 359v.

2170 Felipe Salvador GILIJ. *Ensayo de Historia Americana.* Bogotá, Biblioteca de Historia Nacional, IV (1955) 130: "... Legogne, localidad de la diócesis de

de nacimiento[2171] confirma la documentación oficial de la Orden, tanto de la Provincia Romana[2172] como de la Provincia del Nuevo Reino de Granada.

Ingresó en la Compañía de Jesús en Roma el 27 de agosto de 1740[2173] y siendo todavía novicio fue destinado a América[2174]. Partió de la ciudad eterna para Sevilla el 25 de abril de 1741[2175]. Y en la espera para iniciar su aventura colombina seguiría sus estudios en la ciudad de Sevilla[2176]. Atravesó el Atlántico en la expedición del P. José Gumilla que se hizo a la vela en Cádiz en el navío francés San Rafael el 19 de enero de 1743[2177]. Los controles de la Casa de la Contratación dejaron la siguiente reseña: "El Hermano Phelipe

---

Espoleto, en donde nací el 26 de julio de 1721...". [La obra consta de 4 tomos. Los tres primeros fueron editados en Venezuela y el IV en Colombia].

2171 Hermann GONZÁLEZ OROPEZA. "Felipe Salvador Gilij, boceto biográfico y bibliográfico". En: *Montalbán*. Caracas, 21 (1989) 16. El Libro de Bautismos de la Parroquia de San Martín de Legogne (1667-1727), en el folio 141r, se lee: "Die vigesima septima julii 1721.- Philippus Salvator filius Petri Antonii de Giliis et dominae Catarinae eius uxoris, ex legitimo matrimonio procreatus baptizatus fuit a me infrascripto, de sancto fonte suscepit Petrus quondam Josephi Antoni Marignoli. In fidem etc. Joannes Antonius de Sanctis vie Curatus". Cuya traducción reza: "Día veinte y siete de julio de 1721. Felipe Salvador hijo de Pedro Antonio de Giliis y de la Señora Catalina su mujer, procreado de legítimo matrimonio. Fue bautizado por mi el infraescrito, y lo recibió de la santa fuente, Pedro, antes José Antonio, Marignoli. Lo testifico, etc. Juan Antonio de Sanctis, Vice Párroco". (El Mss. se conserva en el Archivo Diocesano-Comunal de Norcia).

2172 ARSI. *Romana*, 175, fol., 146.

2173 ARSI. *Romana*, 175, fol., 146.

2174 GILIJ. *Ensayo de historia americana*, IV, 265.

2175 *Ibidem*.

2176 AHN. *Jesuitas*, 827/2. *Filiacion de los Regulares de la Compañia transferidos de la Provincia de Santa Fee de Bogotá en el Navío nombrado San Pedro y San Pablo que al presente se hallan recidiendo en la Casa Hospicio de esta Ciudad*. Nº 161.

2177 AGI. *Contratación*, 5549. Expedición de 1743.

Salvador Gillis, estudiante (...)Buen cuerpo, algo delgado, moreno, dos señales de herida en medio de la frente, ojos y pelo negro"[2178].

El viaje por el río Magdalena, desde Barranca hasta Honda, fue de 21 días[2179]. El 16 de abril se encontraba la expedición en Bogotá.

Etapas de su biografía americana. La primera se desarrolla en la capital del virreinato de Santafé y en el centro de Educación Superior más prestigioso como era la Universidad Javeriana. Allí estudió los cuatro años que componían el curriculum de Teología[2180]. Según nuestros cálculos tuvo que haber puesto fin al curriculum teológico en 1747. Recibió la ordenación sacerdotal en 1748 de manos del arzobispo don Pedro de Azúa[2181]. No hemos podido precisar si se trasladó a Tunja para hacer su año de Tercera Probación; pero, si atendemos a su propio testimonio, todo el espacio que media entre la llegada a la capital del virreinato y su salida a las misiones lo absorbe la sabana bogotana (1743-1748)[2182]. Ello explicaría que fuera Profesor de los jóvenes jesuitas que se preparaban para iniciar los estudios de Filosofía y Teología en la Universidad Javeriana[2183].

La segunda etapa la absorbe el Orinoco. Llegó a La Encaramada, pequeña aldea del gran río venezolano, el 1 de marzo de 1749[2184]; la bautizó con el nombre de San Luis Gonzaga, aunque

---

2178 AGI. *Contratación*, 5549. Expedición de 1743.

2179 Felipe Salvador GILIJ. *Ensayo de Historia Americana*. Caracas, Academia Nacional de la Historia I (1965)215. En abril de 1743 le sorprendió una crecida del Magdalena en la playa denominada de Las Brujas (*Ibidem*, I, 36).

2180 ARSI. N. R. et Q., 4. El Catálogo de 1753 (fol., 314) dice que estudio 2 años de Filosofía "extra" y 4 de Teología "intra". Sin embargo, el de 1763 (fol., 359v) es más explícito: 2 años de Filosofía "extra" y 1 y 4 de Teología "intra".

2181 GILIJ. *Ensayo de historia americana*, IV, 302.

2182 GILIJ. *Ensayo de historia americana*, I, 51: "Yo mismo en Santa Fe del Nuevo Reino, *donde viví unos seis años*, tuve uno de estos acertados mapas".

2183 ARSI. N. R. et Q., 4, fol., 359v. Catálogo de 1763: "Fuit instructor Juniorum".

2184 GILIJ. *Ensayo de historia americana*, I, 160.

los tamanacos la llamaban Guaya, por el río vecino; y también Caramaua, la palabra española corrompida por los indígenas. En ella se congregaron al principio los tamanacos a los que con el correr de los tiempos se unirían los maipures, después los avaricotos y por último los parecas[2185]. La población fue muy fluctuante: se inició con 125 tamanacos y en su momento culmen llegó a albergar hasta 600 habitantes[2186].

Es interesante anotar su visión de la realidad orinoquense al momento de su primer contacto: "Cuando yo llegué aquí en 1749, aunque se hubiera viajado mucho por los diversos ríos de este territorio, no era aún conocida más que una parte pequeñísima. Los misioneros que allí encontré habían formado algunas poblaciones sobre el Orinoco, a cuyas orillas, confinadas casi en fortines por los caribes dominantes, instruían en la fe a los sálivas, los mipures, los yaruros y algunas otras naciones, venidas recientemente de sus selvas"[2187].

Misionero en La Encaramada. Tres etapas creemos descubrir en su biografía orinoquense. La inicial (1749-1756) que diera la impresión de haber sido bastante sedentaria; la de movilización por el gran río (1756-1767); y la intermedia que estaría definida por su superiorato de la misión (1761-1765).

El primer tramo de su biografía orinoquense lo define el proceso de aclimatación y aculturación entre los tamanacos de la Encaramada. El difícil clima de esas regiones pronto afectó al joven jesuita italiano. Hay algunos rasgos indelebles en la memoria de Gilij acerca de sus primeros años de vida misional. Pareciera como si el hambre, la pobreza y las enfermedades le hubieran dejado tal huella que perduraban todavía en el pobre destierro de Roma.

Ya en septiembre de 1749, al descender las aguas del río, le atacaron las fiebres las que, con alguna interrupción, le durarían

---

2185 GILIJ. *Ensayo de historia americana*, I, 74.

2186 AGI. *Santafé*, 269. *Informe del P. Román, 1749.*

2187 GILIJ. *Ensayo de historia americana*, I, 126.

6 años[2188]. También padeció fluxiones en los ojos[2189] y fue objeto dos veces de la enfermedad del bicho[2190].

Esta etapa de soledad, meditación y aprendizaje hay que ubicarla en el contexto de un resurgimiento misional nacido tras el súbito derrumbe de la presión caribe. Serían los cabres y sobre todo los guaypunabis quienes acabarían de raíz la hegemonía caribe en el Orinoco medio. Gilij, que llegó al Orinoco en 1749, debía recordar muy vivamente estas historias misioneras como ya superadas, pues escribiría en su *Ensayo de Historia Americana* que Puruey "ahora es a modo de quemada Troya humeante memoria de sus triunfos sobre las naciones orinoquenses, si dejando a los valerosos se hubieran contentado con subyugar a los más débiles"[2191].

En un trienio la Provincia del Nuevo Reino había realizado un significativo esfuerzo por dar respuesta a las nuevas expectativas que surgían de la Orinoquia. En 1749 habían llegado los PP. Gilij y Pons y Campins. Pero el catálogo de 1751 recoge los siguientes ingresos[2192]: Jacobo Nille[2193], Jorge Schmitz[2194], José María Forneri[2195], y Blas Aranda[2196].

Hacia 1756 la biografía de Gilij se abre, por una parte hacia una etapa de movilidad por el área jesuítica y por otra convive con los comisarios regios de la Expedición de Límites.

2188   GILIJ. *Ensayo de historia americana*, II, 69.
2189   GILIJ. *Ensayo de historia americana*, II, 73.
2190   GILIJ. *Ensayo de historia americana*, II, 72.
2191   GILIJ. *Ensayo de historia americana*, I, 62.
2192   ARSI. N. R. et Q., 4, fol., 299-299v. Catálogo Breve de 1751.
2193   José DEL REY FAJARDO. *Bio-bibliografía de los Jesuitas en la Venezuela colonial*. San Cristóbal-Santafé de Bogotá, Universidad Católica del Táchira-Pontificia Universidad Javeriana (1995) 452.
2194   José DEL REY FAJARDO. *Bio-bibliografía de los Jesuitas en la Venezuela colonial*, 591.
2195   José DEL REY FAJARDO. *Biblioteca de escritores jesuitas neogranadinos*, 290-293.
2196   José DEL REY FAJARDO. *Biblioteca de escritores jesuitas neogranadinos*, 104-105.

De esta época nos ha legado el coronel Eugenio de Alvarado la siguiente imagen de nuestro misionero: "El cuidado del pueblo [La Encaramada] está a la del propio fundador el Padre Felipe Gily, de nación italiano romagnato, cuyas cualidades le pueden distinguir entre los virtuosos, pues con la elevada capacidad e instrucción en las bellas letras de la educación italiana enseña bien a los indios. Es dotado de espíritu de lenguas del País y de la Tamanaca y Maypure ha compuesto un bello diccionario para el mejor gobierno de las dos naciones"[2197].

En esta etapa comienza el ciclo de los grandes viajes. No hemos podido precisar la fecha de la expedición al Río Túriba en busca de los areverianos[2198]. En 1756 subió hasta el raudal de Cuituna (Maipures) y a otro que los indígenas llaman Saridá. En 1757, al ir en busca de indios maipures, recorrió el río Tipapu (Sipapu) y después el de su afluente el Auvana, ya que esas regiones fueron patria de los maipures, avanes, quirrupas y algunos piaroas[2199].

En 1764, en funciones de Superior de las Misiones, llegó al Raudal de Maipures para visitar la acción del P. Francisco del Olmo[2200]. En abril de 1766, por mandato del Superior, P. José M. Forneri, se dirigió Gilij al Suapure en busca de los areverianos que solicitaban hacer una reducción en ese río[2201]. Y aunque no especifica fechas también dice Gilij haber navegado el Manapiare, el Guaya donde fundó La Encaramada, pero más arriba asume el nombre de Túriba y hacia su origen el de Maita. Y también confiesa haber llegado al Cuchivero[2202].

2197 Eugenio ALVARADO. "Informe Reservado sobre el manejo y conducta que tuvieron los Padres Jesuitas con la expedición de la Línea Divisoria entre España y Portugal en la Península Austral y orillas del Orinoco". En: José DEL REY. *Documentos jesuíticos relativos a la historia de la Compañía de Jesús en Venezuela*. Caracas, Academia Nacional de la Historia (1966) 311.

2198 GILIJ. *Ensayo de historia americana*, II, 55.

2199 GILIJ. *Ensayo de historia americana*, I, 58-59.

2200 GILIJ. *Ensayo de historia americana*, I, 72.

2201 GILIJ. *Ensayo de historia americana*, I, 60.

2202 GILIJ. *Ensayo de historia americana*, I, 60.

Pero también a partir de 1756 se instalan los comisarios de la Expedición de Límites en las misiones jesuíticas y en general las relaciones fueron tensas, desagradables y desconsideradas.

Así no es de extrañar el juicio que de Iturriaga se habían formado los jesuitas para 1763. El P. Salillas, misionero en Cabruta, se expresaba así: "... es enemigo acérrimno de los Jesuitas, pretende hacerles cuanto mal pudiere; sus proyectos descabellados y pésima conducta pedían de justicia removerlo de estos payses pues no hace cosa buena y impide mucho el que otros la hagan (...). Su modo de escribir es de un justificado santo, su interior de un malvado; no digo que dice mentiras, pero aseguro que dice poca verdad. El no respeta a nadie..."[2203].

Sin embargo, conviene resaltar que Gilij recordará a Iturriaga en su *Ensayo de Historia Americana* con respeto y agradecimiento. Desde su destierro en Italia, unos 20 años más tarde, dejará constancia de que la plaza misional de La Encaramada era bella gracias a la excelente acción de un carpintero vizcaíno que para tal fin le envió Iturriaga[2204]. Recogerá asimismo conversaciones de tipo muy distinto sostenidas con el primer Comisario de la Expedición de límites sobre muy diversos tópicos[2205] que indican el aprecio y el mutuo respeto de las partes. Y buenas tenían que ser las relaciones para que la gratitud del misionero italiano se preocupara por remitirle una segur de piedra, muy rudimentaria, que le habían enviado los oyes como recuerdo[2206].

Nunca respira ninguna palabra de amargura, sino todo lo contrario. Cuando Iturriaga quiso realizar el viaje al Ventuari por tierra, se dirigió al jesuita italiano pidiéndole consejo: "Además de los conocimientos geográficos, de los que no estaba ciertamente escaso, este señor [Iturriaga] quiso servirse de mi por su amabilidad

---

2203 Real Academia de la Historia, 9/3854. *Carta del P. Antonio Salillas al P. Jaime de Torres.* Cabruta, mayo 24 de 1763.

2204 GILIJ. *Ensayo de historia americana*, III, 63.

2205 GILIJ. *Ensayo de historia americana*, II, 113; IV, 272: sobre la devoción de los hombres que habitaban el Llano caraqueño.

2206 GILIJ. *Ensayo de historia americana*, II, 275.

y por el concepto que tuvo de mi pericia, fuera esta la que fuera, sobre las comarcas orinoquenses"[2207].

La expulsión. Pero su biografía misionera se vio interrumpida bruscamente cuando el día 3 de julio de 1767 fue arrestado en su propia residencia de La Encaramada por el teniente de infantería Pedro Felipe de Llamas en cumplimiento de la Pragmática Sanción del rey Carlos III.

Los demás misioneros jesuitas del Orinoco, con excepción del de Cabruta y él, fueron reunidos en Carichana y se les unieron al bajar camino del destierro cuando tocaron los respectivos puertos. Llegaron a Guayana el 20 de julio. Allí mandó el Gobernador Centurión que se trasbordasen a la goleta de Gaspar Vidal y que siguieran viaje a La Guayra[2208]. Todavía en julio pasa por las Bocas de Macaredo[2209] en el Delta y arribó al puerto guayreño el 4 de agosto[2210].

En La Guayra fue designado Superior, en 1767, por la muerte del titular P. Francisco Riberos[2211]. En el convento franciscano permanecería hasta el 7 de marzo de 1768, fecha en que se

---

2207   GILIJ. *Ensayo de historia americana*, I, 129.

2208   ANCh. *Jesuitas*, 446. *Expulsión de los jesuitas del Orinoco* (DEL REY FAJARDO. *Documentos jesuíticos relativos a la Historia de la Compañía de Jesús en Venezuela*. Caracas, Academia Nacional de la Historia, III, 59-60).

2209   GILIJ. *Ensayo de historia americana*, I, 38.

2210   GILIJ. *Ensayo de historia americana*, IV, 35: "... en el puerto de la Guaira, en donde estuve siete meses". Y en IV, 338: "No sé qué otras órdenes religiosas estén establecidas allá [La Guayra], fuera de la de San Francisco, que en el año de 1767 tenía un convento en construcción con dos religiosos que me hospedaron del 4 de agosto al 6 de marzo cuando volví a España".

2211   AHN. *Jesuitas*, 827/2. *Filiacion de los Regulares de la Compañía transferidos de la Provincia de Santa Fee de Bogotá en el Navío nombrado San Pedro y San Pablo que al presente se hallan recidiendo en la Casa Hospicio de esta Ciudad*. Nº 161.

hizo a la vela camino de España[2212]. En el navío San Pedro y San Pablo[2213] llegaron a Cádiz el 30 de abril de 1768[2214].

La etapa italiana. Del Puerto de Santa María pasaron los expulsos a Córcega pero no duró mucho el misionero orinoquense en aquel destierro, pues huyó de la isla para ir a Roma a visitar a sus parientes[2215]. Si en agosto de 1768 estaba en Viterbo[2216] quiere decir que su huida de la isla debía estar meditada pues si el 6 de mayo de 1768 se registraba en el Puerto de Santa María como llegado de América[2217] tuvo que transcurrir algún tiempo antes de proseguir el viaje y no sería nada fácil burlar los controles de la monarquía hispana[2218]. En efecto, el primer contingente de jesuitas americanos desembarcó en la rada de Bastia el 4 de agosto de 1768[2219] hecho que nos lleva a concluir que tuvo que realizar su viaje de inmediato.

Mediante el Tratado de Compiègne, 15 de marzo de 1768, Génova había vendido a Francia sus derechos sobre Córcega por

---

2212 GILIJ. *Ensayo de historia americana*, IV, 35.

2213 AHN. *Jesuitas*, 827/2. *Filiacion de los Regulares de la Compañia transferidos de la Provincia de Santa Fee de Bogotá en el Navío nombrado San Pedro y San Pablo que al presente se hallan residiendo en la Casa Hospicio de esta Ciudad.*

2214 Juan de VELASCO. *Historia moderna del Reino de Quito y Crónica de la Provincia de la Compañía de Jesús del mismo Reino*. Tomo III, libro 4, & 1. (Mss. que reposa en el Archivo de la Provincia de Toledo. Leg., 382).

2215 AGS. *Estado*, 5041. A don Juan Antonio Archimbaud. El Pardo 17 de marzo de 1784.

2216 GILIJ. *Ensayo de historia americana*, II, 40.

2217 AHN. *Jesuitas*, 827/2. *Doc. cit.*

2218 Para los pormenores del viaje a Córcega y la situación de los jesuitas en la Isla, Véase: José Antonio FERRER BENIMELI. "Córcega y los jesuitas españoles expulsos 1767-1768. Correspondencia diplomática". En: *Paramillo*. San Cristóbal, 14 (1995) 5-195.

2219 FERRER BENIMELI. "Córcega y los jesuitas españoles expulsos 1767-1768. Correspondencia diplomática", 104. Sin embargo, Ferrer cita "Noticias de Bastia del mes de julio de 1768", manuscrito según el cual habrían llegado 677 jesuitas más de los consignados en la lista oficial y habían anclado en Ajaccio (p. 105).

un millón de francos y ésta debía ser agregada a Francia el 15 de agosto de ese mismo año mediante un edicto de Luis XV[2220].

Esta circunstancia retuvo a los jesuitas que llegaban de América en el Puerto de Santa María ya que la Orden de Ignacio de Loyola había sido expulsada de Francia en 1764 y la vigencia del destierro permanecía vigente. Las provincias españolas abandonan Córcega el 19 de septiembre y solo el 30 de septiembre comenzaría su peregrinar por la península itálica[2221].

A fines de 1768 vivía Gilij en el colegio de Macerata como encargado de la espiritualidad de la institución educativa[2222]. El 29 de enero de 1769 se le nombraba Rector del colegio de Monte Santo[2223]. El 25 de diciembre de 1770 asumía el rectorado del colegio de Orbeto[2224], cargo en el que permanecería hasta la extinción de la Compañía de Jesús[2225] por el Breve *Dominus ac Redemptor* de Benedicto XIV.

Esta discutida decisión del Papa Clemente XIV puso punto final a la biografía de la Orden religiosa fundada por Ignacio de Loyola. Tras ella, cada jesuita se vio obligado a romper con el pasado, iniciar una vida nueva y luchar por subsistir en un mundo que en el mejor de los casos toleraba a unos hombres que habían servido a la humanidad en todos los continentes conocidos. Gilij contaba 52 años de edad y ese mismo año 1773 se radica en Roma[2226].

En todo caso intuimos que en la psicología íntima de Gilij dos acontecimientos tuvieron que golpear lo más sagrado del proyecto de su vida: su expulsión en 1767 de los dominios del

---

2220 FERRER BENIMELI. "Córcega y los jesuitas españoles expulsos 1767-1768. Correspondencia diplomática", 103.

2221 FERRER BENIMELI. "Córcega y los jesuitas españoles expulsos 1767-1768. Correspondencia diplomática", 111-113.

2222 ARSI. *Romana*, 109, fol., 66.

2223 ARSI. *Romana*, 109, fol., 108v.

2224 ARSI. *Romana*, 109, fol., 157.

2225 ARSI. *Romana*, 109, fols., 199 y 233.

2226 GILIJ. *Ensayo de historia americana*, II, 35.

Rey de España y sobre todo la supresión de la Compañía de Jesús en 1773, decisión que reducía a cenizas las ilusiones y las obras desarrolladas por los jesuitas en todo el mundo.

A partir de este momento se interrumpe toda la información oficial bien sea sobre los miembros de la extinta Compañía de Jesús, bien sobre su acción corporativa. Sin embargo, el espíritu jesuítico no podía morir y hubo escritores que trataron de conservar los recuerdos tanto de la orden sepultada como de los hombres a los que pretendían silenciar[2227]. Tan solo citaremos a dos fuentes obligadas de referencia para los jesuitas españoles: el P. Manuel Luengo[2228] que se preocupa por recoger todas las noticias posibles de los expulsos y el P. Lorenzo Hervás y Panduro[2229] quien trató de recopilar la bibliografía producida por los desterrados.

2227 Un primer intento por rescatar ese difícil período puede verse en: Miguel BATLLORI. *La cultura hispano-italiana de los jesuitas expulsos. Españoles, Hispanoamericanos, Filipinos (1767-1814)*. Madrid, Edit. Gredos, 1966. Para el Nuevo Reino: Juan Manuel PACHECO. "Los jesuitas de la Provincia del Nuevo Reino de Granada expulsados en 1767". En: *Ecclesiastica Xaveriana*. Bogotá, 3 (1953) 149-191.

2228 Manuel LUENGO. *Diario de la expulsion de los Jesuitas de los Dominios del Rey de España, al principio de sola la Provincia de Castilla la Viexa, despues mas en general de toda la Compañía, aunque siempre con mayor particularidad de la dicha Provincia de Castilla. Año de 1767*. (Ms. en el Archivo de Loyola. Consta de 62 tomos).

2229 Lorenzo HERVÁS Y PANDURO. *Biblioteca Jesuítico-Española de escritores que han florecido por siete lustros; estos empiezan desde el año de 1759, principio del reinado del Augusto Rey Carlos III y acaban en el año 1793*. (Mss. que reposa en el Archivo de Loyola) 2 vols. La estructura de la obra es la siguiente. El volumen I está dedicado a las obras impresas de autores españoles. El volumen II contiene "tres catálogos de escritores, y noticia de los manuscritos, que de escritores españoles hai en siete bibliotecas insignes de Roma". El primero es de obras manuscritas. El segundo corresponde a los "Escritores Portugueses". Y el tercero "Escritores estranjeros de obras impresas establecidos en España". Y en este último encontramos al P. Gilij. La obra ha sido publicada: Lorenzo HERVÁS Y PANDURO. *Biblioteca jesuítico-española (1759-1799)*. Estudio introductorio, edición crítica y notas: Antonio Astorgano Abajo. Madrid, Libris: Asociación Libreros de

Gilij salta de nuevo a la escena documental cuando comienza a publicar su *Ensayo de Historia Americana* (1780-1784). Esta oportunidad le hace entablar correspondencia con el P. Hervás y Panduro y con algunos exmisioneros que dominaban las lenguas americanas[2230]. Pero también se prodigan los elogios de los científicos europeos. Así por ejemplo, el *Nuovo Giornale di Letteratura di Modena*, publicado en Módena en 1786[2231], *L'Esprit des Journaux* de París en 1781[2232] y otros.

Falleció en Roma el 10 de marzo de 1789[2233].

GILIJ HISTORIADOR DE LA ORINOQUIA

Visión general. Se podría afirmar que –en conjunto– ninguno de los escritores misionales que le antecedieron pudo gozar de las singulares coyunturas que envolvieron su biografía para legar, no la síntesis, sino el mejor aporte jesuítico al estudio de los hombres que habitaron el gran río venezolano.

El misionero italiano escribe como testigo presencial del auge que vivió el Orinoco al mediar el XVIII (1749-1767); después de haber conocido y convivido con los actores históricos de esa época ya fuera por sus tareas de Superior de la Misión (1761-1765), ya por sus conexiones con los miembros de la Expedición

---

viejo, 2007. Lorenzo HERVÁS Y PANDURO. *Biblioteca jesuítico-española II. Manuscritos hispano-portugueses en siete bibliotecas de Roma.* Estudio introductorio, edición crítica y notas: Antonio Astorgano Abajo. Madrid, Libris: Asociación Libreros de viejo, 2009.

2230 Archivo Vaticano. *Vat. Lat.*, 9802. fols. 142r-162v; 201r-202v. Recoge la correspondencia de Gilij con Hervás. Una traducción la publicamos en nuestro libro: *Aportes jesuíticos a la Filología colonial venezolana.* Caracas, Ministerio de Educación, II (1971) 205-237. Gran parte está fechada en 1783.

2231 Tomo 33, pags. 233-251.

2232 1781 (junio) 106-116. 1782 (enero) 75-90. 1784 (julio) 187-209. 1785 (octubre) 160-169.

2233 ANB. *Temporalidades*, t. 9, fol., 487. *Razon de los Ex-jesuitas de la Provincia de Santafé que han fallecido desde el año de 1784 hasta fin de diciembre de 87.*

de Límites, ya por las interminables horas de estudio, observación y análisis que conllevó su vida solitaria en la reducción de San Luis de la Encaramada. Además, entre la redacción del *Saggio* y sus experiencias misionales se interpone aproximadamente una década, espacio importante para la sedimentación de tantos hechos históricos que le tocó vivir.

Como fácilmente se puede entrever, tras la extinción de la orden religiosa a la que había pertenecido Gilij, no era fácil escribir sobre el tema jesuítico, ni menos conseguir recursos para financiar ese tipo de obras en las que apareciera el tema de la Compañía de Jesús. Sin embargo, pensamos que el valor específico de su investigación le permitió el inmediato acceso al mundo de los Catálogos y Bibliografías tan del gusto del siglo XIX.

La concepción del Saggio di Storia Americana. Pero viniendo al estudio de la faceta gilijiana de historiador de la Orinoquia debemos clarificar algunos puntos para que pueda ser ubicado en su justa dimensión.

Desde el comienzo creemos que hay que dejar sentado el alcance del marco geo-histórico que asigna el jesuita italiano a su obra. El *Saggio* se compone evidentemente de dos partes: la primera –la fundamental– trata sobre la Orinoquia, y la segunda –podríamos catalogarla de apéndice– sobre la Tierra Firme. Y dentro de la Orinoquia Gilij encuadra su historia: las naciones misionadas por los jesuitas[2234], es decir, el enorme cuadrilátero que trazan por el norte el Orinoco y el Apure con sus límites este-oeste definidos por el río Caura y la gran cordillera andina que divide el Llano del Altiplano y la frontera sur totalmente ilimitada.

2234 GILIJ. *Ensayo...*, I, 131. "... obsérvese con diligencia que hablamos aquí de los indios que están bajo la dirección de los capuchinos, a la derecha del Orinoco, enfrente de la Guayana. Dejemos a quien propiamente pertenece el ocuparse de ellos; como tampoco de aquellas naciones que habitan al Sur de los caribes, cuya conversión ha sido encomendada por los Reyes católicos a los religiosos observantes. *Hablo, pues, de solo las naciones* en que tuvieron antaño los jesuitas y que me son conocidísimas por mi larga residencia".

Todavía más, dentro de este marco resalta y establece sus matizaciones. No vaga por los espacios infinitos del Airico sino que se circunscribe a la parte por él vivida y conocida: la margen derecha de nuestro gran río[2235]. Pero desde el Cuchivero al Sipapu parece que Gilij se mueve en su casa propia[2236]. De las inmensas regiones que se extienden más allá del Ventuari se aventura a hablar solo con una lógica hipotética "... no puedo sino adivinando, lo que desdice de quien cuenta y escribe historia"[2237].

Las coordenadas históricas, según se desprende de la lectura reposada del texto, se podrían fijar hacia la mitad del siglo XVIII y hacerlas coincidir con su estancia en nuestro gran río (1749-1767). Con todo, es natural que se remonte a la historia pasada siempre que la necesidad o la conveniencia lo aconsejen.

La génesis del Saggio. Sobre la génesis de la obra no podemos aducir ningún aporte esclarecedor. Si la biografía del destierro en Italia de Gilij ofrece enormes lagunas informativas, otro tanto podemos afirmar del origen del *Saggio di Storia Americana*. Sin embargo, pensamos que el estudio de los jesuitas expulsos y su producción escrita es una tarea que no se ha llevado a cabo todavía y habrá que esperar a las investigaciones que se realicen en los archivos italianos para poder sorprender la información necesaria sobre Gilij, uno de tantos abates ex-jesuitas, desterrados, pobres y anónimos.

2235 GILIJ. *Ensayo...*, I, 125-126. "Pero no es mi intención dejar ésta por espacios, diríamos, infinitos (la margen izquierda del Orinoco). Dejo intacta y tal cual la encontré la parte de la izquierda y *me limito solo*, siéndome cosa más conocida, a la derecha del Orinoco".

2236 GILIJ. *Ensayo...*, I, 47. "Yo, que he estado allí no solo después, sino aún más años, y en tiempos más ilustrados que los antedichos, no menos por lo que vi *desde sus bocas hasta el Sipapu*, que por cuanto he entendido frecuentemente de personas que han estado más allá, lo mido diversamente".

2237 GILIJ. *Ensayo...*, I, 118. "...principalmente en aquella parte que del Cuchivero al Tipapu me fue dado ver y observar con más atención y más calma". GILIJ. *Ob. cit.*, I, 133.

Por nuestra parte pensamos que el género de vida que llevó Gilij durante los 6 años que median entre su destierro del Orinoco en 1767 y la extinción de la Compañía de Jesús en 1773, mediante el Breve *Dominus ac Redemptor*, no hayan sido propicios para redactar su *Saggio*. En ese momento preciso Gilij contaba 52 años de edad y ese mismo año 1773 se radica en Roma[2238]. Pensamos que el ocio romano debió inspirarle la idea de escribir sus obras orinoquenses.

Después de lo dicho anteriormente, nos inclinamos a creer que la última redacción es tardía e incluso muy próxima al año 1779[2239]. Sin embargo, no disponemos para nuestra afirmación de puntos cronológicos serios de referencia. Toda la correspondencia que conocemos de Gilij tanto con Lorenzo Hervás y Panduro como con las autoridades españolas es posterior a la publicación del *Saggio*. Por otra parte, la alusión a la *Historia Chorográfica* de Caulín, que llegó a sus manos cuando ya el primer tomo estaba redactado[2240], no conlleva obligatoriamente ninguna consecuencia que ilumine nuestra duda.

Los objetivos del Saggio. También el fin del *Saggio* amerita algunas consideraciones y puntualizaciones. A primera vista pudiera parecer que el autor pretende presentar al mundo de habla italiana

---

2238   GILIJ. *Ensayo...*, II, 35.

2239   En la dedicatoria al Papa Pío VI con que inicia su *Saggio*, dice Gilij: "Así comparezco ante vuestros pies, batísimo Padre, con un volumen de historia natural, *a la que me he dedicado durante algunos años...*".

2240   GILIJ. *Ensayo...*, I, 283. "Estaba ya no solo llevada a cabo, sino en las manos del impresor la historia del Orinoco escrito por mí, cuando afortunadamente... supe que acababa de salir otra sobre el mismo asunto a la luz, en idioma español... [la del P. Caulín] y habiéndole expuesto al Sr. Azara mi determinación de dar a la luz la historia natural del Orinoco, le manifesté a la vez mi deseo de ver aquella, que se decía había venido recientemente de España. A lo cual él, de la manera más amable, me ofreció el nuevo autor español, y unidos a él algunos otros libros, y toda si me pluguiese, su magnífica biblioteca, y alabando mi resolución de publicar en Italiano la América, me despidió amabilísimamente".

una justa idea de la Orinoquia, ya que, a su juicio, muchos autores europeos habían deformado y alterado su verdadera imagen[2241].

Sin embargo, el estudio del libro no ofrece lugar a dudas: el autor va más allá pues intenta ser el portavoz del silente mundo indígena orinoquense[2242] falto de buenos estudios. Pero aunque el fin principal sea el indígena orinoquense, debemos insistir todavía en la existencia de un trasfondo real que hace relación directa a un marco de referencia: escribir en su lengua materna la historia de la Compañía de Jesús en el gran río venezolano[2243].

[2241] GILIJ. *Ensayo...*, I, 45. "El prurito de formar libros sobre cosas no bien comprobadas ha inducido a no pocos a tejer una fábula sobre las comarcas de América". Felipe Salvador GILIJ. *Ensayo de Historia Americana*. Bogotá, Academia Colombiana de Historia, IV (1954) p. XIX. "Y esta mía... no tiene otro fin que el de dar a muchos que me lo han pedido una justa idea de los países americanos, idea ahora necesaria para conocer bien esta parte del mundo, años atrás tan alterada y aun deformada por la exageración o por las falsedades..."

[2242] GILIJ. *Ensayo...*, II, 23. "Mi historia tiene por objeto principalísimo los indios...". GILIJ. *Ensayo...*, II, 15: "Si se pudiera hablar de los indios de aquella manera en que se habla de las naciones o más civilizadas o más conocidas. Y ellos tuvieran también escritores que pusieran de manifiesto con libros sus méritos, después de tantos años de los descubrimientos de Colón estaría al fin acallado o resuelto el pleito que aún se agita con fervor sobre el mérito de ellos. Pero la causa de los indios, al contrario de la de las otras naciones, nunca ha sido ni ilustrada ni promovida con argumentos sólidos por aquellos que eran parte en ella. En el decurso de tantos años, en tiempo tan largo, jamás ha aparecido nadie que, poniéndose a la cabeza de sus compatriotas, haya defendido o propalado sus prerrogativas. Estén sujetos a los españoles, lo estén a los franceses o ingleses y a otras naciones europeas, los indios todos... son por lo general ignorantes, a modo de campesinos, son pobres no menos de fortuna que de talentos y espíritu". GILIJ. *Ensayo...*, II, 16: "Queda pues que la causa de los indios, privada como la de los campesinos, de protectores propios, se vuelva para su defensa a los extraños. Pero cuán raros son los que logran la justa medida. Algunos, como abogados seducidos por afán de partido o por falta de luces justas, los rebajan hasta el extremo. Otros por el contrario, los alaban, pero sin discreción...".

[2243] GILIJ. GILIJ. *Ensayo...*, IV, 280: "Cada Orden, como dije en otra parte, se ha preocupado suficientemente por hacer su historia: Zamora la de los dominicos, Simón la de los franciscanos, Cassani la de los jesuitas que ya no se encuentran allá: todos ellos escribieron en español. Hasta ahora no hay sobre este tema

Esta triple intencionalidad explica las líneas de pensamiento histórico que permean la estructura de toda la obra. Estos diversos mundos internos de Gilij se revelan, a nuestro modo de percibir su texto, de forma muy singular en el ámbito de las polémicas. Es verdad que si polemiza lo hace por la verdad objetiva, fruto de sus años de existencia orinoquense. Cuando se vuelve apologeta –lo hace muy pocas veces– lo hace siempre en relación a los datos objetivos y enfrentando las afirmaciones contrarias[2244], pero siempre en la perspectiva de los tres planos sugeridos.

Las polémicas intelectuales. Una interesante síntesis de las polémicas, en su globalidad, las ha planteado Antonello Gerbi[2245]. Con todo, Arleny León, se aproxima más en su estudio a los planos que hemos señalado más arriba[2246].

Debemos confesar que Gilij es un escritor libre de fanatismos como lo evidencian su equilibrio en la búsqueda y representación de la realidad americana y la ecuanimidad de su estilo y retórica. Si se ha impuesto diseñar una visión del mundo americano diferente a las versiones que presentan a lo largo del siglo XVIII tanto los científicos europeos como los cronistas criollos o su propio maestro el P. José Gumilla, es lógico que disienta y establezca sus puntos de vista.

Se podría pensar a veces que toma posición en la contienda Europa-América, o frente a los exacerbados nacionalismos. Pensamos que en la mayoría de los casos, el núcleo de su argumentación

---

historia alguna en nuestro idioma, por lo tanto no debe desagradar que yo trate brevemente de él...".

2244 Biblioteca Apostólica Vaticana. Vat. Lat. 9802. fol., 150. *Carta de Gilij a Hervás.* Roma, 11-02-1784. En: José del REY. *Aportes jesuíticos a la Filología colonial venezolana.* Caracas, Ministerio de Educación-Universidad Católica Andrés Bello, II (1971) 216-217.

2245 Antonello GERBI. *La disputa del Nuevo Mundo.* México, Fondo de Cultura Económica (1960) 204-214.

2246 Arleny LEÓN DE D'EMPAIRE. "Gilij y el debate americano en el siglo XVIII: el discurso de las crónicas". En: *Montalbán.* Caracas, 21 (1989) 105-124

radica en su concepción del autóctono o en la matización de teorías como la del buen salvaje y otras de diversa índole científica. Por ello hay que examinar en cada caso el hecho profundo y no la persona que representa la contienda, ya sea Buffon, Voltaire, de Pauw, Raynal, Marmontel y Robertson, ya sean hermanos suyos en religión como el chileno Molina[2247].

El concepto de historia de Gilij. Un punto importante por dilucidar en el misionero orinoquense es el relativo a su concepto de historia. Gilij no es un historiador tradicional. El impacto de la vida europea de fines del XVIII le hace transitar nuevas perspectivas científicas que completan de forma impecable, el aporte que los escritores Juan Rivero y José Gumilla habían iniciado al escribir sus libros sobre la Orinoquia.

A la hora de redactar su obra, el misionero orinoquense explicita una serie de premisas que sirven de aval para su *Saggio*. Lógicamente se ufana de escribir la verdad, no consumido en Europa, sino después de haber vivido 25 años en tierras americanas[2248]. Pero él mismo se adelanta a anotar una observación que es necesario tenerla en cuenta en última instancia. Gilij vivió en el Orinoco 18 años no como técnico o explorador, sino como misionero[2249] que dispone de una formación universitaria y cuya

---

2247 Walter HANISCH. *Juan Ignacio Molina. Sabio de su tiempo.* Santiago de Chile, Ediciones Nihil Mihi, 1976.

2248 GILIJ. *Ensayo...*, II, 20. "Yo me afano por decir la verdad, y no me importa nada que alguno tenga contrario parecer. Presente cada uno lo que mejor le parezca. Yo así lo siento no después de haberme consumido sobre una mesa en Europa, sino después de haber visto con mis propios ojos y oído con mis propios oídos a los americanos no menos de veinte y cinco años...".

2249 GILIJ. *Ensayo...*, I, 174-175. "Yo, como ya señalé en el prefacio de esta obra, estuve de misionero en el Orinoco, *no* de botánico. Más prisa tuve por los frutos útiles para saciar mi hambre, que no puse estudio en la indagación de las flores, alimento gentil de la inteligencia. Y después ¿dónde estaban los libros oportunos en aquellos lugares para hacer estas observaciones?. Pero al menos abro un camino no recorrido antes sino superficialmente, y con estas fatigas, sean cual sean, doy a los venideros una luz con que podrán perfeccionar sus historias..."

función específica era la de educar a los indígenas y ofrecerles la fe católica. Consecuentemente ve al indígena con ojos de teólogo y su principal preocupación es la promocionarlo a estados de desarrollo material y espiritual capaces de hacerlo responsable de su destino terrenal y celestial[2250].

El criterio de verdad sostenido por el misionero de la Encaramada se fundamenta en la observación, descripción y análisis de la compleja realidad americana aprehendida directamente[2251]; y la verdad en sus más ricas dimensiones, sea agradable o desagradable[2252], buena o mala[2253] conocida o desconocida[2254].

Antes de venir al detalle de cada uno de los elementos integrantes del "criterio de verdad" aplicado por Gilij a la redacción de su *Saggio* no podemos pasar por alto una síntesis de su metodología:

> .. la segunda cosa, esto es, la materia de mi libro. Para hacerla en cuanto sea posible veraz, me he servido de tres medios efi-

---

2250 GILIJ. *Ensayo...*, IV, 78. "No, a quien como yo pensaba principalmente en otra cosa distinta de la naturaleza de las cosas vistas, a quien se entrega totalmente al pensamiento de conquistar para Cristo los salvajes, es necesario que se escapen, sin quererlo, muchos utilísimos conocimientos".

2251 GILIJ. *Ensayo...*, IV, 68. "En tierras calientes no vi otras plantas nuestras fuera de las indicadas. Sin embargo, si hay otras, estoy listo a agregarlas en un apéndice. Escribo por amor a la verdad y no con parcialidad". GILIJ. *Ensayo...*, IV, 77. "Y para uno como yo, deseosísimo de entender a fondo todo lo raro que de día en día ofrecen a la vista los inmensos países de América...".

2252 GILIJ. *Ensayo...*, IV, 78. "Y por supuesto que el primer fin de quien escribe historia ha de ser el de decir la verdad, ya sea agradable o desagradable...".

2253 GILIJ. *Ensayo...*, IV, 16. "Yo bien quisiera alabarlos en todo si me lo permitiera la verdad. En ellos viví especialmente muchos años; ellos me alimentaron. Pero qué provecho sacarían los viajeros futuros del Nuevo Mundo, qué provecho sacaría la historia natural, si yo solamente dijera lo bueno y por incuria, o por otro motivo reprensible callara intencionalmente lo malo?".

2254 GILIJ. *Ensayo...*, IV, 78. "Conocí entonces por experiencia, pero mucho más después en mis viajes por el Orinoco, qué increíble placer es el de encontrar cuando se viaja, ya un vegetal antes desconocido y observar sus flores, sus hojas y sus frutos; ya un animal antes no conocido y considerar todas sus características; ya también gentes foráneas y bárbaras y llamarlas con palabras nuevas".

cacísimos: de mis ojos, de mis oídos y de los fieles relatos de los demás. No puede afirmar que lo he visto todo, oído todo, lo que para algunos daría mayor valor a mis relatos. Pero que importa eso? Lo he oído y leído, lo he coleccionado también diligentemente de las cartas de mis corresponsales, testigos de vista, testigos integérrimos a los que he pedido sucesivamente noticias de las provincias en que se encontraban (…). Solamente que estos medios, aunque valiosísimos, no hubieran bastado para mi deseo de ser exacto. También he leído cuidadosamente los historiadores antiguos y modernos que se verán citados en su lugar, ya para confirmar lo que digo si acertaron, ya para mostrar sus errores si los cometieron…"[2255].

No se le escapa al jesuita italiano el peligro siempre presente de la subjetividad, sobre todo a la hora de elaborar interpretaciones[2256], hijas de la continua soledad, inmersa en un mundo no dialogante en niveles superiores de cultura[2257] o por su inconsciente adecuación al mundo mítico circundante[2258]. Pero tras esa salvedad –reconocida honestamente– afirma su deseo de acercarse a la verdad de la forma más científica posible: "Yo me enorgullezco de ser un escritor sincero, ni adverso ni favorable más allá de donde me lo permite el deber, a esa noble nación para con la que tengo grandes motivos de gratitud. Pero en gracia de la verdad que profeso, no se escuche el efecto, piénsese solo en las obras"[2259].

2255 GILIJ. *Ensayo…*, IV, p. XIX-XXI.

2256 GILIJ. *Ensayo…*, II, 293. "Fuera de que la verdad de la historia no nos consiente entregarnos como presa a vagas imaginaciones".

2257 GILIJ. *Ensayo…*, IV, 264. "Yo estuve en el Orinoco casi hasta envejecer, o por el tiempo que pasé allá o por las dificultades e incomodidades que sufrí. Y bien se puede imaginar que una persona como yo, casi siempre solo entre bárbaros, debía en el silencio forzado tener muchos pensamientos para alivio de la soledad".

2258 GILIJ. *Ensayo…*, IV, 28-29. "…y Dios sabe cuál era nuestro terror por los cuentos miedosos que nos habían relatado. Y por los huesos de animales muertos por el frío…". [Se refiere al páramo entre Tota y Toquilla].

2259 *Ibidem*.

Mas Gilij da por supuesto lo escrito por la historia jesuítica, sintetizada por el cofundador de la Real Academia, Joseph Cassani, y la visión introductoria de la antropo-geografía orinoquense ofrecida por Gumilla. Lo histórico, como crónica, lo remite a la obra de Gumilla[2260]–que por cierto la cita de la traducción francesa–. Pero en todo lo que atañe a la Orinoquia procura hacer referencias a los principales autores que trataron la temática por él estudiada[2261].

Escribe dentro del concepto de historia natural como lo recoge el *Diccionario de Autoridades* en su entrada de "Historia", es decir, "la descripción que se hace de las cosas naturales, animales, vegetales, minerales, &, como la historia de Plinio, la del P. Acosta, la de Dioscórides, &". Dentro de ese espíritu redacta un verdadero tratado de indología orinoquiana en el que supera a todos sus predecesores en acercarse genuinamente al alma del habitante de nuestro gran río para describirlo en su medio físico, humano, social y cultural.

El autóctono orinoquense hay que estudiarlo en su completo entorno[2262], convivir con él como el libro "más raro y más digno de profunda especulación"[2263], a fin de evitar los prejuicios

---

2260 V. gr. GILIJ. *Ensayo...*, II, 228.

2261 En realidad Gilij conoció la principal bibliografía sobre la Orinoquia. A cada paso cita *El Orinoco ilustrado* en su versión francesa. La Condamine. *Voyage à l'Amérique Meridional* (GILIJ. *Ensayo...*, I, 44). Lucas Fernández de Piedrahíta (*Idem*, I, 138). La *Chronica* de Torrubia (*Idem*, I, 139). La *Historia Chorographica* de Caulín (*Idem*, I, 284). La *Historia* de Oviedo y Baños (*Idem*, IV, 135).

2262 GILIJ. *Ensayo...*, II, 23. "*Mi historia tiene por objeto principalísimo los indios*, de los cuales habremos de hablar... Ahora bien, qué concepto formar de esta gente, poco conocida por nosotros, si se ignora de todo la tierra en que habita, se saben poco las aguas que bebe, nada del genio del cielo bajo el que está, nada del sol que la protege?".

2263 GILIJ. *Ensayo...*, II, 49. "... y decir de ellos [los indios] todo lo que o sé por fieles relatos o bien observé yo mismo por mi con atención. *Entre los libros que tuve antaño* en el Orinoco ninguno me pareció más raro y más digno de profunda especulación que los indios con quienes conviví. Qué escenas casi inimaginables, que comedias y tragedias, qué novedades increíbles. Infinitas, podría decir, son las cosas que se aprenden estudiando al hombre indio".

favorables o desfavorables que puedan provenir de autores proclives o contrarios al indígena[2264]. Asimismo insistirá en la importancia de la lengua y toda la cultura que se expresa a través de un idioma.

También los autores pueden ser víctima de prejuicios –y la confesión del peligro real de la subjetividad– escoge como segunda fuente a los autores sin prejuicios[2265] tanto a los que han vivido en América, como a los que escriben basándose en el testimonio de fuentes primarias y/o secundarias y desde Europa[2266]. Esta dependencia de personas y fuentes la practica Gilij sobre todo en su tomo IV, cuando abandona su terreno y sus indígenas para enmarcar la Orinoquia y los jesuitas en el amplio concepto de Tierra Firme.

Apela a jesuitas compañeros de él y a sus estudios en Bogotá[2267]. Pero en definitiva, su propia experiencia constituirá el criterio máximo de su obra científica[2268]. Pero la experiencia la confronta,

---

2264 GILIJ. *Ensayo...*, II, 109. "Me servirá de regla para escribir lo que de ellos observé atentamente, no los prejuicios, no el ánimo ganado por la lectura de autores contrarios o favorables a los indios".

2265 GILIJ. *Ensayo...*, IV, 41. "Entre tanto, yo sin tomar partido ni alistándome con los que las desprecian ni siguiendo servilmente a los que las exaltan más de lo justo, seguiré la vía media diciendo solamente la verdad, en otras palabras (porque puedo también equivocarme) declarando el concepto en que las tienen en América las personas sin prejuicios".

2266 GILIJ. *Ensayo...*, IV, 104. " ... nosotros apoyados en el *testimonio ajeno* hemos hecho hasta aquí un viaje seguro, pues las dificultades y trabas son tantas que causarían confusión a los italianos que no han estado nunca en América y hasta a mi mismo".

2267 GILIJ. *Ensayo...*, IV, 120-121. "Y si no fuera por la ayuda de algunos gentiles Padres amigos míos que me han favorecido enviándome importantes y útiles documentos, yo que durante mi permanencia en Santafé estuve casi siempre entre los libros, no podría ciertamente hablar tan extensa y autorizadamente como me glorío de hacerlo con su ayuda".

2268 GILIJ. *Ensayo...*, IV, 107. "Las cosas que hemos notado hasta aquí, con base ya en nuestra propia experiencia, ya en la ajena, acerca del ganado vacuno... Pero yo me siento atacado aqui por dos partidos contrarios entre si. (...) Yo no me he propuesto nunca agradar a nadie al escribir mi Historia sino ser útil". GILIJ. *Ensayo...*, IV, 117. "Mis pensamientos estaban divididos entre libros y salvajes, pero ahora habiendo pensado escribir la Historia de Tierra Firme, quise agregar

en cuanto le es posible, con otros autores pues de todos se sirve aunque escoja siempre al mejor[2269].

También los indígenas –en sí– se constituyen en una fuente (la más interesante y la más peligrosa) por cuanto ellos son los protagonistas genuinos del *Saggio*, pero a la vez se necesita un criterio maduro y avezado de selección para saber detectar lo genuino, lo indeterminado, lo tergiversado y lo falso[2270]. Lamenta no poder escribir in situ y a la vez con todos los documentos en la mano[2271].

La experiencia la somete a la confrontación y a la crítica: "Este sistema, siendo el de la verdad, no debe apoyarse para llevarlo a feliz término en una experiencia común y como de paso, sino más bien en una observación continua y crítica"[2272].

En lugares tan apartados y remotos de los centros del saber y de la investigación era lógico que no se podía disponer de los elementos imprescindibles para precisar lo cuántico; mas para

---

a mis pocos conocimientos con respecto a algunas cosas de Tierra Firme que yo no vi, el de otros que las conocen bien".

2269 GILIJ. *Ensayo...*, IV, p. XIX. «Antes me sirvo de todos, de todos escojo lo mejor pero nada más; ya que yo, no sé por qué innata libertad en este punto, que conozco muy bien, no sigo ciegamente el modo de pensar de los demás, salvo en aquello en que no se apartan de la verdad».

2270 GILIJ. *Ensayo...*, II, 105. "Pero ¿quién no sabe que los indios son mentirosísimos, y que para no exponerse a la risa de otras naciones reducidas, no presentan todas sus costumbres?".

2271 GILIJ. *Ensayo...*, IV, 294. "Quien escriba historia no de lejos como yo, sino sobre el lugar de los acontecimientos, con documentos en la mano, daría aquí enseguida el número de los más alabados pintores". GILIJ. *Ensayo...*, IV, 394. "...y otras poblaciones para hablar de las cuales necesitaría libros que no tengo". [Se refiere al Gobierno de Santiago].

2272 GILIJ. *Ensayo...*, IV, 79. "Si se me replica que es imposible la experiencia de todos los lugares y de todas sus cosas, lo comprendo. Pero sería cosa fácil si después de haber dividido entre varios las distintas partes, escribira uno por ejemplo sobre las plantas propias de los distintos climas de América, otros sobre las plantas llevadas de otras partes, otro de los animales de allá y otro de los llevados después, y así comparando unos trabajos con otros, sacar las conclusiones. Esta empresa por cierto no imposible, pondría finalmente en claro lo que hasta ahora parece oscuro".

un amante de la verdad se sirve de los medios naturales que le aproximen a ella[2273]. También se sirve de la bibliografía estudiada e interpretada a la luz de la crítica: así sus apreciaciones sobre Lucas Fernández de Piedrahita[2274], José Gumilla[2275], Oviedo[2276], Giuntini[2277], Tiraboschi[2278] y otros. Además, la genuina actitud crítica conlleva el respeto que en el caso del jesuita italiano se precisa en dos vertientes: respeto a la verdad y al fundamento del juicio del que opina de forma distinta:

2273 GILIJ. *Ensayo...*, II, 31. "Delante de mi casa planté en tierra una pértiga, que enviando siempre la sombra directa hacia los polos me servía de distracción o de regla para observar minuciosamente los antedichos movimientos del sol". GILIJ. *Ensayo...*, IV, 18. "Yo, no por descuido al escribir, sino porque me faltó en mis viajes el termómetro, me veo obligado a decir solamente de la calidad de calor de Tierra Firme...". GILIJ. *Ob. cit.*, IV, 34. "Yo fui allá el 3 de julio [a monte Vetore] deseoso de observar los raros fenómenos naturales que de vez en cuando admiran los que van a ese lugar con fines de estudio".

2274 GILIJ. *Ensayo...*, IV, 186. "...Historia que creo haya compilado con base en buenos documentos".

2275 GILIJ. *Ensayo...*, II, 228.

2276 GILIJ. *Ensayo...*, II, 297. "En un asunto que todos ordinariamente creemos extraño, yo me atendría a la opinión de los escritores antiguos españoles, en los que brilla la verdad tan hermosa, que enamora a los lectores. Oigamos ahora a Oviedo, escritor ingenuo, que se halló en muchas de las primeras conquistas...".

2277 GILIJ. *Ensayo...*, IV, 320. "Por qué no se cita a Oviedo, el más antiguo de todos y que trata ese tema expresa y simplemente y sin modernas cavilaciones?. Giuntini que no estuvo nunca en España ni en América, atribuye a Vespucio por testimonio ajeno...".

2278 GILIJ. *Ensayo...*, IV, 318. "Pues para destruir la autoridad de todos los autores españoles acerca de este punto, se necesita algo más que un pedazo de papel escrito por un espíritu vanidoso a costa de la verdad, como por otra parte los españoles se lo echaron en cara por vía jurídica. Se necesitan pruebas tomadas de escritos imparciales contemporáneos, se necesitan diarios no escritos para vana ostentación de méritos, sino para instrucción sincera de la posteridad. Quien quiera a este respecto, para mi certísimo, una disertación erudita y exacta en favor de Colón, imparcial en darle la preferencia, lea al muy ilustre Padre Tiraboschi".

No habré errado en nada? No lo creo, y esta es la primera. La otra es reafirmar aquí... que yo en mis relatos solamente he abrazado la verdad o aquello que tal me parece, sin hacerme el maledicente, nombre que muchas veces se ha cambiado por el de crítico. A mi no me corresponde arrogarme la crítica, cualidad que cuanto más se enaltece se desvanece más. Eso si, declaro que abomino la maledicencia para con cualquiera, pero especialmente para con aquellos a quienes debo tanta gratitud por su finezas..."[2279].

Dos puntos de referencia son necesarios todavía para entender la criteriología gilijiana en toda su amplitud de espíritu: su posición pro-hispana[2280] a pesar del papel que jugaron las autoridades españolas en su vida y en el destino de la Compañía de Jesús; y la actitud conciliatoria que asume entre el aparente conflicto entre religión y ciencia[2281].

La estructura interna del Saggio. Antes de ingresar a la

2279 GILIJ. *Ensayo...*, IV, p. XXIII.

2280 GILIJ. *Ensayo...*, IV, 261. "Al leer la conquista de Tierra Firme me siento movido por dos sentimientos diferentes, y creo que esto le pasa también a los demás. Uno es de admiración, el otro de emulación. Y de veras, ¿quién podrá dejar de maravillarse mucho y de encenderse en celo de nuevos descubrimientos. Al oir que pocos españoles, primero bajo la dirección del gran Colón, después bajo la de otros eximios descubridores, no solo vieron la Tierra Firme sino que espiaron todos los rincones, navegaron valerosamente los ríos y sujetaron en poco tiempo las naciones, hasta fundar amplísimas ciudades y tierras, crear virreinatos, erigir nobilísimos obispados? Tan ilustre conjunto de cosas pide que se desarrolle con mucha claridad y que yo lo exponga por partes para que se pueda entender bien".

2281 GILIJ. *Ensayo...*, IV. 262. "Como decía poco antes, al contemplar esas nobles hazañas no puedo dejar de encenderme en un vivo deseo de que todo lo que pueda por descubrir ya en América, ya en los polos del mundo, se descubra finalmente en favor de la ciencia y de la propagación de la religión cristiana. Pero el solo descubrimiento de tierras bárbaras, sin fundar colonias para perpetuar su posesión, no es tan halagueño que uno se decida a cruzar mares borrascosos y a viajar a través de horribles países para conseguirlo. Descubrimientos de este género, especialmente si tienen por fin el único el dinero, son propios de viles bandidos o piratas, pero no de espíritus generosos y católicos".

estructura de la obra del jesuita italiano, volvemos a insistir en el dualismo que envuelve el *Ensayo de Historia Americana*: La Orinoquia es el tema y la Tierra Firme es el entorno.

El primer volumen está dedicado a la historia natural (zoología y botánica) pero el acucioso lector también descubrirá un tesoro de pequeñas noticias históricas, geográficas, biográficas y misionales. Un concienzudo esbozo de Gilij como geógrafo ilustrado de visión holística la ofrece Pedro Cunill Grau:

> Felipe Salvador Gilij fue un humanista dieciochesco que con esta obra quiso dar luces al conocimiento de tierras y aguas orinoquenses, proyectándolas hacia el futuro para su adecuado poblamiento y movilización cuidada de sus recursos naturales. Se inserta entre los geógrafos ilustrados que con nuevo lenguaje científico intentaron fomentar diversas utilizaciones de las materias primas de la naturaleza, evaluar las consecuencias de aclimataciones y transculturaciones de hombres y recursos, incentivar acciones de poblamiento y embellecimiento u ordenamiento de los paisajes silvestres por paisajes armónicos, urbanizados. Además, con racionalidad intentó que sus aportes fueran utilitarios[2282].

El núcleo medular, tomos II y III, lo acaparan los indígenas: sus costumbres, su cultura, su vida política y sus lenguas. Completarían este original aporte dos manuscritos todavía hoy desconocidos: *Anécdoctas Americanas*[2283] y *Religión antigua americana*[2284]. A través del camino de la historia natural llega al objetivo último de su meditación: "la ventaja espiritual de los indios"[2285].

En el tomo IV describirá el estado natural, político y sa-

[2282] Pedro CUNILL GRAU. "Felipe Salvador Gilij, geógrafo dieciochesco de la cuenca del Orinoco y del Amazonas venezolano". En: *Montalbán*. Caracas, 21 (1989) 25.

[2283] GILIJ. *Ensayo...*, III, 336.

[2284] GILIJ. *Ensayo...*, IV, 218.

[2285] GILIJ. *Ensayo...*, I, 21.

grado de Tierra Firme a fin de ofrecer el "estado civil presente de América, bajo los españoles, como ya presenté el estado salvaje bajo los indios en la descripción del Orinoco"[2286]. Mas este tomo nos desvía –a pesar del cúmulo interesante de noticias– del objetivo fundamental de nuestro tema.

Pero ciertamente, el basamento de la fama del P. Gilij radica en su tomo III que lo ha convertido en el pionero de la etnolingüística venezolana[2287].

Jesús Olza precisa el valor del autor del *Saggio* dentro de la evolución de la lingüística: "Gilij está en la fase en que la gramática deja de ser general y pasa a particular; Gilij además participa en el alumbramiento del comparatismo, pero hay un momento previo o simultáneo, muy importante en la historia de la lingüística, y es la inclusión del lenguaje dentro de la Historia Natural"[2288].

Para una visión más completa nos remitimos a lo dicho al tratar el tema de Gilij y la lingüística indígena.

En todo caso surgen nuevos estudios en torno a la figura del P. Gilij que tratan de precisar su genuino aporte y de analizarlo desde puntos de vista muy distantes de la mera historia jesuítica[2289].

El aporte cartográfico. No es la cartografía el fuerte de Gilij y creemos que por una razón muy sencilla, pues, durante su estancia misionera en el Orinoco la Expedición de Límites tuvo como una misión específica el levantar mapas de todas esas regiones y a ellos se remite el jesuita italiano:"Por lo que hace al Orinoco, de buena gana adornaría este libro mío con las observaciones de los señores

---

2286 GILIJ. *Ensayo...*, IV, p. XXI.

2287 Marie-Claude MATTEI MULLER. «Gilij, pionero de la etnolingüística venezolana: sus métodos y logros». En: *Montalbán*. Caracas, 21 (1989) 91-104.

2288 Jesús OLZA. "El Padre Felipe Salvador Gilij en la historia de la lingüística venezolana". En: *Paramillo*. San Cristóbal, 8 (1989) 441.

2289 V. gr. Paul HENLEY. "Los Tamanaku". En: *Paramillo*. San Cristóbal, 8 (1989) 605-643. Nelly ARVELO-JIMENEZ y Horacio BIORD-CASTILLO. "Reflexiones antropológicas sobre el *Ensayo de Historia Americana* de Felipe Salvador Gilij". En: *Montalbán*. Caracas, 21 (1989) 69-90.

de la Real Expedición de Límites, que tuvieron consigo astrónomos y geógrafos excelentes"[2290].

En dos puntos insiste Gilij a la hora de precisar su mapa. Primero, en fijar las coordenadas de las bocas del Orinoco, las de la población de Cabruta y las del Raudal de Atures. Segundo, en dilucidar si las fuentes de nuestro gran río están en la Parima[2291].

Con todo conviene señalar algunos aportes indirectos que hace con relación a la historia de la cartografía jesuítica. De su tiempo de estudiante en Roma recordará la existencia de un mapa del Nuevo Reino "en los corredores del Gesù de Roma" que ubicaba el lago de Parima "más allá del Ecuador"[2292]. Igualmente, de su estancia bogotana (1743-1748) traerá a la memoria que tuvo en sus manos "uno de estos acertados mapas" que señalan la comunicación del Orinoco con el Amazonas a través del Río Negro[2293].

También deja abierta Gilij la curiosidad para investigar a dos jesuitas de la extinción que se dedicaron a la cartografía. Me refiero a los PP. Eusebio de Veiga[2294] y Joaquín Subías[2295].

Ciertamente debieron producirse también algunos mapas antes de la llegada de la Expedición de Límites a tierras orinoquenses. En una carta que escribe desde Madrid el P. Jaime de Torres al P. Abat, religioso franciscano en Bélgica, le habla del mapa que diseñaron los dos Procuradores de Quito, PP. Carlos Brentano y Nicolás de la Torre, pero que más exacto es otro que él posee dado por un jesuita del Orinoco[2296].

2290   GILIJ. *Ensayo...*, I, 23-24.

2291   GILIJ. *Ensayo...*, I, 24.

2292   GILIJ. *Ensayo...*, I, 25.

2293   GILIJ. *Ensayo...*, I, 51.

2294   SOMMERVOGEL. *Bibliothèque de la Compagnie de Jésus*, VIII, 531-533.

2295   GILIJ. *Ensayo...*, IV, p. XXII: "Dios sabe cuánto trabajé por tener una muy exacta [carta geográfica] de Tierra Firme, llamada también Nuevo Reino de Granada. Pero aún no la hay. Desde hace tiempos se espera una más pormenorizada y más cuidadosa de cuantas ha aparecido, del Padre Joaquín de Subias, versadísimo en esta materia. Pero todavía no se ha dado a la estampa".

2296   "Avertissement du traducteur". Joseph GUMILLA. *Histoire naturelle, civile et*

En conclusión, en la historia de la cultura venezolana debe considerársele como un genuino representante de la modernidad, a pesar de que su temática se haya reducido al autóctono orinoquense interpretado a través de la riqueza de su lengua, que es el vehículo de su cultura.

Las ediciones del Saggio

1. *Saggio di Storia Americana*. Roma, MDCCLXXX-MDCCLXXXIV, 4 vols.,[2297].
2. *Nachrichten vom Lande Guiana, dem Orinocoflus, und den dortigen Wilden*. Aus dem Italienischem des Abbt Philip Salvator Gilii Auszugsweise übersetzt. Hamburg, bei Carl Ernst Bohn, 1785[2298].
3. *Nachrichten der Völker am Orinokoflusse*. Aus dem Saggio di Storia Americana des Herrn Abbate Filippo Salvatore Gilij vormaligen Missionars am Flusse Orinoko, gedruckt zu Rom 1782. Ins deutsche übersetzt, mit einigen Verbesserungen vom Herrn Abbé Franz Xavier Veigl[2299].

---

geographique de L'Orenoque. Avignon, I (1758) sin foliar: «... le Réligieux, qui m'a donné la Carte que j'ai de l'*Orénoque*, n'étant point au fait de ces matiéres, quoi-qu'il ait été ong-temps dans ce Paris a suite du P. Roman; mais je suis pesuadé que cette Carte est infinitement plus exacte que les autres».

2297 *Saggio di Storia Americana, o ssia Storia Naturale, Civile e Sacra de' Regni, e delle provincie Spagnuole di Terraferma nell'America meridionale*. escrita dall'Abate Filippo Salvator Gilij e consacrata alla Santità di N. S. Papa Pio Sesto felicemente regnante. Tomo I. *Della storia geografica e naturale della provincia dell' Orinoco*. Roma MDCCLXXX. Per Luigi Perego Erede Salvioni, Stampator vaticano nella Sapienza. 8º, XLIV-355 pp. Tomo II. *De' Costumi degli Orinochesi*. Roma, MDCCLXXXI. 8º, XVI-399 pp. Tomo III. *Della religione e delle lingue degli Orinochesi, e di altri Americani*. Roma, MDCCLXXXII. 8º, XVI-430 pp. Tomo IV. *Stato presente di Terra-Ferma*. Roma, MDCCLXXXIV. 8º, XX-498 pp.

2298 El libro fue publicado por M. C. Sprengel y consta de XVI-528 pp.

2299 Forma parte de la obra de Christoph Gottlieb von MURR. *Reisen einiger Missionarien der Gesellschaft Jesu in Amerika*. Aus ihren eigenen Aufsätzen herausgegeben von Christoph Gottlieb von Murr. Mit einer Landkarte

4. *Nachrichten von den Sprachen der Völker am Orinokoflusse.* Aus dem Saggio di Storia Americana, o sia Storia Naturale, civile e sacra de' Regni, e delle Provincie Spagnuole dei Terra-ferme nell'America meridionale des Herrn Abbate Filippo Salvatore Gilij, vormaligen Missionars am Flusse Orinoko, gedruckt in Rom 1782. gr. 8. Ins deutsche übersetzt, mit einigen Verbesserungen vom Herrn Abbé Franz Xavier Weigl[2300].
5. *Ensayo de Historia Americana.* Estado presente de la Tierra Firme. Bogotá, MCMLV[2301].
6. *Ensayo de Historia Americana.* Caracas, 1965, 3 vols.,[2302].
    A. [Traducción latina][2303].
    B. *Ensayo de Historia Americana,* o sea Historia Natural,

---

und Kupfern. Nürnberg, bei Johann Eberhard Zeh, 1785, pp. 325-404. [Evidentemente se trata de la traducción del Tomo III del *Saggio*]. Según STREIT (*Bibliotheca Missionum*, III, 344) el mismo P. Veigl hizo una segunda edición en 1798 y en la página 314 se refiere a una traducción latina de la que no poseemos ninguna otra noticia.

2300 Forma parte de la obra: *Franz Xavier Weigl vormaliger Missionar des Gesellschatf Jesu. Gründliche Nachrichten über die Verfassung der Lanschaft von Maynas in Süd-Amerika bis zum Jahre 1768. nebst des Herrn P. Anselm Eckarts Zusätze zu Pedero Cudenas Beschreibung der Länder von Brasilien.* Mit einer Landkarte und Kupfern. Nürnberg, bei Johan Eberhard Zeh, 1798, pp., 325-450

2301 Se trata de la traducción del tomo IV del *Saggio di Storia Americana* realizada en Bogotá por Mons. Mario Germán Romero y Carlo Bruscantini. Biblioteca de Historia Nacional, vol., LXXXVIII. Bogotá, 1955, XXVII-417 pp.

2302 Se trata de la traducción española de los 3 primeros volúmenes del *Saggio di Storia Americana.* Traducción de Antonio Tovar. Biblioteca de la Academia Nacional de la Historia, Caracas, 1965. Vol., 71, Tomo I. *De la historia geográfica y natural de la Provincia del Orinoco.* XXXIV-327 p, 1 mapa, 3 fig. Vol., 72, Tomo II: *De las costumbres de los orinoquenses,* 342 p., 1 mapa, 4 figs. Vol., 73, Tomo III: *De la religión y de las lenguas de los orinoquenses y de otros americanos,* 359 p.

2303 Solo tenemos noticia de esta traducción por STREIT. *Bibliotheca Missionum.* Freiburg/Br, III (1927) 314: "Das Werk [*Reisen einiger Missionarien der Gesellschaft Jesu in Amerika*] erschien in neuer Ausgabe 1798; Veigl, Gründliche Nachrichten [cf. ib.]; *in lateinischer Ubersetzung 1788*". [Las cursivas son nuestras].

Civil y Sagrada de los Reynos y Provincias españolas de Tierra-Firme en la América Meridional, descrita por el Ab. Felipe Salvador Gilij, Misionero que fue en el Orinoco por cerca de 20 años, y traducida al español con varias añadiduras y correcciones en el texto italiano hechas por el mismo Autor[2304].

C. [*Estracto de la Historia del Orinoco* por el Padre Fil. Sal. Gilii][2305].

7. *Epistolario*[2306].

2304 AIUL. Papeletas: GILIJ, Felipe Salvador. "Mss. que según algunos imprimió pero que a nosotros solo nos consta que se presentó a la Secretaria de Estado de Madrid". No parece tan claro el texto que trae Hervás y Panduro al respecto: "Esta obra [*Saggio di storia americana*] parece haberse publicado traducida en español, pues en la Gaceta de Barcelona de 26 de marzo 1785 se lee: 'Se vende la historia del Orinoco y Tierrafirme compuesta en italiano por el *exjesuita d. Felipe* Gilij en 4 tomos con mapas y laminas oportunas. La experiencia adquirida por el autor misionero, que fue muchos años en aquellas provincias, el amable candor, justa critica, claridad y orden, con que procede, le han merecido los títulos de instruido, desapasionado, veraz y metodico con que le honran los sabios de Italia. Sin adular celebra lo mucho bueno y grandioso que la nacion española ha obrado y obra en las Indias' ". (HERVAS Y PANDURO. *Biblioteca Jesuítico Española de escritores que han florecido en siete lustros; estos empiezan desde el año 1759, principio del reindado del augusto rei Carlos III, y acaban en el año 1793*. Tomo II, Catálogo IV: "Escritores estranjeros de obras impresas establecidos en España, pag. 96 de la copia mecanografiada que reposa en el mismo Archivo de Loyola). Pero el mismo autor, en su *Catálogo de las naciones conocidas, y numeración, división y clases de éstas, según la diversidad de sus idiomas y dialectos*. Madrid, II, 245, nota 1, escribe: "Esta historia según me ha dicho el autor se traduce en español y se reimprime con nuevas ilustraciones y correciones".

2305 Véase: LIZARGARATE. *Vidas de algunos claros Varones Guipuzcoanos de la Compañía de Jesús*. Tolosa (1870) 427-429. Según este jesuita el P. Blas Miner, misionero en México, dejó entre sus manuscritos un "Estracto de la historia del Orinoco por el P. Fel. Salv. Gilii". Estas noticias las ofrece SOMMERVOGEL. *Bibliothèque de la Compagnie de Jésus*, V. 1111.

2306 AHN. *Jesuitas*, 128/1. *Inventario del archivo del colegio de Caracas*, fol., 17: "Yten, otro legajito de cartas del Padre Gili Misionero de Orinoco que tratan de negocios particulares y asumptos antezedentes". Los asuntos antecedentes

Gilij y la lingüística indígena

Ha sido la personalidad del jesuita italiano P. Felipe Salvador Gilij el mejor exponente en la vertiente de la filología indígena orinoquense y por ello nos centraremos en esta parte en dar noticia del rico contenido que reposa en el *Saggio di Storia Americana* con respecto a las lenguas indígenas de Guayana y del continente colombino.

A las indiscutibles dotes de lingüista (supo con perfección el maipure y el tamanaco, con sus respectivos dialectos[2307]) hay que añadir una pasión insaciable por todo lo que fuera Literatura indígena[2308]. Por eso, durante su destierro en Europa, se lamentará de no haber conocido en su etapa misionera los nuevos métodos de investigación de filología comparada que para él habrían sido de gran utilidad[2309].

Al misionero de La Encaramada hay que estudiarlo como uno de los pioneros en proponer el estudio del lenguaje dentro del ámbito de la Historia natural y se le puede considerar como el fundador del todavía incipiente del comparatismo de las lenguas del Orinoco y por extensión del Amazonas.

El tomo III del *Ensayo de Historia americana* significa el clímax de la tradición lingüística de los jesuitas neogranadinos que se inicia en 1604 en la sabana bogotana con el italiano José Dadey y culmina en Roma en 1784 con su compatriota el P. Felipe Salvador Gilij. Y sin ninguna discusión el misionero de La Encaramada ha pasado a ser la figura señera de la Compañía de Jesús en las disciplinas lingüísticas de la gran Orinoquia.

Mas, antes de entrar de lleno al estudio del mencionado tomo debemos alertar al lector sobre algunas advertencias que son: el estado y negocios de las misiones y el problema de la entrega del Alto Orinoco a los Capuchinos.

[2307] Felipe Salvador FILIJ. *Ensayo de historia americana*. Caracas, Academia Nacional de la Historia, III (1965) 135.

[2308] GILIJ. *Ensayo de historia americana*, III, 128; 253.

[2309] GILIJ. *Ensayo de Historia americana*, III, 135.

ayuden a su mejor comprensión. El *Saggio di Storia americana* fue apareciendo en Roma entre 1780 y 1784 y se ubica entre la ilustración y el romanticismo.

Y la advertencia fundamental se refiere al género literario en que fue escrita la obra. Ante todo estamos ante un "Ensayo" que se contrapone al "Tratado" y el "ensayista del XVIII" no presupone conocimientos previos y rehúye los lenguajes codificados de los especialistas y se dirige a un público amplio, culto y ávido de novedades[2310].

El *Ensayo de Historia americana* ofrecía una visión panorámica de las filologías indígenas americanas y presentaba como garantía científica la experiencia personal directa de casi dos décadas de estancia en el río Orinoco con unos conocimientos de primera mano y contrastados tanto con los indígenas, así como también con sus conmisioneros y con las lecturas de los hombres de letras de Italia y de Europa[2311]. El propio Hervás y Panduro observará la calidad científica de Gilij al escribir que "no obstante de haber estado 18 años tratando siempre con naciones bárbaras, en su llegada a Italia mostró en las ciencias sagradas y físicas un conocimiento tan grande, como si las hubiera estado enseñando todo el tiempo de su apostolado"[2312].

Gilij plantea en su tomo III los problemas esenciales de la lingüística indígena no solo guayanesa sino americana y su redacción, como "Ensayo" del siglo XVIII, consta de una serie de breves bosquejos que presenta de forma ordenada con una información precisa que busca ser completa pero no prolija.

La concepción filológica del ex-misionero orinoquense tie-

2310 Michael BOZIOU. "Essai". En: Michel DELON (Dir.). *Dictionaire européen des lumières*. Paris, Presses Universitaires de France (1997) 428-431.

2311 GILIJ. *Ensayo de Historia americana*, I, 18: "Parecieron nuevos mis relatos, y nunca, según ellos dijeron, tan clara y minuciosamente expuestos antes, como entonces oyeron de mi boca".

2312 Lorenzo HERVÁS Y PANDURO. *Biblioteca jesuítico-española (1759-1799)*. Estudio introductorio, edición crítica y notas: Antonio Astorgano Abajo. Madrid, Libris: Asociación Libreros de viejo (2007) 754.

ne como presupuesto fundamental o principio básico la ubicación central de la Lengua y Literatura indígenas, primero como parte esencial dentro de la Historia[2313] y después por su interrelación con lo físico, moral y religioso del indio[2314]; incluso llega a sugerir que la lengua es capaz de reflejar el universo de los que la hablan[2315].

Con todo, podríamos señalar dos objetivos fundamentales en su estudio: en primer lugar, la búsqueda del origen de las lenguas del Orinoco[2316]; y en segundo término, se orienta a desentrañar el misterio de ese laberinto idiomático orinoquense y sudamericano mediante la clasificación de las lenguas.

Sería el jesuita italiano Felipe Salvador Gilij quien interpretaría esa dispersión étnica y lingüística de la Orinoquia al reducir a nueve lenguas matrices todo el mosaico que hacía vida a lo largo y ancho del gran río venezolano[2317]: Caribe, Sáliva, Maipure, Otomaco, Guamo, Guahibo, Yaruro, Guaraúno y Aruaco.

También es interesante anotar que dejó constancia el autor del *Ensayo de Historia Americana* de un sueño utópico de los misioneros del corazón de América, confirmado por las afirmaciones de Humboldt[2318]: las lenguas generales. Para las áreas orinoquenses no hubieran sido el caribe y el tamanaco, propuestos por el viajero alemán[2319] sino el caribe y el maipure ya que éste último –anotará Gilij– lo entienden todos en el gran río "y se podría hacer común si se quisiera"; por lo tanto, de persistir el "obstáculo de tantas

---

2313 GILIJ. *Ensayo de Historia americana*, III, 126. "no podía en una historia americana dejarse a un lado..." p. 225.

2314 GILIJ. *Ensayo de Historia americana*, III, 125.

2315 GILIJ. *Ensayo de Historia americana*, II, 147. "Me parece a mi el corazón del hombre no diferente de la lengua que le tocó en suerte al nacer".

2316 GILIJ. *Ensayo de Historia americana*, III, 126: "Mas por decir ahora lo que me he propuesto, esto es, el origen de las lenguas del Orinoco".

2317 GILIJ. *Ensayo...*, III, 174.

2318 Alejandro de HUMBOLDT. *Viaje a las regiones equinocciales del nuevo continente*. Caracas, Ministerio de Educación Nacional, II (1941) 178.

2319 A. de HUMBOLDT. *Viaje a las regiones...*, 181.

lenguas... ésta sería bastante a propósito para hacer de ella una lengua general"[2320].

En tres grupos temáticos —Consideraciones Generales; Ensayos Gramaticales; Vocabularios— podemos estructurar el amplio contenido del Libro III del tomo 3° en el que el P. Gilij estudia las Lenguas Orinoquenses[2321] y las Lenguas Americanas[2322].

Entre los *Ensayos Gramaticales* sobresalen por su valor y originalidad de los de las *Lenguas Tamanaca*[2323] y *Maipure*[2324]; incluye además el estudio de los siguientes idiomas: Haitiano[2325], Mejicano[2326], General Incaico[2327], Mojos[2328], Chiquitos[2329], Guaraní, Araucano[2330], Algonquino y Hurón[2331].

Al agrupar Gilij los catálogos comparados de Lengua divide el jesuita italiano su estudio en "Lenguas regias americanas": Quechua y Mejicana [2332] y las "Lenguas salvajes americanas no inferiores a las regias": Chiquita y Guaraní, Lule y Vuela[2333], Mbya

---

2320   GILIJ. *Ensayo...*, III, 170-171. Y en el tomo. II, p. 56 dice: "Hacen amistad con todos y apenas se encuentra en Orinoco una nación en que no haya algún maipure. Su lengua, como facilísima de aprender, se ha convertido entre los orinoquenses en lengua de moda y quien poco, quien mucho, quien medianamente, quien bien, la hablan casi todos...".

2321   GILIJ. *Ensayo de Historia americana*, III, 125-181.

2322   GILIJ. *Ensayo de Historia americana*, III, 185-325.

2323   GILIJ. *Ensayo de Historia americana*, III, 155-161; 257-265.

2324   GILIJ. *Ensayo de Historia americana*, III, 161-164.

2325   GILIJ. *Ensayo de Historia americana*, III, 185-192.

2326   GILIJ. *Ensayo de Historia americana*, III, 192-196.

2327   GILIJ. *Ensayo de Historia americana*, III, 196-199.

2328   GILIJ. *Ensayo de Historia americana*, III, 199-203.

2329   GILIJ. *Ensayo de Historia americana*, III, 203-206; 269-272.

2330   GILIJ. *Ensayo de Historia americana*, III, 216-219.

2331   GILIJ. *Ensayo de Historia americana*, III, 219-225.

2332   GILIJ. *Ensayo de Historia americana*, III, 283-285, escritas por el Abate Zuárez y el Abate Miraglia.

2333   GILIJ. *Ensayo de Historia americana*, III, 290-293, escritas por el Abate José Ferragut y el Abate José Solis.

y Moja[2334], Guaraní y Omagua[2335], Tamanaca y Maipure[2336], Sáliva y Araucana[2337], y por fin la Hurona y Algonquina[2338]. Hay que añadir el interesante "Vocabulario Haitiano" que lo incluye al hablar de la isla del caribe[2339].

Son muy variados los asuntos tratados por Gilij en lo que designamos *Consideraciones Generales;* aquí nos ceñiremos a los puntos más importantes[2340].

2334   GILIJ. *Ensayo de Historia americana*, III, 293-297, escritas por los PP. Juan García e Iraisós.

2335   GILIJ. *Ensayo de Historia americana*, III, 297-300, escritas por los PP. Francisco Legal y Camaño.

2336   GILIJ. *Ensayo de Historia americana*, III,301-307, escritas por el propio Gilij; todavía añade un catálogo adicional en tamanaco en las pp. 310-313

2337   GILIJ. *Ensayo de Historia americana*, III, 307-308, escritas por el P. Roque Lubián y la segunda sacada de la "Historia de Chile".

2338   GILIJ. *Ensayo de Historia americana*, III, 309-310, sacada del tomo III de las Memorias del Barón La Hontan.

2339   GILIJ. *Ensayo de Historia americana*, III, 186-191.

2340   El larguísimo apéndice II tiene una segunda parte titulada *Reflexiones sobre las lenguas americanas* con dieciséis capítulos que contienen, como el título lo indica, reflexiones del autor. El capítulo XVI de esta parte se titula *Catálogo de algunas lenguas americanas para hacer la comparación de ellas entre sí y con algunas de nuestro hemisferio*. Este capítulo es el que justifica que se clasifique al P. Gilij entre los compiladores. Comprende:
Catálogo I. (47 términos: sustantivos, adjetivos y adverbios castellanos traducidos a las dos lenguas) *Lenguas regias americanas*. Lengua de los incas (A) (P. Juárez). Lengua Mejicana (B) (P. Miraglia).
Catálogo II. (165 términos castellanos traducidos a las dos lenguas) *Lenguas salvajes americanas no inferiores a las regias*. Lengua Chiquita (C) (P. Camaño). Lengua guaraní (D) (P. Camaño).
Catálogo III. (102 términos, traducidos 100 al lule y 101 al vilela) Lengua lule (F) (P. José Ferragut). Lengua vilela (G) (P. José Jolís).
Catálogo IV (126 términos). Lengua Mbayá (H). (P. Juan García). Lengua moja (I) (P. Iraisós).
Catálogo V (115 términos). Lengua guaraní. (P. Francisco Legal). Lengua omagua (K) (P. Camaño).
Catálogo VI (199 términos). Lengua tamanaca (L) (El autor). Lengua maipure (M) (El autor).

Los aportes de Gilij a la filología venezolana

La arquitectura de la obra filológica del ex-misionero de La Encaramada se sustenta sobre la estructura central del dominio de la Lengua y Literatura indígenas, y como paredes maestras su ubicación dentro de la Historia natural[2341], inspirada en la anatomía comparada, y su interrelación con lo físico, moral y religioso del autóctono[2342]. Asimismo, consciente de que el lenguaje era un ente vivo y dinámico sugiere que la lengua es capaz de reflejar el universo de sus hablantes y en consecuencia la multiplicación de lenguas y dialectos se debía a los propios indígenas[2343] y a la dialéctica del envejecimiento que somete el tiempo a las palabras, aunque perduren en los cantos y los relatos viejos[2344].

Esta percepción de la obra de un ex jesuita totalmente desconocido hasta en su propia tierra llama la atención pues el testimoniante era una autoridad occidental[2345]. El significado de "filosofar" en Schlözer, según Olza, es reconocer que Gilij se mueve en el mismo terreno cultural, científico e intelectual que

---

Catálogo VII (40 términos) Lengua sáliva (N) (P. Roque Lubián). Lengua araucana (O) (Sacado de la Historia de Chile).
Catálogo VIII (33 términos) Sacado del tomo III de las Memorias del Barón La Hontán. Lengua hurona (P). Lengua algonquina (Q) en ortografía francesa.
Catálogo IX (70 términos del hombre y de partes del cuerpo; 14 del árbol y sus partes, 16 verbos notables). Hombre y sus partes en lengua tamanaca.
Siguen: Notas a los catálogos.

2341 GILIJ. *Ensayo de Historia americana*, III, 126. Y en la página anterior escrobe: "no podía en una historia americana dejarse a un lado...".
2342 GILIJ. *Ensayo de Historia americana*, III, 125.
2343 GILIJ. *Ensayo de Historia americana*, III, 226.
2344 GILIJ. *Ensayo de Historia americana*, III, 169.
2345 Pierre SWIGGERS. *Histoire de la pensée linguistique*. Paris, PUF (1977) 256: "Una de las tareas de la historiografía de la lingüística será estudiar el aporte fundamental de los historiadores de Gottinga (J. Gatterer, A. L. Schlözer) a la emergencia de la lingüística fino-hungárica (cf. Farkas, 1952, Stehr, 1957, Balázs, 1988), de la filología eslava, y del comparatismo lingüístico en general (cf. Tagliavini, 1963, 75-76)".

los filósofos franceses, pero se aleja de ellos en la interpretación de América, de la religión, y de la obra de España en tierras colombinas. Ya sabemos que en Alemania, Inglaterra e Italia no era incompatible la ilustración con la fe cristiana. Se podía filosofar y ser un fiel cristiano[2346]. Por eso creemos que cabe perfectamente dentro del estudio de la naturaleza ese 'filosofar lingüístico' de que habla Marie-Claude Mattéi Müller: es decir, la evidencia de dos principios teórico-metodológicos sobre los cuales pretende Gilij fundamentar su investigación lingüística, a saber, el origen común de las lenguas del mundo y la originalidad de las lenguas americanas[2347].

Dentro de este contexto de la filosofía del lenguaje conviene ubicar a Gilij en las corrientes trazadas por los compiladores que suelen ser considerados como precursores de los comparatistas con atisbos de lo que sería la gramática histórica y comparada, aunque se quedaron en el umbral, y los genealogistas que se consagraron a estudiar las diversas lenguas para conocer el origen y la diversidad de los pueblos y sus lenguas.

En opinión del lingüista Jesús Olza hay que clasificar al autor del *Ensayo de Historia americana* en esa zona privilegiada en la que, siendo un verdadero genealogista, es también un compilador y además es el iniciador del comparatismo en la Región pues convierte su preocupación genealogista en una visión auténticamente lingüística con formulaciones válidas para el estudio de la evolución de las lenguas[2348].

En una perspectiva más amplia Gilij es indudablemente hijo del siglo de las luces y sin embargo su lucidez lingüística lo hace partícipe de los perfiles de la modernidad, pues, si hemos de

---

2346 Jesús OLZA. *El Padre Felipe Salvador Gilij, lingüista del Orinoco*. [Mss. cedido gentilmente por el autor].

2347 Marie-Claude MATTÉI MULLER. "Gilij, pionero de la etnolingüística venezolana: sus métodos y sus logros". En: *Montalbán*. Caracas, 21 (1989) 91-92.

2348 Jesús OLZA. *El Padre Felipe Salvador Gilij, lingüista del Orinoco*. [Mss. cedido gentilmente por el autor].

creer a Luis Michelena[2349], la lingüística comparada es un producto genuino del Romanticismo. El romanticismo se muestra de una forma plena en 1795 con la proclama de Federico Schlegel en la revista *Athenäum*[2350].

La distancia entre clásicos y románticos la precisa Todorov con la aparición en 1767 de la *Gramática general* de Beauzée en 1767 y la publicación en 1835 de la obra de Wilhelm von Humboldt *Sobre la diversidad en la construcción de las lenguas humanas*. Y como explicación aduce: "en lugar de la generalidad se encuentra la diversidad; la afirmación de la identidad cede ante la de la diferencia"[2351]. Y podemos añadir que Gilij pertenece a la diversidad y a la diferencia aunque se sienta hijo del siglo de las luces[2352].

De igual forma debemos confesar que aunque el autor del *Ensayo de Historia Americana* adquirió su ciencia gramatical en el Orinoco también es cierto que en Roma descubriría que el lenguaje formaba parte de la Historia natural. Por ello, dejaría atrás la gramática general como correspondiente a una división de la episteme propia de la época clásica, es decir, del saber de los siglos XVII y XVIII para incursionar un comparatismo, fundamentado más en la ciencia que en la filosofía, como lo demuestra su clasificación de las lenguas caribe y maipure ya que con ellas puso "las primeras piedras de un comparatismo fundamental en la historia lingüística de un continente"[2353].

Por todo ello no hay que confundir el comparatismo indoeuropeo que se inicia con William Jones y Rasmus Rask,

---

2349   Luis MICHELENA. *Lengua e historia*, Madrid (1985) 88-89.

2350   Federico Schlegel es la genial cabeza que junto con Novalis, Tieck, Novalis y Wackenro de forma la llamada en los textos alemanes *frühe Romantik*, que podemos traducir como romanticismo temprano o primer romanticismo.

2351   Tzvetan TODOROV. *Teorías del símbolo*. Caracas, Monte Ávila (1981) 427.

2352   Jesús OLZA. "El Padre Felipe Salvador Gilij en la Historia de la Lingüística venezolana". En: DEL REY FAJARDO (Edit). *Misiones jesuíticas en la Orinoquia*. San Cristóbal, II (1992) 363 y ss.

2353   Jesús OLZA. "El Padre Felipe Salvador Gilij en la Historia de la Lingüística venezolana", 430.

pasando por Jakob Grimm y Augusto Schleicher, para llegar a los neogramáticos con el comparatismo americano iniciado por Gilij y que se vería reconocido una centuria después por Lucien Adam y Karl von den Steinen.

Al fundarse la gramática histórica y comparada, se llama 'histórica' en dos sentidos: Primero, es histórica porque estudia la lengua como una realidad histórica, sometida a la historia, que cambia y evoluciona; y segundo, es histórica en el sentido de científica, empírica, con los mismos métodos de la anatomía comparada que para la época formaba parte de la historia natural.

El P. Gilij al escribir su *Ensayo de Historia Americana*, considera que no está haciendo labor de gramático, sino que está escribiendo historia natural, que su estudio es 'histórico'. Este nuevo enfoque en el estudio de las lenguas marca el comienzo de una nueva época: está naciendo la gramática histórica y comparada que arrincona a la gramática general. El estudio de la gramática histórica y comparada convivirá con las gramáticas descriptivas y normativas, escolares o técnicas, pero que ya no serán gramáticas generales[2354].

Sin lugar a dudas, el mérito mayor de Gilij consistió en divorciar de forma definitiva la familia caribe de la maipure. Tras su muerte el silencio pareció sepultar su obra. Cien años más tarde con los estudios de Lucien Adam y Karl von den Stein se pudo valorar el acierto del autor del *Ensayo de Historia Americana* y la proyección que tenía para la lingüística comparada. Por ello, en la historia de la lingüística indígena de América del Sur hay un reconocimiento general al P. Gilij como fundador del comparatismo en la región del Orinoco[2355].

[2354] Jesús OLZA. *El Padre Felipe Salvador Gilij, lingüista del Orinoco*. [Mss. cedido gentilmente por el autor].

[2355] Wilhelm SCHIMIDT. *Die Sprachfamilien und Sprachkreisen der Erde*. Heidelberg (1962) 243, 250. Un estudio de la importancia comparatista del P. Gilij lo hizo Marshall Durbin: "The first major attempt to solve some of the problems of classification of Carib languages was made by Fr. Salvatore Filippo Gilij (1721-1789; see del Rey 1971, l: 118). Gilij spent most of his time at Cabruta, a central

Con el transcurrir de los tiempos se afianza el convencimiento de la luminosidad que tuvo el misionero de La Encaramada al separar el caribe del maipure. En tal sentido traemos el testimonio de una experta como Alexandra Y. Aikhenwald: "Los estudios comparativos e históricos de la familia aruaca tienen una larga historia. La unidad genética de la familia fue reconocida por primera vez por el P. Gilij en 1783, tres años antes de la famosa declaración de Sir William Jones sobre el Indoeuropeo. El reconocimiento de la familia se basó en la comparación del maipure, del valle del Orinoco, y el mojo de Bolivia. El llamó a la familia

---

Venezuelan town on the Orinoco, though he also traveled widely up and down river (Gilij 1965, vols. 1-3). He had more than a passing acquaintance with several Carib languages, and apparently spoke Tamanaco (now extinet) with great fluency. He was the first to recognize the Carib (as well as the Arawak) family as a unity, though this classification was based only upon a portion o: Venezuelan Carib; Gilij was unaware of most Carib tribes elsewhere in South America.

The most interesting aspect of Gilij's perception of the Carib family was tha he recognized what are presently called

sound correspondences and cognates. a stated (1965, 3: 137):

[...] Further, Gilij took great care to point out that these languages could not related to or derived from those of Europe, of from Arabic or Hebrew, as frequently asserted at the time. Nor did he consider these languages primitive in terms of expression, complexity, vocabulary, or grammar. He stated they merely differed.

It should be pointed out that Gilij came to these conclusions regarding language relationships during 19 years of residence in Venezuela (1749-1767), long before Sir William Jone's famous 1786 discourse on Sanskrit, Greek, Latin, Gothie, Celtie, and Persian. Howewer, in spite of Gilij's recognition o£ systematic sound correspondences and cognates as abasis for positing genetie relationships in languages, he consistently viewed Caribe (Kariiía) as the mother (matriz) language of all other Carib languages with which he was acquainted. He never recognized the possibility of aprior parent language giving rise to all the existent daughter tongues" (Marshall DURBIN. "A surwey of thecarib language family". En E.B. BASSO (ed): *Carib-speaking indians: culture, society and language*. Tucson. The University of the Arizona Press (The Anthropological Papers of the of Arizona, 28) p. 24.

maipure..."[2356]. Algo parecido se puede decir de la familia caribe, que descubrió el P. Gilij y de la que su testimonio no solo tiene valor como un dato para la historia de la lingüística de la época, sino que constituye un material importantísimo para establecer los lazos históricos y de parentesco genético entre los diversos idiomas de esa familia.[2357]

Para completar esta visión histórica del aporte de Gilij a la historiografía de las lenguas indígenas en Guayana nos remitimos al concienzudo estudio de Francisco Javier Pérez sobre ese específico punto[2358].

2356   R. M. W. DIXON, y Alexandra Y. AIKHENVALD (ed.). *The Amazonian Languages*. Cambridge, Cambridge language surveys, Cambridge University Press (1999) 73.

2357   Desmond C. DERBYSHIRE. "Carib". En: R. M. W. DIXON, y Alexandra Y. AIKHENVALD (ed.). *The Amazonian Languages*. Cambridge, Cambridge language surveys, Cambridge University Press (1999) 25. Spike GILDEA. *On Reconstructing Grammar. Comparative Cariban Morphosyntax*. Oxford, Oxford University Press, 1998. Todas las citas del tamanaco están basadas en los datos tomados del *Ensayo de Historia Americana*.

2358   Francisco Javier PÉREZ HERNÁNDEZ. "Testimonios venezolanos sobre la obra lingüística de Felipe Salvador Gilij". En: *Montalbán*. Caracas, 21 (1989) 179-201.

Archivos y bibliografía

1 Archivos

Archivo de la antigua Provincia de Quito (APQu)
    Leg., 3, 6, 7, 8, 1029.

Archivo de la antigua Provincia de Toledo. Alcalá de Henares (APT)
    Fondo Astráin, 28, 46,
    Leg., 26, 132, 1.039, 1.040, 1.041, 1.144, 1.146, 1.812.

Archivo de Loyola. Loyola-Azpeitia (Guipúzcoa)
    Caja, 06.

Archivo del Servicio Geográfico del Ejército. Madrid
    Carpeta: Venezuela y Guayana. Mapa de Gumilla.

Archivo di Stato. Roma
    Ms. 229/14.

Archivo General de Indias. Sevilla (AGI)
    Caracas, 183, 185, 205, 210, 286, 391, 440,
    Indiferente General, 1342.
    Quito, 198.
    Santafé, 36, 225, 249, 269, 289, 298, 403,
    Santo Domingo, 583, 590, 632, 633, 634, 639, 677, 678, 705,

Archivo General de Simancas (AGS)
Estado, 7393.

Archivo Histórico Nacional. Madrid (AHN)
Jesuitas, 120, 128/1, 827/2.

Archivo Nacional de Chile. Santiago de Chile (ANCh)
Jesuitas, 214, 446.

Archivo Nacional de Colombia, Bogotá. (ANB)
Conventos, 7, 29, 32, 34, 68.
Curas y Obispos, 20, 21, 33, 36.
Milicia y Marina, 15, 109, 137.
Miscelánea, 31, 89.
Poblaciones Boyacá, 2.
Reales Cédulas, 14.
Temporalidades, 3, 5, 7, 13, 18.
Tierras Boyacá, 21.

Archivum Historicum Societatis Jesu (ARSI)
Austria, 190 (1733).
Acta Congregationis Generalis XII.
Congregationes Provinciales, 54, 63, 92.
Fondo Gesuitico, 757.
Gallia, 39, 103, 106, 106-III.
Historia Societatis, 49.
Liber Ordinationum Generalium, 1623-1759.
Provincia Novi Regni et Quiti, N. R. et Q., 1, 3, 4, 5, 13-I, 14, 14-I, 15-I, 15-II, 16-I.
Opp. NN. [Opera Nostrorum]342.
Ordinationes et Litterae Superiorum Generalium et Provincialium. S.J., 1573-1706.
Romana, 109
Toletana. Epistolae Generalium.
Vitae, 54, 53, 175-A.

Biblioteca Apostólica Vaticana. Ciudad del Vaticano
    Vat. lat. 9802.

Biblioteca Nacional Central de Roma. Roma
    Gesuitico, 1157.

2. Bibliografía

AA.VV. (1988). *Testimonios sobre la Obra de Ramón J. Velásquez*. Caracas, Ediciones del Congreso de la República.
ACOSTA SAIGNES, Miguel. (1961). *Estudios de etnología antigua de Venezuela*. Caracas, Universidad Central de Venezuela.
ACUÑA, Cristóbal de. 1641. *Nuevo Descubrimiento del Gran Río de las Amazonas*. Por el Padre Christoval de Acuña, Religioso de la Compañía de Iesus, y Calificador de la Suprema General Inquisición. El qual fue y se hizo por orden de su Magestad el año de 1639. Por la Provincia de Quito en los Reynos de Perú. Al Excelentísimo Señor Conde Duque de Olivares. Con licencia. En Madrid, en la Imprenta del Reyno, año de 1641
ADELUNG, Johann Christoph. (1806-1817) *Mithridates oder allgemeine Sprachenkunde mit dem Vater Unser als Sprachproben in bey nahe fünfhundert Sprachen und Mundarten*. Berlín, in der Vossischen Buchhandlung, 4 vols.
AGUIRRE ELORRIAGA, Manuel. (1941) *La Compañía de Jesús en Venezuela*. Caracas, Editorial Cóndor.
AICARDO, José Manuel. (1919-1932) *Comentario a las Constituciones de la Compañía de Jesús*. Madrid, Blas y Cía, 6 vols.
AINSA, Fernando. (1995) "La marcha *sin fin* de las utopías en América Latina". En: *Cuadernos Hispanoamericanos*. Madrid, nº. 538, (1995) 35-44.
ALEGAMBE, Philippe. (1658) *Heroes et victimae charitatis Societatis Iesu, seu Catalogus eorum qui e Societate Iesu charitati animam deuouerunt; ad id expositi, & immortui peste infectorum obsequio ex charitate, obedientiaque suscepto*. Romae, ex typogr. Varesij.

ALEMANY Y BOLUFER, José. (1928) "Gramática de la Lengua Achagua por el P. Alonso de Neira, comentada y expuesta con plan metódico". En *Investigación y Progreso*. Año II, (1928) 389-426.

ALFARO, Alonso. (2003) "Hombres paradójicos. La experiencia de la alteridad". En: *Misiones jesuitas. Artes de México*. México, 65 (2003) 8-27.

ALTAMIRANO, Diego Francisco. (1694) *Carta del P. Diego Francisco Altamirano, Visitador y Vice-Provincial del Nuevo Reyno, y Quito, a los PP. y HH. de esta Provincia.* Santafé y Noviembre 18 de 1694 años. (Mss.).

ALVARADO, Eugenio. (1974) "Informe reservado sobre el manejo y conducta que tuvieron los Padres Jesuitas con la expedición de la Línea Divisoria entre España y Portugal en la Península Austral y orillas del Orinoco". En: José DEL REY FAJARDO. *Documentos jesuíticos relativos a la historia de la Compañía de Jesús en Venezuela*. Caracas, III (1974) 215-333.

ÁLVAREZ DE VELASCO, Gabriel. (1661) *De la exemplar vida y muerte dichosa de doña Francisca Zorrilla*. Alcalá, Colegio de Santo Tomás, 1661.

AMOR RUIBAL, Ángel. (1905) *Los problemas fundamentales de la Filología comparada*. Santiago, Imprenta y Encuadernación de la Universidad Pontificia.

ANATRELLA, Tony. (1995) *Contra la sociedad depresiva*. Santander, Edit. Sal Terrae.

ANDRADE, Alonso. (1666) *Varones Ilustres en santidad, letras y zelo de las almas. De la Compañía de Jesús*. Tomo Quinto, a los quatro que saco a la luz el Venerable y Erudito Padre Iuan Eusebio Nieremberg, de la Compañía de Jesús. Madrid, por Ioseph Fernandez de Buendía, 1666. (1667) *Varones ilustres en santidad...* Tomo Sexto, Madrid, por Ioseph Fernandez de Buendía, 1667.

Année Littéraire, année M.DCC.LVIII par M. Fréron, des Académis d'Angers, Montauban, de Nancy, de Marseille et de Caen. A Amsterdam. Et se trouve a Paris chez Michel Lambert, 1758.

ANÓNIMO. (1971) *Doctrina Christina y confesonario*. [José DEL REY

FAJARDO. *Aportes jesuíticos a la filología colonial venezolana.* Caracas, Ministerio de Educación, II (1971) 183-203].

ANÓNIMO. (s/f) *Elogia virorum illustrium spectantium ad Provincian Castellanam excerpta ex Menologio Villagarciensi.* Ms.

ANÓNIMO. (1901) *Menologio ovvero pie memorie di alcuni religiosi della Compagnia de Gesù.* Venezia, Tip. Emiliana di G. B. Monanni, 1901.

ANÓNIMO. (1869) *Menologium S.J. oder lobsame Gedachnutz deren Patrum und Fratrum, so die Societat Jesu mit heiligem Leben oder glorwurdigen Tod erleuchtet haben.* München,.

ANÓNIMO. (s/f) *Menologium S.J. ofte cort verhalel van t'leven ende doodt van dusdaenighe mannen die door hunne deugden de Societeyt Jesu merckelijck vereert beben, uyt t'Italiaens en t'hoogduyt vergaedert tael...*Mss.

ANÓNIMO. (1902) *Menology of the Society of Jesus. English speaking Assistency, comprising the Provinces of England, Ireland, Maryland and Missouri, together with the missions of Canada, and New Orleans.*London, Manresa Press, Roehampton, 2 vols.

ANÓNIMO. (1938) *Necrology English Province.* 1561-1937. London, Roehampton. S.W., 1938 (Se trata de un Suplemento de *Letters and Notices.* Jan, 1938).

ARBIZU, (1650-1700) Juan. *Historia del Colegio de la Compañía de Jesús de Zaragoza.* Tercera parte. Comienza desde el año de 1650 hasta el de 1700. La ofrece a loa muy Reverendos Rector, Padres y hermanos del mismo colegio. El Padre Juan Arbizu, de la Compañía de Jesús. Adornada de indices y catalogos como en los libros antecedentes. MS. que reposa en el Archivo del Rectorado del Colegio del Salvador de Zaragoza.

ARCILLA, José S. (2001) "Colín (Colí), Francisco". En: Charles E. O'NEILL y Joaquín Mª DOMÍNGUEZ. *Diccionario histórico de la Compañía de Jesús.* Roma-Madrid, I (2001) 855-856. (---) "Combés, Francisco". En: Charles E. O'NEILL y Joaquín Mª DOMÍNGUEZ. *Diccionario histórico de la Compañía de Jesús.* Roma-Madrid, I (2001) 868.

ARELLANO MORENO, Antonio. (1970) *Documentos para la Historia*

Económica en la época colonial. Caracas, Academia Nacional de la Historia (1970) 3-45.

ARELLANO, Fernando. (1979) *Historia de la Lingüística*. Caracas, Universidad Católica Andrés Bello, 2 vols.

ARELLANO, Fernando. (1986) *Una Introducción a la Venezuela Prehispánica. Culturas de las naciones indígenas venezolanas*. Caracas, Universidad Católica Andrés Bello.

ARENS, Hans. () *La lingüística. Sus textos y su evolución desde la antigüedad hasta nuestros días*. Madrid, Edit. Gredos, 1976.

ARIZA, Alberto E. () *Los dominicos en Venezuela*. Bogotá, Convento de Santo Domingo, 1971.

ARMELLADA, Cesáreo de. (1951) "Manuscritos de la Biblioteca Real de Madrid que tratan de lenguas de América".En: *Venezuela Misionera*. Caracas, año XIII, n. 148 (1951) 138-139. (1972) "Vista panorámica de la *Literatura Pemón*". En: *Montalbán*. Caracas, I (1972) 319-332.

ARROM, José Juan. (1906) "Esquema generacional de las letras hispanoamericanas". En: *Thesaurus*. Bogotá, t. XVI, nº 2 (1961) 311-342.

ARVELO-JIMÉNEZ, Nelly y Horacio BIORD-CASTILLO. (1989) "Reflexiones antropológicas sobre el *Ensayo de Historia Americana* de Felipe Salvador Gilij". En: *Montalbán*. Caracas, 21 (1989) 69-90.

ASENSIO, Eugenio. (1951) "La carta de Gonzalo Fernández de Oviedo al cardenal Bembo sobre la Navegación del Amazonas". En: *Miscelánea Americanista*. Homenaje a D. Antonio Ballesteros Beretta, 1880-1949. Madrid, (1951) 107-115.

ASTORGANO ABAJO, Antonio. (2009) *La literatura de los jesuitas vascos expulsos (1767-1815)*, Madrid, Real Sociedad Bascongada de Amigos del País/Delegación de Corte, 2009.

ASTRAIN, Antonio. (1912-192) *Historia de la Compañía de Jesús en la Asistencia de España*. Madrid, Razón y Fe, 5, 7 vols.

AUDENAERT, Willem. (2000) *Prosopographia iesuitica belgica antiqua*. Leuven-Heverlee, Filosofisch en Theologisch College S. J., 4 vols.

AYAPE, Eugenio. (1950) *Fundaciones y noticias de la Provincia de Nuestra*

Señora de la Candelaria de la Orden de Recoletos de San Agustín. Bogotá, Editorial Lumen Christi.

AZOR, Joannes. (1610) *Institutionum moralium in quibus universae quaestiones de conscientia perinentes, breviter tractatus.* Lugduni, Apud Ioannem Pillehote, ou Sumptibus Horatii Cardon, 1610.

BACKER, Agustín de. (1869) *Bibliothéque des écrivains de la Compagnie de Jésus, ou notices bibliographiques 1º de tous les ouvrages publiées par les membres de la Compaganie de Jésus de la fondation de l'ordre jusqu'á a nos jours, 2º des apologies, des controverses religieuses, des critiques littéraires et scientifiques suscitées á leur sujet.* Liège-París, IV (1869)

BAILLY, Nicolás. (s/f) *De Gallis Societatis Jesu in Gallia et extra Galliam doctrina et virtute illustribus.* Mss.

BANKO, Catalina y Ramón GONZÁLEZ. ESCORIHUELA. *(*2010*) Ramón J. Velásquez: Un país, una vida.* Mérida, Fundación Fondo Editorial "Simón Rodríguez" de la Lotería del Táchira.

BAPTISTA, Javier y Cayetano BRUNO. (2001) "Paraguay". En: Charles E. O'NEILL y Joaquín Mª DOMÍNGUEZ. *Diccionario histórico de la Compañía de Jesús.* Roma-Madrid, III (2001) 3032-3038.

BAPTISTA, Javier y Clement J. McNASPY. (2001) "González de Santa Cruz, Roque". En: Charles E. O'NEILL y Joaquín Mª DOMÍNGUEZ. *Diccionario histórico de la Compañía de Jesús.* Roma-Madrid, II (2001) 1784. (---) "Ruiz de Montoya, Antonio". En: Charles E. O'NEILL y Joaquín Mª DOMÍNGUEZ. *Diccionario histórico de la Compañía de Jesús.* Roma-Madrid, IV (2001) 3436-3437.

BAPTISTA, Javier y Hugo STORNI. (2001) "Camaño Bazán, Joaquín". En: Charles E. O'NEILL y Joaquín Mª DOMÍNGUEZ. *Diccionario histórico de la Compañía de Jesús.* Roma-Madrid, I (2001) 608.

BAPTISTA, Javier. (1993) "Los jesuitas y las lenguas indígenas". En: CONGRESO INTERNACIONAL DE HISTORIA. *La Compañía de Jesús en América: Evangelización y Justicia. Siglos XVII y XVIII.* Córdoba (1993) 11-21. (2001) "VII. Lingüística". En: Charles E. O'NEILL y Joaquín Mª DOMÍNGUEZ.

Diccionario histórico de la Compañía de Jesús. Roma-Madrid, I (2001) 130-133.

BARANDIARÁN, Daniel de. (1974) *Los hijos de la luna.* Caracas, Congreso Nacional de la República. (1992) "El Orinoco amazónico de las misiones jesuíticas". En: J. DEL REY FAJARDO. *Misiones jesuíticas en la Orinoquia.* San Cristóbal, Universidad Católica del Táchira, II (1992) 129-360. (1994) "Brasil nació en Tordesillas. (Historia de los límites entre Venezuela y Brasil). Primera Parte: 1494-1801. En: *Paramillo.* San Cristóbal, 13 (1994) 329-774. (2000) "La crónica del Hermano Vega 1730-1750". En: Agustín de VEGA. *Noticia del principio y progresos del establecimiento de las Missiones de gentiles en la río Orinoco por la Compañía de Jesús.* Estudio introductorio: José del Rey Fajardo sj y Daniel de Barandiarán. Caracas (2000) 119-514. (s/f) "Los hombres de los ríos". [Mss. cedido gentilmente por el autor. (s/f) "Carta Informe de la Nueva Misión del Río Orinoco en el Nuevo Reino, 1684". Mss.

BARNADAS, José M. (1968) "Unas cartas desconocidas del Padre José Gumilla: 1740-1741". En: *Archivum Historicum Societatis Iesu.* Roma, t. XXXVII, (1968) 418-426.

BARRADO, José (Edit.). (1990) *Los dominicos y el Nuevo Mundo.* Actas del II Congreso Internacional. Salamanca 28 de marzo-1 de abril de 1989. Salamanca, Editorial San Esteban, 1990.

BARTRA, Enrique T. (1967) "Los autores del Catecismo del Tercer Concilio Limense". En: *Mercurio Peruano.* Lima, n°., 470 (1967) 359-372.

BATLLORI, Miguel. (1966) *La cultura hispano-italiana de los jesuitas expulsos. Españoles, Hispanoamericanos, Filipinos (1767-1814).* Madrid, Edit. Gredos, 1966. (2001) "Pratdesaba (Prat de Saba), Onofre". En: Charles O'NEILL y Joaquín Mª. DOMÍNGUEZ. *Diccionario histórico de la Compañía de Jesús.* Roma-Madrid, Institutum Historicum S. I.-Universidad Pontificia de Comillas, IV (2001) 3214-3215.

BAYLE, Constantino. (1940) "Cuarto Centenario del descubrimiento del Amazonas. Descubridores jesuitas del Amazonas". En: *Revista de Indias*. Madrid (1940) 121-149.

BAYLE, Constantino. (1949) "Notas sobre bibliografía jesuítica de Mainas". En: *Missionalia Hispanica*. Madrid (1949) 277-317. (1951) "Las Misiones, defensa de las fortalezas de Mainas". En: *Missionalia Hispanica*. Madrid (1951) 417-503.

BECK, Gaspar. (1974) "Misión del río Orinoco en el Nuevo Reino. 1684". En: José DEL REY FAJARDO. *Documentos jesuíticos relativos a la historia de la Compañía de Jesús en Venezuela*. Caracas, Academia Nacional de la Historia, II (1974) 168-189.

BELLETTINI, Pierangelo. (1995) "Tipografi romagnoli et ex gesuiti spagnoli negli ultimi decenni del Settecento". En: Lorenzo BALDACCHINI y Anna MANFRON (Edits.). *Il libro in Romagna. Produzione, commercio e consumo dalla fine del secolo XV all'età contemporánea. Convengo di studi (Cesena, 23-25 marzo 1995)* a cura di ... Firenze, Leo S. Olschki, (1995) 557-657, [BELLETTINI, Pierangelo. *Tipografi romagnoli ed ex gesuiti spagnoli negli ultimi decenni del settecento*. Firenze, 1998].

BEYLARD, Hugues. (2001) "Guilhermy, Élesban de". En: Charles O'NEILL y Joaquín Mª. DOMÍNGUEZ. *Diccionario histórico de la Compañía de Jesús*. Roma-Madrid, Institutum Historicum S. I.-Universidad Pontificia de Comillas, II (2001) 1840-1841.

BIBLIOTECA DE PALACIO. (1928) *Lenguas de América*, Manuscritos de la Real Biblioteca, Madrid Gráficas Reunidas, Tomo I.

BIET, Antonie. (1664) *Voyage. De la France. Equinoxiale. En l'Isle de Cayenne, Entrepris Par Les François. En L'Année M.DC.LII.* Diuisé en trois Livres. Le Premier, contient l'establisement de la Colonie. Son embarquement & sa rout iusques a son arriuée en l'isle de Cayenne. Le Seconde, ce qui s'est passé pendant quinze mois que Ton a demeuré dans le pais. Le Troisieme traitte du temperament du pais, de la fertilité de sa terre, et des moeurs & façons de faire des Sauuages de cette contrée. Avec vn Dictionaire de la Langue du mesme pais. Par M. Antoine Biet, Prestre, Curé de Ste. Geneviéve de Senlis Supériour des Prestes qui ont passé dans le Pais. A París, Chez Francois Clozier dans le Cour du Palais, proche l'Hoste du Premier President. M.DC.LXIV.

BIORD CASTILLO, Horacio. (2008) *Perspectiva de una lectura postoccidental de estudios lingüísticos coloniales.* Caracas, Academia venezolana de la Lengua.

BIRELEY, Robert L. () ☐Laymann, Paul☐. En: Charles E. O'NEILL y Joaquín Mª DOMÍNGUEZ. *Diccionario histórico de la Compañía de Jesús*, III, 2297-2298.

BLACKE, C. (1925) *Bibliographie zur Geschichte der preuss.-Staats-bibliothek.* En: «Mitteilungen». VI (ib. 1925), num. 245a».

BLANCKAERT, Claude. (1985) «Unité et altérité. La parole confisquée». En: Claude BLANCKAERT (Edit.). *Naissance de l'ethnologie?*. Paris, Les Editions du Cerf (1985) 11-22.

BLOCK, David. (1997) *La cultura reduccional de los Llanos de Mojos. Tradición autóctona, empresa jesuítica & política civil, 1680-1880.* Sucre, Historia Boliviana.

BOERO, Giuseppe. (1859) *Menologio die pie memorie d'alcuni religiosi della Compagnia di Gesú che fiorirono in virtu e santitá raccolte del MDXXXVIII al MDCCXXVIII* per Giuseppe Antonio Patrignani e continuate fino ai di nostri per Giuseppe Boero. Roma, coi tipi della Civiltà Cattolica. 2 vols.

BORDA, José Joaquín. (s/f) *Historia de la Compañía de Jesús en la Nueva Granada.* Poissy, Imprenta de S. Lejay, 2 vols.

BORGES, Pedro. (1956) "El sentido trascendente del descubrimiento y conversión de Indias". En: *Missionalia Hispanica*, Madrid, nº., 37 (1956) 141-177.

BORJA GONZÁLEZ, Galaxis. (2012) "Las narrativas misioneras y la emergencia de una conciencia-mundo en los imperios jesuíticos alemanes en el siglo XVIII". *Procesos. Revista Ecuatoriana de Historia*, 36, (2012) 169-192.

BORROMEO, Agostino. (1991) "Ignacio de Loyola y sobra a la luz de las más recientes tendencias historiográficas". En: Quintín ALDEA (Ed.). *Ignacio de Loyola en la gran crisis del siglo XVI.* Bilbao, Universidad Complutense-Mensajero-Sal Terrae, S/f [1991] 321-334.

BOUCHER, Philip. (1982) "Shadows in the Past: France and Guiana, 1655-57". En: J: J: COOKE (Edit.). *Proceedings of the Sixth and Seventh Annual Meetings of the French Colonial Historical Society, 1980-81.* Lanham, University of America Press (1982) 13-27.

BOUDOUT, Jean. (1947) *Thucydide. Pages choisies.* Paris, Librerie H. Hatier.

BOUSEMART, Gabriel. (1750) *Carta del Padre Gabriel Bousemart, Rector del Colegio Imperial de Madrid, para los Padres Superiores de la Provincia de Toledo, sobre la religiosa vida, y virtudes del Padre Joseph Cassani, difunto el día doce de noviembre de 1750.* [Madrid, 1750].

BOUTON, Jacques. (1640) *Relation de l'éstablissement des François depuis l'an 1635 en l'ile de la Martinique, une des Antilles de l'Amérique.* Des moeurs des sauvages, de la situation et des autres singularités de l'isle. Paris, Cramoisy, 1640.

BOZIOU, Michael. (1997) "Essai". En: Michel DELON (Dir.). *Dictionaire européen des lumières.* Paris, Presses Universitaires de France (1997) 428-431.

BREWER-CARÍAS, Allan R. (1997) *La ciudad ordenada.* Madrid, Instituto Pascual Madoz. Universidad Carlos III de Madrid. Boletín Oficial del Estado.

BREWER-CARÍAS, Allan Randolph. (1997) "Venezuela, territorio de". En: FUNDACIÓN POLAR. *Diccionario de Historia de Venezuela.* Caracas, Fundación Polar, IV (1997) 232-245.

BRICEÑO IRAGORRY, Mario. (1982) *Tapices de Historia Patria.* Ensayo de una Morfología de la Cultura Colonial. Caracas, Talleres Litográficos de Impresos Urbina.

BROU, Augustin. (1934) "De certaines conflicts entre missionnaires au XVIIe s". En: *Revue d'Histoire des Missions* (1934) 187-202; (---) «Les jésuites sinologues de Pékin et leurs éditeurs de Paris». En: *Revue d'Histoire des Missions* (1934) 551-566.

BRUNI CELLI, Blas. (1998) *Esfuerzo lingüístico: Las misiones franciscanas de la Nueva Andalucía y la plenitud del encuentro.* Caracas, Academia Venezolana de la Lengua, 1998. [Discurso de incorporación como Individuo de Número]. (---) *Venezuela en cinco siglos de imprenta*. Caracas, Academia Nacional de la Historia.

BURRUS, Ernest J. (2001) "Kino (Chini, Chino) Eusebio Francisco". En: Charles E. O'NEILL y Joaquín Mª DOMÍNGUEZ. *Diccionario histórico de la Compañía de Jesús*. Roma-Madrid, III (2001) 2194-2195.

BURRUS, Ernest J. y Jesús GÓMEZ FRAGOSO. (2001) "López, Juan Francisco". En: Charles O'NEILL y Joaquín Mª. DOMÍNGUEZ. *Diccionario histórico de la Compañía de Jesús*. Roma-Madrid, Institutum Historicum S. I.-Universidad Pontificia de Comillas, III (2001) 2415. (---) "Oviedo, Juan Antonio de". En: Charles E. O'NEILL y Joaquín Mª DOMÍNGUEZ. *Diccionario histórico de la Compañía de Jesús*, III, 2937-2938. (---) "Pérez de Rivas (Ribas), Andrés". En: Charles E. O'NEILL y Joaquín Mª DOMINGUEZ. *Diccionario histórico de la Compañía de Jesús*. Roma-Madrid, III (2001) 3093.

CAL MARTÍNEZ, M. Consuelo. (1979) *La defensa de la integridad territorial de Guayana con Carlos III*. Caracas, Academia Nacional de la Historia.

CAMPA, Hermenegildo de la. (2001) "Hervás y Panduro, Lorenzo". En: Charles E. O'NEILL y Joaquín Mª DOMÍNGUEZ. *Diccionario histórico de la Compañía de Jesús*. Roma-Madrid, II (2001) 1914-1916.

CAMPEAU, Lucien. (2001) "Charlevoix, Pierre-François-Xavier de". En: Charles O'NEILL y Joaquín Mª. DOMÍNGUEZ. Diccionarios histórico de la Compañía de Jesús. Roma-Madrid, Institutum Historicum S. I.-Universidad Pontificia de Comillas, I (2001) 754. (---) "Marquette, Jacques". En: Charles E. O'NEILL y Joaquín Mª DOMÍNGUEZ. *Diccionario histórico de la Compañía de Jesús*. Roma-Madrid, III (2001) 2514.

CAMPO DEL POZO, Fernando. (1968) *Historia documentada de los Agustinos en Venezuela durante la época colonial*. Caracas, Academia Nacional de la Historia. (1979) *Los Agustinos y las lenguas indígenas de Venezuela*. Caracas, Universidad Católica Andrés

Bello. (1996) "Arte de la lengua sáliva de 1790. Introducción". En: *Paramillo*, San Cristóbal, 15 (1996) 555-615,

CAPEL, Horacio. (1980) "Organicismo, fuego interior y terremotos en la Ciencia Española del siglo XVIII". En: *Cuadernos críticos de Geografía Humana*. Barcelona, 27-28 (1980) 1-95.

CARAMAN, Philip y Clement J. McNASPY. (2001) "Masceta (Maceta, Mazeta), Simón". En: Charles E. O'NEILL y Joaquín Mª DOMÍNGUEZ. *Diccionario histórico de la Compañía de Jesús*. Roma-Madrid, III (2001) 2554.

CARAYON, Auguste. (1864) *Bilbiographie historique de la Compagnie de Jésus, ou catalogue des ouvrages relatifs à l'histoire des jésuites depuis leur origines jusqu'à nos jours*. Paris, A. Durand.

CARROCERA, Buenaventura de. (1981) *Lingüística indígena venezolana y los misioneros Capuchinos*. Caracas, Universidad Católica Andrés Bello. (1979) *Misión de los Capuchinos en Guayana*. Caracas, Academia Nacional de la Historia. (1972) *Misión de los Capuchinos en los Llanos de Caracas*. Caracas, Academia Nacional de la Historia, I.

CARVAJAL Jacinto de. (1892) *Relación del descubrimiento del río Apure hasta su ingreso en el Orinoco*. León, Ediciones de la Diputación de León.

CARVAJAL, Leonardo. (2003) "La presunta nueva misión de la escuela y los valores democráticos". En: José Francisco JUÁREZ (coord.). *Segundas jornadas de Educación en valores*. Caracas, Universidad Católica Andrés Bello (2003) ---

CASSANI, Joseph. (1734) *Glorias del segundo siglo de la Compañía de Jesus, dibuxadas en las vidas, y elogios de algunos de sus varones ilustres en virtud, letras, y zelo de las almas, que han florecido desde el año 1640, primero del segundo siglo, desde la aprobados de la religión. Tomo I y VII en el orden de Varones ilustres*. Madrid, Por Manuel Fernandez Impresor. (---) *Glorias del segundo siglo... Tomo II y VIII en el orden de varones ilustres*. Madrid, Por Manuel Fernandez Impresor. (1736) *Glorias del segundo siglo... Tomo tercero y nono en el orden de varones ilustres*. Madrid, Por Manuel Fernandez Impresor. Existe una segunda edición;

Varones ilustres de la Compañía de Jesús, Bilbao, 1887-1892, 9 vols. (1741) *Historia de la provincia de la Compañía de Jesús del Nuevo Reyno de Granada en la América: descripción y relación exacta de sus gloriosas missiones en el Reyno, llanos, meta, y río Orinoco, almas y terreno que han conquistado sus missioneros para Dios*. Madrid, En la Imprenta y Librería de Manuel Fernández, 1741. (1967) *Historia de la Provincia de la Compañía de Jesús del Nuevo Reyno de Granada en la América*. Estudio preliminar y anotaciones al texto por José del Rey, s. J. Caracas, Biblioteca de la Academia Nacional de la Historia.

CASTRO ROLDÁN, Andrés. (2011) *"El Orinoco ilustrado* en la Europa dieciochesca". En: *Fronteras de la Historia*. 16-1 (2011) 42-73.

CAULÍN, Antonio. (1966) *Historia de la Nueva Andalucía*. Estudio Preliminar y edición crítica de Pablo Ojer, Caracas, Academia Nacional de la Historia, 2 vol.

CHANDLERY, Peter Joseph. (1910) *Fasti breviores, a daily record of memorable events in the history of the Society of Jesus*.London, Manresa Press.

CHANTRE Y HERRERA, José. (1901) *Historia de las Misiones de la Compañía de Jesús en el Marañón Español (1637-1767)*. Madrid, Imprenta de A. Avrial.

CHARLEVOIX, Pedro Francisco Javier de. (1913) *Historia del Paraguay*. Con las anotaciones y correcciones latinas del P. [Domingo] Muriel. Traducida al castellano por el P. Pablo Hernández. Madrid, V. Suárez, I.

CHARMOT, François. (1952) *La pedagogía de los jesuitas*. Madrid, Edit. Sapientia.

CHEVILLARD, André. (1973) *Les desseins de Son Eminence de Richelieu pour l'Amerique*. Basse Terre. Guadalupe.

CIESLIK, Hubert y Josef WICKI. (2001) "Valignano, Alessandro". En: Charles E. O'NEILL y Joaquín Mª DOMÍNGUEZ. *Diccionario histórico de la Compañía de Jesús*. Roma-Madrid, IV (2001) 3877-3879.

CIEZA DE LEÓN, Pedro. (1971) *La crónica del Perú*. Bogotá, Edit. ABC.

CIVRIEUX, Marc de. (1976) "Los Caribes y la Conquista de la Guayana Española (Etnohistoria Kari'ña)". En: *Montalbán*. Universidad Católica Andrés Bello. Caracas, nº 5 (1976) 875-1021.

COLPO, Mario. (2001) "Carafa (Carrafa), Vicente [Vincenzo]. En : Charles O'NEILL y Joaquín Mª. DOMÍNGUEZ. *Diccionario histórico de la Compañía de Jesús*. Roma-Madrid, Institutum Historicum S. I.-Universidad Pontificia de Comillas, II (2001) 1627-1629. (---) Segneri, Paolo (junior). En: Charles E. O'NEILL y Joaquín Mª DOMÍNGUEZ. *Diccionario histórico de la Compañía de Jesús*. Roma-Madrid, IV (2001) 3548-3549. (---) "Colegio Romano (Universidad Gregoriana desde 1873)". En: Charles E. O'NEILL y Joaquín Mª DOMÍNGUEZ. *Diccionario histórico de la Compañía de Jesús*. Roma-Madrid, I (2001) 848-850. (---) "Menologio". En: Charles E. O'NEILL y Joaquín Mª DOMÍNGUEZ. *Diccionario histórico de la Compañía de Jesús*. Roma-Madrid, III (2001) 2628-2629.

CONSTENLA UMAÑA, Adolfo. (1991) *Las lenguas del área intermedia*. [San José], Universidad de Costa Rica.

CUERVO, Antonio B. (1894) *Colección de documentos inéditos sobre la Geografía y la Historia de Colombia*. Bogotá, Imprenta Zalamea hermanos, IV.

CUNILL GRAU, Pedro. (1987) *Geografía del Poblamiento Venezolano en el siglo XIX*. Caracas, Ediciones de la Presidencia de la República, I. (1989) "Felipe Salvador Gilij, geógrafo dieciochesco de la cuenca del Orinoco y del Amazonas venezolano". En: *Montalbán*. Caracas, 21 (1989) 21-68.

DAHLGREN, Erik Wilhelm. (1909) *Les rélations comerciales et maritimes entre la France et les côtes de l'Ocean Pacifique*. París, H. Champion.

DAVID, Bernard. (1984) *Dictionnaire biographique de la Martinique (1635-1848)* "Le Clergé". Tome I. 1635-1715. Fort-de-France, Société d'Histoire de la Martinique.

DAVIN, Diego. (1757) *Cartas edificantes y curiosas escritasde las misiones extranjeras y de levante por algunos misioneros de la Compañía de*

Jesús. Madrid, Imprenta de la Viuda de Manuel Fernández y del Supremo Consejo de la Inquisición, XVI.

DE LA SAUVAGE, M (Edit.). (1763) *Dictionnaire Galibi, presenté sur deux formes: 1 Commensant par le mot français; 2 par le mot Galibi. Précedé d'un essai de grammaire, par* M.D.L.S. *(de la Sauvage)*. Paris.

DE LAS BARRAS Y DE ARAGÓN, Francisco. (1935) «Documentos de Mutis referentes a las lenguas de los aborígenes del Nuevo Reino de Granada». *Erudición Ibero-Ultramarina*. Madrid, t. IV (1935). ----

DE MONTEZON [Fortuné DEMONTEZON]. (1857) *Mission de Cayenne et de la Guyane française*. París, Julien. Lanier, Cosnard.

DE NAPOLI, George A. (2001) "Lingüística". En: Charles E. O'NEILL y Joaquín Mª DOMÍNGUEZ. *Diccionario histórico de la Compañía de Jesús*. Roma-Madrid, III (2001) 2360-2366.

DEL PINO DÍAZ, Fermín. (2000) "*La Historia natural y moral de las Indias* como género: orden y gestación literaria de la obra de Acosta". En: *Histórica*. Lima, XXIX/2 (2000) 295-326. (2005) "Los métodos misionales jesuitas y la cultura de <los otros>". En: José Jesús HERNÁNDEZ PALOMO y Rodrigo MORENO JERIA (Coord.). *La Misión y los jesuitas en la América española, 1566-1767*. Sevilla, Consejo Superior de Investigaciones Científicas-Escuela de Estudios Hispano-Americanos (2005) 43-68.

DEL REY FAJARDO, José y Alberto GUTIÉRREZ (Editores). (2014) *Cartas Anuas de la Provincia del Nuevo Reino de Granada. Años 1684 a 1698*. Bogotá. Pontificia Universidad Javeriana, 2014.

DEL REY FAJARDO, José y Germán MARQUÍNEZ ARGOTE. (1958) "El P. José Gumilla: "Un sociólogo audaz y un americanista olvidado". En: *Revista Javeriana* (Bogotá, 1958) 4-21. (1964) "Venezuela y la ideología gumillana. En: *Sic*, Caracas (1964) 74-76. (1965) "Estudio Preliminar". Pierre PELLEPRAT. *Relato de las Misiones de los Padres de la Compañía de Jesús en las Islas y en Tierra Firme de América Meridional*. Caracas, vol. 77 de la Biblioteca de la Academia Nacional de la Historia), pp. XI-LXI. (1966) "Un escrito inédito del P. Gumilla: La Biografía del P.

Cavarte". En: *SIC*. Caracas. (1966), 124-126. (1971) *Aportes jesuíticos a la filología colonial venezolana*. Caracas, Ministerio de Educación, 1971, 2 vols. (1974) "Filósofos y teólogos jesuitas en la Venezuela colonial". En: *Montalbán*. Caracas, N°. 3 (1974) 7-51. (---) *Documentos jesuíticos relativos a la Historia de la Compañía de Jesús en Venezuela*. Caracas, Biblioteca de la Academia Nacional de la Historia, vols., II y III. (1977) *Misiones jesuíticas en la Orinoquia*. Tomo I. Aspectos fundacionales. Caracas, Universidad Católica Andrés Bello. (1983) *La cultura jesuítica en la Orinoquia*. Bogotá, Pontificia Universidad Javeriana. (1988) "Consideraciones sobre el hombre y la lengua tuneba". En: María Elena MÁRQUEZ, Berichá (Esperanza AGUABLANCA) y Jesús OLZA. *Gramática de la lengua tuneba*. San Cristóbal, Universidad Católica del Táchira (1988) 5-28. (1990) *La expulsión de los jesuitas de Venezuela (1767-1768)*. San Cristóbal, Universidad Católica del Táchira, 1990. (1992) "Introducción al estudio de la Historia de las Misiones jesuíticas en la Orinoquia". En: José DEL REY FAJARDO (Edit.). *Misiones jesuíticas en la Orinoquia*. San Cristóbal, Universidad Católica del Táchira, I (1992) 197-682. (1993) "La Misión del Airico: 1695-1704". En: *Boletín de la Academia Nacional de la Historia*. Caracas, t. LXXVI, n°. 302 (1993) 49-68. (---) "7. P. José Gumilla (1686-1750". En: *Misiones jesuíticas en la Orinoquia*. San Cristóbal, I (1993) 325-353. (1994) "Miguel Alejo Schabel S. J. Escritor, Aventurero y Misionero". En: *Boletín Universitario de Letras*. Caracas, Universidad Católica Andrés Bello, 1 (1994) 169- 196. (---) "Antoine Boislevert (1618-1669) fundador [de las Misiones] de los Llanos de Casanare". En: *Boletín de la Academia Nacional de la Historia*. Caracas, t. LXXVII, n°., 308 (1994) 81-104. (1995) *Bio-bibliografía de los Jesuitas en la Venezuela colonial*. San Cristóbal-Santafé de Bogotá, Universidad Católica del Táchira y Pontificia Universidad Javeriana. (---) "Las escoltas militares en la misiones jesuíticas de la Orinoquia (1661-1767)". En: *Boletín de la Academia Nacional de la Historia*. Caracas, t. LXXVIII, n°, 311 (1995) 35-69. (1996) "Topohistoria misional jesuítica llanera y orinoquense". En: José DEL REY FAJARDO y Edda O. SAMUDIO. *Hombre, tierra y sociedad*. I. Topohistoria y Resguardo indígena. SAn Cristóbal-Bogotá, Universidad Católica del Táchira-Pontificia Universidad Javeriana (1996) 7-158. (1997) "Misiones". En: FUNDACIÓN POLAR. *Diccionario de Historia de Venezuela*. Caracas, Fundación Polar, III (1997) 181-188. (1998) *Una utopia sofocada: Reducciones jesuíticas en la Orinoquia*. Caracas, Academia Nacional de la Historia. (1999) "Apuntes para una biografía de Felipe Salvador Gilij (1721-1789)". En *Montalbán*. Caracas, 32 (1999) 93-119. (---) *Las bibliotecas jesuíticas en la Venezuela colonial*. Caracas, Biblioteca de la Academia Nacional de la Historia, 1999, 2 vols. (---) "Misiones dominicanas de Cassanare (1767-1780)". En: Conferencia Episcopal venezolana. Dominicos de Venezuela. *500 años de evangelización. Dominicos en Venezuela*. Actas del Congreso Internacional de Historia. Mérida-Caracas, Octubre 1998. Caracas (1999) 463-477. (2000) "La crónica del Hermano Vega 1730-1750". En: Agustín de VEGA. *Noticia del principio y progresos del establecimiento de las Missiones de gentiles en la río Orinoco por la Compañía de Jesús*. Caracas, Academia Nacional de la Historia (2000) 7-118. (2001) "Gumilla, José". En: Charles E. O'NEILL y Joaquín Mª DOMÍNGUEZ. *Diccionario histórico de la Compañía de Jesús*. Roma-Madrid, Institutum Historicum S. I.-Comillas, II (2001) 1848-1849. (2002) "Apuntes para una biografía misional del P. Dionisio Mesland (1615-1672)". En: José DEL REY FAJARDO y Germán MARQUÍNEZ ARGOTE. *Denis Mesland amigo de Descartes y maestro javeriano (1615-1672)*. Bogotá, CEJA (2002) 16-65. (---) *Catedráticos jesuitas de la Javeriana colonial*. Bogotá, CEJA. (---) *Denis Mesland amigo de Descartes y maestro javeriano (1615-1672)*. Bogotá, CEJA. (2003) *El aporte de la Javeriana colonial a la cartografía orinoquense*. Bogotá, Pontificia Universidad Javeriana. (2004) *La "Facultad de Lenguas" en la Javeriana colonial y sus profesores*. Bogotá, Pontificia Universidad Javeriana. (2006) "José Gumilla, explorador científico de la Orinoquia". En: Juan PLAZAOLA

(Edit.). *Jesuitas exploradores, pioneros y geógrafos*. Bilbao, Ediciones Mensajero (2006) 199-243. (---) *Biblioteca de escritores jesuitas neogranadinos*. Bogotá, Editorial Pontificia Universidad Javeriana, 2006. (---) *Los jesuitas en Venezuela*. Tomo I: *Las fuentes*. Caracas-Bogotá, Universidad Católica Andrés Bello-Pontificia Universidad Javeriana. (2007) *El mito Schabel. Las antinomias de un jesuita aventurero*. Valera, Universidad Valle del Momboy. (---) *Los jesuitas en Venezuela*. Tomo II: *Los hombres*. Caracas-Bogotá, Universidad Católica Andrés Bello-Pontificia Universidad Javeriana. (---) *Los jesuitas en Venezuela*. Tomo VI. *La República de las Letras en la Venezuela colonial*. Caracas, Academia Nacional de la Historia-Universidad Católica Andrés Bello. (---) *Los jesuitas en Venezuela*. Tomo V: *Las Misiones germen de la nacionalidad*. Caracas-Bogotá, Universidad Católica Andrés Bello-Pontificia Universidad Javeriana. (2009) *La Universidad Javeriana, intérprete de la "otredad" indígena (siglos XVII-XVIII)*. Bogotá, Pontificia Universidad Javeriana. (2010) *Los precursores de la 'Sociedad del conocimiento' en la Javeriana colonial*. Bogotá, Editorial El Búho. (2011) *Los jesuitas en Venezuela*. Tomo III: *Topo-historia*. San Cristóbal, Fondo Editorial Simón Rodríguez. 2 vols. (---) *Los jesuitas en Venezuela*. Tomo IV: *Nosotros también somos gente. (Indios y jesuitas en la Orinoquia)*. Caracas, Academia Nacional de la Historia. (---) *Los jesuitas en Venezuela*. Tomo IV: *Nosotros también somos gente. (Indios y jesuitas en la Orinoquia)*. Caracas, Academia Nacional de la Historia, 2011.

DELATTRE, Pierre S.J. (1953) *Les établissements des Jésuites en France depuis quatre siécles*. Repertoire Topo-Bibliographique publiée á l'occasion du Quatrième Centenairc de la fondation de la Compagnie de Jésus 1540-1940 sous la direction de Pierre Delattre. Enghien-Wetteren, Institut Supérieur de Théologie-Imprimerie de Meester Frères.

DERBYSHIRE, Desmond C. (1999) "Carib". En: Robert M. W. DIXON, y Alexandra Y. AIKHENVALD (ed.). *The Amazonian Languages*. Cambridge, Cambridge language surveys, Cambridge University Press (1999) 23-64.

DETTLING, Warnfried. (1996) "Was heisst Solidarität heute". En: *Die Zeit*, 27 Dezember, 1996, pag., 1.
DIDIER, Hugues. (2001) "Nieremberg y Ottin, Juan Esusegio". En: Charles O'NEILL y Joaquín Mª. DOMÍNGUEZ. *Diccionario histórico de la Compañía de Jesús*. Roma-Madrid, Institutum Historicum S. I.-Universidad Pontificia de Comillas, III (2001) 2819-2820.
DIXON, Robert M. W. y Alexandra Y. AIKHENVALD (ed.). (1999) *The Amazonian Languages*. Cambridge, Cambridge language surveys, Cambridge University Press.
DOBRIZHOFFER, Martín. (1784) *Historia de abiponibus equestri bellicosaque paraquariae natione: locupletata copiosis barbararum gentium, urbium*. Viennæ, Typis Josephi Nob. di Kurzbek.
DOMÍNGUEZ, Francisco. (1890) "Informe del antiguo Gobernador de los Llanos de Casanare, dado a petición del Fiscal don Francisco A. Moreno, en expediente de los misioneros dominicanos sobre falta de recursos para sostener las Misiones". Santafé, 16 de Noviembre de 1779. En: José Manuel GROOT. *Historia eclesiástica y civil de Nueva Granada. Escrita sobre documentos auténticos*. Bogotá, II (1890) XXXVI-XXXVII.
DONÍS RÍOS, Manuel Alberto. (2013) *La Provincia de Guayana para mediados del siglo XVIII. Una visión a través del mapa del P. Bernardo Rotella S. J*. Caracas, Academia Nacional de la Historia.
DONNELLI, John Patrick. (2001) "Bourdaloue, Louis". En: Charles E. O'NEILL y Joaquín Mª DOMÍNGUEZ. *Diccionario histórico de la Compañía de Jesús*, I, 508-509. (---) "Vázquez (Vásquez), Gabriel". En: Charles E. O'NEILL y Joaquín Mª DOMÍNGUEZ. *Diccionario histórico de la Compañía de Jesús*, IV, 3912-3913. (---) "Toledo, Francisco". En: Charles E. O'NEILL y Joaquín Mª DOMÍNGUEZ. *Diccionario histórico de la Compañía de Jesús*, IV, 3807-3808. (---) "Rodríguez, Alonso (II)". En: Charles E. O'NEILL y Joaquín Mª DOMÍNGUEZ. *Diccionario histórico de la Compañía de Jesús*. Roma-Madrid, IV (2001) 3394-3395.
DOU, Alberto. (s/f) "Izquierdo, Sebastián". En: Charles E. O'NEILL

y Joaquín Mª DOMÍNGUEZ. *Diccionario histórico de la Compañía de Jesús*, III, 2116-2117.

DREWS, Joannes. (1723) *Fasti Societatis Jesu, res, et personas memorabiles ejusdem Societatis per singulos anni dies representantes.* Braunsberg, Typis S. J.

DU TERTRE, Jean Baptiste. (1667) *Histoire Génerale des Antilles habités par les françois.*París, Chez Thomas Iolly, au Palais, en la Salle des Merciers, à la Palme, & aux Armes d'Hollande, I.

DUCLOS, Paul. (2001) "Brou, Alexandre". En: Charles O'NEILL y Joaquín Mª. DOMÍNGUEZ. *Diccionario histórico de la Compañía de Jesús*. Roma-Madrid, Institutum Historicum S. I.-Universidad Pontificia de Comillas, I (2001) 554-555.

DUHR, Bernhard. (1907-1928) *Geschichte der Jesuiten in den Länder deutscher Zunge.*Freiburg y Muenchen-Regensburg, Herder, I, 1907; Herder, II, 1913; G. J. Manz, III, 1921; G. J. Manz, 1928, 4 vols.

DUQUE GÓMEZ, Luis. (1992) "Visión etnológica del Llano y el proceso de la evangelización". En: José DEL REY FAJARDO (Edit.). *Misiones jesuíticas en la Orinoquia*. San Cristóbal, Universidad Católica del Táchira, I (1992) 683-715.

DURBIN, Marshall. (s/f) "A surwey of thecarib language family". En Ellen B. BASSO (ed): *Carib-speaking indians: culture, society and language*. Tucson. The University of the Arizona Press (The Anthropological Papers of the of Arizona, 28) 23-38

DUSSEL, Enrique. (2000) "Europa, modernidad y eurocentrismo". En: Edgardo LANDER (edit.). *La colonialidad del saber: eurocentrismo y ciencias sociales. Perspectivas latinoamericanas*. Caracas, FACES-UVCIESALC (2000) 59-79.

DUVIOLS, Jean-Paul. (1976) "Pascual Martinez Marco. Viaje y derrotero de la ciudad de Cumaná a la de Santa Fe de Bogotá (1749)". En: *Cahiers du monde hispanique et luso-brésilien*. Toulouse, 26 (1976) 19-33.

ECHANOVE, Alfonso. (1955-1956) "Origen y evolución de la idea jesuítica de *Reducciones* en las Misiones del Virreinato del Perú".

En: *Missionalida Hispanica*. Madrid, XII, nº 34 (1955) 95-144; XIII, nº 39 (1956) 497-540.

Efemeride Lettararie di Roma, X, XI, XII.

EGUÍA RUIZ, Constacio. (1935) "El P. José Cassani, cofundador de la Academia española". En: *Boletín de la Academia española*. Madrid, XXII (1935) 7-30.

ELIZALDE, Ignacio. (2001) "Monzón, Bernardo". En: Charles O'NEILL y Joaquín Mª. DOMÍNGUEZ. *Diccionario histórico de la Compañía de Jesús*. Roma-Madrid, Institutum Historicum S. I.-Universidad Pontificia de Comillas, III (2001) 2735.

ELLIOT, John H. (1990) *Richelieu e Olivares*. Torino, Einaudi.

ELLIOTT, John H. (2006) *Imperios del mundo atlántico. España y Gran Bretaña en América (1492-1830)*. Madrid, Taurus Historia.

Elogia virorum illustrium spectantium ad Provincian Castellanam excerpta ex Menologio Villagarciensi. Ms.

ELORDUY, Eleuterio. (s/f) "Suárez, Francisco". En: Charles E. O'NEILL y Joaquín Mª DOMÍNGUEZ. *Diccionario histórico de la Compañía de Jesús*, IV, 3654-3656.

Epistolae Praepositorum Generalium. Roma, I, 1909.

ESCALERA [MARTÍNEZ DE LA] José. (2001) "Cassani, José". En: Charles E. O'NEILL y Joaquín Mª DOMÍNGUEZ. *Diccionario histórico de la Compañía de Jesús*. Roma-Madrid, I (2001) 695.

ESCALERA, José y Estanislao OLIVARES. (2001) "Alcázar, Luis". En: Charles E. O'NEILL y Joaquín Mª DOMÍNGUEZ. *Diccionario histórico de la Compañía de Jesús*, I (2001) 40-41.

ESCALERA, José. (2001) "Alcázar, Bartolomé". En: Charles O'NEILL y Joaquín Mª. DOMÍNGUEZ. *Diccionario histórico de la Compañía de Jesús*. Roma-Madrid, Institutum Historicum S. I.-Universidad Pontificia de Comillas, I (2001) 40.

ESPINOSA POLIT, Aurelio. (1956) "El primer poeta ecuatoriano de la colonia, P. Antonio Bastidas". En: *Boletín de la Academia Nacional de Historia*. Quito, 36 (1956) 5-19.

ESTEVE BARBA, Francisco. (1975) "La asimilación de los signos de escritura en la primera época". En: Demetrio RAMOS (Edit.).

Estudios sobre política indigenista española en América. Valladolid, Universidad de Valladolid, I (1975) 257-264.

EZQUERRA, Ramón. (1962) "La crítica española de la situiación de América en el siglo XVIII". En: *Revista de Indias*. Madrid, nº., 87-88 (1962) 159-286.

FABO, Pedro del Corazón de María. (1914) *Historia de la Provincia de la Candelaria de Agustinos Recoletos*. Madrid, Imprenta del Asilo de Huérfanos del S. C. De Jesús, 2 vols.

FABO, Pedro. (1911) *Idiomas y etnografía de la región oriental de Colombia*. Barcelona, J. Benet, impresor.

FELICE CARDOT, Carlos. (1973) *Curazao hispánico*. Antagonismo flamenco-español. Caracas, Academia Nacional de la Historia.

FERNÁNDEZ DE OVIEDO Y VALDÉS, Gonzalo. (1851) *Historia general y natural de las Indias, islas y tierra-firme del mar océano*. Tomo primero de la segunda parte, segundo de la obra por el Capitán Gonzalo Fernández de Oviedo y Valdés; publícala la Real Academia de la Historia; cotejada... enriquecida... por José Amador de los Ríos. Madrid, Imprenta de la Real Academia de la Historia.

FERNÁNDEZ DE PIEDRAHITA, Lucas. (1688) *Historia general de las conquistas del Nuevo Reino de Granada*. Amberes, por Juan Baptista Verdussen.

FERNÁNDEZ G., Enrique (2001) "Acuña, Cristóbal de". En: Charles E. O'NEILL y Joaquín Mª DOMÍNGUEZ. *Diccionario histórico de la Compañía de Jesús*. Roma-Madrid, I (2001) 13.

FERNÁNDEZ HERES, Rafael. (s/f) "Factores históricos determinantes en la creación del Arzobispado de Caracas". [Manuscrito]

FERNÁNDEZ HERRERO, Beatriz. (1993) "El <otro> Descubrimiento. (La imagen del español en el indio americano)". En: *Cuadernos Hispanoamericanos*. Madrid, nº. 250 (1993) 7-36. (1996) "América y la modernidad europea. Reflexiones sobre la ética". En: *Cuadernos Hispanoamericanos*. Madrid, nº 547, (1996) 7-24.

FERRER BENIMELI José Antonio. (1995) "Córcega y los jesuitas españoles expulsos 1767-1768. Correspondencia diplomática".

En: *Paramillo*. San Cristóbal, 14 (1995) 5-196. (1995) *La expulsión y extinción de los jesuitas según la correspondencia diplomática francesa*. Tomo II. Córcega y Paraguay. [San Cristóbal]. (1998) "La expulsión y extinción de los jesuitas según la correspondencia diplomática francesa 1770-1773". En *Paramillo*. San Cristóbal, 17 (1998) 5-386.

FLORENCIA Francisco de y Juan Antonio de OVIEDO. (1671) *Menologio de los varones más señalados en perfección Religiosa de la Provincia de la Compañía de Jesús de Nueva España, escrito por el padre Francisco de Florencia, y aprobado por N. M. R. P. Juan Paulo Oliva, Prepósito General de la misma Compañía. Nuevamente añadido a petición de la Congregación Provincial, que se celebró en México a principios del mes de Noviembre del año de 1733, por el P. Juan Antonio de Oviedo, Calificador del Santo Oficio, y Prepósito de la Casa Professa de la misma Compañía de Jesús de México, aprobado por N. M. R. P. Francisco Retz, Prepósito general, año* [sic] *de 1747* [Zin lugar]. La primera edición se publicó en Barcelona, por Jacinto Andreu en 1671.

FOIS, Mario. (2001) "Mercuriano (Lardinois). Everardo [Everard]". En: Charles O'NEILL y Joaquín Mª. DOMÍNGUEZ. *Diccionario histórico de la Compañía de Jesús*. Roma-Madrid, Institutum Historicum S. I.-Universidad Pontificia de Comillas, II (2001) 1611-1614. (2001) "Oliva, Juan Pablo [Gianpaulo]. Charles O'NEILL y Joaquín Mª. DOMÍNGUEZ. *Diccionario histórico de la Compañía de Jesús*. Roma-Madrid, Institutum Historicum S. I.-Universidad Pontificia de Comillas, II (2001) 1633-1642.

FONFRÍAS, Ernesto Juan. (1966) *Siembra, cultivo y cosecha del idioma español en América*. Barcelona, Tipografía Migaza.

FORTIQUE, José Rafael. (1971) *Aspectos médicos en la obra de Gumilla*. Caracas, Talleres de Italgráfica.

FRANCO, Antonio. (1714) *Imagen da virtude em o Noviciado de Companhia de Jesus do Real Collegio do Espirito Santo de Evora*. Lisboa, Na Officina Real Deslandesiana. (1717) *Imagen da virtude na Corte de Lisboa*... Coimbra, no Real Collegio das Artes da Companhia de Jesu. (1719) *Imagen da virtude em o Noviciado* de Companhia de Jesus no Real Collegio de Jesus de Coimbra em Portugal. Evora, na Officina da Universidade, 2 vols.

FRITZ, Samuel. (1707) *El gran río Marañón o Amazonas con la misión de la Compañía de Jesús*, geográficamente delineado por el P. Samuel Fritz, missionero continuo de este rio. P. J. de N. Societatis Iesu, quondam in hoc Marañon missionarius, sculpebat Quiti, anno 1707.

FUNDACIÓN POLAR. (1997) "Nueva Andalucía, provincia de". En: FUNDACIÓN POLAR. *Diccionario de Historia de Venezuela*. Caracas, Fundación Polar, III (1997) 337-340.

GALÁN GARCÍA, Agustín. (1995) *El Oficio de Indias de los jesuitas de Sevilla 1566-1767*. Sevilla, Fundación Fondo de Cultura de Sevilla.

GALLEGOS, Rómulo. (1987) *Doña Bárbara*. Bogotá, Oveja Negra.

GANUZA, Marcelino. (1921) *Monografía de las Misiones vivas de Agustinos Recoletos (Candelarios) en Colombia*. Siglo XVII-XX. Bogotá, Imprenta de San Bernardo, II.

GARCÍA CASTRO, Álvaro. (1997) "Capitanía general". En: FUNDACIÓN POLAR. *Diccionario de Historia de Venezuela*. Caracas, I (1997) 635-642. (---) "Guayana, Porvincia de". En: FUNDACIÓN POLAR. *Diccionario de Historia de Venezuela*. Caracas, Fundación Polar, II (1997) 594-597.

GARCÍA DE PAREDES ANED, Gustavo. (1964) *El pensamiento de don Lorenzo Hervás y Panduro. Su significación en las ciencias del espíritu*. Madrid, Artes Gráficas.

GARCÍA GUTIÉRREZ, Fernando. (1997) "La iglesia de San Hermenegildo, de Sevilla". En: *Boletín de Artes de la Real Academia de Bellas Artes de Santa Isabel de Hungría*, Real Maestranza de Caballería de Sevilla, Sevilla (1997) 125-138.

GARCÍA VILLOSLADA, Ricardo. (1954) *Storia del Collegio Romano dal suo inizio (1551) alla soppressione della Compagnia di Gesù (1773)*. Roma, Apud Aedes Universitatis Gregorianae.

GARCÍA, Gregorio. (2005) *Origen de los indios del nuevo mundo e indias occidentales*. Madrid, Consejo Superior de Investigaciones Científicas, 2005.

GARCÍA, Sonia. (1997) "El Dorado, mito de". En: FUNDACIÓN POLAR. *Diccionario de Historia de Venezuela*. Caracas, Fundación Polar, II (1997) 190-192.

GARCILASO DE LA VEGA. (1960) *Comentarios Reales de los Incas*. En: *Obras completas del Inca Garcilaso de la Vega*. Edición y estudio preliminar del P. Carmelo Sáez de Santamaría. Madrid, II.

GARRAUX, Anatole Louis. (1898) *Bibliographie brésilienne. Catalogue des ouvrages français & latins relatifs au Brésil 1500-1898*. Paris, Ch. Chadenat, 1898.

GERBI, Antonello. (1960) *La disputa del Nuevo Mundo*. México, Fondo de Cultura Económica.

GERL, Herbert. (1968) *Catalogus generalis Provinciae Germaniae Superioris et Bavariae Societatis Iesu 1556-1773*. Monachii [München], Mss.

GILDEA, Spike. (1998) *On Reconstructing Grammar. Comparative Cariban Morphosyntax*. Oxford, Oxford University Press.

GILIJ, Felipe Salvador. (1955) *Ensayo de Historia Americana*. Bogotá, Academia Colombiana de Historia, IV. (1965) *Ensayo de Historia Americana, o sea, Historia natural y sacra de los reinos y de las provincias españolas de tierra firme en la América Meridional, escrita por el abate Felipe Salvador Gilij y dedicada a la Santidad de N.S. Papa Pío VI*. Roma 1780-1784. Edic. de la Academia Nacional de la Historia, vols. 71-73. Caracas. (1780-1784) *Saggio di Storia Americana, o sia Storia Naturale, Civile e Sacra de' Regni, e delle provincie Spagnuole di Terraferma nell'America meridionale*. escrita dall'Abate Filippo Salvatore Gilij e consacrata alla Santità di N. S. Papa Pio Sesto felicemente regnante. Tomo I. *Della storia geografica e naturale della provincia dell' Orinoco*. Roma MDCCLXXX. Per Luigi Perego Erede Salvioni, Stampator vaticano nella Sapienza. 8º, XLIV-355 pp. Tomo II. *De' Costumi degli Orinochesi*. Roma, MDCCLXXXI. 8º, XVI-399 pp. Tomo III. *Della religione e delle lingue degli Orinochesi, e di altri Americani*. Roma, MDCCLXXXII. 8º, XVI-430 pp. Tomo IV. *Stato presente di Terra-Ferma*. Roma, MDCCLXXXIV. 8º, XX-498 pp.

GIMÉNEZ LÓPEZ, Enrique (Edit.). (1997) *Expulsión y exilio de los jesuitas españoles*. Alicante, Publicaciones de la Universidad de Alicante.

GIRALDO, Gabriel. (1951) "Notas Bio-Bibliográficas sobre el Padre F. S. Gilij y su *Saggio di Storia Americana*". En: *Boletín de Historia y Antigüedades*. Bogotá, 38 (1951) 696-713.

GIRÓN, Lázaro M. (1882-1883) "Antiguos Achaguas". En: *Papel Periódico Ilustrado. Bogotá*, año II (1882-1883) 56-57.

GIULIANI, Maurice. (2006) *Acoger el tiempo que viene*. Bilbao-Santander, Ediciones Mensajero y Sal Terrae.

GOETSTOUWERS-VAN DE VORST, Joannes B. (1950) *Synopsis historiae Societatis Jesu*. Lovanü, Typis ad Sancti Alphonsi.

GÓMEZ CANEDO, Lino. (1967) *Las Misiones de Píritu. Documentos para su historia*. Caracas, Biblioteca de la Academia Nacional de la Historia, I.

GÓMEZ FREGOSO, Jesús. (s/f) "Ugarte, Juan de". En: Charles E. O'NEILL y Joaquín Mª DOMÍNGUEZ. *Diccionario histórico de la Compañía de Jesús*, IV, 3856.

GÓMEZ HOYOS, Rafael. (1961) *La Iglesia de América en las leyes de Indias*. Madrid, Gráficas Orbe, 1961.

GÓMEZ PARENTE, Odilo. (1979) *Labor Franciscana en Venezuela: I. Promoción indígena*. Caracas, Universidad Católica Andrés Bello.

GONZÁLEZ CRUZ, Francisco. (1997) *Lugarización/Globalización*. Mérida, Centro de Estudios Locales y Provinciales.

GONZÁLEZ MONTERO DE ESPINOSA. (1994) *Hervás y Panduro: el gran olvidado de la Ilustración española*. Madrid, Iberediciones.

GONZÁLEZ MORA, Felipe. (2004) *Reducciones y haciendas jesuíticas en Casanare, Meta y Orinoco ss. XVII-XVIII. Arquitectura y urbanismo en la frontera oriental del Nuevo Reino de Granada*. Bogotá, Editorial Pontificia Universidad Javeriana, Biblioteca del Profesional, Bogotá.

GONZÁLEZ O, Hermann. (2001) "Martínez Rubio, Juan". En: Charles E. O'NEILL y Joaquín Mª DOMÍNGUEZ. *Diccionario histórico de la Compañía de Jesús*. Roma-Madrid, III (2001) 25-27.

GONZÁLEZ OROPEZA, Hermann. (1989) "Felipe Salvador Gilij,

boceto biográfico y bibliográfico". En: *Montalbán*. Caracas, 21 (1989) 9-20.

GOYAU Georges. (1934) *A la conquête du monde paien*. Avec des illustrations d'Edgard Maxence.Maison Alferd Mame et fils.

GROOT, José Manuel. (1889-1893) *Historia eclesiástica y civil de Nueva Granada*. Escrita sobre documentos auténticos. Bogotá, Casa Editorial de M. Rivas & Cª., 5 vols.

GUASTI, Niccolò. (2006) *L'esilio italiano dei gesuiti spagnoli....*, Roma, Edizioni di Storia e Letteratura.

GUIBERT, José de. (1955) *La espiritualidad de la Compañía de Jesús*. Santander, Editorial Sal Terrae.

GUIDÉE, Aquiles. (s/f) *Ménologe de la. Compagnie de Jésus*. Ms.

GUIDETTI, Armando. (s/f) "Ettori (Ettorri), Camillo". En: Charles E. O'NEILL y Joaquín Mª DOMÍNGUEZ. *Diccionario histórico de la Compañía de Jesús*, II, 1343. (s/f) "Pinamonti. Giovanni Pietro". En: Charles E. O'NEILL y Joaquín Mª DOMÍNGUEZ. *Diccionario histórico de la Compañía de Jesús*, IV, 3136-3137. (s/f) "Gizzardi.Goiseppe".En: Charles E. O'NEILL y Joaquín Mª DOMÍNGUEZ. *Diccionario histórico de la Compañía de Jesús*, II, 1847.

GUILHERMY, Elesban. (1904) *Ménologe de la Compagnie de Jésus* par le P. Elesban de Guilhermy,... [édité par le P. Jacques Terrien.] Appendice comprenant: 1, l'histoire du ménologe dans la Compagnie; 2, la table alphabétique des noms de tous les pères et frères dont la notice est au ménologe... 3, la table méthodique des matières... Paris, impr. M.-R. Leroy.

GUMILLA, José. (1741) *El Orinoco ilustrado*. Historia Natural, Civil y Geographica, de este Gran Río, y de sus caudalosas vertientes: Govierno, usos, y costumbres de los indios sus habitantes, con nuevas y utiles noticias de Animales, Arboles, Aceytes, Resinas, Yervas, y Raíces medicinales: Y sobre todo, se hallarán conversiones muy singulares a nuestra Santa Fé, y casos de mucha edificacion. *Escrita* por el P. Joseph Gumilla, de la Compañía de Jesús, Missionero, y Superior de las Missiones del Orinoco, Meta, y Casanare, Calificador, y Consultor del Santo Tribunal de la Inquisición de Cartagena de Indias, y Examinador Synodal del mismo Obispado, Provincial que fue de su Provincia del Nuevo Reyno de Granada, y actual Procurador a entrambas Curias, por sus dichas Missiones y Provincia. Madrid, por Manuel Fernández. (1963) *El Orinoco Ilustrado y defendido. Historia natural, civil y geográfica de este gran río, y de sus caudalosas vertientes.* Caracas, Biblioteca de la Academia Nacional de la Historia. (1970) "Breve noticia de la apostólica y exemplar vida del angelical y V. P. Juan Ribero de la Compañía de Jesús, missionero de indios en los ríos de Cazanare, Meta y otras vertientes del gran río Orinoco, pertenecientes a la provincia del Nuevo Reyno. Madrid, 1739". [En: José GUMILLA. *Escritos varios*. Estudio preliminar y compilación del P. José del Rey S. J. Caracas, Academia Nacional de la Historia (1970) 21-54]. (---) *Escritos Varios*. Estudio preliminar y compilación del P. José del Rey. Caracas, Biblioteca de la Academia Nacional de la Historia.

GUMILLA, Joseph. (1758) *Histoire naturelle, civile et geographique de L'Orenoque*. Avignon, et se vend à Marseille chez Jean Mossy Libraire, I.

GUTIÉRREZ, Alberto. (2004) "Gloria y tragedia del primer rector de Santa Fe". En: *Theologica Xaveriana*. Bogotá, nº., 152 (2004) 629-649.

HAENSCH, Günther. (1994) "Dos siglos de lexicografía del español de América: Lo que se ha hecho y lo que queda por hacer". En: Gerd WOTJAK y Klaus ZIMMERMANN (Eds.). *Unidad y variación léxicas del español de América*. Frankfurt/Main, Vervuert Verlag (1994) 39-82.

HANISCH, Walter. (1976) *Juan Ignacio Molina. Sabio de su tiempo*. Santiago de Chile, Ediciones Nihil Mihi.

HASSLER, Herda (1994), (1994) «Las lenguas del Nuevo Mundo en las teorías lingüísticas del siglo XVIII», en ESCAVY, R. y otros (eds.). *Actas del Congreso Internacional de Historiografía Lingüística. Nebrija V Centenario (1942-1992)*, vol. 2, *Nebrija y las Lenguas de América*, Murcia, Universidad de Murcia, pp. 115-125. (2001) "Teoría lingüística y antropología en las obras de Lorenzo Hervás y Panduro". En: Manfred TIETZ (ed.): *Los jesuitas españoles expulsos. Su imagen y su contribución al saber sobre el mundo hispánico en la Europa del siglo XVIII*. Madrid-Frankfurt am Main, Iberoamericana y Vervuert (2001) 379-399.

HAUSBERGER, Bernd. (1995) *Jesuiten aus Mitteleuropa im kolonialen México*. Wien-München, Verlag für Geschichte un Politik.

HAUSCH, Jane M. (1994) *Una frontera de la sabana tropical. Los llanos de Colombia, 1531-1831*. Santafé de Bogotá, Colección Bibliográfica. Banco de la República.

HEGEL, Georg Wilhelm Friedrich. (1986) *Vorlesungen über die Philosophie der Geschichte. Werke* 12. Frankfurt/M, Suhrkamp Verlag.

HENLEY, Paul. (1989) "Los Tamanaku". En: *Paramillo*. San Cristóbal, 8 (1989) 605-643.

HERBERMANN, Charles G. (1915) "Der neue Welt-Bott. Introduction", En: *Historical Records and Studies*, 8 (1915), 157-167.

HERMAN-DEGERIN. (1925-32) *Kurzes Verzeicknis der preussiscben Staatsbibliothek*.VI-IX (Leipzig, 1925-32), ms.

HERNÁNDEZ CONTRERAS, Luis. (2012) *El doctor Velásquez. Una historia nunca contada*. San Cristóbal, Procultura C.A.

HERNÁNDEZ DE ALBA, Guillermo. (1947) *Archivo epistolar del sabio naturalista José Celestino Mutis*. Bogotá, Ministerio de Educción Nacional-Imprenta Nacional.

HERNÁNDEZ SÁNCHEZ-BARBA, Mario. (1988) "La ilustración indiana". En: *Historia de España*. XXXI, 2. La época de la ilustración. Madrid, Espasa-Calpe, XXXI (1988) 291-360.

HERNÁNDEZ, Graciela. (1996) "El Fortín de San Francisco Javier: una estrategia clérigo-militar en el proceso de colonización del Orinoco Medio durante el siglo XVIII". En *Montalbán*. Caracas, 29 (1996) 29-53.

HERNÁNDEZ, Pablo. (1913) *Organización social de las doctrinas guaraníes de la Compañía de Jesús*. Barcelona, Gustavo Gili, Editor.

HERVÁS Y PANDURO, Lorenzo. (1778-1792) *Idea dell'Universo, che contiene la Storia della vita dell'uomo, elementi cosmografici, viaggio estatico al mondo planetario, e Storia della terra*. Cesena, Per Gregorio Blasini all'Insegna di Pallade. 22 volúmenes. (1800)

Catálogo de las lenguas de las naciones conocidas, y numeración, división, y clases de éstas según la diversidad de sus idiomas y dialectos. Volumen 1: *Lengua y naciones americanas.* Madrid, [s.n.], (Imprenta de la Administración del Real Arbitrio de Beneficencia), 1800. (2007) *Biblioteca jesuítico-española (1759-1799).* Estudio introductorio, edición crítica y notas: Antonio Astorgano Abajo. Madrid, Libris: Asociación Libreros de viejo, I. (2009) *Biblioteca jesuítico-española II. Manuscritos hispano-portugueses en siete bibliotecas de Roma.* Estudio introductorio, edición crítica y notas: Antonio Astorgano Abajo. Madrid, Libris: Asociación Libreros de viejo.

HOCHWÄLDER, Fritz. (1952) *Das heilige Experiment.* Zurich, 1941. *Sur la terre comme au ciel.* París.

HUDE, Karl. (1913-25) *Thucidides Historiae.* Leipzig. Teubner.

HUERGA, Álvaro. (1996) *La evangelización del Oriente de Venezuela.* (Los anexos del obispado de Puerto Rico). Ponce, Pontificia Universidad Católica de Puerto Rico.

HUMBOLDT, Alejandro de. (1941) *Viaje a las regiones equinocciales del nuevo continente.* Caracas, Ministerio de Educación Nacional, II.

HUMBOLDT, Alexander von. (1820) *Voyages aux régions équinoxiales du Nouveau Continent.* París, Vve Courcier, VI.

HUMBOLDT, Wilhelm von. (1903-1936) *Gesammelte Schriften.* Berlín, von der Königlich-Preusissen Academie der Wissenschaften. (1969) *Über die Verschiedenheit des menschlichen Sprachbaues. Erster Abschnitt. Von der allgemeinen Sprachkunde und dem besondren Zwecke der gegenwärtigen Schrift.*Werke in fünf Bänden III.*Schriften zur Sprachphilosophie.* Stuttgart. Cotta.

HUONDER, Anton. (1899) *Deutsche Jesuitenmissionäre des 17 und 18 Jahrhunderts.* Ein Beitrag zur Missionsgeschichte und zur deutschen Biographie. Freiburg im Breisgau, Herder'sche Verlagshandlung, 1899. (1904) «P. Joseph Stöckleins, *Neuer Welt-Bott,* ein Vorläufer der *Katholischen Missionen* im 18 Jahrhundert". En: *Katholischen Missionem,* t. 33 (1904), 1-4, 30-33, 80-83, 103-107.

ICAZBALCETA, Joaquín García. (1954) *Bibliografía mexicana del siglo XVI*. México, Fondo de Cultura Económica.

IPARRAGUIRRE, Ignacio. Cándido de DALMASES y Manuel RUIZ JURADO. (1991) *Obras de San Ignacio de Loyola*. Madrid, Biblioteca de Autores Cristianos.

JAMES, Ariel José y David Andrés JIMÉNEZ (Coord.). (2004) *Chamanismo. El otro hombre, la otra selva, el otro mundo*. Bogotá, Instituto Colombiano de Antropología e Historia.

JENSEN, Adolf Ellegard. (1966) *Mito y culto entre pueblos primitivos*. México, Fondo de Cultura Económica.

JOUANÉN, José. (1941-1943) *Historia de la Compañía de Jesús en la antigua Provincia de Quito 1570-1774*. Quito, Editorial Ecuatoriana, I (1941), II (1943).

Journal des savants combiné avec les Mémoires de Trévoux. A Amsterdam, chez Marc Michel Rey, 1758.

Journal encyclopédique par une sociétè de gens de lettres, dédié a Son Alt. Ser. et Emin. Jean Théodore, Duc de Baviére, etc... A Liège, de l'Imprimerie du Bureau du journal, 1759.

Journal Étranger ou notice exacte et détaillée des ouvrages des toutes los nations étrangéres, en fait d'arts, des sciences, de litterature, etc., par M. Fréron, des Académies d'Angers, de Montauban et de Nancy. A Paris, chez Michel Lambert, 1756.

JOVER ZAMORA, José María y Elena HERNÁNDEZ SANDOICA. (1700-1759) "España y los Tratados de Utrecht". En: José María JOVER ZAMORA (Director). *Historia de España. La Época de los primeros borbones*. Tomo XXIX, Volumen I: La nueva Monarquía y su posición e Europa (1700-1759). Madrid, Espasa-Calpe (1987) 339-440.

JULIÁN, Antonio. (1787) *Historia geográfica del río Magdalena, y de todas las provincias que le tributan de una banda y otra sus ríos*. Madrid, por Don Antonio de Sancha. (---) *La Perla de América, Provincia de Santa Marta, reconocida, observada y expuesta en discursos históricos por Don Antonio Julián*. Madrid, por Don Antonio de Sancha, 1787. (1951) *La perla de la América provincia de Santa Marta. Reconocida, observada y expuesta en discursos históricos a mayor bien de la Católica monarquía, fomento del comercio de España, y de todo el Nuevo Reino de Granada, e incremento de la cristiana religión entre las naciones bárbaras que subsisten todavía rebeldes en la provincia.* Bogotá, Ministerio de Educación Nacional. (1979) *Lo mejor de la vida, Religion, Doctrina y Sangre recogido en un noble joven colegial de el Real, Mayor y Seminario de San Bartholome, propuesto en Ynstruccion Christiano-Politica para el uso de dicho Colegio.* 1764. [Publicado por José DEL REY FAJARDO. *La Pedagogía jesuítica en la Venezuela hispánica.* Caracas, Academia Nacional de la Historia (1979) 325-427].

KALISTA, Zdenek. (1941) *Viajes bajo el signo de la cruz* (Cesty ve znamení kríze). *Cartas de los misioneros checos de los siglos XVII y XVIII en las tierras de ultramar.* Praga, Evropsky literární klub-Club Literario Europeo. (1968) "Los misioneros de los países checos que en los siglos XVII y XVIII actuaban en América latina". En: *Ibero-Americana Pragensia.* Praga (1968) 117-161.

KELLER, Franz (s/f) "Leben und Taten, Reissen und Missionen R. P. Josephi Stöcklein der Gesellschaft Jesu, österreichischer Provinz, in dem kaiserlichen Kiregsheer in Reich un Ungarn Missionarii un Ober-Feld-Kaplans, Urhebers der deutschen Verfassung des *Neuen Welt-Bottes",* en *Welt-Bott.,* parte 29, Nº 527.

KEMPF, Konstantin. (1925) *Die Heiligkeit der Gesellschaft Jesu.* Einsiedeln, Verlagsanstalt Benziger & Co., Typographen des Hl. Apostolischen Stuhles. 2 vols.

KIECKENS, François. (1879) "Les anciens missionnaires belges de la Compagnie de Jésus dans les deux Amériques". En: *Précis historiques,* 28 (1879) 146-152.

KINO, Eusebio. (1913-1922) *Las misiones de Sonora y Arizona.* México, Editorial "Cultura".

KOCH, Ludwig. (1934) *Jesuiten-Lexikon. Die Gesellschaft einst und jetzt.* [Paderborn, 1934]. Löwen-Heverlee (Belgien). Verlag der Bibliothek SJ, II, 1962.

KONETZKE, Richard (1964) "Die Bedeutung der Sprachenfrage in der spanischen Kolonisation Amerikas". *Jahrbuch fuer Geschichte von Staat, Wirtschaft und Gesellschaft Lateinamerikas.* Colonia, I (1964) 72-116. (1971) *América Latina. II. La época colonial.* Madrid, Siglo XXI de España Editores.

KRATZ, Guillermo. (1954) *El Tratado hispano-portugués de límites de 1750 y sus consecuencias.* Roma, Institutum Historicum S. I.

KRÍZOVÁ, Markéta. (2004) *La ciudad ideal en el desierto. Proyectos misionales del Compañía de Jesús y la Iglesia Morava en la América colonial.* Praga, Universidad Carolina de Praga.

LA CONDAMINE, Charles-Marie de. (1745) *Relation abrégé d'un voyage fait dans l'intérieur de l'Amérique méridionale depuis la côte de la mer du Sud jusqu'aux côtes du Brésil et de la Guyane, en descendant la rivière des Amazones, lue à l'assemblée publique de l'Académie des sciences, le 28 avril 1745.* París, Vve. Pissot.

LA HERA, Alberto de. (1992) "El Patronato y el Vicariato Regio en Indias". En: Pedro BORGES (Direct.). *Historia de la Iglesia en Hispanoamérica y Filipinas.* (Siglos XV-XIX). Madrid, Biblioteca de Autores Cristianos, I (1992) 63-80. (---) "El regalismo indiano". En: Pedro BORGES (Direct.). *Historia de la Iglesia en Hispanoamérica y Filipinas.* (Siglos XV-XIX). Madrid, Biblioteca de Autores Cristianos, I (1992) 81-98.

LACOSTE, Dominicus O. P. (s/f) *Catechismus Doctrinae Christianae lingua Galibiorum vernacula.* Ms.

LACOUTURE, Jean. (1993) *Jesuitas. I. Los conquistadores.* Barcelona-Buenos Aires-México, Ediciones Paidós.

L'ami de la Religion et du Roi. t. 21 (1819), 321-328.

LAS CASAS, Bartolomé de. (1975) *Del único modo de atraer a todos los pueblos a la verdadera religión.* México, Fondo de Cultura Económica, 1975. [Fue escrito en latín en 1537]. (1957) *Historia de las Indias.* Madrid, Biblioteca de Autores Españoles.

LAWSON, Christopher. (1929) *Progress and Religion.* London.

LEAL, Ildefonso. (1968) *Documentos para la Historia de la Educación de Venezuela.* Caracas, Academia Nacional de la Historia.

LECLER, Joseph. (1938) "La <donation> d'Alexandre VI". En: *Etudes,* París (1938) 1-16; 195-208.

LECLERC, Charles. (1878) *Bibliotheca Americana: Histoire, gógraphie,*

voyages, archéologie et linguistique des deux Amériques et des îles Philippines, Paris, Librairie de Maisonneuve.
LEE, Alberto. (1964) «Gonzalo Bermúdez, primer catedrático de la lengua general de los chibchas». En: *Boletín de Historia y Antigüedades*. Bogotá, L (1964) 183-217.
LEIBNIZ, Wilhelm Gottfried von. (s/f) "Bref essai sur l'origine des peoples déduite principalement des indications fournies par les langues". En: Marc CRÉPON (Edit.). *L'harmonie des langues*. París, Éditions du Seuil, edición bilingüe alemán-francés, presentado, traducido y comentado por Marc Crépon, 171-172. **(s/f) "Bref essai sur l'origine des peoples déduite principalement des indications fournies par les langues».**
LEITE, Serafím. (2004) *História da Companhia de Jesús no Brasil*. Lisboa-Río de Janeiro, 1938-1950, 10 vols. Reedición facsimilar Sao Paulo, Edición patrocinada por PETROBRAS, 2004.
LEMMO, Angelina. (1983) *Historiografía colonial de Venezuela*. Caracas, Universidad Central de Venezuela.
LENGUAS DE AMERICA. (1928) *Manuscritos de la Real Biblioteca*. Madrid, Palacio Real, I.
LEÓN DE D'EMPAIRE, Arleny. (1989) "Gilij y el debate americano en el siglo XVIII: el discurso de las crónicas". En: *Montalbán*. Caracas, 21 (1989) 105-124
LERA, José María. (1992) "La Ratio Studiorum de la Compañía de Jesús y los estudios de Teología". En: José DEL REY FAJARDO (Edit.). *Misiones jesuíticas en la Orinoquia*. San Cristóbal, Universidad Católica del Táchira, II (1992) 801-812.
L'Esprit des Journaux. París: 1781, 1782, 1784.
Levens deughden en Wonderheden van een goet ghetal Broederst tydelycke Coadjuteurs.Antwerpen, 1668, 2 vols.
LÉVI-STRAUSS, Claude. (1979) *Antropología estructural. Mito, sociedad, humanidades*. México, Siglo XXI Editores.
LIBOIS, Charles. (2001) "Eliano (Romano), Giovanni Battista". En: Charles E. O'NEILL y Joaquín Mª DOMÍNGUEZ. *Diccionario histórico de la Compañía de Jesús*. Roma-Madrid, II (2001) 1233-1234.

LIÉVANO AGUIRRE, Indalecio. (2002) *Los grandes conflictos sociales y económicos de nuestra historia*. Bogotá, Círculo de Lectores.

LIZARGARATE, José de. (1870) *Vidas de algunos claros Varones Guipuzcoanos de la Compañía de Jesús*. Tolosa, Imprenta Modesto Gorosábel y Cia.

LODARES, Baltasar de. (1929) *Los franciscanos capuchinos en Venezuela*. Documentos referentes a las Misiones Franciscanas en esta República. Caracas, Cía. Anon. Edit. Empresa Gutenberg, I.

LOPETEGUI, León. Félix ZUBILLAGA. AAnatonio EGAÑA. (1965-1966) *Historia de la Iglesia en la América española*. Madrid, Biblioteca de Autores Cristianos, 4 vols.

LÓPEZ DE GOICOECHEA ZABALA, Francisco Javier. () "Política y religión en el pensamiento de Juan Márquez (1565-1621)". En: *Cuadernos salmantinos de Filosofía*. Salamanca, XXIII (196) 275-301.

LÓPEZ GARCÍA, Ángel. (1492-1992) "Una tipología lingüística avant la lettre: Los gramáticos de la lengua muisca". En: R. ESCAVY. J. M. HERNÁNDEZ TERRES y A. ROLDÁN (Eds.). *Actas del Congreso internacional de historiografía lingüística*. Madrid, Nebrija V Centenario 1492-1992, pp. 37-52.

LÓPEZ GARCÍA, Ángel. (1995) *Presentación de las lenguas y culturas chibchas*. Valencia, Universitat de València.

LÓPEZ-GAY, Jesús. (2001) "Javier, Francisco". En: Charles O'NEILL y Joaquín Mª. DOMÍNGUEZ. *Diccionario histórico de la Compañía de Jesús*. Roma-Madrid, Institutum Historicum S. I.-Universidad Pontificia de Comillas, III (2001) 2140-2141.

LOUKOTKA, Cestmir. (1968) *Classification of Southa American Indias languages*.Caracas, Latin American Center y University of California.

LOVERA, José Rafael. (1991) *Antonio de Berrío, la obsesión por el Dorado*. Caracas, Petróleos de Venezuela.

LOWIE, Robert H. (1946) *Historia de la etnología*. México, Fondo de Cultura Económica.

LOYOLA, Ignacio de. (1991) "Constituciones de la Compañía de Jesús". En: Ignacio IPARRAGUIRRE, Cándido de DALMASES y Manuel RUIZ JURADO. *Obras de San Ignacio de Loyola*. Madrid, Biblioteca de Autores Cristianos (1991) 431-646.

LOZANO, Pedro. (1733) *Descripción Chorographica del terreno, Rios, Arboles y Animales de las dilatadíssimas Provincias del Gran Chaco, Gualamba y de los ritos y costumbres de las innumerables naciones barbaras e infieles que la habitan...* Córdoba, En el Colegio de la Assumption, por Joseph Santos Balbás.

LUCENA GIRALDO, Manuel y Antonio E. DE PEDRO. (1992) *La frontera caríbica: Expedición de Límites al Orinoco, 1754-1761.* Caracas, Cuadernos Lagovén.

LUCENA GIRALDO, Manuel. (1988) "Ciencia para la frontera: las Expediciones de Límites españolas (1754-1804)". En: *Cuadernos Hispanoamericanos*. Los Complementarios/2. Madrid, 1988. (1991) "Defensa del territorio y explotación forestal en Guayana, 1758-1793". En: Manuel LUCENA GIRALDO (Edit.). *El bosque ilustrado. Estudios sobre la política forestal española en América*. Madrid, Instituto Nacional para la Conservación de la Naturaleza. (---) *Laboratorio tropical*. La Expedición de Límites al Orinoco, 1750-1767. Caracas, Monte Ávila Editores-consejo superior de Investigaciones Científicas. (1992-1993) "Los jesuitas y la Expedición de Límites al Orinoco, 1750-1767". En: *Paramillo*. San Cristóbal, 11-12 (1992-1993) 243-257.

LUCENA SALMORAL, Manuel. (1997) "Intendencia de Ejército y Real Hacienda". En: FUNDACIÓN POLAR. *Diccionario de Historia de Venezuela*. Caracas, II (1997) 812-813.

LUENGO, Manuel. (2001) *Diario, sobre el destierro y vicisitudes de la Provincia de Castilla la Viexa, después más en general de toda la Compañía, aunque siempre con mayor particularidad de la dicha Provincia de Castilla*. (Mss.). Manuscrito que reposa en el Archivo de Loyola (Guipúzcoa); consta de 63 tomos (falta el tomo IV correspondiente al año 1770). Han sido publicados algunos tomos por la investigadora de la Universidad de Alicante, Inmaculada Fernández Arrillaga. A partir del 2001.

Madame FOUQUET. (1748) *Obras medico-chirúrgica de Madama Fouquet. Economía de La salud del cuerpo humano. Ahorro de* médicos, cirujanos y botica. Prontuario de secretos caseros, fáciles y seguros en la práctica, sin cifras médicas, para que todos puedan usar de ellos en bien de los pobres enfermos. Traducidos Del francés a la lengua castellana por F, de Moya y Correa. Valladolid, Alonso Del Riego.

MAGAÑA, Edmundo. (1989) "Gilij: ideología y mitología guayanesa". En: *Montalbán*. Caracas, 21 (1989) 125-152.

MAGNIN, Juan. (1998) *Descripción de la Provincia y Misiones de Mainas en el Reino de Quito*. Quito, Biblioteca Ecuatoriana "Aurelio Espinosa Pólit". Sociedad Ecuatoriana de Investigaciones Históricas y Geográfica.

MANEIRO, Juan Luis. (1791-1792) *De Vitis aliquot mexicanorum aliorumque qui sive virtute, sive litteris Mexici imprimis floruerunt*. Bononiae, Ex Typographia Laelii a Vulpe.

MANTILLA, Luis Carlos. (1984-2000) *Los franciscanos en Colombia*. Bogotá, I, Editorial Nelly (1984); II, Editorial Nelly (1987); III, Ediciones de la Universidad de San Buenaventura (2000), 2 vols.

MARAVALL, José Antonio. (1982) *Utopía y reformismo en la España de los Austrias*. Madrid, Siglo veintiuno editores.

MARÍN FIDALGO, Ana Mª. (2008) "Más datos sobre el colegio de San Hermenegildo de Sevilla". En: *Archivo Hispalense*, Sevilla, Diputación Provincial de Sevilla 276-278 (2008) 303-325.

MARONI, Pablo. (1889) *Noticias auténticas del famoso río Marañón y Misión apostólica de la Compañía de Jesús de la Provincia de Quito en los dilatados bosques de dicho río*. Escribialas por los años 1758 un misionero de la misma Compañía y las publica ahora por primera vez Marcos Jiménez de la Espada. Madrid, Estab. tip. de Fortanet, 1889.

MARQUETTE, Jacques. (1681) *Découverte de quelques pays et nations del Amérique Septentrionale*. En:*Recueil de voyages de Mr. Thévenot*. Paris, Estienne Michallet. (1855) *Récit des voyages et des découvertes du R. Père Jacques Marquette de la Compagnie de Jésus, en l'année 1673 et aux suivantes: La continuation de ses voyages par le R. P. Claude Alloüez et Le journal journal autographe du P.*

Marquette en 1674 & 1675, avec la carte de son voyage tracée de sa main. Albanie, N.Y. Impr. de Weed, Parsons & cie.

MARTINA, Giacomo. (1974) *La Iglesia, de Lutero a nuestros días*. II. *Época del absolutismo*. Madrid, Ediciones Cristiandad.

MATEOS Francisco. (1944) "Introducción" a *la Historia General de la Compañía de Jesús en la Provincia del Perú*. Tomo I: *Historia General y del Colegio de Lima*. Madrid, Consejo Superior de Investigaciones Científicas, I (1944) 83-84. (---) *Historia general de la Compañía de Jesús en la Provincia del Perú*. Crónica anónima de 1600 que trata del establecimiento y Misiones de la Compañía de Jesús en los países de habla española en la América Meridional. Madrid, Consejo superior de Investigaciones Científicas, II.

MATEOS, Francisco. (1944) "Misioneros jesuitas españoles en el Perú desde el siglo XVI". En: *Missionalia Hispanica*. Madrid (1944) 559-571. (---) "Antecedentes de la entrada de los jesuitas españoles en las Misiones de América". En: *Missionalia Hispanica*. Madrid (1944) 109-166. (1953) "La patria del Padre José Gumilla". En: *Sic*. Caracas (1953) 416-419. (1955) "En pleno corazón del Amazonas". En: *Razón y Fe*. Madrid, 152 (1955) 99-109. (1967) "Notas Históricas sobre el antiguamente llamado Archivo de las temporalidades de Jesuítas". En: Araceli GUGLIERI NAVARRO. *Documentos de la Compañía de Jesús en el Archivo Histórico Nacional*. Madrid, Editorial Razón y Fe (1967) VII-LXXXXII.

MATTEI MULLER, Marie-Claude. (1989) «Gilij, pionero de la etnolingüística venezolana: sus métodos y logros». En: *Montalbán*. Caracas, 21 (1989) 91-104.

MATTÉI MULLER, Marie-Claude. (1992) "Los Tamanaku en la lingüística caribe. Algunas propuestas para la clasificación de las lenguas caribes en Venezuela". En: DEL REY FAJARDO (Edit.). *Misiones jesuíticas en la Orinoquia*. San Cristóbal. Universidad Católica del Táchira, II (1992) 461-613.

MATTHEI, Mauro. (1680-1751) *Cartas e informes de misioneros jesuitas extranjeros en Hispanoamérica*. Primera parte: 1680-1699. Santiago, Universidad Católica de Chile, 1969. Segunda Parte:

1700-1723. Santiago, Universidad Católica de Chile, 1970. Tercera parte: 1724-1735. Santiago, Universidad Católica de Chile, 1972. Cuarta parte: 1731-1751. Santiago, Universidad Católica de Chile, 1997.

MEDEZ SALCEDO, Ildefonso. (1997) "García Gómez, Jesús María". En: FUNDACIÓN POLAR. *Diccionario de Historia de Venezuela*. Caracas, Fundación Polar, II (1997) 457-458.

MEDINA, Francisco Borja. (1999) "Blas Valera y la dialéctica <exclusión-integración del otro>". En: *Archivum Historicum Societatis Iesu*. Roma, LXVIII (1999) 229-268.

MEDINA, Francisco de Borja. (2008) "La Compañía de Jesús en Sevilla". En: *Órdenes y congregaciones religiosas en Sevilla*. Sevilla, Ateneo y Fundación Cajasol (2008) 356-391.

MEDINA, José Toribio. (1898) *Biblioteca Hispano-Americana (1493-1810)*. Santiago de Chile, Impreso y grabado en casa del autor, 1898, 6 vols.

MELÉNDEZ LOZANO, Miguel Ángel. (1997) "El «Arte y Vocabulario de la Lengua Achagua: de los Padres (S.J.) Alonso de Neira y Juan Rivera trasunto en 1762; aportes y limitaciones de la gramática y el léxico con relación al estudio actual de esta lengua". En: Klaus ZIMMERMANN (ed.). *La descripción de las lenguas amerindias en la época colonial*. Frankfurt-Madrid, Vervuert-Iberoamericana (1997) 433-447.

MELLINATO, Giuseppe. (2001) "Boero, Giuseppe". En: En: Charles O'NEILL y Joaquín Mª. DOMÍNGUEZ. *Diccionario histórico de la Compañía de Jesús*. Roma-Madrid, Institutum Historicum S. I.-Universidad Pontificia de Comillas, I (2001) 469. (s/f) Segneri, Paolo (senior). En: Charles E. O'NEILL y Joaquín Mª DOMÍNGUEZ. *Diccionario histórico de la Compañía de Jesús*, IV, 3547-3548. (2001) "Retz, Francisco [Frntisek]". En: Charles O'NEILL y Joaquín Mª. DOMÍNGUEZ. *Diccionario histórico de la Compañía de Jesús*. Roma-Madrid, Institutum Historicum S. I.-Universidad Pontificia de Comillas, II (2001) 1653-1654.

Mémoires de Trévoux, mayo 1705,
Mémoires pour l'Histoire des Sciences et des beaux Arts, commencés d'etre

imprimés l'an 1701 a Trevoux et dédiés a son Altesse Sérénissime Monseigneur le Prince Souverain de Dombes. A Paris. Chez Chabert: 1747, 1748, 1759.

MÉNDEZ SALCEDO, Ildefonso. (2011) "Biblioteca de Autores y Temas Tachirenses: 50 años de actividad editorial en Venezuela". En: *Anuario GRHIAL*. Mérida. Enero-Diciembre, N° 5 (2011) 47-70.

MERCADO, Pedro de. (1957) *Historia de la Provincia del Nuevo Reino y Quito de la Compañía de Jesús*. Bogotá, Biblioteca de la Presidencia de Colombia, 4 vols.

MICHELENA, Luis. (1985) *Lengua e historia*, Madrid, Paraninfo.

MIMBELA, Mateo. (1725) *Scriptores Provinciae Novi Regni ab anno 1675*. Sanctafide in Novo Regno Granatensi, 25 Augusti a. 1725. [El Mss. reposa en la actualidad en el Archivo Uriate-Lecina, en la Universidad de Comillas (Madrid)]. (1970) "Relación de la entrada a las Naciones Betoyes y su cristianización (1725)". En: José GUMILLA. *Escritos varios*. Caracas, Academia Nacional de la Historia (1970) 189-266.

MOELLER, Charles. (1958) *Literatura siglo XX y Cristianismo*. Madrid, Edit. Gredos, IV.

MOMIGLIANO, Arnaldo. (1955) "Ancient history and the antiquarian.Contributo alla storia degli studi classici".En: *Storia e Letteratura*. Roma, 47 (1955) 67-106.

MONTEZON [Fortuné DEMONTEZON]. (1857) *Mission de Cayenne et de la Guyane française*. París, Julien. Lanier, Cosnard.

MORALES, Martín. (2001) "Reducciones". En: Charles E. O'NEILL y Joaquín Mª DOMÍNGUEZ. *Diccionario histórico de la Compañía de Jesús*. Roma-Madrid, I (2001) 111-114.

MORENO ARANGO, Alberto e Ignacio ACEVEDO TOBÓN. (1957) *Necrologio de la Compañía de Jesús en Colombia*. Medellín, Bedout.

MOREY, Nancy C. y Robert V. MOREY. (1980) "Los sáliva". En: Walter COPPENS (Edit.). *Los aborígenes de Venezuela*. Caracas, Fundación La Salle de Ciencias Naturales, I (1980) 241-285.

MOREY, Robert V. y Nancy C. (1975) "Relaciones comerciales en el pasado en los llanos de Colombia y Venezuela". En: *Montalbán*. Caracas, 4 (1975) 533-564.

MORÓN, Guillermo. (1977) *El proceso de integración de Venezuela 1776-1793*. Caracas, Academia Nacional de la Historia.

MORRA, Humberto. (1968) *Coloquio con Berenson*. México, Fondo de Cultura Económica.

MÜHN, Juan. (1946) *La Argentina vista por viajeros del siglo XVIII*. Buenos Aires, Huarpes.

MURPHY, Martin. John HUXTABLE ELLIOTT. José Miguel SANTA-MARÍA. (2012) *Ingleses de Sevilla: El Colegio de San Gregorio, 1592-1767*. Sevilla, Secretariado de Publicaciones Universidad de Sevilla, 2012.

MURR, Christoph Gottlieb von (Editor). (1775-1788) *Journal zur Kunstgesichichte und allgemeine Litteratur.*Nürberg, 16 tomos. (1785) *Reisen einiger Missionarien der Gesellschaft Jesu in Amerika.* Aus ihren eigenen Aufsätzen herausgegeben von Christoph Gottlieb von Murr.Mit einer Landkarte und Kupfern.Nürnberg, bei Johann Eberhard Zeh.

MURY, Paul, (1895) *Les Jésuites a Cayenne: Histoire d'une mission de vingt-deux ans dans les pénitenciers de la Guyane*, Strasbourg-Paris, Le Roux, Rétaux & Fils.

Nachrichten vom Lande Guiana, dem Orinocoflus, und den dortigen Wilden. (1785) Aus dem Italienischen des Abbt Philip Salvator Gilii auszugsweise übersetzt. Hamburg, bei Carl Ernst Bohn.

NADASI, Janos. (1665) *Annus dierum memorabilium Societatis Iesu, siue, Commentarius quotidianae virtutis, notabilem vnius, vel plurium in Societate vita functorum : virtute quapiam insignium memoriam in menses diesque quibus obiere partite distributam complexus*. Antuerpiae [Antwerp, Belgium], Apud Iacobum Meursium, anno 1665.

NADASI, Janos. (1657) *Pretiosae occupationes morientium in Societate Jesu*. Romae, Typis. Varesij.

NAVARRETE, Juan Andrés. (1793-1797) *De viris illustribus in Castella veteri Soc. Jesu ingressis et in Italia extinctis*. Libri II. Bononiae, Ex typographia Sancti Thomae Aquinatis, 1793 y 1797.

NAVARRETE, Juan Antonio. (1962) *Arca de Letras y Teatro Universal*. Caracas, Academia Nacional de la Historia.

NAVARRO, Nicolás E. (1929) *Anales eclesiásticos venezolanos*. Caracas, Tipografía Americana.

NEBGEN, Christoph. (2004) "Christoph Gottlieb von Murr: ein protestant erhebt die Stimme gegen die Aufhebung der Gesellschaft Jesu". En: *Archivum Historicum Societatis Jesu*. Roma-Cleveland, n°., 145 (2004) 121-147.

NEBRIJA, Antonio de. (1980) *Gramática de la Lengua castellana*. Madrid, Editora Nacional.

NEIRA, Alonso de y Juan RIVERO. (1971) *Arte y bocabulario de la lengua achagua: Doctrina christiana, confessionario de uno y otro sexo e instrucción de cathecumenos* (Arte y vocabulario de la lengua achagua: doctrina cristiana, la confesión de ambos sexos y la instrucción en el catecismo). Sacado de lo que trabajaron los Padres Alonso de Neira y Juan Ribero de la Compañía de Jesús. Trasuntado en el Puelo de S. Juan Francisco de Regis. Año de 1762. [José DEL REY FAJARDO. *Aportes jesuíticos a la filología colonial venezolana*. Caracas, Ministerio de Educación-Universidad Católica Andrés Bello, II (1971) 25-182].

NEUFELD, Karl H. (2001) "Nadasi, Jan". En: Charles O'NEILL y Joaquín Mª. DOMÍNGUEZ. *Diccionario histórico de la Compañía de Jesús*. Roma-Madrid, Institutum Historicum S. I.-Universidad Pontificia de Comillas, III (2001) 2796.

NIEREMBERG, Juan Eusebio. (1643) *Ideas de virtud en algunos claros varones de la Compañía de Jesús. Para los religiosos della*. Madrid, Por María de Quiñones, 1643. (1644) *Firmamento religioso de luzidos varones de la Compañía de Jesús. Cúmplese en este tomo y en el antecedente una centuria entera*. Madrid, Por María de Quiñones, 1644. (1645) *Honor del gran Patriarca San Ignacio de Loyola, Fundador de la Compañía de Jesús, en que se propone su vida, y la de su Discipulo el apostol de las Indias S. francisco Xavier. Con la milagrosa Historia del admirable Padre Marcelo Mastrilli, y las noticias de gran multitud de Hijos del mismo San Ignacio, varones clarissimos en santidad, doctrina, trabajos y obras maravi-*

llosas en servicio de la Iglesia. Madrid, Por María de Quiñones, 1645. (1647) *Vidas exemplares y venerables memorias de algunos claros varones de la Compañía de Iesus, de los cuales en este Tomo Quarto,* Madrid, Por Alonso de Paredes, 1647.

NIETO, Armando. (2001) "Perú". En: Charles E. O'NEILL y Joaquín Mª DOMÍNGUEZ. *Diccionario histórico de la Compañía de Jesús.* Roma-Madrid, III (2001) 3104-3111.

Nuovo Giornale di Letteratura de Modena, t. 33,

O'MALLEY, John. (2007) "Cinco misiones del carisma jesuita. Contenido y método". En: *Apuntes ignacianos.* Bogotá, 51 (2007) 28.

O'NEILL, Charles E. y Christopher J. VISCARDI. (2001) "Gregorio XV". En: Charles E. O'NEILL y Joaquín Mª DOMÍNGUEZ. *Diccionario histórico de la Compañía de Jesús.* Roma-Madrid, III (2001) 2983.

O'NEILL, Charles E. y Joaquín Mª DOMÍNGUEZ. (2001) *Diccionario histórico de la Compañía de Jesús.* Roma-Madrid, Institutum Historicum S. I.-Universidad Pontificia de Comillas, 2001, 4 vols,

O'CROVELY, Pedro Alonso. () *Idea compendiosa del reyno de la Nueva España* [1774]. Biblioteca Nacional. Madrid. Mss. 4532,

OJER, Pablo y Hermann GONZÁLEZ. (1957) *La fundación de Maturín y la Cartografía del Guarapiche.* Caracas, Universidad Católica Andrés Bello.

OJER, Pablo. (1950) "Historia Patria y sectarismo". En: *SIC.* Caracas, nº., 120 (1949) 455-458; 121 (1950) 15-22. (1960) *Don Antonio de Berrío, gobernador del Dorado.* Caracas, Universidad Católica Andrés Bello. (1966) "Estudio Preliminar" a Fray Antonio de CAULIN. *Historia chorografica de la Nueva Andalucía.* Caracas, Academia Nacional de la Historia (1966) XXXI-CCXCII. (---) *La formación del Oriente venezolano.* I. Creación de las gobernaciones. Caracas, Universidad Católica Andrés Bello. (1982) *La Década fundamental en la controversia de Límites entre Venezuela y Colombia (1881-1891).* Maracaibo, Corpozulia. (1983) *El Golfo de Venezuela. Una síntesis histórica.* Caracas, Instituto de Derecho Público de la UCV. (1992) "Las Misiones carismáticas y las institucionales en Venezuela". En:

José DEL REY FAJARDO. *Misiones jesuíticas en la Orinoquia.* San Cristóbal, I (1992) 139-195.

OLIVARES, Estanislao. (2001) "Ruiz de Montoya, Diego". En: Charles E. O'NEILL y Joaquín Mª DOMÍNGUEZ. *Diccionario histórico de la Compañía de Jesús.* Roma-Madrid, IV (2001) 3437.

OLZA, Jesús. (1992) "El Padre Felipe Salvador Gilij en la Historia de la Lingüística venezolana". En: José DEL REY FAJARDO. *Misiones jesuíticas en la Orinoquia.* San Cristóbal, Universidad Católica del Táchira, II (1992) 361-460. (s/f) *El Padre Felipe Salvador Gilij, lingüista del Orinoco.* Mss.

ORTEGA RICAURTE, Carmen. (1978) *Los estudios sobre lenguas indígenas de Colombia.* Bogotá, Instituto Caro y Cuervo.

ORTEGA, José. (1754) *Apostólicos afanes de la Compañía de Jesús, escritos por un Padre de la misma sagrada Religión de su provincia de México.* Barcelona, Pablo Nadal.

ORTIZ GÓMEZ, Francisco. (2003) "Nómadas en el oriente colombiano: una respuesta adaptativa al entorno social". En: *Maguaré,* 17 (2003) 274-284.

ORTIZ, Sergio Elías (1966) *Nuevo Reino de Granada. Real Audiencia y Presidentes.* Tomo 4. *Presidentes de capa y espada* (1654-1719). Bogotá, Academia Colombiana de la Historia, Historia Extensa de Colombia, vol., III, 1966.

ORTIZ, Sergio Elías. (1965) *Prehistoria.* Tomo 3: *Lenguas y dialectos de Colombia.* Bogotá, Historia Extensa de Colombia.

OSBORN, Ann. (1952) *El vuelo de las tijeretas.* Bogotá, Banco de la República.

OTS CAPDEQUÍ, José María. (1957) *El Estado español en Indias.* México, Fondo de Cultura Económica. (1959) "Las Instituciones jurídicas". En: *Historia de América y de los Pueblos Americanos* dirigida por Antonio Ballesteros Baretta. Barcelona, Ed. Salvat, XIV (1959) 221-430.

OTTE, Enrique. (1977) *Las perlas del Caribe: Nueva Cádiz de Cubagua.* Caracas, Fundación Boulton.

OVIEDO Y BAÑOS, José de. (1723) *Historia de la conquista y pobla-*

ción de la Provincia de Venezuela. Madrid, en la Imprenta de D. Gregorio Hermosilla.

OVIEDO, Juan Antonio de. (1755) *Elogios de algunos Hermanos Coadjutores de la Compañía de Jesús, que vivieron y murieron con opinión y fama de santidad, recogidos...* por el P. Juan Antonio de Oviedo, México, en la imprenta de la viuda de Don Joseph Bernardo de Hogal, 2 vols,

PACHECO, Juan M. (1953) "Los Jesuitas de la Provincia del Nuevo Reino de Granada expulsados en 1767". En: *Ecclesiastica Xaveriana*. Bogotá, 3 (1953) 23-78. (1968) "La expulsión de los jesuitas del Nuevo Reino de Granada". En: *Revista de Indias*. Madrid, 113-114 (1968). 351-381. (2001) "Mercado, Pedro de (II)". En: Charles E. O'NEILL y Joaquín Mª DOMÍNGUEZ. *Diccionario histórico de la Compañía de Jesús*. Roma-Madrid, III (2001) 2632.

PACHECO, Juan Manuel. (1954) "El Marqués de Sofraga". En: *Revista Javeriana*. Bogotá, 41 (1954) 37-45; 91-93. (1955) "Constituciones sinodales del Sínodo de 1606 celebrado por don Bartolomé Lobo Guerrero". En: *Ecclesiastica Xaveriana*. Bogotá, 5 (1955) 153-201. (1959-1989) *Los jesuitas en Colombia*. Bogotá, Editorial San Juan Eudes, I, 1959; Hijos de Santiago Rodríguez, II, 1962; Pontificia Universidad Javeriana, III, 1989. (1969) "Las iglesias coloniales de los jesuitas en Colombia". En: *Revista de la Academia Colombiana de Historia Eclesiástica*. Medellín, 15 (1969) 307-325. (1975) *Historia eclesiástica*. Tomo II: *La consolidación de la Iglesia. Siglo XVII*. Bogotá, Historia Extensa de Colombia, vol., XIII. (1986) *Historia eclesiástica*. Tomo III: La *Iglesia bajo el regalismo de los bobones. Siglo XVIII*. Bogotá, Historia Extensa de Colombia, vol., XIII. (1991) "La Universidad Javeriana de Santafé de Bogotá durante la época colonial". En: DEL REY FAJARDO. *La pedagogía jesuítica en Venezuela*. San Cristóbal, Universidad Católica del Táchira I (1991) 7-111.

PAGDEN, Anthony. *(1988) La caída del hombre natural*. Madrid, Alianza Editorial.

PALAU Y DULCET, Antonio. (1953) *Manual del Librero Hispanoamericano*. Barcelona, Librería Palau &Oxford, Dolphin, VI.

PALLAS, Peter Simón. (1786-1787) *Linguarum totius orbis vocabularia comparativa; Augustissimae cura collecta. Sectionis primae, Linguas Europae et Asiae complexae, pars prior,* y la respectiva *pars posterior.* Petropoli [San Petersburgo], Typis Iohannis Caroli, Schnoior, 1786-1787.

PALTSIST, Victor Hugo. (1610-1791) "Data concerning the Lettres édificantes". En: Reuben Gold Thwaites. *The Jesuit Relations and Allied Documents. Travels and Explorations of the Jesuit Missionaries in New France,* 1610, 1791, 298-334.

PANIKKAR, Kavalam Madhava. (1955) *Asia and Western Dominance.* London, Published by George Allen & Unwin Ltd.

PAOLILLO, Alfredo y Aldemaro ROMERO DÍAZ. (1989) "Los relatos de la fauna orinoquense hechos por Felipe Salvador Gilij, evaluados con la óptica de la Zoologìa del siglo XX". En: Montalbán. Caracas, 21 (1989) 159-178.

PASTOR, Beatriz. (1984) "Discurso narrativo de la conquista de América". La Habana, Ediciones Casa de las Américas.

PEASE F., Raymond A. y Javier BAPTISTA. (2001) "Oliva, Anello". En: Charles O'NEILL y Joaquín Mª. DOMÍNGUEZ. *Diccionario histórico de la Compañía de Jesús.* Roma-Madrid, Institutum Historicum S. I.-Universidad Pontificia de Comillas, III (2001) 2866-2867.

PELLEPRAT, Pedro. (1971) "Introducción a la lengua de los Gálivis, salvajes de la Tierra Firme de Amlérica Meridional". En: José DEL REY FAJARDO. *Aportes jesuíticos a la filología colonial venezolana.* Caracas, Ministerio de Educación, II (1971) 7-23.

PELLEPRAT, Pierre. (1655) *Introducción àla langue des Galibis, sauvages de la Terre Ferme de l'Amerique méridionale.* Par le P. Fierre Pelleprat, de la Compagnie de Jésus. A París, chez Sebastian Cramoisy. (---) *Relation des Missions des Pères de la Compagnie de Jésus dans les Iles et dans la Terre ferme de l'Amérique méridionale.* Divisée en deux parties avec une introduction à la langue des Galibis, sauvages de la Terre Ferme de l'Amérique, par le Père

Pierre Pelleprat de la Compagnie de Jésus, a Paris chez Sebastian Cramoisy et Gabriel Cramoisy. MDCLV. (1965) *Relato de las Misiones de los Padres de la Compañía de Jesús en las Islas y en Tierra Firme de América Meridional*. Estudio preliminar por José del Rey. Caracas, Academia Nacional de la Historia.

PELLISSON, Jules. (1983) "Les deux Pelleprat". En: *Bulletin de la Société des Archives Hist. de Saintongne*, t. IV (1883) 21-26.

PEÑA VARGAS, Ana Cecilia. (1987) *Lenguas indígenas e indigenismos. Italia e Iberoamérica 1492-1866*. Caracas, Academia Nacional de la Historia.

PERERA, Miguel Ángel. (2003) *La provincia fantasma. Guayana siglo XVII*. Ecología cultural y antropología histórica de una rapiña, 1598-1704. Caracas, Universidad Central de Venezuela.

PERERA, Miguel Ángel. (2000) *Oro y hambre. Guayana siglo XVI*. Antropología histórica y ecología cultural de un malentendido 1498-1597. Caracas, Universidad Central de Venezuela.

PÉREZ [HERNÁNDEZ], Francisco Javier. (1992) "Cinco siglos de lexicografía del español en Venezuela". En: *Montalbán*. Caracas, Nº 24 (1992) 119-166. (1996) "Técnica lexicográfica antigua en el Vocabulario Achagua de Neira y Rivero". En: *Paramillo*. San Cristóbal, 15 (1996) 617-647. (1997) *Estudios de lexicografía venezolana*. Caracas, Ediciones La Casa de Bello, 1997. (2005) "El lingüista cartesiano Pierre Pelleptrat". En: Allan R. BREWER-CARÍAS, et alii. *Libro homenaje al Padre José del Rey Fajardo sj*. Caracas, Editorial Jurídica Venezolana, II (2005) 1305-1319. (---) *La historia de la lingüística en Venezuela y su investigación historiográfica* [Discurso de Incorporación como Individuo de Número]. Caracas: Academia Venezolana de la Lengua, correspondiente de la real Academia Española, 2005.

PÉREZ AYALA, José Manuel. (1951) *Antonio Caballero y Góngora, Virrey y Arzobispo de Santa Fe. 1723-1796*. Bogotá, Imprenta Municipal de Bogotá.

PÉREZ ESTEVES, Antonio. (1994) "Hegel y América". En: *Analogía Filosófica*. México, año 8, nº. 2 (1994) 119-137.

PÉREZ FERNÁNDEZ, Isacio. (1992) "Las conquistas de Indias fueron, en si mismas, injustas y antisignos de la Evangelización". En: A. MONTERO (et alii). *Los dominicos en la evangelización del Nuevo Mundo*. Madrid, Institutos Pontificios de Filosofía y Teología (1992) 3-76.

PÉREZ GÓMEZ, José et alii. (2000) *Provincia agustiniana de Nuestra Señora de Gracia en Colombia*. Santafé de Bogotá, Provincia agustiniana, I (1993), II (1993), III (2000).

PÉREZ HERNÁNDEZ, Francisco Javier. (1988) *Historia de la lingüística en Venezuela desde 1782 hasta 1929*. San Cristóbal, Universidad Católica del Táchira. (1989) "Testimonios venezolanos sobre la obra lingüística de Felipe Salvador Gilij". En: *Montalbán*. Caracas, 21 (1989) 179-201.

PÉREZ PICÓN, Conrado. (1982) *Villagarcía de Campos. Estudio histórico-artístico*. Valladolid, Institución cultural Simancas. (1983) *Un colegio ejemplar de Letras Humanas en Villagarcía de Campos (1576-1767)*. Valladolid, Sal Terrae.

PÉREZ, Omar Alberto. (1997) "Carreño, José Francisco". En: FUNDACIÓN POLAR. *Diccionario de Historia de Venezuela*. Caracas, Fundación Polar, I (1997) 699.

PINARDI, Sandra. (2006) "De misiones". En: *El Nacional*. (Papel Literario). Caracas, sábado 15 de julio de 2006.

PINEDO, Isidoro. (1644-1650) "González de Santalla, Tirso". En: Charles E. O'NEILL y Joaquín Mª DOMÍNGUEZ. *Diccionario histórico de la Compañía de Jesús*, II.

PIZZORUSSO, Giovanni. (1995) *Roma nei Caraibi. L'organizzazione delle Misión cattoliche nelle Antille e in Guyana (1635-1675)*. Roma, École française de Rome. (1998) "Ordini regulari, missione e politica nelle Antille del XVII secolo". En Flavio RURALE. *I Religiosi a Corte. Teologia, politica e diplomazia in Antico Regime*. Roma, Bulzoni (1998) 249-286.

PLATZGUMMER, Helmut. (2001) "Stöcklein, Joseph". En: Charles O'NEILL y Joaquín Mª. DOMÍNGUEZ. *Diccionario histórico de la Compañía de Jesús*. Roma-Madrid, Institutum Historicum S. I.-Universidad Pontificia de Comillas, IV (2001) 3641.

PLATZMANN, Julio. (1888) *Algunas obras raras sobre la lengua cumanagota*. Leipzig, B. G. Teubner, II.

PLAZA, José A. (1850) *Memorias para la Historia de la Nueva Granada*. Bogotá, Imprenta del Neo-Granadino.

POLLAK ELTZ, Angelina. (1997) "Mitos". En: FUNDACION POLAR. *Diccionario de Historia de Venezuela*. Caracas (1997) 196-200.

POLLAK-ELTZ, Angelina. (1989) "Algunas observaciones acerca de Gilij y la medicina indígena". En: *Montalbán*. Caracas, 21 (1989) 153-178.

PONCELET, Alfred. (1931) *Nécrologe des Jésuites de la province Flando-Belge*. Wetteren, J. de Meester.

PORTILLO, Enrique del. (1912) "Lorenzo Hervás". En: *Razón y Fe*. Madrid, XXXII (1912) 14-28; 199-210.

POTTIER, Bernard. (1983) *América Latina en sus lenguas indígenas*. Caracas, UNESCO-Monte Ávila Editores.

POULIOT, Léon. (1940) *Étude sur les Relations des Jesuites de la Nouvelle France*. Paris, Desclée de Brouwer.

PRAT DE SABA, Onofre. (1788) *Vicennalia sacra peruviana sive de viris peruvianis religione illustribus hisce viginti annis gloriosa morte functis*. Ferrariae, ex typographia Francisci Pomatrllii.

QUIROGA, José. (1836) *Descripción del Río Paraguay, desde la boca del Xauru hasta la confluencia del Paraná, por el P. José Quiroga de la Compañía de Jesús*. Buenos Aires, Imprenta del Estado.

RAHNER, Hugo. (1955) *Ignacio de Loyola y su histórica formación espiritual*. Santander. Editorial Sal Terrae.

RALEIGH, Walter. (1596) *The Discoverie of the large, rich and bewtiful empyre of Guiana, with a relation of the great and Golden Citie of Manoa (wich the Spanyards call El Dorado)...* London, Robert Robinson.

RAMOS MARTÍNEZ, J. A. y Cayetano de CARROCERA. (1980) *Memorias para la historia de Cumaná y Nueva Andalucía*. Cumaná. Universidad de Oriente.

RAMOS PÉREZ, Demetrio. (1973) *El mito del Dorado. Su génesis y proceso*. Caracas, Academia Nacional de la Historia. (1988)

> *Estudios de Historia venezolana*. Caracas, Academia Nacional de la Historia.

RAMOS, Demetrio. (1946) *El tratado de límites de 1750 y la expedición de Iturriaga al Orinoco*. Madrid, Consejo Superior de Investigaciones Científicas. (1955) "Las misiones del Orinoco a la luz de pugnas territoriales". En: *Anuario de Estudios Americanos*. Sevilla, 12 (1955) 1-37. (1970) "Gumilla y la publicación de El Orinoco ilustrado". En: P. José GUMILLA S. I. *El Orinoco ilustrado y Defendido*. Caracas (1963) XXVII-CXXVI. José DEL REY FAJARDO. "Estudio Preliminar" a: P. José GUMILLA. *Escritos varios*. Caracas, Academia Nacional de la Historia (1970) XI-CIX.

RAMUSIO, Giovanni Battista. (1554) *Delle Navigationi et Viaggi*. Venice, Nella Stamperia de Giunti.

RÉFIT, André. (1951) "Breve histoire des Lettres édifiantes et curieuses". En: *Neue Zeitschrift fur Missionswissenschaft*, 7 (1951), 37-50.

REINHARD, Wolfgang. (1977) "Gegenreformation als Modernisierung? Prolegomena zu einer Theorie des konfesionellen Zeitalters". En: *Archiv für Reformationsgeschichte*. Güttersloh, 68 (1977) 226-252.

REMÓN ZARCO DEL VALLE, Manuel y ESPINOSA y Juan G. LÓPEZ VALDEMORO. QUESADA. (1914) *Lenguas de América. Catálogo bibliográfico de XXI Mss. existentes en la Real Biblioteca, descritos por. . .* Madrid, Imp. Clásica.

RENNARD (Abbé). (1931) *Essai bibliographique sur l'histoire religieuse des Antilles françaises.* Paris, Seceétariat des Pères du Saint-Esprit. (---) *Essai bibliographique sur l'histoire religieuse des Antilles françaises*. París, Secrétariat des Pères du Saint-Esprit, s.d.[1931].

RESTREPO POSADA, José. (1964) "El Sínodo provincial del Señor Arias de Ugarte (1625)". En: *Ecclesiastica Xaveriana*. Bogotá, 14 (1964) 158-200.

RESTREPO SÁENZ, José María. (1952) *Biografías de los Mandatarios y Ministros de la Real Audiencia (1671-1819)*. Bogotá, Editorial Cromos.

RESTREPO, Daniel, Guillermo y Alfonso HERNÁNDEZ DE ALBA.

(1928) *El Colegio de San Bartolomé*. I. El Colegio a través de nuestra historia. Por el P. Daniel Restrepo S.J. II. Galería de hijos insignes del Colegio. Por Guillermo y Alfonso Hernández de Alba. Bogotá, Sociedad Editorial.

RESTREPO, Daniel. (1940) *La Compañía de Jesús en Colombia*. Compendio historial y Galería de ilustres varones. Bogotá, Imprenta del Corazón de Jesús.

RÉTIF, André. (1948) "Les Jésuites français en Chine d'apres les Lettres édifiantes er curieuses". En: *Neue Zeitschrift fur Missionswissenschaft*, 3 (1948) 175-187. (1951) «Breve histoire des Lettres édifiantes et curieuses». En: *Neue Zeitschrift fur Missionswissenschaft*, 7 (1951) 37-50.

RICARD, Rober. (1961) *Le probléme de l'enseignement du Castillan aux Indiens d'Amérique durant la période coloniale*. Strasburg (Sobretiro del *Bulletin de la Faculté des Lettres de Strasburg*, año 39, n. 6 (marzo 1961) 281-296).

RITCHIE KEY, Mary. (1976) "The linguistics discoveries of Catherine the Great". En: *The Third LACUS Forum 1976*. Columbia, S.C.: Hornbeam Press, págs. 39-45.

RIVAS DUGARTE, Rafael Ángel y Gladys GARCÍA RIERA. (2012) *Diccionario de escritores venezolanos*. Caracas, Universidad Católica Andrés Bello-Americana de Reaseguro. 2 vols.

RIVERO, Juan. (1741) *Teatro del desengaño* en que se representan las verdades católicas, con algunos avisos espirituales a los estados principales, conviene a saber, *Clérigos, Religiosos y Casados*, y en que se instruye a los mancebos solteros para elegir con acierto su estado y para vivir en el ínterin en costumbres cristianas. obra póstuma, escrita por el V. P. Juan Rivero, Religioso Profeso de la Compañía de Jesús, misionero apostólico y Superior de las Misiones del Orinoco, Meta y Casanare, que cultiva la provincia del Nuevo Reyno, en la América Meridional. Dala a luz el Doct. D. Juan de Alea y Estrada, chantre de la Iglesia Metropolitana de Santa Fé de Bogotá, Prefecto y Director de la Venerable Congregación de la Escuela de Cristo, Hermanos y Esclavos del Señor, instituída con authoridad Apostólica en el

Sagrario de dicha Santa Iglesia, y la dedica a todos los hermanos de dicha Congregación. Córdoba, en el Taller Divino de las Letras del Colegio de la Asunción, por Juan Pedro Crespo y Antonio Serrano. (1956) *Historia de las Misiones de los Llanos de Casanare y los ríos Orinoco y Meta.* Bogotá, Biblioteca de la Presidencia de Colombia.

ROBINS, Robert H. (2000) *Breve historia de la lingüística.* Madrid, Cátedra.

ROBLEDO, Emilio. (1955) "Los Manuscritos sobre lenguas indígenas americanas de don José Celestino Mutis". En: *Universidad Pontificia Bolivariana.* Medellín, vol. 21, n. 75 (1955) 6-15.

RODRÍGUEZ VILLA, Antonio. (s/f) *Catálogo general de manuscritos de la Real Academia de la Historia* (Ser puede consultar en versión digital)

RODRÍGUEZ, Alonso. (1609) *Ejercicio de perfección y virtudes cristianas.* En Sevilla, por Matías Clavijo, 1609.

RODRÍGUEZ, Manuel. (1684) *El Marañón y Amazonas.* Historia de los descubrimientos, entradas y reducción de naciones, trabajos malogrados de algunos conquistadores y dichosos otros, así temporales como espirituales, en las dilatadas montañas y mayores ríos de América. En Madrid, en la Imprenta de Antonio Gonçalvez de Reyes. Año de 1684.

ROJAS, Arístides. (1878) "Literatura de las lenguas indígenas de Venezuela". En: *Estudios indígenas. Contribución a la historia antigua de Venezuela.* Caracas: Imprenta Nacional (1878) 155-188.

ROJAS, Aristides. (1907) *Obras escogidas de Arístides Rojas.* París, Gamier Hermanos, Libreros editores.

ROMERO ARTETA, Oswaldo. (1963-1965) "El índice del archivo de la antigua provincia de Quito de la Compañía de Jesús". En: *Boletín del Archivo Nacional de Historia.* Quito, 12 (1963), 60-110; 13 (1964). 107-111; 14-15 (1965), 180-191.

ROMERO MORENO, María Eugenia. Luz Marina CASTRO AGUDELO. Amparo MURIEL BEJARANO. (1993) *Geografía humana de Colombia. Región de la Orinoquia.* Santafé de Bogotá, Instituto Colombiano de Cultura Hispánica.

ROMERO, Mario Germán. (1960) *Fray Juan de los Barrios y la evangelización del Nuevo Reino de Granada*. Bogotá, Editorial ABC.
RONAN, Charles E. y Jesús GÓMEZ FREGOSO. (2001) "Clavigero (Clavijero), Francisco Javier Mariano". En: Charles E. O'NEILL y Joaquín Mª DOMÍNGUEZ. *Diccionario histórico de la Compañía de Jesús*. Roma-Madrid, I (2001) 824-825.
ROSENBLAT, Ángel. (1964) "Los otomacos y taparitas de los Llanos de Venezuela". En: *Anuario del Instituto de Antropología e Historia*. Caracas, Universidad Central de Venezuela, I. (1964) 227-377.
ROSSO, Giuseppe. (1940) "Il contributo di un missionario gesuita italiano alla conoscenza della geografia e dell'etnologia del Sud-America, 1693". *Annali Lateranensi*. Roma, 4 (1940) 117-158.
ROWE, John H. (1974) "Sixteenth- and Seventeenth-Century Grammars". En: Dell HYMES (Edit.). *Studies in de History of Linguistics. Traditions and Paradigms*. Bloomington, Indiana University Press (1974) 361-379.
RUBIO, Ángel. (1939) *De la obra cultural de la Antigua España. Trabajos filológicos en Indias durante los siglos XVI, XVII y XVIII*. Panamá, Instituto Panamericano.
RUEDA Enciso, José Eduardo. (1989) "El complejo económico administrativo de las antiguas haciendas jesuíticas del Casanare". *Boletín Cultural y Bibliográfico*. Bogotá, Biblioteca Luis Ángel Arango. Volumen XXVI, nº., 20 (1989) 3-16.
RUIZ JURADO, Manuel. (1976) "Espiritualidad ignaciana en la <Formula del Instituto S. I.>". En: *Manresa*. Madrid, 48 (1976) 309-322. (1995) "Enviados por todo el mundo...". En: *Paramillo*. San Cristóbal, 14 (1995) 723-737. (2001) Villacastín, Tomás de. En: Charles E. O'NEILL y Joaquín Mª DOMÍNGUEZ. *Diccionario histórico de la Compañía de Jesús*, IV, 3973-3974. (---) "Ejercicios Espirituales". En: Charles E. O'NEILL y Joaquín Mª DOMINGUEZ. *Diccionario histórico de la Compañía de Jesús*. Roma-Madrid, II (2001) 1225. (---) "Probación". En: Charles E. O'NEILL y Joaquín Mª DOMÍNGUEZ. *Diccionario histórico de la Compañía de Jesús*. Roma-Madrid, IV (2001) 3235. (---) "Ribadeneira, Pedro de". En: Charles O'NEILL y Joaquín Mª.

DOMÍNGUEZ. *Diccionario histórico de la Compañía de Jesús*. Roma-Madrid, Institutum Historicum S. I.-Universidad Pontificia de Comillas, IV (2001) 3345-3346. (s/f) La Puente, Luis de. En: Charles E. O'NEILL y Joaquín Mª DOMÍNGUEZ. *Diccionario histórico de la Compañía de Jesús*, III, 2244-2245.

RYBEYRETE, Henricus. (1670) *Scriptores Provinciae Franciae Societatis Jesv, Ab anno 1640 ad annum 1670, jussu R. P. Stephani Dechamps, Provincialis ejusdem provinciae collecti ab Henrico Rybeyrete ejusdem Sociatatis*. (Mss.)

SÁEZ, José Luis. (1991) "Universidad Real y Pontificia Santiago de la Paz y de Gorjón en la Isla Española (1747-1767)". En: José DEL REY FAJARDO (Edit.). *La pedagogía jesuítica en Venezuela*. San Cristóbal, Universidad Católica del Táchira, I (1991) 175-224. (1995) "La visita del P. Funes a Santo Domingo y sus Memoriales sobre las Indias (1606-1607)". En: *Paramillo*. San Cristóbal, 14 (1995) 571-612. (1997) "Los jesuitas en el Caribe Insular de habla castellana (1575-1767)". En: *Paramillo*. San Cristóbal, 16 (1997) 5-155.

SAITO, Akira. (2007) "Creation of Indian Republics in Spanish South America". En: *Bulletin of the National Museum of Ethnology*. Osaka, v. 31, n. 4 (2007) 443-477.

SALVAT, Ignasi. (s/f) *Servir en Misión universal*. Bilbao-Santander, Ediciones Mensajero y Sal Terrae, s/f.,

SAMUDIO, Edda O. (1992) "Las haciendas jesuíticas de las misiones de los Llanos del Casanare, Meta y Orinoco". En: José DEL REY FAJARDO (Edit.). *Misiones jesuíticas en la Orinoquia (1625-1767)*. San Cristóbal, I (1992) 717-781.

SANCHEZ-BLANCO, Francisco. (1988) "La situación espiritual de España hacia mediados del siglo XVIII vista por Pedro Calatayud: lo que un jesuita predicaba antes de la expulsión". En: *Archivo hispalense*, 71 (1988) 15-33.

SANOJA, Mario e Iraida VARGAS. (1991) *Antiguas formaciones y modos de producción venezolanos*. Caracas, Monte Avila Editores.

SANTIBÁÑEZ, Juan de. (s/f) *Varones ilustres de la Provincia de Anda-*

lucía de la Compañía de IHS. Que han florecido desde el año de 1552 hasta el de 1650 por el P. Santibáñez, (Mss. APT. C-183).

SANTOS HERNÁNDEZ, Ángel. (1988) "Acción misionera de los jesuitas en la América Meridional española". En: *Miscelánea Comillas*. Madrid, 46 (1988) 43-106.

SANTOS HERNÁNDEZ, Ángel. (1992) "Actividad misionera de los jesuitas en el continente americano". En: José DEL REY FAJARDO (Edit.). *Misiones jesuíticas en la Orinoquia*. San Cristóbal, Universidad Católica del Táchira, I (1992) 7-137.

SAUERWEIN, J., en (1932) *Le Matin* (París) marzo 1927 (citado así por: Leopold LEVEAUX. *L'Orient et nous*. Louvain-Paris, Ed. de l'Aucam (1932) 40).

SCADUTO, Mario. (2001) "Sacchini, Francesco". En: Charles O'NEILL y Joaquín Mª. DOMÍNGUEZ. *Diccionario histórico de la Compañía de Jesús*. Roma-Madrid, Institutum Historicum S. I.-Universidad Pontificia de Comillas, IV (2001) 3458.

SCHMIDT, Wilhelm. (1926) *Die Sprachfamilien und Sprachkreisen der Erde*. Heidelberg, Carl Winter.

SCHMITZ, Philip. (s/f) "Busembaum, Hermann" En: Charles E. O'NEILL y Joaquín Mª DOMÍNGUEZ. *Diccionario histórico de la Compañía de Jesús*, I, 578.

SCHULZE, Winfried. (1987) "Gerhard Öestereichs Begriff <Sozialidisziplinierung> in der frühen Neuzeit". En: *Zeitschrift für hitorische Forschung*, 14 (1987) 265-302.

SCRUTON, Roger. (2002) "La hegemonía intelectual de la izquierda progresista". En: *Revista de Estudios Públicos*. Santiago de Chile, Centro de Estudios Públicos, nº 85 (2002) 245-265.

SEBES, Joseph. (2001) "Ricci, Mateo [Nombre chino: Li Madou]". En: Charles E. O'NEILL y Joaquín Mª DOMÍNGUEZ. *Diccionario histórico de la Compañía de Jesús*. Roma-Madrid, IV (2001) 3351-3353.

SEPÚLVEDA, Juan Ginés de. (1952) *Democrates secundus o de las justas causas de la guerra contra los indios*. Madrid, Edic. Crítica Bilingüe.

SIEVERNICH, Michael. (2005) "La Misión de la Compañía de Jesús:

inculturación y proceso". En: José Jesús HERNÁNDEZ PALOMO y Rodrigo MORENO JERIA (Coord.). *La Misión y los jesuitas en la América española, 1566-1767*. Sevilla, Consejo Superior de Investigaciones Científicas-Escuela de Estudios Hispano-Americanos (2005) 265-287.

SOLANO, Francisco. (1991) *Documentos sobre política lingüística en Hispanoamérica 1492-1800*. Madrid, Consejo Superior de Investigaciones Científicas, Colección Tierra Nueva y Cielo nuevo.

SOLÍS, Antonio de. Leonardo MOLINA GARCÍA. (2010) *Los dos espejos: historia de la Casa Profesa de la Compañía de Jesús en Sevilla durante sus dos primeros siglos 1550-1767*. Sevilla, Fundación Focus-Abengoa; Compañía de Jesús de la Provincia de Andalucía.

SOMMERVOGEL, Carlos. (1960) *Bibliothèque de la Compagnie de Jésus*. Bruxelles, Schepens-París, Picard, 1890-1932, [Reimpresión por el P. M. DYKMANS. Héverlé-Louvain. Éditions de la Bibliothèque S. J. Collège philosophique et théologique, 1960].

SONTAG, Susan. (1968) *Kunst und Antikunst*. Reinbek bei Hamburg, Rowohlt.

SOTVELLO [SOUHWELL. SOTWELL], Nathanael. (1676) *Bibliotheca Scriptorvm Societatis Jesu. Opvs inchoatvm a R. P. Petro Ribadeneira Eivsdem Societatis Theologo, anno salutis 1602 [sic]. Continvatvm a R. P. Philippo Alegambe Ex eadem Societate, vsque ad annum 1642. Recognitum, et productum ad annum Jubilaei M.DC.LXXVI. A Nathanaele Sotvello Eiusdem Societatis Presbytero*... Romae, I. A. De Lazzaris.

SPECHT, Rainer. (1972) "Escolástica del Barroco". En: Karl RAHNER (et alii). *Sacramentum Mundi*. Barcelona, Edit. Herder, 2 (1972) 713-715.

SPRENDEL, Matthias Christian. (1785) *Nachrichten vom Lande Guiana, dem Orinokoflus, und den dortigen Wilden*.Aus dem Italienischen des Abbt Philip Salvator Gilij auszugweise übersetzt. Hamburg, Bohn.

STEWARD, Julian H. S, General Editor. (1940-1947) *Handbook of South American Indians*.Washington, DC., Smithsonian Institution.

STEYNEFER, Juan Herno. (1712) *Florilegio medicinal de todas las enfermedades, sacado de varios y clasicos Authores para bien de los pobres, en particular para las provincias remotas en donde administran los RR. Misioneros de la Compañia de Jhesus*. Mexico, Guillena Carrascoso.

STOCKING, George W. () "La magia del etnógrafo. El trabajo de campo en la antropología británica desde Tylor a Malinowski". En: H. VELASCO MAILLO y otros (Editores). *Lecturas de antropología para educadores*. Madrid (1993) 43-93.

STOECKLEIN, Joseph. (1726-1761) *Der neue Welt-Bott. Mit allerhand Nachrichten dern Missionariorum Soc. Jesu. Allerhand so lehr- als geist-reiche Brief, Schrifften und ReisBeschreibungen, welche von denen Missionariis der Gesellschaft Jesu aus beyden Indien und andern über Meer gelegenden Ländern ... in Europa angelangt seynd. Jetzt zum erstenmal, theils aus handschrifftlichen Urkunden, theils aus denen französischen Lettres édifiantes verteutscht und zusammen getragen*. Ausburg-Graz-Wien. Los tomos I-III en Ausburg y Graz (Ph., M. Und J. Veith); los tomos IV-V En Wien (L. J. Kaliwoda).

STORNI, Hugo. (2001) "Cataldino (Cataldini), José (Socorros)". En: Charles E. O'NEILL y Joaquín Mª DOMÍNGUEZ. *Diccionario histórico de la Compañía de Jesús*. Roma-Madrid, I (2001) 711-712.

STORNI, Hugo. (2001) "Torres Bollo, Diego de". En: Charles E. O'NEILL y Joaquín Mª DOMÍNGUEZ. *Diccionario histórico de la Compañía de Jesús*. Roma-Madrid, Institutum Historicum S. I.-Comillas, IV (2001) 3824-3825.

STREIT, Rob. (1924) *Bibliotheca Missionum*. Zweiter Band. *Amerikanische Missionksliteratur 1493-1699*. Freiburg/Br., Herder & Co. (1927) *Bibliotheca Missionum*. Dritter Band. *Amerikanische Missionsliteratur 1700-1909*. Freiburg/Br. Herder & Co.

SUÁREZ, María Matilde. (1977) *La lengua sáliva*. Caracas, Centro de Lenguas Indígenas, Universidad Católica Andrés Bello. (--

-) "Aborígenes". En: FUNDACIÓN POLAR. *Diccionario de Historia de Venezuela*. Caracas, Fundación Polar, I (1997) 4-11.

SUÁREZ, Santiago Gerardo. (1969) *Las Instituciones militares venezolanas del período hispánico en los archivos*. Caracas, Academia Nacional de la Historia.

SUJO VOLSKY, Jeannine. (1975) *El estudio del arte rupestre en Venezuela: su literatura, su problemática y una nueva propuesta metodológica*. Caracas, Universidad Católica Andrés Bello.

SUSTO LARA, Juan Antonio. (1968) *A dos siglos del extrañamiento de los jesuitas y clausura de la Real y Pontificia Universidad de Panamá*. Panamá, Colegio Javier.

SWIGGERS, Pierre. (1997) *Histoire de la pensée linguistique*. Analyse du langage et reflexion linguistique dans la culture occidentale, de l'Antiquité au XIXe siècle. París, Presses Universitaires de France.

SZILAS, László. (s/f) "Ratio Studiorum". En: Charles E. O'NEILL y Joaquín Mª DOMÍNGUEZ. *Diccionario histórico de la Compañía de Jesús*, IV, 3292-3298.

TANNER, Matías. (1675) *Societas Jesu usque ad sanguinis et vitae profusionem militans* in Europa, Africa, Asia et America contra Gentiles, Mahometanos, Judaeos, Haereticos, Impios pro Deo fide... Pragae, Typis Universitatis Carolo-Ferdianandeae. (1694) *Societas Jesu Apostolorum imitatrix, sive gesta praeclara et virtudes eorum qui e Societate Jesu in procuranda salute animarum...* Pragae, Typis Universitatis Carolo-Ferdianandeae.

TAPIA, Fray Diego de. (1969) *Rezo cotidiano en lengua cumanagota*. Estudio preliminar: Pablo Ojer. Edición crítica: Carmela Bentivenga. Caracas, Universidad Católica Andrés Bello.

TAPIA, Matías de. (1716) I. *Treurich Verhael van het menighvuldihg Heydendom wyt brect verspreyt aen den Oever van de Riviere Orinoco in Tierra Firma cen gedelte van America gestiert tot de Godvruchtighe, ende genaedighe Ooren van syne Catholycke Majesteyt Philipus V*, Door den Eerw. P. Mathias de Tapia van bet Nieuw Ryck Granada in Tierra firma, naer Roomen gesonden door die Provincie. Sivilien uyt het Spacris in't Nederduyts overgeset door eenen Priester der selve Societevt, ende van daer naer dese

Landen overgesonden. Tot Ruremonde Gedruckt by P. Valle n gezw. Druckker van den Edelen Hove, van Gelderlandt. En 4º de 27 págs. II. *Treurig Verhael van de Reyze en Marteldood van den Eerw. Pater Ignatius Toebast. En ecinge andere jesuiten en Missionarissen in d'Indien, als ook kort-bondige beschryvinge van verscheyde onhekende landen, woeste natien, en goddeloos lieydendom in de Indien. Voorgedragen In een brief, gestiert tot de Godvruchtige en genaedige Ooren van zyne Katholyke Majesteyt Philippus V.* Door den Eerw. P. Mathías de Tapia van de Societeyt jesu, Procurator van de Provincie van het NieuwRyk Granada in Tierra Firma; Nae Roomen gezonden door die Provincie, Binnen Sivilien uyt het Spaensch in't Nederduyt- sch overgezet door eenen Priester der zelve Societeyt, en van daer nae deze Landen overgezonden. T Gend, By J.F. van der Schueren. En 8º, de 16 págs. La traducción del flamenco dice así: Triste relato del viaje y muerte del R.P. Ignacio Toebast y algunos otros jesuitas y misioneros en las Indias y también breve descripción de diversos y desconocidos países, naciones salvajes y paganismos sin Dios en Indias. Publicado en una carta enviada a los piadosos oidos de u Majestad católica Felipe V, por el R. P. Matías de Tapia S.J., procurador de la Provincia del Nuevo Reino de Granada en Tierra Firme, enviado a Roma por la Provincia; traducido del español al holandés por un sacerdote de la misma Compañía y enviado a esos países desde aquí. Gante. (1966) *Mudo lamento de la vastísima, y numerosa gentilidad, que habita las dilatadas márgenes del caudaloso Orinoco, su origen, y sus vertientes, a los piadosos oídos de la Magestad Cathólica de las Españas, nuestro Señor Don Phelipe Quinto (que Dios guarde).* Madrid, 1715. [Reproducido en: José DEL REY. *Documentos jesuíticos relativos a la Historia de la Compañía de Jesús en Venezuela.* Caracas, Academia Nacional de la Historia (1966) 169-213].

TAVERA-ACOSTA, Bartolomé. (1954) *Anales de Guayana.* Caracas, Auyantepuy.

TERNAUX-COMPANS, Henri. (1837) *Bibliothèque américaine, ou*

Catalogue des ouvrages relatifs à l'Amérique qui ont paru depuis sa découverte jusqu'à l'an 1700. Paris, Arthus-Bertrand.

THOLEM, Heinrich. (1901) *Menologium oder Lebensbilder aus der Geschichte der deutschen Ordensprovinz der Gesellschaft Jesu.* Roermond, Roermondsche Stoomdrukkerij,

THOMSON, Vilh. (1919) *Sprogvidenskaben historie en Korfattet frenstilling af dens hovedpunkter. "Samlede Afhandlinger",* I Kövnhavn Christiana.

TOBÓN BETANCOUR, Julio. (1973) "El castellano en la Conquista y Colonia". En: *Revista de la Academia Colombiana de Historia Eclesiástica.* Medellín, n°., 31 (1973) 289.

TODOROV, Tzvetan. (1981) *Teorías del símbolo.* Caracas, Monte Ávila.

TOEBAST, Ignacio. (1974) *Epistolario.* (Ha sido recogido por el P. F. KIECKENS. *Een gentsche martelaar Ignatius Toebaest, van het Gezelschap Jesus. Zijin Leven, zijne Brieven, en zijne Marteldood.* Luovain, Imprenta Charles Peeter. Rue de Namur, 22. 1888. La traducción de esta obra la publicamos en: *Documentos jesuíticos relativos a la Historia de la Compañía de Jesús en Venezuela.* Caracas, Academia Nacional de la Historia, III (1974) 223-274.

TORBAVI, Miguel. (1636) *Menologio de los religiosos mas ilustres de la Compañía de Jesús en la Provincia de Aragón,* 1636? (Mss.).

TORRE REVELLO, José. (1962) "La enseñanza de las lenguas a los naturales de América". En: *Thesaurus.* Bogotá, XVII (1962) 501-526.

TORRES SALDAMANDO, Enrique. (1882) *Los antiguos jesuitas del Perú.* Biografías y apuntes para su Historia. Lima, Imprenta Liberal.

TORRUBIA, José. (1972) *Crónica de la Provincia Franciscana de Santa Cruz de la Española y Caracas.* Estudio preliminar y notas por Odilo Gómez Parente. Caracas, Academia Nacional de la Historia, 1972. [Edición Príncipe, ----

TOVAR, Antonio y Consuelo LARRUCA DE TOVAR. (1984) *Catálogo de las lenguas de América del Sur con clasificaciones, indicaciones tipológicas, bibliografía y mapas.* Madrid, Edit. Gredos.

TOVAR, Antonio. (1965) "Estudio Preliminar". En: Felipe Salvador GI-LIJ. *Ensayo de Historia Americana*. Caracas, Academia Nacional de la Historia (1965) XI-XXXIII. (1986) "El lingüista español Lorenzo Hervás. Estudio y selección de obras básicas" En: Lorenzo HERVÁS. *Catalogo delle lingue*. Edición a cargo de Jesús Bustamante. Madrid, Sociedad General Española de Librería, S.A. (1986). (----) "Hervás y las lenguas indias de América del Norte". En: *El lingüista español Lorenzo Hervás. Estudio y selección de obra básicas. I Catalogo delle lingue*, Madrid, Sociedad General Española de Librería, Historiografía de la lingüística española (1986) 56-64.

TRIANA Y ANTORVEZA, Humberto. (1987) *Las lenguas indígenas en la Historia Social del Nuevo Reino de Granada*. Bogotá, Instituto Caro y Cuervo. (1993) *Las lenguas indígenas en el ocaso del imperio español*. Bogotá, Colcultura-Instituto Colombiano de Antropología.

TROCONIS DE V., Ermila (1997) "Consulado de Caracas". En: FUNDACIÓN POLAR. *Diccionario de Historia de Venezuela*. Caracas, I (1997) 1032-1033.

TUCIDIDES. (1930) *Tucídides, Morceaux choisis*. París, Hachette.

URBINA MENDOZA, Emilio J. (2014) *Palabras leídas ante la Plenaria del Concejo Municipal de Palavecino en el minuto de silencio por la memoria del Dr. Ramón J. Velásquez*. Cabudare, 24 de junio de 2014.

URIARTE, J. Eug. de. (1904-1916) *Catálogo razonado de obras anónimas y seudónimas de autores de la Compañía de Jesús pertenecientes a la antigua asistencia española*: con un apéndice de otras de los mismos, dignas de especial estudio bibliográfico… Madrid, Sucesores de Rivadeneyra, 5 vols.

URIARTE, José Eug. de y Mariano LECINA. (1929-1930) *Biblioteca de escritores de la Compañía de Jesús pertenecientes a la antigua Asistencia de España, desde sus orígenes hasta el año de 1773*. Madrid, Viuda de López del Horno, I, 1925; Gráfica Universal, II.

VALDENEBRO, José María de. (1900) *La imprenta en Córdoba*. Ensayo bibliográfico por Don José María de Valdenebro y Cisneros. Madrid, Est. tip. "Sucesores de Rivadeneyra".

VALDIVIA, Luis de. (s/f) *Vida de algunos Varones ilustres de la Provincia de Castilla*. (Mss).

VALLE LLANO, Antonio. (1950) *La Compañía de Jesús en Santo Domingo durante el período hispánico*. Ciudad Trujillo, Seminario de Santo Tomás.

VALMONT DE BOMARE, Jacques-Christophe. (1761) *Dictionnaire raisonné universel d'histoire naturelle*. Lyon, Hnos. Bruyset, 15 vols.

VAN DER PLAS, Dom Gualbert OSB, (1954) *The Massacre of two Missionaries in the Island of St. Vicent*. Port of Spain, Port-of-Spain Gazette.

VARGAS JURADO, J. A. (1902) *Tiempos coloniales*. Bogotá, Biblioteca de Historia Nacional, 1902.

VAUMAS, Guillaume de. (1959) *L'éveil missionnaire de la France au XVIIe. Siècle*. París, Bloud & Gay. Bibliothèque de l'histoire de l'Eglise. Collecion publiée sous la direction de e. Jarry. Giovanni.

VAZ DE CARVALHO, José. (s/f) Vieira, António. En: Charles E. O'NEILL y Joaquín Mª DOMÍNGUEZ. *Diccionario histórico de la Compañía de Jesús*, IV, 3948-3951.

VAZ DE CARVALHO, José. (2001) "Nóbrega, Manuel da". En: Charles E. O'NEILL y Joaquín Mª DOMÍNGUEZ. *Diccionario histórico de la Compañía de Jesús*. Roma-Madrid, III (2001) 2826-2827.

VEGA, Agustín de. (2000) *Noticia del Principio y progresos del establecimiento de las Missiones de Gentiles en el Rio Orinoco, por la Compañia de Jesus, con la continuacion, y oposiciones que hicieron los Carives hasta el año de 744 en que se les aterro, y atemorizo, con la venida de unos Cabres traydos, que se havecindaron en Cabruta. Lo que para mejor inteligencia iremos contando por los años, en que se establecieron dichas Missiones, y lo que en cada uno passó, cómo passó, la qual relacion haze un testigo de vista que lo ha andado todo por si mismo muchas vezes, Religioso de la Misma Compañia*. El manuscrito que hemos utilizado reposa en la Biblioteca Newberry de Chicago. Mss. 1180. Lo publicamos en: *Documentos jesuíticos relativos a la Historia de la Compañía de Jesús en Venezuela.* Caracas, II (1974) 9-149. La segunda edición aparece de forma autónoma en la Biblioteca de laAcademia Nacional de la Historia el año 2000.

VEIGL, Franz Xaver. (1785) *Nachrichten der Volker am Orinokoflusse. Aus dem Saggio di Storia Americana des Herrn Abbate Pilipo Salvuéore Gilij vormaligen Missionars am Flusse Orinoko,* gedruckt zu Rom-1782. Nüremberg, bei Johann Eberhard Zeh.

VELASCO CEBALLOS, Rómulo. *(1945) La alfabetización en la Nueva España. Leyes, cédulas reales, ordenanzas, pastorales y otros documentos.* México, Talleres Gráficos Nº 1 de la Secretaría de Educación Pública.

VELASCO, Juan de. (1981) *Historia del Reino de Quito en la América Meridional.* Edición, prólogo, notas y cronología Alfredo Pareja Diezcanseco. Caracas, Biblioteca Ayacucho. (---) *Historia moderna del Reino de Quito y Crónica de la Provincia de la Compañía de Jesús del mismo Reino.* Tomo III, libro 4, & 1. (Mss. que reposa en el Archivo de la Provincia de Toledo. Leg., 382).

VENEGAS, Miguel. (1757) *Noticia de la California y de su conquista temporal y espiritual hasta el tiempo presente.* Madrid, en la imprenta de la viuda de Manuel Fernandez, y del Supremo Consejo de la Inquisicion.

VIDAL, Marciano. (1991) *Moral de actitudes.* Madrid, PS Editorial, III.

VILA, Marco Aurelio. (1997) "Orinoco, río". En: FUNDACIÓN POLAR. *Diccionario de Historia de Venezuela.* Caracas, Fundación Polar, III (1997) 436-438. (---) "Orpín, Juan de". En: FUNDACIÓN POLAR. *Diccionario de Historia de Venezuela.* Caracas, III (1997) 443-444.

VILLALBA, Jorge y J. Mª DOMÍNGUEZ. (2001) "Fritz, Samuel". En: Charles E. O'NEILL y Joaquín Mª DOMÍNGUEZ. *Diccionario histórico de la Compañía de Jesús.* Roma-Madrid, II (2001) 2194-2195.

VILLALBA, Jorge y Juan M. PACHECO. " (2001) Figueroa, Francisco de". En: Charles E. O'NEILL y Joaquín Mª DOMÍNGUEZ.

Diccionario histórico de la Compañía de Jesús. Roma-Madrid, II (2001) 1417-1418.
VILLALBA, Jorge. (2001) "Chantre y Herrera, José". En: En: Charles E. O'NEILL y Joaquín Mª DOMÍNGUEZ. *Diccionario histórico de la Compañía de Jesús.* Roma-Madrid, I (2001) 751-752. (---) "Maroni, Pablo". En: Charles E. O'NEILL y Joaquín Mª DOMÍNGUEZ. *Diccionario histórico de la Compañía de Jesús.* Roma-Madrid, III (2001) 2511. (---) "Panamá". En: Charles O'NEILL y Joaquín Mª. DOMÍNGUEZ. *Diccionario histórico de la Compañía de Jesús.* Roma-Madrid, Institutum Historicum S. I.-Universidad Pontificia de Comillas, III (2001) 2964. (---) "Rodríguez Villaseñor, Manuel". En: Charles E. O'NEILL y Joaquín Mª DOMÍNGUEZ. *Diccionario histórico de la Compañía de Jesús.* Roma-Madrid, IV (2001) 3398.
VIVIER, Alexander. (1897) *Nomina Patrum ac Fatrum qui Societatem Jesu ingressi in ea supremum diem obierunt* (7 augusti 1814-7 augusti 1894). Parisiis, R. Leroy, 1897.
VOGELS, Isidorus. (1912) *Menologium van de Societeit van Jesus voor de Nederlandsche Provinciae.* Leyde, S. n., 2 vols.
VYVER, Omer van de y Francesco SALVO. (2001) "Alegambe, Philippe". "En: Charles O'NEILL y Joaquín Mª. DOMÍNGUEZ. *Diccionario histórico de la Compañía de Jesús.* Roma-Madrid, Institutum Historicum S. I.-Universidad Pontificia de Comillas, I (2001) 43.
VYVER, Omer van de. (2001) "Noyelle, Carlos de [Charles de]". "En: Charles O'NEILL y Joaquín Mª. DOMÍNGUEZ. *Diccionario histórico de la Compañía de Jesús.* Roma-Madrid, Institutum Historicum S. I.-Universidad Pontificia de Comillas, II (2001) 1642-1644.
WALLERSTEIN, Immanuel. (1999) *El moderno sistema mundial. La agricultura capitalista y los orígenes de la economía-mundo europea en el siglo XVI.* México, Siglo XXI, I.
WEIGL, Franz Xavier. (1798) *Franz Xavier Weigl vormaliger Missionar des Gesellschatf Jesu. Gründliche Nachrichten über die Verfassung der Lanschaft von Maynas in Süd-Amerika bis zum Jahre 1768.*

nebst des Herrn P. Anselm Eckarts Zusätze zu Pedero Cudenas Beschreibung der Länder von Brasilien. Mit einer Landkarte und Kupfern. Nürnberg, bei Johan Eberhard Zeh.

XIMENO, Vicente. (1749) *Escritores del Reyno de Valencia chronologicamente ordenados desde el año MCCXXXVH1 de la christiana conquista de la misma Ciudad, hasta el de MDCCXLVII*. En Valencia, en la oficina de Joseph Estevan Dolz, Impressor del S. Oficio, II.

ZAMBRANO, Francisco y José GUTIÉRREZ CASILLAS. (1961-1977) *Diccionario bio-bibliográfico de la Compañía de Jesús en México*. México, Edit. Jus, Editorial Tradición, 16 vols.

ZANFREDINI, Mario. (s/f) "Faure, Giovanni Battista". En: Charles E. O'NEILL y Joaquín Mª DOMÍNGUEZ. *Diccionario histórico de la Compañía de Jesús*, II, 1382. (2001) "Patrignani, Giuseppe Antonio". En: Charles O'NEILL y Joaquín Mª. DOMÍNGUEZ. *Diccionario histórico de la Compañía de Jesús*. Roma-Madrid, Institutum Historicum S. I.-Universidad Pontificia de Comillas, III (2001) 3058-3059.

ZAVALA, Silvio. (1977) *¿El castellano, lengua obligatoria?*. México, Centro de Estudios de Historia de México.

ZIMMERMANN, Klaus. (2001) "Los aportes de Hervás a la lingüística y recepción por Humboldt". En: Manfred TIETZ (ed*.*): *Los jesuitas españoles expulsos. Su imagen y su contribución al saber sobre el mundo hispánico en la Europa del siglo XVIII*. Madrid-Frankfurt am Main, Iberoamericana y Vervuert (2001) 647-668.

ZUBILLAGA, Félix (Edit.) (1973) "La Sagrada Congregación de Propaganda Fide y la América española del setecientos". En: *Sacrae Congregationis de Propaganda Fide memoria rerum*. Freiburg, Edit. Herder, II (1973) 1066-1094. (1979) *Cartas y escritos de San Francisco Javier*, Madrid, Biblioteca de Autores Cristianos.

Índice

Introducción
La Utopía 6
La República cristiana americana y las "Misiones carismáticas" 9
La Segunda República cristiana americana y las "Misiones institucionales" 16
Las misiones carismático-institucionales 19
El ensayo venezolano de la República de las Letras 21
La quiebra de la utopía 25

Pórtico
1. El proceso germinal de Venezuela como nación 32
2. Claves para entender la historia de los pueblos indígenas venezolanos 35
3. El marco legal de las lenguas indígenas en América 39
4. La importancia de las Misiones en la toma de identidad de Venezuela 50
5. Los territorios misionales asignados a las Órdenes religiosas 54
6. Las divisiones territoriales misioneras desde el ángulo del Nuevo Reino 58
7. El marco espacio-temporal de las Misiones jesuíticas 61
8. La presencia de la Compañía de Jesús neogranadina en Venezuela 65
9. Los espacios geo-misionales 68

10. Las visiones históricas misionales jesuíticas analizadas a través del territorio 76

Capítulo 1
Las fuentes documentales e historiográficas de los indígenas de la Orinoquia según las fuentes jesuíticas

Consideraciones previas 107
1. Las historias misionales 109
2. Los Memoriales e Informes 125
3. Las Cartas edificantes y curiosas....................................... 147
4. Der Neue Welt-Bott [El nuevo mensajero del mundo] ... 152
5. Los otros Epistolarios europeos.. 159
6. La correspondencia tecnológica de los misioneros 164
7. La literatura necrológica 171

Capítulo 2
Los protagonistas (I)
El indio llanero y orinoquense

1. Protohistoria e historia 200
2. La opinión de Gumilla sobre el origen del indio americano.. 205
3. La visión moral del indio 206
4. La descripción física del indígena 217
5. Nación y territorio... 222
6. Los pueblos y la vida cotidiana 223
7. La sociedad indígena... 231
8. Brujos, curanderos y piaches 237
9. Matrimonio 250
10. El trabajo 256
11. Juegos y bailes 266
12. Los conflictos intertribales e interétnicos..................... 267
13. Ritos funerarios 274
14. Religión 275

Capítulo 3
Los protagonistas (ii)
El misionero

1. Identificación del misionero 279
2. La preparación intelectual 283
3. La formación espiritual 287
4. El oasis de las lecturas.. 337

Capítulo 4
Los difíciles caminos del encuentro

1. El aprendizaje del idioma 348
2. La búsqueda del indígena 352
3. El "Mirray" o la cultura del contacto 359
4. El encuentro definitivo a través del cabildo
y del municipio 362

Capítulo 5
Introducción a las literaturas indígenas

1. La evaluación de las fuentes jesuíticas 384
2. La experiencia lingüística de los jesuitas neogranadinos 392
3. El "Mirray" o Literatura del primer encuentro................ 398
4. La catequesis como literatura del encuentro espiritual...... 406
5. El testimonio de Felipe Salvador Gilij..................... 413
6. Leyendas y conocimientos míticos 418
7. Un marco de referencia para la Lingüística del Oriente
venezolano 439
8. Literaturas indígenas 455

Capítulo 6
Cuatro personalidades claves para la visión jesuítica
de la filología colonial venezolana

1. Pedro Pelleprat (1606-1667)... 459
2. Alonso de Neira (1635?-1706) 483
3. José Gumilla (1686-1750) 526
4. Felipe Salvador Gilij (1721-1789). 576

Archivos y bibliografía
1. Archivos 627
2. Bibliografía 629

www.ingramcontent.com/pod-product-compliance
Lightning Source LLC
Chambersburg PA
CBHW021348290426
44108CB00010B/151